欧洲历史

何炳松◎著

天津出版传媒集团
天津人民出版社

图书在版编目（CIP）数据

欧洲历史 / 何炳松著 . -- 天津 : 天津人民出版社，2019.10（2021.11重印）
ISBN 978-7-201-13964-7

Ⅰ . ①欧… Ⅱ . ①何… Ⅲ . ①欧洲—历史 Ⅳ . ① K500

中国版本图书馆 CIP 数据核字 (2019) 第 190052 号

欧洲历史
OUZHOU LISHI

出　　版　天津人民出版社
出 版 人　刘　庆
地　　址　天津市和平区西康路 35 号康岳大厦
邮政编码　300051
邮购电话　（022）23332469
电子邮箱　reader@tjrmcbs.com

责任编辑　李　荣
装帧设计　同人阁 · 文化传媒

制版印刷　香河县宏润印刷有限公司
经　　销　新华书店
开　　本　710毫米 × 1000 毫米　1/16
印　　张　32.25
字　　数　511 千字
版次印次　2019 年 10 月第 1 版　2021年 11月第 2 次印刷
定　　价　88.00 元

目 录

上篇 上古欧洲史

序／2

弁言／4

第一卷 蛮族之入侵及基督教会之事业

第一章 绪论

1. 本书之目的／5
2. 历史之起讫／6
3. 中古时代之意义／7

第二章 蛮族入侵以前之欧洲

1. 罗马帝国统一之原因／8
2. 罗马帝国衰替之原因／9
3. 罗马文化之衰替及基督教之传入／11
4. 纪元初年之基督教会／12
5. 东部罗马帝国／14

第三章 日耳曼种人之入侵及罗马帝国之瓦解

1. 西Goth王国与Vandal王国之建设及匈奴之入侵／14
2. 东Goth王国之建设／16
3. 罗马文学之衰替／17
4. 东帝Justinian之武功及Lombard种人之入侵／18
5. Frank王国之建设／18
6. Frank王国之政情／19
7. 蛮族与罗马文化之融合／20
8. 中古时代之事业／21

第四章 罗马教皇之兴起

1. 基督教会得势之原因／22
2. 中古教会之政权／24
3. 罗马教皇得势之原因及其机关之发达／25
4. 罗马教皇Gregory the Great／26

第五章 修道士及日耳曼种人之

入教
1. 清修主义及寺院制度／28
2. 英伦三岛中之传道事业／30
3. 欧洲大陆上之传道事业／32

第二卷　封建制度之发达及民族国家之兴起

第六章　Charles Martel及Pippin
1. Charles Martel之内政／33
2. Pippin之篡位／34
3. Pippin与罗马教皇之携手／34
第七章　Charlemagne
1. Charlemagne之性情／36
2. Charlemagne之征服Saxon种人／37
3. Charlemagne之征服Lombard种人／38
4. Charlemagne之征服Slav种人／38
5. Charlemagne之称帝／39
6. Charlemagne之内政／40
7. Charlemagne之提倡教育／40
第八章　Charlemagne帝国之瓦解
1. Charlemagne帝国之分裂／42
2. 法国德国之起源／43
3. Charles the Fat之统一帝国／43
4. 帝国不能统一之原因／44
5. 封建制度之权舆／45
第九章　封建制度
1. 封建制度之起源／47
2. 封建制度之要质／49
3. 附庸之义务及贵族之种类／50
4. 封建制度之内容／51
5. 封建时代之私斗／52
6. 教士之息争及国王之得势／53
第十章　法兰西之发达
1. Hugh Capet之建设法兰西王国／54
2. 法兰西国中之小邦／55
3. 法国君主之地位／56
4. 法国境内之英国领土／57
5. 中央政府之建设／58
第十一章　中古时代之英国
1. Normandy人入侵以前之英国／59
2. William the Conqueror之入英及其政绩／61
3. Henry第二之政绩／63
4. 大宪章／64
5. 国会之发达／65

第三卷　皇帝与教皇之争雄

第十二章　十世纪及十一世纪之德国与意大利
1. 德国初年之历史及Otto第一之事业／67
2. 神圣罗马帝国之起源／68
3. Conrad第二与Henry第三／69
4. 教会及其领土／70
5. 教会之流弊／72
6. 皇帝与教皇争雄之开端／73
7. 政革教会之动机／74

第十三章 Gregory第七与Henry第四之冲突
1. 教皇之主张 / 75
2. Gregory第七与Henry第四之争执 / 76
3. Henry第四之末年 / 77
第十四章 Hohenstaufen族诸帝与罗马教皇
1. 皇帝Frederick第一 / 79
2. Lombardy诸城之政情 / 79
3. Frederick第一与Lombardy诸城 / 80
4. Frederick第一之失败 / 81
5. Henry第六 / 82
6. 教皇Innocent第三之得势 / 83
7. 皇帝Frederick第二与教皇 / 84

第四卷 中古时代之一般状况

第十五章 中古时代之教会
1. 中古教会之特点 / 86
2. 教皇 / 87
3. 大主教主教及牧师 / 88
4. 教会之仪节 / 89
5. 忏悔礼与圣餐礼 / 90
6. 教士之势力 / 91
第十六章 异端及托钵僧
1. 教会之利弊 / 92
2. 教士之腐败 / 93
3. 异端之兴起 / 94
4. 扑灭异端之方法 / 95
5. St.Francis / 96
6. Francis派之托钵僧 / 97
7. Dominic派之托钵僧 / 98
8. 托钵僧之事业 / 99
第十七章 乡民及市民
1. 中古时代乡农之状况 / 100
2. 中古时代城市中之状况 / 102
3. 中古时代之商业 / 104
4. 中古时代商业之障碍一 / 105
5. 中古时代商业之障碍二 / 106
第十八章 中古时代之文化
1. 近世各国语言文字之起源 / 107
2. 德文英文之起源 / 108
3. 法国之传奇 / 109
4. 法国南部诗人与骑士制度 / 110
5. 中古时代之科学 / 112
6. 中古时代之美术 / 113
7. 中古时代之大学 / 116
8. 中古时代之哲学 / 118
9. 中古史初半期之回顾 / 119

第五卷 学问复兴

第十九章 百年战争
1. 百年战争前之英国 / 121
2. 百年战争之开始 / 123
3. 百年战争中英法两国之状况 / 124
4. 英国佃奴制度之废止 / 126
5. 百年战争之后半期 / 127

6. 英国之玫瑰战争 / 129
7. 百年战争后之法国 / 130
第二十章 罗马教皇与宗教大会
1. 法王Philip the Fair与教皇之争权 / 132
2. 移居Avignon之教皇与Wycliffe / 134
3. 教会之分离与Pisa宗教大会 / 136
4. Constance宗教大会 / 138
5. Basel及Ferrara宗教大会 / 140
第二十一章 意大利诸城及学问复兴
1. Venice城 / 141
2. Milan城 / 142
3. Florence城 / 143
4. Dante / 144
5. Petrarch / 145
6. 古文学者 / 147
7. 近世科学之发端 / 148
8. 十四世纪之美术 / 150
9. 十五世纪之美术 / 151
10. 十六十七两世纪之美术 / 152
11. 地理上之发见 / 153
第二十二章 十六世纪初年之欧洲
1. 皇帝Maximilian第一与Hapsburg族领土之扩充 / 155
2. 西班牙之兴起及Charles第五之称帝 / 156
3. 法王Charles第八之入侵意大利 / 158
4. 十六世纪初年欧洲之政情 / 160

第六卷 宗教改革及宗教战争

第二十三章 宗教改革以前之德国
1. 导言 / 162
2. 当日德国之政治状况 / 163
3. 当日德国之实情及宗教改革之原因 / 165
4. 第一、宗教之热诚 / 166
5. 第二、圣经之研究 / 166
6. 第三、古文学者之讥评 / 167
7. Erasmus之主张 / 168
8. 第四、德国人之不满于教士 / 169
第二十四章 Martin Luther与宗教改革
1. Martin Luther之家世 / 170
2. Luther之赎罪券论文 / 172
3. Leipsic之辩论 / 173
4. Luther与古文学者之关系 / 174
5. Luther之攻击教会 / 175
6. 教皇之下令及Luther之反抗 / 176
7. Charles第五之态度 / 177
8. Worms公会及其议决案 / 178

第二十五章 德国之宗教改革（一五二一年至一五五五年）
1. Luther之翻译《圣经》／180
2. 改革家意见之分歧／181
3. 骑士之激烈举动／182
4. 教皇Hadrian第六与Nuremberg公会（一五二二年）／183
5. Regensburg之议决案／184
6. 农民之叛乱及其平定／184
7. Speyer公会及新教徒名称之由来／186
8. Augsburg公会及新教徒之信条／187
9. Augsburg和约／187
第二十六章 瑞士及英国之宗教改革
1. 瑞士联邦之由来／188
2. Zwingli之改革宗教／189
3. Calvin之改革宗教／190
4. 英国之古文学者／191
5. Henry第八之离婚事件与Wolsey／191
6. Henry第八之叛离教皇／192
7. Henry第八之解散寺院及其三娶／194
8. Edward第六与英国新教之成立／195
9. 女王Mary之恢复旧教／195
第二十七章 罗马旧教之改良与Philip第二
1. Trent宗教大会（一五四五年至一五六三年）／196
2. 耶稣社之运动／198
3. 西班牙王Philip第二反对新教之热心／200
4. Philip第二对待Netherlands之苛虐／200
5. Netherlands之叛乱及荷兰之独立／201
6. 法国新教之起源／203
7. 法国新旧教徒之纷争／204
8. Henry第四时代之法国／206
9. Elizabeth时代之英国／206
10. 英国旧教之消灭／207
11. 十六世纪后半期历史之回顾／209
第二十八章 三十年战争
1. 战争之第一步——Bohemia之叛乱及其失败／210
2. 战争之第二步——丹麦王之援助新教徒及其失败／211
3. 战争之第三步——瑞典王之援助新教徒及其失败／212
4. 战争之第四步——法国之干涉及其结果／213
5. Westphalia条约及战争之结果／214
6. 科学时代之开始／215

下篇　近世欧洲史

弁言／220
绪论／221

第一卷　十七十八两世纪之回顾

第一章　英国国会与君主之争权
1. 詹姆士第一与君权神授之观念／235
2. 查理第一与国会／236
3. 查理第一之被杀／238
4. 克伦威尔与共和时代／239
5. 复辟／241
6. 一六八八年之革命／242
7. 英国宪法之性质／243
第二章　路易十四时代之法国
1. 路易十四之地位及其性质／244
2. 路易十四之提倡美术及文学／245
3. 路易十四与四邻之争／246
4. 西班牙王位承继战争／248
第三章　俄罗斯及普鲁士之兴起奥地利
1. 俄罗斯之起源／249
2. 彼得大帝／250
3. 普鲁士之勃兴／251
4. 腓特烈大王之战争／253
5. 波兰之分割　一七七二年、一七九三年及一七九五年／254
6. 奥地利、马利亚德利撒及约瑟第二／257
第四章　英国法国在印度及北美洲之竞争
1. 欧洲之扩充世界商业／258
2. 英国与法国互争殖民地／260
3. 北美洲英国殖民地之叛／262

第二卷　十八世纪之状况及改革

第五章　欧洲之旧制
1. 乡间之生活——佃奴制度／265
2. 城市及各业公所／266
3. 贵族与君主／268
第六章　改革精神
1. 近世科学之发达／269
2. 科学上之发见及改良精神之产生／271
3. 政治上之新思想／273
第七章　法国革命以前之改革
1. 腓特烈第二、喀德邻第二及约瑟第二之改革／276
2. 一六八八年后之英国／278
3. 十八世纪之英国立宪君主及佐治第三／279

第三卷　法国革命与拿破仑

第八章　法国革命将起之际
1. 法国旧制之紊乱／282
2. 特权阶级及第三级／283
3. 君主及高等法院／285
4. 路易十六之为人及其整理财政之失败／286
第九章　法国革命
1. 全级会议之召集／288
2. 国民议会之改革事业　（一七八九年七月至十月）／290
3. 移往巴黎之国民议会　（一七八九年十月至一七九一年九月）／293
第十章　第一次法兰西共和国
1. 立宪君主时代（一七九一年至一七九二年）／295
2. 第一次法兰西共和国之建设／298
3. 革命时代之战争／300
第十一章　拿破仑波那帕脱
1. 波那帕脱第一次入侵意大利／302
2. 波那帕脱之得势／306
3. 第二次对法国之同盟／308
4. 一八〇一年之升平及德国之政组／309
第十二章　欧洲与拿破仑
1. 波那帕脱恢复法国之秩序及隆盛／312
2. 拿破仑灭神圣罗马帝国／313
3. 普鲁士之失败／316
4. 大陆封港政策／317
5. 拿破仑之最得意时代（一八〇八年至一八一二年）／319
6. 拿破仑之败亡／322

第四卷　自维也纳会议至普法战争

第十三章　维也纳会议及欧洲之再造
1. 维也纳会议及其事业／326
2. 革命时代之结果民族精神／328
3. 神圣同盟及梅特涅之反对革命／330
4. 十九世纪初年之思想及文化／331
第十四章　维也纳会议后欧洲之反动及革命
1. 法国之复辟／333
2. 一八三〇年之革命／335
3. 比利时王国之建设／336
4. 德国同盟之建设／337
5. 西班牙与意大利之恢复旧制／339
6. 美洲之西班牙殖民地及一八二〇年之革命／340

第十五章　实业革命
1. 纺织机之发明 / 342
2. 蒸汽机 / 344
3. 资本主义及工厂制度 / 344
4. 社会主义之兴起 / 347
第十六章　一八四八年之法国革命
1. 路易腓立政府之不满人意 / 349
2. 第二次法兰西共和国 / 351
3. 路易拿破仑与第二次法兰西帝国 / 353
第十七章　一八四八年之革命——奥地利德意志意大利
1. 梅特涅之失败 / 355
2. 中部欧洲之革命 / 356
3. 波希米亚及匈牙利革命之失败 / 358
4. 奥地利恢复意大利之势力 / 359
5. 一八四八年德国革命之结果 / 360
第十八章　意大利之统一
1. 统一意大利之计划 / 362
2. 法国皇帝拿破仑第三与意大利 / 363
3. 一八六一年后之意大利王国 / 365
第十九章　德意志帝国之成立及奥地利匈牙利之联合
1. 普鲁士为德国之领袖 / 367
2. 一八六六年之战争及北部德国联邦之组织 / 369
3. 法国与普鲁士之战争及德意志帝国之建设 / 370
4. 一八六六年后之奥地利匈牙利 / 372

第五卷　欧洲大战以前之改革

第二十章　德意志帝国
1. 德国之宪法 / 374
2. 俾斯麦与国家社会主义 / 377
3. 德国之保护政策及殖民外交 / 379
4. 威廉第二在位时代 / 380
第二十一章　第三次共和时代之法兰西
1. 巴黎市政府与复辟问题 / 381
2. 第三次共和国之建设及其宪法 / 384
3. 一八七五年后之法国德雷福案 / 385
4. 政党 / 387
5. 殖民事业 / 388
第二十二章　英国政治上及社会上之改革
1. 选举权之扩充 / 390
2. 内阁 / 395
3. 言论及意见之自由刑法之修改 / 396
4. 社会改革 / 397
5. 自由贸易 / 399
6. 爱尔兰问题 / 400

第六卷 欧洲史与世界史之混合

第二十三章 欧洲势力之扩充及西方文明之传布
1. 交通机关之改良 / 404
第二十四章 十九世纪中之英国殖民地
1. 英属印度领土之扩充 / 406
2. 加拿大领地 / 409
3. 澳洲殖民地 / 411
4. 非洲殖民地 / 413
第二十五章 十九世纪之俄罗斯帝国
1. 亚历山大第一与尼哥拉第一在位时代 / 416
2. 佃奴之解放及革命精神之发达 / 418
3. 俄罗斯之实业革命 / 420
4. 尼哥拉第二在位时代之自由运动 / 421
第二十六章 土耳其与东方问题
1. 希腊独立战争 / 425
2. 克里米亚战争（一八五四年至一八五六年）/ 426
3. 巴尔干半岛之叛乱 / 427
4. 巴尔干半岛中之独立国 / 429
5. 欧洲土耳其之衰落 / 430
第二十七章 欧洲与远东之关系
1. 欧洲与中国之关系 / 432
第二十八章 非洲之探险及其分割
1. 非洲之探险 / 433
2. 非洲之瓜分 / 434
3. 摩洛哥与埃及问题 / 436
4. 西班牙殖民帝国之衰亡及葡萄牙之革命 / 437

第七卷 二十世纪与世界战争

第二十九章 二十世纪初年之欧洲
1. 十九世纪以前欧洲史之回顾 / 440
2. 英国之社会革命（一九〇六至一九一四年）/ 441
3. 英国贵族院之失势参政权及爱尔兰问题 / 445
4. 德国之现代史 / 448
5. 二十世纪之法国 / 450
6. 二十世纪之社会党 / 451
第三十章 自然科学之进步及其影响
1. 地球甚古说之发见 / 452
2. 演化原理 / 453
3. 物质之新观念 / 455
4. 生物学及医学之进步 / 456
5. 新史学 / 459
第三十一章 一九一四年战争之起源
1. 欧洲诸国之陆军及海军 / 461
2. 和平运动 / 462
3. 各国间之争执 / 463

4. 近东问题 / 465
5. 战争之开始 / 467
第三十二章　世界战争之初期（一九一四至一九一六年）
1. 一九一四年与一九一五年之战迹 / 469
2. 海上之战争 / 472
3. 一九一六年之战争 / 473
4. 美国与欧洲大战 / 474
第三十三章　世界战争之末期及俄罗斯之革命
1. 美国之参战 / 476
2. 战争范围之扩大 / 477
3. 俄罗斯之革命 / 479
4. 大战之争点 / 480
5. 美国参战后之战迹 / 483
6. 霍亨索伦哈布斯堡与罗曼诺夫三系之绝祚及大战之告终 / 485
第三十四章　大战后之欧洲
1. 巴黎和会 / 486
2. 国际联盟 / 488
3. 欧洲地图之变色 / 489
4. 废战运动 / 492
5. 政治上之新试验 / 497

上篇　上古欧洲史

序

我国人研究西洋历史的道路，凡有两条，一是读西洋历史名著的原本，一是读中国人自己的编著或译本。

自十九世纪以来，西洋的历史学，靠了新材料的发见，及新史观的兴起，他的发达真可以说是一日千里；而历史名家的著作，也是日新月异，美不胜收。所以我们若能直接读他们的著作，实是研究西史的一条最简捷最有效果的道路。但不幸因为文字上的困难，因为书籍的昂贵和难致，这一条路只成为少数学者的私径。于是大多数的学子，便不得不向第二条路走去。

但第二条路也不是平坦大道。现在我国人自己所编的西洋史，在性质及数量上，均尚免不掉贫乏的讥评。国中为历史而研究西洋历史的人，已经不多；加之这类少数的学者，又大都执教鞭于国内各大学，甚少闭门著书的机会。而西洋历史的材料，在国内更不易得，此尤足增加了著书的困难和失望。

至于译书一事，在表面上看来，他似乎是极易的，但实际上亦有许多困难。第一，历史的著作，大抵是偏于学术的，所以他定不能得到群众的狂热欢迎，因此，人们或因得不到相当的报酬而气馁。第二，凡是文笔清通的人，都能译几篇文艺小品，而不致有大舛误；但假使你不曾研究过历史，你译出来的史学名著，怕就要免不了遭受“贻笑大方”“贻害后学”的一类考语了。第三，历史是最富于人性的一个学术，所以他的取材及范围，亦当以人为根据。欧美人所著的历史，在我们东方人用世界的眼光看来，有许多是累赘可删的，有许多是应当增加材料的。但这一件事更不易做，更非素无历史研究，或乏世界眼光者，所能下笔的了。因此三个原因，历史名著的好译本，在今日的学术界中，遂等于凤毛麟角。

本书的译者，是我在北大时的同事。他的史学和史识，是我素来敬佩的。他的学识，本可以使他自编一书而绰有余裕。但他因感到自己编书不易完满，又因深佩美国前辈鲁滨孙氏的史学，所以便很谦虚的，把鲁滨孙的这本书译成中文，以饷国内的学子。何先生的历史学识和研究，既足以消灭上说的第二个困难；而这个译本中卷数的分配，章节的排列，以及材料的剪裁，亦均足以显出译者的眼光及目的，上说的第三个困难，到此也就无形的消解了。不但如此，上面我们所说的研究西洋史的两条大路，第一条岂不是我们所认为更满意的吗？现在大多数的学子，虽仍不能自己去走那一条路，但靠了翻译的幻术，他们竟可以去“卧游”那个走不通的仙境了。岂不快哉！

鲁滨孙是美国的一位很有名的教授和学者，他的这本教科书的风行，是没有能和他竞争的。我希望他现在靠了何先生给他的这一套优美的华服，在我国能受到更大的欢迎。

陈衡哲　序于南京

弁言

此书系著者于民国九年至十一年在北京大学史学系讲授中古欧洲史之讲义，大部分以美国名史家James Harvey Robinson所著之《西部欧洲史》（An Introduction to the History of Western Europe）一书中之前二十九章为蓝本。关于文明史方面，则取材于Robinson与Beard合著之《欧洲史大纲》（Outline of European History）第一卷以补充之。

至于本书之主旨为何，则原著《西部欧洲史》序文中有数语，极其简要，兹引之为本书之弁言：

窃以为学者研究欧洲文明发达史时，史材分配问题，最为重要。故余之编著历史，不但竭力以明确为主，而且使之合于现代对于过去事实及制度之轻重观念。本书篇幅有限，故人名及不甚重要之冲突，在普通历史课本中，虽占有地位，余亦略去不提，余并敢删去许多习惯相传之遗闻及轶事，盖此种文字得在课本上占有地位，殆出诸偶然，或仅系习俗相传之故，对于研究历史者，并无深远意义之可言也。

因删略所省得之空间，则用之以达三种重要之目的。第一，欧洲数百年来所生息之制度，就中尤特重基督教之教会，加以讨论，远较普通同样之书本中为详。第二，人类活动中各方面第一等重要人物之一生及其事业——如Gregory the Great，Charlemagne，Abelard，St.Francis，Petrarch，Luther，Erasmus……辈——亦视其与世界关系之轻重，予以相当之研究。最后，本书之范围为之加广，故不仅政治上之事业，即过去经济上、思想上及美术上之成功，亦复成本书叙事文中不可分离之一部分云。

何炳松　杭州第一中学校

第一卷　蛮族之入侵及基督教会之事业

第一章　绪论

1. 本书之目的

泛言之，凡过去人类所为、所思、所望者，皆历史也。历史为研究过去人类事业之科学，广大无边，然模糊异常，不易究诘，埃及象形文字之解释，中古寺院制度之叙述，Napoleon战争之记载皆研究历史者所有事也。即如罗马帝国之如何瓦解，一八九八年美国与西班牙之何以战争，Calvin对于Luther之思想如何，十八世纪法国乡农所食者为何物，亦无一非研究历史之材料。历史范围之广，于此可见。

兹所述者为中古欧洲史，为期虽短，然极为重要。本书之目的，在于叙述自蛮族南下以后至近世诸国兴起时止之各种重要变化，以明近世欧洲文明之渊源。然千余年间，民族国家蔚然兴起；伟人英杰，代有其人；加以文物典章，时有变化；研究者不一其人，著作之书，汗牛充栋。兹书所述，仅得数十章之文字，其不能包罗一切可想而知。则抉择材料，约取成书，编者之责，固甚大也。

编史而仅述时与事，读史而仅记时与事，两无裨益。研究历史者，应知过去人类生活之状况如何？其制度如何？职业如何？事业如何？中古时代，既无币制，经商之方法如何？基督教在社会上之势力如何？僧侣之生活如何？有功于人类者何在？凡此诸端，皆吾人应详述者也。故本书之目的，一言以蔽之，在于说明上古之欧洲，如何一变而为近世之欧洲。

吾人既欲撮千余年来人事变化之大纲以便读者，故偶然之事及奇异之迹，不得不略去不提。吾人所注意者，在于过去人类之习惯及制度，凡偶然之事之可以说明此种习惯及制度者，则取以为材料焉。

吾人研究过去之人事，断不可心存藐视，以荒谬目之，须平心静气，具有同情。盖史家之目的，不在批评过去制度之当否，而在说明过去制度之由来及其变化。例如中古时代，凡不信基督教者，则以火焚之。此种习惯，在今日视之，宁非无理？然研究历史者断不可肆口谩骂此种习惯之非是。其责任乃在于研究十三世纪时，何以无论何人，皆赞成此种习惯之存在。故本书所述之中古欧洲史，始终以同情贯彻其间，不作诛心之论，盖过去制度之得以存在，必皆有优点者也。

2. 历史之起讫

将人类之过去，分为数期，谓某期终于四七六年，而某期即自此始；某期终于一四五三年，而某期即自此始；此种时代之划分，实不可能。人类之习惯，非一朝一夕所可造成，亦非一朝一夕所可变更。虽有时一战之后，国祚因之而绝，政体因之而变。工商业或因之而盛，或因之而衰，人民之精神及语言或因之而变。然此种变化，其来必渐。战争或革命以后，农民之耕耘也必如故，工人之作业也必如故，商人之贸易也亦必如故。即文人学士之著书，国民家庭之生活，亦皆必如故。故政体变迁之影响于人民习惯上者，进行甚慢，有时且并无影响之可言。

十八世纪末年之法国革命，为历史上变化之最骤者；然稍加研究，则知法国之革命其来甚渐。而且当日革命者，并不能骤改法国之政体，因法国虽于一七九二年建设共和，然为日甚短，不久即有Napoleon之称帝，其专制且较前王为甚。即在今日，法国之政制中，尚留有王政时代之遗迹焉。

人类有保存旧习之倾向，其结果即为历史上所谓“历史之继续”（Unity或Continuity of History）。故人类习惯无骤变之迹，亦无骤变之理，此语殆成史学上最重要之原理。

编历史者，若谓其书始于何年终于何日，吾人即可断其忘却史学上之原理。现在编欧洲史者，每有一定之起讫。抑若某名王即位，或某大事发见，而欧洲之状况即为之丕变者然。实则普通之变化，断无一定之时日。故研究历史者，应就事实之实在情形而研究之，不可强限以时代。须知各民族之风俗习惯，新陈代谢，犬牙交错，初无全体一致之迹也。

3. 中古时代之意义

故吾人对于欧洲史上之所谓中古时代，不能断其以何事或何年为起点。罗马帝国之西北境外，有所谓蛮族者，未与罗马人接触以前，其事已不可考。他日西部罗马帝国之倾覆，即出诸若辈之手。北方蛮族之为患罗马者，约始于纪元前百年顷，其时曾为罗马名将Marius所败。五十年后，Julius Caesar曾著书述其战败蛮族之陈迹。此后再过五百年，北方蛮族乃有建设王国于罗马帝国境内之举。西部之罗马政府，至是瓦解。而中古时代，于是乎始。

然谓罗马文明至是扫地以尽，亦殊不然。盖罗马之文明，自Augustus在位之黄金时代而后，即日有变迁。日耳曼民族未入侵以前，罗马之文学与美术，早已衰微不振，与中古时代相同。而中古时代之思想及状况，则在罗马帝国时代，已见端倪矣。

故所谓中古时代者，其意义极不明了。本书所指者，约自纪元后五世纪初年起至十四世纪止，前后凡千年之久。

昔日研究中古欧洲史者，以为自罗马帝国西部瓦解以后，数百年间，文化荡然无存，遂名此期为“黑暗时代”（Dark Ages）。以为当时之欧洲，民智闭塞，秩序大紊，与古代希腊罗马之文明既异，与近世之开明亦大不相同。然近来研究中古史者，渐知所谓黑暗时代者，亦未尝无文明之进步及产生。实则当时之活动及发达，与其他各时代等；而近世之文明，亦多渊源于中古。本书之目的，先述蛮族南下之影响，元气之恢复，及当时之制度。自第二十章以后所述者，系中古时代之制度、习惯及思想如何衰败，近世欧洲之文化如何发生。

第二章　蛮族入侵以前之欧洲

1. 罗马帝国统一之原因

吾人如欲明了中古欧洲史，不能不先略知罗马帝国史。当五世纪初年，西部欧洲一带，并无独立之国家。今日之英国、法国、西班牙、意大利诸国，在当日均系罗马帝国之领土。至于今日之德国，在当日则草莱未辟，蛮族居之。罗马人曾欲力征之而不得，乃沿莱茵河及多瑙河两河筑垒驻兵以御之。

罗马帝国之领土，包有欧洲之西南部，亚洲之西部，及非洲之北部。国内人种甚杂，埃及人、阿拉伯人、犹太人、希腊人、日耳曼种人、Gaul种人、Briton种人、Iberian人，无不俯首帖耳，臣服于罗马。

领土既广，人种又杂，各人种之文明程度，又复各不相同，而罗马帝国竟能统一而维持之，达五百年之久，殊非吾人意料所及。然稍加研究，即可知罗马帝国之能维持如此之久者，其故厥有数端：（一）罗马帝国之政治组织，完备异常。中央之于地方，如臂使指。（二）罗马人民之尊崇皇帝，几同神圣。（三）罗马法律，通行全国而无阻。（四）罗马国道，四通八达；币制划一，商旅均便。（五）罗马政府常遣教师并建设驻防地于国之四境，故罗马之思想及文化，得以弥漫国中，无远弗届。

兹先述罗马之政府及皇帝。皇帝命令，颁行全国而无阻，所谓“君意即法律”，为罗马法中精理之一。国内城市，虽有自由，然帝国官吏，监视甚密。罗马政府除维持秩序，管理司法，防守边疆外，尚有管理民食之责任。有时且迫国民之子继其父之业，不得见异而思迁。贫民之饮食，由政府供给之，故无蠢动之患。此外并费巨款举行赛车格斗诸戏以娱国民。总之，罗马政府之组织，固然完备异常，即其保育人民之周至，亦复世间罕有。

凡罗马人均有崇拜皇帝之义，人民虽有信教之自由，而崇拜帝像之事，则全国一致。故罗马政府之虐杀基督教徒，不但因信仰不同而已，亦且因基督教徒每有不愿崇拜皇帝之举，并公言罗马帝国之将亡也。

罗马帝国既有统一之政府，故有全国一致之法律。各地习俗，纵有不同，而公平原理，不分畛域。罗马帝国之法律，欧洲至今受其赐。人道精神，始终贯彻其间，为古代各种法典所不及。凡为妻为母为子者，无不受法律之保护，不若昔日受家长之压制，并主张与其加罪于无罪之人，不若罪人脱逃之为愈。又以为所谓人类者，非此界彼疆，各族分居之谓，乃属于一国及一法之人民之谓。

罗马国内之大道，四通八达，邮传军队，朝发夕至。商民行旅，来往无虞。全国之币制及量衡，又复一致。驻防之地遍布国中，至今Treves，Cologne，Bath，Salzburg诸地，犹有罗马桥梁建筑之遗迹，当日文化之弥漫，可想而知。

罗马政府之提倡教育，尤为尽力，凡巨城中，至少必有政府所派之教师三人，负教授修词学及阏辩术等学科之责。罗马人天性不喜文学及美术，故其文化多仿自希腊。由政府教师播之于国中，使全国之文化，现相同之象。故罗马人仅知其为帝国之公民，初无地域之观念也。

自Augustus以来至蛮族入侵时，先后凡四百年，吾人绝未闻罗马人有叛乱之举，或独立之心。时人以为罗马帝国，必能维持永久而不蔽。

2. 罗马帝国衰替之原因

罗马帝国之组织完备及统一精神，既如上述，何以一旦蛮族入侵，骤形瓦解？欲求其故，殊不易易。大抵罗马帝国时代之人民，已渐失其有为之志与自信之心。所以如是，殆有四端：（一）税制不良，民力日疲。（二）奴制风行，工人无业。（三）人口减少，国力遂微。（四）蛮族入居境内，伏他日西部帝国瓦解之基。

罗马之皇室及官吏，人数甚多，费用浩大，而贫民“面包与马戏”（Bread and Circuses）之供给，所费尤为不资。不得已唯有重征于民之一法。地税为国家最巨之收入，其率本高；再加以官吏之中饱，人民之负担因之益重。国内各地之地税，由各地少数富民征收之，只求收足应征之数，不问其来源之如何。地主因之而倾家荡产者，不一其人，故政府至有地主不得离其土地以逃避重税之令。此种重税，唯少数之富民能担负之。至于中流社会，境遇日恶，贫困不堪，帝国社会之中坚，为之丧亡殆尽矣。

至于工人之地位，尤为恶劣，而奴制之存在，实为主因。盖罗马自征服各国以来，国内之奴隶，有增无减。五百年间，城乡各种工作，无一不入于奴隶之手。奴隶之数以百万计，一地主每有奴隶数百人，多或数千人，唯极贫苦者，家中方无奴隶。

地税虽重，而罗马帝国时代之人民，仍以土地之多寡为贫富之标准。无广大田地者，即无充当缙绅或官吏之望。故国内土地，渐入于少数富民之手，而中人之家，日渐消灭。富民之田产曰Villas者，遍布于意大利，Gaul及Britain诸地。为奴隶者，不但负管理及耕耘之责，即地主家庭中之一切日用，亦由若辈供给之。凡制造器具及衣服、烹饪食物、侍候主人及记室之役，均由奴隶任之。另命奴隶一人负管理全地之责。田产既广，有同村落，而直辖于地主之一人。

各种工作，既皆任奴隶为之，自由民遂多不愿工作者，以为此乃奴隶之责任。哲学家Seneca常谓工艺之为物，决非哲学家所发明，实系“下流奴隶所想出者”。

奴隶制度，即使工作有堕落之虞，而国内市场，亦复为奴制所垄断。盖巨族大家之日用品，皆由本家奴隶供给之，而且蓄奴之主，往往使奴隶出为人佣，自由民工作之机会，因之剥削殆尽。

当蛮族入侵以前数百年间，奴隶景况，亦颇有改良之处。昔日奴主每有深夜监禁奴隶于地牢之习，至是革除。政府亦有种种保护奴隶之法律，其最要者，莫如禁止奴主之不得擅杀奴隶。蛮族将入侵之际，奴隶之数，日形减少，一因罗马已无远征他国扩充领土之事，二因奴主每有释放奴隶之举也。

被释放而自由之奴隶日“被放之人”（Freedmen），其地位不若自由民之高尚。虽不至再为奴主之牛马，然每年仍有为主人服役之义，并须纳其收入之一部分于主人。婚姻之事，亦须得主人之允许，方得实行。

奴隶虽被释放，而自由民之状况，益趋恶劣。城市之中，自由民工作之时，每与奴隶或被放之人同流合污。至于乡间之自由农民，亦一变而为介于奴隶与自由民间之“自由佃奴”（Coloni）。其身体始终附于某地，随土地而易其主人。唯年能纳其收入之一部分于地主，且为地主服役若干日者，地主不得任意剥夺其种地，此则与中古时代之“佃奴”（Serf）同。因此为乡民者永无自立之望，生生世世为佃奴矣。此种自由佃奴渐与奴隶合而为一。因法律规定某种乡间奴隶永不得离其种地，须随土地而易其主人也。

而且罗马大地主，每有许多之贫弱地主附属之。盖地主之贫弱者，为逃避重税及获得保护计，每愿将其田产让诸强有力之地主；唯大地主须保护之，并允其终身仍得耕种其土地。贫弱之地主既死，其子孙即流为自由之佃奴。此即他日封建制度之起源也。

凡国家隆盛者，其人口必日有增加。至于罗马帝国，则自Augustus以来，人口即渐形减少，国家精力，随之日疲。战争也，疫疠也，奴制也，重税也，凡此种种，皆足以促人口之日减者也。盖人民生活，既甚困难，则婚姻之事，每因之而被阻。大家巨族，遂不可多见云。

政府为增加人口计，每允日耳曼蛮族人居国中为自由之佃奴。相传皇帝Constantine曾召蛮族三十万人入境。其时并募蛮族人入罗马军队中为抵御蛮族之用，开其端者为Julius Caesar。此种政策渐成习惯，至帝国末年，甚至全军兵士，纯属蛮人。日耳曼种人有为军官者，亦有高据政府中之要津者。故蛮族未入侵以前，帝国中之蛮人，已遍地皆是。罗马人与蛮族之畛域，渐不分明。他日帝国西部之瓦解，如此之速，盖非无因。蛮人对于罗马帝国，虽甚尊重，然其个人自由之精神，则可断其必不放弃也。

3. 罗马文化之衰替及基督教之传入

罗马帝国之国力既衰，蛮族之人民又遍布全国，文学美术亦随之而衰替，远不若黄金时代之盛极一时。Constantine时代之雕刻，远不若Trajan时代之宏壮。Cicero之文体，美丽可观，至四五两世纪时，已不可再得，而绮靡之闳辩，遂起而代之矣。Tacitus殆为罗马著作家中最后之一人。自彼于一二〇年死后，文学家无继起者。二世纪初年以后之著作，已无一顾之价值矣。

蛮族入侵以前三百年间，凡文人学士之攻习古人名著者，每不读其原本，而惟“名著选要”或“菁华录”一类之书是赖。至于科学，亦端恃“大纲”而已。此种肤浅求学之方法，传至中古，至十四世纪时Petrarch出世，方有精究古籍之精神发见也。

罗马帝国之文化，日就衰微，已如上述。其进步者，厥有一端。当一二两世纪时，罗马人之宗教热诚忽现中兴之象，为他日基督教传人之先驱。其时哲学家，已不信多神之说，而渐有崇奉一神之趋向。一世纪末年罗马哲学家Epictetus曾言曰："吾人之义务，在于追随一神……与彼同其心，尽力实行其命令。"皇帝Marcus Aurelius于所著《静思录》（Meditations）中，亦有此意。盖其时巨城中人民之生活，荒淫无度，见者无不触目而伤心，思有以挽狂澜于既倒。其时人民心目之中，尚以为死者灵魂，居于黄泉（Hades）之下，至于来生则绝无乐趣之可言也。

自基督教传入以后，人民有自新之望，罪过有忏悔之机。而且基督教主张凡为善之人，死者必居乐土。罗马人无论男女，闻之莫不色喜。以为此生虽苦，来生或有快乐之一日。

基督教自小亚西亚传入欧洲以后，渐受异端思想之影响。基督教会之神父，极言基督教之教义与异端之精理，初无不合。基督教之仪式，亦多适用昔日异端之习惯。教会之组织，初本简单，不久则教士阶级，复杂异常。基督教与异端，因此渐形混合。故基督教与异端，虽有类于两军之对垒，而同时亦有类于两河之合流。立于两河交叉之处者，有Boethius其人（死于五二四年），为罗马末造之名著作者。著有《哲学之慰藉》（The Consolation of Philosophy）一书，风行于中古时代，盖时人以为彼固基督教徒也。实则书中所述者，类皆异端之精义，至今尚有人疑其非信基督教之人。

4. 纪元初年之基督教会

据St.Paul书札中之言论，谓当日之基督教徒，颇感有组织之必要。故选出主教（Bishop）及牧师（Priest）等以管理教务，唯彼绝未提及此种官吏之职务如何。此外并有所谓助祭者（Deacons）负抚恤贫民之责。最初之基督教徒，以为耶稣不久即出而救世，故教徒之组织无复杂之必要。然日久教徒之数大增，良莠混杂，故组织宗教政府以管理而监督之。

主教Cyprian（死于二五八年）所著之书名《教会之统一者》（The Unity of Church），吾人读之，颇得以窥见基督教未定为罗马国教以前之教会情形。其时教徒中颇主张建设“大一统”之教会（Universal或Catholic）以统驭各地之信徒。

其时教会中之官吏与普通人民，已显分畛域，前者曰“教士”（Clergy），后者曰“俗人”（Laity）。凡管理教务，及教训教徒之责，均由教士负之。罗马帝国之内，每城必有主教一人，每乡必有牧师一人，再下有助祭，有副助祭（Subdeacon），再下有侍僧（Acolyte）、驱魔者（Exorcist）、读经者（Reader）及守门者（Doorkeeper）。凡牧师皆受主教之节制，故巨城中之主教，势力尤大，渐改称为大主教（Archbishop），有召集省中各城主教开“宗教大会”（Council）议决要事之权。

当三一一年罗马皇帝Galerius下令使基督教在法律上与异端同等。皇帝Constantine为罗马皇帝之最先信基督教者，颇能实行前令。三二五年，彼并召集第一次基督教大会于Nicaea地方。据召集大会命令中之言，则知当日教会之组织，已与今日无异，不过罗马城之主教尚未为教皇耳。至于罗马城之主教何以雄长欧洲之故，后再详述，兹不先赘。罗马城主教之第一有势者，当推Leo the Great其人，其就任之期，则在四四〇年也。

皇帝Constantine以后诸帝，多禁异端而崇奉基督教。Theodosius法典最后一册中，凡历代皇帝所颁关于基督教会及教士之命令，搜罗甚富。据其所述，则教士已享有免除徭役及纳税之特权，并得受收遗产。皇帝之以财产赐予教会者，颇不乏人。中古时代之君主及富民，亦莫不仿而踵行之，故教会财产之富，收入之巨，远驾欧洲诸国政府之上。教士并有开庭审案之权，而教士之犯法者，亦归教会法庭审理之。此种法典之最后册，先说明“三位一体”原理（Trinity）之意义，再详述不信教者之种类及其刑罚。观于Theodosius法典中之条文，即可知中古教会之起源，已端倪于此。罗马帝国西部之政府，虽为蛮族所倾覆，而蛮族卒为基督教会所征服。当罗马官吏逃亡之日，正基督教士折服蛮族之时，昔日之文明及秩序，全赖教士之维持。拉丁文之不绝，教会之力也；教育之不尽亡，亦教士之力也。

5. 东部罗马帝国

蛮族未入侵以前，罗马帝国之政府、法律及文化，虽全国具一统之观，然帝国东西两部，亦早现分离之象。皇帝Constantine以武力入承大统，思再建第二帝都于东部以统制东方一带之地以固国基。故于三三〇年建都于欧亚两洲之交点，名之曰Constantinople。然彼初无分裂帝国之心，即皇帝Theodosius于三九五年有命其二子分治东西两部之举，亦未尝心存分裂。嗣后罗马帝国之中，虽有两帝并治之迹，然帝国之一统，一如昔日，而两帝亦绝无畛域之见存。凡国中法律，仍必得二帝之同意而后颁发。当时之著作家，凡提罗马必曰帝国。一若国中仅有一君者然。实则统一思想，直贯彻于中古时代人民之心目中也。

蛮族之入居罗马帝国中者，虽始于东部；然西部瓦解之后，东部诸帝尚能守护其领土至千年之久。他日帝国东部，不亡于日耳曼种人，实亡于土耳其人。

罗马帝国东部之历史，虽不可不知，然此书不能尽情详述。其言语、文字及文明，多仍希腊之旧，且颇受东方诸国之影响，故与西部欧洲之文明绝异。而文学与美术，在东部颇能继续罔替，在西部则荡然无存。

自罗马帝国西部瓦解以后，东都遂为欧洲最巨最富之城，典章文物，灿然可观。建筑之宏丽，街市之清洁，西部欧洲人见之，莫不惊异。他日十字军兴时代，西部欧洲兵士之道经其地者，颇受其激动云。

第三章　日耳曼种人之入侵及罗马帝国之瓦解

1. 西Goth王国与Vandal王国之建设及匈奴之入侵

三七五年以前，日耳曼种人亦曾屡有侵入罗马帝国之举。求其原因，殆出于冒险精神，羡慕文化，或人口增加不得不求新地于外国。同时罗马人亦练精兵，筑长城以御之，使不得逞。不意忽有匈奴人迫日耳曼蛮族迁入衰微之罗马帝国中。匈奴本黄种，世居亚洲之中部。西向入欧洲，横扫居于Danube河流域之日耳曼种曰Goth者。Goth种人一部分遂渡河而南，入居罗马帝国中。不久与帝国官吏冲突，于三七八年大战于Adrianople，罗马军大败，皇帝Valens阵亡。至是日耳曼种人方知罗马兵力之不足惧。故Adrianople之役，实为罗马帝国西部瓦解之先声。自是而后，西Goth种人允罗马官吏之要求，相安无事，亦有愿为罗马兵士者。

不久蛮族酋长名Alaric者，颇不满于罗马人之待遇。遂募集军队，以西Goth种人为中坚，向意大利而进，四一〇年攻陷罗马城，大肆劫掠。Alaric目睹罗马之文明，殆颇惊奇钦羡，故不毁其城。城中损失亦甚少。并下令不得损害教会及其财产。

唯Alaric虽不损坏罗马城，而罗马城陷落之一事，在当时当然视为大祸。当时罗马之异端，均以为此事之所以发生，殆因罗马人改信基督教触怒旧日鬼神之故。唯有名之教会神父St.Augustine曾著《上帝之城》（The City of God）一书，力言罗马昔日之鬼神未尝有阻止灾患之能力，而当日之种种困难，亦非基督教之责任云。

不久Alaric死，西Goth种人遂散入Gaul，再入西班牙，逐其地之蛮族——Vandal种人及Suevi种人——而出之。此二种蛮族于Alaric攻陷罗马城前四年渡Rhine河而南入Gaul，大肆蹂躏者前后凡三年，乃越Pyrenees山而入居西班牙。西Goth种人既抵其地，遂与罗马政府言和。一面与Vandal种人战，所向成功，罗马皇帝遂于四一九年给以Gaul南部之地，即他日之西Goth王国也。十年之后，Vandal种人南下渡海而迁入非洲，建设王国，其势力殆及地中海之西部。西Goth种人既占西班牙，当其王Euric（四六六年至四八四年）在位时，征服半岛之大部，其王国之境，北达Loire河，南抵Gibraltar海峡。

五世纪中蛮族往来迁徙之情形，可不多述。总之西部欧洲一带，无不被其蹂躏殆遍。即Britain岛亦为日耳曼族Angle种及Saxon种所征服。

蛮族迁徙无定，欧洲本已大乱，同时忽又有匈奴人之侵入，欧洲人益惶惧。匈奴王Attila，罗马人称之为“上帝之鞭”（The Scourage of God），率其族西向而进。罗马人与日耳曼种人合力御之，于四五一年败之于Chlons。匈奴人乃转而南入意大利，拟进攻罗马城。罗马教皇Leo the Great驰往劝阻之。不期年Attila死，匈奴势遂不复振，自后不再为欧洲患。匈奴人入侵意大利之结果，仅有一端：即北部意大利诸城之难民，多逃入

Adriatic海滨之小岛中，他日美丽富庶之Venice城，实肇基于此。

2. 东Goth王国之建设

四七六年之一年，普通以为西部罗马帝国“亡国”（fall）之日，亦即中古时代开端之时。此年所有事迹，约略如下：自三九五年皇帝Theodosius the Great令其二子分治帝国东西二部后，西部皇帝每系庸懦无能之辈。蛮族在国内来往自如，皇帝不敢禁止也。不久蛮族军官，渐有随意废立皇帝之事。当四七六年日耳曼种人之在罗马军中者，要求皇帝予以意大利土地三分之一，皇帝不允。其领袖军官名Odoacer者，遂逐皇帝Romulus Augustulus，使之入居于Naples。一面将帝国之徽帜送往东罗马皇帝，请允其代东帝统治意大利。罗马帝国西部之帝祚，至是乃绝。

然不久东Goth王Theodoric逐Odoacer而代之。Theodoric幼时，曾居于Constantinople者十年，故对于罗马人之生活，知之甚审。既而返居蛮族中。东帝殊惶恐。彼率东Goth种人蹂躏帝国之东部，甚至东都几有不守之势。东帝屡赏以爵，给以地以羁縻之。嗣闻彼有西入意大利以驱逐Odoacer之意，东帝窃喜。Theodoric曾向东帝言曰：“如吾而失败也，则汝以后不再有浪费及骚扰之友矣；如天许吾之成功，则吾愿以汝之名，为汝之荣，统治吾力救出之上议院及帝国之西部。”

Theodoric与Odoacer争持至数年之久，Odoacer卒被困于Ravenna，至四九三年而降，不数日仍为Theodoric所手刃而死。

东Goth种人既占有意大利，其对于罗马文化之态度，殊可注意。Theodoric铸造钱币，仍刻东帝之名于其上，凡事必尽力以得东帝之允许。唯同时甚欲东帝承认其势力，盖彼固非愿居人下之人也。

东Goth种人并割意大利土地三分之一据为己有，唯处置审慎，绝无扰乱之迹，Theodoric并能维持罗马之法律及制度。官制及称号，概仍昔日之旧。蛮族与罗马人，概受一种法律之制裁。维持秩序，提倡学问，迁都于Ravenna，建筑宏丽，其遗迹至今犹有存者。

五二六年Theodoric死，遗一极有组织之国家于身后，然有一弱点焉。Goth种人虽系基督教徒，然自意大利基督教徒之目中观之，则以为非基督教之正宗。盖若辈之入教也，原由东部欧洲教士传授之，系Arius派。Arius

（三三六年卒）本Alexandria之长老，其主张为三二五年Nicaea宗教大会所反对。盖其对于基督之观念，及三位之关系，与罗马方面之主张绝异也。故在意大利人之心目中，彼东Goth种人不特为异种之蛮族，亦且属异端之信徒。虽Theodoric在当时为主张信教自由者，其言曰："宗教之事吾人不能强人之所不愿。"然此种精神，实与当日罗马帝国及教会之习惯不合。

3. 罗马文学之衰替

当Theodoric统治意大利之日，正Frank种人占据今日法国之时，其有功于造成近世之欧洲，实为蛮族之冠。此外西Goth种人建王国于西班牙，Burgundian种人建王国于Rhone河流域，Vandal种人建王国于北部非洲。各王国间，尝有联盟之举，欧洲列国分疆而治之局，此为初次。抑若罗马人与日耳曼种人之融化，可以进行无阻。

然时运尚未至此也，实则欧洲之扰乱，方以此为始。在政局纠纷之中，科学、美术及文学等，断无存在或发达之余地。Boethius者于五二四年（或云五二五年）因泄露机密为Theodoric所杀，实罗马最后之著作家。彼系学者，长于吟诗，著有论理学及音乐，为后人所传诵。

罗马人Cassiodorus（五七五年卒）为Theodoric之顾问，所遗书札，为吾人研究当时历史之资料。暮年专心于著述艺术及科学之大纲——如文法、算学、论理学、几何学、修词学、音乐及天文学。其著作原所以备未受教育之教士诵习之用，为他日研究《圣经》及教会原理之备。其学问之肤浅，与其著作之简陋，足见六世纪时意大利方面文化程度之低下。然在中古之欧洲，则知识之源，实不外此类书籍也。

自此以后，西部欧洲之文化，黯淡异常。自Theodoric在位时代至Charlemagne在位时代，前后凡三百年间，竟无一人能用拉丁文将当时事实为文以述之者。盖其时事事均足以摧残教育而有余。所有巨城——罗马，Carthage，Alexandria，Milan——或为蛮族所蹂躏，或为阿拉伯人所占据。古代图书之藏于神庙中者，基督教徒每设法毁灭之以为快。Theodoric死后不久，东罗马皇帝不再供给各城之教师，并废Athens之学校。六世纪之历史家，唯有Tours主教名Gregory者其人，文辞鄙俚，足征当日文化之衰替。彼尝曰："吾人之时代，诚为不幸，盖文学之研究，已无其人也。"

4. 东帝Justinian之武功及Lombard种人之入侵

Theodoric死后之一年，为东部罗马有名之皇帝Justinian（五二七年至五六九年）即位之日，颇尽力于恢北部非洲及意大利诸地之旧壤。其名将Belisarius于五三四年灭北部非洲之Vandal王国。至于意大利之Goth种人，虽善于自守，然有五五三年之战，力不支而遁。究竟何往，已不可考。盖其人数甚少，本不易统驭多数之意大利人，而意大利人又恶其为异端，故极愿东帝军队之入境也。

Goth王国之覆亡，实为意大利之不幸。盖东帝Justinian既死，即又有日耳曼种人曰Lombard者侵入意大利而占据之。此辈本极野之蛮族，大部分非基督教徒，其信基督教者，亦均系Arius派，其痛恶罗马教会也，与不信基督教者等。先占Po河以北之地，故此地至今名Lombardy。再南向而扩充其领土，横行于意大利半岛之中，蹂躏掳掠，无所不至，与Goth种人之治国有方者大异。意大利人多逃入海岛中。然Lombard种人终不能征服半岛之全部。罗马城，Ravenna，及南部意大利诸地，仍为东部罗马皇帝所领有。日久Lombard种人渐失其野蛮之性质，信奉基督教之正宗，遂与意大利人同化。其王国国祚，先后凡二百余年，为Charlemagne所灭。

5. Frank王国之建设

上述之蛮族，无一能建设永久之王国者，有之自Frank种人始。昔日蛮族之王国，或亡于蛮族，或亡于东帝，或亡于教徒。至于Frank种人不特征服大部分之蛮族，其领土并东向而入于Slav种人之境。Frank种人，始居于Rhine河下流，自Cologne以至于北海。其得地方法，与昔日之Goth种人、Lombard种人及Vandal种人绝不相同。其他诸蛮族，多深入罗马国境，远离故土，有如岛在海中。至于Frank种人，则以其故土为根据，先征服其附近之地。领土虽广，终不远离其故居，故方新之气，源源而来，绝不受罗马衰颓气象之影响。

当五世纪初年，若辈已占有今日之比利时及其东部附近之地。至四八六年，Frank种人有名王曰Clovis者（他日渐变形而为Louis）大败罗马人。其领土南入Gaul至Loire河为止，而与西Goth王国接壤。Clovis再东向而征服居于黑林（Black Forest）之Alemanni族。

Clovis武功甚盛，而以四九六年与Alemanni族之战为最有关系。彼虽异端，而其后已改信罗马正宗之基督教。当战事方殷之际，彼忽见前敌之兵士，势不能支，乃求祐于基督，并谓如能克敌，定受浸礼而为基督教徒。战后乃与其兵士三千人同受浸礼。彼之改信基督教，在欧洲史上有绝大之关系。盖罗马帝国中之蛮族王国，虽皆信奉基督教，然均属Arius派；在正宗教徒视之，其邪僻有甚于异端。因之日耳曼种人及罗马人不能有通婚之举，而两族之同化，遂生障碍。独Clovis所信奉者，为罗马之正宗，罗马主教颇与之周旋而不以异族视之。吾人研究Clovis及其继起者之史料，大都得诸Tours主教Gregory之著作。据其所著《Frank人史》之所述，隐然以Clovis为上帝所命之人，为扩张基督教之武器。Clovis亦渐与罗马教会相结纳，他日影响于欧洲史上者甚巨。

Clovis之领土，屡有扩充。南与信奉Arius派之西Goth种人接壤，东南与异端之Burgundian种人接壤。据Tours之Gregory所述，谓Clovis尝言曰："吾不愿信Arius派者之占有Gaul之一部分。吾人应以上帝之力征服之；征服之后，乃将其国土入于吾人势力之下。"不久Clovis果征服西Goth种人之领土以达于Pyrences山。Burgundian种人亦一变而为附庸，终为Clovis所征服。未几Clovis并用阴谋将国内Frank民族之一部分臣服于一己。

6. Frank王国之政情

五一一年Clovis卒于巴黎，其子四人遂分据其领土。此后百余年间，萧墙之祸，无日无之。然国君虽昏暴，而民族之发达，未尝中止。一因四邻无强国，无强邻入侵之虞，一因Frank种人领土中，颇能维持一统之局。

当日Frank王势力之所及，包有今日之法国、比利时、荷兰及德国之西部。至五五五年Bavaria入附，Frank王之领土，遂西达Biscay湾，东抵Salzburg以外。昔日罗马人所屡征而不得者，至是竟为Frank种人所克服。

Clovis死后五十年，Frank种人之领土，遂分为三。在西部者曰Neustria，以巴黎或Soissons为中心，其居民多受昔日罗马文明之陶铸。在东部者曰Autrasia，以Metz与Aix-la-Chapelle为中心，其居民纯属日耳曼种。此二国即他日法国与德国之雏形。在其中者，即昔日之Burgundian王国也。Merovingian朝最后之君主名Dagobert（六三八年卒），再起而统一诸地焉。

然至是Frank王国之统一，有一新生之危险，即国内贵族之跋扈是也。盖日耳曼民族中，在昔已有世家望族，势驾平民之上。日后军事倥偬，战绩较著者，每握军国之大权。跋扈之象，遂在所难免。

国中要津，以近王者为最重。近王之要职，则又以王宫执政（Major Domus）为最有势力，其地位与今日之国务总理相似。Dagobert死后，Frank王多高拱无为，故国人称之为“无事王”（Rois Faincants），政治大权，皆操诸王宫执政之手。Austrasia之王宫执政，名Pippin of Heristal者，即他日Charlemagne之曾祖父，其实权并及于Neustria及Burgundy两地，声望益著。七一四年卒，其子Charles Martel继起，武功尤著。

7. 蛮族与罗马文化之融合

当吾人研究蛮族入侵罗马帝国史时，颇欲了然于蛮族与罗马人之关系如何？蛮族醉心于罗马文明之程度如何？蛮族之旧习，保存者有几？然此种问题不易解答。盖关于两族融和之迹，已无可考也。

吾人能可考而知者，厥有数端：第一，读史者断不可误以蛮族之为数甚多。据当时人之所述，则西Goth种人初入罗马帝国时，男女老幼，共约四五十万人。此为蛮族南下各支中之最大者，然日后流离数十年方迁入西班牙及Gaul之南部，则人数之有减无增，可想而知。Burgundian种人初渡Rhine河时，人数不过八千众。当Clovis与其军队受浸礼时，相传亦不过三千余人。

上述人数，当然模糊不甚可信。然观于日耳曼蛮族之急于模仿罗马之语言文字及习惯，颇足以证明其人数之不多。蛮族之入居罗马帝国中者，先后已近五百年，故五世纪之变化，在罗马人民性质上，必无甚影响。

日耳曼民族入罗马境后，不久多操拉丁语。唯当日之拉丁语，较拉丁文为简单而易习。各地方言，渐趋渐异，卒发达而成近世法国、西班牙、意大利、葡萄牙诸国之语文。然此种变化，并非原于蛮族之入侵。而日耳曼语言文字之影响于拉丁文字上者，亦甚微也。

北部之Frank种人及居于德国与Scandinavia之日耳曼民族当然保存其原有之语言，在Britain岛中之Angle及Saxon种人亦然。此种日耳曼语言，日后渐成为荷兰、英国、德国、丹麦、瑞典诸国之语言文字。关于此点，后再详述。

日耳曼种人与罗马人之感情，亦无不甚融洽之迹。除信奉Arius派基督教之蛮族外，其余蛮族自始即与罗马人自由通婚。Frank种人之君主，尝命罗马人任文武要职，正与昔日罗马政府之重用蛮族无异。两人种间仅有不同之点一，即各有法律是也。

蛮族中之有成文法，殆始于Euric在位时代之西Goth种人，其文则适用拉丁。踵而仿行者，有Frank种人、Burgundian种人及Lombard种人等蛮族。各种法典合成所谓《蛮族之法律》（The Laws of the Barbarians）。吾人研究五世纪时日耳曼民族之习惯及思想，实唯此种法律之是赖。自五世纪以后，日耳曼民族之各支，殆皆受各支法律之制裁。至于罗马人则仍适用罗马法。南部欧洲一带蛮族人数较少之地，终中古之世，多沿用罗马法。至于其他各处，则沿用日耳曼法至十三十四两世纪时止。其例之最著者，莫过于中古时代之神诉（Ordeal）。

日耳曼法律上，无审判之规定。无所谓证据，更无所谓判决。盖蛮族思想简单，此种方法，非所知也。故两方欲证明其控诉之正确与否，唯有应用下述之方法：（一）诉讼者先宣誓其言之真确，并请同阶级中人宣誓以证明诉讼者之言之真确，其人数多寡，由法庭定之，此之谓宣誓保证法（Compurgation）。其意以为誓不由衷者，神必罚之也。（二）诉讼者两方面，或请人代表，可举行格斗，视其胜负而定其曲直。其意以为直者必蒙天祐。可操必胜之券也。此之谓赌力法（Wager of Battle）。（三）第三法谓之神诉法：诉讼者或手浸于沸水之中，或手提或足蹈赤热之铁块以走。如三日之后，手足无伤痕者则为直，否则曲。此种审判方法，颇足以证明当日蛮族文明程度之低下。

8. 中古时代之事业

观于上文所述罗马帝国之状况，及蛮族入侵之情形，即可知中古时代问题之困难及其责任之重大。日耳曼民族各支之精神与习惯，虽不相同，而其不识罗马文学、美术及科学之为何物，则殊一致。盖蛮族之性质，愚朴而强悍，除战争及饮食外，别无嗜好。欧洲之秩序，因之大乱，而罗马帝国之文化，几乎荡然无余。美术建筑诸品，有破坏而无建设。西部欧洲状况，一返罗马未兴以前之旧。

所幸古代文明之损失，暂而不久。蛮族对于古代之文化，亦并不使之扫地而无余。而且就文明故土之中，经营新社会之建设。罗马人之农业方法，蛮族仿而行之。凡蛮族所不知者，无不以罗马之方法为模范。总之，自古代东方诸国传来之文化，并未因蛮族南下而衰亡殆尽也。

蛮族之受教育，先后凡需千年之久。而欧洲卒有古化复兴之一日。当十四、十五两世纪时代，先有意大利，继之以西部欧洲诸国，对于古代文学及美术之真与美，幡然觉悟，如醉之初醒。蛮族之教育，至是告终。然中古时代，并非毫无进步之时代。其有功于欧洲文明上者，亦正不少。盖近世欧洲之文明，乃二质混合而成。所谓二质者，即上古之文明，及中古日耳曼民族之精神及思想是也。

第四章　罗马教皇之兴起

1. 基督教会得势之原因

当Frank王国势力扩充之日，正基督教会组织发达之秋，基督教徒团体之如何发达，传道教士人数之如何日增，三世纪后基督教之著作家如Cyprian辈之大一统主义等，吾人已略述于上。罗马皇帝Constantine之定基督教为国教，以后诸帝之援助教徒，Theodosius法典之保护教会及教士，及非正宗之基督教之排斥，吾人亦已略述于上。

兹再述罗马帝国末造及中古时代之教会。自罗马帝国西部瓦解以后，西部欧洲制度之最永久而且最有势力者，莫过于基督教之教会。吾人欲知基督教会之内容，不能不先探其得势之源，及东西两派分裂之故。再研究修道士之发达，及其与教士之关系。再进而研究修道士与教士对待蛮族，感化蛮族，及统治蛮族之陈迹。

中古时代教会之所以得势，其最大原因，即在于当日之教会实能适合当日之环境而应付当日之需要。盖无论何种组织，如不能应付需要，即永无发达之望也。

其次，则因基督教本主灵魂不灭，死后当罚之说，当时人民，莫不闻而生畏。古代希腊人与罗马人之观念，对于死后，不甚注意，即有念及之者，亦每以死后干燥无味，远不若生时之快乐。若辈虽亦有主张恶人死后必入地狱者，然大都以为死后景况，不乐不苦。古代异端，视宗教为今生之业，与来生无关。崇奉神明，无非求今生之快乐。

当时人既深信来生之无望，故均怀行乐及时之想。Horace尝谓人皆有死之一日，而快乐则与死以俱去。唯吾人不宜有逾分之举，恐有害于快乐也。然吾人对于将来，切不可无事而忧，盖此乃天命，非人力所能为者也，云云。此种思想，颇足以代表古代异端之心理。

至于基督教之主义，则与此绝异，特重人生之死后。此种人生观念渐代异端之主张而传入于蛮族。因之当时人多舍此生之职业及快乐，专心于来生之预备。闭户自修之不足，并自饿自冻或自笞以冀入道。以为如此或可以免此生或来世之责罚。中古时代之著作家，类皆修道士中人，故当时以修道士之生活为最高尚。

彼朴野之蛮族，深信其一生之命运，端赖教会。而教士亦复以地狱果报之说动世人之心，以为唯有行浸礼者，方有上登天堂之望。然受浸礼时，仅能洗除过去之罪过，而不能洗除未来之罪过。如无教会之救济，则死后灵魂，必入地狱无疑。

其时教会中并有种种神奇之事，人民信之者极众。如医病也，救苦也，罚恶也，无不如响斯应，出人意料。在今日视之，固甚可笑，而在当日，则各种记载之中，无不富有神奇之迹，而当时人亦无怀疑者。

关于最初基督教礼拜堂之建筑，此处不能不略述及之。罗马每有建筑巨厦于市场附近之习惯，以备市民交易，法官审案，及官吏办公之用。此种处所，罗马人名之为“大厅”（Basilicas）。罗马一城之中，即有此种大厅数处。国内各巨城中，至少类有一处。屋顶宏敞，支以长列之柱，有时每边有柱二列而成廊路。自皇帝Constantine崇奉基督教以来，罗马人遂多仿此种建筑式以造宏丽之礼拜堂，且亦以Basilicas名之，故Basilicas一字之意义，至是遂变为“大礼拜堂”。

自Constantine时代以至今日，已一千六百年，当时之礼拜堂，当然已无存者。唯Constantine百年后所造之罗马Santa Maria Maggiore教堂，至今尚存，其廊柱之整齐与嵌饰之美丽，颇可表示最初礼拜堂建筑之一斑。就大体而论，则罗马式之礼拜堂，类皆外朴而内丽。至于罗马式建筑之如何渐变为Goth式建筑，使内外并形美丽之迹，后再详述。

2. 中古教会之政权

然中古教会之重要，不在其宗教上之职务，而在其与当日政府之关系。其初教会与帝国政府，颇能互相尊重，互相援助。总之罗马帝国政府存在一日，则教士永无自由专断之一日。盖帝国法律，由皇帝规定之，彼教士绝无置喙之余地也。而且教会亦非有政府之援助不可。因崇奉基督教及摧残异端之二事，非有政府之力不行也。

然自蛮族入侵，罗马帝国西部瓦解之后，西部欧洲之教士，多不服各国君主之干涉，渐脱离政府而自立。再进而渐夺政府之大权。五〇二年，罗马宗教大会曾宣言Odoacer之命令为无效，以为俗人无干涉教会事务之主权。罗马主教Gelasius第一（四九六年卒）曾述教会权力之根据如下："治世界者有二力：即教士与君主是也。唯前者之权实大于后者，盖教士固对于上帝负责者也。"夫人类之永久利害，既较世俗利害为尤重，则万一人类利害有冲突时，教会官吏当然有最后判决之权利云。

然教会要求管理教务之权为一事，而其代行昔日帝国政府之职务又为一事。唯教会之代行政府职权，并非僭夺，因当时实无强有力之政府，足以维持秩序也。盖自罗马帝国瓦解以来，西部欧洲一带，直可谓为无国家。各国君主之权力尚不足以保存本国之秩序。国内之大地主，纷争不已，中央政府，无力干涉。战争之事，为国内贵族之唯一要务，视同娱乐。为君主者，既无维持和平之力，又无保护人民之方。政局既如此之纠纷，政府又如此之无能，则教会之得势，理有固然。凡民间契约、遗嘱及婚姻诸事，莫不受教会之节制。孤儿寡妇之保护，人民教育之维持，均唯教会之是赖。此教会势力之所以日增，而政治大权之所以渐入于教士之手也。

3. 罗马教皇得势之原因及其机关之发达

兹再述罗马教皇之由来及其得势之故。在《Nicaea宗教大会议决案》及《Theodosius法典》中，虽无规定罗马城主教为教会领袖之明文，然罗马城之主教自始即隐然为基督教之首领，盖西部欧洲之教会，唯在罗马城中者为基督门徒所始创。

《新约全书》中屡言Paul之在罗马城，Peter亦然。而且父老相传Peter，实为罗马城中之第一主教。此事虽无文献之足征，然自第二世纪中叶以来，世人多信其为确有。总之当时既无相反之传闻，而又得人人之深信，此种深信，即为极重要之一事。Peter本基督之门徒，而亦为门徒中之最贤者。《新约全书》中，基督之言曰："吾与汝言，汝是Peter，在此石上，吾将建设吾之教会；地狱之门，无能阻吾。而吾且以天国之钥予汝，无论何人汝以为应束之地下者，在天亦如之。汝以为应纵之地下者，在天亦如之。"

故西部欧洲教会之视罗马教会，有同慈母。且以为罗马城主教所持之原理，系嫡派相传，故最为纯正。凡有争执，必就正之。加以罗马城为帝国首都，首都中之主教，其地位当然驾乎其他诸城主教之上。然其他巨城中之主教，日久方承认罗马城之主教为其领袖也。

纪元后三百年间罗马城之主教为谁，其详已不可考。总之至基督教势力极大罗马帝国权力极衰后，罗马城主教方握有政治大权也。

至于四五两世纪中之教会史，材料较富。盖自Nicaea大会之后，教徒中文人蔚起，著作甚丰，直可称为教会文学之黄金时代。此期实为神父讲述神学之时代，后代之神学家，多宗仰之。言其著者：有Athanasius（三七三年卒），相传为规定基督教正宗信条之人，攻击Arius派尤力。有Basil（三七九年卒），为提倡修道事业之人。有Ambrose（三九七年卒），为Milan之主教。有Jerome（四二〇年卒），译《圣经》为拉丁文，而成教会之定本。尤著者，当推Augustine（三五四年至四三〇年），著作之富，影响之大，一时无两。

神父所研究者，多属理论，故对于教会之组织，多不经心。观其论调，亦并无推崇罗马城主教为首领之意。唯Augustine著作中，曾称当日之罗马城主教为“西方教会之首”。自Augustine卒后，继其后者，为一极英明有志之人，他日罗马城主教卒为“王中之王”者固非偶然矣。

Leo the Great（四四〇年至四六一年）之为罗马城主教，实为罗马教会史之开端。罗马帝国西部之皇帝Valentinian第三，因Leo之请求，于四四五年下令宣布罗马城主教为教会之领袖，以为罗马教会为基督弟子Peter所创，且罗马城又为帝国之首都也。又命西部欧洲诸地之主教，均应听罗马城主教之命，凡不应召者，则由帝国官吏督责之。四五一年东部欧洲有Chalcedon宗教大会，议决东都教会之地位与西都教会等。两城之主教共有统驭其他主教之权。唯罗马教会始终不承认此案为正当。东西两派之分离，伏机于此。Leo之主张，虽未能即时实现，而且时来反抗。然其有功于教会之得势，则无可疑也。

罗马教皇之名，英文曰Pope，源出拉丁文中之Papa，其意为“父”，盖对于当日主教之通称。至六世纪时Pope一字，渐限于罗马城中之主教。然至八九世纪时，方显然为罗马城主教所独有。至Gregory the Great为罗马城主教时，方宣言唯罗马城中之主教得称“教皇”云。

Leo卒后不久，Odoacer有废罗马帝国西部皇帝之事。不久又有Theodoric及蛮族Lombard种人先后入侵之迹。国中无主，政局纠纷，不独罗马城中之人民，视罗马城主教为主人，即意大利之居民，亦视罗马城中之主教为共主。盖皇帝远处东都，而帝国官吏之守土于中部意大利及Ravenna诸地者，亦颇愿得罗马城中主教之援助。罗马城中之政权，已入于主教之手。同时主教之领土，满布意大利半岛之中，故主教并负有管理及保护之责。对于日耳曼种人之交涉，亦唯彼一人任之。

4. 罗马教皇Gregory the Great

当Gregory the Great（五九〇年至六〇四年）任罗马教皇时代，尤足征教皇势力之宏大。彼本罗马上议院议员之子，曾被任为省长。彼以富贵之地位易使人堕落，其母本笃信基督教者，而Gregory幼时又尝读Augustine，Jerome，及Ambrose辈之著作，故其父去世后，遂尽出其家财设立寺院七处。七寺院中，其一即以家屋改建者，Gregory修道其中，修行太苦，身体大伤，几罹伤生之祸。幸其时罗马教皇有命其前赴Constantinople之举，彼之才力，遂大著于世。

五九〇年Gregory被选为罗马教皇，皇帝所居之上古罗马城，遂一变而为教皇所在之中古罗马城。建筑教堂多取材于古代之神庙。基督门徒Peter及Paul之坟墓，渐为教徒顶礼膜拜之中心。当Gregory就任之始，罗马城适大疫。彼乃率教士及教徒游行通衢之上，以求祐于上帝。忽见天使长Michael现身于皇帝Hadrian之墓上，韬其利刃，以示上帝息怒之意。古代罗马史，自Gregory就任时止，而中古史则于是乎始。

Gregory以著述名于中古。彼与Augustine，Ambrose，及Jerome为罗马教会中之四大神父。观其著作，颇足见当时文学之衰替。其著述之最有名者为《答问》一书（Dialogues），盖一种神迹神话集也。名家竟有此种著作，此种著作竟备成年人诵习之用，殊出吾人意料之外。在其著作《Moralia》中，尝谓书中或有文法错误之处，读者不必惊异，盖研究此种高尚之题目，著书者不应拳拳于文法之错谬与否也。

吾人试读Gregory之信札，足见当日教皇中如有杰出之人，则其势力之宏大，几无伦匹。彼虽自称为"上帝之仆中之仆"（此种称谓至今尚然）然其势力极巨。盖是时东帝势力之在西部，已虚名徒拥，罗马城中之实权均在Gregory之手也。同时并能阻止Lombard种人，使之不得入侵意大利之中部。凡此种种职务，均系政治性质，Gregory一旦执行之，教皇政权，遂于是乎始。

Gregory于意大利半岛以外，尝与罗马帝国东部皇帝，Austrasia，Neustria，及Burgundy诸国之君主，信札往来。彼竭力选派教士中之贤者为主教，而对于各地寺院，亦能悉心管理。然其最大之事业，莫过于传道。他日英国、法国、德国诸国，莫不俯首听令于教皇者，Gregory之力也。

Gregory本系修道士，故其传道之事业，类有赖于修道士。吾人于叙述传道事业之先，不能不先述修道士之由来及其性质。

第五章　修道士及日耳曼种人之入教

1. 清修主义及寺院制度

中古欧洲之修道士，其势力之大，与其事业之广，颇难叙述。人才蔚起，史不绝书。有哲学家，有科学家，有历史家，有美术家，有诗人，有政治家，名人如Bede，Boniface，Abelard，Thomas Aquinas，Roger Bacon，Fra Angelico，Savonarola，Luther，Erasmus辈，无一非修道士出身。

寺院制度（Monasticism）之力量，在于足以感化各阶级中人。是时蛮族入侵，人生渐苦。寺院之为物，不特为笃信宗教者藏身之所，即彼思想高尚不愿为兵受苦者，亦多以寺院为尾闾之洩。盖寺院生活，神圣而平安。彼蛮族虽悍，对于修道士之生命及财产，每不忍加以残害。同时失志者，受辱者，贫而无告者，亦多遁入寺院以终其身。至于修道士之人数，有增无减。帝王贵族，多布施大地以为容纳修道士之所。其他如深山丛林之中，清净无尘，修道者莫不趋之若骛焉。

寺院之发达，始于四世纪时之埃及。当蛮族战败罗马人于Adrianople之日，正St.Jerome宣传清修主义之时。迨六世纪时，西部欧洲一带，寺院林立，修道士日增月盛，遂感有规则之必要。唯寺院清规，始于东方，西部欧洲之气候与人民之性质均与东部欧洲异，故东部欧洲之清规，不适于西部欧洲寺院之用。因之St.Benedict于五二六年时，编订规程，以备意大利北部Monte Cassino寺之遵守，盖彼实此寺之首领也。其规程妥善而适用，其他寺院，多仿而行之，遂成西部欧洲一带寺院之清规（Rule）。

St.Benedict清规之重要，与国家之宪法无异。其条文颇自然而圆满。以为俗人不定皆能修道者，故规定凡人寺修道者必先经一修业之期，谓之“徒弟”（Novitiate）。凡寺院之住持（Abbot）由修道士选举之，统辖寺中一切。凡修道士均有服从之义。修道士除祈祷静坐外，均须工作与耕种。并有诵习与教授之义务。凡身弱不能工作者，则令其任轻易之事，如抄书即其一端。

凡修道士均须遵守服从、贫苦及贞洁三种志愿，对于住持有绝对服从之义，凡修道士不得有私有之物。须终身以贫苦自守，所用诸物，均属诸寺院。除服从及贫苦二志愿外，并须有贞洁之志愿，终身不娶。盖当时不但以为单身生活较娶妻者为清高，即许其娶妻，于寺院组织上，亦实有不能相容之势。此外凡修道士之生活，必须自然，不得行过度之断食以伤其身体。盖当日东部欧洲修道士之因苦修过度，卒伤其生者，时有所闻，故St.Benedict特限制之。

Benedict派修道士影响之及于欧洲者甚巨。任教皇者得二十四人，任主教及大主教者得四千六百人。以著述名世者，得一万六千人。当大局扰攘之日，文人学子多入居其寺院之中，潜心著述。至于抄书一事，本系修道士应有之职业。若辈手抄古籍，虽每不经心，而不知其所抄者之为何物，然当时因图书馆之毁坏及藏书家之漠视，古人文稿，丧失垂尽，故抄书之业，实为要图。虽抄本谬误百出，总较不传为胜。拉丁文学之不致失传，盖皆修道士之功也。

昔日奴制盛行时代，常人视工作为贱业。自修道士身任工作之后，工作之事复其常态。寺院附近之土地，由修道士耕种之，草莱遂辟。当日旅舍甚少，往来商旅，多食宿于沿途寺院之中，各地交通，因之日便。Benedict派及其他各派之修道士，莫不热忱以赞助教皇。教皇深知其势力之宏大，故特予以教士所享之特权。因之教士遂有清修教士（Regular Clergy）与世俗教士（Secular Clergy）之别。

罗马教会，极欲继罗马帝国之后以统驭欧洲。然教会官吏，职务繁杂，断不足以代表基督教之精神。教会仪节及教务之管理，教会财产之保存，皆世俗教士之责任。而清修教士颇足以证明个人笃信及修养之必要。故寺院之制度，无异教会之教师，使教会不至流为仅具形式而无精神之器械，宗教精力，源源而来，无中断之虞。

修道士所居之处曰寺（Monastery或Abbey）。其构造颇合修道士之需要，而且往往建于远离城市之处，盖取其清静也。其建筑类仿自罗马人之别墅，四周为室，其中为院，曰Cloister。院之四周有走廊，以便往来于各室而不受太阳风雨之苦。不但Benedict派之寺院如此，即其他各派之寺院亦莫不皆然。

院之北为礼拜堂，多西向。日后寺产既富，故寺中之礼拜堂，每极其美丽。英国之Westminster寺，即系昔日在伦敦城外某寺之礼拜堂。至今英国寺中礼拜堂之遗址，尚不一而足，备游人凭吊之资。在院西者为储藏食物之室，在院南而与礼拜堂相对者为食堂与坐厅。坐厅在天寒时并有暖炉。在院中而与食堂相近者为盥洗所，为修道士聚餐前洗手之处。在院东者为寝室，寝室离礼拜堂极近，盖修道士每日须礼拜七次，而七次之中，有一次于天未明时举行者也。

据Benedict清规之规定，凡修道士均须借寺产之出产以维持其生活。故寺屋之外，围以花园、菜园、磨坊、鱼池及种谷之地。此外并有医院一，以治病人，又客房一，以便行旅。在较大之寺院中，亦每附有宏丽之居室，以备君主贵族偶然住宿之用。

2. 英伦三岛中之传道事业

修道士事业之最巨者，莫若传道。罗马教会势力之日大，原于传道事业者为多。盖修道士不仅传其道于日耳曼种人而已，而且使日耳曼种人俯首为教皇之臣子也。到于修道士之传道事业，则自传道于Britain岛之日耳曼种人始。

当纪元初年，英伦三岛为Celt种人所居，其习惯与宗教，已不可考。Julius Cesar于纪元前五五年始入征其地，然罗马势力，始终不出自Clyde河至Forth海臂止长城之外。即长城以南诸地，亦不尽为罗马所同化。至今Wales之语言，尚仍Celt种语言之旧，即其明证。

当五世纪初年，日耳曼蛮族入侵罗马帝国，罗马军队之驻在Britain岛者，因之撤归，以厚国防之力。Britain岛遂渐为日耳曼民族所征服。蛮族中尤以居于丹麦之Saxon种人及Angle种人为多。此后二百年间之事迹，已不可考。Britain岛上之Celt种人究竟何往，亦不可考。旧日史家多以为此种人或被杀而死，或被逐入山。然以与日耳曼种人同化之说较为可信。Saxon种人与Angle种人之酋长，建设小王国于岛中，当教皇Gregory the Great在位时代，计有七国或八国之多。

当教皇Gregory尚为修道士时，于罗马城中奴市上见有Angle种人，状貌雄伟，不胜惊异。继悉其为异端之蛮族，心窃悯之。他日Gregory就任教皇，乃遣修道士四十人赴英国传道，而以Augustine为领袖，并以英吉利主教之职予之。Kent国王之后，系Frank王之女，本信基督教，故五九七年罗马修道士登岸时，颇受优待，并以旧日罗马时代所建之Canterbury教堂予之。罗马之修道士遂设寺院于此，为传道事业之机关。Canterbury之地，至今尚为英国宗教之中心。

然英伦三岛中之基督教徒，并不仅限于Augustine及修道士。当Britain岛为罗马行省时代，已改奉基督教。其时并有St.Patrick（约卒于四六九年）传道于爱尔兰之举。日耳曼种人入侵以后，异端复盛，爱尔兰因僻处海中，得免于难。唯爱尔兰教徒不熟谙罗马基督教之习惯，故颇有互异之处。爱尔兰庆祝基督复活节之期，及修道士削发之样式，均与罗马异。当Augustine传道于Britain岛南部之日，正爱尔兰人传道于Britain岛北部之时。

罗马派与爱尔兰派教士之习惯既不相同，故时有冲突之举。爱尔兰之教士，虽尊重教皇而不愿离罗马派而独立，然始终不愿废弃其旧习。同时亦不愿承认Canterbury之大主教为领袖。至于罗马教皇则甚不愿爱尔兰教徒之独树一帜于岛中。两方相持不下，互相仇视者，凡五六十年之久。

然相争之结果，罗马教会终得胜利。六六四年Northumbria王开宗教大会于Whitby，承认罗马基督教为国教。爱尔兰之教士不得已退归。

当Whitby大会开会时，Northumbria王言曰："同奉一神者，应遵守一致之规则，不应互异，因人人所希望之天国，本属相同。"彼以为僻处欧洲西部海外之一岛，竟与其余基督教国异其习惯，殊属非理。此种教会统一之信仰，实为教会得势之一大原因。他日英国领土日有扩充，忠于教皇者凡千年之久，至十六世纪初年Henry第八在位时，方离罗马教皇而独立。

英岛之宗教，既成一统之局，随发生一种崇拜罗马文化之热诚。Lindisfarne，Wearmouth，及其他诸寺院，渐成当日文化之中心，欧洲大陆诸国，殆无能与之相埒者。常与罗马往来，未或中辍。罗马工人多渡海入英国建筑石造之罗马式教堂以代旧日之木造者。青年教士，多习拉丁文，有时并习希腊文。古代书籍，输入国中而重抄之。当七八两世纪之交，有名著作家Baeda其人，通称"可敬之Bede"（The Venerable Bede）（六七三年生七三五年卒），著有当日《英国宗教史》，为吾人研究当日英国宗教最重要之资料。

3. 欧洲大陆上之传道事业

不久传道之热诚，又自英国而返诸欧洲大陆。昔日Clovis及Frank民族，虽已改信基督教，然北部欧洲一带，仍未普及。当Augustine入英国之前数年，爱尔兰传教者St.Columban登欧洲大陆之岸而入Gaul。往来各处，建设寺院，苦于修行，善施神术，极为时人所信仰。彼并深入蛮族Alemanni所居之地以达于Constance湖畔。不久为蛮族酋长所逐，遂南下传道于北部意大利之Lombard种人，于六一五年卒于其地。其同志中有名St.Gall者，留居Constance湖畔，弟子日众，遂建寺院，乃以其名名之，为中部欧洲最著寺院之一。其他爱尔兰之教士多深入Thuringia及Bavaria森林中以传其道。唯德国教会，则溯源于英国之传道士也。

St.Columban卒后约一百年，当七一八年时，罗马教皇遣英国修道士名Boniface者入德国传道。凡经营四年而返罗马，教皇任以传道主教之职，誓从教皇之命令。Boniface主张服从教皇甚力。他日罗马教会之独霸西部欧洲，彼盖与有力焉。

Boniface既有Frank王国中王宫执政Charles Martel之保护，尽力于传道之事业。昔日爱尔兰教士所感化之基督教徒，及北部欧洲之异端，无不入附于罗马。七三二年Boniface升任Mayence之大主教。乃着手于建设Salzburg，Regensburg，Wurzburg，Erfurt，诸主教教区（Bishopries），即此可见其传道区域之广，及其传道事业之盛。

Boniface既组织德国之教会，遂着手于Gaul教会之改革。是时Gaul教士多不德之行，而教会之财产亦因时局不宁，日有损失。Boniface得Charles Martel之援助，尽力于改良之事业，Gaul教会，卒入附于罗马。七四八年Gaul诸地之主教集会宣言维持宗教之一统，服从教皇之命令，以冀得为Peter之羊云。

第二卷　封建制度之发达及民族国家之兴起

第六章　Charles Martel及Pippin

1. Charles Martel之内政

当罗马教皇渐成西部教会首领之日，正Frank王国中王官执政Charles Martel（七一四年至七四一年）及其子Pippin the Short二人建树Charlemagne帝国根基之时。Charles Martel所遇之困难，与他日欧洲各国君主所遇之困难正同。中古君主之最大问题，殆莫过于如何可以使国内负固不服之权臣、主教及住持，俯首帖耳以听命于中央政府。

是时国内官吏之最有势力者，凡二等：即伯（拉丁文为Comites）与公（拉丁文为Duces）是也。当罗马帝国时代，凡各城均有伯负行政之责，伯之上则有公。此种官吏之称号，日耳曼种人沿用之而不改。当日君主虽有任意任免之权，然为伯为公者，渐有任职终身之趋向。

其时Aquitaine，Bavaria，及Alemannia诸地之公，多夜郎自大，不服王命，Charles力平之。武功甚盛。中央政府之势，为之再振。

至于国内主教之难以驾驭，亦正与公与伯同。Charles虽不遵教会之规定，不与人民以选举本区主教之权，主教之任免，唯彼一人主之。然一旦主教被任之后，每利用其地位以建设独立之小邦。寺院之住持亦然。Charles对于主教及住持之跋扈者，一律免职，而以其亲友代之。如予其侄以二寺及三主教之教区，即其一例，然新任者之跋扈，与旧者初无稍异也。

2. Pippin之篡位

Charles卒于七四一年。其未卒之先，已将其王宫执政之职传其二子：即Pippin与Carloman是也。兄弟当国，大权在手；所谓君主，无事可为，正如史家所谓“披发长须，徒拥君主之名而自满；高据御座，俨然国王；接待各国使臣，受大臣之指导以答复各国使臣之询问，不知者方且以为出自国王之本意。实则当日国王除虚名与王宫执政所给之微俸外，一无所有云。”其时国内之反抗者均为王宫执政所压服，而Carloman忽有辞职之举，入寺为僧。Pippin一人遂大权独揽，当日纪年史上并谓“国内升平无事者凡二年”云（七四九年至七五〇年）。

Pippin之权势既大，乃隐怀篡夺王位之志。然当日国王虽无所事事，而事关废立，究非易易，故Pippin有商诸罗马教皇之举。教皇答曰：“余意以为无权之人而假称为王，不若以有实权为王而且称王之为愈。”

据上所述，可知后代史家以为Pippin之为王，系罗马教皇所任命，并不尽然。盖罗马教皇明知Pippin之僭夺王位，势所难免，而且为国人所心许，故不得不顺势以利导之耳。七五二年国内之公伯以盾拥Pippin由St.Boniface行傅油之礼，继以教皇之祷告，Pippin乃即王位，为Carolingian朝之始。

此次罗马教皇之参与加冕，君主原理上遂发生重大之变迁。盖日耳曼种人之君主，自古以来类皆由人民或贵族选举军队中之首领充任之。君主之得位，并非神授，实因其才力出众足以折服人民耳。自Pippin遵古代犹太之旧习，使St.Boniface及罗马教皇来行傅油之礼，“日耳曼种之酋长遂一变而为神命之君王”。罗马教皇并谓凡有反对Pippin之族者，必受天罚。服从君主，遂成为宗教上之责任。在教会方面观之，则凡得教会赞许之君主，即无异上帝之代表。他日王权神授之观念，实端倪于此。

3. Pippin与罗马教皇之携手

罗马教皇赞成Pippin之篡夺王位，足征当日西部欧洲两雄——Frank王及罗马教皇——之水乳。不久并携手而同盟，在欧洲史上生出绝大之影响。吾人欲了解之，不能不先明罗马教皇所以脱离东罗马皇帝及与Pippin交欢之故。

自Gregory the Great死后百余年间，在罗马之教皇类皆服从东帝。尝求东帝之援助以抵御北部意大利之Lombard种人。当七二五年时，东罗马皇帝Leo第三下令禁止教徒不得崇拜耶稣及其他圣人之偶像。故下令凡国内教堂中之偶像及壁上之画像，一概销毁。基督教徒，群起反对，即东都教士亦复啧有烦言，而西部欧洲一带之教士，尤为不服。罗马教皇坚持皇帝无干涉教会习惯之权，抗不奉命。并召集宗教大会宣言凡有“推翻，毁坏，或亵渎神圣之偶像者”则逐诸教会之外。西部欧洲教会遂始终维持其崇奉偶像之旧习。

罗马教皇虽不喜毁灭偶像之东帝，然仍望东帝之援助以御Lombard种人之南下。不久Lombard王名Aistulf者，不听罗马教皇之请求或恫吓。七五一年入占Ravenna而进逼罗马城，意在统一意大利，以罗马城为其首都。此诚意大利半岛存亡危急之秋也。意大利其将统一于日耳曼民族之下而文明发达如Gaul乎？观于Lombard种人之进步，又非不能组织国家者。然罗马教皇终不愿失其独立之地位以附属于意大利之王。故意大利王国之不能建设，实罗马教皇有以致之。千余年来，意大利半岛之不能统一，教皇作梗，实为主因。当时教皇曾求援于东帝，东帝不之顾，不得已求援于Pippin，亲越Alps山而入Frank王国。国王优礼有加，偕教皇南返，以解罗马城之围，时七五四年也。

当Pippin北返之日，正Lombard种人再围罗马城之时。观是时教皇Stephen所致Frank王之信札，尤足见当日之特点。函中略谓Pippin一生际遇之隆，均原于St.Peter之祐，故应急来援救St.Peter之后继者。如Frank王而任Lombard种人之割裂与摧残罗马城，则王之灵魂将入地狱而受鬼怪之割裂与摧残。此种言论，颇为动听；Pippin再南下，卒征服Lombard王国，夷为附庸。

Pippin既恢复意大利之地，乃不归远于东帝，而反馈诸罗马之教皇。教皇之领土遂自Ravenna以达于罗马城之南部。继续维持至十九世纪后半期。

Pippin之在位，关系甚大。Frank王国之势力，日有增加，为近世法国、德国、奥地利三国发祥之地。北部欧洲君主之干预意大利内政，亦始于此时，为他日法国、德国诸国君主失足之主因。此外教皇之领土，虽壤地偏小，而其关系之重大及国祚之永久，亦复为欧洲所罕有。

Pippin及其子Charlemagne仅知得教皇赞助之利益，初不知其贻害之无穷。此后西部欧洲各国之民族，无不求其君主、法律与命运于Tiber河上矣。

第七章　Charlemagne

1. Charlemagne之性情

日耳曼民族中之历史上伟人，吾人知之较悉者，当首推Charlemagne其人。其他如Theodoric Charles Martol，Pippin辈，吾人所知者，不过大概而已。当日史家虽稍有记载，然对于各人之性质，多略而不详也。

Charlemagne之容貌，据其秘书之所述，颇与其政治手腕之特点相同，殊可注意。其身体长而且壮，面圆，目巨而有光，鼻较常人为大，面貌和蔼可亲。无论坐立，均俨然有君人之态度，身材魁梧，故见者每不察其颈之过短与其体之过肥。步趋稳健，举动安详，言语清朗而发音微低。好劳恶逸，喜驰马畋猎，并善游水。体力雄厚，精神饱满，故往来国内，从事征战，所向无敌，而毫无倦容。

Charlemagne曾受教育，故深知学问之重要，力行提倡。每饭必令人朗诵古书以悦其耳；尤喜读历史及St.Augustine所著《上帝之城》一书。能拉丁语，并谙希腊文。曾有意于著作，唯因年老太晚，故始终仅至自能书其姓名为止。尝召国内之学者入居宫内，利用其学问，建设国家教育之制度。彼亦注意于建筑以美丽其王国。尝亲自计划Aix-la-Chapelle地方之大礼拜堂，一切陈设，莫不关怀甚切。又造美丽之王宫二：一在Mayence附近，一在荷兰之Nimwegen地方，并造桥于Mayence附近之Rhine河上。

他日Charlemagne虽死，其印象尚深入人心而不能骤去。后人所著传奇中，多详述彼一生之功业，虽多系空中楼阁，而当时人则多信以为真。

St.Gall寺中之老僧，于Charlemagne死后不久，曾著书谓其拥大队之军士，横扫全部欧洲。骑士之忠勇无伦者，实拥戴之，为他日欧洲骑士之模范。终中古之世，诗人骚客，多以Charlemagne之事功为其吟咏之资。

吾人试研究Charlemagne在位时代之功绩，即知彼诚不愧为历史上之伟人而为中古时代之豪杰。盖其影响于欧洲进步上者极大。兹先述其武功，再述其内政，最后乃述其提倡文化之迹。

2. Charlemagne之征服Saxon种人

Charlemagne之目的，在于统一日耳曼民族以建设基督教帝国，而其志竟成。当Pippin当国时代，Frank王国之领土，不过今日德国之一部分。Frisia及Bavaria本已奉基督教，因Charlemagne先人及传道教士Boniface辈之劝导，早已入附Frank王国。其时介于两国之间者，有Saxon种人，负固如昔。信奉异端，其制度习惯尚一仍七百年以前之旧。

其时Saxon种人所在地，约自Cologne而东以达于Elbe河，北至今日Bremen及Hamburg诸城所在地。此种民族，既无城市，又无道路，欲征服之，极不易易，盖若辈胜则乘势南下，败则退入森林也。然任其自由，则逼处Frank王国之北鄙，尝有骚扰之虞，而王国之国境，亦且无扩充之望也。Charlemagne在位时，一意于征服Saxon种人者，凡十余年。平其叛乱者，前后凡九次，卒因基督教会之力克服之。

Charlemagne之有赖于教会，以征服Saxon种人为最著。凡每次叛乱既平之后，彼必令蛮族改奉基督教以表示其忠顺于王之意。随即遣派主教及住持等驰往其地以管理之。七七五年与七九〇年间所颁之处置Saxon种人土地之法律，规定凡"不忠于国王者"与"逃避浸礼，藐视浸礼，及仍信异端者"均处以死刑。Charlemagne深信Saxon种人入教之必要，故下令凡以武力强夺教堂中之物件者与当"四旬斋"（Lent）期中而食肉者均处以死刑。无论何人，不得依据异端之仪式，向树木或泉水行宣誓之礼，或躬与异端祭鬼之宴会；凡生子必于一年之内受浸礼；否则均罚金。

至于各区教会之维持费，由各区人民捐地三百亩以充之。并备居室一所为教士之用。"同时，根据上帝之命令，凡教徒均须纳其财产及工作所得十分一之税于教会及教士；凡贵族、平民及佃奴，均须纳其一部分于上帝。”

上述种种之规则，极足以代表中古时代政府与教会之关系。凡反叛教会者，在政府视之，罪同叛逆。当时政府与教会，虽尝有冲突之迹，然在人民心目之中，则每以为教士与官吏，相辅而行，缺一不可云。

当Saxon种人未被Charlemagne征服以前，本无城市。征服以后，则主教所在之区与寺院所在之地，市镇林立，城市渐增。其中最著者，允推Bremen，至今尚为德国之巨城也。

3. Charlemagne之征服Lombard种人

Pippin曾与教皇约，愿负保护之责，吾人已述及之。当Charlemagne有事于北部Saxon种人居地之日，Lombard种人乘机南下而进攻罗马城。罗马教皇急求援于Charlemagne，Charlemagne令Lombard王将其征服诸城交还罗马教皇。Lombard王不允，Charlemagne遂于七七三年率大队军士入侵Lombardy，陷其都城Pavia。迫Lombard王入寺为修道士，Frank军士尽掠其财产而去。七七四年，Lombardy之公伯均被迫而臣服于Charlemagne。

Charlemagne未即位以前，国内巨省如Aquitaine及Bavaria等，均形同独立，不受管辖。Aquitaine公当Pippin秉政时代，时有蠢动之举，于七六九年合并于Frank王国。至于Bavaria，在Charlemagne心目中，以为任其独立，则难望其援助以抵抗边境之Saxon种人。乃迫Bavaria公纳其领土，并禁之于某寺中。Charlemagne乃以其地分给国内诸伯。Saxon种人所在地与Lombard王国间之领土，遂入于Frank王之手。

4. Charlemagne之征服Slav种人

吾人以上所述者，仅以Charlemagne与日耳曼民族之关系为限。实则彼所注意者，尚有东部欧洲之Slav种人及西班牙之阿拉伯人。彼如欲自守其国，非设法征服之不可。故Charlemagne在位之后半期，即注其全力于此。于七八九年一战而败Saxon种人东北之Slav种人，迫Bohemia入贡。

Charlemagne深恐非日耳曼种之蠢动，故于王国四境特设特别区曰Marches者，分遣边防使（Margraves）分驻其地以镇之。以防御日耳曼种入犯为职务。边境之安危，多系于边防使之得人与否。边防使中颇有扩充势力以自固者，他日Frank王国之瓦解，伏机于此。

5. Charlemagne之称帝

Charlemagne最巨之功业，莫过于八〇〇年之重建西罗马帝国。是年Charlemagne赴罗马解决教皇Leo第三与其敌人之纷争。事成之后，于耶稣圣诞日在St.Peter教堂中举行庆典。当Charlemagne跪于坛前行祷告时，教皇加以王冠，以“罗马人之皇帝”（Emperor of the Romans）称之。

此次加冕之举，Charlemagne自以为并不预知，实出其意料之外。据当日Frank史中之所述，则谓：“当日东部罗马帝国女王在位，皇帝之名，已不能用，于是罗马教皇Leo神父，及所有基督教徒均以为不如推举Frank王Charles为皇帝之为愈。盖因彼之领土除意大利，Gaul及德国外，又占有历代皇帝所居之罗马城。上帝既许其领有如许之土地，人民又均具爱戴之热忱，则彼之称帝，实属允当。”Charlemagne虽无称帝之权利，然当日大势所趋，有不得不如此之故。当彼未称帝以前，彼为Frank种人及Lombard种人唯一之君主。日久武功甚盛。领土增加，国王之名，本已不称。而且当日罗马东部之皇帝，自教皇Leo下令禁止偶像以后，在罗马教会视之，有同异端。加以Charlemagne未加冕以前，东部帝位为一恶妇人名Irene者，伤其子Constantine第六之两目，夺而代之。故Charlemagne之称帝，与当日西部欧洲之政情正合。

西部帝国之建设，当时人均以为即系昔日罗马帝国之中兴。而以Charlemagne为废帝Constantine第六之继统者。然就事实而论，则新帝之地位与昔日罗马皇帝之地位绝不相同。第一，东部罗马之帝祚，始终绵延不绝。第二，Charlemagne以后之日耳曼皇帝类皆柔弱无能，即德国、意大利二部之地，亦不能守，遑论其余。不过西部帝国自十二世纪以后，改称为神圣罗马帝国（Holy Roman Empire），国祚延绵至千余年之久。至一八〇六年方绝。

日耳曼诸君之称帝，实伏他日多事之机。若辈尝虚耗其精神，越国过都以维持其意大利国之领土，且因Charlemagne受教皇加冕之故，为日后教皇要求废立皇帝权利之根据。故当中古之世，皇帝屡有南下之举而教皇与皇帝则屡起无谓之争。

6. Charlemagne之内政

Charlemagne之领土，既广且杂，统治为难。帝之修明内政，治国有方，卒致有盛极难继之叹。当日之困难，与昔日Charles Martel及Pippin时代同，言其著者，即国库空虚与诸侯跋扈二事。Charlemagne之能力，以见诸治国方面者为最著。

当中古时代，中央政府之收入，类有赖于皇室之私产，盖其时罗马国税制度，久已不行也。故Charlemagne对于私产之整理及收入，异常注意。其规则至今尚存，吾人读之，颇足以了然于当日之状况焉。

Frank王所赖以治国之官吏，以伯为最重要；凡君主不能亲临之事，均令伯为“王之手与声”。国内秩序之维持，司法之监督，军队之募集，均唯伯之是赖。边疆之上则有边防使，前已言之。此外并有公，公之名至今尚通行于欧洲诸国中。

Charlemagne为监督国内诸伯起见，时时特派巡按使（Missidominici）巡行全国，遍问民间之疾苦，以告于王。每区二人：一俗人，一教士，以便互相牵制。各区巡按使，每年更换，以免其与各区之伯，狼狈为奸。

Charlemagne称帝后，政治组织上，绝无更张，唯国民年在十二岁以上者，均须宣誓忠顺其皇帝。每年春间或夏季，必召集国内之贵族及教士开大会以商议国事。颁发法律多种，曰Capitularies，至今尚有存者。尝与各区教士及寺院住持商议教会之需要，尤注意于教士及俗人之教育。吾人观当日之种种改革，颇能窥见当日欧洲之情状何如也。

7. Charlemagne之提倡教育

Charlemagne之注意古籍，为Theodoric后第一人，盖自三百年前Boethius死后，古学久已不振。约六五〇年时，埃及为阿拉伯人所征服，纸草之源遂绝。其时欧洲之纸，尚未发明，所用者仅羊皮纸一种，价值甚贵。虽较埃及之纸草为坚实，然所费太巨。故书籍之抄传，颇多障碍。据Benedict派修道士所述，则八世纪为法国文学史上最闭塞、最黑暗、最野蛮之时代。Merovingian朝之公文书，每有文理欠通之病，足见当日文人之无学。

然当时虽称黑暗，而亦有曙光。即在Charlemagne以前，亦已见世界将复现光明之象，拉丁文可断其不亡，因当日教会及公文书，均用拉丁文也。基督教之教义，不得不考之于《圣经》及其他诸书，而教士之讲道文稿，亦即文学之一种。故凡属教士，均非稍受一种教育不可。凡教士之贤能者，无论其为何国人，当然不能不识拉丁之古籍。其时又有编辑古籍为《精华录》之类者，故时人对于古代之文化，亦并未尽忘。研究虽不能精深，而古学之种类为何，则尚留在当时人之心目中也。

Charlemagne为当日君主中深悉教育衰替第一人，彼未称帝以前，曾有二函提及此事。其一系致某主教者，其言曰："近年以来，吾尝接读各寺院之函札，谓寺院中之修道士，尝代吾行神圣诚笃之祷告。吾观诸函中之用意，固属可嘉，然察其文字，殊属鄙俚，盖因不重教育之故，故函中之言，每有错误，不能尽达其心中之真意。吾甚恐将来作文之能力，愈趋愈下，所具知识将不足以了解《圣经》。吾人深知文字谬误，本属危险，而知识谬误，尤为危险。故吾望汝不仅不忘文字之研究，且望汝能虚心实在去研究，则汝必能深悉《圣经》中之玄妙。"

其二云："吾辈先人，不重学问，吾曾竭力提倡之；吾甚望国人均能随吾之后熟究文艺。吾人得上帝之助，曾以此种精神校正《新旧约》各书中之谬误矣。"

Charlemagne之意，以为教会不但有教育教士之责，且应予普通人民以初等教育之机会。故于七八九年下令凡教士均须集其附近自由民及佃奴之子弟，建设学校为"儿童读书"之地。

其时国中主教及住持之遵令建设学校者，其数虽不可知；而当日文化中心之可得而考者，则有Tours，Fulda，Corbie，Orleans诸地。Charlemagne并建设"王宫学校"备皇子及贵族子弟入学之用，请英国人Alcuin任管理全校之责，并聘意大利及其他诸地之名人为教师。其最著者，即历史家Paulus Diaconus其人，著有Lombard种人史，为吾人研究Lombard王国史之大源。

Charlemagne对于抄书谬误之危险，尤为注意。故在其建设学校命令中，并谓："尔辈须将赞美诗、乐谱、文法，及寺院与主教教区中之书籍，详加校正；因祈祷之时，每因书籍谬误之故，致有祈祷不得当之患也。毋使汝之子弟误读或误书。如有抄写福音、赞美诗或《弥撒经》之必要时，令成年者谨慎为之”，此种预告，极为合理，盖遗传古籍之重要，亦正不亚于教育之提倡也。唯Charlemagne并无恢复希腊罗马学问之意。彼以为教士而能熟习拉丁文，能了解《弥撒经》及《圣经》，斯可矣。

Charlemagne之提倡教育及知识，并无结果。九世纪时虽有文人，其著作亦能传之于后世；然自其帝国瓦解之后，同室操戈；加以蛮族再来，诸侯跋扈，西部欧洲之大局，一返二百年前之旧。故十世纪及十一世纪初年之状况，与七八两世纪时，初无少异。唯不若Charlemagne以前秩序之紊乱，与民智之闭塞耳。

第八章　Charlemagne帝国之瓦解

1. Charlemagne帝国之分裂

Charlemagne之帝国，领土广大，一旦Charlemagne去世，其将从此瓦解乎？抑仍统一耶？此诚研究历史者之重要问题也。Charlemagne似深知一旦物故，统一无人，故于八〇六年，将其帝国之领土，分给其三子。帝之分给领土于其子，究因习俗相沿，不能不平分于诸王子耶？抑因深知己身去世，后继乏人耶？吾人不可得而知。唯不久其年长之二子，均先其父逝世，其幼子Louis独领帝国。

Louis the Pious即位之后，不数年即有分给帝国于其诸子之举。然诸王子各不相下，时起纷争，故自八一七年至八四〇年间，瓜分之举，竟有六次之多。诸王子纷争之迹，兹不详述，至八四〇年，Louis卒。其第二子Louis the German领有Bavaria及今日德国诸地。其幼子Charles the Bald领有Frank王国之西部。其长子Lothaire领有两弟领土间之地，并袭皇帝称号。Charles与Louis因其兄有实行皇帝职权之举，合力以抵抗之，败之于Fontenay地方，时八四一年也。越二年乃订Verdun和约。

当三人商订和约时，对于Lothaire之领有意大利，Charles之领有

Aquitaine及Louis之领有Bavaria殆无异议。其争持最烈者，即关于其余帝国领土分配之一端。其结果则长兄既称皇帝，并得领有Frank领土之中部；包有都城Aix-la-Chapelle。其疆界之不自然，及其言语风俗之不一致，固甚显然。Louis并得Lombardy以北西至Rhine河之地。至于Charles则领有今日法国之大部分及西班牙边境与Flanders诸地。

2. 法国德国之起源

Verdun条约之重要，在于东西两Frank王国之发见。为他日法国与德国两国之雏形。Charles the Bald领土中之人民，大部分沿用拉丁语，日久渐变而为南部法国语（Provencal）及法国语。至于Louis the German领土中，人民与语言均属日耳曼种。介于两国之间者，为Lothaire王国（Lotharu regnum）此地一变而为Lotharingia，再变而为今日之Lorraine，至今尚为德国法国两国相争之地。

至于当日各地方言之互异，征于八四二年Strasburg誓言而益信。盖当Verdun条约未订以前，Lothaire之二弟，曾郑重宣誓互助以抗其大兄。二人先用本国之语言各向兵士云，如吾有离异吾兄之时，汝辈亦当解除忠顺吾兄之义务。于是Louis再用“罗马语”（Lingua Romana）向兵士重述其誓言，使Charles之兵士易于了解。Charles亦用“条顿语”（Lingua Teudisea）向兵士重述之。此两种誓言之原本，至今尚在，为历史上最有兴趣最有价值之文字，盖吾人藉此得以稍知当日欧洲各国语言之雏形也。前此之日耳曼种人，殆仅有语言而无文字，凡能文字者皆用拉丁，法国语亦然。

3. Charles the Fat之统一帝国

八五五年Lothaire卒，遗其意大利及其王国于其三子。至八七〇年，其子先后去世者凡二人，其叔父Charles the Bald与Louis the German二人遂订Mersen条约，瓜分其侄之领土。仅留意大利及皇帝称号于其仅存之侄。其结果则自八七〇年，西部欧洲一带，显分三国。一如近世意大利、德意志及法兰西殊可异也。

Louis the German既卒，其子Charles the Fat入继东Frank王国之统。

八八四年，Charles the Bald之子若孙，先后逝世，堪继统者仅有一五龄之童子。西Frank王国之贵族，群请Charle sthe Fat兼领其地。Charlemagne帝国至是分而复合者，凡二三年。

Charles the Fat多病而无能，与北蛮（Northmen）所订之条约，尤足征其优柔而无勇。当巴黎伯Odo尽力抵抗北蛮之围困巴黎时，Charles不但不率军来援，反允年予北蛮银七百磅为解围之条件。并允北蛮军队于是年冬日屯驻于内地Burgundy，焚毁劫掠，如入无人之境。

此种辱国之条约，大拂西Frank王国贵族之意。若辈遂乐与其侄Carinthia之Arnulf合谋篡夺；八八七年Charles被废。自此以后，除他日法国皇帝Napoleon外，再无一人能统一Charlemagne帝国之东西南三部者。Arnulf虽称帝，然国内已无复统一之望。即统一之名，亦不可复得。当时编年史中曾谓"当Arnulf虚费光阴之日，正各小王国发达之秋"云。

西Frank王国中之贵族，在北部者选巴黎之Odo为王；至于南部，则有Vienne之Boso伯，隐恳罗马教皇封其为Rhone河流域及Provence一带地方之王。Boso死后，Geneva湖沿岸一带地，叛而自立。他日此地与Boso之领土，合而为Burgundy（亦称Arles）王国。

当Charles the Fat未废以前，国内之伯及大地主多乘机自立，俨同君主。其在东Frank王国则昔日Charlemagne所征服之日耳曼种，渐谋自立，就中尤以Bavaria人及Saxon种人为不驯。至于意大利，则领土瓦解之状况，较北部二国为尤甚。

4. 帝国不能统一之原因

据上所述者观之，足见当日已无人能再统一Charlemagne之帝国者。盖当日之困难甚多，欲建设一统一之国家，几乎无望。第一，国内交通，到处阻梗。罗马时代之道路桥梁，至是因无人修理，类皆残毁。至于罗马帝国国境以外之地，为Charlemagne所征服者，其道路尤较恶劣无疑。

此外当中古之世，钱币稀少。为君主者，遂无资多任官吏为治国之用。而且因经费有限之故，不能募集军队为维持秩序平定叛乱之需。

除君主优柔，国库空虚之外，尚有一大患焉——即蛮族之四面入侵是也。此次蛮族之入侵，较Charlemagne时代以前之蛮族入侵，尤为不幸。盖足以破坏欧洲之和平而阻止欧洲之进步也。Charlemagne帝国瓦解以后二百年间，欧洲极其黑暗，此为其绝大之原因。

至于帝国东部，则有Slav种人入侵之患。Charlemagne虽曾战败之，然此种人之骚扰东疆，垂二百年之久。此外又有匈牙利人，系来自亚洲之蛮族，蹂躏德国及意大利，其骑兵并深入Frank王国之东部。最后匈牙利人被逐东返，其所居之地遂名匈牙利。

最后又有所谓北蛮者（Northmen），盖丹麦、挪威、瑞典诸地之海盗也，相率南下。若辈不但劫掠海滨之巨城，有时并沿河深入Frank王国境中，达于巴黎，大肆骚扰。其入侵英国者，世称丹麦人。英王Alfred the Great竟不能不承认若辈为英国北部之主人云。

据上所述，可见Frank王国之险象环生，患难纷至。内有贵族之纷争，外有蛮族之骚扰。此扑彼起，无时或已。故当日之诸侯，莫不深居城堡；当日之城市，莫不围以城墙。甚至修道士之寺院，亦复有建筑堡垒以资防卫者。

5. 封建制度之权舆

中央既无有力之君主，国内又无强盛之军队，各地之安危，无人顾及。国内之伯、边防使、主教及大地主辈，群起而谋自卫。若辈一面有卫国之功，一面有保民之德，故人民之向往者，无不倾心。此Charles the Fat以后之政权，所以旁落于国内大地主之手也。中古诸侯之城堡，类皆位置于形胜之地，如果国君有力，又焉能坐视其存在者？于此可见当日之诸侯，已隐然有负固不服之志矣。

吾人今日试游历英国、法国或德国之境中，每见有中古城堡之遗址，雄踞山巅，凭眺四方，可达数英里之地。围以厚墙，墙外有濠。堡中有高塔，其窗甚小。可见此种建筑决非升平时代之居室，而为云扰世界之王宫。

盖居住堡中之人，必随时有被攻之险，如其不然，又何必靡巨费造成冷静森严之巨厦为居室之用乎？当时巨厅之中，诸侯之扈从，群集一处，以备调遣。一旦被攻，则群趋于小窗之内，以箭射敌。如敌人逼近，则倾火烧之沥青或融化之铅以御之。

昔日罗马人每于军营之外，围以厚墙，此种有墙之营，名曰castrum。然皆系政府之堡垒，而非私人之居室也。罗马帝国衰替之日，蛮族相继入侵，国内大乱。于是伯、公与大地主，多建筑堡垒以自卫。然当日之所谓城堡，不过筑土为堆，围以深壕，卫以木椿而编以树枝。土堆之上为木造之堡垒，亦以木椿围之。此种城堡，在Charlemagne死后，尚通行数百年。唯因材料不甚坚实，或被焚，或腐烂，故至今已无存者。

约自一一〇〇年以后，建筑城堡之材料，渐以石代木。盖至是战术已变，木料已不足以资保卫也。昔日罗马人之攻城也，每以巨石或尖锐之木棒向墙上或向墙内投之。并有投石与投木之手机。当兵士携斧或撞车登城时，并有自卫之方法。自日耳曼民族入侵以后，对于此种战机，不甚习惯，故旧日之武器渐废而不用。唯东部罗马帝国中尚沿用旧日之战术。自有十字军之役以后，此种战术，复传入西部之欧洲。西部欧洲之建筑城堡，因之不得不以石代木云。

唯方形之堡，不如圆形无角者之易守，故百年之后，圆形之堡，极其风行，以迄一五〇〇年为止。自一五〇〇年后，火药巨炮之为用已广，城堡虽坚，亦难御炮弹之攻击矣。

昔日木堡，至今无存。吾人之城堡观念，可自石造者得之。城堡之地址，多在悬崖之上，得建瓴之势，不易近攻。如在平地，则围以深沟，谓之城濠（moat）。中储以水，横以吊桥。其大门并有厚木板造之栅栏，由上而下，谓之吊门（porteullis）。墙内有高塔一，谓之主塔（donjon），内包数层。有时堡内亦有巨厦及居室，为诸侯及其家庭起居之所。然有时即居于主塔之中，此外堡内并有储藏粮食及军器之处，并有礼拜堂一。

吾人欲明中古贵族之地位及封建制度之起源，不能不先知当日地主之状况。当Charlemagne在位时代，西部欧洲一带地，多分裂而为巨大之地产，有若罗马时代之Villas。此种分裂之由来，已不可考。此种巨大之地产，亦名封土（Manor）。类以佃奴耕种之，终身不得离其地，并受地主之约束。同时佃奴并须代种地主之私地，凡地主及佃奴日用之需，皆取资于封土。所谓中古之地主，即系指领有封土一二处之地主而言；每年收入，足以自给，并有余暇与四邻之地主战。

当Charlemagne即位以前，政府已有给予寺院、教堂及个人，以免纳地税之特权。凡朝廷官吏之司法或募捐者，不得擅入其地。此种特权，原在免除官吏之勒索，并不予以政府之大权。其结果则享有此种特权之寺院及个人，每以君主之代表自命，实行国王之权责。他日中央政府之势力日衰，地方诸侯遂渐成独立之地主。此外即无此种特权之地主与重要官吏如伯与边防使等，亦多尾大不掉，独霸一方。

国内诸伯之地位，尤为优胜。Charlemagne所任之伯，类皆选自富民或巨族中人。又因政府无钱之故，凡有功勋于国家者，则酬以土地，诸伯之势力益大，渐视其领土及地位为私产，传之于其子若孙。当Charlemagne时代，因有巡按使巡行制度，故诸伯尚能就范。自彼死后，巡按制废而不用，官吏之抗命或无能者，中央已无法以处之矣。

然吾人断不可以为Charlemagne死后，西部欧洲一带，遂无国家，或以为四分五裂，小国如林。

第一，当时君主，犹保其昔日威严之一部。为君主者或柔懦而无能，或无法以抑服抗命之官吏。然无论如何，君主自君主，曾受教皇之加冕而为上帝之代表。其地位总在诸侯之上。他日英国、法国、西班牙诸国之君主，最后意大利德国诸国之君主，摧残封建，抑服诸侯，终占优势。

第二，当日之地主，虽形同独立，然无不属于封建制度（Fendalism）之中。凡地主之有余地者，每分给他人，唯受封者须尽忠顺及其他种种义务，如从军，贡献意见，及援助主人等。诸侯（Lord）与附庸Vassal之关系，遂权舆于此。凡诸侯同时为国王或其他诸侯之附庸，各尽其忠顺之义务。故封建制度，遂起而代国家，以私人之结合代君主与人民之关系。

封建制度中之政府与田产制度，均与今日各种制度不同，极难了结。然吾人若不晓然于封建制度之为何，则中古千余年间之欧洲史，即将茫无头绪矣。

第九章　封建制度

1. 封建制度之起源

封建制度为西部欧洲第九、第十两世纪状况之天然结果。其中要质，并非当日新发明者，亦非当日新发见者，实则合各种要质以应付当日之需要者也。故吾人于研究封建制度之前，不能不先述罗马帝国末造之政情及日耳曼蛮族之习惯。一则可以了然中古分封领土之习惯，一则可以明白诸侯与附庸之关系。

当罗马帝国末年，西部欧洲一带之小地主，多以土地之主有权让诸有力之大地主，求其保护，前已述及。当时因人工稀少之故，大地主每许小地主仍得耕种其土地，不取租金。自蛮族入侵以来，小地主之景况，日趋恶劣。然其时寺院林立，小地主每向寺院求保护，寺院僧侣无不乐而许之，收其田产为寺产，并允小地主仍得耕种其地。小地主虽无主有之权，然地中所产，仍为所有，只需年纳收入之一小部分于寺院，以承认寺院之主权。此种土地之使用（Usufruct）谓之恩泽（Beneficium）。Frank王国之君主及大地主之处置其领土，类皆如此。此种恩泽，实为封建制度发达之第一步。

与恩泽制并起者，尚有一种制度，足以说明封建之起源。当罗马帝国末年，凡自由民之无产者，每入附于富而有力之地主。衣服饮食及保护之责，均由地主负之，而自由民则有忠顺主人之义，"爱主人之所爱，避主人之所避"。

此外又有日耳曼种人之一种习惯，极有类于罗马之习惯，以致研究历史者，每难断定封建制度之何自起。Tacitus尝谓日耳曼种之青年每有誓忠于领袖之习，如青年之助彼出战者，则领袖有维护之义。此种制度，Tacitus称之为同志结合（Comitatus）。在日耳曼种人视之，不仅义务之交换而已，实亦为主人与同志间之一种道义上结合。其结合也，有一定之仪节。为同志者并须宣誓其忠爱之忱，正与后日封建时代诸侯与附庸之关系相同。领袖与其同志之互助义务，两方均视为神圣不可违者。

罗马之小地主，与日耳曼之同志，虽绝不相同；然他日封建制度中之附庸，实源于此。自Charlemagne卒后，西部欧洲一带遂将日耳曼同志结合之习惯与罗马恩泽之习惯合而为一。凡使用地主之领土者，即为附庸，封建制度，于是乎始。

2. 封建制度之要质

封建制度之起源，既不出自王命，亦不出自地主之本心。其来也渐，并无正轨，纯因此种制度为当日之最便利而且最自然者。大地主亦乐分其领土于附庸，而附庸亦愿尽其从军服役纳税之义务。凡诸侯根据上述条件分给土地于附庸者，谓之“分封”（Infeudation）。分封之地，谓之封土或采邑（fief）。为附庸者亦可分给其封土于他人而自为其主。此种分给，谓之“再封”（Subinfeudation）。再封之人，曰“附庸之附庸”（Subvassal）。此外诸侯之无力者，每求护于诸侯之有力者，并纳其土地而为其附庸。故诸侯亦同时为附庸，附庸之人数，因之增加不少。

据上所述者观之，终中古之世，封建制度日兴月盛，“自顶而底而中，同时并进”。第一，大地主每瓜分其领土以予附庸。第二，小地主每纳其土地于寺院或大地主而为其附庸。第三，凡诸侯或附庸可再封其一土于附庸之附庸。至十三世纪时，法国方面竟有“无地无诸侯”之习惯，正与中古时代之情状相同。

吾人须知封土与恩泽不同，既无一定之年限，亦非仅限于终身。凡封土皆世袭，由附庸传之于冢子。凡附庸之能尽忠于诸侯及实行其义务者，诸侯即无夺回其封土之权。封土世袭之制度起自何时，虽不可知，然至十世纪时已风行一世矣。

当日君主及诸侯莫不晓然于封土世袭制度之不当，然积习甚深，改革不易。其结果则为君主或诸侯者，对于领土中之实力，丧亡殆尽，所得者仅附庸之徭役及租税而已。总之当日封土，渐成附庸之私产，为诸侯者徒拥地主之虚名而已。

当日为君主之诸侯者，形同独立。为诸侯之附庸者，每不受君主之节制。自九世纪至十三世纪时，德国、法国诸国之君主，并无统治国中人民之权。权力所及，仅至其诸侯而止。至于其他人民，因为诸侯之附庸，故与中央之君主，不生直接之关系。

吾人既知封建制度之起源，杂而且渐，即可知当日虽在小国之中，其制度亦不一致，遑论全部之欧洲？然法国、英国、德国，三国中之封建制度，颇有相同之处；而法国之封建制度，尤为发达。后当详述法国之制度以例其余。

3. 附庸之义务及贵族之种类

封土一物，为封建制度之中坚；封建制度之名，亦实由此而起。就广义之封土而言，即指土地，由地主分给他人，许其永远使用，而以为其附庸为条件。凡愿为附庸者，须跪于诸侯之前，行“臣服之礼”（Homage），置其手于诸侯之手，宣言愿为彼之“人”，而领某处之封土。诸侯乃与之接吻，提之使起立。于是为附庸者手持《圣经》或他种圣物，宣忠顺之誓，郑重以表示其愿尽一切责任之意。臣服之礼与忠顺之誓，为附庸绝大之义务，而为“封建之约束”（Feudal bond）。凡封土易主时，附庸若不行臣服之礼，即以叛而独立论。

附庸之义务，种类极多。有时所谓臣服者，仅指服从诸侯不损害其名誉与领土而言。凡诸侯有远征之举，为附庸者有从军之义务，唯逾四十日以上者，则费用由诸侯供给之。至于附庸守卫诸侯城堡时间之久暂，各处不同。附庸从军之日既短，为诸侯者多感不便。故当十三世纪时，凡君主及大诸侯，多公募军队以备随时赴敌之用。年予骑士以一定之收入，为骑士者不但为附庸，而且有随时从戎之义，此种制度，曰金钱封土（Money fief）。

为附庸者，除有从戎之义务外，并有为诸侯出席审判同僚之责。此外诸侯有所咨询，附庸有贡献意见之义。诸侯或行大礼，附庸有前往服役之义。有时附庸亦有供给金钱或人工于诸侯之责。如遇封土之易人，诸侯子女之婚姻时，为附庸者，均应送以金钱，或亲身服务。最后，凡诸侯或赴附庸家中，附庸须供给其饮食。有时封建契约中，甚至将诸侯来会之次数，所带之人数，及应备之食物，亦复详细规定云。

至于封土之大小及种类，亦复不胜枚举。大则如公与伯之封土，直隶于国王。小则如骑士之封土，由佃奴耕种之，一年所得，尚不敷一人生活及购买战马之用。

中古社会中之贵族，必领有封土，且不须为佃奴之工作者充之。并须为自由民，不必工作，其收入足以自给及购买战马之用。贵族每享有特权，此种特权，在法国至革命时方废。至于德国及意大利，至十九世纪方废。特权之大者，以免税为最。

至于当日之贵族，极难分类。十三世纪以前，并无一定之等差。例如为伯者，其领土或甚为狭小，或广拥领土有同大公。然就大体而论，则公、伯、主教、与住持，类皆直隶于国王，故为最高等之贵族。其次即为附庸。附庸以下即为骑士。

4. 封建制度之内容

封建制度中封土期限，极为复杂，故诸侯不得不将其封土注于册而保存之。此种清册之传于今日者甚少。然吾人幸有十三世纪时Champagne伯之封土清册，得以窥见当日封建制度内容之一斑，并足以了然于制造封建制度时代地图之不易。

当十世纪初年，有Troyes伯名Bobert者。曾欲夺法国王Charles the Simple之位，未成而卒，时九二三年也。其领土遂传于其婿，而其婿则本已领有Chateau-Thierry及Meaux二区。不久三区之封土，并传于其子，而其子若孙，并行种种僭夺之举，领土益增。至十二世纪时自称Champagne伯。凡德国、法国诸国封建制度之发达，大率类此。当日诸侯之扩充封土，与他日法国君主之统一国家，其进行程序，正复相同。

据上述册中之所载，则知当日Champagne伯之领土，共有二十六处，每处必有城堡一所为其中心。各处均系诸侯之封土。大部分虽属于法国王，然Champagne伯之诸侯，除法国王外，尚有九人。其中有一部属于Burgundy公。至于Chtillon，Epernay，及其他市镇数处，则属于Rheims之大主教。彼同时又为Sens大主教及其他四主教与St.Denis寺住持之附庸。Champagne伯对于若辈，均有忠顺之义。一旦各诸侯或起战争，则伯之地位，必极困难。实则彼之地位，与当日之附庸，初无少异。

然Champagne伯领土清册之目的，不在记载其受诸他人之封土，实在记载其分封他人之封土。据册中所记，则伯之领土，再封诸骑士二千人。册中所载诸骑士受封之条件，亦复详尽无遗，有仅行臣服之礼者，有愿每年从戎若干日者，有愿守卫其城堡若干日者。同时伯之附庸，亦多有受封于其他诸侯者。故伯之附庸，每有同时并受封土于伯之诸侯者。

Champagne伯除分封领土广收附庸外，同时并以一定之收入或一定之粮食予人而令其为附庸。如金钱也，房产也，小麦也，雀麦也，酒也，鸡也，甚至蜜蜂也，皆足以为分封之资。在今日视之，则出资以招募军队，宁不简洁了当？而在当日则一若非此不可者然，亦足见封建制度势力之巨也。盖以为仅允许以金钱之报酬，尚不足以担保其义务之必尽。必有封建之约束，其关系方较密而且固云。

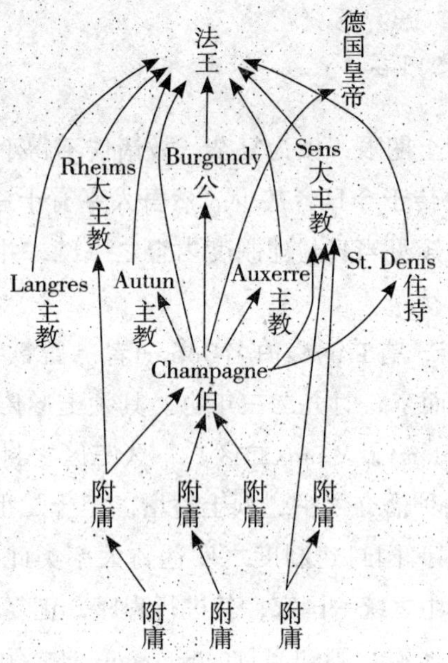

据上所述者观之，可见封建制度，并不若普通历史家所谓自君主而诸侯而附庸之层次井然。盖附庸之主，不一其人。故封建之制，益形复杂。下面之表，虽不足以完全说明当日封建之实情，然其内容之复杂，则正可见一斑矣。

5. 封建时代之私斗

若就封建时代之规则及契约而论，则条分缕析，几乎事事皆有极详细之规定，似可维持当日之秩序及个人之自由。然试读当日之编年史，则大局之纷扰，干戈之云攘，无以复加。除教会外，几皆唯力是视。如诸侯而无力者，即无望其附庸之能尽其责。所谓忠顺，本属维持秩序之唯一原理，而食言之辈，在当时无论为诸侯或为附庸，亦正不一其人也。

为附庸者，一旦有不满于其诸侯之意，每易人而事之。而附庸并有易主之权利，如诸侯不能公平司法，即可为易主之理由。然附庸易主之事，往往为谋利起见，遂背故主。故当日易主之事，史不绝书。凡附庸之有力者，或诸侯之无能者，则易主之举，往往随之而起。

封建时代，除战争外无法律；所谓法律，即是战争。当时贵族，除战争外无职业；所谓职业，即是战争。诸侯附庸，好勇斗狠。权利尝有冲突之迹，人民皆有贪得无厌之心。故战争流血，习以为常。为附庸者，至少必与四种人战：其一，与其诸侯战；其二，与主教或住持战；其三，与其同僚战；第四，与其属下之附庸战。故封建之约束，不但不能担保大局之和平，反一变而为争斗之导线。人人皆存幸灾乐祸之心。不特此也，即家庭之内，亦时起萧墙之祸。因争夺家产之故，每有子与父斗，弟与兄斗，侄与叔斗之事云。

在理论上，为诸侯者，既有司法之权，当然有排难解纷之责。然往往无能为力，亦不愿为力，盖恐一旦判决，无法执行，反增困难也。故为附庸者，每有争执，唯有诉诸武力之一途；争斗一事，遂为其一生最大之事业。争斗之事，并受法律之承认。十三世纪之法国法律及一三五六年德国之金令（Golden Bull）均无禁止争斗之规定！不过谓争斗之事，须以光明正大出之耳。

争斗既息，则比武以资消遣。两军对垒，有同真战。罗马教皇及宗教大会常下禁止之令，即国王亦然。然国王喜斗者多，故每贻出尔反尔之诮。

6. 教士之息争及国王之得势

当十一世纪时，人心已现厌乱之象。大局虽纷扰异常，而一般进步亦殊不少。旧城中之商业、文化，日有进境，伏他日新城市发达之机。为商民者，鉴于当日政情之纷纠，莫不引领以冀和平之实现。基督教会中人，尤能致力于恢复和平之运动。主教中尝有《上帝停战条约》（Truce of God）之颁发。规定凡自礼拜四至礼拜一早晨，及其他斋戒之日，均应停战。主教及宗教大会亦每迫诸侯宣誓遵从《上帝停战条约》，否则逐之于教会之外（excommunication），争斗之风，为之稍杀。自一〇九六年十字军开始东征之后，为罗马教皇者类能移欧洲人私斗之心，转向以攻土耳其人。

同时中央君主——英国、法国两国国王，尤为有力——势力渐盛。争斗之风，渐渐减杀。兵力既强，每能强迫诸侯之就范。然明君如St.Louis（一二七〇年卒）虽尽力以求和平，亦终不可得。日后一般状况，均有进步，工商诸业，渐形发达，私斗之事，遂不能再维持永久矣。

第十章　法兰西之发达

1. Hugh Capet之建设法兰西王国

中古欧洲史上最有兴趣而且最重要之方面，莫过于近世民族国家之由封建制度中渐渐兴起。研究欧洲史而不知西部欧洲诸国——法国、德国、奥地利、西班牙、英国、意大利——发达之程序。则对于欧洲史上之要质，即将茫无头绪。

据以上数章中之所述，抑若自Charles the Fat被废以后二三百年间之历史，纯属封建诸侯之战争史。实则中古时代之君主，虽其权力有时不若其臣下之宏大，然君主之历史仍较其诸侯之历史为重要。得最后之胜利者，君主也，非诸侯也；建设中央政府者，君主也，非诸侯也。即近世诸国如法兰西、西班牙及英吉利之发达，亦君主之功，而非诸侯之力也。

吾人于前章中，曾述及西Frank王国之贵族，曾于八八八年废其君Charles the Fat，而迎Odo入继大统。Odo本为巴黎，Blois，及Orleans诸地之伯，领土甚广，势力甚大。然一旦欲伸其势力于国之南部，则几不可能。即在北部，贵族中亦有反抗者。盖若辈虽有拥戴之忱，然并无俯首听命之意也。不久反对Odo者竟选举Charles the Bald仅存之孙Charles the Simple为王。

此后百年间，法国王位更番入于Odo及Charlemagne两系之手，Odo之后，多富而贤；Charlemagne之后，每贫而懦。最后Hugh Capet（九八七年至九九六年）被选为Gaul，Breton，Norman，Aquitaine，Goth，Gascon，及西班牙诸民族之王，Carolingian朝之祚乃绝。

Hugh之先人在Carolingian朝，曾任军官，称为法兰西公，法兰西在当日本系Seine河北之一区。Hugh亦沿称法兰西公。日后凡法兰西公之领土，均以法兰西名之，西Frank王国，遂一变而为法兰西王国。

吾人须知自Hugh即位以后，经营凡二百余年，方建设一强有力之王国，而其领土，尚不及今日法国之半。先后二百年间，Capetian朝诸君之权力，不但并无增加之迹，而且愈趋愈下，远不如前。即私有之领土，亦复丧失殆尽。国内世袭之贵族，其数日增，一旦蒂固根深，即成牢不可破之势。诸侯城堡，林立国中；城市交通，处处障碍；乡间村落，疫疠为灾。故法兰西之君主，虽拥王名，而足迹则不敢出私有领土之一步。一出巴黎，则诸侯城堡触目皆是。为诸侯者，有同盗贼，为国王、教士、商民及工人之患。为君主者，既无金钱，又无军队，其权力仅限于日形减削之私有领土中。君主之尊严，在外国及边疆之上，或稍有闻风生畏之象；至于国内，则既无人服从，亦无人尊重，都城以外之地，即有同敌国之境云。

2. 法兰西国中之小邦

当十世纪时，法国之大封土——Normandy，Brittany，Flanders，Burgundy等——以及昔日Aquitaine瓦解后之小封土，无不渐形独立，有同国家，各有特异之习惯及文化。至今游历法国者，尚能窥见其遗迹。此种封建国家之由来，往往原于诸侯之特具能力及政治手腕。日后或以金钱购买，或以武力征服，或因婚姻关系，各地之领土，有增无已。其附庸之不尽职者，则毁其城堡，故域内附庸，不敢抗命。诸侯之领土，再封于附庸，故附庸之数日增。

法国中之小国以Normandy为最重要而且最有兴趣。昔日北蛮（Northmen）之蹂躏北海沿岸者，凡数十年。其后有酋长名Rollo者（亦名Hrolf）于九一一年得法国王Charles the Simple之允许，获得Brittany以北沿岸一带地，为北蛮殖民之区。Rollo自称为Norman种人之公，并将基督教传入国中。居其地之蛮族，颇能保存其Scandinavia之习惯及语言。日久之后，渐染其四邻之文化，至十二世纪时，其都会Rouen为欧洲最文明城市之一。Normandy 一区实为他日法王困难之大源，至一〇六六年Normandy公William并兼领英国。势力益盛，法王统治其地之望，至是几绝。

Brittany半岛，本有Celt种居之，因孤立海边之故，故受北蛮海盗之蹂躏尤烈。日后此地几变为Normandy之领土。然至九三八年，有Alain者，起而逐Norman种人于境外，以封建制代家族制，自后遂称Brittany公国。至十六世纪时，方入附于法国。

北蛮之蹂躏，大有影响于Somme与Scheldt两河下流之地。其居民多纷纷逃入旧日罗马人所筑之城堡中。久居之后，遂成城市。他日Flanders之城市如Ghent，Bruges等，实渊源于此时，而为有名工商业之中心。当地之巨族，因能抵御海盗，颇得民心，因之渐有雄霸其地之志。然其地之小诸侯，数多而独立，故私斗之风极盛。

Burgundy之名，模糊异常，因凡昔日Burgundian种人所建王国之各部，皆适用此名。至九世纪之末，吾人渐闻有所谓Burgundy公其人，为法国王之军官，驻于Saone河以西一带地，然Burgundy公每无力以抑服其附庸，故始终不敢不承认法国王为其天子。

昔日之Aquitaine公国，包有今日法国中部南部一带地，于八七七年被废。然Aquitaine公之称号，仍由法王给予领有Gascony诸地之诸侯。在其东南者，有Toulouse伯国，尽力于势力之扩充，为他日南部法国文学之中心。至于Champagne一区，前已述及，兹不再赘。

以上所述之诸地，即Hugh及其子孙所欲统治者。至于Saone河及Rhone河以东之地，于九三三年合而成为Burgundy（亦称Arles）王国，至一〇三二年入附于德王。

3. 法国君主之地位

Capetian朝诸君主之地位，极其复杂。以巴黎诸地之伯之地位而论，则享有普通封建诸侯之权利。以法兰西公之地位而论，则Seine河以北一带之地，名义上均为其领土。以诸侯上属之地位而论，则诸侯中如Normandy公、Flanders伯、Champagne伯等，无一非其臣下。而且除享有诸侯之权利外，同时并为法国王。加冕之礼必由教会举行之，与昔日Pippin及Charlemagne辈无异。既受上帝之命而为王，遂一变而为教会之保护者及国法之泉源。在国民眼中视之，其地位当然加诸侯一等。为国王者，不但得诸侯之臣服，而且能迫人民之忠顺。

至于诸侯，则以为国王者，不过封建中之天子。而国王则一面以君主自居，一面亦以诸侯之上属自命，每能利用其地位以扩充其势力。三百年间，Capetian朝之君主，从无嗣续中绝之患。而且承继大统者，类皆年壮有为之人。故至十世纪初年，法国王之势力，已驾于诸侯之上。

法国王之能统一其私有之公国者，当首推Louis the Fat（即第六）其人。（一一〇八年至一一三七年）王善用兵，并尽力于维持国内要地之自由交通，及减削负固不服者之势力。然彼不过开国内统一之端而已，至其孙Philip Augustus（一一八〇年至一二二三年）时，统一事业，方告成功云。

4. 法国境内之英国领土

Philip在位时代之困难，远较其先人为巨。当彼未即位以前，因历代通婚之故，法国中西南三部之领土多入于英国王Henry第二之手。Henry第二为英国王William the Conqueror孙女Matilda之子。Matilda嫁法国之诸侯Anjou与Maine伯，故Henry第二因其母而得英国、Normandy公国及Brittany公国；因其父而得Maine与Anjou伯国。又因娶Guienne公之女嗣Eleanor而得南部法国之地。Henry第二在英国史上虽甚重要，然对于英国、法国两国之领土，均甚关心。而其注意法国之领土，较其注意英国为尤切。

英国王Henry第二雄武有为，实为法国王之劲敌。英国王领土之在法国者，占法国之大半。故Philip之一生，以与英国相争为事。Henry第二与其法国领土于其三子：Geoffrey，Richard，及John Philip。每乐英国王子兄弟之争及父子之争而利用之，搬弄是非以为快。如使Richard the Lion-hearted之反抗其父，使John Lackland之反抗其兄Richard等，皆其显而易见者。假使英国诸王子，无兄弟阋墙之祸，则法国王之领土，或竟全入英国王之手，亦未可知。

当Henry第二在世之日，法国王绝无减削英国人势力之机。自Henry第二死后，其子Richard第一即位，法国王之前途复大有希望。Richard第一远离其国而躬率十字军以远征圣地。劝法国王Philip同往。然Richard第一性情傲骄，Philip殊不能堪。Philip身体本柔弱，中途病，遂有所借口，半途折回，阴为Richard第一之患。Richard第一在外数年，无功而还，乃与Philip战，战事未终而卒。

Richard第一之幼弟John，为英国王中之最昏暴者，法国王Philip遂乘机而夺得英国领土在法国者之大部。其侄Arthur之死，人咸疑John之所使。同时彼又强占其附庸之妻为己有。法国王Philip遂以封建诸侯之地位，召英国王John入法国受审。英国王不允，法国王遂下令籍没英国王在法国之领土。仅留西南隅之地以予英国。

Philip不但易于统驭Loire河流域一带地，即Normandy亦欣然入附于法国。Richard第一死后之六年，英国领土之在欧洲大陆者，除Guienne以外，丧亡殆尽。Capetian朝之领土，至是遂为法国中之最富而且最广者。Philip至是不仅为新得领土之诸侯，而且为Normandy之公，Anjou及Maine等地之伯，领土之境，遂达海滨。

5. 中央政府之建设

Philip不但大扩其领土，亦且伸其权力于人民。彼似亦深知城市之重要，故对于新得领土中之城市，无不优视。保护之，监督之，该地诸侯之势力及富源，遂皆为其所夺。

Philip死，其子Louis第八即位。其改革事业中当以建设亲王之食邑（Appanages）为最著。彼以国内之封土，分封于其子：一封Artois伯，一封Anjou与Maine伯，一封Anvergne伯。世之研究历史者，每以此次分封之举为不幸。盖封建制度之思想，因之入人益深也。不但王国之统一为之多缓时日，而且开他日同室操戈之渐云。

Philip之孙Louis第九亦称St.Louis（一二二六年至一二七〇年）在位之日甚久。为法国君主中之最英明者。其功德及事业之伟大，史册上纪之独详。然其最大之功勋，莫过于巩固王国之基础。其时法国中部之诸侯，与英国王联合以叛。St.Louis既平内乱，遂与英国王协商解决领土纠纷之方法。其结果则除Guienne，Gascony及Poiton仍与英国王为领土外，其余均属于法国，时一二五八年也。

Louis并改革政府之组织，伸张国王之权力。盖自Philip Augustus以来，中央政府亦曾遣派巡按使曰Baillis者，巡行国内，其职务与Charlemagne时代之Missi正同。政府予以年俸，时时迁调，以免根深蒂固，尾大不掉之弊。Louis仿行此制而扩充之。君主之权力，因之增多不少。

当十三世纪以前，法国几无所谓中央政府。为君主者，每有赖于诸侯主教之大会以实行其职权。此种会议，既无组织，又无定期，而所议政事尤混乱而无类。至Louis第九在位时代，此种会议之职务，渐分为三：第一，为政务会议，负执行国家大事之责；第二，为会计院，为管理国家收入之财政机关；第三，为高等法院，选精于法律者组织之。昔日之高等法院，多随国王之行止，往来无定，至是乃设庭于Seine河中巴黎小岛上，其建筑至今尚存。同时并有上诉制之规定，凡不服封建法庭之判决者，均得上诉。国王之权，遂遍及全国。又规定凡王家领土中，仅能通行王室之钱币，至于诸侯领土内，亦得与诸侯所铸之钱币，一律通用。

St.Louis之孙Philip the Fair（一二八五年至一三一四年）为法国王中之第一专制君主。当彼即位之日，政府组织已属完备异常。任用法律家多人，均抱有罗马法上之君权观念者。故若辈对于侵犯君权者视为非法，竭力赞助法国王收回诸侯主教所有之政权。

Philip因欲强迫教士之纳税，遂与罗马教皇有冲突之举，其详情后再述之。既与教皇冲突，不能不求国民之援助。故于一三〇二年有召集全级会议（Estates-General）之举。除贵族及教士外，并令各城市亦派代表赴会。是时英国之国会亦渐形完备。唯两国国会之历史，绝不相同也。

法国历朝君主，处置有方，故免封建分裂之虞，而建专制统一之国。唯英国王在法国之领土尤存，症结未解，终十四十五两世纪之世，英国法国间，频起争端，而法国卒占优胜。兹再继述当日为法国劲敌之英国。

第十一章　中古时代之英国

1. Normandy人入侵以前之英国

日耳曼民族中Anglo及Saxon两种人之侵入Britain岛，及其信奉罗马基督教之情形，前已述及之。岛中蛮国林立，日久为南部Wessex王国Egbert所统一。然当日耳曼种人之侵略方终，国内之统一方始时，又有北蛮者（英人名之为Danes）先后入英国，不久即征服Thames河以北一带地。然为英国王Alfred the Great（八七一年至九〇一年）所败。迫之改奉基督教，并与之分疆而治，其界线自伦敦起横断岛中，至Chester止。

Alfred之提倡教育，与Charlemagne正同，广延大陆上及Wales之僧侣，来教授其国中之人民。凡国中之自由人民，其境况足以自给者，均须熟习英国之文字，凡志在充当教士者，并须熟习拉丁文。彼曾翻译Boethins所著《哲学之慰藉》及其他著作为英国文，同时并提倡编纂极著名之Anglo-Saxon编年史。为用近世文字编纂历史之第一次。

当九世纪末年，丹麦、瑞典、挪威诸王国，先后建设，Scandinavia人之不满于其国家者，多出没于北海一带。故英国自九〇一年Alfred死后百年间，Dane种人之入侵，纷至沓来，无时或已。而英国人亦尝有征收Dane税（Danegeld）于国民之举，为贿赂Dane种人令其不再入侵之用。最后Dane种人之王Cnut于一〇一七年自立为英国王，然其祚不永。继而起者，为最后之Saxon王Edward the Confessor其人。在位亦不过二十年。一〇六六年Edward死，Normandy公William入继王统。Saxon期之英国史，于是告终。吾人于叙述William the Conqueror事业之先，应先述当日英国之状况何似。

当William the Conqueror即位之时，大Britain岛，在地理上凡分三部，与今日同。南部小王国，先后灭亡，英吉利之领土已北达Tweed河，与苏格兰王国分界。在其西者，有Wales，其人民属Briton种，日耳曼族入侵时，其数已不甚多。国内Dane种人，久已同化。英吉利全岛均属于英国王之一人，当时国王处理国家大事，虽不能不征求巨官贵族及主教所组织之会议曰Witenagemot者之同意；然其权力，仍日有增加。分全国为区，曰Shire，每区各有地方议会一，为处理地方事务之机关。

自Whitby大会教皇党胜利以来，教会内部，大施改革。而且常与欧洲大陆交通，故英国因此不至于孤立于海上。当日英国之文化，虽亦有不如欧洲大陆者，然其建设巩固之王国，组织完备之政府，亦正不落人后也。

然英国虽孤立海中，而封建制度，亦正不能免。Normandy人入侵英国之后，当然挟欧洲大陆之封建制度以俱来。实则William the Conqueror未入英国之前，英国中已有封建制度之痕迹。国内每有数区，同属于伯爵（Earl）一人者。势力宏大，实为国王之劲敌。同时教士在其领土中，亦每握有政治大权，与同时Frank王国中之状况，正复无异。英国大地主权力之巨，亦与欧洲大陆上之封建诸侯同。

2. William the Conqueror之入英及其政绩

William the Conqueror不但要求英国之王位，而且强迫国内人民之服从，有违命者以大逆不道论。至其要求王位之根据，已不可考。相传William曾赴英国谒见Edward the Confessor，愿为其附庸，唯英国王如无子，则须以英国王统传之。然其时Wessex公Harold于Edward未死之前，已使其兄弟得国内伯爵之封土三，势力雄厚。故英国王去世，彼竟不顾William之要求而入即王位。

William乃诉之于罗马教皇。并谓如得英国王位，彼必使英国教士听命于教皇。教皇Alexander第二闻之大悦，遂斥Harold得位之不正，而力赞William之侵入英国。故William之侵入英国，颇含有神圣战争之性质，人民响应者，颇不乏人。当一〇六六年春夏之间，Normandy各海港中多从事于造船之业以备运兵之用。

是时英国王Harold之地位，极不稳固。一面William有入侵之虞，一面英国北部有北蛮骚扰之事。当彼战胜北蛮大宴群臣之日，William率兵入国之消息传来。是时已入秋间，Harold军队中之农民多回里收获，故其军力甚薄。

英国军队占据Hastings西之Senlac邱上，以待敌人之至。战马甚少，端赖持斧之步兵。Normandy人则骑兵较多，并用弓箭。英国兵士战斗甚力，Normandy兵不得进。然不久英国军溃，英国王之目中箭而阵亡。William既败英国兵，英国王又复战死，则其入即王位，已无问题。唯William不愿以征服者自居，彼于数周之内，嗾使英国有力之贵族及主教承认其为英国王，开伦敦城之门而纳之。一〇六六年耶稣圣诞之日，在Westminster寺中被举为王，乃加冕即位。

William即位以后，国内有诸侯之不服，国外有领土之纷争，详细情形，兹不多述。一言以蔽之，曰处处胜利而已。

William统治英国之政策，极足以表示其政治之手腕。彼虽将欧洲大陆之封建制度引入英国，然同时又能维持其王权，不使衰落。凡在Senlac战役以前之不助彼者，均以叛徒论。唯愿为其附庸者，则仍允保存其本有之领土。其他在Senlac战役中，与之反抗者，或后来抗命者，则藉没其财产，转给其同志。

William宣言彼之治国当一秉Edward the Confessor之成法，不愿变更英国之习尚。故彼颇尽力于学习英国语，维持贤人会议（Witenagemot），遵守英国旧习。然彼同时又极不愿受人民之约束。故国内各区，虽封诸伯爵，而同时又由中央政府另任区官曰Sheriff者，统治其地。而且分封诸地之时，故使一人之封土，散在各区，以免集于一地，致召尾大不掉之患。最后，凡国内之附庸，均令其誓忠王室，以免有援助诸侯以反抗国王之举。

William既即位，极欲周知国内之情形，故有编辑Domesday书之举。凡国内之土地，各区土地之价值，土地中之佃奴及家畜，新旧地主之姓名等，无不记载极详。此种报告，于英国王当日征税上之便利，固属甚大，即后世之研究历史者，亦视同稀有之奇珍也。

William增进教会之利益，亦复不遗余力。召Normandy之Bec寺住持，意大利人名Lanfranc者来英国任Conterbury大主教之职。凡主教均有管理教务之权，并得设法庭为审理教案之用。唯主教与附庸同，均须誓忠于英国王。罗马教皇不得英国王之同意不得干涉英国之内政。凡教皇代表不得英国王允许者，则禁其入境。英国教会不得英国王之允许者，不得受教皇之命令；教皇而欲驱英国人于教会之外，亦非得英国王之赞成不可。教皇Gregory第七因William之得领土，教皇援助之功居多，令其为教皇之附庸，英国王竟不之允。

据上所述者观之，Normandy人之侵入英国，不仅一种朝代之变迁而已。英国民族之中，并新增一质焉。Normandy人之入英国者，多寡虽不可知，然吾人可断其必不少，而其影响于英国宫廷及政府上者亦甚大。百年以后，英国之贵族、主教、住持、官吏，几皆染Normandy之习惯。“此外，建筑家及工匠之修造城堡、炮垒、大礼拜堂、寺院、乡区礼拜堂者，莫不Normandy人。商民自Normandy中Rouen及Caen诸城迁入伦敦及其他诸城，Flanders之织工亦入英国散居于城乡各处。当其入英国之始，多自成团体，然至十二世纪末年，即与英国人合而为一。而英国人种因之愈强，愈有力，愈活泼，其职业及兴趣，亦因之愈复杂云。”

3. Henry第二之政绩

William卒，其子William Rufus（一〇八七年至一一〇〇年）及Henry第一（一一〇〇年至一一三五年）相继即位。Henry第一卒，内乱随起。国内贵族有拥戴William之甥Stephen者，亦有拥戴其孙女Matilda者。一一五四年Stephen死，英国人乃承认Matilda之子Henry第二（一一五四年至一一八九年）为王，是为Plantagenet朝之始。是时国内因战争频仍，元气大伤。贵族多乘机自立，跋扈异常。欧洲大陆诸国人，多入英国军中充兵士，骚扰尤烈。

Henry第二遂用严厉之政策以收拾危局。毁非法建筑之炮垒，遣散异国之兵士，削夺乱时所封之伯爵。Henry之困难甚大而且多，一方面不能不恢复英国国内之秩序，一方面又因娶Guienne公女嗣之故，欧洲大陆上之领土，增加不少，统治尤为不易。彼一生虽专心于大陆上之领土，而其在英国之政绩，亦正不小也。

彼欲实行其司法之大权，及除去当日私战之恶习，故有改良司法制度之举。分遣司法官巡行全国，每年至少一次。并建著名之中央法院（Court of Kings Bench）以审理英国王治下之法案。法官凡五人：二教士，三俗人。大陪审官制度（Grand Jury）亦发端于此时。一面有判决法案之权，一面亦有控告罪人于巡行法院之义。

至于小陪审官制度（Petty Jury）之渊源，已不可考，虽不始于Henry第二时，然著陪审制度为定律者，实自彼始。以十二人为陪审官而断定被控者之犯罪与否。此种制度，与罗马之专由法官判决者既异，与日耳曼种人之专持神诉或宣誓保证者，尤属不同。沿用既久，遂为今日英国民法之根据。

Henry第二在位之日曾有与Thomas a Becket冲突之事，颇足征当日之君主实有赖于教会中人。

Becket生长于伦敦。自幼即入教会为下级教士，不久入侍英国王，Henry第二之得位，彼有力焉。新王感之，任为“大法官”（Chancellor）。

Becket处理国事，井然有序；维护君权，不遗余力；好猎尚武。教会中收入既巨，起居饮食，俨然王者。Henry极信任之，乃予以Canterbury大主教之职。大抵当日君主之重臣，每于教士中选任之。盖因教士之智识及教育，每较常人为优；而且官吏之职，又非世袭，远不若诸侯之危险也。

Henry第二之任Becket为Canterbury大主教也，其意原在于统驭英国之教士。彼欲令教士之犯法者，受中央法庭之审判，凡主教均须尽封建之义务，凡教士不得上诉于教皇。不意Becket被任之后，即辞其大法官之职，尽力于维持教会之独立。并力主教会权力，应在政府之上，因此遂开罪英国王。Becket不得已遁入法国，求罗马教皇之保护。

不久Becket复与Henry第二言和。Becket乃驱逐英国大教士数人于教会之外。同时英国王并疑其有阴谋篡夺王子王位之举，怒甚，乃向其臣下言曰："岂无一人可为吾复此恶劣教士之仇耶？"闻者以为王真有杀之之意，竟刺死Becket于Canterbury大礼拜堂中。实则英国王本无杀Becket之意。迨闻其被刺，懊悔欲绝。尤恐他日之果报。罗马教皇欲逐英国王于教会之外。英国王求和，向教皇代表力言其无杀死Becket之意；允将籍没之财产，仍交回Canterbury礼拜堂；愿助军饷为恢复圣地之用；并允组织十字军，亲赴Jerusnlem。

4. 大宪章

Henry第二之末年，颇为多事。一面有法国王Philip Augustus之播弄，一面有诸子之纷争，前已略述之。Henry既死，其子Richard the Lion-hearted即位（一一八九年至一一九九年），为中古史上最奇特之君主。然治国无能，虽在位十年，而居英国者不过数月。至一一九九年卒，其弟John即位（一一九九年至一二一六年），为英国君主中之最庸劣者。然其在位时代，在英国史上极有关系。第一，英国丧失欧洲大陆领土——Normandy Brittany Anjou等——之大部；第二，英国王受人民之逼迫，颁布《大宪章》（Magna Carta）。欧洲大陆英国领土之丧失，上已述及，兹仅述其颁布大宪章之情形。

当一二一三年时，John令国内之诸侯渡海入欧洲大陆以恢复其新失之领土。诸侯群以为若辈无从军国外之义务，坚执不允。而且若辈对于英国王之专制妄为，亦颇示不满之意。至一二一四年，国内一部分之男爵（Barons）集会宣誓以力迫英国王承认若辈提出之宪章。其中将国王不应为之事，胪列无遗。John不允，诸贵族率其军队向伦敦而进，遇王于伦敦附近之Runnymede地方。王不得已于一二一五年六月十五日宣誓尊重国民之权利。

英国之《大宪章》，殆为政治史上最重要之公文。其中条文颇能将当日君民间争执之问题，以简明之文字缕述无遗。此种宪章，不但君主与贵族间之契约，实君主与国民间之契约也。不但贵族之权利得有保障，即国民之权利亦得有根据。盖君主既尊重诸侯之权利，故诸侯亦尊重人民之权利，不得因小罪而夺商民农民之货物与器具。为君主者，除三种封建赋税外，不得再征收其他之国税，唯得国会之允许者，不在此例。所谓国会乃指上级教士及诸侯而言。

《大宪章》中最重要之条文，莫过于下述之规定：无论何人，除非即送法庭审判，不得逮捕之，拘禁之，或剥夺其财产。吾人欲知此种规定之重要，只需回想法国于一七八九年以前，君主权力甚大，可以不经审判，拘禁人民，而且拘禁之期，并无一定。《大宪章》中并规定国王须允商民之自由往来，并尊重国内各城市之特权；政府官吏并不得擅权以虐待其人民。

《大宪章》实为国民自觉后之第一种大举动，为百年来君主、教士、法学家等惨淡经营之结果。其中无一字足以引起种族或血族之不同，或维持英国法律与Normandy法律之互异。故英国之《大宪章》一方面为一期国民生活之结果，一方面为另一期之新纪元，而后一期之多事，实不亚于前一期云。

《大宪章》虽颁布，然英国王John习于诡诈，故曾有食言之举而终归失败；即此后之英国王，亦无一能废止此宪章者。他日英国王虽亦有不遵宪章，擅作威福者，然人民每能迫君主使之毋忘《大宪章》，故《大宪章》始终为英国宪政发达史上之砥柱。

5. 国会之发达

John之子Henry第三在位时代（一二一六年至一二七二年），英国国会，渐形发达。国会之为物，不仅为英国宪政中之最要机关，而且为世界上文明各国之模范。Henry第三每喜任外国人为官吏，擅作威福，允教皇征税于英国人民，凡此种种举动，均足以激贵族之怒而失国民之心。贵族与市民遂合力以抵抗之，即史上所称之男爵战争（The War of the Barons）是也。为领袖者即Simon de Montfort其人。

昔日Saxon时代之贤人会议Witenagemot及Normandy诸君在位时代之大会议（Great Council）均由英国王时时召集国内之贵族、主教及住持组织之，为商议国家大事之机关。至Henry第二时代，开会尤频，讨论亦较烈，国会（Parliament）之名，于是乎始。

至一二六五年，因Simon de Montfort之力，国会中乃始有平民之代表。除贵族教士外，每区另派骑士二人，每城代表二人。

至Edward第一时代，国会中之有平民代表，遂定为成法。彼之召集市民，盖因当日之市民，渐形富有，政府需款；不得不求助于此辈富民也。同时凡国内之重大政务，彼亦愿遍得国内各级人民之同意。故自一二九五年召集模范国会（Model Parliament）后，人民代表，每得与贵族及教士同出席于国会。

国会最初即力主如国王需款，必先允许“解除疾苦”（redress of grievances）方可。所谓解除疾苦，即国王对于一己或官吏之非法行为，须先加以改正，则国会方可与国王以征税之权。昔日之国会，随王之行止往来无定所。自Edward第一以后，国会之地址乃固定于Westminster城（今为伦敦城之一部分），至今不改。

当Edward第二在位时代，国会于一三二二年郑重宣言：凡关于国王及王储之大事，须顾及国家及国民之状况，并须“得国中教士、伯与男及平民之同意”而决定之。五年之后，国会竟敢废Edward第二，而立其子Edward第三为王。

新王即位后，屡与法国战争，需款甚急，故每年召集国会一次；并为结好于国会起见，每向国会征求意见而容纳其陈述。允许凡法律“不经宗教上及政治上之贵族与平民之劝告与同意者”不得通过。至是国会渐分为二院，“宗教上及政治上之贵族”——即主教与贵族——组织贵族院；平民——包括乡绅及城市之代表——组织平民议院。国会从此一变而为近世之制度矣。

第三卷　皇帝与教皇之争雄

第十二章　十世纪及十一世纪之德国与意大利

1. 德国初年之历史及Otto第一之事业

Charlemagne帝国东部之历史，与西部之法兰西不同。凡经中古四百年之竞争，至十三世纪时，吾人遂知Louis the German之子孙远不若St.Louis辈之能建设王国以贻之于后世。自十三世纪至Napoleon时代，欧洲政治上所谓德国者，实一群大小不同之独立国而已。离今五十余年之前，方有德意志帝国之组织，而普鲁士实为其领袖。

试览Charlemagne卒后百年之德国地图，则知帝国东部四分五裂，为诸地之公者实与君主无以异。此种公国之渊源，已不可考，然有二事焉，足以说明其由来。第一，Louis the German之子孙，类皆柔弱而无能，故昔日为Charlemagne所压制之民族精神，至是重起，群拥戴各族之领袖。第二，当日蛮族入侵，实逼处此，先之以北蛮，继之以Moravian种人，再继之以匈牙利人。其时既无强有力之中央政府，足以保民，则国民之求助于各地领袖，亦势所难免者矣。

此种公国，德人称之为“血族公国”（Stem Duchies），林立国中，为患王室。所谓统一，充其量至同盟为止。故九一九年，国内贵族选举Saxony公国之Henry第一为王时（九一九年至九三六年），彼绝不欲有削夺诸公权力之举。其时四境多故，彼实有赖于国内诸公之援助。他日Slav族之压服，及匈牙利人之驱逐，彼实预为之地，不过其子Otto第一即位后，方告成功云。

Otto第一（九三六年至九七三年）世称大王，实德国史中之非常人也。彼虽无废止国内公国之举，然每能夺其地以予其子弟及戚友，同时并减削其权力。例如其弟Henry虽叛乱二次，卒封之为Bavaria公。又因其婿Conrad之叛，乃封其有学问之弟Cologne大主教Bruno为Lorraine公以代之。旧日之公，或因绝嗣或因叛乱，多丧其公国。诸公国中绝无有贤能之主，世袭罔替者。故诸公国多相继入于国王之手中，而国王亦遂握有任意委任之权利。

当十世纪中叶，德国之东北两部界线，尚未分明。Elbe河外之Slav族，尝有骚扰Saxony边疆之举。Otto第一不但抵御之而已；并建设主教教区，如Brandenburg，Havelberg等，为他日德意志帝国之政治中心，Elbe河与Oder河间之殖民及传道事业，莫不因之而促进。

而且彼并永阻匈牙利人之入侵。彼于九五五年大败匈牙利人于Augsburg附近地方，追逐之以达于德国边疆之上。匈牙利人乃迁居于自有领土中，遂奠民族国家之首基，发达之后，卒成东部欧洲重要动力之一。Bavaria公国一分之地，另建奥地利边防区（Austrian Mark），为他日奥地利帝国发祥之地。

2. 神圣罗马帝国之起源

Otto第一之最大功业，应以干涉意大利内政为第一，卒致有称帝之举。欧洲史中之最黑暗者，莫过于八八七年Charles the Fat被废以后意大利及罗马教皇之经验。当日政情，已不甚可考，吾人所知者，唯有Spoleto公、Friuli侯及Burgundy诸王先后入即意大利之王位而已。Charles the Fat废后之三十年间，意大利王之被教皇加冕而称帝者凡三人。再三十年间西部欧洲遂无皇帝，至Otto第一南下，皇帝之称号方复见于史上。

其时凡有志之君主，多视意大利为战场。Otto第一于九五一年第一次越Alps山而南入意大利，娶某王之寡妇为后。彼虽未行加冕之礼，而世人皆以意大利之王目之。不久其子叛，乃返德国。然十年之后教皇又因求其援助，召之南下。Otto第一急应命而来，尽逐教皇之敌人，教皇乃以帝冕加诸其首，Otto第一遂称皇帝，时九六二年也。

Otto第一之加冕与Charlemagne之加冕同为中古史极有关系之事。Otto第一既称帝，德国诸王之责任加重，卒因不能胜任而失败。三百年间，德国诸王一面尽力于德国之统一，同时又不能不顾及意大利及罗马教皇。战争频仍，牺牲重大，其结果则一无所得。意大利既不服皇帝之管束，罗马教皇又复建设其独立，而德国本国，亦因之四分五裂，成小邦林立之局。

Otto第一自身之经验，即足以证明德国皇帝与教皇关系之不幸。Otto第一方北向，教皇即有违反协定之举。新帝遂不得不南返并召集宗教大会以谋教皇之废立。然罗马人不愿迎立Otto第一所拥戴之教皇，Otto第一不得不再返意大利，围罗马城以迫其承认。不数年后，Otto第一又有第三次南征之举，以拥护其所选之教皇。盖其时之教皇又有被罗马人驱逐之事也。

以后诸帝，莫不有屡次南征意大利之举，军费浩大，军事棘手。第一次入意大利加冕，以后则或为废抗命之教皇，或为护忠顺之教皇，干戈屡起。此种远征之结果，每甚纷扰。加以德国国内之诸侯，本有狡焉思逞之志，一旦皇帝远出，益复乘机以扩充其势力。

Otto第一以后之德国君主，在罗马加冕之后，每弃其“东Frank种人之王”旧号而不用，自称“罗马人之永远庄严皇帝”（Emperor Ever August of the Romans）。后人名其帝国曰神圣罗马帝国（Holy Roman Empire）。名义上国祚绵延至八百余年之久，然其与古代罗马帝国之不同，较之Charlemagne帝国之于罗马帝国尤甚。德国君主既兼领德国与意大利之王位，故除选举教皇权利外，其权力之巨实与皇帝无异。然德国诸帝，每不能在国内建一强有力之国家，徒虚耗其精力于与教皇之竞争。卒致教皇之势力，日盛一日，而所谓帝国者，则仅存其影而已。

3. Conrad第二与Henry第三

Otto第一以后之继起者，兹不能详述之。若辈与Otto第一同，一面应付迭起之内乱，一面抵御外侮之频仍，而Slav种人之为患尤甚。普通以为帝国之极盛时代为Conrad第二（一〇二四年至一〇三九年）及Henry第三（一〇三九年至一〇五六年）在位时代，此二君实为Franconian朝之始。昔日Saxon族之帝祚，实止于一〇二四年。

一〇三二年Burgundy王国入附于Conrad第二。Burgundy王国之领土广大而重要，久为帝国之一部分，一面有利于德国意大利二国之交通，一面又为德国与法国之中介。帝国东境之外，Slav种人于十世纪后半期组织波兰王国。波兰王虽尝与皇帝战，而始终承认德国皇帝为其天子。Conrad亦仿Otto之政策，尽力将国内诸公国予其子Henry第三，封之为Franconia，Swabia，及Bavaria之公。此实君权基础之最巩固者矣。

Conrad第二及Henry第三虽多能而有为，然十一世纪初半期神圣罗马帝国之得能为西部欧洲强国者，大都缘于当日无对峙之国家。盖法国君主尚未竟其建设中央政府之功，而意大利虽不愿俯首听命于皇帝，然亦始终不愿与他国联合以抗皇帝。

4. 教会及其领土

Henry第三所应付之最要问题，莫过于教会之大改革。教会之改革，本已着手进行，假使实行之后，则不但皇帝监督教皇之权力为之一扫而空，即皇帝对于主教及住持之权力，亦复剥夺殆尽。而德国皇帝每予主教及住持以封土，冀其援助帝室者。改革教会之举，虽非直接反对皇帝，然欧洲君主中最受此种改革之影响者，实推德国皇帝为首也。

吾人欲明了教会改革之为何，及因改革而发生之皇帝与教皇之争端，不能不先明了Henry第三时代教会之状况。其时教会势力之衰微，威信之堕落，及内部之瓦解，渐形显著，正与Charlemagne帝国之瓦解为诸侯封土同。其所以致此之由，则大都因教士领土之广大。君主、诸侯、地主等，向以捐施领地于主教教区及寺院为功德，故西部欧洲之土地，颇有入于教士之手者。

当地主开始受封或分封其领土时，教会财产自然亦加入封建关系之内。为君主或地主者每分其领土以与教士或俗人。为主教者每为君主或其诸侯之附庸，与其他附庸无异。为住持者亦每纳其寺院于邻近之诸侯，以求其保护，再受其地为封土。

然教会领土与普通封土，有大不同之点一。据教会法律之规定，凡主教及住持均终身不得有妻室，故不能有子孙以传其领土。其结果则拥有领土之教士，一旦去世，不能不另选他人以继之。教会中之习惯，凡主教皆由主教教区中之教士选举之，唯须得人民之批准。“凡由教士选出之主教得人民之承认时，即为教会之正式主教。”至于住持，则据St.Benedict清规之规定，由寺院中修道士选举之。

虽有此种之规定，然至十世纪及十一世纪时，主教及住持均由君主及诸侯选派之。形式上主教及住持之选举，一仍昔日方法之旧；然为诸侯者每表示其意中所有之人，如其不然，则每不愿交其领土以予主教或住持。故选举之权，实握诸诸侯之手。盖为主教者，不但被选而已，而且必经诸侯之“铨叙”（Invested）及领土之获得也。

因为假使为教士而无领土，则将无利益之可言。故封建诸侯实有控制教士之能力。当教士被选之后，诸侯乃行“叙爵”（Investiture）之举。新选之主教与住持，先向诸侯行“臣服之礼”（Homage）誓为彼之“人”，诸侯乃以封土及权利授予之。财产与宗教威权，似无甚区别。为诸侯者每授主教以指环及手杖为宗教权力之标志。夫以鲁莽之武人而有决定主教之选举，已属可怪，再有授予宗教权力及标志之权，更为可怪。而有时诸侯并自为主教，则尤为可怪者也。

教会当然以宗教威权为重，而以财产为轻。既唯有教士方有授予宗教威权之权利，则教士当然可以任意任命教士，而不必得俗人之同意。同时为君主者，则每以为凡为主教或住持者，不定皆能管理封建之国家，如十一世纪时代德国诸地之大主教教区及主教教区，即其著例。

总而言之，当日主教之地位，实甚驳杂。一，就教会官吏之地位而论，则主教在教区之内，负有宗教上之义务。凡牧师之选择与授职，诉讼之审判，及仪节之举行等，均主教一人之责也。二，凡属于主教教区之领土，无论其为封土与否，均由主教管理之。三，就封建中附庸之地位而论，则主教对于诸侯，每负有封建之徭役及租税，供给军队之责，亦在其中。四，在德国自十一世纪初年以后，国王每予主教以伯爵之权利。因之为主教者，得征收关税，铸造泉币，及实行其他种种政务。故为主教者任职以后，即有种种权利与义务同时并起。

故一旦禁止国王参与“叙爵”之举，不但有害其封建上之权利，而且剥夺其监督官吏之权力；盖为主教及住持者，事实上每与官吏无异也。而且在德国、法国二国中，国王每利用教士以压制诸侯之势力。故国王对于教士之为何如人，亦有不能不过问之势。

5. 教会之流弊

此外又有足以危害教会之富源者一事。教会本有禁止教士娶妻之规定，然在十世纪及十一世纪时，则意大利、英国、德国、法国诸地之教士，类皆公然婚娶而无忌。其时正人君子每以此种习惯为教士堕落之明证，以为为教士者应专诚于上帝之侍奉，不应有家室之累也。不特此也，假使教士可以婚娶，则必抱为子孙计之想，教会之财产不且分裂而尽耶？故除非永禁教士不得婚娶，则教会之封土亦将与诸侯之封土同为世袭之区矣。

除教会领土受封建制度之同化，及教士有婚娶之习惯二种危险外，教会方面并有弱点一焉，即买卖教会官吏是也。假使教士之责任綦重，而收入之为数甚微，则行贿夤缘之事，断不致有发生之倾向。然主教与住持之收入每甚丰巨，而其义务则在正人眼中观之，固甚重大，而不法之徒则每漠视而不理。收入既大，名位既高，而威权又巨，故世家望族莫不争先恐后，以获得教会中之地位为荣。为君主及诸侯者既握有叙爵之权，亦乐得择肥而噬之也。

买卖教会官吏之罪过，当时以为最不德者。此种罪过，名曰Simony。所谓Simony源于魔术家名Simon者，据《使徒行传》中所载，谓彼曾予Peter以金钱，请使徒Peter予以授予神力之权。使徒痛责之，嗣后教会中对于以金钱购买神权者每深恶而痛疾之——“尔之银与尔同亡，因尔思以金钱获得上帝之赐也。”

实则当时之购买教会官吏者，为数并不甚多。而时人之所以必欲得而甘心者，则巨大之收入与地位之荣誉而已。而且君主或诸侯之受贿也，并不以此为卖官鬻爵之举也，不过与教士同享权利而已。中古时代之往来事务，无一不以金钱为伴侣。教会之领土，管理本甚得法；收入本属丰巨。教士之被选为主教或住持者，其收入每较其所需者为多，故为国王者每望其源源接济其空虚之国库也。

故教会中买卖官吏之迹，其来有由，而在当日则亦势所难免者。然此种恶习，流弊极大，不但上级教士有贿赂公行之讥，即下级教士亦有相率效尤之迹。盖主教既费巨大之金钱以得其地位，当然望下级牧师之有所供给。为牧师者，亦往往因实行宗教上之义务——如行浸礼、婚礼及葬礼等——过事诛求，以补其不足。

当十一世纪初年，教会因广拥领土之故，颇有展入封建制度纷纠状况中之危险。其时教会之官吏有同封建制度中之附庸，而不足以代表教皇领下之国际制度。十世纪中之教皇不但不能伸其势力于Alps山之外，即彼之本身亦受中部意大利贵族之束拘。彼之重要，远不若Rheims或Mayence之大主教。在十世纪中以教会之柔弱与堕落，而欲使之为欧洲之领袖，诚历史上之非常革命矣。

6. 皇帝与教皇争雄之开端

其时罗马城中之巨室，握有选择教皇之权，并利用教皇之权以把持城中之政务。当一〇二四年Conrad第二加冕为帝时，竟有选举俗人为教皇之举。继其后者，为一年仅十龄之童子Benedict第九其人，不但年少无知，而且宅心不正。然其族人竟能维持其地位至十年之久，至彼欲娶妻时方止。罗马人闻教皇有婚娶之意，乃大哗，逐而出之。某主教本拥有巨资，至是遂起而代之，不久又有第三者，笃信宗教而有学问，用巨款购得Benedict第九之权利，自称Gregory第六。

皇帝Henry第三，鉴于此种情形之不堪，乃有干涉之举。于一〇四六年入意大利，在罗马城之北Sutri地方召集宗教大会，教皇三人中因之被废者二人。教皇Gregory第六不但辞职，并手撕其袍而碎之，自承购买教皇地位之罪大恶极。Henry第三乃设法另选德国主教某为教皇，就任之后，即为Henry第三及其后行加冕之礼。

Henry第三于此时入意大利，并解决三教皇之争持，其结果之宏大，在中古史上极其重要。Henry第三即使罗马教皇脱离意大利政治之漩涡，遂于不知不觉之中建树劲敌一人以与皇帝对垒，百余年后，其势力并驾诸皇帝之上而为西部欧洲最有权势之人。

二百年间为教皇者，对于欧洲之安宁，多不甚负责任。原来建设一种国际专制君主国以驻在罗马城之教皇为元首，本非易易。多端困难，不易排除。大主教之于教皇，与封建诸侯之于君主同，每不欲教皇权势之增大，教皇而欲握宗教之大权，非先压服大主教不可。民族趋向，有害于教会之统一，亦非制止之不可。国王诸侯，每享有选择教会官吏之权，亦非剥夺之不可。买卖教会官吏之陋习，急宜革除。教士婚娶之倾向，急宜阻止。全体教士之道德堕落，尤宜挽救。

终Henry第三之世，选择教皇之权，虽操诸皇帝，然皇帝颇有意于教会之改良，并选德国之贤能教士以充任教皇之职。就中最重要者，当推教皇Leo第九（一〇四九年至一〇五四年）其人。观于彼之一生，可见教皇不但可为教会之元首，而且可为国王及皇帝之领袖。Leo第九不愿自承为皇帝所派之教皇。彼以为皇帝固可以援助或保护教皇，然断不能创造教皇。故彼之入罗马也，以信徒自待，遵照教会之陈规由罗马人选举之。

Leo第九曾亲身游历法兰西、德意志及匈牙利诸地，志在召集宗教大会以废止买卖教会官吏及教士婚娶之恶习。然为教皇者，类皆年老力衰，出游之举，既困而且险。故Leo第九以后之教皇，每遣教使曰Legate者，分布于西部欧洲诸国之中，正与昔日Charlemagne时代之巡按使同。相传Leo第九之政策，大抵受副助祭Hildebrand之影响。Hildebrand即他日之有名教皇Gregory第七，中古教会之建设，彼实与有功焉。

7. 改革教会之动机

教会脱离俗人拘束之第一步，实始于Nicholas第二。彼于一〇五九年下令将选举教皇之权夺诸皇帝及罗马人民之手，以予教皇内阁员（Cardinal）。此令之意，显然在于排除一切世俗之干涉。至今选举教皇之权，尚在内阁员之手中。

主张改革者即使教皇脱离俗人之拘束，遂着手于解放全部教会之举。第一，凡娶有妻室之教士禁其执行宗教上之任务，并禁教徒毋得参与若辈之教务。第二，剥夺君主及诸侯选择教士之权，以为此种权力之存在，实教会堕落之最大原因。此种政策所遇之阻力，当然较改革选举教皇方法所遇者为巨。Milan城人民因教皇有驱逐已婚教士之举曾起而作乱，教皇所遣之教使几罹丧身之祸。至于禁止教士不得收受俗人封土之令，则教士与诸侯多不遵命。此种改革事业之艰巨，至一〇七三年Hildebrand就教皇之职自称Gregory第七时益形显著。

第十三章　Gregory第七与Henry第四之冲突

1. 教皇之主张

Gregory第七著作之中，有文名Dictatus者，将教皇之权力，胪列无遗。其主要者如下：教皇享有独一无二之称号；教皇为唯一之主教，可以废立或迁调其他之主教。凡未得教皇之许可者，无论何种宗教大会均不能代表基督教诸国。罗马教会从未错误，亦永无错误。凡与罗马教会不合者，不得为纯正基督教徒。凡不得教皇赞许之书籍，均不可信。

不特此也，Gregory第七并进而主张教皇有为公平起见限制政府之权。彼谓“唯教皇之足，受所有君主之接吻”；教皇可以废止皇帝，而且可以“解除人民对于不公君主之忠顺”。凡上诉于教皇者，无人能定其罪。无人能撤销教皇之命令，而教皇得宣布世俗君主之命令为无效。教皇之行为，无论何人，不得加以判断。

上述之主张，并非傲慢之要求，实系一种政治原理之表示。主张者亦正不仅Gregory第七其人。吾人于批评Gregory第七主张之先，不能不注意者有二事：第一，中古时代所谓“国家”并无如吾人今日所有之政府组织。所谓国家，以封建诸侯为代表，本以扰乱秩序为事者也。Gregory第七有一次曾谓政权系恶人受魔鬼之主使而发明，此言实鉴于当日君主之行动，有感而发者也。第二，吾人须知Gregory第七所要求者，并非由教会管理政府，不过教皇为教徒安宁起见，应有限制恶劣君主及否认不公法律之权。假使失败，则教皇当然有解除人民忠顺恶劣君主之权。

Gregory第七既被选为教皇，即欲实现其所抱之观念。分遣教使前赴欧洲各国，自后教使一职遂成教皇统御西部欧洲之利器。彼劝法国、英国、德国之君主痛改前非，听其忠告。彼向英国王Williamthe Conquror谓教皇与君主均系上帝所建设，为世界上最大之权力，正如日与月为天体中之最大者。唯教皇之权力显然在君权之上，因教皇对于君主负有责任者也。一至末日Gregory第七对于君主有同牧童之于羊群不能不负君主行为之责云。彼劝法国王毋再有售卖教会官吏之举，否则将逐之于教会之外，并解除法国人民忠顺之义务云。Gregory第七之所以为此，似非抱有世俗之野心，盖亦出诸公平正直之意者也。

2. Gregory第七与Henry第四之争执

Gregory第七之改革计划，如果实行，其影响必及于欧洲各国。然就当日之状况而论，则教皇与皇帝之争衡，实所难免。兹述其起源于下。德国王Henry第三于一〇五六年去世，遗其后Agnes与六岁之太子以维持其王室之威信，而其时又正当诸侯抗命之秋。

一〇六五年Henry第四年方十五岁，宣布成年亲政。即位之初，即有Saxon种人之叛乱，一生困难，于是乎始。Saxon种人宣布Henry第四有建造城堡于其地之举，并遣军队入其地以扰其民。Gregory第七颇觉有干涉之义务。以为德国王年少无知，必听信佞臣之言故有压抑Saxon种人之举。

吾人鉴于Henry第四之境遇困难，而彼竟能维持其君主之地位，殊为可异。当Saxon种人之叛也，Henry第四致函教皇曰："吾辈获罪于天，而且在尔之前，已不足称为尔之子矣。"然一旦叛乱平靖，彼即忘其服从教皇之言。彼每与教皇所不齿之官吏互相往来，并仍以若辈充任德国之主教，绝不顾教皇之禁令。

Gregory第七以前之教皇，曾屡有禁止教士受俗人叙爵之举。Gregory第七于一〇七五年重申前令，正与Henry第四开始冲突之时。所谓叙爵，即由君主或诸侯将封土及权利正式转移于新选教士之谓。Gregory第七禁止俗人叙爵之举，无异革命。盖主教与住持往往即系世俗政府之官吏。其在德国及意大利，则若辈之权力与伯无异。不但君主之政务有赖若辈而进行，即君主之压制附庸，亦有赖若辈之援助。

一〇七五年之末季，Gregory第七遣教使三人往见德国王，并函责Henry第四行动之非是。Gregory第七明知一纸空文，必难生巨大之影响，故令教使于必要时，可施以恫吓之举。教使向Henry第四述其罪恶之多而且巨，不但应屏诸教会之外，而且应永失其人民忠顺之忱。

教使之出言过激，不但触德国王之怒，而且主教中亦颇有因之反与德国王为友者。一〇七六年Henry第四于Worms地方召集宗教大会，德国主教之赴会者数达三分之二以上。宣言Gregory第七被选之不当，并有种种不德之行，故议决废之。所有主教宣言不再忠顺教皇Gregory第七，并公言其已废。德国主教之援助国王，骤闻之似属不伦。实则教士之得为教会之官吏，德国王之力而非教皇之力，故有力助国王之举云。

Henry第四曾致函于Gregory第七，力言彼尽心竭力以维护教皇，不意教皇误认其谦恭为恐惧。函末谓："尔竟敢反抗上帝授予吾辈之主权，尔竟敢剥夺吾辈之主权，抑若吾人得王国于尔之手中。抑若王国与帝国均在尔之手中而不在上帝之手中……我，Henry为奉天承运之王，暨所有主教，敢正告曰：下来，自尔之御座下来，并世世受人之唾骂。"

Gregory第七答书曰："呜呼，第一门徒Peter，其听余言。上帝授余以权力为尔之代表。余根据此端，并为尔教会之名誉及光荣起见，用上帝名义，撤回皇帝Henry之子德国王Henry统治德国及意大利之权，盖彼有侮辱教会之举也。余并解除所有教徒誓忠于彼之义务；且禁止无论何人，不得以国王待之。"又因Henry第四常与教皇所不齿之教士往还之故，再宣布驱逐Henry第四于教会以外。

Henry第四既被教皇所废，诸事益形棘手。甚至国内教士亦复取旁观之态度。Saxon种人及德国之诸侯，不但不反对教皇之干涉，而且群思乘机窃发以驱逐Henry第四而易新主。然德国之诸侯卒决议予国王以自新之机会。嗣后Henry第四非与教皇言和，不得行使政治上之职务。如一年之内，不照行者，则以被废论。同时并请教皇赴Augusburg与诸侯商议废立Henry第四之事。其时抑若教皇行将实行其监督政府之举焉。

Henry第四惧，乃急思有以尼教皇之行。于一〇七七年隆冬南下越Alps山，中途遇教皇于Canossa城堡中，德国王赤足蔽衣立于教皇居室门外凡三日之久，后经近臣之劝告，Gregory第七方允开门以纳之。中古教会势力之宏大，即此可见一斑。

3. Henry第四之末年

Henry第四既被赦，德国诸侯殊不满意；盖若辈昔日要求国王与教皇言和之目的，本在于增加国王之困难而已。若辈于是另选新王以代之。嗣后三四年间，国内新旧王党人互相残杀。教皇Gregory第七始终严守中立，至一〇八〇年再逐Henry第四于教会之外。宣言剥夺其王权及荣誉，并禁止基督教徒不得服从德国王。

然此次Henry第四之被逐，与第一次被逐之结果适相反。此次Henry第四被教皇驱逐以后，亲党反因之增加。德国教士再群起以援助国王而废教皇。其时Henry第四之劲敌已阵亡，乃另选教皇携之入意大利，其目的在于拥立新选教皇而自称皇帝。Gregory第七用力抵拒之者凡二年，然罗马城终陷落于Henry第四之手。Gregory第七乃退走，不久卒。卒之日，曾言曰："吾爱公平而恨不正，故吾被逐而死。"后世之读史者莫不以其言为确当云。

Henry第四之困难，并不因Gregory第七之去世而解除。自后二十年间，Henry第四尽力于维持一己在德国及意大利二地之权利。彼之劲敌之在德国者为Saxon种人及跋扈之诸侯。其在意大利，则教皇正尽力于国家之建设有同世俗之君主。同时教皇并怂恿Lombardy诸城起而反抗皇帝。

德国之内乱尚未尽平，Henry第四于一〇九〇年又因意大利有蠢动之象，率兵南下。不久为意大利人所败，Lombardy诸城遂乘机组织同盟以抗之。一〇九三年，Milan，Cremona，Lodi，及Piacenza诸城组织攻守同盟以自卫。Henry第四往来于意大利者前后凡七年，无功而归。不意回国之后，其子因被诸侯拥戴之故，竟违抗其父。内乱益甚，Henry第四不得已而退位。一一〇六年卒。

Henry第四卒，其子Henry第五即位（一一〇六至一一二五年），在位之事业，仍以叙爵问题为最大。教皇Paschal第二虽愿承认德国王所选之主教，唯提议Gregory第七反对世俗叙爵之命令仍须实行，自后教士不得再向封建诸侯行臣服之礼。一方面Henry第五宣言如教士而不誓忠于君主，则不以领地、市镇、城堡、关税及种种主教特权予之。

双方争持既久，卒于一一二二年有Worms之宗教条约，在德国方面之叙爵之争，遂为之解决。皇帝嗣后允教会得自由选择主教及住持，并允不再授主教与住持以指环及手杖。唯选举之事，须在君主之前举行，而君主得另行授予封土及世俗特权之礼，以王节触其首而已。主教所享之宗教权力，显然由教会中人授予之；君主虽然不予新选教士以世俗之特权，而直接选派之权利则因此剥夺以尽矣。至于皇帝对于教皇，则自Henry第四以来，教皇之就任者多不经皇帝之承认，亦无人视皇帝之承认为必要云。

第十四章　Hohenstaufen族诸帝与罗马教皇

1. 皇帝Frederick第一

Frederick第一，世称Barbarossa，即“红须”之意，于一一五二年即位为德国王，为德国皇帝中之最有兴趣者；吾人试读其在位之记载，借可知十二世纪中之欧洲状况。自彼即位后，所谓中古之黑暗时代渐告终止。自六世纪至十二世纪之欧洲史，吾人所有之资料，大都根据于修道士所著之纪年史。著作者类皆无知无识毫不经心之辈，而且往往生于后代，见闻不确。至十二世纪末年，史料渐形丰富而复杂。城市生活亦渐有可考之记载，吾人不须再依赖修道士之著作。当时历史家之最具哲学眼光者当推Freising之Otto。著有Frederick Barbarossa传及世界史，为吾人研究当时历史之最重要资料。

Frederick第一之志向，在于恢复旧日罗马帝国之光荣及其势力。彼自命为Caesar，Justinian，Charlemagne，及Otto the Great之后继者。彼以为帝位之神圣不亚于教皇。当彼被选为皇帝时，曾向教皇宣言帝国“系上帝所授予”，而且并不要求教皇之承认。然彼一生因欲维持其皇帝权利之故，故困难极多。一方面国内诸侯时有跋扈之虞，一方面罗马教皇常有争权之举。如以Lombardy诸城负固不服，无法统御，卒致为诸城所败而一蹶不振。

2. Lombardy诸城之政情

Frederick第一以前与Frederick第一以后时代之不同，其最著者，当推城市生活之发达。前此之历史，吾人所闻者皇帝也，教皇也，主教也，及封建诸侯也；自此以后，则城市兴起，足为君主之敌矣。

Charlemagne去世以后，Lombardy诸城之政权渐入于主教之手，有同诸伯。城中景况，渐形隆盛，势力亦渐伸张于附郭一带之地。工商诸业，既渐发达，富民贫民均渐抱参与政治之心。Cremona曾驱逐其主教，毁其城堡，不再纳其租税。他日Henry第四亦激起Lucca城反抗其主教，并允自后主教、公、伯等不再干涉其自由。其他诸城亦相继脱去主教之羁绊，城中政权由公民所举之官吏主持之。

城中之工匠界中人绝无参政之机会，故常有叛乱之举。加以城中贵族，时有党争，纷扰特甚。同时各城之间，互争雄长，战事尤频。然意大利诸城虽日处于纷扰状况之中，卒成为工业、学问及艺术之中心，在历史上除古代希腊诸城外，殆难比似。而且诸城类能维持其独立至数百年之久。Lombardy诸城既有援助教皇之举，Frederick第一在意大利之困难，因之增加不少。盖教皇与意大利诸城均愿德国王为德国徒拥虚名之君主也。

3. Frederick第一与Lombardy诸城

Lombardy诸城中以Milan之势力为最盛，每欲伸其势力于四邻，故极为四邻所不喜。Lodi城中难民二人向新选皇帝申诉Milan之暴虐。Frederick第一之代表既至其地，竟受侮辱；皇帝之玺，亦被践踏。Milan对于皇帝之态度，与其他诸城同，若皇帝不来干涉其内政，则未始不承认其为天子。Frederick第一既欲得皇帝之冕，又欲察Milan之用意为何，故于一一五四年有率师南下之举。计Frederick第一远征意大利者凡六次，此实为其第一遭。

Frederick第一驻兵于Roncaglia之平原，接见Lombardy诸城之代表。代表中多陈述其疾苦，对于Milan之傲慢，尤多微词。Genoa城馈Frederick第一以鸵鸟、狮及鹦鹉诸物，足见当日海上商业之一斑。Frederick第一听Pavia之诉苦，即移师围攻Tortona并毁其城。乃向罗马城而进，Milan遂乘机攻近邻之城市二三处，以惩其援助皇帝之罪；同时并援助Tortona城之公民重建其城。

当Frederick第一与教皇Hadrian第四第一次晤面时，Frederick第一对于手握教皇马镫一事，颇示犹豫之意，教皇大不悦。Frederick第一嗣知此系习惯上应为之事，遂不复坚持。时罗马城中适有革命之举，故教皇颇有赖于Frederick第一之援助。罗马城中之领袖名Arnold者，叛而另组政府。Frederick第一之援助教皇，虽不甚力，然乱事不久即平。Frederick第一既加冕称帝之后，即回德国。教皇因困难未尽除而皇帝即舍之不顾，颇为失望。日后又有种种误会，教皇与皇帝之感情益恶。

至一一五八年Frederick第一再回意大利，开大会于Roncaglia。自Bologna地方召集研究《罗马法》者数人及诸城之代表，决定皇帝之权利为何。会议结果宣言皇帝之威权如下：皇帝为公伯之天子；有任命官吏，征收关税及非常军费，铸造钱币之权；并享有渔税、盐税及银矿税。凡个人或城市能证明其已得皇帝之承认而享有此种权利者，则允其继续享受；否则由皇帝享有之。诸城之权利，类皆继自主教者，故每无从证明皇帝之承认；故此种议决，无异消灭诸城之自由。皇帝之收入当时固大有增加；然此种政策之过度及征税官吏之苛刻，其结果必将激起诸城之反抗。盖驱逐帝国官吏之事，固诸城之生死关头矣。

Frederick第一曾下令Crema城，命自毁其墙，Crema不奉命，皇帝遂攻而陷之。令城中人只得孑身走，走既尽，乃纵兵士大肆劫掠而毁之。不久Milan城亦有驱逐皇帝官吏于城外之举。皇帝率兵攻陷之，于一一六二年下令毁其城。许其人民移居于旧城附近之地。不久Milan人民有重建城市之举，足征皇帝之毁坏并不过甚云。

4. Frederick第一之失败

Lombardy诸城之唯一希望在于联盟，而联盟之举，又复为皇帝明令所禁止者。Milan城被毁之后，诸城即有阴谋联络之迹。Cremona，Brescia，Mantua及Bergamo四城，联合以抗皇帝。Milan城既得教皇及同盟之援助，重建新城。其时Frederick第一正围攻罗马城以拥戴其所选之教皇，深恐诸城之攻其后，乃于一一六七年北返德国。不久Lombardy同盟并包有Verona，Piacenzd，Parma及其他诸城。同盟诸城并合力另建新城一处，以备屯驻军队为反抗皇帝之用。以教皇Alexander第三之名名其城曰Alessandria，盖Alexander第三为反对德国王最力之一人也。

Frederick第一居德国数年，稍理内政，再南下入意大利。于一一七六年在Legnano地方为Lombardy同盟军所败，盖Frederick第一之援军不至，而Milan城又为同盟之领袖颇能尽力于军事故也。皇帝之军队一败之后不能再振。

嗣经罗马教皇Alexander第三之调停，两方开大会于Venice，订停战之约，至一一八三年乃变为永久之Constance和约。Lombardy诸城恢复其权利，诸城虽承认皇帝为天子，然皇帝不得再有干涉诸城内政之举。并规定Frederick第一须承认教皇。

自此以后，在意大利方面之反对皇帝党，渐有Guelf之称。Guelf一字，自德国Welf族而来。德国昔日有名Welf者，于一〇七〇年被德国王Henry第四封为Bavaria公。其子娶北部德国之女公，领土益广。其孙Henry the Proud尤傲慢，并入赘Saxony公而为其承继者。因此Welf族遂为Hohenstaufen族皇帝诸侯中之最强而且跋扈者。

Frederick第一既败绩归国，因Guelf族领袖Henry the Lion（Henry the Proud之子）不发援军，遂与之战。逐Henry而出之，并分裂Saxony公国。盖彼鉴于诸侯广拥领土之危险，故以分裂旧日之公国为其政策也。

5. Henry第六

Frederick第一于离国从军于十字军之先，封其子Henry第六为意大利王。而且为伸其势力于意大利南部起见，令其子Henry娶Naples及Sicily王国之女嗣为后。德国及意大利因之仍复合而为一，为德国王之患。Naples及Sicily王国本承认教皇为天子者，德国王与教皇冲突之机，因之复启。其结果则Hohenstaufen族卒自取灭亡之祸。

Henry第六（一一九〇年至一一九七年）在位之日甚短，而困难甚多。Guelf党之领袖Henry the Lion当Frederick时代曾誓离德国不再为患，至是有返国组织叛乱之举。内乱方靖，Henry第六又不得不南下以救Sicily王国。盖是时有Norman种人名Tancred者，正有树帜以叛德国王之举也。教皇本视Sicily为其封土，至是亦解除该地人民忠顺德国王之义务。同时英国之Richard the Lion-hearted率兵赴圣地，中途亦与Tancred同盟。

Henry第六之远征意大利，大为失败。其后为Tancred之军队所俘，其军队则沿途多染病而死。而Henry the Lion之子，本为质于Henry第六者，至是亦复遁走。Henry第六于一一九二年方返德国，而国内又叛。幸而英国王Richard自圣地返国，偷经德国境，为德国王所获。德国王视英国王为Guelf党之同盟，要其输巨额以自赎。Henry第六之军饷因之有着，为平定德国及意大利叛乱之用。不久Tancred死，南部意大利之王国，复入德国王之手。然德国王始终不能使德国之诸侯承认德国与意大利之联合，及帝位由Hohenstaufen族世袭二事也。

Henry第六正拟建设世界大帝国，其志未竟成而卒，年仅三十二岁，遗其国于其冲龄之子，即他日著名之Frederick第二也。当Henry第六临终之日，正历史上最著名之教皇即位之秋。当时教皇之政权，几驾Charlemagne或Napoleon而上之。教皇Innocent第三在位时之教会，当于另一章中详述之。兹先述Frederick第二时代教皇与皇帝之争执。

6. 教皇Innocent第三之得势

Henry第六卒后，德国即"变为四面受风鞭策之海"。国内如此之纷扰，如此之破裂，抑若无再恢复和平及秩序之望。Henry第六之弟Philip最初以摄政王自居，然不久被选为罗马人之王后，遂以皇帝自待。不料Cologne之大主教召集大会另选Henry the Lion之子Brunswick之Otto为德国王。

昔日Guelf族与Hohenstaufen族之争端，因之重启。二王均求助于教皇Innocent第三，教皇亦公然以仲裁人自命。Otto对于教皇极愿让步；同时教皇亦考虑Hohenstaufen族势力之复盛，乃于一二〇一年承认Otto为德国王。Otto致函教皇曰："吾之王位如无尔手之援助者，早已化为尘土矣。"

德国内乱继起，势难收拾，Otto亦渐失国人之望。不意其劲敌Philip于一二〇八年被人所刺而死。教皇乃下令德国之主教及诸侯之不援助Otto者，则逐之于教会之外。次年Otto赴罗马城行加冕礼，然因其俨然以意大利之皇帝自居，极为教皇所不喜，盖彼竟有入侵Sicily王国之举也。其时Sicily王为Henry第六之子Frederick其人。

Innocent第三至是忽不承认Otto为皇帝，宣言彼实受Otto之欺。教皇决意以Frederick为皇帝，唯预防其为危险之敌人。当Frederick于一二一二年被选为王时，凡教皇所要求者，无不满口应允。

教皇一面指导帝国之政务，一面并表示其权力于其他各国，而在英国尤著。先是一二〇五年Canterbury之修道士不与英国王John商议，擅举其主持为大主教。新选之主教急赴罗马城求教皇之承认。同时英国王强迫修道士另选其财政大臣充之。教皇Innocent第三竟均不承认，并召Canterbury修道士之代表令其另选Stephen Langton为大主教。英国王John怒甚，尽逐Canterbury之修道士于国外，Innocent第三乃下令英国教士一律闭其教堂之门，停止教堂职务，驱逐英国王于教会之外。并谓英国王如不俯首听命者，将夺其王位以予法国之Philip Augustus。法国王Philip乃急招募军队为征服英国之备，英国王惧，于一二一三年屈服于教皇。甚至将英国交予教皇，再受之为教皇之封土，英国王至是遂为教皇之诸侯。同时英国王并允每年入贡于教皇。

Innocent第三至是可谓已达其目的。皇帝Frederick本为教皇所拥戴者，而以其Sicily王之地位而论，则为教皇之诸侯，英国王亦然。教皇不但主张而且维持其干涉诸国内政之权利。一二一五年在罗马城Lateran宫中开第四次国际大会。主教、主持及君主诸侯与城市代表之赴会者以百计。议决之案类皆关于改革教会排除异端者。并承认Frederick第二之被选为皇帝，再驱逐Otto于教会之外。

7. 皇帝Frederick第二与教皇

一二一六年教皇Innocent第三卒，遗其困难于其后起者，所谓困难即皇帝Federick第二（一二一二年至一二五〇年）其人也。皇帝本生长于Sicily，颇受阿拉伯文化之影响。彼尝反对当时人所抱之观念。故其敌尝诬皇帝为非基督教徒，谓彼尝言摩西、耶稣及摩诃默均系欺骗他人之人。Frederick第二两目近视，秃首，身材短小；然其组织Sicily王国，具征其能力之巨。编订法典为统治南部意大利王国之用。Sicily王国组织之完善，君权之伸张，实为欧洲史上第一近世国家也。

Frederick第二与教皇之争执，兹不能详赘。教皇不久即知Frederick第二专心建设一强有力之国家于意大利南部，同时并伸其势力于Lombardy诸城，足为教皇腹心之患。为教皇者以为实逼处此，断不能堪。故皇帝之一举一动，每召教皇之猜疑及反对，且尽其力以破坏皇帝及其族系。

Frederick第二于Innocent第三未卒以前，曾有远征圣地之允许，故与教皇争胜之机会，因之大受影响。彼因政务殷繁，故教皇虽屡次督促，而十字军之远征屡次延期而不举。教皇不能再忍，乃逐之于教会之外。

Frederick第二不得已乃起程东征，武功甚盛，再克复圣城Jerusalem而自为其王。

然Frederick第二之行动仍屡触教皇之怒。教皇开宗教大会以痛责之。最后教皇并废Frederick第二而另立德国王。一二五〇年Frederick第二卒，其子维持Sicily王国者数年；不久教皇以Sicily王国予法国王St.Louis之弟Charles of Anjou。Charles率兵南下入Sicily王国，Hohenstaufen族之势力，至是乃扫地无余。

Frederick第二既卒，中古欧洲之帝国亦于是告终。虽一二七三年Hapsburg族之Rudolf被选为德国王，德国王亦自称为皇帝；然皇帝之南下赴罗马城行加冕之礼者，数人而已。且嗣后为皇帝者亦不再抱征服意大利领土之意。德国内部，四分五裂，所谓君主，徒拥虚名。皇帝无都城，亦无组织完善之政府。

至十三世纪之中叶，吾人渐知德国与意大利均不能如英国、法国之能成为强有力之统一国家。其在德国，则公国也，伯国也，大主教教区也，主教教区也，住持领土也，自由城也，无不形同独立之邦焉。

至于北部意大利诸城，本已独立，互相往还，有同独立之国家。至十四十五两世纪时，意大利之城市为近世文化发祥之地。Venice与Florence壤地虽偏小，竟为欧洲当日之重要国家。半岛之中部，虽系教皇之领土，然教皇每不能令其领土中之城市俯首听命。至于意大利南部，则Naples王国为法国人所有，而Sicily一岛，则入于西班牙人之手。

第四卷　中古时代之一般状况

第十五章　中古时代之教会

1. 中古教会之特点

在前数章中，吾人曾屡提及教会及教士。中古史而无教会，则将空无一物矣。盖教会为中古最重要之机关，而教会官吏实为各种大事业之动力。罗马教皇之兴起，及修道士之事业，吾人上已略述之。兹再略述十二、十三两世纪中极盛时代之中古教会。

中古教会与近世教会——无论新教或旧教——绝不相同。言其著者，可得四端：

第一，中古时代无论何人均属于教会，正如今日无论何人均属于国家同。当时人虽非生而即为教会中人，然一已之主张尚未定时，即受浸礼而为教徒。所有西部欧洲无异一宗教上之大组织，无论何人，不得叛离，否则以大逆不道论。不忠于教会者，不信教义者，即叛上帝，可以死刑处之。

第二，中古教会与今日教会之端赖教徒自由输款以资维持者不同。中古教会除广拥领土及其他种种金钱外，并享有教税曰Tithe者。凡教徒均有纳税之义，正与今日吾人捐输国税同。

第三，中古教会不若今日教会之仅为宗教机关而已。教会虽维持教堂，执行职务，提倡宗教生活；然尤有进焉。盖教会实无异国家，既有法律，又有法庭，并有监狱，有定人终身监禁之罪之权。

第四，中古教会不但执行国家之职务而且有国家之组织。当时教士及教堂与近世新教不同，无一不属于罗马教皇。为教皇者有立法及管理各国教士之权。西部欧洲教会以拉丁文为统一之文字，凡各地教会之文书往来，莫不以此为准。

2. 教皇

故中古教会之组织，可以称之为专制君主之政府。为教皇者大权独揽，无异专制之君主。彼为最高之立法者。无论大小之宗教大会，均不能立法以违反其意。大会之议决案，不得教皇之许可者，则效力不生。

而且教会法律不合于《圣经》时，即使由来甚古，教皇亦得废止之。教皇如视为正当时，得不受人为法律之束约：如允许嫡堂兄弟姊妹之婚娶，解除修道士之志愿等。此种例外，谓之“法外施恩”（Dispensations）。

教皇不但为最高立法者，亦且为最高司法者。某名法学者曾言曰，西部欧洲，均属于最高法院法权之下，即罗马之教皇法院是也。无论教士与俗人随时可以上诉教皇以求其下最后之判决。此种制度之缺点，显然甚多。诉讼之事每有因道途遥远，事实未明，而罗马法院骤下判决者，不平之狱，在所难免。而且因道远费巨，故富人上诉之机会独多。

至于教皇之监督教士，其法不一。凡新选之大主教必誓忠于教皇，受教皇所赐之领带后方得行使其职权。所谓领带（Pallium）系罗马城中St.Agnes庵中女尼用羊毛织成，为大主教职权之标志。凡主教及住持之选举，亦必须经教皇之批准而后可。教皇亦有解决教会官吏选举争执之权利。有时并可废其被选之教士，另选他人充之，如Innocent第三强迫Canterbury修道士选举Stephen Langton为大主教，即其著例。

自Gregory第七以来，教皇即享有任意废止及迁调主教之权。教皇统御教会之权因有教使而益巨。教使之权，每甚巨大。气焰凌人，不可逼视。如教使Pandulf曾当英国王John之面解除英国人忠顺英国王之义务，即其一例。

教皇既统治西部欧洲一带之教会，政务殷繁，可以想见，则设官分职之事尚矣。凡教皇内阁阁员及其他官吏合而为“教皇之朝廷”（Curia）。

教皇既有王宫及官吏，则费用必巨，教皇之财源，不一而足。凡上诉教皇法院者，则征以重费，凡大主教收受领带时，必有所输纳；主教住持之批准就任亦然。至十三世纪时教皇渐有任命西部欧洲各地教会官吏之举。凡被任者必以其第一年收入之半纳诸教皇。当宗教改革以前数百年间，西部欧洲之教士及俗人，均怨教皇所征收之费及税之太重云。

3. 大主教主教及牧师

教皇之下为大主教。大主教之职本与主教无异，不过其权力溢出主教教区之外，并有监督一省中其他主教之权。大主教之最大威权为召集本省各主教开一省宗教大会之权利。其法院能受自主教法院上诉之案。然就事实而论，则为大主教者，除享有名誉，居于巨城之中及其政治势力三者之外，其宗教权力与主教无甚差别也。

中古史中之阶级，吾人必须明白其地位者，莫过于主教。盖主教本以基督门徒之后起者自居，其权力亦以为上帝所赋予者。若辈在各教区中，代表统一之教会，群隶于其“长兄”，即罗马城之主教是也；而罗马城之主教则为基督第一门徒之承继者。主教之徽章为法冠及手杖。凡主教必有礼拜堂一，曰“大礼拜堂”（Cathedral），往往较其他教堂为宏大而美丽。

唯主教能委任新教士及免旧教士之职。唯主教能祓净教堂，及为君主行傅油之礼。唯主教能行坚信之礼。除宗教上之义务外，为主教者并有监督区内所有教士及修道士之权。主教可以开庭审理教区内之讼事。并可巡行区内以视察乡区教堂及寺院。

此外为主教者，并有管理主教教区中一切领土及财产之权。而且为主教者每有政治上之职务，如在德国，每为君主之重臣。最后，为主教者每同时并为封建之诸侯而负有封建之义务。彼可有附庸及再封之附庸，而同时又为君主或诸侯之附庸。吾人使读当日主教之公文书，几不辨主教之究为教士或为诸侯也。总之，当时主教义务之繁重，正与教会本身无异。

教皇Gregory第七改革之结果，则主教之选举，付诸“主教教区教士团”（Cathedral chapter）之手。唯因选举主教之时，必先得君主之允许，故为君主者每有提出候补主教之举。如其不然，则君主每不愿给予领土及政治威权于新选之主教也。

教会最低之区域为牧师。教区之面积虽大小不一，教徒之人数虽多寡不等，然皆有一定之界限。凡教徒之忏悔、浸礼、婚礼、葬礼等仪节，均由牧师执行之。牧师之收入有赖领土及教税。然此种收入每操诸俗人或附近寺院之手，故牧师之收入每有为数甚微，不足以资其生活者。

牧师之礼拜堂，为村落生活之中心，而牧师每为村民之指导者。例如严防恶人——异端、巫觋、癞病者——之混入村中，即系牧师应有之职务。于此可见中古时代之牧师，不但有监督教徒德育之责，并有防御传染病传入之义也。

4. 教会之仪节

中古教会权力之宏大，不仅缘于组织之完备而已。吾人而欲明了教会势力之所以根深蒂固。不能不知当日教士地位之高贵及基督教会之教义二者。

教士与俗人相异之点，不一而足。凡高级教士——主教、牧师、助祭、副助祭等——终身不得婚娶，故无家室之累。而且教会中人以为高级教士既经授职之后，即受有一种玄妙之性质，终身不能磨灭。尤要者，即唯有教士得执行各种仪节（Sacraments）是也。而教徒灵魂之得救，实唯仪节是赖云。

教会中人虽深信各种仪节为基督所创设，然至十二世纪中叶，其仪节方明白规定。Peter Lombard（一一六四年卒）为巴黎之神学教师，曾根据教会信条及神父著作著有《意见》（Sentences）一书，风行一世，盖此书发见之日，正神学兴味中兴之时也。

教会中之七种仪节，实由Peter Lombard所规定。彼之主张虽根据于《圣经》与神父之意见。然彼之解释及定义，实建中古神学之新基。当Peter Lombard以前，所谓仪节者，本玄妙之意；如浸礼也，十字架也，四旬斋也，圣水也，等皆是。然PeterLombard以为教会之仪节有七：即浸礼、坚信礼、傅油礼、婚礼、忏悔礼、授职礼及圣餐礼，是也。凡经过此种仪节者，则无德者有德，有德者增加，失德者复得。如思被救，非经过此种仪节不可。

教会因执行仪节之故，故与教徒有终身之关系。经过浸礼之人，则所有人类之罪过，因之洗净；唯有浸礼，可予人以入圣之门。行坚信礼时，主教以圣油及香膏为香德之代表，涂诸青年男女之额，以坚其信仰基督之心。假使教徒一旦染有危疾，牧师以油傅病者之身以解除其罪过而清洁将死者之精神。至于婚姻必经牧师之手方为确定，不能解除。教徒虽经浸礼而罪过或有未净除者，则可行忏悔礼以再与上帝复合而免堕入地狱之危。凡牧师曾经授职之礼者，则可得赦人罪过之特权。同时并享有执行圣餐礼之特权。

5. 忏悔礼与圣餐礼

忏悔礼与圣餐礼二者，在历史上尤为重要。当主教授职以予牧师也，必告之曰："尔其受圣灵：凡尔赦人之罪过，则罪过即被赦；凡尔留人之罪过，则罪过即被留。"牧师因此遂得有天国之钥。凡俗人之有罪过者，除请牧师解除外，别无解救之法。凡藐视牧师之教务者，虽有极诚之忏悔，在教会中人视之，其罪过仍不能赦。牧师于未行免罪之先，有罪过者必先自供其罪过，并须表示其痛恨罪过之心及不再行恶之意。盖牧师必先知所犯罪过之性质如何，而后方有解除之可言也。有罪过者亦必先表示其悔过之忱，而后可望罪过之解除也。故自承与忏悔，实为解除罪过之初步。

解除罪过之举，并不能除净所有罪过之结果。故解除罪过，仅能解除灵魂之死罪，使之不受永远之刑罚而已。至于暂时之责罚，则仍不能免者也。此种暂时之责罚，或生时由教士执行之。或死后人"炼罪所"（Purgatory）以火烧净其罪恶。

牧师所规定之责罚，曰"悔罪之苦行"（Penance）。苦行之形式不一：或斋戒，或祷告，或朝谒圣地，或禁止娱乐等。而朝谒圣地之举视为可以代替忏悔之失部。然教会中往往允悔罪者纳款以代其苦行，以其款为办理宗教事业之用，如造教堂，救济贫病之人等事。

为牧师者不但可以解除罪过，而且有执行圣餐礼之特权。基督教徒久已有庆祝圣餐（Mass Lords Supper或Holy Eucharist）之礼；对于圣餐之性质，本早抱有种种不同之观念。日久之后，渐以为祭神所用之面包与果酒，一经供奉，即变为基督之肉体与血液。此种变化，名曰“变质”（Transubstantiation）。教会中人以为行此礼时，基督再献其身为上帝之牺牲。此种牺牲之礼，无论对于生者或死者，与祭者或不与祭者，均有实效。而且以为基督以面包之形式受人崇拜，最为诚敬。此种形式凡遇荒灾或大疫时，必迎之游行于通衢之上以求天祐。

以圣餐为基督牺牲之观念，其结果甚为重要。圣餐之礼，遂为牧师最高尚之职务，而为教会职务之中坚。除为人民行公共圣餐礼外，私人圣餐礼亦时时举行，尤以为死者超度为多。时人每有捐助基金专备牧师为死者或死者之家族执行圣餐礼之用者。亦有以财物布施教堂或寺院，求其每年为施主行圣餐礼者。

6. 教士之势力

教会之威权既巨，组织又复完备无伦，加以拥有巨资，均足以使教士为中古时代最有势力之阶级。天国之钥，若辈实司之，不得若辈之援助者，则无上登天国之望。教会有驱逐教徒于教会以外之权，其被逐者，不但被屏于教门，亦且不齿于社会。教会又有下令教士停止执行教务之权，使全城或全国之人民无有以宗教自慰之地。

而且当时唯有教士为曾受教育之人，故势力尤大。自西部罗马帝国瓦解以来，六七百年间，教士以外，存有研究学问之心者甚寡。即在十三世纪时，凡罪人欲自称为教士者，只需诵书一行以证明之；盖其时之法官，以为无论何人与教会无关者必不能读书者也。

因之中古时代所有之书籍，类皆出诸教士及修道士之手，而教士遂为知识、美术及文学之领袖。加以各国政府之公文及布告，端赖教士之手笔。教士与修道士无异君主之秘书。故教士中每有列席于政务会议，俨同国务大臣者；事实上，行政之责任，亦多由教士负之。

教会中之官职，无论何人均有充任之希望。教皇中颇有出身微贱者。故教会中之官吏有推陈出新之象，无世袭罔替之习。教会势力，历久不衰，良非偶然。

凡服务于教会之人“即无家室之累，教会即其国与家。教会之利害，即彼之利害。凡道德上、知识上及物质上之力量，在俗人之中，多为爱国心、自利心、顾全妻子心所分裂，而在教会之中则合之以求达其唯一公共之目的。此目的之成功，人人可望受其利，同时人人确有生活之资而无筹划将来之虑。”故教会之为物，无异“驻扎于基督教国土中之军队。处处有哨兵，受极其严肃之训练，抱一种公共之目的，各个军士均有不可侵犯之甲胄，手执巨大之武器以杀灵魂”。

第十六章　异端及托钵僧

1. 教会之利弊

据前章所述，则当时教会势力之宏大，实无伦匹。试问为教士者其能永远与恶人奋斗耶？教士之权力既大，财产又富，其能始终不为外物所诱耶？若辈果能利用其地位以宣传耶稣之教义耶？抑或若辈存自私自利之心，假耶稣之教义以济其私，徒失人民之信仰耶？

欲回答此种问题，实非数言可尽。吾人既深知中古教会势力之雄厚，及其影响之宏大，实不愿量其利弊之轻重。教会之有功于西部欧洲可谓毫无疑义。除以宗教提倡道德之一事不计外，吾人亦曾提及教会中人之如何感化蛮族，使之日进于文明；如何以《上帝休战条约》减削当时之争斗；如何维持教士之教育，使一线文明，不致扫地以尽；此皆显而易见者也。他如保护贫苦之人，安慰伤心之辈，其功尤伟。

然吾人试读当日之教会史，则教士之不德而滥用职权者，亦正不一其人。主教及牧师中每有荡矩踰闲与近世夤缘奔走之政客无异者。

唯历代以来之记载，其痛骂教会者，每有吹毛求疵之习，而抹杀教会之功，此不可不知者也。研究宗教制度，尤其如此，盖既属宗教本不应有流弊也。吾人对于无数牧师之道德，每不注意，而对于一主教之恶劣，则每为之惊心。然吾人试平心静气披览十二、十三两世纪之记载，则主教、牧师、修道士中，亦正有恶劣不堪者，而教会中之弊窦，亦正不一而足焉。

Gregory第七以为教士中而有恶人，实因君主及诸侯强任其嬖佞之臣为教士之故。然吾人须知教会之所以堕落，实源于教会财力与权力之雄厚。权力既巨，除非圣人，难免不滥用；财力既巨，亦除非圣人，难免不为私欲所诱。教会中之官职，与政府中之位置同，便于中饱。吾人试读十二、十三两世纪之记载，则知当时所谓教士者，实与今日之政客无以异。

2. 教士之腐败

吾人而欲明白异端之所由起，不能略述当时教会之腐败情形。异端之兴起，始于十二世纪，卒酿成十六世纪新教革命之举。至于托钵僧（Friar）之兴起，亦可谓渊源于教士之腐败。并可征当日教会改革之必要。

第一，当时教会中有卖官鬻爵之弊，根深蒂固，牢不可破，故Innocent第三有不可救药之言，此层前已述及之。凡得有力戚友之援引者，则虽无知之少年，亦有被选为主教及住持者。封建诸侯每视主教教区及寺院为其幼子维持生活之机关，至于长子则本有诸侯之封土可传也。主教与住持之生活，实与世俗之诸侯无异。如教士而好武也，则尽可招募军队以凌辱四邻，与当时好勇斗狠之诸侯，绝无区别。

除卖官鬻爵及生活腐败以外，教会中尚有种种不德之处足以使教会之名誉，日形堕落。当十二、十三两世纪时，为教皇者类多善人而具有政治才力者，一心以提高教会之声誉为事。然教皇法院之法官，则享有腐败之盛名。当时人均以为教皇法院视贿赂之多寡为断定曲直之标准。故富人无不胜之诉，而贫民则每有败诉之虞。主教法院之压抑教徒，亦复如此，盖主教之收入，罚金居其大部分也。故每有一人同时被法院数处所传者，势难遍到，则法院必因其不能到庭而处以罚金之罪。

至于牧师之不德，亦正不亚于主教。据宗教大会之议决案观之，则知牧师每有将其住室改为商铺以售酒者。而且为教徒行各种应行仪节时——如浸礼、忏悔礼、婚礼、葬礼等——每征收用费以增加其收入。

十二世纪之修道士，除少数人外亦皆不能补世俗教士之缺点。不但不能以身作则，教训人民；其道德之堕落与声名之狼藉，正与主教及牧师无异。唯当十二世纪时已有新设之修道士团体以实行改革为目的。

教士之自私及其堕落，当时之记载多道及之——如教皇之信札，圣人如St.Bernard辈之劝告，宗教大会之议决案，及诗人之吟咏等。对于教士之不公正、贪婪及不顾职务诸恶行，无不一致痛骂之。St.Bernard曾言曰：“在教士之中，尔能告余有谁能不以勒索教徒之金钱而以减除若辈之罪恶为务者乎？”

3. 异端之兴起

教士之腐败，教会中人既公然自认，则俗人之注意及批评，势所难免。然教士中之优良者虽有改革之主张，始终无反对基督教义及仪节之心。而在俗人之中，则颇有宣言教会为魔鬼之“犹太人会堂”者。以为无论何人，不应依赖教会之援救；所有仪节较无用尤恶；所谓圣餐礼、圣水、遗物等，无非恶劣教士欺人敛钱之方法，断不能使吾人上升天国，此种论调之附和者，当然不一其人。盖当时已有怀疑恶劣教士所执行之仪节不足以援助有罪过之人，而教徒之痛恨教税过重者，亦正大有人在也。

当时教会中人对于怀疑教会之主张及叛离教会者，均以异端视之，罪在不赦。正宗教士以为反对基督所创之罗马教会者，即与反对上帝无异，罪莫大焉。而且怀疑教会，不仅一种罪过而已，实一种对于当时社会中最有力之制度之反抗。盖当时教士虽有不德之人，而西部欧洲一般人民之对于教会，则始终尊敬也。十二、十三两世纪中之异端，及教会摧残异端之事迹，实中古史上一段奇离而且残酷之记载。

异端凡有二派。其一，不过誓绝于罗马教会之一部分习惯及其教义，同时仍为基督教徒，竭力模仿耶稣及其门徒之简朴生活。其二，则主张基督教为假者伪者。若辈以为宇宙间有二大原理：曰善曰恶，二者永久争雄。又以为《旧约全书》中之耶和华（Jehovah）实为恶力，故基督教会所崇奉者，实恶力也。

第二派之异端，其来甚古，即昔日之St.Augustine当年幼时亦曾为其所惑。至十一世纪时，此派复盛于意大利，附和者颇众。至十二世纪时，乃盛行于法国之南部。此派人自称曰Cathari，即纯洁之意，而历史家则多以Albigense派名之，此名因南部法国Albi城得名，此城之异端，为数甚多故也。

至于属第一派者，则以Waldensian一派为最著。此派之创始者为Lyons

城之Peter Waldo其人。其同志多弃其财产，从事于门徒贫苦之生活。四出宣传《福音》及《圣经》，每以各地方言译之，信者甚众。至十二世纪末年此派中人已散布于西部欧洲一带。

教会对于模仿耶稣及其门徒之简朴生活者，本不反对。然此类俗人自以为有传道及代人忏悔之权利，而且以为在卧室中或马厩中所行之祷告，其效力与在教堂中行者无异。此种主张，显然与教会为唯一救济人类机关之信仰，互相抵触，教会之势力不且大受其影响？

至十二世纪末年，世俗君主渐有注意异端者。一一六六年，英国王Henry第二下令在英国无论何人不得隐匿异端，凡容留异端之居室，以火焚之。一一九四年Aragon王下令凡听Waldensian派之说法者，或予以食物者，均以叛逆论，籍没其财产。此种命令实开十三世纪诸国君主虐待异端之端。盖教会与政府，均以异端为有害于其安宁，当视为穷凶极恶，以火焚之。

吾人处信教自由时代，对于十二、十三两世纪以迄于十八世纪时人何以独惧异端实难索解。其时一般人以为教会之为物，不但为救济人类之机关，而且为维持秩序及文明之利器。当时批评教士之腐败者，本甚普通，然此非异端也。无论何人固可信教皇或主教为恶人，然不定即怀疑教会之存在及教义之真确，异端教徒实中古时代之无政府党。若辈不但痛骂教会之腐败，并谓教会较无用尤恶。使人民叛离教会，不再服从其法律及命令。故教会与政府均以异端为社会及秩序之敌。加以异端之传播，迅速异常，故当时君主无不尽力以驱除之。

4. 扑灭异端之方法

摧残异端之方法，不一而足。第一，教士性质之改良及教会流弊之改革，定可以减除不满教会之心。一二一五年Innocent第三曾有召集宗教大会于罗马城以谋改革教会之举，然终归失败。嗣后教会内容益形腐败。

其二，则组织十字军以歼灭之。此种政策，仅可行于异端较多之地。其在法国之南部，Albigense派及Waldensian派二派人甚多，在Toulouse地方尤夥。当十三世纪之初，此地异端竟有公然藐视教会之举，甚至上流社会中人亦有赞成异端之主张者。一二〇八年教皇Innocent第三曾有兴军入征法国南部之主张。Simon de Montfort自北部法国入征其地，杀尽异端。法国最开明地方之文化因之被阻，而此地之元气亦复为之大伤。

第三种最永久之方法，莫过于教皇所建设之法院，专以审判异端为目的。此种法院曰神圣之异端裁判所（Holy Inquisition）。此种机关创始于远征Albigense派之后。二百年后，此种法院在西班牙方面尤为盛行。其审判之不公及其刑罚之残忍——如长期监禁，及刑讯以逼罪人之自供等——使异端裁判所之名，遗臭于后世云。唯吾人须知异端裁判所中之法官，类皆公平正直之辈。审判方法较当时世俗法院之方法并不较虐也。

凡犯信奉异端之嫌疑者，虽矢口不认，亦无益焉。盖以为罪人，必不自承其有罪也。故一人之信仰，端赖其外表之行动以断定之。因之与异端交谈者，失敬教会之礼节者，或被邻人诬控者，每为异端裁判所中人所逮，此实异端裁判所最可怖之方面。每轻信他人之告发，入人于罪，处以残酷之刑。

凡异端自承其罪并誓绝于异端者，则赦其罪而允其重为基督教徒；其有罪者则处以终身监禁之刑，俾自省其罪过。如不自悔，则“交诸俗人之手”。盖因教会法律禁止流血，故交诸世俗政府以火焚而杀之，不必再经审判矣。

5. St.Francis

兹再述较和平而且较有力之反对异端方法，此种方法，实始于Assisi之St.Francis。彼之主张及其生活之模范，极能维持当时人民忠顺于教会之心，其力量之大，远驾异端裁判所之上。

吾人前曾述及如何Waldensian派中人思以简朴之生活及《福音》之传布以改良世界。嗣因教会中人之反对，故此辈人之传道事业，未能公然进行。然当时人之有天良者，均以为世界之堕落，实原于教士之懒惰及无行。St.Francis及St.Dominic思另创一种新教士曰“托钵僧”者，以应付当日之需要。为僧者应行主教及牧师应行之事，如牺牲一己之神圣生活，保护正宗信仰以反抗异端，提倡人民之精神生活等。托钵僧制度之建设，实中古事实之最有兴味者。

历史上最可爱之人物，莫过于St.Francis。彼约在一一八二年生于中部意大利之Assisi地方。其父业商而多资，故St.Francis年少时颇浪费以行乐。彼尝读当时法国之传奇，极慕勇敢骑士之为人。所交之友虽多粗野之辈，而彼独温文而任侠。他日彼虽自愿为乞丐，仍不失其诗人与侠士之风格。

St.Francis鉴于一己之快乐及穷人之困苦，早生悲悯之心。当彼年约二十时忽染大病，快乐生活因之中辍，并得自省之机会。乃忽恶昔日之快乐，渐与苦人为伍，尤悯有癞病者。Francis本世家子，对于贫困之人，本所厌恶，然彼强以吻接若辈之手，洗其疮口，以朋友视之。因之彼竟战胜一己，尝谓昔日吾视为苦者，至是每变为甘也。其父颇不喜乞丐之流，故父子间之感情日趋疏远。最后其父竟以不与遗产恫吓之。Francis遂愿放弃其承受遗产之权利。去其华服以交其父，披园工之破衣，出家为僧，专心修理Assisi附近之教堂。

一二〇九年二月某日，Francis躬与圣餐之礼，牧师偶向渠而读《圣经》曰："尔去讲道谓天国已近，……在尔袋中不得有金、录或铜，旅行之时，毋携行囊，无二衣，无鞋，亦无杖；因工作者必有食物也。"Francis闻之，恍然有所悟，意谓此乃显然耶稣予以指导也。彼遂弃其杖、行囊及鞋，决意实行门徒之生活。

彼乃开始讲道，不久富商某尽售其所有以济穷人而追随Francis之后。日后同志日增，自称为"上帝之诗人"（God's troubadours）飘然一身，尽脱家室之累，赤足空手，往来于意大利之中部以讲演《福音》。有愿谛听者，有嘲笑者，或有问："尔辈何自来乎？属于何种团体乎？"若辈每答之曰："吾辈乃悔罪者，Assisi城人。"

至一二一〇年Francis有同志十余人，求教皇承认其传道之方法。教皇Innocent第三犹豫不决。彼不信无论何人可以绝对清贫而可谋生活者；而且此种衣服破烂之乞丐，与安富尊荣之教士既不相同，难免有反对教会之举动。然假使不承认此种托钵僧，则将有反对耶稣指导其门徒之嫌。最后彼决意口允之，许其继续其使命，得薙发如僧，归罗马教会管辖。

6. Francis派之托钵僧

七年之后，同志大增，传道事业因之大盛。德国、匈牙利、法国、西班牙甚至叙利亚，均有若辈之踪迹。不久英国编年史家亦述及此种赤足僧之入英国，穿破衣，腰围绳索，不念明日，以为若辈所需者上帝深知之。

此种僧侣长途跋涉，每受他人之虐待，故请教皇致函于各地教徒，加以优待。此为托钵僧享有各种特权之权舆。然St.Francis极不愿见其同志之变为巨而有力之团体。彼预知若辈必将不再以清贫自守，必变为野心家，或且拥有巨资。彼尝谓："吾，小弟Francis，极愿仿耶稣之生活及贫困，坚持到底；吾请尔并劝尔始终坚持最神圣之贫困生活，断不可听他人之劝告及主张而放弃此种生活。"

Francis不得已再编订新规以代旧日所用之《福音》，为指导僧侣之用。嗣经多次之修正以迎合教皇及教皇内阁阁员之意旨，Francis清规遂于一二二八年由教皇Honorins第三批准实行。照其规定："凡同志不得有财产，不得有居室，不得有马，不得有其他物件；若辈应以世界上之信徒及生人自居，清贫谦和以侍奉上帝，以求他人之布施。若辈亦不必引以为耻，因救主曾为吾人之故，特为贫苦之人也。"唯为僧者如能工作，及义所当为者，则当实行工作。凡工作者，可得报酬，唯不得收受钱币耳。如不能赤足而行者，亦可穿鞋。可用麻布或其他破布以补其衣服。须绝对服从其尊长，不得娶妻，亦不得离其团体。

一二二六年St.Francis去世，此派僧侣已不下数千人，颇多清贫自守者。然其新领袖及一部分之同志，颇以为人民既愿以财产相赠，亦正不妨利用其财力以行善事。以为团体不妨有美丽之教堂及宏大之寺院，而个人仍可不名一钱，清贫自守。故不久若辈即建筑一宏丽之教堂于Assisi为安葬St.Francis遗体之地，并设钱柜一座以受他人之布施。

7. Dominic派之托钵僧

St.Dominic为另一派托钵僧之创始者，约生于一一七〇年。彼本教士，曾在西班牙某大学中习神学十年。于一二〇八年当远征Albigense派异端之际，彼偕其主教入法国之南部，目睹异端之盛行，颇为惊骇。当彼在Toulouse时，其居停主人适为信Albigense派之异端，St.Dominic尽一夕之力以感化之。自此彼遂壹意于异端之扑灭。就吾人所知者，彼实具有决心与自信心者，维持基督教极具热忱，而同时又和气盎然令人生爱慕之念。

至一二一四年，西部欧洲一带之同志，多闻风兴起以与Dominic合，求教皇Innocent第三承认其团体。教皇犹豫未决，相传彼忽梦见罗马教堂摇动将倾，幸Dominic以肩承之，得以不倒。教皇遂念及Dominic辈将来或能援助教皇，乃批准其团体。Dominic急遣其同志十六人四出传道。至一二二一年此派僧侣组织完成，西部欧洲一带已有寺院六十处。"赤足游行于欧洲各处，无间寒暑，不受金钱，只求粗食，忍受饥寒，不念明日，始终专心于救济人民之灵魂，使若辈脱去日常生活之累，救其疾病，以一线天光照若辈黑暗灵魂之上"——此当时人民所以爱敬Francis及Dominic两派之托钵僧也。

8. 托钵僧之事业

凡托钵僧与Benedict派之修道士不同，不但受寺院住持之管束，而且受全团"将军"之监督。凡为僧者与兵士同，随时可以调遣。若辈亦以基督之兵士自命。若辈与修道士不同，每不从事于精神之修养，专与各级人民互相往还。必须勇敢受苦为救己救人之事。

世称Dominic派之僧为"布道僧"（Preaching Friars）故多研究神学为答辩异端之备。教皇每令若辈执事于异端裁判所中。若辈并早伸其势力于大学之内，十三世纪时之二大神学家Albertus Magnus及Thomas Aquinas，即系此派中人。至于Francis派中人每怀疑学问，且每较Dominic派中人为能以清贫自守。然就大体而论，两派僧侣，类皆收受他人所布施之财产，并以学者供献于当时之大学。

教皇不久即知此种新团体之重要。故陆续予若辈以特权，使之不受主教之约束，最后并宣言若辈仅受本派规则之限制。特权中之尤为重要者，则凡为牧师者教皇并予以随地可行圣餐礼之权，并得执行普通牧师之职务。僧侣多散居各地以代各区之牧师。当时俗人每以僧侣较教士为纯洁而神圣，以为若辈所行之仪节，亦必较教士所行者为有力。故当时几乎无城无灰衣僧（Francis派）或黑衣僧（Dominic派）之寺院，凡君主至少几皆有僧侣一人为其行忏悔礼之人。

僧侣之势力既巨，世俗教士颇猜忌之。若辈屡请教皇废止其团体，或至少阻止若辈不得夺牧师之权利。然教皇多置之不顾，曾向内阁阁员、主教及下级教士之代表，宣言若辈之所以痛恨僧侣，实因若辈生活之浮夸及欲心之浓厚；至于僧侣，则每能利用其财产以供奉上帝，不浪费于快乐之中云。

托钵僧中颇有能人及学者——学者如Thomas Aquinas，改革家如Savonarola，美术家如Fra Angelico及Fra Bartolommeo，科学家如Roger Bacon。当十三世纪时，救世最力者，莫过于托钵僧。然若辈飘然一身，不受教会之监督，又复拥有财产，道德堕落之事，遂所难免。当Bonaventura于一二五七年为Francis派领袖时，曾谓当时人因僧侣之贪婪、懒惰及不德，颇为不喜，而且行乞频繁，其可厌较盗贼尤甚云。唯当时人对于僧侣始终视教士为优；而城乡各地宗教生活之维持与提倡，亦复僧侣之功居多也。

第十七章　乡民及市民

1. 中古时代乡农之状况

自经济学发达以来，研究历史者渐多注意中古时代农民商人及工人之状况与习惯。不幸自蛮族南下以后五六百年间之人民生活状况，已不甚可考。中古时代之编年史家每不记载普通之状况，如农民生活及耕种方法等。若辈所注意者，伟人与大事而已。唯关于中古时代之封邑及城市，吾人所有资料，颇能窥见当日状况之一斑，而为研究通史者之重要事实。

当十二世纪以前，西部欧洲一带几无所谓城市之生活。罗马时代之城市，在日耳曼民族未入侵以前，人口日形减少。蛮族入侵以后，城市益为之衰落，大部分且因之消灭。其留存者及新兴者，则据当日之记载，在中古初年，实不甚重要。故吾人可以断定自Theodoric时代至Frederick Barbarossa时代，英国、德国及法国北部中部之人民，类多散处四乡居在封建诸侯、住持及主教领土之内。

中古时代之封土曰Vill或曰Manor，与罗马时代之Villas正同。封土之一部分，由地主保留而自用之；其余则画成长方形分诸农夫，为农夫者类皆佃奴，所耕之地，虽非己产，然佃奴而为地主做工并纳租税者，则每得永种其地，无再被夺之虞。佃奴终身附属于所耕之地，随其地以易主人。为佃奴者有代种地主之地及代其收获之义务。不得地主之允许者，不能婚娶。其妻子于必要时有扶助地主之义。如纺织、缝纫、烘面包及酿酒诸事，类皆由佃奴之女为之，故村中之日用必需品，每无事外求也。

吾人试读旧日之记载，即可知当日佃奴之地位如何。例如Peterborough之住持，有封土一区，由佃奴十八人分种之。各人每年每周须代地主做工三日，唯耶稣圣诞、复活节及圣灵降临节，得各休息一周，各佃奴每年纳小麦半斛，雀麦十八束，母鸡三翼，公鸡一翼于地主，遇耶稣复活节，须各纳鸡子五枚。凡佃奴售马得十仙令以上者，须予地主四便士。此外尚有佃奴五人，其所耕之地仅得前十八人所得之半，故应纳诸物，亦只半数而已。

有时在封土中之自由民每居少数。封土与牧师教区之界限，每相符合。故必有牧师一人有领土数亩，其地位当然在其地人民之上。此外有设磨坊者，年纳租税于地主，以代人磨麦为务，故其景况亦较其邻舍为佳，铁匠亦然。

当时封土最显著特点之一，即离世界而独立是也。封土之中，应有尽有，可与外界不相往来而不虞生活之无资。农民每以工作及农产代其租税，故无使用钱币之必要。农民间有无相通，故无交易。

乡间佃奴大都无改良一己状况及生活之机会，故世世生生，依然故我。农民生活，不但兴味索然，而且异常困苦，食品粗劣，种类简单，盖当时农民每不愿从事于园蔬之种植也。居室类仅有房一间，只有小窗一，无烟突，故光线不足，空气恶浊。

封土内之居民因互相扶助之故，故具有相爱互助之精神。盖若辈不但与外界隔绝，而且当工作于田亩之时，互通声气，所赴之礼拜堂同在一处，所服从者同是一人。封土之中有所谓“法院”，为佃奴者必均赴焉。凡排难解纷、罚金、重画经界等事，均在法院中举行之。

为佃奴者类皆不善于种地及工作之人，耕种土地，纯用旧法，收获不丰，故佃奴制度之存在，纯赖地广而人稀。然当十二、十三两世纪时，西部欧洲一带人口颇有增加，食粮因之不足，佃奴制度，自然衰歇。

至十二、十三两世纪时，工商各业，渐渐中兴，钱币之为用亦广，均足以破坏封土之制度。昔日以货易货之习惯至是渐不通行。他日地主与佃奴均渐不满于旧日之习惯，为佃奴者每售其农产于邻近之市场以得钱币。不久遂以金钱纳诸地主以代工作，俾得专心从事于一己之事业。至于地主，则亦乐受其佃户之金钱以代徭役。盖既有钱币，可用之以雇工人而购奢侈之品也。为地主者渐放弃其监督佃奴之权，佃奴乃渐与自由民无甚区别。有时佃奴并可遁走城中以复其自由之身。如过一年一日后，不再被地主追回者，即为自由民。

西部欧洲佃奴制度之消灭，实始于十二世纪。当一七八九年法国革命时，法国虽尚有少数之佃奴，然释放之举，实始于十三世纪之末造。英国较迟，德国尤慢。Luther改革宗教时代，德国佃奴尚有叛乱之举，直至十九世纪初叶，普鲁士方有释放佃奴之举也。

2. 中古时代城市中之状况

西部欧洲一带城市生活之复现，为吾人研究历史者最有兴趣之问题。古代希腊、罗马之文明，均以城市为中心，今世生活、文化，及商业亦以城市为焦点。假使城市不兴，则乡间生活，亦必大受其影响，吾人之状况，必且一返昔日Charlemagne时代之旧。

据纪元后一〇〇〇年时之记载，则知中古城市大部分起源于诸侯之封土中或寺院与城堡之邻近一带地。法文称城曰Ville即从封建时代封土之名而来。至于城之所以有墙，殆所以资保护邻近乡民之避难于城中者。观于中古城市之建设方法，尤可信此言之不谬。城中人民较罗马城中为拥挤，居室亦然；除市场外，极少空旷之地，无戏院，无浴场，街道狭窄，两旁房屋之上层多突出街中，几乎相触。城墙高而且厚，故不若近世城市发展之易而且速。

当十一、十二世纪时，除意大利诸城之外，其他城市，规模狭小，而且与外界之交通甚少。城中所产，足以自给，所需者农产而已。假使城市之权，操诸其地封建诸侯或寺院之手，则城市发展之希望绝微。市民虽居于城中从事工业，然其地位与状况，与佃奴无甚区别。若辈仍须纳税于地主，抑若尚为封土中之佃奴者然。欲谋城市生活之自由发达，非市民自由，另建自治政府不可。

商业发达之后，市民之希望自由，遂具热忱。盖自东南诸地新美商品输入西北部欧洲以后，城市中之制造业，渐受激动，以备交换远地物产之用。然一旦市民从事于工业及与外界通商，即晓然于一己地位有类佃奴，租税既繁，限制又密，欲谋进步，几不可能。故当十二世纪时，市民之叛其地主者不一而足，类皆要地主给予宪章以规定地主与市民之权利。

其在法国，城中市民多组织城市自治团体（Commune）以获得独立为目的。当时地主视此种团体为一群佃奴合力以反抗主人之举动。为地主者每以武力平定之。然亦有深知市民如脱去苛税而自治者，则城市状况，必有日臻隆盛之象。至于英国城市之特权则多用金钱向地主购得之。

城市之宪章，无异地主与自治团体或商人同业公所之契约。一面为城市发生之证明，一面为市民权利之保障。宪章中由地主或君主允许承认同业公所之存在，限制地主传市民赴其法院及罚金之权利，并列举地主可以征收各税之种类。旧日之租税及徭役，则废止之，或以金钱代之。

英国王Henry第二曾允Wallingford城之居民以权利如下："无论何处，若辈以商人资格往来于吾之领土中如英格兰，Normandy，Aquitaine及Anjou，由水道，由海滨，由森林，由陆道，若辈均无须纳通过税及关税等；如有留难者，则处以罚金十磅之刑。"彼又允Southampton城以权利如下："在Hampton城之吾民，均得组织同业公所及享各种自由及习惯，无论在水或在陆，其善、和、公、自由、平静、可敬，均与吾祖父Henry时代若辈所享有者同；无论何人不得伤害之或侮辱之。"

据宪章中所表示者，则知当日之习惯，甚自简陋。一一六八年法国St.Omer城宪章中有条文如下：凡犯杀人之罪者，不得藏匿于城中。如畏罪远扬者，则毁其居室，籍没其财产；罪人而欲返居城中者，须与死者家属讲和，并须纳金十磅，以其半予地主之代表，其一半则缴诸城中自治政府为建筑城市炮台之用。凡在城中殴人者则罚铜币（Sou）一百枚；凡拔他人之发者罚铜币四十枚。

自由城市中每有钟楼，昼夜均有瞭望者一人，遇有危险之事，则鸣钟以示警。城中并有会议厅一，为开会之地，又有监狱一。至十四世纪时，各城多建市政厅，其宏丽几可与大礼拜堂相埒，至今尚有存者。

中古时代城市中人每以工而兼商；往往在商铺制造商品，即陈列于铺中而售之。城中除原来自治团体外，并有各种同业公所（Craftguild）。同业公所之规章，当推一〇六一年巴黎城中烛匠所定者为最古。行业之种类及多寡，各城不同，然其目的则一——即禁止未入某种同业公所之人，不得从事于某种职业是也。

凡少年欲习一业者，必须经数年之学习。住于店主家中，唯无工资。既出师，乃得为工匠，得领工资。凡较简之职业，习三年即可竣事，至于金匠则动需十年之久。店主收受学徒之数每有极严之限制，以防工匠人数之太多。各业学习之方法均有一定之规则，每天工作之时间亦然。同业公所之制度每足以阻止工商业之进步，然到处均能维持其一致之功能。假使当日无此种机关，则为工人者将永无获得自由及独立之日矣。

3. 中古时代之商业

中古城市之发达及其隆盛，实源于西部欧洲一带商业之兴起。当昔日蛮族南下时，道路不修，秩序大乱，商业遂随之衰落。中古时代，绝无念及修复罗马时代之道路者。昔日罗马帝国时代之道路，东自波斯，西至英国，无不四通八达，至是国土分裂，交通遂塞。北部欧洲一带之人民，无复有奢侈品之需要，商业遂衰。其时钱币甚少，人民亦无奢侈之习惯，盖当时贵族，类皆蛰居于粗陋城堡之中者也。

然在意大利方面，商业并不中绝。Venice，Genoa，Amalfi及其他诸城，当十字军兴以前，已发展其商业于地中海一带之地。其商民当十字军东征时，曾供给军需于十字军之兵士以攻破Jerusalem城。意大利商民每因具有宗教热忱之故，运载基督教徒东征圣地，再载东方之出产品以归。诸城商民多设商场于东方，与东方之驼商直接贸易。

南部欧洲之商业，既有进步，北部欧洲一带，亦渐如昏迷之初醒。因有新商业，遂产出工业上之革命。假使封土之制度犹存，人民之需要甚少，则外界往来，通商交易之事，断难发生。一旦远地商民以奢侈之品，陈诸市场，投时人之所好，则人民必多产物品，逾其所需，以其所余，易其不足，此理甚明。商民在工匠渐尽其力以产生自己所需者及他人所无者，除自给外，并以有易无。

据十二世纪时传奇之所载，可知当日西部欧洲人民极喜东方之奢侈品——纺织品也，地毡也，宝石也，香品也，药物也，中国之丝及茶也，印度之香料也，埃及之棉花也等。Venice自东方传入丝织之业，及制造玻璃之业。西部欧洲人渐知制造丝绒之方法及棉麻之纺织品。东方之颜料，输入西部欧洲，巴黎城不久亦有仿造挂壁毛毡之举。Flanders诸城多以毛织品，意大利诸城则多以酒类，输入东方为交易之用。然西方钱币之流入东方者，源源不绝，盖其时西部欧洲一带所产之物品，尚不足以抵其输入之数也。

北部欧洲之商民，大都与Venice交易最繁，携其商品越Brenner岭沿莱茵河而下，或由海运至Flanders而分配之。至十三世纪时，渐有商业之中心，至今犹有存者。Hamburg，Lubeck与Bremen诸城多从事于Baltic海及英国之商业。德国南部之Augsburg及Nuremberg因位置介于北部欧洲及意大利之间，故为重镇。Bruges及Ghent两城之工业亦盛。至于英国之商业，在当时尚不如地中海一带之盛也。

4. 中古时代商业之障碍一

中古时代商业上之障碍甚多，兹再略述其大概。第一中古时代，钱币甚少，而钱币实为交易之媒。西部欧洲之金银矿甚少，故君主与诸侯每不能多铸钱币以资民用。而且当时之钱币，粗陋不整，故商民每剪所用之钱币以为利，此种“剪截”（Clipping）行为，为法律所禁，而人民仍违法以行之达数百年之久。当时绝无商业上之自由，无批发之商人。凡积货以求善价者曰垄断之人（Forestaller）。当时人均信凡物必有“公平”之价格，所谓公平之价格，即其数足以抵其原料之成本及所需之工资是也。凡售货超过公平之价格者，视为暴乱之行，不问需要之急切与否也。凡制造家均须自设商铺以便零售其货物。凡居于城市附近者，得售其货物于城中之市场，唯以直接售诸消费者为限。凡货物不得销售于一人，盖恐为一人所有，将有居奇之虞也。

除反对趸买外，时人并有反对利息之成见。以为钱泉之为物，死而无生，无论何人不能因贷钱而得利。且因利息乃系富人乘他人窘迫时勒索而得者，实系恶劣之物。贷钱取利者，为当时教会法所严禁。宗教大会曾议决凡贷钱取利不自悔过者，不得以教会之葬礼葬之，其遗嘱亦属无效。故中古贷钱取利者，唯犹太人优为之，盖若辈本非基督教徒也。

犹太人最有功于欧洲经济之发达。然欧洲基督教徒以若辈为杀死耶稣之人，故虐待若辈极烈。然西部欧洲人虐杀犹太人之举，至十三世纪以后，方渐普通，盖至是凡犹太人均须戴一种特异之便冠或徽章以别于常人，凌辱之事，遂因之数见不鲜也。他日诸城中有指定一区专备犹太人居住者，谓之犹太区（Jewry）。犹太人既不得加入各种同业公所中，故遂专行贷钱取利之业。盖凡基督教徒均不得从事于此种职业也。时人之所以痛恨犹太人，贷钱一业，亦为其一大原因。当时君主每许犹太人贷钱以取高利；Philip Augustus曾允若辈得取利息百分之四十六，不过国库空虚时，君主有向犹太人索款之权耳。其在英国，则利息之率为每周每磅一便士。

当十三世纪时，意大利人始创银行之业，汇票之应用大增。银行贷款，多不取利，唯届期不还者，则向假款者索损害赔偿。资本家亦每愿投资以从事于兴业，只求盈余不求利息。因此昔日反对利息之成见，渐形减少。而商业公司亦渐成立于意大利一带云。

5. 中古时代商业之障碍二

此外尚有足以为中古时代商业之障碍者，当推商民沿途所纳之无数通过税。不但行道有税，过桥有税，过渡有税。即沿河一带，亦复城堡林立，商船经过，非税不行。所征之数，虽不甚巨，然沿途留难，商民所受之损失及骚扰，定必不堪。例如介于海滨及巴黎间，有某寺焉，凡渔民运鲜鱼入市中者必泊其船于寺旁，任寺中之修道士选择价值三便士之鱼以去，其余鲜鱼任其凌乱不顾也。又如运酒之船溯Seine河以入巴黎者，Poissy地方诸侯之代表得以锥穿三桶之酒以尝之，择其味美者以去。货物既抵市场之上，又须纳各种租税，如假用地主之秤及尺，均须纳费也。此外当时流通之钱币，种类复杂，交易上之不便可想而知。

至于海上商民，亦有其特异之困难，不仅限于狂风巨浪，暗礁沙洲而已。北海一带，海盗出没其间。若辈有时颇有组织，每由高级贵族统率之，不以盗劫之事为耻。此外又有所谓搁浅律（Strand laws），凡货船被难或搁浅者，即变为该地主人之物。灯塔及礁标甚少，故航海甚险。加以沿海海盗每假设航标，误引商船，以便实行其劫掠之举。

其时从事商业之城市，多组织同盟以自卫。同盟中之最著者，允推德国诸城所组织之Hansa同盟。Lubeck城始终为同盟之领袖。然七十处同盟城市中如Cologne，Brunswick，Dantzig等城，均甚重要。同盟出资购地于伦敦（伦敦桥附近之Steelyard）Wisby，Bergen及露西亚内地之Novgorod等处。Baltic海及北海一带之商业，均为该同盟所独占。

同盟诸城曾与海盗战，海盗之势为之稍杀。海上商船，每结队而行，另以战船一艘护之。该同盟曾因丹麦国王有干涉之举，与之宣战。又曾与英国宣战而屈服之。美洲未发见以前二百年间，西部欧洲之商业，大都握诸该同盟之手；然在东西印度航路未开以前，该同盟已现衰零之象矣。

吾人须知十三、十四及十五世纪之商业，乃诸城间之商业，而非诸国间之商业。为商民者亦非独立而自由者，乃系同业公所中之会员；故每受城市或城市所订条约之保护。凡某城商民负债不还者，债主得逮与负债者同城之人。其时各城之人，虽同在一国之中，亦视同异族。日久之后，城市方渐与国家混合。

商民既拥有巨资，在社会中之地位渐形重要。所受教育，不亚教士，尊荣安富，不让贵族。若辈渐注意于读书。十四世纪初年，出版之书籍，颇有专备商民诵习之用者。各国君主亦召集城市之代表，商议国政及要求其输款以裕国库。中流市民阶级之发生，遂为十三世纪中最大变化之一。

第十八章　中古时代之文化

1. 近世各国语言文字之起源

中古时代之兴味，并不仅限于君主及皇帝之政才及其成败，教皇及主教之政策，及封建制度之兴衰等而已。凡此种种，虽甚重要，然假使吾人不研究当日之智识生活及美术，当时人所著之书，所设之大学，及所造之礼拜堂，则吾人对于中古时代之观念，必不完备。

中古时代之语言文字，与今日不同，普通多用拉丁文。当十三世纪时代，及以后时代，凡研究学问之书籍，皆用拉丁文；大学教员之讲授，朋友信札之往来，及国家之公文书，莫不用拉丁文。当时各种民族，多行各地之方言，唯拉丁文可以通行无阻，故学者多习之。教皇之能与西部欧洲教士时相往来，学生托钵僧及商民之往来无阻，殆皆原于拉丁文之应用。欧洲近世各国语言文字之兴起，实中古时代之一大革命也。

吾人欲知当日拉丁文与各地方言何以通行于西部欧洲一带，不能不先知欧洲近世语言之由来。近世语言可分为二系：即日耳曼系与罗马系是也。

中古日耳曼民族之居于罗马帝国国境之外者，或并不深入罗马帝国国境之内者，每沿用其祖先之方言而不改。近世之德国文、英国文、荷兰文、瑞典文、挪威文、丹麦文及冰岛文，皆自日耳曼民族方言而来者也。

第二系之语言文字，发达于罗马帝国国境中，凡近世之法国文、意大利文、西班牙文及葡萄牙文皆属之。近世研究文字学者，已证明此派之语言文字均源于拉丁语。拉丁语本与复杂富丽之拉丁文不同。拉丁语之文法较拉丁文为简单，而且各地不同——如Gaul人之音，与意大利人异。而且语言中所用之字，与书籍中所用之字，每不一致。例如拉丁语中之“马”为Caballus而拉丁文中之“马”则为equus。西班牙，意大利及法国文字中之“马”字（Caballo，Cavallo，Cheval）均从Caballus一字而来。

日久之后，语言与文字，愈趋愈远。拉丁文变化复杂，文法谨严，故研究不易。罗马各省之人民及入侵之蛮族，多不注意于文法。然自蛮族入侵以后数百年，方有将语言变为文字者。假使当时不学之人而能了解拉丁文，则当时语言本无变为文字之必要。然当Charlemagne时代，语言与文字已甚为不同，故Charlemagne下令嗣后凡讲道者均须用各地之方言，可见当时已无人能识拉丁文者。Strasburg《誓言》，殆为近世法国文最古之例。

2. 德文英文之起源

至于日耳曼语，则罗马帝国未瓦解以前，至少已有成文者一种，当Goth种人尚居于Danube河以北，Adrianople战役以前，曾有罗马东部之主教名Ulfilas者三八一年卒传基督教于蛮族之中。为实行其事业起见，彼曾以希腊字母代表Goth音将《圣经》大部分翻成Goth文。除此以外，则Charlemagne时代以前，再无日耳曼种之文字。不过日耳曼民族中本有不成文之文学，口授相传者凡数百年。Charlemagne曾下令搜集咏日耳曼蛮族南下时英雄事业之古诗多篇。相传Louis the Pious因此种诗篇，多带异教之色彩，故下令毁之。至于著名之日耳曼叙事诗曰Niebelung歌者，至十二世纪末年，方由语言变为文字。

英国文字之最古者曰Anglo-Saxon与今日之英国文字大异。吾人所知者，则Charlemagne以前一百年，英国已有诗人Caedmon其人，与Bede同时。Anglo-Saxon文所著之最古文稿，至今尚存者，为一篇叙事诗曰Beowulf，约著于八世纪之末年。英国王Alfred之注意英国文，吾人曾述及之。Anglo-Saxon文字通行至Normandy人入侵以后；Anglo-Saxon编年史纯用Anglo-Saxon古文，即编至一一五四年为止者也。自此以后，渐有变迁，渐与今日之英国文相近。虽Henry第三时代之公文书，尚不易明了，然至其子在位时之诗章，吾人披览之余，即可成诵也。

英国文学，他日颇能激起欧洲大陆人民之赞美，而在欧洲大陆诸国文学上并生甚大之影响。然在中古时代，西部欧洲方言中以法国文为最重要。法国当十二、十三两世纪时代，国语文学，层出不穷，影响于意大利文、西班牙文、德国文及英国文所著之书籍上者甚大也。

3. 法国之传奇

法国语言自脱离拉丁语后，凡有二种：在法国北部者曰法国语，在南部者曰Provencal。其界线西自大西洋岸之La Rochelle东向渡Rhone河以至Alps山。

一一〇〇年以前法国文著作之留存者，至今甚少。西Frank种人当然早有吟咏其英雄，如Clovis Dagobert及Charles Martel之事业者。然此辈日后均为Charlemagne所掩没。中古时代之诗人及传奇家多以Charlemagne为其吟咏之材料。当时人以为彼实享寿一百二十五岁，著有奇功。例如当时人以为彼曾有率十字军东征之举。凡此种种，皆系稗史而非事实，著成乐府为Frank民族文字之最古者。此种诗文及冒险小说，合以养成法国民族之爱国精神，视法国为天之骄子。

故法国人类视此种乐府之最佳者为民族史。所谓最佳者即Roland歌，约编于第一次十字军之前。歌中所述者系Charlemagne自西班牙退归时，其军官Roland在Pyrenees山谷中阵亡之事。

至十二世纪后半期，英国王Arthur及其“圆桌骑士”（Knights of the

Round Table）诸传奇出世。西部欧洲一带，传诵一时，至今未已。Arthur为何许人，历史上已不可考，相传为Saxon种人入侵后之英国王。当时乐府中亦有以Alexander Caesar，及其他古代名人为其中心人物者。著作家每不顾历史上之事实，且每以中古骑士之性质视Troy及罗马之英雄，可见中古时代之人，实不知今古相异之理。此种传奇，大抵皆形容冒险精神及骑士之忠勇与若辈之残忍及轻生。

除长篇叙事诗及以韵文与散文所著之传奇外，尚有以韵文所著之短篇小说（Fabliaux），类皆叙述日常生活之近于诙谐者。又有寓言一类之文学，以Reynard the Fox之故事为最著，系讽刺当日习惯之著作，对于牧师及修道士之恶习，攻击尤力。

4. 法国南部诗人与骑士制度

至于南部法国之文学，则有南部法国诗人（Troubadours）所著之诗歌，颇能表示封建诸侯宫中娴雅之习俗。当日君主对于诗人，不但加以保护，而且加以提倡；甚至希望一己亦得置身于诗人之列。凡唱此种诗歌者，类和以乐器，而琵琶之用尤广。凡仅能口唱而不能自著者曰“伶人”（Jongleurs）。诗人伶人往来于各宫廷之间，其足迹不仅限于法国而已，并将法国之诗歌及习惯，向北携入德国，向南携入意大利。一一〇〇年以前，吾人已有南部法国文所著之诗歌。然自一一〇〇年以后，诗歌之著作，不可胜数，诗人中亦多负盛名于诸国间。征伐Albigense派异端之十字军兴以后，南部法国诗人之群聚于Toulouse伯旁者，多被凌虐。然南部法国诗文之衰落，则并不始于此时也。

历史家对于法国北部之叙事诗及法国南部之诗歌，颇饶兴趣，盖因此种著作颇足以表示封建时代之生活及志趣故也。此种生活及志趣为何，即骑士制度（Chivalry或Knighthood）是已。骑士制度之性质，吾人仅能就此种诗歌中研究得之。中古时代传奇中之人物，骑士实为其中坚；而当时法国南部之诗人，又多属骑士阶级中者，故多以骑士之行为为其吟咏之资料。

骑士制度并非一种正式之制度，亦无一定时期之可言。其起源与封建制度同，自然发现于西部欧洲一带，以应付当日之需要与欲望。Tacitus曾谓其时之日耳曼种人视青年武士初受武器之举为一生大事。“此为少年成人之标志；此为彼之第一荣名。”骑士制度之观念，或源于此种感情之留存，亦未可知。凡贵人子弟既熟练驰马、使刀、放鹰诸术，乃由年长骑士为彼行升为骑士之礼，并有教士参与其间。

所谓骑士，乃一种信基督教之兵士，自成一种阶级而具有行动上之高尚目的者。然骑士团中，既无官吏，又无宪法。此种团体乃一种理想上之社会。为君主及公者类皆以得为骑士为荣。人有生而为公与伯者，而不必生而为骑士，欲为骑士非身经上述之礼不可。人可生而为贵族，而不必属于骑士团，而出身微贱者，则因著有功绩之故，每可升为骑士。

凡为骑士者必系基督教徒，而且必须服从教会，并保护之。凡遇孤弱无助者，必哀矜而怜恤之。对于不信基督教者，必始终与之战，虽败不降。所有封建义务，必须实行，忠于其主，无谎言，重然诺。凡遇贫苦之人，必救济之不稍吝。对于主妇，必始终敬爱，尽力保护其身体及荣誉。凡遇不平或压制之事，须代为排解。总之，骑士制度为纯粹基督教中游侠之团体也。

在英国王Arthur及其“圆桌骑士”诸传奇中，曾有一段文字将理想上之骑士，描摹尽致。当Lancelot死后，其友曾赞之曰：“尔乃持盾骑士中之最娴雅者，尔乃乘马人中之最忠于情人者，尔乃世人中之真能爱女人者，尔乃持刀人中之最和蔼者，尔乃骑士中之最良善者，尔乃与贵妇同宴人中之最优柔而温文者，尔乃战场上骑士中之最严酷者。”

德国人对于当日之文学亦有贡献。十三世纪时之德国诗人世称之为Minnesinger。若辈与法国南部诗人同类，皆吟咏男女相悦之迹。德国文中之Minne字，其义为“恋爱”故世称此辈为“爱情诗人”。就中最著名者为Walther von der Vogelweide（约卒于一二二八年），其诗歌淫靡可诵，而爱国之忱溢于言表。Wolfram von Eschenbach（约卒于一二二五年）著有长歌曰Parsifal，系叙述一骑士因欲访求“圣杯”——储基督之血者——曾经多年之跋涉并受种种之苦痛。盖唯有思想，语言与事业，均甚纯洁之人，方可望目睹此杯也。Parsifal因对于某苦人，未曾以同情之言慰藉之，遂受长期之苦痛。最后彼方悟唯有悲天悯人笃信上帝者，方有觅得圣杯之望。

Roland歌及法国北部之诗歌，类皆描写反对异端及忠顺于封建诸侯之骑士。至于Arthur传奇及南部法国之诗人，则以描摹温文勇敢之骑士忠于情人为主。十三世纪以后之传奇，大都与后者之主旨相近。盖是时十字军已告终止，已无人再作宗教战争之想矣。

5. 中古时代之科学

假使所有书籍，均赖手录以传，则其数必不能甚多。上述之文学，类由专家朗诵之。当时人均以耳听而不用口读。歌人往来于诸地，或谈故事，或唱诗歌，闻者必众。时人之谙拉丁文者，每昧于历史。当时又无希腊、罗马名人著作之译本。若辈之历史知识，类由当日传奇中得来，而传奇中之英雄事业，又类皆先后倒置者。至于当时之历史，亦往往将法国古代史与其余欧洲诸国史混而为一，不可究诘。著作之士每以Frank王Clovis及Pippin辈之事迹，误为Charlemagne之功业。用法国文所编之历史，当首推Villehardouin所著之十字军人攻陷Constantinople之记载，彼盖目击此事之人也。

当时绝无吾人所谓科学上之著作。当时虽有一种以韵文编辑类似百科全书之著作，然荒谬之处，不一而足。当时人均信世间果有异兽，如犀牛、龙、凤之类，并信真正动物之奇习。试观下举之例，即可见十三世纪时所谓动物学者为何。

"有小动物，似蜥蜴，堕入火中，可以灭火。其体甚寒，故着火不烧，此物所在，亦无大害。"此物无异笃信上帝之圣人，"不致为火所伤，即地狱亦不烧其人……此物别有名——其名曰火蛇——往往栖于苹果树上，毒其果，如堕入井中，则其水有毒"。

"鹰之温度极高，其卵中混有极冷之石，故孵化时，其卵不至为热气所伤。吾人之出言亦然。当吾人出言太形激烈之时，应加考虑以调和之，以便他日可与受吾言唐突之人言归于好。"

当时以为动物之习惯，均有玄妙之意义，而为人类之教训。吾人并须知此种观念，自古相传，已非一朝一夕。莫须有之事，往往世代相传，竟无人起而究诘者。当时有名学者，亦往往深信星占之学及草木宝石之奇质。例如十三世纪时之著名科学家Albertus Magnus亦以为青玉可以愈疡肿，置钻石于牡鹿血中，则其质变柔，如以酒与芫荽饲牡鹿，则其血化钻石之力尤巨。

中古时代之著作家，自罗马及古初教会神父之著作中，得种种人种及似人动物之观念。十三世纪时代之辞典中，有下述一段之文字："半人半羊之神，颇似人，其鼻曲，额前有角，其足似山羊。St.Anthony曾于旷野中见之……此种异兽，种类甚多；有一种名Cynocephali，因其首似猎犬，故其形近兽而不近人；有一种名Cyclop，因仅有一眼，且在额中，故名；亦有无首无鼻而眼在肩上者；有面平无鼻孔，其唇甚长，可以上伸掩其面以避太阳之热者。其在Scythia地方，则有两耳甚巨，足以盖其全身者，名曰Panchios……"

"此外在Ethiopia亦有此种怪物，有一足甚巨，当太阳甚热时，则卧于地上以其一足掩其全身；而且行走甚速，有同猎犬，故希腊人名之为Cynopodes。亦有足趾在腿后者，足有蹄八，多居于Lybia沙漠中。"

自十三世纪以来，欧洲旧学之复盛者有二种：即星占学与炼丹术是也。

星占学之根据，在于深信星宿与吾人之一生及命运极有关系。昔日希腊哲学家——Aristotle主张尤力——以为万物均不外土、气、火、水四质所合而成。星占家乃窃其学说，以为各人为四种原质之特别混合物。当吾人出世时，星宿之地位，足以断定四质混合程度之比例。

吾人若知各人四质之混合为何，即可断定其一生之成败，以趋吉而避凶。例如人受金星之影响而生者，应免去激烈之爱情，而习与成衣或装饰有关之职业。如受火星之影响而生者，应习制造军器或马鞋之职业，并可入伍当兵。当日大学之中，多授星占之学，盖以为习医者，若检吉星高照之日以治病，则无往不利也。

所谓炼丹术，乃一种化学，其目的在于变贱金属，如铅与铜，为贵金属，如金与银。炼成金丹，食之可以不老。炼丹家虽不能达其目的，然无意中发见多种物质之变化，为近世化学之开端。

6. 中古时代之美术

吾人不但可在中古文学中，窥见中古人民思想及生活之一斑，即在美术上亦可得其梗概。中古时代之绘画与今日绝不相同，大都皆书籍中之插画，谓之画饰（illumination）。当时书籍，既系手抄，故书中图画，亦皆以毛笔绘成，五光十色，美丽夺目，而金色尤为时人所喜。抄书之事，类皆由修道士为之，故当时之绘画者，亦系修道士。有画饰之书籍，类以教会中所用之书为多，如《日课圣》《圣诗篇》《时刻书》之类。所有图画，当然属于宗教者居多，如圣人图像及《圣经》中之事迹等。此外并绘天堂地狱之苦乐以提倡时人之道德。至于普通之书籍，间亦有插图者。有时绘农夫之耕田，屠人之割肉，玻璃匠之制玻璃等；然亦有绘奇形怪状之人兽及建筑者。

中古时人之爱符号与做事之循规蹈矩，观于画饰尤信而有征。各种彩色，各有特别之意义。描摹各种性质及感情，均有一定之态度及不变之陈规，世世相传，莫能更改，故个人无尽情写实之机会。同时此种小画，用笔每甚工整，亦颇有合于实物者。

除上述之图画外，中古时人并有以美丽彩色之字母冠诸篇首之习。此种绘画，每能舒展自如，不落旧套。往往参以栩栩若生之花鸟等。

中古时代之雕刻，远较绘画为优美而风行。唯当时之雕刻，不若今日之以表现人形为主，大都系“装饰之雕刻”（decorative carving）为建筑术之附属品。

中古美术上最名贵而且最永久之事业，当以英国、法国、西班牙、荷兰、比利时及德国诸地之大礼拜堂及礼拜堂为第一。近世之美术家，虽竭尽毕生之力，亦难与之伦比。当时无论何人均隶属于教会，而教会同时亦隶属于个人。故礼拜堂之建筑，人尽关心，不但可以满足其宗教之热忱；亦且足以慰藉其地域之争胜心与美术之渴望。所有美术及工艺，莫不以教堂之建筑及装饰为依归，而教堂同时亦无异吾人今日所有之美术馆也。

十三世纪初年以前，西部欧洲教堂之建筑，类皆仍罗马式之旧。此种建筑，取十字形，中通廊路一，两旁廊路二，较中路狭而低。各廊之间，介以巨大之圆柱，上支圆穹，联以桥环，桥环之窗，类皆甚小，故室内不甚明亮，望之宏大而简朴。然此式建筑，在后半期颇有加以雕刻为装饰者，大都几何画诸多。

当十一及十二两世纪时代，门窗上尖顶之桥环，偶尔用之而已。至十三世纪初年，其用渐广，未几遂代昔日之桥环而为新建筑式日Goth式者之特点。此种尖形之建筑其结果甚大。建筑家每能造高下相同而广狭不一，或高下不一而广狭相同之桥环。圆形之桥环，其高度仅能及其广度之半，至于尖顶者则高低广狭，可以计划自如。日后有飞壁（flying buttress）之发明。Goth式之建筑，益为促进。因有此种支撑之柱，厚墙所受之重量，为之减少，故得开巨窗，室内遂不若旧日之黑暗矣。

窗户既大，光线太多，故当时人每以极美丽之彩色玻璃为饰窗之用。中古时代大礼拜堂中之彩色玻璃，以法国所制者为最精美，实中古美术之光荣。此种美术品，大都销毁，至今留存者，世人多视若奇珍，尽力以保存之，盖中古时代美术家之绝技也。近世最佳之彩色玻璃所造之窗饰，尚不若以中古之残缺玻璃所补缀者之光耀美丽。

Goth式之建筑，既甚发达，建筑家之艺日精，其胆亦日壮，所建教堂，美丽无伦，而仍不失其雄壮之气象。雕刻家每以极美之创作品点缀之。凡嵌线、柱头、讲台、神坛、歌诗所之屏、教士及歌诗者之座，无不雕有叶、花、鸟兽、怪物、圣迹及日常生活等。在英国Wells大礼拜堂中，有一柱头，上雕葡萄，中有童子一，作拔足上之刺状，面带苦楚之容。又有柱头上雕农夫一，面现怒容，手持草叉追逐窃葡萄之贼。中古思想并有嗜好奇异之物之特点。如半鹰半狮之动物也，形似蝙蝠之动物也，或藏于屏上草木之间，或横目于墙柱之上，或蹲踞于屋顶凹槽之中。

Goth式中之特点，在于大门之上，刻有多数之门徒、圣人及君主之石像，在正门上尤多。此种石像之材料，与造屋之材料同，故视之有若建筑物之一部分。此种雕刻与后日之雕刻相较，虽近于板滞无生气，然与建筑物之全部，极其相称，其佳者亦极美丽而宏大。

吾人以上所述者，仅限于教堂之建筑，盖中古时代最重要之美术也。至十四世纪时代，世俗之建筑物，亦渐有以Goth式造之者。就中最重要者，当推各业公所及市政厅。然Goth式之建筑，实最适于教堂。高廊广厦，桥环高耸，似引人眼以向天。四边窗户，五光十色，极足以代表所谓极乐园。凡此种种，皆足以培养中古时代教徒信教之热忱者也。

至于诸侯城堡之建筑，前已述及之。然此种城堡，与其称之为居室，不如称之为要寨，以坚固不易攻破为主。厚墙，窗小，石铺之地，阴森之厅，与今日居室之安适，实有天渊之别。同时此种建筑，亦足以表示当日习尚之简朴及起居之艰苦，是又非今日欧洲人所可能者矣。

7. 中古时代之大学

西部欧洲一带，自罗马皇帝Justinian下令停闭国立学校以后，至德国皇帝Frederick Barbarossa时止，数百年间，除意大利及西班牙两地以外，绝无如吾人今日所有之大学及专门学校。当日之主教与住持，虽能遵皇帝Charlemagne之命令，建设学校，维持永久；然就吾人之所知者而论，则所有科目之讲授，实甚简陋。

当一一〇〇年时，有热心求学之少年名Abelard者，离其故乡Brittany远游各地，以冀研究论理学及哲学。据彼所言，当日法国各城中，颇有教师，在巴黎尤多。类皆能吸收多数学生来听论理学、修辞学及神学之演讲。不久Abelard竟屡屡辩胜其师。遂自设讲席以授徒，听讲者以千计也。

彼著有极有名之教科书一曰《是与否》（Yea and Nay）将教会神父意见之有似矛盾者，包括其中。令学生以一己之理想调和之。盖Abelard以为求知之唯一方法，莫过于发问之一途也。彼对于师说，尽情研究，故为当时人所不喜，St.Bernard尤与彼为难。然不久学者多有自由讨论《圣经》原理之习，并根据Aristotle论理学之规则而成神学上之理论。Peter Lonabard所著《意见》一书之出世，盖在Abelard死后未久云。

昔日曾有人以为Abelard实始创巴黎大学之人，其实非是；不过神学问题之讨论，其端彼实开之，而彼之教授有方，又足以增加学者之人数耳。吾人试阅Abelard一生苦境之记载，颇可窥见当日研究学问兴味之一斑，而巴黎大学之起源，亦可略知其梗概也。

当十二世纪末年，巴黎之教师人数甚多，乃有为增进利益起见组织公会之举。此种公会以当时法团之通称名之为Universitas，此西部欧洲大学名称所由来也。各国君主及罗马教皇，类皆力助大学，每以教士之特权给予教师及学生，盖数百年来之教育界，多限于教会中人，故时人以教士视当日之教师及学生也。

当巴黎教授组织公会之日，正Bologna大学渐形发展之秋。巴黎大学专讲神学，而Bologna大学则偏重罗马法律与教会法律之研究。当十二世纪初年，在意大利方面，已见罗马法律中兴之端倪，盖罗马法律之在意大利，本未尽忘也。约在一一四二年时，有修道士名Gratian者，著有《教会法》

（Decretum）一书，其目的在于将宗教大会及罗马教皇所定法律之抵触者融会而贯通之，并备常人研究教会法律之用。西部欧洲学子之赴Bologna研究法律者，接踵而至。因人地生疏之故，故组织团体以谋自卫，声势宏大，竟能力迫教师服从其规则。

英国之牛津（Oxford）大学，创于英国王Henry第二在位时代，殆系英国教师及学生不满于巴黎大学之故，返国组织者。英国之剑桥（Cambridge）大学，与法国、西班牙、意大利诸国之大学，均蔚起于十三世纪；至于德国之大学，至今名满世界，建设较迟，大抵皆始于十四世纪之后半期及十五世纪。北部欧洲大学，多仿巴黎，而南部欧洲大学，则多以Bologna大学为模范。

凡大学学生，经过数年之修业，乃受教授之考验，如成绩优美，则得加入教师团而为教师。今日欧洲美洲大学之“学位”（degree），在中古时代实不过一种得充教师之资格。自十三世纪以后，虽无意充当教师之人，亦颇以获得“硕士”或“博士”之学位为荣，而“硕士”、“博士”等名称，实均拉丁文中教师之意。

中古时代大学中之学生，年龄不一，其幼者十三岁，其长者四十岁，间或有四十岁以上者。当时大学无校舍，其在巴黎，则教师讲授多在稿街之拉丁区，盖当日租用之教室每以稿铺地，备学生踞坐听讲之用，故名其街为稿街云。当时无实验，故无实验室。学生所需者，Gratian之教会法，及《意见》各一部，Aristotle之著作一种，及医书一册而已。为教师者，仅就教科书逐句讲解，学生围而听之，有时亦做笔记。教师及学生既无一定之校舍及校具，故往来自由，绝无拘束。如不满于某城之待遇，则群迁居于他城。英国之牛津大学及德国之Leipzic大学，皆此种迁徙之结果也。

中古文科课程，在巴黎凡修业六年而毕业，可得硕士学位。研究之科目为论理学，各种科学——如物理、天文等——Aristotle之著作，哲学及伦理学。无历史，亦无希腊文。拉丁文固属必修者，然不甚注意罗马时代之名著。至于各地之方言，则以为无学习之价值，且是时以近世各国文字所著之名著，皆尚未出世也。

8. 中古时代之哲学

中古时代哲学中讲授学问之特点，莫过于尊崇Aristotle之一事。教师所讲授者大都在于解释Aristotle各种著作之一部分——物理学也，形而上学也，论理学也，伦理学也，及其关于灵魂天地等著作也。Abelard当时所知者，仅Aristotle之论理学而已。至十三世纪初年Aristotle之科学著作，或自Constantinople或自西班牙之阿拉伯人传入西部欧洲。拉丁文之翻译本，每残缺而不明，为教师者加以解释，再旁及阿拉伯哲学家之意见，最后乃将其学说与基督教义调和之。毕生之力，盖尽于此。

Aristotle当然非基督教徒。彼对于死后灵魂存在之说，本不深信；彼本不知有所谓《圣经》，亦不知有基督救人之说。在当时基督教徒眼中观之，宁有不加排斥之理？然十三世纪时代之学者，极喜研究其论理学，而崇拜其学问之渊博。当日之神学大家，如Albertus Magnus（一二八〇年卒）及Thomas Aquinas（一二七四年卒）辈，竟评注其著作而不疑。当时人均称Aristotle为“唯一之哲学家”，群以彼之学问之渊博，殆出诸上帝之意，俾世人有所折中。故Aristotle之地位，在当时与《圣经》、教会神父、教会法律及罗马法律等，合为人类动作及各种科学之指导。

中古教师之哲学、神学及讨论方法，在历史上称之曰学校哲学（Scholasticism），此种哲学，既不研究希腊、罗马之文学，在今日视之，无异一种硗瘠无益之求学方法。然吾人试披诵Thomas Aquinas之著作，即知学校哲学家亦每具有精深之眼光及渊博之学问，自承识见之短绌，而具表示思想之能力。当时人所受论理学之训练，虽不能增加人类之知识，然学者每能辨别一切，条理井然，则皆研究论理学之效也。

当十三世纪时代，已有人批评端赖Aristotle以求知识之非是。此种批评家之最著者，当推英国Francis派之修道士名Roger Bacon者（约一二九〇年卒）其人。彼谓即使Aristotle为最智之人，然彼仅种知识之树而已，而此树“尚未生枝，亦未产果”。“假使吾人之生命无涯，吾人断难达到知识完全之域。至今尚无人能完全了解天然，以描写一蝇之特点。蝇之色何以如此？蝇之足何以限于此数？尚无人能道其理由。”Bacon以为求真方法，与其苦心研究Aristotle之不良翻译本，远不若用实物试验之为愈。尝谓：

“假使如吾之愿，吾必尽焚Aristotle之著作，盖研究此种著作，不但徒费光阴，而且产生谬误及增加愚昧也。”吾人即此可知虽在大学中学校哲学盛行时代，亦已有人隐开近世实验方法之端矣。

9. 中古史初半期之回顾

吾人以上所述者，乃中古初半期八百年之历史，自五世纪起至十三世纪止，中间变化之重大，与近世史中所见者初无少异。

Charlemagne卒后二百余年，西部欧洲方面，方有进步之象。十一世纪之状况，吾人所知者甚鲜。当日之著名学者虽多湮没而不彰，然十一世纪之时代实为十二世纪开明时代之先声。——故Abelard及St.Bernard，律师、诗人、建筑家及哲学家，莫不骤然出世也。

故中古史可以显分为二期。Gregory第七及William the Conqueror以前之时代，四方云扰，人民蒙昧，西部欧洲虽有重大之变化，然称为“黑暗时代”，实非过当；至于中古时代之后半期，则人类事业，皆有进步之观。至十三世纪末年，种种进步，已肇其基。近世欧洲状况与罗马帝国时代之不同，实始于是时。言其著者，则有下列之各端：

第一，民族国家，蔚然兴起，以代昔日之罗马帝国。封建诸侯之势渐衰，而中央政府之力日大，西部欧洲统一之局，至是绝望。

第二，教会以教皇为首领而握有政权，隐然为罗马帝国之继起者。组织完备，俨同专制之王国，实可谓为中古时代最有势力之国家。当十三世纪初年教皇Innocent第三在位时，实为教会极盛之时代。至十三世纪末年，民族国家之政府渐恢复其应有之政权，而教会及教士渐以宗教之职务为限。

第三，社会上除教士及贵族外，另有新阶级发生，渐形得势。因佃奴解放，城市建设，商业兴盛之故，工商界中人，广拥巨资，遂占势力，近世之社会，乃造端焉。

第四，近世之语言文字，渐形发达。自日耳曼民族入侵以后，五六百年之间，凡学者皆用拉丁文。自十一世纪以后，各国文字乃起而代之。至是虽不谙拉丁文者，亦能读法国文、南部法国文、德国文、英国文、西班牙文及意大利文所著之传奇及诗歌矣。当日教育之权，虽尚握诸教士之手，然俗人之著书求学者，渐形增多，学问遂不为教会中人所独有。

第五，一一〇〇年时，即有人研究罗马法律及教会法律、论理学、哲学及神学等。Aristotle之著作，备受当时学者之研究，引起学问之热忱。大学制度，亦日形发达，为近世文明之特点。

第六，学者对于Aristotle之著作，渐生不满之意，有独立研究之趋向。Roger Bacon辈诸科学家，实肇近世天然科学之首基。

第七，审美观念，渐形发达，发泄于十二、十三两世纪教堂建筑之上。此种建筑，实当时美术家所创造，非古代建筑之依样画葫芦也。

第五卷　学问复兴

第十九章　百年战争

1. 百年战争前之英国

十四、十五两世纪之欧洲史，吾人依下列之次序而叙述之。第一，英国王有要求法国王位之举，且有百年间之战争，二国之纷乱及其改革，颇有互相关联之处，故英国、法国两国史，用合叙之法。第二，再述教会及其改良之计划。第三，继述文明之进步，尤重意大利诸城，盖诸城固当日文明之领袖也。并旁及印字机之发明，及十五世纪后半期地理上之非常发见。第四，再继述十六世纪初年西部欧洲一带之状况，使读者了然于宗教改革之由来。

兹先叙述英国之情形。Edward第一（一二七二年至一三〇七年）以前之英国君主仅领有大Britain岛之一部分。在英国之西者，有Wales，为土著Briton种人所居之地，其地多山，日耳曼种人不能征服也。在英国之北者有苏格兰王国，独立以与英国对峙，其王偶然有承认英国为上国者。Edward第一即位以后，竟能永远征服Wales，暂时征服苏格兰。

数百年来，英国人与Wales人每有边疆之战事，William the Conqueror不得已在Wales边境之上，设伯爵封土数处为防御之用，Chester，Shrewsbury，及Monmouth诸城，皆昔日Normandy人驻兵之地也。Wales人屡有骚扰英国边境之事，故英国王有屡次用兵之举。然欲永久征服之，实不可能。盖Wales人往往败退入山，英国兵士一无所得，每废然而返故也。

Wales人之力能抵抗英国人之侵入者，虽地势有险可守使然，然其地诗人提倡爱国热忱之功，亦正不少。若辈每以为其同胞将来必有恢复英格兰之一日。

英国王Edward第一既即位，令Wales亲王Llewellyn来行臣服之礼。Llewellyn本桀骜不驯者，不奉命，英国王乃率兵征之，凡二次而败之。Llewellyn于一二八二年阵亡，Wales遂入附于英国。Edward第一分其地为区，传入英国之法律及习惯，其调和政策，颇著成效，故百年之间，仅叛一次。Edward第一不久封其子为Wales亲王，此种称号至今尚为英国王太子所沿用。

苏格兰之征服，较Wales尤难，苏格兰之古代史，极其复杂。当Anglo及Saxon种人入侵英格兰时，Forth湾以北之山国，有Celt种人曰Pict者居之。当时在苏格兰西岸者有小王国为爱尔兰之Celt种人所建，其族名曰Scot。十世纪初年，Pict种人承认Scot种人之王为其主，编年史家渐以Scot种人之地名其王国，故有苏格兰之称。他日英国王每以边疆之地予苏格兰王，其地介于Tweed河及Forth湾之间，即今日之“低区”也。此区之人种及语言皆与英国同，至于“高区”则仍属Celt种，而用Gael语言。

苏格兰王居于低区而以Edinburg为其首都，在苏格兰史上极为重要。William the Conqueror入侵英国以后，英国人及Normandy贵族之不满于英国王者，多遁入苏格兰之低区，而成他日之望族，如Balliol及Bruce等，均能力争苏格兰之自由。当十二、十三两世纪时代，苏格兰因受Anglo种人及Normandy人文明之影响，颇为发达，在南部尤甚，城市亦日形发达。

至Edward第一在位时代，英格兰及苏格兰之战争方始。当一二九〇年苏格兰之王统中断，其时要求王位者不一其人。若辈为免除内乱起见，故折中于英国王。英国王允之，唯要求新王须承认英国王为其天子。苏格兰人无异议，英国王乃决令Robert Balliol为苏格兰王。然Edward第一忽有逾分之要求，苏格兰人怒，其王并宣言不再称英国王之附庸。而且苏格兰人并与英国王之敌法国王Philip the Fair同盟。嗣后英国法国间每有争端，苏格兰人必援助英国之敌。

一二九六年Edward第一有亲征苏格兰之举，以平其地之叛乱。宣言Balliol既有叛逆之迹，故没收其封土以直隶于英国王，并迫其地贵族之臣服。英国王为巩固其权利起见，故将苏格兰王行加冕礼时所用之石座日

Scone石者，携之归国。苏格兰屡叛，Edward第一思有以合并之。遂开此后三百年间英格兰与苏格兰间之战祸，至一六〇三年苏格兰王James第六入英国为王，称James第一时方止。

苏格兰之能维持其独立者，Robert Bruce之功居多，彼能合贵族与人民而为一，自为其首领。当一三〇七年时Edward第一率兵北上，以平Bruce之叛，卒因年老力衰，中道去世。其子Edward第二柔弱无能，承继王位。苏格兰人乃承认Bruce为王，败Edward第二于Bannockburn地方，时一三一四年也。然英国人至一三二八年方被迫而承认苏格兰之独立。

当英国与苏格兰战争时，低区之苏格兰人渐与北部高区之人民联合。又因苏格兰独立之故，故英国与苏格兰两国之民族，遂有互异之点。吾人试读苏格兰诗人如Burns，小说家如Scott及Stevenson辈之著作，即可想见苏格兰人特性之如何。

2. 百年战争之开始

所谓百年战争者，为英国法国君主间之战事，为期虽久，而屡次中辍。其起源约如下述：英国自其王John有不德之行，失去欧洲大陆之Normandy及其他Plantagenet朝领土之一部分。然英国王仍保有Guienne公国，而承认法国王为天子。此种状况，当然非产生困难不可。盖法国王正在压制国内诸侯以伸张其王室权力故也。为英国王者当然不愿法国王有直辖英国领土Guienne之举，而法国王Philip the Fair以后诸君，则正常有此种要求，两国冲突之举，遂不能免。

英国与法国之战争本不可免，至Edward第三要求法国王位后，其势益迫。盖Edward第三之母Isabella为法国王Philip the Fair之女。一三一四年Philip the Fair死后，其三子相继即位，然均无嗣，故Capetian朝之直系，至一三二八年而中绝。法国人宣言据法国成法，女子不得入即王位，并不得传其位于其子，故Edward第三之要求实不正当。法国人乃以Philip the Fair之侄Philip第六为王，是为法国Valois朝之始。

其时英国王Edward第三年尚幼稚，故对于法国王位之解决，并无异议，并为领有Guienne之故，愿为法国王之附庸。然不久英国王知Philip第六不但有伸其势力于Guienne之举，并有遣兵援助苏格兰人之事，乃提出入继法国王位之要求。

英国王既宣布其要求，Flanders诸城，颇表示援助之意。盖法国王Philip第六曾力助Flanders伯平定诸城之叛乱，以阻止其独立之建设也。至是诸城闻英国有要求法国王位之举，莫不思叛法国以助英国王。当是时也，Flanders工商业之发达，实为西部欧洲之冠。Ghent城之工业，Bruges城之商业，莫不独步一时。然诸城之兴盛，大都有赖于英国羊毛之输入，纺之织之以销售于各国。一三三六年Flanders伯，或系受Philip第六之指使，下令监禁英国人之在Flanders者。英国王亦下令禁止羊毛之输出与纺织品之输入以抵制之。同时并保护Flanders工匠之来英国者，使之居于Norfolk一带地，从事纺织之业。于此可见Flanders人之希望Edward第三入王法国，原在于维持其与英国通商之关系。若辈曾劝英国王入侵法国，至一三四〇年英国王并以法国王徽百合花加诸英国王狮徽之上。

Edward第三虽无骤然兴兵之举，然英国之海军屡败法国之舰队于海上。至一三四六年，英国王率兵在Normandy地方登陆，既蹂躏其地，乃沿Seine河而上几达巴黎，中途为法国军队所阻，不得已北退而驻于Crécy地方，与法国军队大战于此。英国军队大胜；世人乃晓然于曾经训练之步兵，如设备完全行动一致者，必能战胜封建时代之骑士。法国之骑士，虽能勇往直前，然不能进退自如，故英国兵士箭飞如雨，法国军队不能支，死者无算。是役也，英国王太子功独大，因身穿黑色之甲胄，故世称之为“黑太子”。

英国王既败法国军队，遂围Calais城，不久陷之，逐其地之居民而以英国人实之。此城嗣后附属于英国者凡二百年之久。十年之后，战事重启，黑太子再大败法国军队于Poitiers；法国王John被虏，英国王携之入伦敦，时一三五六年也。

3. 百年战争中英法两国之状况

法国军队既屡败于Crécy及Poitiers，国民均归罪于君主及朝廷官吏之无能。故第二次战败之后，全级会议有实行监督政府之计划，盖是时法国王因增加军费，不得不求国民之允许，故有召集国会之事也。全级会议中之有城市代表，始于Philip the Fair时代，至是人数较教士及贵族尤多，乃提出改革之案，就中最重要者为全级会议无论法国王召集与否，开会须有定期；国帑之征收及支出，不应尽由法国王处置之，应受国民代表之监督。巴黎人民闻之喜，乃起而援助之，然因举动过于激烈，反阻改革计划之实行，而法国遂一返昔日君主独裁之旧。

此次法国政治改革之失败，有可注意之端二：第一，此次改革党之目的及巴黎暴民之举动，与一七八九年之革命颇为相仿。第二，法国全级会议之历史，与英国国会之历史决然不同。法国王遇需款时，每有召集全级会议之举，然其目的在于征求同意以便易于征收而已。为法国王者始终主张君主有不征民意而征税之权利。至于英国，则自Edward第一以后，为英国王者每承认征收新税须得国会之同意。至Edward第二时，则凡关系国家安宁之事，无不征求人民代表之意见。故当法国全级会议渐形失势之日，正英国国会渐形得势之秋。每遇英国王有征收新税之举，则国会必申改革秕政之请，英王之政策，因之遂受国会之拘束矣。

英国王Edward第三深知黑太子虽著战功，法国王虽为俘虏，然欲征服法国，实不可能。故于一三六〇年与法国订Bretigny之约，规定英王不但不再要求法国之王位，并不再要求Normandy及Loire河以北之旧日领地。同时法国王以Poitou，Guienne，Gascony诸地及Calais城予英国，许英国王不必再承认法国为上国。英国王领土之在法国者，至是占有法国领土三分之一。

然此次和约，实难持久。黑太子奉其父命统治Guienne，横征暴敛，大失民望。当法国王Charles第五（一三六四年至一三八〇年）入侵英国领土时，势如破竹；盖是时英国王Edward第三年老力衰，而黑太子又复大病垂危也。故当一三七七年Edward第三去世时，英王领土之在法国者，仅留Calais一城及Bordeaux迤南一带狭长之地而已。

Edward第三死后三十年间，英国法国间之战事，实已中止。法国所受之损失，较英国为巨。第一，所有战争，均在法国领土中行之；第二，自Bretigny和约以后，法国兵士多赋闲无事，流为盗贼，奸淫掳掠，人民苦之。Petrarch曾于此时游历法国，尝谓不信此时之法国竟凋零至此。“吾所见者可怖之荒凉及极端之贫困，荒芜之田地及颓废之居室而已。即在巴黎附近一带，亦多见火焚兵劫之迹。路上无人，通衢生草。”

战争之后，加以一三四八年之黑死病疫。是年四月，疫传至Florence；

至八月而入法国与德国；再传人英国自西南而北，在一三四九年英国全部均受其害。此种疫疠，与天花、霍乱诸病同，均自亚洲传入。染病者二三日即死。欧洲人之染疫而死者，其数不可知。相传法国某地之人民，生存者仅得十分之一，又某地则十六分之一；巴黎某医院中日死五百人云。至于英国则染疫死者约占全国人口二分之一。Newenham寺中本有修道士二十六人，仅存住持一人及修道士二人，死者既众，故地价大落。

4. 英国佃奴制度之废止

当时英国之农民颇有不满政府之意，盖原于染疫而死者之为数太多，而英国政府又有重征于民为继续战争之举也。是时为农民者大都隶属于封土，负有封建之徭役及租税。其时自由农民之得以自由工作者为数本不甚多。自经黑死疫以后，工人之数大减，工资骤增，而自由工人遂渐形重要。故工人不但有要求加薪之举，而且有随时易主之行也。

此种增薪之要求，在当时甚以为异，政府有下令禁止要求加薪之举。凡工人不愿领大疫以前所定之工资而工作者，则处以监禁之刑。一三五一年颁发工人律，嗣后百年间同样法律之颁发者不一而足，然遵守者盖寡。佃奴与工人之要求增薪者，仍时有所闻。即此可见国会干涉供给与需要之定律，固难望其成功也。

旧日之采邑制度，至是渐废。旧日之佃奴，多往来各地，自谋生活。渐疾视昔日之徭役及租税。一三七七年，地主中曾有向国会请愿者，谓佃奴已不愿纳其习惯上之租税及尽其佃奴之义务云。

人民不满之象，渐普及于全国。试读《农夫Piers之幻想》一诗，即可见当日农民状况困苦之一斑。此不过一例而已。当日以韵文及散文所著之小册著作不一而足，均以描摹人民苦况为主。工人律之实行益增地主与工人之恶感。加以征收新税，人民益恨，盖一三七九年时，英国政府规定凡年在十六岁以上者，均须纳丁口税；次年又有征税以备与法国战争之举也。

一三八一年，Kent与Essex两地之农民叛，决意向伦敦进发，沿途农民及工人之加入者，不一而足。不久英国之东南部，群起叛乱。地主及教士之居室，颇有被焚者，凡丁口税册及封建租税清册，尤尽力销毁之以为快。伦敦城中之表同情于叛党者开门以迎，官吏有被执者，叛党杀之，平民中有思拥少年英国王Richard第二为其领袖者。英国王殊无援助之意；唯出与叛党遇，允废佃奴制度，叛党遂四散。

英国王虽食言，然佃奴制度，骤形衰败。为佃奴者类以金钱代工作，佃奴制度之特点，至是消灭。为地主者或佣人以耕其地，或租其地以与人。租地而种者，每不能迫令其地中之租户纳封建之租税。故英国自农民之叛以后六七十年，佃奴类皆变为自由民，佃奴制度，废止殆尽。

5. 百年战争之后半期

英国王Edward第三死后三十年间，英国法国间之战争，几乎中辍。黑太子之幼子Richard第二，继其祖父之王位，国内贵族争雄，迄无宁岁。英国王不得已于一三九九年被逼退位。Lancaster族之Henry第四（一三九九年至一四一三年）入承大统。新王殆因得位不正，故不敢放纵；至其子Henry第五（一四一三年至一四二二年）时，方有与法国继续战争之举。其时法国内部纷扰，故英国王于一四一四年有要求法国王位之事。

法国王Charles第五，英明有为，恢复国土于英国人之手，至一三八〇年卒。Charles第六即位，不久即染疯疾，王族中人群起以争王位。其时国内分二党：其一以Burgundy公为领袖，雄踞德国法国间之地。其二以Orleans公为首领。一四〇七年Orleans公为Burgundy公所惨杀，两党之间遂起内乱。而Orleans公入侵英国之计划，亦为之中辍。

英国王Henry第五之要求法国王位，本无真正之根据。Edward第三之与法国开战，一因法国王有侵犯Guienne及援助苏格兰之举，一因英国王得Flanders诸城之援助也。至于Henry第五之与法国开战，纯欲立功国外以冀得国民之欢心而已。然其第一次战役于一四一五年在Agincourt地方大败法国军队，其光荣不亚Crécy或Poitiers之二役。英国之步兵手携弓箭，再败法国之骑兵。英国军队乃征略Normandy一带地，再向巴黎而进。

法国Burgundy党及Orleans党，鉴于英国人之得势，正有携手言和之意，不意Burgundy公方跪而与王太子之手接吻时，为仇人所刺而死。其子Philip the Good袭其父爵，以为其父之被杀，太子实与谋，故与英国人合以反攻太子。法国王不得已于一四二〇年与英国王订Troyes和约，规定法国王Charles第六卒后，法国王位必传诸英国王Henry第五。

二年之后，英国王Henry第五及法国王Charles第六均先后去世。Henry第五之子Henry第六，生仅九阅月，据和约彼当承继英国与法国之王位。然其时法国人之承认Henry第六为王，仅北部之地。幸其叔Bedford公统治有方，故不数年间，英国人竟征服法国Loire河以北之地；至于南部之地，则仍属Charles第六之子Charles第七治下。

法国王Charles第七尚未加冕。故法国人仍以太子称之。优柔而骄慢，既不能力阻英国人之侵略，亦不知激起人民爱国之热忱。未几法国东境某村中有女子曰Arc之Joan者出。此女本天真烂漫，与常人无异者，然鉴于国家大难之方殷，忽发悲悯之想。彼常见幻象及音声，令其出而勤王，携太子赴Rheims行加冕之礼。

当彼以彼之使命告人时，莫或之信，彼欲见太子，亦莫或为之先容。然彼自信极笃，卒排除各种疑虑及障碍，得法国王之信任，率兵驰赴Orleans以解其地之围。此城本为南部法国之锁钥，英国人围困之者已数阅月，城中人已力尽不能支。Joan乘马披甲而往，勇往直前，士气大壮，遂大败英国人，Orleans之围乃解。彼乃挟太子至Rheims在大礼拜堂中行加冕之礼，时一四二九年七月十七日也。

Joan至是以为大功告成，急欲引退。法国王不允，不得已再继续从军。然因战功太著，忌者渐多，即其所率之兵士，亦颇以居女人下为耻。当一四三〇年五月中Joan防守Compiégne时，忽落于Burgundy公之手，遂售诸英国人。英国人恨甚，思有以报复之，乃宣言Joan实女巫，与鬼为伍者。由教士审判之，判以信奉异端之罪，焚之于Rouen城，时一四三一年也。此女之勇敢及其沉毅，见者无不心折，即行刑者亦为之感动。英国兵士某曾大呼曰："吾人失败矣——吾人焚死一圣人。"英国人在法国之势力，果自此失败，盖有Joan之精神及模范，法国军队中之士气为之复壮也。

英国国会因英国军队屡次失败，不愿再予政府以军费。Bedford本治国有方者，至一四三五年去世；Burgundy公Philip the Good遂脱离英国之同盟复与法国王Charles第七合。Philip新得Netherlands之地，领土大增，实力雄厚，既与法国王和好，英国人战胜法国之举，益无希望。自此以后，英国人在法国之势日衰。一四五〇年失Normandy。三年之后，南部法国之英国领土亦入于法国王之手。百年战争至是告终。英国人虽尚保有Calais城，然英国人之不能再伸其势力于欧洲大陆之上，则已不成问题矣。

6. 英国之玫瑰战争

英国自百年战争告终之后，即继以玫瑰战争，盖王族争夺王位之战也。英国王Henry第六所属之族曰Lancaster，以红色玫瑰为徽，至于York公之族人，思夺王位者，则以白色玫瑰为徽。两族各有富而有力之贵族援助之。此期之英国史，无非贵族间争胜、阴谋、叛离、暗杀等陈迹之记载。为贵族者每因遗产或婚姻种种关系，广拥领土。国内公伯，每与王室有密切之关系，故遇王室纷争之日，若辈即混入政潮中也。

当时王族之势力，已不再依赖其附庸。若辈与君主同，每募兵以自卫。其时国内之游民甚多，只求有室可居，有酒可饮，莫不趋之若鹜，而为贵族之“扈从”（Retainer）。其主人凡遇扈从有困难时，有援助之义务，而为扈从者则对于有害主人利益之人，有恫吓或暗杀之责任。百年战争终止之后，社会中之不良分子，返国而为贵族之扈从，极为当时人民之患。威吓司法之官吏，操纵国会议员之选举，均若辈之职务也。

此次战争之陈迹，吾人不必细述之。战端启于一四五五年，至Tudor朝之Henry第七即位时止，先后迁延凡三十年之久。数战之后，York族之领袖Edward第四于一四六一年即英国之王位，国会承认之，并宣布Henry第六及其先人为僭主。Edward第四精明强悍，故能维持其王位至一四八三年去世时。

Edward第四卒，其子Edward第五（一四八三年）冲龄即位。其叔Gloucester公Richard摄政。不三阅月而有篡位之举，称Richard第三（一四八三年至一四八五年）。Edward第四之二子，均被杀于伦敦塔中。此种暗杀之举，大失人望。其时有觊觎王位者，又有阴谋篡夺之举。Richard第三于一八四五年在Bosworth Field战场之上战败阵亡。英国王位遂入Tudor朝Henry第七之手。Henry第七虽其母为Edward第三之后，然对于英国王位，初无要求之权利。彼乃急求国会之承认，并娶Edward第四之女为后，遂合Lancaster与York两族而为一。

玫瑰战争之结果，极其重要。国内极有势力之贵族，均因参与战争之故，或阵亡，或被戮，死者大半。国王之权力，因之益大，竟能操纵国会，使为己用。此后百余年间，Tudor朝之君主无不大权独揽，唯其意之所欲为。昔日Edward辈及Lancaster朝诸君所建之自由政府，因之暂行停顿矣。

7. 百年战争后之法国

法国自百年战争之后，君主有常备军之组织，故权力大增。当时封建制度中之军队，早已废止。即在百年战争以前，法国贵族之从军者，已领有相当之军费，不再负供给军队之义务。然当时之军队，虽由君主所命之官吏统率之，而其实则无异独立。盖军饷发放无定期，故为兵士者每有掳掠之举。战事将终，兵士之骚扰尤烈，其勒索方法，残酷备至，故人民至以“剥皮之人”称之。一四三九年，全级会议赞成法国王消灭此种恶风之计划。规定此后凡不得君主许可者，不得招募军队，凡军官由君主任命之，至于兵士之人数，及军器之性质，亦由君主规定之。

全级会议承认法国王得征收一种永久之税曰Taille者，为边防军费之用。此实国民代表失策之尤。盖君主此后不但拥有常备军，而且有征收赋税之权利也。故法国王与英国王异，不必时时向国民代表求其许可，而政府收入，自然源源而来也。

法国王如欲组织强有力之国家，非先消灭国内诸侯之势力不可，盖若辈广拥封土，每与君主分庭抗礼也。旧日之封建诸侯，在十三世纪时，大部分为法国诸君所削夺，St.Louis之功业尤盛。然St.Louis及其子孙，每分封行省与其王子为“食邑”，以抵制异姓之诸侯。因此法国之旧封建制未尽废止，而新封建制又复发生，巨室如Orleans，Anjou，BourbonAnjou，及Burgundy诸族，莫不威震国中。吾人试观当日之地图，即可知当日法国君主伸张势力之不易。贵族之权力，虽早就减削，如贵族不得铸币、拥常备兵及征税；中央司法之权力亦已伸入诸侯之领土中。然巩固中央政权之事业，至Charles第七之子Louis十一（一四六一年至一四八三年）在位时，方告厥成功也。

法国王附庸中之最有势力者，莫过于Burgundy公Philip the Good（一四一九年至一四六七年）及其子Charles the Bold（一四六七年至一四七七年）法国王Louis十一即位前百年，Burgundy公绝嗣，一三六三年，法国王John第二以其地封其幼子Philip。嗣因婚姻关系及种种意外之事，领土大增，至Philip the Good时代，Burgundy之领土已包有Franche-Comte，Luxembourg，Flanders，Artois，Brabant，及其他在荷兰、比利时之城市等。

Charles the Bold当其父未去世以前，曾与国中其他之附庸联盟以反抗法国王Louis十一。称公之后，乃一意于二事之实行。第一，征服Lorraine，盖此地介于Franche Comte与Luxembourg之间，中分其领土为二部也。第二，拟建国于法国德国之间，而自王其地。

此种雄心，当然为法国王及德国皇帝所不愿闻。Louis十一尽其力以破坏其计划；而德国皇帝则当Charles the Bold前赴Trier加冕时，竟不愿代为举行。然Charles the Bold所受之耻辱，尤有较甚者。彼因瑞士人有助敌之举，思有以报之，不意为瑞士人所败者再，时一四七六年也。

次年Charles the Bold又有强占Nancy城之举，未成功而死。传其领土于其女Mary，不久即赘德国皇太子Maximiliam为婿。法国王Louis十一本已占有Burgundy公国，至是乃大为懊丧。此次联姻之结果在于Netherlands地方入于奥地利，其重要至皇帝Charles第五时代而益著。

Louis十一之功业，尤有较摧残封建诸侯与恢复Burgundy领土为尤巨者，即伸张王权是也。彼设法以承继法国中南两部——如Anjou，Maine，Provence等——之领土，至一四八一年诸地均入于法国王之手。凡昔日与Charles the Bold联盟之诸侯，彼皆一一克服之。拘禁Aleneon公；杀Nemours公。法国王之政治目的，固甚可佩；然其方法则殊卑鄙。有时彼似以奸雄之奸雄自豪也。

英国、法国，经百年战争之后，莫不较昔为强。两国之君主，皆能扫荡国内之巨族，封建制度之危险，因之排除殆尽。中央政府之权力，日渐扩大。工商诸业，渐形兴盛，中央之军政各费，有所取资，故能维持全国之秩序，实行中央之法律。为君主者不必再有赖于诸侯。总而言之，英国与法国，至是渐成为民族之国家，人民皆具民族之感情，承认君主为其行政之元首。

君权巩固，其影响遂及于中古教会之地位。盖当时教会不仅一种宗教机关而已，而且具有政治职权之国际国家也。兹故再述十三世纪末年至十六世纪初年之教会史。

第二十章　罗马教皇与宗教大会

1. 法王Philip the Fair与教皇之争权

中古时代教会与教皇之势力所以能远驾当时政府之上者，一部分原于当日无强有力之君主，能得人民之援助以与之对垒也。当封建制度风行时代，欧洲实无政府之可言，故维持秩序，施行法律，保护懦弱，提倡学问诸责，均由教会负之。然一旦近世国家有发达之象，种种困难，随之而起。为教士者当然不愿弃其久享之特权，而信此种权力为若辈所应有。至于国家方面，既有统治之能力，自能保护其国民，对于教士及教皇之干涉，渐不能忍。俗人之有学问者渐形增加，为君主者不必赖教士以进行其政务。故君主不愿教士之独享特权，亦不愿教士之广拥财产。此种状况，卒引起教会与国家关系之问题，欧洲人之解决此问题，实始于十四世纪，至今尚未完全解决也。言其要者，有下列数端：

（一）选举主教与住持之权，应属于教皇乎？抑应属于国王乎？教皇与国王，当然均愿援引其戚友以厚一己之势力，而且教皇对于教士，每可令其输款；为国王者，当然存嫉妒之心。

（二）国王征税于教会财产，其限制如何？教会财产常有增加，对于国库，可无贡献乎？教会中人，以为财产虽富，然办理教育，执行教务，维持教堂，救济贫苦等，所费甚巨。唯据教会法律之规定，国用极窘时，教士得自由“乐助”耳。

（三）此外国家与教会，又有关于司法上之争执。盖当日教会有法院，而教士则独隶于教会之法庭者也。尤为不堪者，则教徒可上诉于教皇，而教皇每一反国王之判决是也。

（四）最后又有教皇干涉各国内政之问题。盖当时人均知教皇之权力甚巨，然究竟有无限制，则虽教会中人，亦复不明。

教皇与皇帝之争权，吾人上已略述之矣。至于教会维持权力之困难，以法国王Philip the Fair与教皇Boniface第八之争权为最著之例。Boniface第八于一二九四年就任，抱有雄心，且具有能力者也。教会与君主之争执，始于英国与法国君主之征税于教士。盖其时君主既征税于犹太人及城市之民，而封建之租税，又复搜罗已尽，则其注意于拥有巨资之教士，亦势所必至者。英国王Edward第一因国用不支，于一二九六年有征收教士不动产五分之一之举。法国王Philip the Fair则始有征收教士及俗人财产百分之一之举，俟又改为征收五十分之一。

教皇Boniface第八对于此种教士俗人不加区别之征税方法，提出抗议，即一二九六年之有名教皇命令曰Clericis laicos者是也。宣言俗人本常有仇视教士之举，法国王此举，实忘其无管理教士及其财产之权，而足以表示此种仇视之态度。故教皇下令凡教士，包括修道士在内，不得教皇允许者，无论有何理由，不得以教会之收入或财产之一部分纳诸君主。同时禁止君主或诸侯不得征税于教士，否则逐之于教会之外。

当教皇下令禁止教士纳税于国王之日，正法国王Philip the Fair下令禁止金银输出国外之秋。教皇收入之大源为之中断，盖法国教会因之无从输款于教皇也。教皇不得已乃放弃其逾分之主张。次年彼乃宣言彼实无意干涉教士之纳其封建租税于国君或贷款于政府。

是时教皇虽有与国王争执之事，然教皇势力之宏大，实莫逾于此时，观于一三〇〇年教皇Boniface第八所举行之百年庆典，即可见其梗概。相传是年欧洲各地人民之赴罗马城观礼者有二百万人，城中街道虽已加广，而拥挤毙命者颇不乏人。人民之布施金钱于St.Peter墓前者不计其数，故教皇不得已佣二人手执草耙以拾之。

然不久Boniface第八即知基督教诸国虽仍视罗马城为宗教之中心，而民族国家则已不承认教皇为政治之元首。当彼遣使赴法国命其王Philip the Fair释放Flanders伯时，法国王宣言教皇使者之出言不逊，罪同叛逆，竟遣法学家一人赴罗马请教皇削其使者之职而惩戒之。

Philip the Fair多任法学者为廷臣，故法学者实统治法国。若辈研究罗马法律有素，故极慕罗马皇帝之专权。以为世界之上，唯政府为独尊，教皇有傲慢之行为，理宜加以惩戒。Philip the Fair乃于一三〇二年召集全级会议以讨论之，代表中不但有教士及贵族之代表，而且并包有城市之代表。全级会议既闻政府之报告，乃决议力助政府。

Philip the Fair之法学顾问中，有名Nogaret者，愿往见教皇。既抵意大利乃募兵向居于Anagni之教皇Boniface第八而进。当教皇正拟驱逐法国王于教会之外时，Nogaret率兵侵入教皇之宫中，加教皇以侮辱。罗马城中人迫Nogaret于次日退出城外，然教皇之气已为其所夺，不久去世，时一三〇三年也。

Philip the Fair思永除教皇之患。于一三〇五年阴使人选Bordeaux大主教为教皇，唯教皇机关须移入法国。新教皇乃召教皇内阁员赴Lyons城，加冕称Clement第五（一三〇五年至一三一四年）。Clement第五始终居于法国，往来于各寺院中。奉法国王命，不得已行审判已故教皇Baniface第八之举，定其有罪，废止其命令之大部分。凡昔日曾攻击教皇者均赦免之。不久教皇Clement第五为取悦于法国王起见，又有审判神庙骑士团之事，废其团，没收其在法国之财产以予法国王。于此可见国中而有教皇，利益殊大。一三一四年教皇Clement第五卒。以后之教皇遂移居当时法国边境外之Avignon城。建宏大之皇宫于其地，教皇居此者先后凡六十年。

2. 移居Avignon之教皇与Wycliffe

教皇之离罗马城而久居于外，自一三〇五年起至一三七七年止。世人因教皇远居，教会受祸甚巨，故名之为“巴比伦俘囚”（Babylonian Captivity）。此期中之教皇，类皆良善而诚恳者；然皆法国人为之，且因其居处与法国朝廷相去不远之故，故人多疑教皇为法国王之傀儡。加以教皇宫中，颇染奢淫之习，教皇之信用，益形堕落。

教皇既移居Avignon，其意大利领土中之收入，当然较居罗马城时为少。不敷之数，不得不取资于赋税之增加，而教皇宫中之费用，为数尤巨。教皇筹款之方法不当，尤为时人所不满，如以教会中之要职予其近臣；凡要求教皇之“法外施恩”者，及主教授职时或大主教收受领带时，莫不征收巨费，凡上诉于教皇法院者亦然。

教会中之位置如主教及住持等，每年收入，甚为可观，故教皇为增加其收入起见，每尽力于收任命权为己有。又遇教会官吏出缺时，教皇每保留补充后任之权。彼有时欲市恩于某人，则先许以某地主教或住持之位置，俟现任者去世时则实授之。凡用此法被任之人曰“候补者”

（provisors），极为时人所不喜。此辈每系外国人，故人民均疑若辈之目的在于巨大之进款而已，初无热心教务之意也。

反抗教皇之暴敛者以英国为最力，因当时英国法国间正在战争之中，英国人皆以教皇为赞助法国者也。一三五二年，英国国会通过议案，规定凡夤缘教皇而得教会中之位置者均以不法之徒论，无论何人，均得自由加害之。受害者既为君主及国家之敌，不得要求赔偿。英国虽有此种法律之规定，然终不能阻止教皇之任命教会官吏。英国教士之输款于Avignon教皇者仍源源不绝也。一三七六年英国国会曾宣言教皇在英国所征之税，实五倍于英国王之收入。

是时批评教皇及教会政策之最著者，为牛津大学教员John Wycliffe其人。彼约生于一三二〇年；至一三六六年教皇Urban第五因英国王John曾誓愿为教皇之附庸，故有要求英国入贡之举，吾人方知有Wycliffe其人。英国国会宣言国王之举动，并未经国民之同意，无束缚人民之权利。Wycliffe乃始尽力以证明英国王John与教皇所订之契约为无效。十年之后，彼主张如教会财产有滥用时，国家有处置之权，教皇除根据《福音》而行动外，别无他种权利，教皇闻之乃下令反对之。不久Wycliffe竟进而攻击教皇机关、赎罪券、朝拜圣地及崇拜圣人等；最后并反对变质原理之真确。

然Wycliffe之事业，并不以攻击教士之主张及行动为限。彼创设“朴素牧师”（Simple Priests）团，往来行善，且以身作则以挽回一般教士之堕落。

Wycliffe急欲传播其思想于人民之中，并养成其高尚之精神生活，故有翻译《圣经》为英国文之举。彼并用英国文著法谈多篇。彼为英国散文之始祖，曾有人谓“其文句短而健劲，其情感之绮靡，讽刺之尖刻而雅致，与其热忱之豪勇颇足以弥补英国文之不足，至今尚令读者生一种美感也”。

时人多以Wycliffe及其“朴素牧师”有煽动人民之嫌，卒酿成农民之叛。此种论调无论其正确与否，而Wycliffe之贵族同志则渐有离异之迹。然彼卒能于一三八四年善终。其同志虽受虐待，然其主张竟由John Huss传入Bohemia，为他日教会之患。欧洲学者之攻击教皇及教会，当推Wycliffe为首。彼死后百五十年，方有Martin Luther改革宗教之举。

3. 教会之分离与Pisa宗教大会

一三七七年教皇Gregory十一返驻罗马城，教皇之远居外国者，至是盖已七十年，教皇之势力及威信，大为减少。然教皇返驻罗马城后所失之威信，较居于Avignon时所失尤有大者。

Gregory十一返罗马城后一年而去世，内阁员乃有集会选举教皇之举，阁员中法国人居多。若辈一面目击罗马城中状况之萧条及秩序之紊乱，一面又念及Avignon之安乐，颇为惆怅。乃决意选一愿居于Avignon者为教皇。当若辈在教皇宫中密室内讨论之时，罗马城中人之围聚宫外者，大声要求选举罗马城中人，或至少意大利人，为教皇。阁员不得已选举意大利之修道士Urban第六为教皇，以为彼必能孚阁员之希望也。

不意新教皇并无移居Avignon之意。对待阁员，甚为严厉，并提议改革若辈之恶习。诸阁员不能忍，乃退入罗马附近之Anagni城，宣言若辈因受罗马城中人之威胁，故不得已而选出可厌之Urban第六。诸阁员乃另选新教皇，称Clement第七，仍移居Avignon。Urban第六对于阁员之叛离，并不介意，竟另任二十八人为阁员。

此次两教皇之选举，实为"大分离"（Great Schism）之始。此种状况，延长至四十年之久，教皇之地位，益受世人之攻击。昔日教皇二三人并存之事，不止一次，然皆由皇帝拥戴之，谁为正统之教皇，极易辨别。至于此次之选举，欧洲人对于阁员被迫而选Urban第六之言，颇难断定其真伪，故无人能断定二人之中，谁系合法之教皇。同时所谓教皇内阁团者，又有二组。因之意大利人则赞成Urban第六，而法国人则服从Clement第七，英国人则因恨法国人之故而承认Urban第六，苏格兰人则因与英国为仇之故而援助Clement第七。

教皇二人，似均有同等之权利，各以基督之代表自命；各欲享教皇之特权，互相痛骂，互欲废立。教皇既现分离之象，主教住持亦遂有分裂之情，每有主教二人各得一教皇之承认者，彼此纷争，莫衷一是。教会内容，益不堪问。种种弊窦，至是益著，益予攻击教会者如Wycliffe辈以口实。时人目击此种情形，实难再忍，议论纷起，不但对于教会分离之补救方法，有所讨论，即教皇机关之性质及应否存在，亦成问题。教会分离四十年间之讨论，遂成十六世纪新教革命之先声。

二教皇与两方内阁员之间屡有彼此协商之举，然当时人鉴于二方之自私自利，结果毫无，遂渐生召集大会以资解决之想。以为宗教大会既代表西部欧洲基督教之国家，则其地位当然居于教皇之上也。此种大会，当罗马帝国末造，在东部已屡次举行，始于皇帝Constantine时代之Nicaea大会，规定教皇之原理及教徒教士应守之法规。

当一三八一年时，巴黎大学已主张召集大会以解决二教皇之纷争，使西部欧洲之教会仍合为一。因此遂生出宗教大会之地位是否居于教皇之上之问题。主张宗教大会之地位应在教皇之上者，以为教皇内阁员选举教皇之权本由教会中人全体所赋予；今阁员既有分裂教皇机关之举，则教会全体，当然有干涉之权；且全体宗教大会系受圣灵之陶铸，其权力当然在教皇之上。其时反对此种主张者，则谓教皇之权力直接受诸基督，故其地位在教会全体之上；而且教皇虽不常行使其最高之职权，曾予大会以自由，然教皇自始即有最高之权力。故宗教大会不得教皇之承认者，不得视为大会，盖大会无教皇，断不足以代表基督教徒全体也。更有进者，教皇本系最高之立法者；教皇得取消大会之议决案与前任教皇之命令；教皇可以判断他人，而不受他人之判断。

二教皇间之交涉及讨论，为时甚久，卒无结果。二方之阁员不得已于一四〇九年决定在Pisa地方开宗教大会以解决之。其时教士之赴会者虽不一其人，各国之君主虽亦颇为关切，然大会之举动，仓促无方。大会议决召一四〇六年所选之罗马教皇Gregory十二及一三九四年所选之Avignon教皇Benedict十二前赴Pisa。不意二教皇均不应召而至，大会乃定以违命之罪议决废之。再由大会另选新教皇一人，不期年而卒，乃以素著恶名之John二十三为教皇。大会所以选彼为教皇者，以彼著有勇武之名故。以为教皇而欲保护其领土以抵抗Naples国王，非教皇雄武不可，盖当时Naples国王曾宣言欲夺教皇之领土也。不意被废之二教皇，均不遵大会之议决，自称教皇如故。故Pisa大会不但不能解决教会之分离，而且反使教皇增出一人，成鼎足三分之势云。

4. Constance宗教大会

Pisa大会既失败，乃不能不另开宗教大会。教皇John二十三听皇帝Sigismund之劝告，不得已允开宗教大会于德国皇城Constance地方。Constance大会于一四一四年秋间开会，为最有关系之一国际公会。开会凡三年，当日欧洲全部人民无不注目。与会者，除教皇与皇帝外，有教皇阁员二十三人，大主教及主教三十三人，住持一百五十人，公伯一百人，其他下级教士与贵族无算。

此次大会应解决之问题有三：（一）废立三教皇另选一人以统一教会，挽救分离。（二）Bohemia一带因受Huss主张之影响，异端之势颇盛，足为教会之患，应设法以扑灭之。（三）教会流弊，甚为显著，应加以一般之改革。

（一）此次大会之成功，当以挽救教会之分离为最重要。教皇John二十三在大会中极形局促。彼深恐大会中不但有废立教皇之举，或且有调查一己过去劣迹之事。乃于次年三月间，微服遁走，留其阁员于大会中。大会中人闻教皇遁走，大为惊恐，盖恐教皇脱身走，必有解散大会之举也。大会乃于一四一五年四月六日颁布其最有名之议决案，宣言大会之地位应在教皇之上。以为宗教大会之权力，直接受自基督，无论何人凡不奉大会之命者，应受相当之惩罚。

大会中宣布教皇John二十三之罪状并议决废止之。John二十三因孤立无助，不得已而屈服。罗马教皇Gregory十二，事理较明，故自愿于七月中辞职。至于Benedict十三则较为刚愎，竟不允辞职。其时援助Benedict十三者仅有西班牙人，至是大会中人令西班牙人叛其教皇，并遣代表赴大会。一四一七年七月Benedict十三被废。是年十一月，大会中之教皇阁员，选举新教皇称Martin第五。教会分离之事至是乃告终止。

（二）Constance大会开会第一年，即有扑灭异端之讨论。先是英国王Richard第二于Wycliffe未死以前娶Bohemia之女公主为后，英国与Bohemia之交通因之颇为繁密，英国改革家之著作遂多流传于Bohemia中，为其地之宗教改革家所注意。Bohemia地方之改革家以John Huss（约生于一三六九年）为最著，彼对于Bohemia之利害及教会之改革，极具热忱，故在Prague

大学中，势力甚大。

Huss主张基督教徒对于有罪过之教士，不能自登天堂者，不应服从之。此种主张，当然为教会中人所不容，以为有破坏秩序之险。反对Huss者，则谓凡正式任命之教士，为教徒者均应服从之，盖教士之统治教徒，以法律为根据，不能问其贤否也。总而言之，Huss不但辩护Wycliffe之主张，而且宣传危及政府与教会之议论。

Huss自信必能使大会中人信其主张之正当，故自愿前赴Constance。彼于赴会以前，曾领有皇帝Sigismund所予之护照，说明无论何人，不得加害于Huss之身，并许Huss得随时离开Constance。不意一四一四年十二月，彼竟被大会所拘禁。即此可见中古时代对于异端态度之一斑。皇帝Sigismund提出抗议，大会乃答以凡异端均不在君主法权之内，故法律不能承认给予异端之护照。大会并宣言对于有害教会之信誓，均不应遵守之。盖当时人以为异端之罪，甚于杀人，袒护异端，实为大恶，故虽以皇帝之尊，亦不能庇一Huss也。

大会对待Huss之方法，在吾人视之，虽甚严酷，然在大会中人视之，则已甚宽大。大会特允公开审判，颇望Huss取消其主张，而Huss终不允。大会乃依当日之习惯，要求Huss自承其主张之谬误，取消其主张，而且宣传与其主张相反之原理。大会中对于彼之主张之是非，并未加以深究，仅决定其主张是否与教会见解相同而已。

最后大会定Huss以异端之罪。一四一五年七月六日置Huss于城门之下，再予以悔过自新之机会。彼仍不顾，乃褫其牧师之职，交诸政府。政府中人不再加审讯，以火焚而杀之。投其尸灰于Rhinf河中，以免为其同志所崇拜。

Huss之被焚，反促进Bohemia地方异端之传布。自一四一九年至一四三一年间，德国人有屡次兴兵进攻Bohemia之举。两种民族间之恶感，因之大增，至今尚未消解。Bohemia之异端，类皆勇武善战，不但败退德国人而且侵入德国境内。

（三）Constance大会之第三件大事，为教会内部之改革。大会自教皇John二十三遁走后，曾有改革教会之议决。当时欲改革教会，虽不可骤冀，而教会流弊之减少，则机会甚好。盖大会本一甚大之代表机关，而当时人又极望大会之能实行改革教会之举也。其时抨击教士陋习之小册书籍，不一而足。所举恶行，类皆多年之积习，前数章中已述及之，兹不再赘。

然当时虽人人承认教会之流弊，而大会迄无救济之方法。讨论研究者，凡三易寒暑，大会中人渐生厌倦之心，知改革之无望。最后于一四一七年十月九日，通过议案，宣言昔日因不能常常召集宗教大会之故，以致教会之中，弊端百出，故嗣后每十年应开宗教大会一次。以为如此则教皇之大权有所限制，与英国王之权力为国会所限制相同也。

此外并条举教会中流弊之应改革者，提交新教皇与大会中一部分会员研究而实行之。就中如教皇阁员之数目、性质及国籍；教皇有权任命之教士；教皇法院得以审判之案件；废立教皇之理由及方法；扑灭异端之方法；以及“法外施恩”之赎罪券等。

总而言之，Constance大会，除恢复教会之统一以外，无甚结果。Huss虽被焚，而异端并不因之而消灭。改革教会之事，虽讨论三年，卒无实行之能力。日后教皇虽有下令改革之举，而教会之腐败亦并不因之稍减也。

5. Basel及Ferrara宗教大会

Bohemia之异端有竭力抵抗武力征服之举，遂激起西部欧洲一带之注意及同情。一四三一年最后之十字军为Bohemia之异端所败。教皇Martin第五不得已召集宗教大会筹议扑灭之方法，即史上之Basel大会是也。此次大会之会期，延长至十八年之久。最初大会之势力甚巨，实驾教皇之上，至一四三四年大会并有与Bohemia异端中之温和者媾和之举，其势力可谓已达极点。然大会始终与教皇Eugene第四为难，教皇乃于一四三七年下令解散之，并另召集大会于Ferrara。Basel大会遂议决废教皇另选一人以继之。此种举动，颇失时人对于大会之信用。大会之威信渐渐丧失，至一四四九年仍复承认旧日之教皇为正统。

同时Ferrara大会于一四三八年开会，专心讨论东西两教会合一之问题。其时东部罗马帝国因有Ottoman土耳其人之入逼，危在旦夕。政府中人力劝东部皇帝急与西部罗马教会言和，以为如此，则罗马教皇必能设法供给军械与军队以资防御。当东方教会代表赴Ferrara大会时，两方对于教义上之不同，无甚出入，然教会领袖当属何人，则争持难决。最后东方教会竟承认罗马教皇为首领，唯东方主教之权利及特权，应属例外。

罗马教皇Eugene第四有复合东西两教会之功，极受西部欧洲人民之赞颂，而希腊教士东归后，则备受东部人士之唾骂，以为此种让步，罪同忤逆。此次大会之结果，言其重要者如下：（一）罗马教皇虽经Basel大会之反对，乃恢复其宗教上领袖之地位。（二）希腊学者中颇有留居西部欧洲者，西部欧洲人研究希腊文学之热忱，益为之激起。

此后终十五世纪之世，再无宗教大会之召集，为教皇者亦类皆专心于教皇领土之整理。自教皇Nicholas第五（一四四七年至一四五五年）以后，多能以提倡文化为己任。自一四五〇年至宗教改革时前后凡十七年，实教皇最专心于政治上之利害及罗马城之装饰之时代也。

第二十一章　意大利诸城及学问复兴

1. Venice城

当英国法国间有百年战争之日，与德国内部小邦纷扰之秋，意大利实为欧洲文化之枢纽。意大利诸城如Florence，Venice，Milan及其余诸城，莫不景况隆盛，文物灿然，为西部欧洲诸国梦想所不到。诸城中文学美术之进步，有异寻常，故欧洲史中名此期为Renaissance，即“复生”之意。当时意大利诸城，与古代希腊诸城同，实系小邦之性质，各城各有特异之生活与制度。吾人于研究学问复兴以前，不能不略述当日诸城之状况何似。

十四世纪初年之意大利与Hohenstaufen诸帝在位之日同。可分为三部：南部有Naples王国。中部有教皇之领土，在教皇领土之西北者则为城邦林立之地，即学问复兴之中心也。

意大利诸城中之最著名者，莫过于Venice，其重要在欧洲史上与巴黎、伦敦相等。此城位置于Adriatic海上离大陆约二英里（3千米）许一群小岛之上。岛外有狭长之沙洲，足障风浪。此种位置，本不宜于巨城之建设；然当五世纪中叶，意大利居民因其地荒僻而孤立，故多避匈奴人之难于此。日久之后，渐知此地实宜于商业，故当十字军未兴以前，Venice已有与他国通商之迹。其势力渐向东发展，在东方一带获有领土。吾人试观有名之St.Mark礼拜堂，其圆顶与装饰，颇似Constantinople之建筑，亦可见其与东方交通影响之一斑。

Venice之伸其势力于意大利大陆，实始于十五世纪初年。盖该城与北部欧洲之交通，端赖Alps山之栈道，若任其劲敌Milan城所独占，危险殊甚也。而且Venice或愿自邻近诸地输入食粮，不愿再仰给于海外之领土。加以当日意大利诸城，除Venice以外，莫不领有附郭一带地。Venice名虽共和，然有少数人把持政权之倾向。约一三〇〇年时，城中人民，除少数望族外，均已不能参与代表人民之“大议会”（Grand Council）矣。

一三一一年，Venice始设著名之“十人会议”（Council of Ten）会员任期一年，由“大议会”选举之。一切政务，无论外交内政，均由十人会议与公（doge）一人主持之，而对于大议会负责任。故城中政权实操诸少数人之手。十人会议之内容，极其秘密，绝不如Florence城之公开讨论，反足以引起无数之革命。

盖Venice人类皆专心于商业，无参政之余暇。故十人会议之种种政策，虽近专制，绝不若其他诸城每有叛乱之倾向。Venice之政府，自一三〇〇年至一七九七年为Napoleon所灭时，实无甚变更也。

2. Milan城

意大利诸城中，大都由专制僭主统治者居多，而以Milan城为最著。当十四世纪初年，曾经组织同盟以抵抗Frederick Barbarossa之诸城，颇有变成专制政体者。各城君主，互相征伐，迄无宁岁。Milan城中僭主Visconti族之事迹，极足以代表当日意大利僭主之政策也。

Visconti族之势力，实为Milan之大主教所建设。彼于一二七七年将当日城中握有政权之望族拘于三铁笼之中。乃设法请皇帝任其侄Matteo Visconti为皇帝之代表。不久Milan人承认Matteo为其统治者。Matteo死，乃传其位于其子。Visconti族中人之统治Milan城者，先后凡一百五十年。

Visconti族中最著名之僭主，首推Gian Galeazzo（一三八五年至一四〇二年）。彼先毒杀其叔而得位。即位之始颇有征服意大利北部之势，然为

Florence共和国所阻。不久Gian Galeazzo亦死。吾人观于Gian Galeazzo一生之行动，实最足代表意大利僭主之特点。长于政治，能组织完备之政府；召集国内之文人，随侍左右；兴造美丽之建筑，足见其热忱美术之一斑。然彼之行事，绝无原理，凡城市之不能以武力征服或金钱购买者，则不惜用极卑劣之方法以得之。

意大利僭主之性情残忍者不一而足。然吾人须知若辈本非正统之君主，故其势力之能否维持，以能否压制人民及能否抵抗邻城僭主之侵略为衡。因之诸城之僭主类多聪慧之人，治国有方，提倡文学与美术，不遗余力。然为僭主者，每树敌于国中，故猜疑之心极盛。盖彼深知一己之地位，甚为危险，随时可以被刺或被毒也。

意大利诸城间之战事，类皆以雇佣之军队任之。战事将起，僭主即与备雇佣军队之领袖曰Condottieri者，预商酬资。此种军队对于战争，本无利害关系，故战斗不甚出力。盖两方之目的，仅在于虏人而已，初无虐待之必要也。

有时被雇之军官既得一城，每占为己有。如一四五〇年Milan城之事，即其一例。其时Visconti族已绝嗣，城中公民乃雇军官名Francesco Sforza者以抵抗Venice城之入侵。Sforza既败Venice人，遂盘踞Milan城而不去，并传其位于其子若孙。

吾人试读Florence城之历史家Machiavelli所著之《君主》（The Prince）一书，即可晓然于意大利僭主之地位及其政策之为何。Machiavelli著书之意，殆备当日君主参考之用。关于僭主维持地位之方法，讨论极详。甚至僭主食言之程度及僭主可杀之人数，亦复加以研究。Machiavelli以为不遵信誓及排除政敌之僭主，其所得利益每较具有天良之劲敌为优也。

3. Florence城

意大利诸城中之最重要者，当推Florence城，其历史与Venice及Milan二城异。在Florence城，各阶级中人均有参政之权利。因之引起宪法上之变更及党争之纷纠。得势之政党，每逐其政敌于城外。盖Florence人视其城为其母邦，视被逐为最可痛心之刑罚也。

至十五世纪中叶，Florence城之政权入于巨族Media之手。族中人类皆开明之辈，每监视选举，隐操选择官吏之权。故人民虽有参政之名，而Media族则握有政权之实。此族中之最有名者为Lorenzo he Magnificent（一四九二年卒）。在位之日，实Florence城中文学美术极盛之时代也。

吾人试游今日之Florence城，每得一种学问复兴时代之矛盾印象。城中巨族之宏大居室，雄踞道旁。其下层每用巨石造成，有同堡垒。窗牖之上，护以铁栅，则又似监狱。然试入其室中，则陈设每极其奢华而美丽。盖其时城中之秩序虽乱，而人类美术之发达，实以此时为最也。

Florence实近世知识之城。其他民族之天才曾有胜于意大利人者。……然除希腊之Athens城外，唯有Florence之人民观念最富，天性最慧，眼光最锐，最机警，最精密。意大利人之细密精神实存于Florence人精气之中。Florence之优胜即罗马人，Lombardy人，及Naples人，亦莫不知之。……至于Florence人在文学上、美术上、法学上、学问上、哲学上及科学上之领袖地位，意大利人均承认之。

4. Dante

十三世纪实为欧洲人热心求学之一时代，吾人曾述及之矣。诸大学蔚然兴起，西部欧洲之学子，趋之若鹜，著名思想家如AlbertusMagnus，Thomas Aquinas及Roger Bacon辈，皆著有宗教、科学及哲学之大著作。一般人民亦莫不乐闻各国方言所著之诗歌及传奇。建筑家发明新式之建筑，加以雕刻家之援助，宏丽无伦。然则吾人何以独称十四及十五二世纪为学问复兴，抑若西部欧洲一带至十四世纪方研究文艺耶？

案“学问复兴”四字，本系不明白十三世纪事业之著作家所创。若辈本极推崇希腊、罗马之著作者，故以为不研究古文，则文化之程度，断不能达于绝顶。至于今日，则研究历史者，类皆了然于十三世纪之欧洲，实具有知识与美术之野心。

故吾人对于十四、十五二世纪学问复兴之见解，不能不异于百年前之历史家。唯当十四世纪中叶时，西部欧洲之思想、风尚、书籍、建筑、图书等，实发生一种重大之变化，吾人实应仍称之为学问复兴。吾人欲明其性质如何，莫若研究十四世纪时二大名家之著作，所谓二大名家，即Dante与Petrarch是也。

Dante（一二六四年至一三二一年）在历史上为著名之诗人，故世人每与Homer，Virgil，Shakespeare辈相提并论。然历史家之所以不能不研究Dante，则并不在其设想之新奇，与其声韵之悦耳。彼之学问，极其渊博；彼实一学者与科学家，不仅为一诗人而已。吾人读其著作，即可知一三〇〇年时思想家所见世界之状况如何，及当日思想家知识范围之广狭。

Dante与十三世纪之学校哲学家不同，并非教士。彼实Boethius以后之第一世俗学者，能以知识灌输于不识拉丁文之俗人。彼虽长于拉丁文，然其名诗The Divine Comedy，独用意大利文所著。意大利文为近世重要文字之最后起者，殆因意大利之拉丁文为多数意大利人所深谙者为时最久之故。然Dante以为纯用拉丁文为著作之用，在当时已有矫揉造作之病。彼并信当日意大利人之仅谙意大利文者，不但喜读其诗篇，并且喜读其科学之著作，故其科学名著The Banquet亦用意大利文著成。

吾人试读Dante之著作，即知中古学者对于宇宙，并不一无所知。若辈虽仍信宇宙以地球为中心，日月星辰四面环绕，然亦习知天文现象上之重要者数种。若辈已知地球为圆球形，并略知其大小。亦知凡物质之有重量者皆有向心力。故人在地球之下面，可无下堕之虞。若辈并知地球此方为昼时，则彼方为夜。

Dante虽颇喜研究当日风行之神学，并仍推崇Aristotle为“唯一哲学家”（the philosopher），然同时极崇拜其他希腊、罗马之名著作家。当彼幻想游行阴世时Virgil实为其向导。彼因得瞻古代异教名人之风采，并面觌名诗人Horace，Ovid及诗人泰斗Homer其人。当彼曲肱而卧于绿色草原之上时，并遇多数之古代名士——Socrates，Plato及其他希腊哲学家，Caesar，Cicero，Livy，Seneca及其他罗马之文人。彼因厕身于此辈名人之间，光荣逾度，故名人间之言论，彼竟嗒然无一字以传之。彼对于若辈之信奉异教，并不介意，彼虽以若辈为不能上登极乐之天堂，然若辈所居之地亦正既安且适，群现无忧无喜之色，互相谈论于其中。

5. Petrarch

尊崇古代著作家之热心，始于Dante，至Petrarch而益著，世人多称Petrarch为“第一近世人”（the first modern man）。西部欧洲学者之完全脱离中古之学问，与使人赏识希腊、罗马之文学，当推Petrarch（一三〇四年至一三七四年）为第一。当中古时代，大学中所研究者，以论理学、神学及Aristotle著作之训诂为主。十二及十三两世纪之学者，虽尝读古代拉丁之著作，然绝无赏识之能力，且不知以此种著作为高尚教育之根据。

Petrarch尝谓当彼幼年读Cicero之著作时，虽不明其意为何，然爱其声韵铿锵，不忍释手。日后彼遂以搜集罗马古书为其一生之目的。彼不但为好学不倦之人，而且以身作则，具有激起他人求学精神之力。彼使学者生研究拉丁古文之兴味；而且始终尽力于搜罗散佚，以激起当时人藏书之热忱。

吾人须知Petrarch及学问复兴初年诸人所遇之困难，实属不一而足。其时希腊、罗马之著作，并无曾经校正之佳本。偶获断简残篇，即视同吉光片羽，引为生平幸事，而书中之是否舛谬百出，又无法可以证明。Petrarch鉴于当日抄写古书之谬误过多，尝谓假使Cicero或Livy有复生之日，披读旧作，必废然曰，此非吾之文也，此或某蛮人所著之文也！

Petrarch影响之遍及西部欧洲，当世实无伦匹，与后世之Erasmus及Voltaire同。彼不但与意大利之学者书札往还，讨论学问，即意大利以外之名士，亦复与之时相切磋。吾人试读其信札，颇可窥见当日之知识生活状况也。

据上所述，可知Petrarch不但提倡拉丁名著之研究，亦且有功于推翻当日大学中所通行之学问。彼之图书馆中，竟不愿藏有十三世纪学校哲学家之著作。彼与Roger Bacon同，极不喜当时学者崇拜Aristotle著作之谬误译本。至于论理学一科，彼以为少年人固可习之，若以成年之人而习此种学问，实为可厌。

Petrarch虽以意大利文所著之诗著于世，然与Dante不同，不信国语之可用。彼竟谓彼以意大利文所著之短诗，实彼幼年时所作之游戏文章，鄙不足道。盖彼本热心于研究拉丁文学者，其藐视国语，势所必至。在彼心目之中，意大利之文字语言，实属简陋，以之为普通人民日用之需固有余，若与拉丁文相提并论，则实有天渊之别。而且当日意大利人之崇拜拉丁著作，正与今日英国人之崇拜Chaucer与Shakespeare著作同，颇有依依不舍之象。故十四、十五两世纪之意大利学者，不过仍奉古代本国之文学为其模范，尽力以模仿古文为事耳。

6. 古文学者

中古文人之模仿古文者，始以罗马之文学为模范，继以希腊之文学为典型，后人称此辈为“古文学者”（humanists）。若辈不再研究Peter Lombard所著之《意见》一书。对于神学，兴味渐少，每专心研究Cicero之著作以求得文人雍容娴雅之习。

自此以后，凡希腊、罗马之文学，总称之为“古文”（humanities）。自Petrarch卒后百年间，意大利人之研究古文者，有同宗教。吾人欲知当时何以重视古代之文学，必先知当日西部欧洲所有之名著本无如吾人今日所有之名著之多。今日欧洲各国各有以国语所著之文学，尽人能解。除译有古籍之佳本外，并有无数之名家著作，如Shakespeare，Voltaire及Goethe等，皆四百年前之所无。故吾人生于今日，虽不识希腊、拉丁之文，而古今之名著，不难接近。至于中古时代，则绝无此种之利益。一旦对于神学、论理学及Aristotle著作之研究生有厌心，则其热心研究罗马、希腊之文学为其文体与生活之模范，亦势之不得不然者矣。

古文学者自私淑异教之著作家以后，对于中古时代此生与来世关系之见解，渐生排斥之心。若辈每向往Horace之主张。而以修道士之牺牲一己为可笑。以为人生行乐须及时，未来之世界正无庸鳃鳃过虑为也。有时古文学者，并公然攻击教会之主张；唯外貌上则多示忠顺教会之意，而古文学者之为教皇廷臣者，亦正不一其人也。

当日考古之精神既盛，所谓高尚教育之观念，大生变化。当十六世纪时，德国、英国、法国之学校，因受游学意大利者之影响，始以拉丁及希腊之文学为教授之根据，以代中古之科目。至十九世纪末年西部欧洲大学中，方渐以科学与历史等科目，代昔日之希腊文与拉丁文；而至今欧洲学者尚有以古文之价值远在其他科目之上者。

十四世纪之古文学者，类不谙希腊文。西部欧洲方面希腊文之知识当中古时代虽不绝如缕，然始终不闻有人思读Plato，Demosthenes，Aeschylus，或Homer诸人之著作者，而此种著作，亦为当时图书馆中所无。Petrarch及其同志见Cicero及Horace之著作中，尝有提及希腊文学之处，故对于希腊文学之兴味，遂油然发生。Petrarch去世未几，Florence城有聘请Constantinople人Chrysoloras来任该城大学希腊文教授之事。

其时Florence城中有少年学生名Leonardo Bruni者，闻Chrysoloras之将至也，曾有自问之言，传诸后世。“尔若不能领略Homer，Plato，Demosthenes及其他大诗人、哲学家与雄辩家之著作，尔宁不失去尔之最良利益耶？尔亦可与若辈相往还以若辈之知慧染尔之身。尔将任此种黄金机会之失去耶？盖意大利人之不谙希腊文学者已七百年，而吾人均知所有语言文字实来自希腊。尔亦知熟悉希腊文大有裨益于知识之增进与快乐之增加否耶？罗马法之教员，到处有之，尔毋虑无继续研究之机会；然教希腊文者，则仅有一人而已，尔若交臂失之，尔将无师可以受业矣。”

其时学子之习希腊文者甚多，Chrysoloras乃著近世第一部希腊文法一书以备学生之用。不久希腊之名著，渐形普及，与拉丁名著不相上下。意大利人甚至有前赴Constantinople专习希腊文者；自东方教会为欲抵抗土耳其人起见与西方教会时相往还以后，希腊学者颇有前赴意大利者。当一四二三年时，有一意大利学者携希腊书籍二百三十八册以抵Venice，希腊文学至是遂迁入沃壤焉。当时手抄及校订希腊、罗马之书籍者不一而足；而宏丽之图书馆亦多建筑于此时。如Medici族、Urbino公及教皇Nicholas第五，莫不尽力于此。即在今日教皇图书馆中图书之丰富，尚名满世界也。

7. 近世科学之发端

Roger Bacon宣言，假使吾人专心研究普通之事物，而不习古书，则科学之发明，必能远驾于魔术所能者之上。彼谓将来人类，必能飞翔空际，有如飞禽；必有无马之车，其行甚速；必有无桨之船，其驶如飞；必能造桥，而不用支柱。

Roger Bacon之言，至今已验。近世科学家及发明家之受赐于希腊人及罗马人者甚寡。希腊哲学家，虽亦有注意自然之科学者，然无意于实验，或发明仪器，以资研究之用。若辈对于自然律，知之甚少，而谬见甚多。Aristotle以为宇宙以地球为中心，日月星辰，环而绕之，永远不变。又以为重体下坠较轻者为速。世界万物，均由四质造成，即土、气、水、火是也。希腊人与罗马人，绝不知有所谓指南针、火药、印字机及水蒸气之用途，更无所谓机器。

当十三世纪时代，人类史上，有种种大发明。自指南针发明以后，航海者多远游无虑。凹镜与凸镜之原质亦发明于此时。至十三世纪末，已有眼镜。吾人今日之望远镜、显微镜、分光器及摄影机之发达，莫不以凸凹镜为根据，有功于科学上者极巨。阿拉伯之数字，至是亦起而代昔日繁笨之罗马数字。Roger Bacon已知硫黄、火硝与木炭之混合物，有炸裂之性。彼死后三十年，火药之用遂始。在Florence城中，有一三二六年时之文字一篇，详言铜炮及子弹之制造方法，至今尚存。至一三五〇年，德国之火药厂至少已有三城有之。法国与英国之书中，亦尝提及火药之用途。

然在一百五十余年后，火药方起代昔日之武器。至一五〇〇年时，诸侯之城堡已失其保卫之能力，遂一变而为君主之王宫与诸侯之别墅。昔日甲胄、弓箭、枪镖、城堡、城墙等，至是均无所可用。

自指南针、凸凹镜、火药等发明以来，世界文明，为之一变。此外尚有一种发明，其关系甚大，即印字机是也。

十五世纪之意大利学者，颇能激起时人研究希腊、罗马古籍之热忱，从事于古书之搜集，抄传校订翻译，不遗余力。同时德国及荷兰之人士，则尽力于印字机之发明。希腊人、罗马人及中古时代人，欲得新籍，端恃手抄。抄书之专家，每能运用翮笔，舒展自如，笔迹精细整齐，与印刷者无异。然用此种方法抄书，进行定必甚慢，当Lorenzo the Magnificent之父Cosimo拟设立图书馆时，曾与书商约雇抄书者四十五人。二年之间，得书仅二百卷而已。

而且印字机未发明以前，欲二书之形式一致，实不可能。抄书者虽极其谨慎，尚难免错误之虞，其不谨慎者，则亥豕鲁鱼，定必触目皆是。故当时大学中规定凡学生在教科书中见有错误之处，须报告于教师以改正之，以免读者之误会。自印字机发明以后，在短时间内能印出同样之书多册。故果能慎于排印，则同版所印之书，均校正可信矣。

用印字机所印之大书，当以一四五六年在Mayence地方所印之《圣经》为最早。一年之后，有名之Mayence《圣诗篇》印成，书上之印有年月者，此为第一。然小册书籍之以木刻活板印成者，尚有较此为古者。在德国诸城中，印书者仍沿用昔日抄书者所用之字体，谓之Goth体，或称“黑体”。至于意大利，则第一印字机实设于一四六六年，不久应用一种形似古代罗马碑刻之体。此体与今日普通所行用者颇同。意大利人亦发明一种斜行体（Italic Type）所占纸面空间较少，故一页之字数，能较普通体所印者为多。当时印书之人，颇能悉心从事，故其印工之精良，几与今日之佳本无异。

8. 十四世纪之美术

当日之爱美精神及对于人与天然之兴趣，以学问复兴时代意大利之美术上所表现者为最著。中古时代美术上习惯之束缚至是打破。绘画家与雕刻家虽仍多从事于宗教上之作品，然十四世纪时代意大利之美术家，渐受古代美术残品之陶铸，并受生气勃发及美丽可爱之世界之影响。与昔日美术家尤异者，则十四世纪美术家之想象，远较昔日为自由。美术家本人之志趣及理想，渐成为作品上之重要原质，不似昔日之强行压制之。学问复兴时代之美术史，乃一变而为美术家史。

Goth式之建筑，在意大利方面，始终无根深蒂固之观。意大利人建筑礼拜堂，仍沿用昔日之罗马式。故Goth式风行于北部欧洲之日，正学问复兴时代意大利之建筑家尽力于发挥罗马式之秋。若辈之细工，颇有仿自古代者，如柱头与飞檐等，而意大利建筑之淳朴与结构之美丽，则真可谓得希腊、罗马建筑之神髓。意大利既受古代文学之遗产，则其受古代建筑之影响，亦固其所。故学问复兴时代之建筑，以结构整齐，细工美丽著于世。

古代美术之影响，以及于雕刻上者为最早而最著。其时为新派雕刻之领袖者，当推Pisa之Niccola（一二〇六年至一二八〇年）。彼曾悉心研究古代雕刻之残片——在Pisa地方所发见之石棺及大理石刻花瓶各一件。彼之杰作，首推Pisa浸礼堂中之讲台，其所刻之人物，直仿古人模范。唯雕刻之术，受古代美术之影响，虽称最早，而进步殊慢；直至十五世纪时，意大利之雕刻方向独立创造方面发展云。

学问复兴初年之绘画，大抵壁画居多；所谓壁画，即直接绘诸教堂或王宫石膏壁上之画。此外亦有画诸神坛周围之木板上者，唯为数甚少。至于用画架在布上或木板上所绘之画，则至十六世纪时方风行一世。

当十四世纪时，意大利之绘画，非常发达，实第一大绘画家Giotto（约一二六六年至一三三七年）提倡之功。当彼未出世以前，所有壁画类皆与手抄书中之画饰同，板滞无生气，自Giotto出世以后，绘画之术为之一变。其时古代绘画之品，本已不传，Giotto实无所凭借，故不能不独立以研究绘画问题，而彼当然仅能开其解决之端而已。彼所绘之树木风景，有似讽刺画；所绘面貌，大致相同；所绘衣裳之褶纹，亦平直板滞。然彼之目的在绘前人所想不到之画——即绘有生气、有思想、有感情之男若女是也。而且彼之材料亦不仅以《圣经》中之人物为限。彼所绘之画，以描写St.Francis之一生为最著名，此种材料实最足以感动十四世纪时之人民与美术家者也。

Giotto在十四世纪美术上影响之大，殆因彼不但以善绘著名，亦且长于建筑，有时并计划凸景备雕刻之用。以一美术家而兼习各艺，固学问复兴时代特点之一也。

9. 十五世纪之美术

十五世纪，世人称之为学问复兴之初期时代，其时意大利之美术，发达进步，稳而且速。至十六世纪乃达于最高之点。中古时代之陈规至是完全脱去，古代美术之模范，亦已研究无遗。艺术既日臻精美，故美术家理想之表示于作品上者，遂远较昔日为自由。

Florence城在十五世纪时，实为美术之中心。当时最著名之雕刻家，大部分之绘画家与建筑家，或生于该城，或成其最佳之作品于此。当十五世纪初半期，雕刻术复为当时美术界之领袖。Ghiberti在Florence所雕之浸礼堂铜门，约至一四五〇年方告成功，为学问复兴时代雕刻品中之最美者。Michael Angelo宣言此种铜门实合极乐园门之用。试与十二世纪Pisa大礼拜堂之门相较，则前后变化之迹，一望可知。与Ghiberti同时者，有Luca della Robbia（一四〇〇年至一四八二年）其人，以善雕凸景于玻璃砖及大理石上著名，至今在Florence城中尚有存者。

十五世纪初半期之有名绘画家，修道士Fra Angelico实居其一。彼在San Marco及他处寺院所绘之壁画，极足反照其一种爱美与乐道之忱。

10. 十六十七两世纪之美术

Florence城为美术中心后，至Lorenzo the Magnificent秉政时代，因提倡甚力之故，其美术遂达于极盛之境。一四九二年Lorenzo卒，Savonarola继起，美术中心遂移入罗马城而为欧洲大都会之一。教皇Julius第二与Leo第十，性爱美术，用尽心力广延当日之著名美术家与建筑家，从事于St.Peter礼拜堂与Vatican皇宫之建筑及装饰。

以圆顶为礼拜堂之观念，极动学问复兴时代建筑家之心。此种观念之实现，至重修St.Peter礼拜堂而造于绝顶。重修之举，始于十五世纪，至一五〇六年教皇Julius第二再继其工作，终十六世纪之世，至十七世纪而工竣。主持工程者皆当日极有名之美术家，如Raphael及Michael Angelo皆在其内。其计划屡经变更，最后乃决用拉丁式之十字架形，上盖圆顶，其直径达一百三十八尺。规模宏大，望之令人生畏。昔日罗马教皇之居于Lateran宫中者，凡千余年。自教皇由Avignon返罗马后，遂废而不用。另于St.Peter礼拜堂之右，造Vatican宫，为起居之所。宫中之室，大小凡数千间，以意大利名绘画家之画装饰之，或以古代偶像实之。吾人试游今日之Venice，Florence及罗马诸城，每得目睹当日美丽之建筑图画等美术品也。

当十六世纪时，学问复兴时代之美术，乃达最盛之域。此期中最有名之美术家凡三人——即Leonardo da Vinci，Michael Angelo及Raphael是也。Leonardo与Michael Angelo并长建筑、雕刻及绘画三种美术，而造诣极深。若辈作品之美丽重要，实非数言可尽。Raphael与Michael Angelo之壁画与画品，至今遗留者尚多，Michael Angelo并留有造像，吾人正不无赏鉴之资。至于Leonard之作品，完全传下者甚少。其影响之及于当时美术上者，殆较Raphael与Michael Angelo为尤大，盖彼之艺术，极其渊博，多出自心裁，且始终专心于新法之发明及应用。彼实一试验家也。

Florence城虽已非美术之中心，而美术家则仍不一而足，就中尤以Andrea del Sarto为最著。然当十六世纪时，美术中心除罗马外，当推Venice。Venice绘画之特点，为光耀夺目之颜色。Titian（一四七七年至一五七六年）之画，实为代表。

意大利美术之名既大著于世，北部欧洲诸国之美术家遂多游学于意大利，学成而返国。Giotto卒后百年间，有Flanders美术家兄弟二人名Van Eyck者，不但绘画之术，可与意大利人媲美，即其着色之方法，亦远在意大利人之上。不久，当意大利绘画达于极盛之日，正德国之Albrecht D ü rer（一四七一年至一五二八年）及Hans Holbein与意大利之Raphael及Michael Angelo争胜之时。D ü rer之艺术，尤以铜板之雕刻名于世，至今尚无人能驾而上之者。

当十七世纪时，Alps山南之绘画，渐形衰替，而荷兰与Flanders之美术家则正从事于绘画之美术，就中以Rubens（一五七七年至一六四〇年）与Rembrandt（一六〇七年至一六六九年）为最著。又有Flanders之绘画家名Van Dyck者，以善绘肖像著名。至于西班牙，则在十七世纪时有名绘画家一，其艺术之精美，甚至远驾意大利最大美术家之上，其人为谁，即Velasquez（一五九九年至一六六〇年）是也。其艺术与Van Dyck同，亦以擅长肖像著于世。

11. 地理上之发见

自印字机发明以后，大有利于知识之传播。不久又有多次之海上航行，引起他日地球全部之探险。西部欧洲之知识界限，为之大扩。古代希腊人及罗马人之地理知识，仅以欧洲南部、非洲北部及亚洲西部为限；至于中古时代人，则并此而忘之。十字军人曾远赴埃及与亚洲之叙利亚。当Dante生时，曾有二Venice商人Polo兄弟东游中国，备受元代君主之优待，第二次东游时，Polo兄弟中有一人并携其子名Marco Polo者同行。游行亚洲凡二十年，至一二九五年返国。Marco乃著游记行于世，读者莫不惊奇。书中虽盛称日本为黄金之岛屿，及Moluccas群岛与锡兰岛之香料市场，然绝不能起西部欧洲人东游之兴趣也。

约当一三一八年时，Venice与Genoa直接由海道与Netherlands通商。商船往来，每经Lisbon，因之激起葡萄牙人之商业热忱。至十四世纪中叶，葡萄牙之航海家发见Canary群岛、Madeira群岛及Azores群岛。前此无人敢探非洲之海岸以达于Sahara瘠地以外者。非洲本不易探险者，既无良港，而当时又信热带之地难以居人。然至一四四五年，航海家忽于海边沙漠之外，望见一草木繁茂之区，遂名其地为“绿角”（Cape Verde）。非洲南部皆属沙漠之观念，至是消灭。

此后三十年间，葡萄牙人继续南向而进，以冀发见非洲之南端而觅得直通印度之航路。至一四八六年Diaz环绕好望角。十二年之后（一四九八年）Vasco da Gama鉴于Columbus之发见新大陆，乃有环绕好望角渡过印度洋以达印度Calicut之举。

阿拉伯之香料商人，对于西部欧洲之航海家颇怀猜忌之意，盖深知欧洲人之目的，在于建设直通印度之航路也。一五一二年，葡萄牙之航海家抵Java与Moluccas群岛，并建炮垒于其地。至一五一五年，葡萄牙已成为海上商业强国之一，东方香料，源源输入Lisbon。意大利诸城之商业，至是遂一蹶不振。

欧洲人全球探险之最大原因，莫过于获得香料之希望。因之航海家有多次之航行以冀得直达东方之路。有环绕非洲者，有一直向西而行者。自美洲发见以后，则有环绕美洲之南北两端者，甚至有环绕欧洲北岸者。当时欧洲人对于香料之热忱，何以如此之烈，吾人实难索解。实则当时食物运输既缓，冰之为用，又不通行，故保存之方，唯香料之是赖。且食物之易腐败者，加以香料，即可入口。故欧洲人之视香料，有同珍宝，非无故也。

其时有思想之人，多以为向西航行，必可直抵印度。当时对于地球之大小及形式，仍以纪元后一五〇年间天文家Ptolemy之著作为标准。据彼之计算，地球之面积约小于今日吾人所知者六分之一。又因Marco Polo极道东游道途之遥远，故西部欧洲人以为向西赴日本，其路程比较近。

第一次西航之计划，似始于Florence之医士名Toscanelli者其人，彼于一四七四年将其计划陈诸葡萄牙王。至一四九二年，有Genoa之航海家名Columbus者（生于一四五一年），航海之经验本甚丰富，得西班牙王之助，携船三艘向西而进，冀于五周后达日本。自离Canary群岛三十二日后，乃抵San Salvador岛，自信已抵东印度群岛中。再进而发见Cuba岛，以为此即亚洲之大陆。再达Haiti岛，误为日本。嗣后Columbus虽西航三次，并沿南美洲海岸南下至Orinoco河口止，然至死尚自信为已直达亚洲也。

自Vasco da Gama及Columbus航海成功之后，英国人Magellan于一五一九年至一五二二年间有环航地球之举。欧洲人对于新地之状况，渐形明了。探险于北美洲沿岸一带地者，英国人居多，若辈之希望觅得西北航路以达香料群岛者，先后凡百余年。

自新大陆发见以后，西班牙人Cortez有征服美洲之举，而以一五一九年征服墨西哥之Aztec帝国为始。不数年间，Pizarro建设西班牙之势力于秘鲁。欧洲人对待土人，极其残忍，每不以人类视之。至是西班牙遂继葡萄牙而雄霸海上。当十六世纪时新世界之财富源源输入西班牙，故西班牙之富强，为当日西部欧洲诸国之冠。至十六世纪末年，“西班牙大陆”一带（The Spanish Main）——即南美洲之北岸一带地——冒险者接踵而至，其性质乃商而兼盗者也。就中英国人居多，他日英国海上商业之发达，此辈人实肇其基。

第二十二章　十六世纪初年之欧洲

1. 皇帝Maximilian第一与Hapsburg族领土之扩充

十六世纪初年，欧洲史上有重要之事实二。（一）因种种婚姻关系，西部欧洲大部分之领土，入于一人统治之下，即皇帝Charles第五是也。彼所受之遗产有Burgundy，西班牙、意大利之一部，及奥地利之领土；至一五一九年被选为皇帝；领土之广，自Charlemagne帝国以后，此为第一。在其领土之中者，有Vienna，Brussels，Madrid，Palermo，Naples，Milan诸名城，甚至墨西哥城，亦在其内。其领土之创设与瓦解，实近世欧洲史上之大事。（二）当Charles第五入即帝位之日，正宗教革命开始之秋。其结果则教会破裂，分成二大派，新旧对垒，以迄于今。本章之目的在于说明Charles第五帝国之由来，范围及性质，以便读者了然于新教革命之影响于政治上者为何。

吾人于叙述Charles第五统一帝国之先，不能不注意二事：第一，须知Charles第五所属之Hapsburg族如何兴起；第二，此后之西班牙何以渐形得势于西部之欧洲。

德国诸君不能如法国王Louis十一与英国王Henry第七之建设强有力之国家。自称“皇帝”以来，名号虽尊，而困难实巨，吾人上曾述及之。一面皇帝欲合德国与意大利而为一，一面教皇与皇帝之敌联合以来攻，德国皇帝几有一败涂地之势。加以帝位不能世袭罔替，权力益弱。盖德国之帝位，虽有父子相传之迹，然新帝必经选举而后可。故国内诸侯每于选举皇帝时，必多方设法限制皇帝之权力，以免其干涉若辈之特权与独立。其结果则自Hohenstaufen族衰亡以后，德国国内，四分五裂，诸邦之中，无一大者，而有极小者。

德国经过一期之虚君时代，至一二七三年Hapsburg之Rudolf被选为皇帝。Hapsburg族发祥于瑞士之北部，其城堡至今尚存。Rudolf为该族之第一能者；自强占奥地利与Styria二公国后，其地位与势力，遂乃巩固，两地为他日奥地利领土之中坚。

Rudolf去世百五十年后，德国之诸侯每选奥地利领土中之君主为皇帝，故德国帝位，事实上无异为Hapsburg族所世袭。然Hapsburg族之皇帝，类皆专心致志于本族领土之扩充，而对于徒有虚名之神圣罗马帝国，则颇为漠视。故Voltaire尝谓所谓神圣罗马帝国，已非“神圣”，亦非“罗马”，亦非“帝国”。

十六世纪初年之皇帝为Maximilian第一（一四九三年至一五一九年），专心从事于国外领土之扩充，不甚注意国内政权之巩固。彼与其先人同，必欲得北部意大利之地以为快。因与Charles the Bold之公主结婚，遂得Netherlands之地。较此尤为重要者，则Hapsburg族之势力及于西班牙是也。

2. 西班牙之兴起及Charles第五之称帝

当十世纪时，西部欧洲一带，独西班牙之阿拉伯文明，极其隆盛。其时西班牙之人种，有罗马人、Goth种人、阿拉伯人及Berber种人，虽甚复杂，久已同化。农工商诸业以及艺术与科学，无不蒸蒸日上。Cordova一城，人口有五十万众，有宏大之王宫，有大学，有公共浴场二百处，规模宏大，实冠西部之欧洲。当西部欧洲教士仅能读书写字之日，Cordova大学之学生，数以千计。然此种隆盛之景象，为期仅百年而止。

同时基督教之国家，仍存在于西班牙北部之山中。自一〇〇〇年以来，即有基督教小国——Castile，Aragon及Navarre——之建设。就中Castile

王国尤能南向以排挤日就堕落之阿拉伯人，至一〇八五年恢复Toledo城。Aragon亦合并Barcelona之地与Ebro河流域，国土大扩。至一二五〇年，Castile之领土竟达西班牙半岛之南端，而包有Cordova与Seville诸大城。至于葡萄牙之领土，是时已与今日无异。

西班牙君主中之第一有名者，当推Castile女王Isabella其人。彼于一四六九年与Aragon王太子Ferdinand结婚，其结果则Castile与Aragon两国合而为一，西班牙乃始为欧洲史上之重要国家。此后百年间，西班牙武力之强，实为西部欧洲各国之冠。Ferdinand与Isabella颇能从事于半岛之征服。

同年Columbus得女王Isabella之助，发见新大陆，西班牙之海外富源，因之开辟。十六世纪之西班牙，富强甲天下，大都原于美洲金银之流入。Cortes与Pizarro之劫夺墨西哥及秘鲁诸城，与新世界银矿之开拓，皆足以使西班牙之隆盛景况独步一时。

德国皇帝Maximilian第一既得Burgundy之地，尚为不满。彼并令其子Philip娶西班牙Ferdinand与Isabella所生之女Joanna为妻。Philip于一五〇六年卒，其妻Joanna忧郁过度，乃得疯疾，难继大统；其冢子Charles遂有继统之望。即他日之Brabant公、Antwerp边防使、荷兰伯、奥地利大公、Tyrol伯、Castile，Aragon及Naples与西班牙美洲领土之王也——此尚不过举其重要称号之一部分而已。

一五一六年，Ferdinand去世，Charles年仅十六岁，本生长于Netherlands，至是入即西班牙之王位。西班牙人多傲慢而猜忌，颇不喜Charles之官吏。西班牙诸邦中，颇示反对之意，盖是时西班牙本非统一之邦也。诸邦中均要求Charles先承认其权利并允许其改革之要求，方允承认Charles为王。

是时Charles欲为西班牙王，似甚棘手。然年未二十，又有较大之称号与责任，加诸其身。Maximilian第一向抱有以其孙入继帝位之志。一五一九年，Maximilian卒，诸侯乃选Charles为皇帝，法国王Francis第一曾欲入继帝统而不得。Charles从未到过德国，且不谙德国语，而当彼入即帝位之日，又值Luther叛离教会之秋，国内纷争，不易解决。此后吾人改称西班牙王为皇帝Charles第五。

3. 法王Charles第八之入侵意大利

吾人欲明了Charles第五在位时代之欧洲，与其一生之战事，不能不先明白当日各国君主所注意之问题。意大利半岛何以忽成为西班牙、法国，与德国之战场，吾人尤不能不加以研究。

法国王Charles第八（一四八三年至一四九八年）之政才，远不若其父Louis十一。彼抱有远征土耳其人以夺得Constantinople之雄心。因欲实现其计划，乃先着手于Naples王国之占领，以为Naples虽属于Aragon，于理应为其父之遗产。遂率兵入意大利。意大利虽不愿有强国人并其半岛之南部，然诸小邦实无联合御侮之倾向。而意大利诸邦中，且反有怂恿Charles第八之入侵者。

假使Lorenzo the Magnificent尚存，则彼或有组织同盟从事抵抗之举，然彼已于一四九二年去世，正当Charles第八入侵之前二年。Lorenzo之子不能维持其父之权力；其时有Dominic派之托钵僧名Savonarola者，因热心传道之故，在Florence城中，颇占势力。彼自以为先知者，宣言意大利之罪恶甚大，上帝不久有惩罚之举；又谓如欲逃上帝之怒，莫如从速放弃罪过与快乐之生活。

当Savonarola闻法国王有入侵意大利之举，以为此即“上帝之鞭”，虽足为教会之患，然亦足以澄清教会之流弊。至是彼之预言，似乎已应，闻者莫不惊惶。Charles第八将近Florence之时，城中人群起作乱，劫掠Lorenzo之王宫，逐其三子而出之。建设共和，Savonarola乃大得势。Florence城中人开门迎Charles第八入城，不意法国王面目可憎，身材短小，大为失望。若辈遂表示不愿屈服于法国王之意，并谓如法国人欲占据Florence城作久居计者，则若辈必尽力以反抗之。Savonarola向法国王言曰：“尔居Florence，城中人实苦之，而尔亦徒耗光阴而已。上帝命尔改革教会者也，尔其进行尔之高尚使命矣。恐上帝一旦加怒于汝，必且另选他人以代尔实行其计划也。”法国军队因之驻于Florence城中者仅一周，即南下。

Charles第八在意大利所遇之第二人，为教皇Alexander第六，其性情适与Savonarola相反。自教会分离与宗教大会以后，为教皇者，每从事于意大利中部领土之组织。当时之教皇几与普通意大利之国君无异。然教皇之政治计划，进步甚慢，盖因为教皇者每系老耄之人，时间甚促，实现为难；而且每专心于亲友之援引，反置领土之组织于不顾。自教皇有此种私心自用，荡矩逾闲之方法后，教会之信用，益形堕落。

教皇Alexander第六（一四九三年至一五〇三年）系出西班牙之Borgia族，其公然放荡，为意大利所罕见。彼竟公然为其子孙谋长久之计，抑若自忘其所处之地位为何。彼曾欲在Florence之东方，建设公国以予其子Caesar Borgia。而Caesar之罪恶，则较其父尤巨。彼不但残杀其仇敌，并令人刺死其弟，投其尸于Tiber河中。时人均以教皇父子二人为精于用毒药以杀人之术者。Machiavelli所著之《君主》中，极推崇Caesar Borgia之为人，以为彼之性质，实可以代表成功之君主云！

教皇闻法国王之入侵，惊惶殊甚，然卒不能阻止法国王之入罗马城，不久法国王再南向Naples而进。

法国军队，所向披靡，虽Naples亦不久即入于其手。然法国王与其军队，渐形骄纵，妇人醇酒，相习成风，军队因之解体。同时法国王之敌，亦有联合来攻之举。Aragon王Ferdinand既虑Sicily岛之沦亡，皇帝Maximilian第一亦雅不欲法国之征服意大利。Charles第八渐陷入危险之境，至一四九五年，一败之后，即返法国，亦可谓见机者矣。

Charles第八远征意大利之结果，骤视之似乎甚微，而其实则甚巨。第一，欧洲人恍然于意大利内部之瓦解。自此至十九世纪后半期，意大利之地，多为外国君主所领有，奥地利与西班牙之势力尤巨。第二，法国人颇羡慕意大利美术与文化之高尚。为贵族者类皆改其昔日之城堡为安乐之别墅。意大利之学问，不但传入法国，而且传入英国与德国。故意大利此后不但在政治上为外国之牺牲，即其学问复兴以来所占文化上之盟主地位，亦永远失去云。

自法国王离开Florence后，Savonarola仍继续其改革之事业，冀将Florence城造成模范之邦，为意大利中兴之领袖。其始彼之计划，通行无阻，当一四九六年举行四旬斋前祭典（Carnival）时，不复如昔日Lorenzo the Magnificent时代之奢华而尽欢。次年并令城中人聚所有阻人入圣之“浮华”——淫书、图画、珠宝、玩物等——于城政府公署前旷地上焚毁之。

然Savonrola之仇敌甚多，虽同派中之托钵僧亦有恨之者。至于Francis

派之托钵僧，则因Savonarola声望甚隆之故，颇怀猜忌之心，谓彼实非真先知者。其敌人中反对最力者，尤以教皇Alexander第六为首推，盖彼本不喜Savonarola改革之主张，且力劝Florence城中人仍与法国王联盟者。不久城中人亦渐不信任Savonarola之为人。一四九七年教皇下令逮捕之，定以异端并藐视教皇之罪。次年绞杀之，焚其尸身于一年前焚毁“浮华”之物之处。

同年法国王Charles第八去世，无子，其远亲Louis十二入继大统，有再入侵意大利之举。其祖母系出Milan之Visconti族，故Louis十二不但要求Naples而且要求Milan为其领土。彼乃率兵入攻Milan城而陷之。并于一五〇〇年密与Aragon王Ferdinand缔结瓜分Naples之约。法国与西班牙联合出兵以征服Naples。不久二国之意见相左，四年之后，法国王售Naples之权利于Ferdinand。

4. 十六世纪初年欧洲之政情

一五〇三年教皇Julius第二就任，其性质与其前人实无大差别。好勇善战，曾亲身披甲胄率兵以赴前敌。Julius第二本Genoa人，故怀有仇恨Genoa之商业劲敌Venice之心。Venice曾占据教皇领土北界之数城，益触教皇之怒，誓将Venice城变成渔村。Venice之使臣答曰：“至于尔，圣父，如尔再无理者，吾人将使尔变为村中之牧师。”

一五〇八年教皇有提倡组织Cambray同盟之举，以灭Venice为目的。德国、法国、西班牙及教皇商订瓜分Venice大陆领土之法。其时德国皇帝Maximilian第一，甚欲获得与奥地利毗邻之地，法国王Louis十二则思扩充其Milan公国之领土，至于教皇与Ferdinand，则各欲得其应得之领土。

四强合力征服Venice，本属易如反掌之事，Venice人惧，急与教皇言和，教皇许之。教皇虽与诸侯订有同盟之约，至是竟誓以扑灭外国之“蛮族”为己任。反与Venice同盟，并嗾使英国王Henry第八入攻法国。至于德国皇帝，教皇宣言彼实“与新生之婴孩无异，无能为患”。此次对法国之“神圣同盟”卒使法国损失Milan城，并于一五一二年逐法国人于意大利之外。然意大利内部之纷纠，并不因此而解除也。

教皇Julius第二卒于一五一三年，Lorenzo the Magnificent之子继其任，称Leo第十（一五一三年至一五二一年）。彼与其父同，极喜美术与文学，然绝无宗教上之感情。极欲继续用武，以备分封其侄之用。

法国王Louis十二卒，Francis第一（一五一五年至一五四七年）即位，抱有恢复Milan之志。新王即位时，年仅二十岁，为人和蔼可亲，行动任侠，故国人以“雅王”称之。彼与教皇Leo第十及英国王Henry第八同，提倡文化，不遗余力，故法国当时之文学，灿然可观。然彼实非政治家，不能有一定之政策，Voltaire谓彼之“行事无不或作或辍也”。

Francis第一即位之始，即立功于国外。彼率兵越峻岭而入意大利，败瑞士人于Marignano地方。乃进占Milan城，遂与教皇订约。教皇允法国王可保留Milan，法国王亦赞成教皇将Florence城复入附于Medici族之计划。不数年后Florence共和国一变而为Tuscany大公国。自是以后，Florence之文化，不复如昔日之盛矣。

法国王Francis第一与皇帝Charles第五，本甚和好，然因种种关系，二人之间，尝起战争。法国在当日介于Charles第五领土之间，并无天然疆界。而且法国王与德国皇帝均要求Burgundy公国与Burgundy伯国（即Franche-Comté）为已有。Charles第五又以为根据彼之祖父Maximilian第一之权利，Milan城应属于彼。三十年间两君间之战争，连年不息，实为他日法国与Hapsburg族二百年间战事之先声。

当德国与法国战争将起之际，均以获得英国王之援助为事。盖英国王之援助，在当时有举足轻重之势，而英国王亦颇欲参与欧洲之事也。英国王Henry第八于一五〇九年继其父Henry第七之王位，年仅十八岁。彼与法国王Francis第一同面貌美而庄，和蔼可亲。彼曾杀死强迫国民“贷款”之官吏二人，因之颇得民心之向往。而且以有学问著于世。彼始娶Charles第五之姑Aragon之Catherine为后，并任Thomas Wolsey为大臣，以备顾问。

一五二〇年Charles第五起程赴德国，在Aix-la-Chapelle地方行加冕礼。中途入英国，冀阻止英国与法国之联合，纳贿于Wolsey，盖Wolsey至是已由教皇Leo第十任为阁员，又极得英国王之信任也。Charles第五许Wolsey以年金。事竣后离英国而入Netherlands行加冕之礼，再入德国召集Worms公会，此实Charles第五人德国之第一次。此次公会中之重要事件为讨论大学教授Martin Luther反对教会问题云。

第六卷 宗教改革及宗教战争

第二十三章 宗教改革以前之德国

1. 导言

十六世纪中欧洲史上最重要之事实，莫过于欧洲西北部之叛离中古教会而独立。西部欧洲人之叛离教会，前乎此者，凡有二次。第一次为十三世纪时法国南部异端Albigense派之叛乱；卒以残酷之方法平定之，而异端裁判所并因之而建设，以铲除异端为事。第二次，则二百年后Bohemia人因受Wycliffe著作之影响，亦有不遵当时教会中通行习惯之举。然屡经流血之战争，仍不能不再服从当日之教会。

然教会之势力虽巨，教会之组织虽极其完备，而其无能统一西部欧洲一带地，则渐形显著。一五二〇年之秋，Martin Luther教授率Wittenberg大学之学生赴城外以火焚毁中古教会之一切法律。彼之出此，盖所以公然表示彼之目的在于反对当时之教会及其原理与习惯之大部分。彼并焚毁教皇对彼所颁之谕，以示其不服教皇之意。

德国、瑞士、英国及其他诸国之领袖，亦有分途叛离教会之举；为君主者，每承认宗教改革家之主张，并利用之以建设国教。自此西部欧洲之宗教遂分为二大派。大部分人民仍尊崇罗马之教皇为宗教之首领。并继续维持罗马皇帝Theodosius以来之宗教制度。大抵除英国外，凡昔日罗马帝国旧壤中之诸国，仍奉罗马之正宗教会。至于德国之北部、瑞士之一部、英国、苏格兰及Scandinavia诸国，莫不先后叛离教皇，废弃罗马旧教教义与制度之大部分。新教徒，世称Protestant，其宗教制度亦并不一致。唯其不服从罗马教皇，及其回返古初教会纯以《圣经》为根据，则莫不相同。

叛离教会之举，实欧洲人风俗习惯上一般革命之开始。宗教改革不仅系一种信仰之变更而已，盖当时教会之势力实弥漫于当时人之职业及社会中。教会之握有教育权已数百年。凡家庭、公所及城市中，遇有要事，莫不随以宗教上之仪节。中古书籍类皆由旧教教士著作之；旧教教士并为当日政府中之重臣，为国君所依重。总之除意大利外，唯教士为曾受教育之人。教士与教会地位之重要，古今无两。中古教会既非纯粹之宗教制度，故宗教改革不仅系一种宗教之变迁，实亦一种社会与政治之变化。因此种变化而发生之冲突，当然甚烈。其时间延长至二百余年之久，无论公、私、社会、个人、世俗、宗教之兴味，均受其影响。民族与民族争，国家与国家战。家庭之内亦复彼界此疆。战争也，扰乱也，愤怒也，蹂躏也，诡诈也，残忍也，皆当日西部欧洲诸国中之内情也。

以后数章之目的，在于说明宗教革命之由来，宗教革命之性质及其结果。欲明乎此，吾人不能不略述Luther时代之德国状况如何，以便明白当时德国人何以有赞助Luther攻击教会之举动。

2. 当日德国之政治状况

皇帝Charles第五时代之德国，与十九世纪后半期之德国不同。当时之德国，法国人称之“诸德”（the Germanies）；盖国中小邦凡二三百，大小不同，性质亦异。有公国，有伯国，有大主教教区，有主教教区，有住持领土。又有城如Nuremberg，Augsburg，Frankfort及Cologne等，无不独立如Bavaria，W ü rtemberg及Saxony诸邦。此外并有骑士，其领土或仅有城堡一处及其附近之村落，然仍不失其为独立之国家也。

至于皇帝已无统驭诸侯之能力。彼之称号虽尊，地位虽贵，然既无金钱，又无军队。当Luther生时，皇帝Frederick第三因贫困之故，每乘牛车往来就食于寺院。其时德国之政权，实在于强大诸侯之手中。诸侯中之尤有力者为选侯七人，所谓选侯者，因若辈自十三世纪以来享有选举皇帝之权利者也。就中三人为大主教——领有莱茵河一带之领土，即Mayence，Treves，及Cologne三地是也。在其南者为宫伯之领土（Palatinate）；在其东北者为Brandenburg及Saxony二选侯之领土；合Bohemia王而成七。此外其他诸侯领土之重要亦正不亚于选侯。如吾人今日习闻之Wurtemberg，Bavaria，Hesse及Baden皆其著例。而且诸邦自十六世纪以来因兼并之故，其领土莫不大有增加也。

因十三世纪以后商业发达及钱币流通而发生之城市，在北部欧洲一带者，与在意大利者同，皆为当日文化之中心。Nuremberg为德国城市中之最美丽者，至今尚留存十六世纪时所产之建筑与美术品。城市中有直隶于皇帝者，故不受所在地诸侯之约束。此种城市世称“自由”城或“皇城”，其性质亦与独立国无异。

骑士之领土极小。骑士之流，曾为重要之武人阶级。然自火药发明战术变迁之后，个人英武遂无所用。领土过小，故每流为盗贼。若辈因羡慕市民之起居安适，每抱猜忌之心。又因诸侯存兼并其领土之心，故并抱痛恶诸侯之意。

德国小邦林立，大小不同，则纷争之事，当然难免。在此种状况之下，诸邦之上，似有设立高等法院之必要以判定其是非，并应有充分之军力以实行法院之判决。然当时德国虽有帝国法院十处，而法院之行止追随皇帝之足迹。往来无定，诉讼甚难。而且即使经过审判，曲直分明，终以皇帝无兵，故无力执行法院之判决。其结果则诸侯间遇有争执之事，唯有自决之一法。故邻邦之战，若能遵守开战时之程序，法律上即不加禁止。例如诸侯或城市欲与他邦宣战时，必于三日以前与敌人声明，方可开始攻击。

至十五世纪末年，帝国公会（diet）因鉴于国内无有力之中央政府，秩序太紊，曾有设法补救之举。公会中提议设法院一所以解决诸邦君主间之纷争。设于一定便利之地。将帝国分成区或“环”（circle），各区中组织军队若干人以备维持法律及执行法院判决之用。然公会虽常常开会，讨论国是，而成功甚少。一四八七年诸城市始遣代表赴会，然骑士及小诸侯每不参与其间，初无服从公会议决案之意。至Luther时代，德国公会几乎每年开会一次矣。

3. 当日德国之实情及宗教改革之原因

新旧教中之著作家对于此时之德国，其见解当然不大相同。信新教者每以此时之德国为暗淡无光。其意盖欲彰Luther之功，使其成为救国救民之人。至于信旧教之历史家则每专心致志以证明当日德国之状况实快乐而升平，希望极多，自Luther攻击教会之后，德国方成四分五裂之象，景况极其荒凉云。

就事实而论，宗教改革以前五十年之德国生活及思想，处处有奇特与矛盾之现象。此期之中，德国颇有显著之进步，人民颇著求学之热诚。而且自印字机发明以来，人民之智识亦为之大扩。外人之游历其地者，鉴于富商景况之佳，及其建设学校与图书馆之热忱，与提倡美术文学之尽力，莫不赞叹不止焉。

然同时各阶级间——诸侯、市民、骑士、农民——之感情极恶。群以为商民之拥有巨资，均原于欺诈，厚利贷款，及锱铢必较之所致。国内乞丐成群，迷信甚深，粗犷之气，极其显著。改良政府与息争运动，每不成功。加以土耳其人有入侵之举。教皇下令凡基督教徒于日中钟鸣时，祈祷一次，以求上帝之救护。

然此种矛盾之现象，历史上不一而足，不足为异。即在今日，无论何国，莫不皆然，善也恶也，富也贫也，和也战也，知也愚也，乐也忧也，文也野也，莫不同时并现者也。

吾人研究当日德国教会及宗教状况之结果，可得四事，足以说明新教叛乱之来源及其性质。第一，当时忽起有一种崇奉宗教之热忱，与深信朝谒遗物及神迹之诚意。第二，当时又有一种研究《圣经》之趋向，注重罪人对于上帝之态度而不注重宗教之外表行为。第三，当时学者深信神学家实无端将宗教与论理学混而为一。第四，当时人均以为意大利之教士，包括教皇在内，每发明敛钱于德国之新法，视德国人为愚而易欺者。兹再分述此四端之内容如后。

4. 第一、宗教之热诚

当十五世纪末年十六世纪初年之时，德国人之遵守而且注意中古教会之礼节，可谓达于极点。抑若德国人已知与旧日宗教之别离，为时已近，故特举行最后之留别庆典者然。新礼拜堂之建筑，不可胜计，而以最美丽之德国美术品装饰之。教徒赴各处圣地朝谒者成群结队，数以千计。皇城之中时有迎神赛会之举，规模甚大。

国内诸侯亦复争先恐后以搜集圣人遗物为事，以为可资救世之助。Saxony选侯Frederick the Wise之收藏甚富，所有圣人遗物不下五千种。据其目录中所述者，有摩西之棒，圣母所纺之线等。Mayence选侯之搜罗尤富，计有圣人尸身四十二具，及Damascus附近地上之土，盖其地相传为上帝造人之处也。

其时教会中人以为祈祷、斋戒、圣餐礼、朝谒圣地及其他“善行”（good works）可以积久而成精神上之财富。故无善足述之人，可用基督及圣人所创之善事以补其不足。

基督教徒之间，以善行互相援助，深信宗教之人可以援助漠视宗教之人，此种观念，当然甚为优美。然当时教会中之有思想者，深知积善之理，易被世人所误会。而当时人亦颇徒务外表之行为，以求上帝之怜爱，如赴礼拜堂也，布施也，崇拜遗物也，朝谒圣地也等。欲以他人之“善行”为利己之用，其结果则不顾一己灵魂之修养，而唯他人之是赖，亦势所必至者矣。

5. 第二、圣经之研究

然当时人虽类皆深信外表行动及礼节，而抱有修养精神之希望者亦正不一其人。自印字新法发明后，关于宗教之著作，卷数大增。皆主张徒具外行不事内省之无益，力劝有过之人应依赖上帝之爱情及宽恕。

而且主张凡基督教徒均应诵习《圣经》。当时德国除《新约全书》有种种节本外，并有各版之《圣经》。据吾人所知者而论，则Luther以前德国人之诵习《圣经》者已甚普通也。

故德国人对于Luther之翻译《圣经》，当然极其注意。讲道之事，在宗教改革以前，已甚普通。诸城中甚至聘请有名之讲道者举行定期之讲演。

据上述诸事观之，吾人可以断言Luther未实行叛离旧教以前，已有人抱他日新教徒所主张之观念。他日新教徒之主张专信上帝以求救，怀疑礼节及“善行”，依赖《圣经》，及特重讲道等——凡此种种主张，在新教改革以前之德国，已见端倪矣。

6. 第三、古文学者之讥评

批评教士、修道士及神学家之最激烈者，莫过于古文学者。意大利之学问复兴，始于Petrarch及其图书馆，吾人上已述及之。至于德国之古文学者，首推Rudolph Agricola（一四四二年至一四八五年）其人。彼虽非德国之最早古文学者，然其风采之动人及其成就之宏大，颇似Petrarch，能激起他人之研究。然Agricola及其同志，与意大利之古文学者不同，盖彼不仅研究拉丁文与希腊文，而且极注意于当日之国语；主张译古代著作为德国文。而且德国之古文学者，亦远较意大利学者为沉潜而笃学也。

古文学者之人数既增，自信之心既富，遂开始批评德国大学注重论理学及中古神学之太过，盖是时此类科目，已失其旧日精华而流为毫无实用之空论。为教授者多用残缺之拉丁文以授其学生，而且奉Aristotle如神圣，均为当日古文学者所不满。故若辈遂着手于新教科书之编订，并主张学校中应并研究希腊、罗马之诗人及闳辩家。古文学者中并有主张神学为一种修道士之学问，实足以使宗教之真理晦而不明，故应废止之。旧派之教授当然痛骂新学问，以为与异端无异。有时古文学者亦得讲授其所攻之科目于大学之中，然日久之后，世人渐知新旧两派学者实有不能共事之势。

最后，当Luther将公然反对教会之际，德国“诗人”（古文学者之自称）与“蛮人”（古文学者所予神学家与修道士之称）有冲突之事。其时有一著名学者名Reuchlin，精究Hebrew文学，与Cologne大学中Dominic派之教授，大起争执。德国之古文学者群起援助Reuchlin，著极其诙谑之文章，以攻击旧派之学者。若辈著书札多种，伪为出诸Cologne大学某教授之学生及其同志之手笔，投诸某教授者。著者在书札中故意表示其愚鲁无知。书中自述其种种不德之丑行，请其师予以解决困难之方法。并以不甚通顺之拉丁文痛骂古文学者。总之当时德国古文学者之讥刺旧派学者，不留余地，而旧派学者之反对Luther之改革及进步，亦极其显著也。

7. Erasmus之主张

古文学者之领袖，实推Rotterdam之Erasmus（一四六七年至一五三六年）。其文名之著，除他日之Voltaire以外，殆无伦匹。欧洲学者，无论远近，莫不心仪其人。彼虽生于Rotterdam，然非荷兰人，实一世界之公民；而英国、法国、德国三国人亦莫不以Erasmus为其国人。彼曾居于英国、法国、德国三国，每留其印象于三国人思想之上。彼与欧洲北部之古文学者同，极有意于宗教之改革，思提高世人宗教及教会之观念。彼亦深知主教牧师与修道士之腐败。而彼对于修道士之劣迹，尤为不满，盖彼年幼时曾被逼入寺而修道，故修道士之恶行，知之尤悉也。Erasmus之声名至Luther将改革宗教之际而大著。故吾人读过彼之著作，即可断定宗教改革前彼与其同志对于教会及教士之意见如何。

Erasmus于一四九八年至一五〇六年间，居于英国，交游甚广。与著《乌托邦》（Utopia）之Sir Thomas More及牛津大学讲授St.Paul信札之教师John Colet尤称莫逆。他日Erasmus之利用其古文知识以解释《新约全书》，殆受Colet热心研究Paul之影响。其时《新约全书》本只有拉丁文译本，日久之后，颇有谬误之处。Erasmus以为欲提倡高尚之基督教，则当然以订正《新约全书》为澄本清源之法。彼乃于一五一六年重印希腊文原本，并附以拉丁文新译，再加以精密之注释，昔日神学家之乖谬，为之一一指出。Erasmus并主张无论何人，均应诵习《圣经》。彼在新订之《新约全书》序中，力言女子亦应与男子同，读《福音》及Paul之信札，并谓田中之农夫、店中之工匠与路上之行人，均应以《圣经》为消闲之品。

Erasmus以为真正宗教之大敌有二：第一为异端——大部分意大利之古文学者因热心于古代文学之故，不免流为异端；第二，为普通多信外表行动为已足——如展谒圣人之墓，陈陈相因之祈祷等。彼以为教会实不尽职，以致基督之主张均埋没于神学家教条之下。彼谓："吾人宗教之精理为和平与调谐，此种精理之存在，端赖教条之简易与个人意见之自由。"

Erasmus著《愚之赞美》（The Praise of Folty）一书，详述修道士与神学家之弱点，及愚人朝谒圣地、崇拜遗物及购买赎罪券等之无谓。他日Luther攻击教会之缺点，在Erasmus书中无不早已道及之。书中文字，庄谐杂出，吾人披诵之余，即知Luther谓Erasmus为“游戏一切，甚至宗教与基督亦不能免其诙谐之人”之言，实不尽当。盖Erasmus之著作，寓庄于谐，吾人不可不知。Erasmus真能利用其才学识以提倡基督教之中兴，固不仅希望古学之复盛而已也。唯彼以为叛离教皇与教会，必滋纷扰，其结果必致得不偿失。故主张逐渐开通知识，以和平方法达其目的。彼以为迷信及专重宗教形式之习惯，至人类文明进步时，自然有消灭之一日。

Erasmus及其同志均主张研究古文以提倡文化，为改革宗教之利器。然当Erasmus以为其和平改革之梦想不久即能实现之日，正Luther开始叛离教会之时，Erasmus遂抱恨以终其身焉。

8. 第四、德国人之不满于教士

德国人民之不满意于罗马教皇，以中古爱情诗人Walther vornder Vogelweide之诗篇所表示者为最显著。彼于Luther出世前三百年已宣言教皇戏弄愚钝之德国人。“所有若辈之财产，均将为吾所有，若辈之银源源流入吾之柜中；若辈之牧师食鸡而饮酒，而愚钝之俗人则任其斋戒。”以后德国之著作家，亦每表示同样之情绪。对于教会管理财政之不满，在德国尤为显著。德国之高级教士如Mayence，Treves，Cologne及Saizburg等地之大主教，凡被选授职以后，即须纳金币（guldens）一万枚于教皇；若辈收受领带时，亦须纳以巨款。罗马教皇并享有任命教士之权利，而每派意大利人充任之，仅抱享用收入之心，初无实行职务之意。而且有时以一人而兼教会中之数职，例如当十六世纪初年，Mayence之大主教同时兼任Magdeburg之大主教及Halberstadt之主教。有时以一人而兼职至二十余处之多。

吾人试读十六世纪初年之著作，即知当日德国人之不满意于教会者，不一而足。上自君主，下至农夫，莫不以为受教士之欺弄，痛骂教士之不德与无能。某著作家曾谓青年之人，凡无人敢以一牛信托之者，即可以充任牧师。至于托钵僧——如Francis派、Dominic派及Augustine派——虽较教士为能负宗教上之职务，然亦为大众所藐视。唯他日改革宗教之领袖，则实系Augustine派之托钵僧也。

当时人抱有叛离教会或推翻教皇权力之心者为数甚少。德国人所希望者，金钱不再流入于罗马，教士须公平正直而已。然著作家中有Ulrich von Hutten其人者，当Luther开始攻击教会之日，正宣传其宗教革命之主张也。

Hutten（一四八八年至一五二三年）为骑士之子，家甚贫，幼年时代即不愿居于城堡之中，决意入大学研究古代之文学。为增加学识起见，曾南游意大利，目睹教皇及意大利教士之腐败，甚为不满，以为若辈实为压制德国人民之人。当《微人信札》（Letters of Obscure Men）出世时，彼读之喜极，乃著信札以续之，以讥刺当日之神学家。不久彼并用德国文著书，以便国人之诵习。后之著作中，有攻击教皇之论文，谓彼目睹教皇Leo第十之如何使用德国人所纳之金钱。一部分给诸亲友，一部分维持宫廷，一部分则给予骄奢淫逸之近侍。

德国当日之状况，既如上述，故Luther 一旦有攻击教会之举，即如春雷怒发，无远弗届。盖德国全国之人民，均抱有不满教会之心与改革教会之望。各阶级中人之希望虽各不相同，然其对于宗教改良之举，则初无异议也。

第二十四章　Martin Luther与宗教改革

1. Martin Luther之家世

Martin Luther本农家子。其父甚贫，当开矿于Harz山附近时，其长子Martin生，时一四八三年也。他日Martin屡言其幼时之困苦迷信；如何其母采薪负诸背以归以资炊饭之用，并与Martin讲昔日某女巫杀死村中牧师之故事。Martin之父意欲使其长子将来充任律师，故不久令即就学。Martin年十八岁入北部德国之Erfurt大学，凡研究四年。遂与少年之古文学者相往还，《微人信札》著者之一，亦在其中。Martin曾研究古人之著作，对于论理学及Aristotle尤其专心。

Martin既毕业于大学，正拟转入法律学校，乃忽邀其友人为最后之欢聚，次日率其友赴一Augustine派之寺中，乃向诸友说明出世之意，握手道别，遂为托钵僧，时一五〇五年七月十七日也。是日也，为Luther实验宗教之开端，其结果大有影响于世界上之宗教。

后来Luther尝言，假使修道士果能因出家而得上登天堂者，则彼必居其一焉。彼因急于自救之故，或斋戒，或彻夜诵经，或长时祈祷，身体因之大伤，不久遂得夜不成寐之疾。彼渐丧气，终至失望。其时寺院中之规则，普通之修道士均甚满意，而Luther则以为未足。彼以为外表之行动虽无过失，然断不能澄清其思想与希望。彼之经验，卒使彼断定教会与寺院均不能使彼始终能爱护其所谓神圣与正直。故彼以为教会与寺院均不能救人，仍使人为有罪过者。

彼渐抱有基督教之新见解。寺中住持劝彼信托上帝之慈悲，不可以依赖一己之“善行”。彼始研究St.Paul及Augustine之著作，乃断定人类实不能有善行，唯有笃信上帝者，方能入道。彼得此种领悟，不胜大慰，然经数年之久，其观念始明。卒断定当日教会实违反笃信上帝方能入道之观念，盖教会徒从事于提倡“善行”者也。彼年三十七岁，乃以推翻旧教之事为己任。

少年修道士因修道而失望，固不仅Martin一人。然彼卒能战胜一切，能以一己所得者以慰其他怀疑之人。一五〇八年，Saxony选侯Frederick the Wise新设Wittenberg大学，聘Martin为教授。Martin任教授时之事迹，已不甚可考，唯彼不久即有关于St.Paul信札之讲演，并宣传其笃信入圣之原理。

是时Luther尚无攻击教会之意。当一五一一年彼因事赴罗马，专诚朝谒诸神圣之地，并甚愿其父母之去世，以便以其诚笃之行出父母于“炼罪所”之外。然彼鉴于意大利教士之无行及教皇Alexander第六与Julius第二之腐败，不禁为之大惊。他日彼力言罗马教皇为宗教之敌，其观念之发生，殆始于此行。

不久彼令其弟子互相辩论以维护其主张。例如当时毕业生某，因受Luther学说之影响，曾攻击昔日之神学。其言曰：“如谓无论何人不谙Aristotle者不能成神学家，实谬论也；实则唯有不谙Aristotle者方能成神学家耳。”Luther力劝其弟子应依赖《圣经》——Paul之著作尤应加以研究——及神父著作，就中以Augustine为尤要。

2. Luther之赎罪券论文

一五一七年十月间Dominic派之修道士Tetzel始售“赎罪券”（indulgence）于Wittenberg附近之地方，并言赎罪券有种种功用。Luther闻之，以为其言实与基督教之精义不合。彼乃从当时之习惯著赎罪券《论文》九十五条，榜诸礼拜堂门外。宣言无论何人如有意于讨论此事者，彼极愿与之细谈，盖彼以为当时人大都皆不谙赎罪券之性质者也。Luther之榜其论文，初无攻击教会之意，更不料其足以惊动世人之耳目。其论文用拉丁文所著，只备当时学者之研究。不意当时之人无论贵贱智愚，莫不急欲讨论赎罪券之性质之究竟为何。故Luther之论文不久即译成德国文，遍传于全国。

吾人欲明了赎罪券之性质，须知当时牧师本有赦免悔过者罪过之权利。解除罪过之举，虽可使有罪过者不入地狱，然不能使其不受上帝或上帝代表之刑罚。教会中对于悔罪者本已定有“悔罪之苦行”，然至Luther时有罪过者虽经教士之解除，而终畏他日炼罪所之苦痛。盖炼罪所为锻炼灵魂上登天堂之处也。所谓赎罪券，乃一种赦罪令，由罗马教皇颁给之。悔过者得之，可免解除罪过后刑罚之一部或全部。故所谓赦罪，并不赦罪人之罪过，盖罪过必于颁给赎罪券以前解除方可者也。赦罪令只能解除或减轻刑罚而已。而无赎罪券者，则其罪过虽已被赦，仍不能免炼罪所之苦痛也。

Luther将生之前，教皇曾有颁发赎罪券于已死之人之举。凡死人之亲友代死人得一赎罪券者，则可以缩短死者未登天堂以前在炼罪所受苦之期限。在炼罪所中之人，其罪过当然在未死以前曾经解除者；否则，其灵魂早已消灭，虽有赎罪券，亦将无用矣。

罗马教皇Leo第十因欲敛钱于德国人以备继续St.Peter礼拜堂之建筑，乃大发赎罪券于已死及未死之人。人民之输款，其数多寡不等；商民须出巨资，极贫者可以一文不费。教皇之代表当然尽力于敛钱，设法使人民为一己或为其已死之亲友，各得一赎罪券。若辈因急于筹款，故极言赎罪券有种种功效，言之过当，适足启有思想者之怀疑。

批评当日赎罪券之流行观念者，Luther并非第一人，然因其论文之措辞极其有力，加以德国人本抱有不满之心，故论文一出，全国响应。彼宣言赎罪券无关紧要，贫人不如以购赎罪券之金钱为维持生活之用之为愈。彼以为真悔过者，必不避刑，反能忍受者也。罪过之被赦，在于笃信上帝，不在于获得赎罪券。凡基督教徒果能真心悔过，定能免其罪过与刑罚。假使教皇深知其代表之误引人民，彼将愿St.Peter礼拜堂宁毁为灰烬，不愿以欺人所得之款建筑之。而且普通人或不免有不雅之质问。例如："假使教皇为金钱而救人之灵魂于炼罪所中，则为何不为慈善而救之？"或问："教皇之富有，既如Croesus，为何不以一己之金钱，建筑St.Peter礼拜堂，反向穷人集款？"

3. Leipsic之辩论

Luther之论文，不久传入罗马城中，数月之后，教皇下令召Luther赴罗马自辩其异端之主张。Luther虽尊重教皇，然不愿冒险应召而前往。教皇Leo第十因Saxony选侯之干涉，雅不愿伤其感情，遂亦置之，乃允Luther应与教皇使者在德国讨论之。

Luther之禁不作声者凡数阅月，然至一五一九年夏间Leipsic地方有举行辩论之事，彼乃复起。是时德国神学家名Eck者，素忠于教皇而且以能辩著于世，向Luther之同事Carlstadt挑战，请其与之辩论宗教上之问题。Luther闻之，遂请准其参与辩论之会。

讨论之事，转向教皇之权力问题。其时Luther正在研究教会史，遂宣言教皇之称雄，尚不到四百年。此言虽不正确，然实开他日新教徒攻击罗马旧教教会之根据。若辈以为中古教会及教皇机关，发达甚慢，基督门徒绝不知有所谓圣餐礼、赎罪券、炼罪所及罗马教皇也。

Eck乃谓Luther之见解，与昔日Wycliffe及Huss之见解相似，为Constance宗教大会所禁止者。Luther乃不得不谓Constance宗教大会，曾禁止几种纯粹之基督教义。此为Luther最显著之承认。Luther与其他德国人同，本畏闻Huss及Bohemia人之名者。并以Constance宗教大会为德国皇帝所召集，而且在德国境内举行，极引以为荣者。今彼竟承认即使宗教大会亦有错误之一日，不久即自知"吾人于无意之中，皆为Huss之同志；实则

Paul及St.Augustine亦皆Huss之好同志也”。Luther既与名满欧洲之闳辩家辩难，而且不能不承认宗教大会之谬误，乃晓然于一己固不难为攻击教会之领袖，知宗教革命之不可再免矣。

4. Luther与古文学者之关系

Luther既自称为革命者，其他改革家之与其同调者渐多。彼于Leipsic辩论以前，本已有热心之同志，在Wittenberg及Nuremberg城中者尤多。Luther与古文学者又似系天然之同志。古文学者或不谙Luther之宗教上主张，然若辈知彼已开始攻击旧派中之神学家，而神学家只知崇拜Aristotle，本为古文学者所不喜。而且Luther与古文学者同，极了然于教会之流弊，彼虽为Wittenberg寺之住持，亦竟怀疑托钵僧之行为。故昔日保护Reuchlin之人，至是均群起以援助Luther，每致书以奖励之。Luther之著作亦由Basel地方之印刷Erasmus著作者代为出版，发行于意大利、西班牙、法国、英国诸国。

然当日之文学巨子Erasmus不愿参与其争执。彼谓彼未尝读过十二页以上之Luther著作。彼虽承认“就现状而论，罗马高级牧师之王政，为基督教国之疫病”，然彼以为直接攻击教皇，必无结果。彼以为Luther应稍加审慎，待人类开明之后，则其谬见定能自然消灭云。

Erasmus以为人类能进步者也；培养之，扩充其智识，则彼必能渐渐改良。至于Luther则以人类为完全腐败者，不能存一善心或行一善事者。其意志为恶性所役，其唯一希望在于自承绝对无改良一己之能力，并一心依赖上帝之仁慈。人类之得救，在于信仰，不在于行为。Erasmus愿静待时机，以至人人均愿改革教会时为止。至于Luther则以教会之为物，主张人类依赖善行，其结果适足以破坏灵魂而已。故此种机关，不能再容其存在。二人均知彼此之意见断难相容，其初尚互相尊重，后来则意见相左，争持甚烈，遂伤感情。Erasmus宣言Luther既藐视善行，又以为人类无为善之能力，皆足使其同志有不顾行为之态度；Luther之主张果行，则基督教徒均将变为鲁莽灭裂之人，途中遇Luther亦将不免冠示敬矣。

至于Ulrich von Hutten则以Luther为德国之爱国志士，能反抗罗马教皇之专制、阴谋及压迫。彼谓“吾人其起而维护吾人之自由，解放久为奴隶之母国矣。上帝必助吾辈，如上帝而助吾辈，又谁能反对吾辈耶”？Hutten并激起其他骑士之感情，故骑士中颇有愿保护Luther以防教士之袭击，并请Luther藏身于其城堡中者。

5. Luther之攻击教会

Luther既知同志之日多，其气益壮。彼本激烈成性者，至是渐肆，主张政府应惩办教士并强迫若辈之改良。“吾人以缢犯架惩贼，以刀惩盗，以火惩异端；为何不用各种武器以攻击地狱之主人、教皇阁员、教皇及居于罗马之暴民耶？”彼曾函致其友曰：“事已至此矣，吾人藐视罗马之愤怒，如吾藐视其恩惠；从此以后，吾将不再与罗马调和或往来矣。任彼惩我而焚我之著作可也。假使有火可取，吾将公然焚毁教皇法律之全部。”

当一五二〇年Luther与Hutten二人均尽力于攻击教皇及其代表。二人均擅长德国文，而且同抱痛恨罗马之意。Hutten与Luther异，无甚宗教上之热忱，然其形容教皇之贪婪，痛快淋漓，不留余地。彼以为罗马教皇之朝廷无异一兽穴，凡德国之物，无不被窃而纳入其中。至于Luther之著作，其最有名者为《致德国贵族之通告》（Address to the German Nobility），其意略谓欲待教会之自行改革，已属无望，故德国之君主及骑士，亟应起而实行改革之举。

彼谓无论何人提出改革教会之议时，则教皇每有城墙三道以自卫。第一，为教会中人自成一级之主张，以为教士并在君主之上，虽恶劣之教士亦得不受君主之约束。第二，教皇自以为其地位在宗教大会之上，故虽教会之代表，亦无改革教会之权。第三，教皇独享解释《圣经》之权利，故教皇之主张，吾人不能根据《圣经》以反驳之。因之吾人所有惩办教皇之三棍，反均为教皇所窃以自卫。Luther以为如欲攻破教皇之卫城，必先反对教士神圣之说，盖教士除应尽义务外，绝无神圣之可言也。如教士而不尽其职守，则彼之地位，随时可以削夺之，如吾人之斥逐成衣匠或农夫然；而教士被逐之后，尽可仍为俗人。Luther以为惩罚恶劣之教士，与惩罚俗人同为政府之权利，亦为政府之义务。第一层城墙既破，则其他诸层之城墙，自然易毁；盖教士地位之独尊，实中古教会之基础也。

此文之后段，并列举教会中之流弊，并谓欲使德国能收隆盛之效，非先革除流弊不可。Luther自知彼之宗教见解，实包有一种社会革命在内。彼主张所有寺院，应废止之，仅留其十之一，并应允许凡不满意于寺院生活者得以自由离去。彼以为寺院非监狱，乃系灵魂有病者之医院及藏身之地。彼明言朝谒圣地及教会纪念日之流弊，以为足以障碍人民之日常工作。教士应许其婚娶与俗人同。大学亦应改良，并应排斥“受人咒骂之异端”Aristotle其人于大学之外。

吾人于此应注意者，Luther之立论，不以宗教为主，而以秩序与隆盛状况为言。彼谓德国人之金钱之飞过Alps山以入意大利者，其轻如羽；然一旦金钱流返之问题一出，则其重如铅。Luther之文笔一锋利无比，而其痛骂教士及教会，在当时德国人耳中闻之，正如军中之鼙鼓也。

Luther在通告中不甚述及教会之原理。然三四月后，彼又发表其第二种著作曰《教会之巴比伦俘囚》，其目的在于推翻Peter Lombard及十三世纪神学家所主张之仪节。七种仪节之中，Luther完全反对者凡四：即坚信礼、婚礼、授职礼及傅油礼是也。彼并完全订正圣餐礼之观念，彼反对教士有执行“变质”神迹之权。以为为教士者其重要职务，仅在于讲道而已。

6. 教皇之下令及Luther之反抗

Luther早知将来不免为教皇所屏。然至一五二〇年冬日，教皇方遣使者Eck携教皇之谕赴德国，力责Luther主张之非是，并许Luther于六十日内取消之。如其不然，则Luther与其同志均将屏诸教会之外，凡予若辈以藏身之地者，则停止其地所有教堂之职务。今教皇既称Luther为异端，在理则德国政府应将Luther缴出。不意当时竟无人抱逮捕Luther之意。

德国之诸侯，无论其赞成Luther与否，均愤教皇下令于若辈之举。而且若辈以为教皇独委Luther之私敌Eck负印行皇谕之责，未免不平。故当时虽与教皇交好之诸侯及大学，亦极不愿代教皇印颁其皇谕。Erfurt及Leipsic之学生追逐Eck以为彼实伪君子，为魔鬼之使者。有几处则对于教皇之谕，漠然置之。Saxony之选侯甚不欲Luther有被压抑屈之事，故仍继续保护之。然皇帝Charles第五则甚愿以奥地利领土及Netherlands二地之主人资格，印行教皇之谕。焚Luther之著作于Louvain，Mayence，及Cologne诸地。

Luther尝谓“反对所有教士及君主，殊为难事。然欲逃避地狱及上帝之怒，舍此别无他法。”Luther之与教会及皇帝宣战，可谓得未曾有。针锋相对，有同平等之人。欲并召集其学生聚而观其焚毁教皇之谕、教会法律及神学著作之一种。

至是Luther必欲破坏教会之心可谓热极。Hutten亦壹意于鼓吹革命之实行。彼曾藏身于德国骑士领袖Franz von Sickingen之城堡中，以为Franz将来必能为真理及自由战争之领袖。Hutten曾公然请德国皇帝下令废止教皇机关，籍没教会财产，罢斥教士百分之九十九。彼以为如此则德国方可脱离牧师及其腐败之拘束。籍没财产所得之资，足以增加国力而维持骑士所组织之军队为国防之用。

其时德国舆论，颇有革命之趋向。教皇代表Aleander曾言曰：“吾颇熟读德国民族史，吾知若辈过去之异端、宗教大会及教会分离；然情形之重大，实莫过于此时。以现在情形比较之，则Henry第四与Gregory第七之竞争，正如紫罗兰与玫瑰花耳……此种疯犬本有知识与军器者；若辈自夸已不若其祖先之蠢如禽兽；若辈以为意大利已失其科学之专利而Tiber河已流入莱茵河。”据彼之计算，则“德国人十之九均口呼‘Luther’其他十之一则至少亦呼‘罗马教皇朝廷其死矣’”。

Luther之文章太不谨慎而且往往过于激烈。彼谓假使上帝有意惩罚顽梗刚愎之罗马人，则流血之举，亦在所难免。然彼往往不赞成事先之改良。除信仰外，彼实不愿有所更张。彼以为假使一种制度，既不误人，即可无害。总之，彼之心本不狂。教皇本不用武力而得势，则将来亦可不用武力而为上帝之言所倾覆。此殆Luther所抱之最深见解。彼或始终不十分明了Hutten之观念与彼之观念如何不同，盖Hutten壮时即去世也。至于Franz von Sickingen之为人，为Luther所不喜，故不久即痛骂鲁莽无行之骑士，谓因其激烈之故，致失改革之信用云。

7. Charles第五之态度

德国之反对改革者，当以少年皇帝为最力。Charles第五之第一次赴德国，在一五二〇年之冬日。既在Aix-la-Chapelle加冕为“罗马人之王”后，仿其祖父得教皇之允许自称“被选之皇帝”。乃向Worms城而进，召集公会以解决宗教上之难题。

Charles第五年虽尚幼，而人极老成持重。深知为其领土之中坚者，乃西班牙而非德国。彼与西班牙人之有知识者同，颇知教会有改革之必要，然对于原理之变更，则绝无同情。彼极愿如其祖先自生至死为一笃信基督之旧教徒。而且彼亦知其领土复杂，非有一统之宗教不可。假使允许德国人得脱离教皇而独立，则第二步不且宣布脱离皇帝而独立耶？

Charles第五既抵Worms，因教皇代表Aleander之催促，乃不得不注意处置Luther之方法。然皇帝虽信Luther为有罪，终不敢轻易着手于惩办之举。盖其时Luther已成为民族之英雄，而又得强有力之Saxony选侯之保护。其他诸侯虽无保护异端之意，然对于Luther之痛骂教会及教皇，殊引为快心之事。几经讨论，卒决定召Luther前赴Worms予以悔过自新之机会，以便证明究竟异端之书是否为彼所著，教皇所反对之原理，是否彼之主张。

皇帝乃具函于Luther，称之为“可尊可敬”之人，令其前往Worms，并给以护照一纸。Luther既得函，乃谓假使为取消主张而赴Worms，则不如仍居于Wittenberg之为愈，盖在此地与在莱茵河上同，亦正可取消其谬误也。假使皇帝之意在于处彼以死刑，则彼固愿赴Worms一行，“盖有基督之援助，吾不必逃遁而中背吾言。吾之所谓取消，必将如此：‘昔日吾谓教皇乃上帝之代表；今吾取消前言，而谓教皇乃基督之敌人，魔鬼之使者。’”

8. Worms公会及其议决案

Luther乃与皇帝传令官同赴Worms公会。彼虽已被屏于教会之外，然沿途人民莫不争瞻其风采，有如战后之凯旋，Luther亦沿途与观者说法。既抵Worms，乃知公会中之情形，极其纷扰。教皇之代表，无日不受他人之侮辱，而Hutten与Sickingen并拟由附近Ebernburg城堡中发兵以袭击Luther之敌人。其时公会决定予Luther以辩护其信仰之机会。当彼赴会时，会中问彼如许拉丁文及德国文之著作是否彼之手笔，如果系彼之手笔，究竟愿意取消其著作中之主张否。Luther对于第一问，答声甚低，谓确系彼之手笔。至于第二问，因一时难定，故请大会予以考虑之时间。

次日Luther乃以拉丁文说明其主张，并以德国文重述之。略谓彼之攻击，实不免过于激烈；然因有教皇命令之故，诚笃基督教徒之天良，每入于罗网之中，大受痛苦，而若辈之财产亦多被吞没，在德国尤其如此。关于此端，实无人可以反对。假使彼果取消反对教皇行动之言论，彼反将增加教皇专制之力量，并予以僭权之机会。唯假使有人能根据《圣经》以驳倒其主张者，则彼极愿取消其意见。然彼断不能承认教皇或宗教大会之判决，盖教皇与大会均曾有谬误之举动，而且曾自相矛盾也。最后并谓："吾必以上帝之言监视吾之天良。吾不能取消吾之主张，亦不愿取消吾之主张，盖违背良心之行为，不但危险，亦且可耻也。"

Luther既公然反抗教会领袖及宗教大会，皇帝除屏斥Luther外，别无他法。彼所谓彼之叛乱合于《圣经》之言，公会中当然不能加以讨论。

公会乃派教皇代表Aleander起著名Worms议决案之稿。议决案宣布屏Luther于法律之外，其理由如下：彼扰乱大众承认仪节之数目及举行，反对关于婚礼之规则，藐视而且诽谤教皇，轻视教士而且激起俗人浸其手于教士之血中，反对自由意志，提倡放肆，藐视有司，主张禽兽之生活，为教会与国家之大患。无论何人，不得予彼以食、饮或住，而且须逮捕之以交于皇帝。

而且议决案并规定"无论何人不得买、卖、读、藏、抄、印，或主使他人抄印教皇所禁止之Martin Luther所著之任何书本，或无论彼以德国文或拉丁文所著之任何著作，盖此种著作为污秽、恶毒、可疑，而且系著名及倔强之异端之所印行者。无论何人不得用人类所能发明之方法赞成，宣布，辩护，或提倡彼之意见——虽彼或有善言在其著作之中以欺朴实之人"。

帝国承认负有实行教皇命令之责任，此为最后之一次。Hutten大呼曰："吾为吾之母国羞。"其时德国人多不赞成议决案，故注意之者极寡。Charles第五不久即离德国，嗣后在外者凡十年之久，专从事于西班牙政府之整顿及与他国战争二事。

第二十五章　德国之宗教改革
（一五二一年至一五五五年）

1. Luther之翻译《圣经》

Luther自Worms归，中途在Eisenach附近为人所挟而藏诸Saxony选侯之Wartburg城堡中。Luther匿居于此，以暂避皇帝及公会实行议决案之危险。彼居此者凡数阅月，从事于翻译《圣经》为德国文。一五二二年三月间，彼离Wartburg城堡时，新约全书已译成矣。

其时《圣经》之德文译本，虽不一而足，然译文恶劣，真意不明。Luther之翻译《圣经》，原非易事。彼尝谓"翻译一事，非尽人能为之术；盖翻译之人，必具正当、诚笃、真实、诚恳、郑重、基督教徒、学者、经验及曾受训练之心"。彼之研究希腊文，不过二三年，而Hebrew文字之知识尤浅。而且当日之德国文，尚无一定之形式可以应用。各地有各地之方言，往往两地互异，有同外国。

Luther以为《圣经》亟应译成国语，以便常人研究之用。故彼往来询问老妪、童子及工人以种种问题，以求得其所需之文句。有时一字推敲，动需二三周之久。彼之译本，如此精良，故为德国文字史上之一大界标。近世德国文书籍之重要者，以此为第一，而为后世德国文之标准。

当一五一八年以前，书籍或小册之以德国文编著者，为数极少。翻译《圣经之事》，不过当时启发常人知识之一种标志。Luther之同志及敌人，亦开始以德国文著书，以便读者。至是德国之学问，乃不仅以学者为限矣。

当时以德国文所著之小册书籍，讽刺文章及滑稽图画等，至今颇有存者。吾人披览之余，足见当时人讨论宗教及其他问题之精神，与今日大致相仿。例如教皇Leo第十与魔鬼之信札，Franz von Sickingen与St.Peter在天堂门外之谈话等。在谈话中，Peter谓彼向未闻有所谓"应束应纵"之言，彼并不愿与Sickingen谈论战略，唯请St.George来备应对。另有一篇讽刺文，述St.Peter假期中游行世界之事。中途为旅舍中之兵士所凌虐，乃急返天上，详陈德国状况之如何恶劣，儿童之教育如何腐败，其奴仆之如何不可恃。

2. 改革家意见之分歧

昔日德国人之高谈改革者虽不一其人，而力能实行者盖寡。改革家之间，难分畛域。大都皆以为教会应改良，然能见到各人目的之如何不同者，其数甚少。诸侯之援助Luther，其希望在于监督教士，管理教产，并可停止金钱之流入罗马。骑士一级以Sickingen为领袖，则因诸侯之权力增加，心怀猜忌。故若辈所谓“公正”乃推翻诸侯，尊重骑士之谓。农夫一闻Luther之名莫不喜形于色，以为彼之主张足以证明若辈所负徭役租税之不公。高级教士，欲脱去教皇之管束，低级教士则希望其婚娶之承认。于此可见宗教上之利害，反附在他种利害之下。

当各级中人分途实现其改革观念时，Luther大为失望，惄焉忧之。彼之主张为人所误解，为人所割裂，而且为人所侮弄。彼有时竟自疑笃信入道之原理，或系大谬。彼之震惊，第一次来自Wittenburg。当Luther尚居于Wartburg城堡中时，其大学中之同事名Carlstadt者，竟主张修道士与女尼均应离其寺庵婚嫁如常人。此种主张，极其重大，言其理由，可得二端。第一，离寺庵之僧尼，有背昔日之信誓；第二，寺庵解散，则有寺产处置之问题。然Luther所主持之寺中，修道士渐渐离去，学生与公民亦开始破毁教堂中之神像。又以圣餐礼供奉面包与葡萄酒，与崇拜偶像无异，不宜举行。Carlstadt并断言所有学问，均属赘瘤，因《圣经》中明言上帝不与慧人相见，而表示其真理于婴孩也。彼遇《圣经》中有难解之文时，竟询诸商人以求其解。Wittenburg大学并改为面包铺。学生纷纷回里，所有教授亦预备他迁。

此种消息既传入Luther之耳，彼乃冒险回至Wittenburg。着手讲道，力劝德国人应用温和方法及理想以达其目的。彼对于Carlstadt之主张，亦有赞成者。如废止圣餐礼，即其一端。然彼虽主张凡赞成笃信入道之原理者，得以离寺而还俗，因若辈宣誓时，本误以善行为可以自救也；唯对于寺院之解散，则以为非是。凡留居寺院中者，不应再有行乞之举，应各自食其力。

Luther以为变更宗教习惯之责任，应由政府负之；不应人人得以自由去取。假使政府中人不愿负责，则吾人唯有静候时机，尽吾之力以提倡之而已。“教人、告人、著文、演讲，以说明人类仪节之无用。劝人毋再为教士、修道士或女尼，并劝已为此种人者，应即改弦而更张之。毋再出资以得教皇之特权、蜡烛、钟、发愿牌及教堂，须言基督教徒之生活在于笃信与爱情。吾人如实行此种主张凡二年，尔即可知教皇、主教、住持、僧、尼及所有教皇政府中之戏法之在何处；均将如烟之消灭矣。”Luther并谓上帝对于吾人之婚娶、为僧、斋戒、自承或供奉偶像等，均予吾人以自由抉择之余地。凡此种种，均非救生之要具。

然Luther之温和计划，难以实行。当时人热心太过，故对于所有旧教中之信仰，无不反对。若辈既藐视旧教，则对于旧教之符号与习惯，当然不能再容其存在。而且当时信教不笃之人，亦以破坏教堂中之图画、彩色玻璃及偶像以为快，盖此辈固好扰乱秩序者也。

3. 骑士之激烈举动

Luther不久即知和平革命，实无希望。彼之同志Hutten与Franzvon Sickingen始有激烈之举动，宗教改革之信用，未免大受其影响。一五二二年，Sickingen有与其邻Treves大主教宣战之举，以开骑士攻击诸侯之端。彼宣言彼将解放Treves人民以脱去牧师之羁绊，引若辈以入于《福音》之自由。彼在其城堡中本已废止圣餐礼并予Luther之同志以藏身之所。然Franz以武力实行《福音》，除宗教外，别有用心。彼之崇拜Luther与彼之攻击Treves大主教，殆无密切之关系。

Treves大主教善于用兵，并得其人民之援助。Franz不得已退归，宫伯领土中之选侯及Hesse之伯爵围攻其城堡，不久陷之，Franz被梁压而死。数月之后，Hutten亦困顿而死于瑞士。Sickingen所组织之骑士同盟，颇激起诸侯之恐惧，诸侯乃集兵攻破骑士城堡二十余处。Hutten恢复骑士势力之计划，至是完全失败。据上所述者观之，可知Hutten辈之用意，与Luther实不相同；唯若辈尝以改革宗教为言，故若辈之种种妄举，Luther不能不负其责任。信仰旧教者，至是乃有所借口，以为异端流行，秩序必乱；而且异端之为害，不仅及于宗教，亦且及于政府，故非以火与剑铲平之不可。

4. 教皇Hadrian第六与Nuremberg公会（一五二二年）

当Luther尚居于Wartburg城堡中时，教皇Leo第十卒。继之者为Hadrian第六，曾任神学教授而且曾为皇帝Charles第五之师傅。新教皇为人诚笃而朴实，以主张改革著于世。彼以为德国之叛乱，由于牧师及主教不德之所致，乃上帝示惩于吾人耳。教皇并于一五二二年遣教使赴德国Nurenberg公会中，公然承认教皇为最有罪过者。“吾人深知多年以来，罗马教皇机关之中有种种极其不德之行——精神事业上之流弊，教会法律之违背——总而言之，凡事皆适与正当者相反。无怪如病之自首而及于全身，自教皇而及于下级教士。吾辈为教士者，皆舍正路而不由，而吾辈中久已无一公正之人，真无一人。”

Hadrian第六虽直认教士之无行，然不愿俯听德国人之诉苦，必俟若辈压抑Luther及其异端之主张而后可。教皇宣言Luther之为害于基督教国家，较土耳其人尤甚。世界之上无物再较Luther之主张为愚而且丑。彼欲推翻宗教与道德之根据，彼与摩诃默同，然较为恶劣，盖彼主张僧尼皆可婚嫁者也。假使私心自用之徒，可以任意推翻数百年来圣贤所建设之制度，则人类中当无稳固之物矣。

公会中人既闻教皇开诚布公之言，异常满意，以为教皇必能实行内部之改革。然对于Worms公会之议决案，恐滋纷扰，故执意不愿实行。德国人亦以为若辈曾受教皇朝廷压迫之苦痛，故不愿加害于Luther。如逮捕之，将与攻击《福音》自由与保护昔日旧制无异；或且引起国内之纷扰。故公会中人主张应召集基督教徒大会于德国。以俗人与教士合组之，令其开诚表示其意见，以真实为主，不以悦耳者为主。同时讲道者应纯以《福音》为根据。至于教皇所提禁止僧尼婚嫁之事，于政府绝无关系，无从干涉。Saxony选侯曾谓修道士之奔入寺中，彼实未尝注意及之，今若辈又有逃出寺院之举，彼亦无理由可以注意及之。唯Luther之著作，以后不得再行出版，而学者对于错谬之讲道者，应加以训诫。至于Luther本身，应任其自在。上述办法，足见当日德国人之一般态度如何。唯公会中对于Luther并不十分尊重之也。

5. Regensburg之议决案

教皇Hadrian第六，因改革无成，精疲力竭，故不久去世。继之者为Medici族之Clement第七，其才力虽不如Leo第十之大，而其俗心则远较Leo第十为淡。一五二四年又有召集公会之事，然公会之政策，仍与上次无异。虽不赞成Luther之主张，然亦并不极力阻止其事业之进行。

教皇所遣之教使，至是知召集公会合力解决德国叛乱之无望，乃另召一部分赞助教皇之诸侯于Regensburg地方以讨论之。此次与会者有奥地利公Ferdinand，Bavaria之二公，Salzburg与Trent之二大主教，Bamberg，Speyer，Strasburg及其他诸地之主教。教皇有种种之让步以诱若辈合力反对Luther之异端。让步中之最重要者，为教皇之改革命令，规定唯有曾经公认之人，方准讲道。其主张并须以四大神父——Ambrose，Jerome，Augustine，Gregory the Great——之著作为根据。教士须受极严密之训练；以后不得再有财政上之压迫及执行教务时之需索。赎罪券之流弊，设法革除，纪念日之数目，亦应减少。

此次Regensburg会议之结果，极其重要，盖德国内部宗教之分为二派，实始于此。奥地利，Bavaria及南部之教士领土，至是显然与教皇合力以反对Luther，至今尚为信奉旧教之国家。至于北部诸地之诸侯，渐与罗马旧教脱离关系。而且因教使长于外交，故德国旧教之改良，亦遂开始。流弊之革除者，不一而足，故改革教会而不变更教义之主张，可谓已达其目的。不久颁发德国文《圣经》备旧教徒诵习之用。而关于旧教之著作，亦复常有增加，以证明旧教教义之真确及其制度与礼节之正当。

6. 农民之叛乱及其平定

至一五二五年德国之旧党中人，本畏Luther者，又得一种可怖之证据。其时德国农民以“上帝公平”之名义，起而复仇，并恢复其权利。此次内乱，Luther虽不负责任，然农民不满之心，实由彼激起之。彼谓德国有阻止取赎小押品之习惯，故“无论何人有金币（Gulden）一百枚者，每年即可吞咽农民一人”。彼又谓德国之封建诸侯实与绞刑吏无异，只知吸收穷人之膏血者也。“此种人在昔日吾人称之为流氓，然今日吾人则称之为‘信基督教而且可敬之诸侯’。”贤明之君主，实属罕有：“若辈每系世界上之大愚或最恶劣之无赖。”然Luther虽痛骂当日之诸侯，而其宗教运动之进行，则端赖若辈之援助。而彼亦尝谓教皇之势力既破，诸侯之势力大增，盖彼之功云。

农民之要求中，亦颇有合理者。其要求之表示为十二条（Twelve Articles）。就中说明地主所勒索之大部分租税，《圣经》中并无规定之明文，而且既同是基督教徒，地主亦不应以佃奴相待。若辈甚愿输纳旧日相沿之租税，唯地主要求农民负担额外之徭役时，则应有相当之报酬。若辈并主张各地人民得自由任免其地之牧师。

其时城市中之工人，亦有与农民联合者，其要求较为激烈。例如Heilbronn城中市民之要求，颇足表示当日市民不满精神之一斑。其重要条文，为教会财产除维持民选教士外，均应籍没备公益之用。教士与贵族之特权，均应剥夺之，以免其压迫贫苦之人。

此外尤有较为激烈者，主张杀尽“无神”之教士与贵族。城堡寺院之为农民所毁者数以百计，而贵族中亦有被若辈所惨杀者。Luther本农家子，本与农民表同情，故尽力劝农民毋得暴动。然农民多不听，彼乃大恨，力加攻击。宣言农民实犯有大罪，其身体与灵魂虽死亦不足以蔽其辜。若辈既不忠于长上，又复无端劫掠城堡与寺院；而且借口《福音》以掩饰其罪过。故彼力主政府应以武力平定其叛乱。“此种苦人，不必怜恤者也；刺之，杀之，缢之，可也！”

德国之君主颇能依Luther之言以行，而贵族之复仇，亦极其残酷。一五二五年夏间，农民之领袖多失败而被杀，相传农民之因此而死者达万人之多。君主或诸侯之实行改革者，为数甚少，农民之荡产及失望，可想而知。德国人民至是乃断定所谓《新福音》，并不为若辈设法者，且称Luther为“谎言博士”（Dr.Lügner）。昔日地主之暴敛横征依然如旧，而此后数百年间，德国农民之状况，较旧日尤为不堪。

7. Speyer公会及新教徒名称之由来

自农民叛乱后，德国君主中有阻止宗教变更之计划。德国中北两部之君主组织Dessau同盟以铲除“受人诅咒之Luther派”。同盟中有Saxony公George，Brandenburg及Mayence之二选侯，与Brunswiek之二亲王。其时有皇帝预备入德国以铲除异端之谣言，赞成Luther之诸侯乃亦有联合之举。就中最重要之分子为Saxony新选侯John Frederick及Hesse伯爵Philip二人。此二人将来为德国保护新教之最力者。

其时德国皇帝又有与法国王Francis第一及教皇战争之举，故无暇顾及德国之内政，遂不能不放弃其实行Worms大会议决案之意。德国国内既无人可以决定全国之宗教问题，故一五二六年Speyer公会决议未开宗教大会之先，德国之诸侯，骑士及城市之直隶于皇帝者，应各自定其领土中应奉之宗教。各地诸侯之“生活、政治及行动，应随各人之意以合于上帝与皇帝”。故当时德国各邦之政府，有决定其属民宗教之权利。

然当时人皆希望将来国内之宗教，仍能归于一统之域。Luther以为将来基督教徒必皆能信奉《新福音》。彼仍愿主教之存在，即教皇亦可任其继续为教会之首领。至于反对新教者，则以为异端教徒必有消灭之一日，而宗教必能恢复其统一之局。然两方之希望，均不正确，而Speyer公会之议决案，竟成为永久之规模，德国宗教至今分裂。

其时反对旧教之新派，开始发见。其时瑞士之改革家名Zwingli者，同志甚多。而所谓再浸礼派者（Anabaptists），则甚至主张废止旧教。德国皇帝是时亦有暇赴德国，于一五二九年再召集公会于Speyer决定实行反对异端之计划。无论何人，不得反对圣餐礼，并不得阻止他人参与圣餐礼。

此种议决之结果，无异强迫新教诸侯恢复旧教中最特异之仪节。公会中信新教者居其少数，故若辈唯有提出抗议（protest）之一法，签名者有Saxony之John Frederick与Hesse之Philip及皇城十四处。抗议中声明多数人断无取消上次Speyer公会议决案之权，盖此次议决之案系全体同意者，且全体担保遵守者。故若辈求援于皇帝及将来之宗教大会，以反抗多数之压制。凡此次签名于抗议上者，世称之为抗议者（Protestant）。日后“抗议者”三字，遂为反对罗马旧教教义者之通称。

8. Augsburg公会及新教徒之信条

自Worms公会以后，皇帝多居于西班牙，从事于法国之战争。先是皇帝Charles第五与法国王Francis第一均要求Milan与Burgundy公国为己有，有时教皇亦参与其间。然一五三〇年，皇帝因战事暂平，乃赴德国开公会于Augsburg以解决宗教问题。彼令新教徒将若辈之信仰著文以陈述之，以备为公会讨论之根据。新教徒乃托Luther之友人并其同事Melanchthon负起草之责，盖彼本以学问渊博主张温和著于世者也。

Melanchthon所著之宣言，世称Augsburg信条（Confession），为新教改革史上之极重要资料。Melanchthon之意见和平，持论公允，故宣言中力言新旧教之异同，相去并不甚远。彼以为新旧两派之基督教观念，根本相同。唯新教徒对于旧教中之习惯，实有不能赞同者，如教士之不得婚娶，斋期之遵守等。至于教会之组织，信条中并不提及之。

同时皇帝并令热心旧教者为文以辩驳新教徒之见解。旧教徒之条陈中，承认Melanchthon之主张亦颇有纯正者；唯对于新教徒改革之主张，则一概反对。Charles第五宣言旧教徒之条陈为“合于基督教而且公允”，令新教徒承认之。并禁止新教徒嗣后不得再与旧教徒为难，所有寺院及教会财产均应恢复原状。皇帝并允于一年之内请教皇召集宗教大会，以为或可以解决所有宗教上之困难，及实现教会自动之改革。

9. Augsburg和约

Augsburg公会后二三十年间，德国新教之发达情形，不能细述。宗教改革之性质及德国君主与人民见解之不同，上文亦已略述其梗概。皇帝自离Augsburg后，十年之间，从事于南部欧洲方面之战事，又因欲得新教徒之援助，故对于新教徒之行动，不敢加以限制。同时德国诸侯之信奉Luther主张者，常有增加。最后Charles第五与新教诸侯有战争之举，然其原因关于政治上者居多。盖其时Saxony公Maurice意欲援助皇帝以反对新教徒，则彼可以借口夺得信奉新教之John Frederick之选侯领土。然战事并不甚烈。Charles第五调西班牙军队入德国，俘John Frederick与Hesse之Philip

二人。拘之数年。

然此次战事，并不能阻止新教之发达。Maurice既得Saxony选侯之领土，乃忽与新教徒合。法国王亦愿援助新教徒以反抗德国之皇帝，Charles第五不得已与新教徒言和。三年之后，于一五五五年批准《Augsburg和约》。其条文极其重要。德国之诸侯，及直隶于皇帝之城市与骑士，得各自由选择其信奉之宗教。然假使教会诸侯——如大主教、主教或住持——改信新教时，则须将其财产缴还教会。至于人民则必遵其地之宗教，否则须他徙也。

此次宗教和约，并未建设信教自由之原理；所谓自由，亦仅以各地之诸侯为限。至于诸侯至是并握有宗教上之权力，故其权力大增。君主监督宗教之事，在当日本属自然，亦属势所难免。盖教会与政府数百年来，关系本极密切。当时尚无人梦想个人可以有信教之自由也。

Augsburg和约之最大缺点有二，实为他日之祸源。第一，参预和议者仅有一部分之新教徒。其他如法国改革家Calvin及瑞士改革家Zwingli二人所创之新教，为旧教及Luther派所反对，故并不包括在内。德国人或仍奉旧教，或改信Luther派之新教，舍此别无宗教之自由。第二，教会诸侯改信新教必缴还其财产于教会之规定，势难实行，盖无人执行也。

第二十六章　瑞士及英国之宗教改革

1. 瑞士联邦之由来

Luther死后百年间，西部欧洲诸国之历史，除意大利与西班牙二国以外，皆系新教与旧教竞争之事迹。其在瑞士、英国、法国、荷兰诸国中莫不因宗教改革而产出极大之变化。吾人欲明了诸国他日之发达，不能不先述其宗教改革之内容。

兹先述立国于Alps山中之瑞士。当中古时代，瑞士为神圣罗马帝国之一部分，与德国南部合而为一。当十三世纪时，沿Lucetne湖边之“森林”州（Forest Cantons）凡三，组织同盟以抵抗Hapsburg族之侵犯，此实他日瑞士联邦之起点。一三一五年第一次大败Hapsburg族于Morgarten地方，乃有重组同盟之举。不久Lucerne及Zurich与Berne二皇城亦加入同盟。屡经战争，瑞士竟能抵抗Hapsburg之武力征服。至一四七六年Charles the Bold有征服瑞士之举，于Granson及Murten二地为瑞士人所败。

四邻诸地渐加入瑞士同盟，甚至Alps山南意大利方面之地，亦有入附者。日久之后，瑞士同盟与帝国渐形分离，世人亦渐视瑞士为帝国之“亲戚”；至一四九九年，同盟诸州竟不再受皇帝之管辖，而成为独立之邦。最初之同盟虽纯属德国种人，然领土扩张之后，遂有法国人及意大利人，至今国内法律尚以三国文字公布之。故所谓瑞士人，并非纯粹之民族，而且独立后数百年间，其组织亦颇不完备也。

2. Zwingli之改革宗教

瑞士之宗教改革家，以Zwingli（一四八四年至一五三一年）为领袖。年少Luther一岁，亦系农家子出身。唯其父景况极佳，故Zwingli得求学于Basel及Vienna诸地。彼之不满意于旧教，原于古文及希腊本《新约全书》之研究，不若Luther之原于修道士之生活。Zwingli曾为牧师，居于Zurich湖附近之Einsiedeln寺。此寺以寺中St.Meinrad像极著灵验之故，故为信徒朝谒之中心。Zwingli常谓“吾在此地讲道，始于一五一六年，其时尚无一人曾闻Luther之名者”。

三年之后，彼被聘为Zurich大礼拜堂之讲道者，改革事业，于是乎始。其时有一Dominic派之托钵僧宣传赎罪券原理于瑞士。卒因Zwingli之反对，被逐出境。彼于是开始痛骂教会中之流弊及瑞士备人雇佣之军队，以为瑞士兵士专备他国之僱用，实为瑞士之耻。罗马教皇对于瑞士军队之援助已不可少，故常以年金及教会中之优缺，以予瑞士人之有势力者，以冀其助己。故Zwingli之改革主张，自始即合宗教与政治而为一，其目的在于调和各州之感情，及阻止瑞士人为他人牺牲之恶习。一五二一年，教皇又有征兵于瑞士之举，Zwingli乃竭力攻击教皇及其特派员。彼谓“若辈之冠红冠，衣红衣，何等适当乎！吾人如摇若辈之身，则金钱堕出矣。吾人如绞若辈之身，则尔子，尔兄弟，尔父，尔良友之血流出矣。”

此种论调，不久即激起世人之批评，而旧日森林诸州皆主张禁止之，然Zurich之城议会独竭力援助Zwingli。Zwingli乃亦攻击教会中斋戒及教士不娶诸习惯。至一五二三年，彼将其主张著六十七条之论文以陈述之。主张基督为唯一之高级教士，《福音》之成立，并不因教会之承认。彼反对炼罪所之存在，及Luther所攻击之种种习惯，其时无人出与Zwingli辩难，故Zurich之城议会遂批准其主张，脱离罗马旧教而自立。次年并废止圣餐礼，迎神赛会，及圣人肖像等；神龛大开，遗物则埋而掩之。

其他诸城亦有随Zurich之后者；唯滨Lucerne湖之诸州，诚恐失其旧日之势力，故有力维旧教之决心。瑞士国内第一次之新旧教争战为一五三一年Kappel之役，Zwingli阵亡。诸州间之宗教，始终不能一致，故至今瑞士国中尚仍新旧教并行之局也。

Zwingli改革宗教之影响于欧洲诸国者，当推其所主张之圣餐礼观念。彼不但反对变质之原理，而且不信基督之降临，以为面包与酒不过一种符号而已。英国、德国中之信奉Zwingli主张者，亦遂在新教徒中自树一帜，统一新教之困难，益为之增加矣。

3. Calvin之改革宗教

Calvin（一五〇九年至一五六四年）之宗教主张，较Zwingli尤为重要，其影响之及于英国、美国两国者亦较为远大。其改革事业，以瑞士边境之Geneva城为中心。英国、美国之长老会派（Presbyterian Church）及其主义，即系Calvin所创。彼本法国北部人，生于一五〇九年；故彼实属于新教徒之第二世。彼在幼年时代即受Luther派新教之影响。法国王Francis第一有虐杀新教徒之举，Calvin遁走，暂居于Basel城。

当彼居于Basel城时，其著名之《基督教原理》（The Institutes of Christianity）一书第一次出版，风行之广，为新教神学著作中第一。以新教眼光说明基督教之原理，实以此书为嚆矢。此书与Peter Lombard之意见相同，简单明了，诵读讨论，均甚便利。书中原理以《圣经》不灭为根据，而反对教会与教皇永远存在之说。Calvin之论理力极巨，而文笔亦极其透辟。其法国文原本，实为善用法国文以著理论文章之第一模范。

Calvin之被召赴Geneva城，约在一五四〇年；城中人付以改革城中政治之责任，盖该城是时已脱离Savoy公而独立也。彼乃编订宪法，建设政府，将政治与宗教合而为一。他日法国与苏格兰两地之新教徒，皆属Calvin派，而非Luther派。

4. 英国之古文学者

英国之叛离中古教会，进行甚慢。虽Luther焚毁教会法律以后，英国已有新教主义之标帜，然至三十余年之后，至一五五八年女王Elizabeth即位时，英国宗教改革之态度方著。就表面上视之，抑若英国之宗教革命，原于英国王Henry第八因教皇不允其离婚，迁怒于教皇之故。实则全体国民一旦有永久变更其宗教信仰之举，断非一人之好恶所能为力。盖英国与德国同，在宗教改革以前，已有种种之变化为宗教革命之备。

英国学者之受意大利新学问之影响，实始于十五世纪之后半期。Colet曾竭力在牛津大学中提倡希腊文之研究。彼与Luther同，独喜St.Paul。于德国宗教改革以前，即有笃信人道之主张。

此期中英国最有名之著作家为Sir Thomas More。其所著之小书，名《乌托邦》者，约出版于一五一五年，为改良世界之梦想之最著者。《乌托邦》中之状况，极其快乐，政府精良，弊窦尽去。邦中人民与英国人不同，只为自卫而战，或为解放他人而战，断不因侵略他人而战。在《乌托邦》中无论何人，只须不扰乱他人，则断无因宗教意见而被人虐杀之虞。

一五〇〇年间，Erasmus赴英国，对于英国之社会，极为满意；吾人可以断定彼之见解，殆可以代表当日英国大部分之知识阶级中人。Erasmus所著《愚之赞美》一书，即在More家中脱稿者。Erasmus在英国之研究大著成功，所交之友人又复性情相近，故以为无游学于意大利之必要。当时英国人盖已有见到教会中之流弊，及赞成革除流弊之新制者矣。

5. Henry第八之离婚事件与Wolsey

英国王Henry第八之大臣Cardinal Wolsey，竭力劝国王毋穷兵于欧洲大陆之上。Wolsey之意，以为英国而欲日臻强盛之域，不在武事，而在和平，此种见解，殊为卓越。彼以为欲求和平，必先维持欧洲大陆均势（balance of power）之局，以免一人独霸之危险。例如当法国王Francis第一胜利时，彼主张英国当援助皇帝Charles第五，当Francis第一于一五二五年大败于Pavia时，则英国王当援助法国王。此种均势观念，为他日欧洲诸国外交政策之根据。然Wolsey不幸无实现其开明理想之机会。彼之失败及英国新教之发达，均与Henry第八之离婚事件有密切之关系。

Henry第八初娶Charles第五之姑Aragon之Carherine为后。所生子女皆夭殇，存者仅一女Mary而已。Henry第八深虑女子不能即王位，故得子之心甚切。而且Catherine年较英国王为长，故不能得王之欢心。

Catherine曾嫁Henry第八之兄，结婚后其夫即死去。据教会之规则，凡教徒不得娶已故兄弟之妻为妻。Henry第八至是乃借口于此，以为若再保留Catherine为后，则将得罪于上帝，故有要求离婚之举。其理由谓彼之婚姻，本不合法者。不久英国王又遇年仅十六之美女名Anne Boleyn者，嬖之，与后离婚之意，抑不可遏。

不料英国王与Catherine之结婚，曾得教皇之“法外施恩”而承认者，故教皇Clement第七即不虑有伤皇帝之感情，亦无法可以取消其婚约。Wolsey既无法得教皇之允许，遂开罪于英国王，王怒甚，于一五二九年免其职并没收其财产。Wolsey本拥有巨资，富敌王室，至是一贫如洗。不久其敌人并借词控以犯大逆不道之罪，被逮赴伦敦，中途卒，幸免身首异处之惨。

6. Henry第八之叛离教皇

英国王乃进而严谴英国全国之教士，宣言据英国旧日法律之规定，凡教皇代表不得英国王允许者，不得入国；今英国教士竟有服从教使Wolsey之事，违背国法，显而易见。然当日Wolsey之被派为教使，英国王本曾赞成。今日之言，可谓奇异之至。全国教士乃群集于Canterbury愿输巨款于王以赎其罪。王不允，谓非承认彼为英国教会之最高元首不可。教士不得已遵命而行；而且并议决以后不得国王之允许者不开宗教大会，不订规则。教士既俯首听命，英国王将来实行离婚时，遂不至再有人批评矣。

彼乃尽力嗾使国会声言行将断绝教皇自新任主教方面得来之收入。以为果能如此，则教皇Clement第七必将屈服于英国王。然此计不果行，英国王迫不及待，遂不待离婚而与Anne Boleyn私通。一五三三年国会通过上诉议案，规定凡上诉之讼案，均应在国内判决之，不得诉诸国外。王后Catherine至是遂无上诉于教皇之机会。不久英国王召集教会法院，宣布国王之前婚为无效，王后竟无如之何。国会亦宣言国王与Catherine之结婚为非法，与Anne Boleyn之结婚为合法。一五三三年，Anne Boleyn生女名Elizabeth，国会并议决国王去世，则以Elizabeth入承大统。

一五三四年英国国会通过《独尊议案》（Act of Supremacy）予国王以任命国内教士之权，而享昔日教皇所得之收入。宣言国王为“世上英国教会之唯一最高元首”，并享有一切宗教元首应享之权利。二年之后，凡英国之官吏——无论在教会中或在政府中者——均须宣誓不再服从罗马之教皇。不遵者以叛逆论罪。其时国中官吏颇有不愿遵行者，因之遂有极可怖之虐杀发生。

吾人于此宜注意者，即Henry第八并非真正之新教徒是也。彼虽因教皇Clement第七不允其离婚之故，有叛离罗马教皇之举，并强迫教士及国会承认其为宗教之首领。昔日英国君主亦尝有与教皇冲突之举，然从未有激烈如此者。英国王不久并没收寺院财产，以为寺院之为物，适足以堕落人类之道德，较无用尤恶。然此种行动，虽甚重要，而英国王始终不信新教领袖之主张。彼与当时人同，亦抱有怀疑新教之心，急于说明旧教之原理以免他人之反对。英国王曾颁发布告说明浸礼、忏悔礼及圣餐礼诸仪节之性质。并下翻译《圣经》之令。一五三九年新译之《圣经》出版，下令各区均须各备一册藏诸各区教堂之中，以备教徒随时参考之用。

英国王自没收寺院财产及金银珠宝之后，急欲证明其为纯正旧教徒。彼曾亲身审判信奉Zwingli主张之新教徒。并引据《圣经》以证明基督之血与肉，果然存在于仪节之中，乃定以死刑，用火焚而杀之。一五三九年，国会又通过法案曰六条者（Six Articles），宣言基督之血与肉果然存在于行圣餐礼时所用之面包与酒中；凡胆敢公然怀疑者，则以火焚之。至于其他五条即——俗人行圣餐礼时，仅食面包已足；教士不得婚娶；不娶之志愿永远遵守；私行圣餐礼之合法；自承之合法等——凡违背者，初次处以监禁及籍没财产之刑，第二次则缢杀之。此案通过以后，主教之被逐者二人，人民之因此丧命者亦不一而足也。

7. Henry第八之解散寺院及其三娶

Henry第八残忍而专制。Sir Thomas More本系王之老友，竟因反对其离婚而杀之。修道士之不愿宣言国王第一次婚姻为非法及反对国王为教会元首者亦多被杀戮。其他因饿病而死于狱中者，亦复甚多。当时英国人之心理，大抵皆如下述某修道士之言：“吾认吾之不服从国王，并非由于吾心之反叛或存心之不良，实由于心畏上帝，故不敢唐突耳；因为吾人之圣母，即教会所规定者，实与国王与国会所规定者相反者也。”

Henry第八需款甚殷，英国之寺院颇有财产甚富者，而修道士对于他人之诬捏，又无力以自白。英国王遣大臣四处调查寺院之内容。其结果则寺院中之腐败情形，当然不难征集而得，就中亦有真确者。修道士之懒惰无行，当然不一其人。然修道士之在当日，实系和善之地主，行旅之居停，苦人之良友。英国王既着手于劫掠小寺院，国内乃有解散各区教堂之谣传，教士闻之惧，乃叛。英国王更有所借口，实行攻击较大之寺院。住持与方丈之参预叛乱者多被缢死，并没收其财产。其他住持，莫不惊惶失措，自承寺中之修道士，罪过甚大，请许其缴出寺院于国王。王使者乃没收之，尽售其所有，甚至钟与屋顶之铅板，亦复搜卖一空。至今游英国者尚得目睹昔日寺院之遗址也。至于寺院土地，多归国王。王或售之以裕国库，或分给诸宠臣。

与解散寺院同时并进者，为破坏教堂中之神座及肖像，盖皆以金银珠宝装饰者也。Canterbury之St.Thomas神座被毁，其遗骨亦被焚。Wales有木像一，英国王因某托钵僧主张宗教之事，应服从教皇，不能服从英国王，遂以木像为燃料焚某僧而杀之。此种举动，颇与德国、瑞士、荷兰诸地之攻击神像相仿。然英国王与其廷臣之行为，虽以破除迷信为理由，而其目的殆在于谋利。

英国王之家庭变故，并不因娶Anne Boleyn而终止。英国王不久即厌恶其新娶之后，三年之后，竟诬以有种种丑行而杀之。后死之次日，王又娶Jane Seymour为后。不久生一子，即他日之Edward第六也。后生子后不数日而死，此后英国王并先后再娶三次，均无出，故无争夺王位之人，兹不细述。Henry第八既有二女一子，乃令国会议定承继王位之次序，先传其子，若其子无后，则依次以其二姊入承大统云。一五四七年Henry第八卒，遗其新旧教问题于其子若女。

8. Edward第六与英国新教之成立

当英国叛离中古教会之时，国内人民虽尚多奉旧教者，然在Henry第八时代，新教徒之人数实常有增加。Edward第六以冲龄即位，在位仅六年——彼于一五五三年卒，年仅十六岁——政府中人多赞成新教，并由欧洲大陆请新教徒多人来英国以教其国人。英国王并下令消毁国内之神像，甚至大礼拜堂中之彩色玻璃，亦复破毁殆尽。国内主教由王任命之，不再遵昔日选举之形式。教会中之要职，亦以新教徒充任之。国会将所有圣餐礼之基金，缴诸政府，并议决以后教士得自由婚娶。

国会议决编订祈祷书，其内容与今日英国国教所用者相仿。政府并编订教条四十二条为国人信仰之标准。此种教条，至女王Elizabeth时代校订之，减为极著名之三十九条，至今为英国国教教义之根据。

教会中职务之变更，在大部分英国人之眼中观之，当然为之大惊，盖若辈本习惯旧日之宗教仪节者也。又鉴于朝廷官吏每假新教之名，以行其贪婪之实，乃以为政府之意，实在于劫掠教会以自肥。吾人对于当时人之渎神，观于Edward第六所下之命令，即可见一斑，盖王曾下令禁止“教堂中不得有争闹及枪伤之举动”，并不得“牵马与驴以过教堂，视上帝之居如马厩或普通之旅店”。故当时赞成宗教变更者固不乏人，而Edward第六死后英国忽有恢复旧教之趋向，亦正势所必至者矣。

9. 女王Mary之恢复旧教

一五五三年Edward第六卒，其姊Mary（一五五三年至一五五八年）即位。Mary自幼即信奉旧教，未尝稍变。即位之后，即壹意以恢复旧教为事。彼之举动，本有根据，盖当时多数国人之心中尚存有旧教之成见，其不信旧教者亦以Edward第六时代官吏措施之不当，不表同情于新教。

自女王Mary嫁西班牙王Philip第二之后，恢复旧教之势益迫。然Philip第二对待国内之异教，虽异常严酷，而其势力之达于英国者始终甚微。彼虽因娶英国女王为后，得自称英国王，然英国人始终不以政权予之，亦不允其入继其后之王位。

Mary不久有恢复英国与罗马教会和好之举。一五五四年，教皇之教使宣言英国之“屈膝国会”（Kneeling Parliament）已复合于旧教之教会。

Mary在位之最后四年，有虐杀教徒之举，其残酷为英国史上所罕见。国人之因反对旧教而死者，达二百七十七人之多。就中多系工匠与农夫。其最著者则为Latimer与Ridley二主教，均在Oxford地方焚死。Latimer将死之际，曾向Ridley高声言曰：“吾人应自得其乐以戏弄世人；自今日始，吾人点一永远不熄之烛于英国矣！”

Mary之意，以为烧死异端，所以恫吓新教徒，使之不敢再宣传其主义。然其目的竟不得达。虐杀之结果，不但不能提倡旧教之精神，而且因新教徒视死如归之故，反使怀疑未定之人，转信新教。

第二十七章　罗马旧教之改良与Philip第二

1. Trent宗教大会（一五四五年至一五六三年）

当Luther改革宗教之前，教会中人曾有种种改良教会而不变教义与组织之计划，吾人前已述及之。即在新教革命以前，教会改良，亦颇著进步。新教革命以后，旧教教会之改良事业，益为之促进，盖当时西部欧洲大部分尚信奉旧教者也。旧教教士至是已知不能端赖当时人民之信仰，以谋自存之道。不能不尽力以辩护旧教之教义及其仪节。如教士而欲遏止蒸蒸日上之异端，必先洁身自好，痛改前非，然后教士与教会之威信可以保存，人民信仰之心可以复固。

旧教中人有见于此，故有召集Trent宗教大会之举，其目的在于研究革除流弊之方法，及解决数百年来神学家持论不同之教义。宗教新团体，亦常常发生以训练牧师而宣传教义。凡仍信旧教诸国，每用严厉方法以阻遏异端之发生与新教之传入。教会中之官吏，自教皇而下，均以较贤之人充任之。例如教皇阁员，以意大利之思想界领袖充之，与昔日之仅为古文学家或朝贵者异。旧日教会习惯之不满人意者亦永远禁止之。此种改革之结果，使中古教会顿改旧观。吾人于叙述十六世纪后半期Netherlands与法国两地新旧教纷争之先，应略述Trent宗教大会之事业及耶稣社（Society of Jesus）中人之运动。

皇帝Charles第五对于新旧教之教义本均不甚明了，屡欲调和其异同，使新教徒复合于罗马之旧教。彼以为假使合新旧教徒之代表开一宗教大会，互相讨论，其结果或能意见消融，言归于好。然罗马教皇鉴于昔日Basel大会之行动，不愿开大会于德国之境中。同时德国之新教徒亦以为若开宗教大会于意大利，则在教皇卵翼之下，必不利于新教徒，故不能服从其议决之结果。经过多年之延宕，至一五四五年Luther将死之际，方召集宗教大会于德国意大利两国交界处之Trent城。

其时德国之新教徒方将与皇帝开战。而且知宗教大会之行动，于己必无利益，故不与会。教皇代表及德国旧教徒遂得为所欲为。大会中最先讨论新教徒所反对之旧教教义，不久即宣言凡主张笃信上帝即可得救而不须善行者，即系极恶之人。而且大会并宣言无论何人如谓旧教仪节非基督所创；"或谓仪节之数较七为多，或较七为少，即浸礼、坚信礼、圣餐礼、忏悔礼、傅油礼、授职礼、及婚礼；或谓各种仪节之中有非真正者；则必永受咒咀。"至于《圣经》则以古代之拉丁文译本（Vulgate）为标准。关于原理之正确与否，无论何人不得提出疑问，不得出版与教会主张不同之《圣经》解释。

此次大会并提议教皇官吏，应编订旧教徒不应诵习及有害于教会之旧目。大会既闭会，教皇遂颁发禁书书目曰Index。嗣后屡有增订。此举实为大会中最著行动之一。以为如此，则不道德与异端之观念，不至因印字机发明之故传布甚广也。

大会深知与新教徒不能调和，乃遂着手于改革新教徒所不满之流弊。议决凡主教应各驻于教区之中，应常常讲道，并应严密监察区内教士之是否尽职。此外并设法改良教育；令教堂、寺院及学校中均应诵习《圣经》。

宗教大会开会凡一年有余，因事故中辍。数年之内，绝少进行。至一百六二年，大会复开，进行殊力，再明定其他种种之教义，并完全排斥异端之主张。革除流弊之命令多种，至是亦均予批准。大会会议之结果，订编成一厚册曰《Trent宗教大会之法律及议案》（The Canons and Decrees of the Council of Trent），实奠罗马旧教教会法律与原理之新基，为历史上极重要之材料。盖一部罗马旧教教义之完全正确说明书也。然其内容之关于旧教教会之组织及其信仰者，大致与本书第十六章中所述者相同。

2. 耶稣社之运动

当Trent宗教大会最后会议时，欧洲有一种新兴宗教之组织，其领袖极力反对教皇权利之减削。此种宗教组织为何，即西班牙人Ignatius Loyola（一四九一年至一五五六年）所创之耶稣社是也。Loyola年幼时曾入行伍，于一五二一年在战场上为炮弹所伤。卧病不起时，尝读《圣人传》以消遣，遂抱与若辈争胜之志。病既愈，乃专心服务于上帝，身披乞丐之衣，赴Jerusalem行朝谒之礼。既至其地，忽悟欲有成就，非受教育不为功。急返西班牙，与儿童共习拉丁文法之纲要，彼年虽已三十有三岁，亦不以为耻也。二年之后，入西班牙某大学，不久又赴巴黎研究神学。

彼在巴黎，尽力运动其同学与之同赴圣地，如被阻不得行则专心为教皇服务，至一五三四年，得同志七人。行抵Venice，适其地有与土耳其人战争之事。Loyola辈遂改变其远游东方传道之计划，并得教皇之允许讲道于附近诸城市，说明《圣经》中之真理以慰藉医院中之病人。人问若辈何所属，若辈必答曰："属于耶稣社。"

一五三八年Loyola召其门徒赴罗马，规定耶稣社之原理。教皇将其所定原理纳诸谕中而颁行之，并承认其组织。社中设大将一，由全社中人选举之，任期终身。Loyola本兵士，故以军法部勒其社中人，特重服从主义。彼宣言服从为所有德性与快乐之母。所有社中人应服从教皇视为上帝之代表。若教皇命其远行，则无论远近，均须遵命。而且社中人均应服从社中之长官视若上帝之传令者。社中人不得自有主张，须有同手杖，专备扶持他人之用。他日耶稣社中人之得势，盖皆原于该社组织之完备与训练之有方。

耶稣社之目的在于提倡笃信宗教与敬爱上帝，而尤重模仿先哲之行谊。凡社中人须绝对以清贫与笃信为主。其谦恭之德，应现于词色以感动他人发服务于上帝之心。该社所用之方法，极其重要。社中人大部分皆系牧师，往来于四方以讲道，听人忏悔及提倡信教。然社中人同时亦系教师。若辈深知吸收青年之重要，故欧洲旧教国中之学校教师，类皆耶稣社中人。教授有方，极著成效，有时新教徒亦有遣其子弟前往就学者。

耶稣社中之人数，最初本规定以六十人为限，然不久人数骤增，故撤其限制。Loyola未死以前，社中人数已达千人以上。彼死后未几，其人数竟三倍之。嗣后二百余年间，人数常有增加。Loyola本有传道之意者，社中人承其意而行，不但传道于欧洲一带，其足迹并遍于世界。Francis Xavier本系Loyola之最初同志，东游传道于印度、香料群岛及日本。至于美洲之Florida，Brazil，墨西哥及秘鲁诸地，亦莫不有若辈之踪迹。其时欧洲之新教徒，尚未尝出国门一步也。欧洲人当开辟北美洲时，对于其地之状况，本甚茫然，迨耶稣社中人前往传道时，方明了美洲土人之内情，其功固甚大也。

若辈既以扶助教皇为宗旨，故自始即有反对新教之举。分遣社中人前赴德国，Netherlands，及英国诸地。其势力在德国南部与奥地利尤巨，极为其地君主所信任。若辈不但阻止新教之传播，而且恢复一部分叛离教皇诸地之信仰。

新教徒不久即知耶稣社实为新教之劲敌。痛恨太过，每忘却耶稣社之高尚目的，诬以种种之恶行。新教徒以为耶稣社中人之谦和，实假意如此借以掩饰其阴谋诡计者。又以为社中人之随遇而安，无事不作，可以证明若辈只求达其目的，不问其方法之为何。又以为若辈借口于“为增加上帝之光荣起见”实行其极诈伪，极不道德之计划。又以为社中人之绝对服从，实无异为其长官之傀儡。一旦长官命其作恶，若辈亦将唯命是从。

然平心而论，耶稣社中人亦实良莠不齐，不尽皆洁身自好者。日久之后，耶稣社渐形衰落，正与昔日其他宗教团体同。至十八世纪时，欧洲人颇以社中从事于大规模之商业为非是者，加以其他种种之原因，该社之信用大落，虽旧教徒亦存怀疑之心。葡萄牙王先逐耶稣社中人于国外，其次法国亦于一七六四年下驱逐之令。教皇知该社之不可再用，一七七三年下令废止之。然至一八一四年耶稣社又有恢复之事，至今社中人又以千计矣。

3. 西班牙王Philip第二反对新教之热心

当十六世纪后半期，欧洲各国君主之力助教皇与耶稣社以阻止新教者，当推皇帝Charles第五之子，西班牙王Philip第二其人。彼与耶稣社中人同，极为新教徒所痛恨。盖彼实当日新教徒之最大劲敌也。彼极注意德国、法国之内情，而以提倡旧教为目的。曾尽力以推翻英国信奉新教之女王Elizabeth，最后并遣其强盛之海军赴英国以冀实现其计划。而且彼用极残酷之方法以逼其领土Netherlands之复信旧教。

皇帝Charles第五罹痛风之疾，精力骤衰，乃于一五五五年与一五五六年间，退位休养。皇弟Ferdinand曾因其后而获得Bohemia与匈牙利二王国之领土，至是皇帝以Hapsburg族之所有德国领土传之。而以西班牙及其美洲之领土，Milan，Sicilies二王国，及Netherlands诸地，传其子Philip第二。

Charles第五本壹意以维持国内宗教统一为事者。彼曾力行异端裁判所之制于西班牙及Netherlands，对于帝国中之信奉新教，极为失望。然彼并非狂妄者。彼与当日各国君主同，虽不甚具信教之热诚而不能不参预宗教上之争执。彼深信欲维持其广大与复杂之领土，非统一宗教不为功。至于其子Philip第二，则与乃父异。一生政策，纯以维持旧教为宗旨。甚至国破身亡，亦所不惜。同时西班牙又为当日欧洲最强盛之国家，盖不但美洲金银源源而来，即其军队之精良，亦为当日欧洲诸国之冠。

4. Philip第二对待Netherlands之苛虐

Philip第二之患难，为其领土Netherlands。此地凡包十七省，Charles第五传自其祖母Burgundy之Mary者也。为今日荷兰、比利时两国所在地。各省本各有政府者，唯Charies第五合其地以受帝国之保护。北部人民，多属德国种，艰苦耐劳，筑堤以御海水之泛滥，故低地之因之开辟者甚多。巨城如Harlem，Leyden，Amsterdam与Rotterdam等，林立其间。至于南部则有Ghent，Bruges，Brussels与Antwerp等大城，为数百年来之工商业中心。

Charles第五本生长于Netherlands地方，故其统治Netherlands之政策，虽甚严刻，而其地人民爱戴之忱，并不因之而减杀，盖若辈每引Charles第五之功业以为荣也。至于Netherlands人民之对于Philip第二，其态度大不相同，盖当Charles第五在Brussels地方介绍其子于人民之时，Philip第二颇露傲慢之态，大失人民之所望。Netherlands之人民均以彼为西班牙人，而非其国人，他日Philip第二返西班牙后，遂以外国视其西北部欧洲之领土。彼每不能允许Netherlands人民合法之要求，以得其欢心。一切举动，反皆足以增加若辈之痛恨，而激起若辈之怀疑。西班牙军队之在其地者，多强占民舍为兵士居住之用。西班牙王并以不谙Netherlands语言之Parma女公为其地之摄政者。而其地之政权，则不付诸贵族之手而付诸骤起之新贵。

尤其不堪者，则Philip第二有力加整顿异端裁判所之议以铲除异端是也。Netherlands之有异端裁判所已非一日。Charles第五曾下严令禁止人民信奉Luther，Zwingli及Calvin诸人之新教。据一五五〇年所定之法律，凡异端之不肯悔过者，则活焚之。即使自承为异端而愿改过者，亦复男子斩首，女人则受火焚之刑，并均没收其财产。统计当Charles第五在位时代，Netherlands人之被杀者，至少当有五万人。此种严酷之法律，虽不能阻止新教之发达，而Philip第二即位后一月之内，即重申所有Charles第五所颁之命令。

Netherlands人民受Philip第二之压迫者，前后凡十年；人民之领袖，屡提抗议，而西班牙王始终充耳而不闻，其目的似必破坏其地而后已。至一五六六年，Netherlands之贵族约五百人，联成团体合力以抵抗西班牙之专制与异端裁判所。不久平民亦纷纷加入。若辈在当日虽尚无叛乱之意，然有举行示威运动之计划。以请求Parma女公暂不实行国王之命令。相传女公之近臣，劝女公毋以此辈“乞丐”（beggars）为虑。日后叛党遂以“乞丐”自称。

新教徒之气，至是渐壮，四出讲道，听者甚众。新教徒中之受刺激者多突入教堂之中，撕其肖像，破其彩色玻璃之窗，毁其神坛。Parma女公正将平定暴动之时，Philip第二忽进一步而激起Netherlands之叛。被遣Alva公率兵入驻其地，Alva公本以性情残忍著于当时者也。

5. Netherlands之叛乱及荷兰之独立

Alva公率兵入驻之消息，既达于Netherlands，Netherlands人颇有惧而遁走者。他日为革命领袖之Orange亲王William逃入德国。Flanders之织工，多渡北海而遁入英国，不久英国遂以纺织之出产著名于世。

Alva公率西班牙之精兵一万人，以赴Netherlands，装备极其完美。彼以为平乱最良最捷之方法，莫过于杀尽批评“君主中之最优者”之人。故彼特设法院专门审判犯叛逆之嫌疑者，此即世上所传之血议会（The Council of Blood）是也，其目的在于杀人而不在于司法。Alva公之在Netherlands者自一五六七年至一五七三年，先后凡六年，实为Netherlands之恐怖时代。他日彼曾以杀死一万八千人自夸，然就事实而论，死者之数恐尚不及三分之一也。

其时Netherlands之领袖，为Orange亲王Nassan伯William（一五三三年至一五八四年）其人。彼系荷兰民族之英雄，其一生事业与美国之Washington相仿。彼能为他人所不能为，以救其同胞于专制压迫之下。在西班牙人眼中视之，彼不过一落泊无聊之贵族，冀拥少数之农民及渔夫以与世界上最富强之国君宣战而已。

William曾侍Charles第五，假使西班牙政府无专横虐待之举，则彼亦未尝不愿誓忠于Philip第二。然鉴于Alva公之政策，乃知诉苦于西班牙王之无益。遂于一五六八年召集军队以与西班牙战。

Netherlands人民之援助William者，以北方诸省为最力，而荷兰一省实为首领。荷兰人大抵皆信奉新教，纯属德国人种；至于南部诸省，则仍信罗马旧教，其人种与法国北部同。

William之军队，当然不能敌西班牙之精兵。彼至是亦与Washington同，每战必败，然始终不降。荷兰人最初之胜利，实其“海上乞丐”（sea beggars）之功，若辈本海盗，每掠西班牙之船只以售诸信奉新教之英国人。最后此辈占据Brille城为其陆上之根据地，荷兰人之气为之一壮。北部荷兰与Zealand二省中之城市，虽尚未叛离西班牙，竟敢于一五七二年选举William为其统治者。此二省因此遂为他日荷兰国发祥之中心。

Alva公遣兵征服叛乱之城市，其残酷犹昔；甚至女子儿童亦复加以屠戮。不意此种残忍行为，不但不能平北部之乱，即南部之旧教徒，亦于一五七六年实行反抗。Alva公曾下令凡人民买卖所得者，须纳十分之一于政府。南省诸商民遂有罢市之举。

Alva公实行专制政策者凡有六年，乃被召回国。继其任者不久死，大局益不可收拾。西班牙兵士之在Netherlands者，既无人统率，遂行同匪盗。Antwerp城本极繁盛，至是为兵士所劫掠，半成灰烬。此次军队之变乱，即史上所传之“西班牙之怒”（the Spanish Fury）是也。再加以官吏之暴敛横征，Netherlands人皆有朝不保夕之势。其结果乃有一五七六年各省代表开会于Ghent之举，以商议推翻西班牙专制之方法。

然此种联合之性质，系暂而不久者。Philip第二改遣性较和平之人入治其地，南部诸省乃复生信任之心。故北部诸省只得单独进行。William the Silent主持其间，极不愿再承认Philip第二为其君主。至一五七九年，北部七省——荷兰，Zealand，Utrecht，Gelderland，Uveryssel，Groningen与Friesland——组织坚固之Utrecht同盟。编订同盟政府大纲为其组织之根据。二年以后（即一五八一年）乃宣布脱离西班牙而独立。

Philip第二深知William实为此次叛乱之中坚，若无彼之参预，则叛乱或不难平定。西班牙王乃下令凡能设法排除William者，则赐以巨金，封以贵爵。William本已被选为联省之世袭元首者，卒于一五八四年在Delft地方之住室中被刺而死。彼于临终之际，祷告上帝怜恤其灵魂及“可怜之国民”云。

荷兰人本切望英国女王Elizabeth与法国之援助者，然皆袖手旁观，不稍援手。最后英国女王乃决遣兵援助之。英国人虽未尝十分尽力，然Philip第二以英国女王之政策，直与西班牙为难，故决意出兵以征服英国。不意西班牙之海军为英国人所歼灭，西班牙平定荷兰乱事之实力，因之大减。加以西班牙至是亦复国库空虚，濒于破产。唯西班牙虽明知已无恢复荷兰之望，直至一六四八年方承认联省之独立也。

6. 法国新教之起源

十六世纪后半期之法国史，实国内新旧教徒流血竞争之记载。然无论新教徒或旧教徒，其目的殆皆含有政治上之性质者，有时甚至宗教上之争点，完全为各派领袖之野心所掩没。

法国新教主义之发生，其起源颇与英国同。凡受意大利人之影响，喜习希腊文者，每以新眼光研究《新约全书》之原本。法国古文学者之最似Erasmus者为Lef è vre其人（一四五〇年至一五三七年）彼译《圣经》

为法国文，并于未知Luther以前，即提倡笃信人道之理。彼与其同志颇得Navarre王后，Francis第一之妹Magaret之欢心，受其保护，故得安然无事。日后巴黎之著名神学学校曰The Sorbonne者，激起法国王以反对新观念。法国王Francis第一与当时诸国君主同，虽无宗教上之兴味，然一旦闻新教徒有渎神之事，遂下令禁止新教书籍之流行。一五三五年新教徒之被焚者数人，Calvin亦被逼而遁往Basel城，著《基督教原理》一书，书中即以致Francis第一之函冠于篇首，盖请求法国王保护新教者也。法国王日后对于新教徒，益形压制。一五四五年竟下令杀死Waldensian派之农民三千人。

Francis第一死，其子Henry第二（一五四七年至一五五九年）即位，壹意以扑灭新教徒为事，故新教徒之被焚者数以百计。唯Henry第二因德国新教徒允以与法国毗连之三主教教区——Metz，Verdun，及Toul与法国，故竟有援助德国新教徒以反抗Charles第五之举。

Henry第二因与人比武而死，遗其国于其三子，先后继统，实为法国史上空前扰乱之秋。其长子Francis第二（一五五九年至一五六〇年）即位时，年十六岁。彼因娶苏格兰王James第五之女Mary Stuart为后，有名于世，即他日著名之苏格兰女王也。后母为法国二著名贵族——一为Guise公，一为Lorraine之教皇阁员——之妹。Francis第二年少无知，故Guise公一族，乘机起窃国柄以图私利。Guise公握军权，而教皇阁员则秉国政。法国王在位仅一年而死，Guise公族人当然不愿放弃其权力。嗣后四十年间法国内部之纷乱，盖皆若辈假维持神圣旧教之名，实行其阴谋之所致也。

7. 法国新旧教徒之纷争

法国新王Charles第九（一五六〇年至一五七四年）即位时，年仅十岁。母后Catherine系出Florence之Melici族，要求摄政。其时争夺政权之事，本已纷扰不堪，加以又有王族中之Bourbon一支参加其间，益形纷纠，Navarre王即居其一。Bourbon系乃与新教徒曰Huguenot者联合。所谓Huguenot，盖法国Calvin派新教徒之称，而此名之由来，则不可考。

Huguenot教徒之重要者多贵族中人，极欲占据政治上之地位，Coligny实为领袖。因此政治与宗教之动机遂合而为一，根本上大足为新教进步之害。唯当时新教徒势力极盛，几乎取得政治大权。Catherine最初本以调和新旧两派为宗旨，故于一五六二年下信教自由之令，停止昔日反对新教之一切法律，允若辈得于日间集合城外行崇拜之举。然在旧教徒眼中观之，此种自由，断难容忍。不久Guise公有野蛮之举动，遂激起法国之内乱。

当彼于某礼拜日道经Vassy镇，见有Huguenot教徒约千人群集于仓屋举行礼拜。公之扈从竟驱散之，秩序大乱，颇有被伤而死者。此种杀戮新教徒之消息既扬于外，新教徒大愤，内乱遂起，至Valois朝绝祚时方止。法国之宗教战争，与当时各国同，亦属异常残酷。三十年间，焚火劫掠及其他种恶行，不胜枚举。新旧教两派之领袖及二法国王莫不被刺而死。而法国内乱之激烈，与十四、十五两世纪时代百年战争中无异。

至一五七〇年两方有缔结和约之举。Huguenot教徒得享信教之自由，并得城市数处包有La Rochelle以防旧教徒之攻击。其时法国王与母后均与新教徒之领袖Coligny交好，Coligny遂得据要津有同国务总理。彼之意极欲国内之新旧教徒均能合力以与Philip第二战。以为果能如此，则法国人合力同心，不分宗教之派别，以夺得Burgundy伯国及东北一带之要塞之属于西班牙者。同时并可为荷兰新教徒之声援。

Guise公一派之旧教徒竟用极其残忍之方法以破坏其计划。若辈进言于Catherine请毋受Coligny之欺，并令人暗刺之，不中，Coligny仅受微伤。母后深虑法国王之仍信Coligny，并恐其知母后之参预其事，乃向王伪言Huguenot教徒有阴谋反叛之举。王信之，旧教徒遂有杀尽新教徒之计划。定于一五七二年八月二十三日之晚，St.Bartholomew节日，俟新教徒群集巴黎观Navarre王Henry与法国王之妹行婚礼时，再发令以杀之。

是晚号令既发，巴黎新教徒之被杀者不下二千人。消息既传，四方影响，新教徒之被杀者至少又达万人。罗马教皇与Philip第二均以法国能忠于教会，表示满意。法国内乱因之复起。旧教徒以Guise族之Henry（一五八五年至一五八九年）为首领，组织神圣同盟（Holy League）以维持旧教铲除异端为宗旨。

Charles第九卒，Henry第二之最幼子Henry第三（一五七四年至一五八九年）即位，无嗣，王位承继问题起。其时Navarre王Henry为王族中最近之男亲，然因其信奉新教，故为神圣同盟中人所反对。且旧教领袖Guise族之Henry亦抱有入承大统之志也。

法国王Henry第三优柔寡断，依回于两党之间，最后乃有三Henry之战（一五八五年至一五八九年）。战争之结果，极足以代表当日流行之方法。法国王Henry第三使人刺死Guise族之Henry。神圣同盟中人亦刺杀Henry第三。唯新教徒之领袖Navarre王Henry独存于世。一五八九年即位为法国王，称Henry第四，为法国之名王（一五八九年至一六一〇年）。

8. Henry第四时代之法国

新王即位，仇敌甚多，内乱频仍，大伤元气。不久彼知欲国内之升平无事，非奉多数人民所奉之宗教不可。故彼于一五九三年改信旧教。然彼同时亦未尝忘情于其旧友，故于一五九八年颁Nantes之令。

令中允许Calvin派之新教徒，得自由在曾经信奉新教之市村，举行崇拜新教之仪节，唯巴黎与其他一部分之城市，则禁止之。新教徒与旧教徒得享同等之政治权利，并得充任官吏。国内重要城市之足以自守者，仍留诸新教徒之手，就中尤以La Rochelle，Montauban与Nimes诸城为险要。此举实为Henry第四之大错。此后三十年内，新教徒因占有险要之区，故激起名相Richelieu之猜疑，而有摧残新教徒之举；其意以为新教徒负固国中，有同封建时代之诸侯，故非设法制服之不可也。

Henry第四即位后，即任命具有才能而且信奉Calvin派新教之Sully为相。Sully乃着手于恢复君主之政权。设法减轻国家之债务。修筑大道，开凿运河，提倡农商诸业，裁汰政府冗员。假使其进行无中辍之虞，则法国或早已达于强盛之域。然因宗教狂热之故，其改革事业，骤然中止。

一六一〇年Henry第四忽被刺而死，盖是时正彼年富力强，为国宣劳之日也。王后摄政，Sully与之不相得，乃辞职以隐，著《札记》行世以终其身。不久又有名相Richelieu起握政权，自一六二四年至一六四二年间，彼实无异法国之君主，国王Louis十三（一六一〇年至一六四三年）尸位而已。Richelieu之政策，俟叙述三十年战争时再详。

9. Elizabeth时代之英国

十六世纪中法国有新旧教徒之纷争，而当时之英国，独能幸免。女王Elizabeth（一五五八年至一六〇三年）在位时代，励精图治，不但国内有升平无事之象，即Philip第二之阴谋侵略，亦无实现之机。而且女王有干涉Netherlands之举，故大有功于Netherlands之独立。

女王Mary卒，其妹Elizabeth即位，英国政府，复为新教徒所占据。当时多数之英国人，当然希望女王能秉承其父之政策以行。盖若辈虽不愿再认教皇为宗教之元首，然对于圣餐礼及其他旧日之仪节则崇奉如昔也。然Elizabeth深知旧教之不能复存，而新教之必将得势，故再引用昔日Edward第六所颁之《祈祷》书，稍加改正；并令国民均须遵奉国家所定之宗教仪式。唯女王不愿应用长老会派之组织，乃保存旧日大主教、主教、助祭等之制度。教会官吏以新教徒代之。Elizabeth之第一次国会，虽不予女王以国教领袖之名，然所予女王之权力，则与教主无异。

Elizabeth之宗教困难，实始于苏格兰。当Elizabeth即位未久，苏格兰之贵族因欲获得主教之领土与收入，故有废止旧日宗教之举。其时有John Knox者，引入Calvin所创长老会派之新教及其组织，至今尤存。

一五六一年，苏格兰女王Mary Stuart因其夫Francis第二去世，乃返国，在Leith地方登陆。时年仅十九岁，貌极美丽，因信奉旧教并受法国习惯之熏陶，故国人视之，有同异族。其祖母为英国王Henry第八之妹，故要求如Elizabeth无子，彼应入继英国之王位。因之西部欧洲旧教徒中如Philip第二及Guise公之族人，莫不以苏格兰女王为其希望之中心，冀英国与苏格兰之复信旧教。

Mary虽无推翻John Knox事业之举，然其措施不当，大失新旧教徒之欢心。Mary再嫁于Darnley，嗣知其为人无赖，颇藐视之。不久女王又与放荡之某贵族名Bothwell者私通。Darnley卧病于Edinburgh之陋室中，忽于夜间被炸而死。时人均疑此举为Bothwell与女王所为。女王杀夫之责任，其轻重固无人可以断定。然彼不久即改嫁Bothwell，国人乃大愤，加以谋杀丈夫之罪。Mary知民心已失，乃退位，传其统于其子James第六，而自遁入英国以求援于Elizabeth。英国女王行事本甚精密者，故一面反对苏格兰人民之废立其国君，一面则监视Mary使不得遁。

10. 英国旧教之消灭

女王Elizabeth在位日久，渐知以和平方法对待旧教徒之非是。

一五六九年，英国北部之旧教徒有叛乱之举，女王乃知国内旧教徒实尚抱有信奉旧教之决心，以拥戴Mary之子为主。不久罗马教皇又有屏英国女王于教会之外之举，同时并解除英国人民忠顺于女王之义务。幸而英国旧教徒不能得Alva公或法国王之援助。盖是时荷兰独立之争战方始，西班牙人无暇兼顾，而法国王Charles第九正当信任Coligny之日，亦复倾心于新教徒也。然英国北部之叛乱虽平，而旧教徒之阴谋不已，隐望西班牙王之援助。若辈竟函致Alva公请其率西班牙兵六千人赴英国以废Elizabeth而拥立Mary Stuart以代之。Alva公犹豫不决。盖彼以为不如杀死Elizabeth，或生擒之之为愈。不意旧教徒之阴谋被破，其计卒不得行。

Philip第二既不能伤害英国，而英国之海商则每足为西班牙之患。其时西班牙与英国虽无战事，然英国商人每劫掠西班牙之商船，其行动远达西印度。其意以为劫夺西班牙商船，非盗贼行为可比，盖遵上帝之意以行者也。英国人Sir Francis Drake甚至入太平洋，以肆劫掠，满载赃物于其船名Pelican者。最后并获得“大船一，内藏珍宝甚多，银币十三箱，黄金重八十磅，生银二十六吨”。乃环航地球，既归国，以珍宝呈诸英国女王，西班牙王虽力争，英国人竟不之顾也。

然其时英国之旧教徒，尚希望爱尔兰之援助。爱尔兰与英国之关系，始终互相仇视，实为欧洲史上最不快之一页。爱尔兰至是已与Gregory the Great时代之爱尔兰异，文化早衰。人民分族而居，尝起内乱。英国人又屡有入侵之举，思以武力征服之。自英国王Henry第二以后，英国人曾得根据地于爱尔兰。Henry第八在位时，爱尔兰曾有叛乱之举，叛乱既平，英国王遂自称爱尔兰王。Mary在位时代，曾殖民于Kings与Queens诸州，以冀调和英国人与爱尔兰之感情。然其结果反引起英国人与爱尔兰人之纷争，卒致杀尽其地之爱尔兰人而后已。

Elizabeth深恐爱尔兰或成为旧教徒运动之根据，故对于爱尔兰极为注意。不久英国之旧教徒果遣兵入爱尔兰以其地为入攻英国之根据。Elizabeth虽能阻止旧教徒之计划，然扰乱之结果，反使爱尔兰之困苦，大为增加。相传一五八二年时，爱尔兰人之饿死者，不下三万人也。

西班牙军队之在Netherlands南部者颇为得手，故Philip第二征服英国之希望颇大。西班牙于一五八〇年遣二耶稣社中人入英国以坚英国旧教徒信仰之心，并有力劝英国旧教徒援助外国人以反攻其女王之举。英国国会至是不能再忍，于是议决凡人民行圣餐礼或不遵国教之仪节者，则处以罚金或监禁之刑。西班牙派来之耶稣社中人，其一被杀，其一遁归。

一五八二年英国人受Philip第二之嗾使，有暗杀女王之举。据当日西班牙政府之计划，如英国女王被刺而死者，则法国Guise公应遣兵入英国以恢复旧教。然Guise公因国内方有三Henry之战，无暇他顾，Philip第二不得已乃单独出兵以征英国。

Mary Stuart于Philip第二入征英国以前，已被杀而死。先是彼曾参预谋刺Elizabeth之计划。国会中人乃知Mary不死，Elizabeth之生命必尚在危险之中；若杀死Mary，则西班牙王必不急求Elizabeth之去位。盖女王一旦去位，则继其后者必系Mary之子James第六其人，而彼固信新教者也。Elizabeth不得已于一五八七年下令处Mary以死刑而杀之。

然Philip第二并不因Mary Stuart之死而中止其入侵英国之计划。一五八八年彼遣其极其完备之海军曰“无敌舰队”（Invincible Armada）者，向北驶入Flanders以便运Parma公之精兵以赴英国。英国之军舰数与西班牙相等而船只较小，然英国之军官如Drake与Hawkins辈均系训练有素之人。若辈曾往来于南美洲北岸一带地，深知大炮之使用，使西班牙之军舰，无短兵相接之机会。西班牙海军既北上，英国人故意纵其驶入英国海峡，不意大风渐起，白浪滔天。英国军舰紧随其后，而两国舰队均被风吹过Flanders之海岸。西班牙之军舰本有一百二十艘，其回国者仅五十四艘，其余或为英国军舰所击沉，或为风浪所覆灭。西班牙入侵英国之患乃绝。

11. 十六世纪后半期历史之回顾

吾人试回顾Philip第二时代之历史，即知此期实旧教会史上之最有关系者。当彼即位之始，德国、瑞士与Netherlands大部分均改信新教。然英国当Mary在位时代，几有恢复旧教之趋向，而法国之君主则无宽容Calvin派新教之意。加以新兴之耶稣社四出运动，极有功于旧教之维持。西班牙之富强为当日欧洲诸国之冠，而Philip第二则不惜倾国以摧残国内与西部欧洲之异端。

当Philip第二去世时，一切形势，莫不大变。英国已成为永远之新教国；西班牙之无敌舰队，一蹶不振。Philip第二恢复英国旧教之计划，无复实现之希望。其在法国，则国内可怖之宗教战争方终，新王即位，不但予新教徒以信教之自由，而且任新教徒为相。西班牙干涉法国内政之机，乃告终止。西部欧洲方面，有一新教之国发生于Philip第二领土之中，即荷兰是也。壤地虽褊小，而其在欧洲政局上之重要，实不亚于西班牙。

至于西班牙本国，则因Philip第二措置不当之故，国势大衰。Philip第二之内政外交诸政策，无不大伤国家之元气，盖西班牙之强盛，本系非常之现象，而非其国家果有自强之基也。Philip第二死后不久，西班牙国内工业大衰。其留存国内者仅傲惰之农民而已，耕种无方，土地益形荒芜。以工作为耻，而不以贫穷为耻。曾有人告西班牙之王曰："金银不足贵，血汗最可贵；血汗之为物，永可流通，永不低落。"然西班牙半岛中血汗一物，实为难得。故Philip第二死后，西班牙遂一蹶不振而为欧洲之第二等国家。

第二十八章　三十年战争

1. 战争之第一步——Bohemia之叛乱及其失败

因宗教上异同而发生之最后战争，为十七世纪初半期德国方面之战争。此次大战，世称三十年之战争（The Thirty Years' War）（一六一八年至一六四八年），然其实战争并不止一次；而且战场虽在德国之境内，然瑞典、法国与西班牙莫不参预其间，其关系之重要正不亚于德国。

当德国皇帝Charles第五将退位之际，德国诸侯之信奉Luther派新教者，强迫皇帝承认其宗教及主有教产之权利。然Augsburg和约之缺点有二：第一，唯信Luther派之新教徒，方得和约之承认。至于Calvin派之教徒，人数虽常有增加，亦不受和约之承认。第二，虽有和约之规定，而新教诸侯强夺教会财产之事，仍进行不已。

当皇帝Ferdinand第一及其继起者在位时代，国内升平无事。然新教主义，发达甚速，蔓延于Bavaria，奥地利领土，及Bohemia诸地。故德国

Hapsburg族之领土，颇有大部分改信新教之势。然旧教徒中，有耶稣社中人之传道，其势力亦正不弱。若辈不但四出传道，与建设学校而已，而且得一部分德国诸侯之信任。故当十七世纪之初年，新旧教之争端，颇有重启之机会。

德国之Donauwrth城，本信Luther派之新教者，而城中尚存有寺院一处。一六〇七年寺中修道士有游行市上之举，新教徒群起袭击之。Bavaria公Maximilian本笃信旧教者，而该城又在其境内，故遂乘机加罪于该城之人思有以惩之。乃遣兵入其城，逐其牧师，恢复昔日之旧教。宫伯领土中之选侯Frederick闻之，乃组织新教同盟。同盟中之会员，并不包所有新教之诸侯，如Saxony之选侯因Frederick为Calvin派中人，即不愿加入。次年Bavaria公Maximilian亦组织旧教同盟以抵制之。

上述诸节，实为三十年战争之开端。而战事则实始于Bohemia。此地因Ferdinand第一婚姻之关系，已入附于Hapsburg族。其地之新教徒，势力甚盛，故能迫皇帝予以种种之特权。然政府中仍不能遵守其规约，于一六一八年毁其地之新教教堂二处，Prague地方遂有叛乱之举。皇帝代表三人为新教徒所获，投之于皇宫之窗外。Bohemia人既有反抗政府之举，乃进而谋其地之独立。宣言不再认Hapsburg族之统治，另选宫伯领土中之选侯Frederick为其新王。Bohemia人以为选举Frederick为王，盖有二利。第一，彼为新教同盟之领袖；第二，彼为英国王James第一之婿，可望英国之援助。

Bohemia之叛乱，实为德国与新教之大不幸。其时德国新帝Ferdinand第二（一六一九年至一六三七年）为笃信旧教之人而且极具才力者，竟求援于旧教同盟。不意Bohemia之新王Frederick，实无挽回危局之能力。Bohemia人对于新王夫妻，大为失望，又不能得邻邦Saxony之援助。一六二〇年白山一战之后，Bohemia之“冬王”即仓皇遁走。皇帝与Bavaria公尽力于摧残境内之新教徒。皇帝并不商诸公会而以宫伯领土之东部予Maximilian，并以“选侯”之称号给之。

2. 战争之第二步——丹麦王之援助新教徒及其失败

新教徒之形势，至是颇为险恶，而英国王James第一以为彼之力量定足以恢复欧洲之和平；并可以力劝皇帝与Bavaria之Maximilian交还宫伯之领土于“冬王”，故不愿出兵干涉。即法国亦似应有出兵干涉之举，盖其时Richeliou当国，虽不喜新教徒，而对于Hapsburg族，则本极为反对者。然当时彼适尽力于推翻国内之Huguenot教徒，故无暇他顾。

然其时德国忽有意外之事发生。其时丹麦王Christian第四于一六二五年率兵侵入德国之北部以援助新教徒为目的。德国旧教同盟遣兵御之。此外Wallenstein并另募新军以备战，其军费则以战利品及沿途劫掠所得者充之。皇帝本贫困者，故对此Bohemia贵族之投效，甚为嘉许。不意丹麦王在德国北部，连战皆败。德国军队遂长驱入其国境，丹麦王不得已于一六二九年退归。

皇帝因军队获胜，气为之一壮，乃于一六二九年下交还教产令（Edict of Restitution）。命国内之新教徒凡自Augsburg和约后自旧教教会夺来之财产，一律交还。所谓教会财产包有大主教教区二处（Magdeburg与Bremen），主教教区九处，寺院约一百二十处，及其他教会之基金。且谓唯Luther派之新教徒得以自由崇奉，其他各派，一律禁止。是时Wallenstein正欲执行皇帝之命令，而战局之形势忽变。盖其时旧教同盟中人鉴于Wallenstein之势力过巨，颇怀猜忌之心，乃群以Wallenstein勒索及虐待人民之劣迹，诉诸皇帝。皇帝乃免其司令之职，其军队之大部分遂散。旧教徒之兵力方衰，而强有力之新敌又起。盖瑞典王Gustavus Adolphus又有南下援助德国新教徒之举也。

3. 战争之第三步——瑞典王之援助新教徒及其失败

挪威、瑞典与丹麦诸国，当Charlemagne时代为日耳曼民族所建设；然自十七世纪以后方参预西部欧洲之政治。自一三九七年Calmar同盟缔结以来，挪威、瑞典与丹麦三国合而为一。当德国改革宗教之时，瑞典退出同盟而独立，故同盟遂破。瑞典之贵族名Gustavus Vasa者（一五二三年至一五六〇年）实为独立运动之领袖。故于一五二三年，被选为瑞典之王。同年传人新教。Vasa乃籍没教会之财产，压服国内之诸侯，瑞典国势，蒸蒸日上。继其后者，又征服Baltic海东岸之地，露西亚入海之道因之阻隔。

Gustavus Adolphus（一五九四年至一六三二年）之入侵德国，其原因有二：第一，彼为当日极诚笃极热心之新教徒，为时人所注目。彼实悯德国新教徒之困苦，思有以维持其安宁。第二，彼抱有扩充领土之心，欲以Baltic海为瑞士之湖。故彼之入侵德国，不但存援救新教徒之心，亦且抱获得领土之望。

德国信奉新教之北部诸侯最初对于Gustavus Adolphus并不欢迎；然自Tilly率旧教同盟之军队攻破Magdeburg以后，新教徒方被其激起。Magdeburg本为北部德国之重镇，既为旧教徒所攻陷，居民被杀而死者凡二万人，城亦被毁。Tilly残忍之名虽与Wallenstein相等，然该城之被毁，或非彼之责任。自一六三一年Gustavus Adolphus战败Tilly于Leipsic后，新教诸侯方表示欢迎之意。Gustavus Adolphus乃西向而进，驻军于莱茵河上。

次年春间彼乃入Bavaria境，又大败Tilly之军队，进逼Munich城，陷之。彼是时正可长驱直入Vienna，然皇帝忽召回Wallenstein，令其召募新军，而以军权予之。一六三二年十一月Gustavus Adolphus遇Wallenstein于L ü tzen地方，两军相战甚烈，瑞典卒获胜。然Gustavus Adolphus因深入敌中，为敌人所杀，新教徒骤失其领袖。

然瑞典人仍不退出德国之境外，继续从事于战争。唯是时所谓战争，已流为一种军官盗劫之举动。兵士到处杀人，残忍无比。Wallenstein有阴与Richelieu及新教徒诸侯信札往还之迹，旧教徒疑甚；皇帝亦有所闻。Wallenstein之兵士多纷纷散去，而彼卒于一六三四年被人暗杀而死。同年皇帝军队大败新教徒于Nrdlingen地方。不久Saxony选侯退出瑞典同盟向皇帝求和。德国诸侯亦颇有厌乱者，战争至此，颇有终了之势。

4. 战争之第四步——法国之干涉及其结果

是时法国宰相Richelieu忽又遣兵入德国以与皇帝战。盖法国自皇帝Charles第五时代以来，四面均为Hapsburg族之领土所包围。境界除大西洋岸一面外，其他各方之界线，均无天然形势，难以自守。故法国之宗旨，在于弱敌以自强，而且欲得Roussillon之地以Pyrenees山为法国与西班牙之界线。同时法国并欲获得Burgurdy伯国即Franche-Comté及沿边要塞以扩充其势力于莱茵河之上。

Richelieu对于三十年战争并不取袖手旁观之态度。彼曾力促瑞典王之干涉，并以军饷供给之。而且彼曾阻止西班牙之扩充其势力于意大利之北部。一六二四年西班牙之军队侵入信奉新教之Adda河流域，其目的显在于征服其地为己有。Richelieu以为西班牙之举动，与法国之利害极有关系，盖一旦西班牙征服其地，则德国与意大利两地之Hapsburg族领土，有打成一片之观也。法国乃遣军队入意大利逐其地之西班牙人。Richelieu本非有所爱于其地之Calvin派新教徒，盖纯为法国利害起见者也。数年之后，法国与西班牙又有争夺Mantua公国之举，Richelieu亲率军队以败西班牙人。三十年战争将终之时，皇帝颇占优势，故Richelieu不得不出兵以挫败之。

Richelieu于一六三五年五月向西班牙宣战。其时彼已与Hapsburg族之敌人，缔结同盟。瑞典允俟法国愿和后再与德国皇帝言和。荷兰亦与法国同盟，德国诸侯之一部分亦然。故战端重启之后，法国、瑞典、西班牙及德国之军队，再肆蹂躏德国者前后凡十年。军粮极缺，故军队不得不频频调动以免饥饿。瑞典军屡战屡胜，皇帝Ferdinand第三（一六三七年至一六五七年）乃遣一Dominic派之修道士向Richelieu劝其毋再援助德国与瑞典之异端以攻击纯正之奥地利。

然是时Richelieu已死，时一六四二年十二月也，其外交可谓大告成功，想彼临终时亦必引以为快也。法国得Roussillon，Artois，Lorraine及Alsace诸地。法国王Louis十四（一六四三年至一七一五年）即位初年，名将甚多，武功甚盛，Turenne及Condé尤著。吾人于此，即知法国不久将继西班牙而称霸于西部欧洲矣。

5. Westphalia条约及战争之结果

三十年战争参预者既如此之多，而各人所抱之目的又如此之杂，故缔结和约，因之不免需时。当一六四四年时，法国已与帝国决定讲和于Münster，皇帝与瑞典媾和于Osnabrück，皆Westphalia境中之城市也。各国代表之往来蹉商和约者竟至四年之久，至一六四八年方订定签字。约中之条文为欧洲国际法之根据，至法国革命时方止。

据约中所定，凡德国之新教徒，无论其为Luther派或Calvin派均受Augsburg和约之承认，得以自由崇奉。凡新教诸侯，可以不理昔日交还教产令。凡一六二四年时若辈所占有之教产，仍得保留之。各邦诸侯仍得自定其境内所奉之宗教。德国各邦得互结条约，与外国亦然，帝国至是可谓瓦解；盖此种规定与承认各邦之独立无异也。Pomerania之一部分及Oder，Elbe与Weser三河口之地，均割与瑞典。唯三地仍属于帝国。不过瑞典此后在德国公会中得三表决权耳。

至于法国，则得Metz，Verdun及Toul三主教教域，此三地在百年前法国王Henry第二曾欲得而甘心者也。皇帝亦以其在Alsace之权利让与法国，唯Strasburg城则仍属帝国。最后荷兰与瑞士之独立，亦得各国之承认。

德国人民因三十年战争所受之苦痛，笔难尽述。昔日繁盛之区，多变为荒凉之域。村落之成墟者数以千计；有数处人民之数较战前减少至二分之一，亦有减至三分之一者，亦有不及三分之一者。Augsburg城本有八万人，至是收留一万六千人。德国人民亦因各国兵士之蹂躏及凌虐，故返诸野蛮之域。自此至十八世纪末年，德国之元气大伤，故对于欧洲之文化绝无供献。唯有一事焉，实为德国之希望所系。其事唯何？即Brandenburg之选侯自Westphalia和约后，为皇帝治下最有势力之诸侯是也。他日既为普鲁士之王，建设强国于欧洲，为战败Hapsburg族而建设德意志帝国之先声。

6. 科学时代之开始

吾人处今日之世，对于三十年战争渐形忘却，对于Tilly，Wellenstein及Gustavus Adolphus诸人亦渐无关心之人。抑若战争之为事，唯有破坏而无建设，所得实不偿其所失。然当三十年战争进行之日，亦正有人专心于科学之研究，其影响之远大，自非战争所可比。此辈科学家之研究方法与古代绝异，若辈以为古人之著作——就中以Aristotle之著作尤著——在各大学中所通行者，均系未经证明之言论。若辈以为欲谋科学之进步，当自脱去古人之陈规，自行实验与研究始。

波兰之天文家Copernicus于一五四三年，著书说明昔日太阳与恒星环绕地球而行之说之非是。彼以为太阳实为中心，地球与行星均环绕之而行。又以为恒星之似环绕地球而行者，盖地球私转故耳。Copernicus之著书虽经某教皇阁员之提倡，而且以其书达其景仰教皇之忱者，然新旧教之神学家，群以其学说为违反《圣经》上之主张，故竭力反对之。吾人至今已知Copernicus之学说并不谬误，而神学家之攻击，实属无知。所谓地球，不啻沧海之一粟。就吾人所知者而论，则宇宙全体，并无中心。

意大利科学家Galileo（一五六四年至一六四二年）用其所发明之望远镜，竟能于一六一〇年发见太阳面上之黑点，乃证明太阳之为物并非完全不变如Aristotle所言者，并以为太阳亦有私转之迹者也。Galileo并在Pisa之斜塔上投物于地，以证明Aristotle主张凡物重百磅者则其坠地速率较重一磅者加百倍之言之谬误。此外Galileo对于器械学上，亦复多有发明。彼之著作有用拉丁文者，亦有用意大利文者，因之颇为崇拜Aristotle者所不喜。盖若辈以为此种新思想若仅限于熟谙拉丁文之学者，则Galileo之罪尚为可恕，今竟以意大利文播之于大众，则其危险极大，不且怀疑当日神学家与大学之主张耶？Galileo最后被召至异端裁判所，其主张颇有为教会中人所禁止者。

当三十年战争开始之时，法国少年名Descartes者，适毕业于耶稣社中人所设之学校，为增加世界知识起见，乃有从军之举。然彼之思想甚富，当彼于某年冬日在停战期中独坐深思，忽悟吾人之轻信一切，绝无理由。彼以为彼所信者多传自古人，乃疑古人主张何以无误？彼乃专心致志另寻新理，一意于重建哲学之根基。第一，彼先断定至少有一事为真。彼“思”故彼必存在。此语遂为彼之名言，彼曾以拉丁文表之，Cogito ergo sum“吾思，故吾在”。彼又断定世间果有上帝，上帝果予吾人以善心，吾人若善用之，则吾人必不致受欺。总之Descartes主张凡“清明”之思想必系“真”思想。

Descartes不但建近世哲学之基，而且有功于科学与数学。彼对于英国人Harvey之发明血液循环之理，大为感动，以为即此已足征科学之成功。彼著书曰《方法论》（An Essay on Method）用法国文著之，以备不谙拉丁文者之研究。彼谓用一己之脑筋以求真理者，其结果必能较专恃拉丁文者为佳。彼并著有《代数》及《解析几何》诸书，而解析几何一种学问，实彼所发明者也。

英国人Francis Bacon本精于法律而为官吏者，有暇每专心于研究增加人类知识之方法，彼亦并用拉丁文与英国文以著书。近世反对“师说”与信赖“实验”者彼实为其第一人。尝谓“吾辈乃古人”非生在古代之人之为古人，盖其时世界尚幼，而人类尚愚也。年老时彼并著未完之小书曰New Atlantis者。书中描写数欧洲人所到之理想国。国中最要之机关为Solomon室，为一极大之科学实验室，以发明新理改良人类状况为目的。此室实为他日英国王家学院（Royal Academy）之模范。英国之王家学院建于Bacon死后约五十年，至今尚存也。

科学社之组织，始于意大利。不久英国、法国、德国均有同样科学院之建设。此实历史上空前之机关。其目的与古代希腊学校及中古大学不同，不在于传授古人之知识，而在于新知识之发明。

吾人已知当十三十四两世纪时，曾有指南针、纸、镜、火药等之发明，至十五世纪又有印字机之发明，然至十七世纪时，人类之进步方甚迅速。发明之时代，实始于此，至今未已。自显微镜与望远镜发明以来，古代希腊人与罗马人所不知者，吾人无不知之。不久因科学进步而产出改革之精神，中古时代可谓告终，而近世时代乃于是乎开始矣。

下篇　近世欧洲史

弁　言

此系著者于民国九年至民国十一年在北京大学史学系所用之《近世欧洲史》讲义，大体以美国名史家鲁滨孙（James Harvey Robinson）与俾耳德（Charles A.Beard）二人所著之《欧洲史大纲》（Outline of European History）第二卷为蓝本，并取材于二人所著《现代欧洲史》（History of Europe，Our Own Times）一书。至于篇章之排次，则纯取法于《现代欧洲史》，因其极为明白有条理也。

至于本书之主旨为何，则《大纲序文》中有数语极其简要。兹故引其成文为本书之弁言，其言曰："欧洲通史，为学校中最难应付之一种科目。男女学生，似均有明白人类全部过去之必要，若无此种知识，即不能真正明了若辈所处之世界，盖唯有过去可以说明现在也。旧日之历史教科书，大部分均系过去'事实'之简单记载。殊不知值得吾人之研究者实系过去之'状况'，过去之'制度'与过去之'观念'也。而且旧日之史书多注意于远古而略于现代，以致学生无明白过去与现在之关系之机会。"

"此书之目的在于免除旧籍之通病。第一，不重过去事实，而重古人生活状况，所抱观念，及状况与观念变迁方法之说明。第二，本书以篇幅之半专述二百五十年来之现代史，盖现代史与吾人最有直接之关系者也。"

何炳松，杭州

绪　论

研究历史之目的　历史为研究人类过去事实之学，故研究历史者往往为历史而研究历史。殊不知博古所以通今，现代之种种习俗及制度无一不可以历史解释之。今日之研究各种科学者——如自然科学、经济学、哲学、政治学、宗教等——莫不有研究历史之趋向。此非为历史而研究历史，实因研究过去方可以了然于现在耳。

是故欲明现代之政体及社会，非有历史之研究不为功。凡事之有后果者必有前因。个人如此，民族亦然。世界各国——如英国、德国、法国、意大利、俄罗斯等——各有特点，故其现状各不相同。倘不知其过去，如何能明其现在？德国、美国同属联邦，而精神互异；英国、西班牙同是君主，而内容不同。凡此异点唯有历史可以说明之。博古所以通今，研究历史之目的如是而已。

欧洲史之分期　欧洲史类分为三期：曰上古，始自纪元前五千年至纪元后四七六年；曰中古，始自纪元后四七六年至一四五三年，一四九二年，一五一八年，或一六四八年；曰近世，始自中古之末以迄现在。此种分期之法本非自然，不过学者为便于研究起见而已。而且各时代之交替如四季之运行，渐而无迹。起讫之年代特假之以为标帜而已，非真谓此年以前与此年以后之事迹可以截分为二也。

人类之历史甚古　抑有进者，人类之历史甚古。欧洲史之有记载虽仅七千年；然未有记载以前之种种古迹在历史上其价值或且远出于记载之上，断不能因其无记载之故遂断其无史。近世学者断定世界上之有人类距今至少已有五十万年，是则吾人所研究之全部欧洲史不过占人类史百分之一。于百分之一之中而强分之为上古、中古与近世，宁非管窥之见？故吾人所谓《近世欧洲史》者不过三四百年间事，仅占人类史千分之一而已。此不可不知者也。

近世二字之意义　何谓近世？定义殊难。罗马名人西塞禄（Cicero）曾有“吾人的近世”（these modern times of ours）之言，希腊人亦云然。凡各时代人之有时间观念者当莫不云然。至于吾人所谓近世者指近来三四百年而言，即表明自纪元后十六世纪以来之人类思想与生活与中古异，与现在同。

近世史何自始　近世史之始无定期。中古近世之交替各方面之迟早不同，亦无定界。例如《罗马法》之复兴，关系今日之商业及政治者甚巨，实发端于中古之十二世纪。代议制度之发达及民族国家之兴起则肇基于中古之十三世纪。不过自十七世纪以后，所有各国之国会方脱去中古时代之臭味。英国一六八八年之革命，法国一七八九年之革命，皆其例也。中流社会之得势及自治政体之发达实始于十七世纪之英国。同时兴起者尚有科学。故吾人研究近世史，当自英国代议制度完全成立时代始。

十六世纪为中古近世之过渡时代　代议制度及科学虽始于十七世纪，然文化、宗教、商业等，则始于十六世纪。故历史家多以十六世纪为过渡时代，并为近世史之开始。兹略述其梗概如下：

美术及文学之复兴

美术　文艺复兴发源于意大利，其方面有二：曰美术，曰文学。美术之兴盛以十五十六两世纪为最。美术家之负盛名者有芬奇（Leonardo da Vinci）以科学家而兼绘画家；安极乐（Michael Angelo）于绘画、雕刻、建筑诸美术，无不精到，而且能诗；拉斐尔（Raphael）为第一绘画家，以善于描情著于世。此辈出世以后，美术史上遂为之别开生面，一变中古时代矫揉造作之恶习。自然之美乃大著于世。

美术复兴之影响　十五十六两世纪之美术品虽属名贵无伦，然其影响于社会者并不甚巨。得见真迹者已少，具赏鉴能力者尤少。故美术之复兴不过历史变迁之一部，而不能为历史独开新纪元，此不可不知者也。

人文主义　文艺复兴之第二方面曰文学。中古时代文运极衰。及其末造，人生观念为之大变。起而研究人生者颇不乏人，而苦无典籍。希腊、罗马之文学名著遂应运而复兴，而“人文主义”（humanism）于以大盛。中古时代之能读书者非教士即律师；若辈所研究者非《圣经》即法律。纯粹文学非所问也。虽有一二文人，然其影响不著。至十五世纪初年，考古之徒蔚然兴起，群以研究希腊、罗马之异端文学为能事。对于中古时代之习俗多所抨击。旧籍之谬误者加以校正，史学观念为之一变。此辈学者虽无别识心裁之思想以贡献于世，然其校正旧籍之谬误，提倡考订之态度，实为他日文明进步之先声。

印字机之发明　文学复兴之影响正如美术并不甚巨。唯自活版印字机发明以后，书籍出版较昔为易，故读者亦较昔为多。用印字机印刷之书当以一四五六年在德国马因斯（Mayence）地方所印之《圣经》为最古。至十六世纪初年，西部欧洲之有印字机者已有四十余处之多。印书约八百万卷。

语言之兴起　当日书籍虽仍沿用拉丁文，然文学著作渐多适用各国之语言。近世西部欧洲诸国之语言文字实肇基于此。

地理上之发见及其影响

地理上之发见与商业　近世初年事业中之最有影响于人民思想者莫过于地理上之探险及发见。一四九二年哥伦布（Columbus）之发见美洲即其一端。一四九八年葡萄牙人伽马（Vasco da Gama）环航非洲而达印度，携南洋群岛之香料以归。自一五〇二年第三次航行以后，威尼斯（Venice）之商业遂为里斯本（Lisbon）所夺。其他地中海中诸城之专恃陆地商业为事者无不因之一蹶而不振。商业中心遂自地中海而移入大西洋。

威尼斯　当十六世纪初年，威尼斯商业之在地中海，有如今日英国商业之在西部欧洲，实为诸国之冠。海军之强，财力之富，殆无伦匹。派领事驻于西部欧洲诸大城中，时时以各地习惯，市场起伏，及政情变化，报告于政府。一四五三年，土耳其人入侵欧洲，而威尼斯之商业初不为之减色。盖其劲敌为冒险之海商，而非尚武之土耳其人也。

葡萄牙　西部欧洲诸国受海上商业利益之最早者为葡萄牙及西班牙二国——一因东方香料及贩奴以致富，一因美洲之金银以致富。唯两国政府均甚不良，自一五八〇年两国合并以后为尤甚。他日荷兰与英国接踵而起，战胜西班牙及葡萄牙人，东方商业遂为荷兰与英国所夺。葡萄牙之领土仅留南美洲巴西一处及南洋中数岛而已。

西班牙　至于西班牙，则自一四九二年发见美洲以后，于一五一九年科德司（Cortez）有征服墨西哥之举，数年后比撒罗（Pizzaro）有征服秘鲁之举。美洲之金银遂源源流入西班牙。虽英国商船时有中途劫夺之举，而西班牙诸港之货物并不因之减少。唯西班牙人不知善用其财力，且因维持旧教过力之故将国内勤俭之民摧残殆尽。如犹太人，本以擅长银行及工业著名，均被驱逐。从此国中遂无中流社会。国内财富渐渐流入于北部欧洲。对外战争又复失败，荷兰有独立之举，海军又复为英国所败，国势自此不振矣。

北欧海上商业 试披览欧洲之地图，即知荷兰、英国之形势极适宜于海上商业之发展。沿海良港不一而足，运输货物极形便利。故两国之海军独强，而为他日商战场中之健将。当中古时代，英国与荷兰之商业并不甚盛。盖当时北部欧洲之商业全握诸汉萨（Hansa）同盟之手。同盟之城数约七十。凡英国波罗的海（Baltie）及俄罗斯之商业无不在其掌握之中。

尼德兰 尼德兰（Netherlands）（即今日荷兰及比利时两国旧壤）之商业在十五世纪以前尚在汉萨同盟之手，将英国之羊毛输入法兰德斯（Flanders）诸城（即今日之比利时），织成毛织品，其精良为当时之冠。尼德兰之北部（即今日之荷兰）虽系务农之邦，而渔业独盛。沿海商业至十六世纪时亦极其发达，不久而成独立国。

中古时代之英国与法国

民族国家之兴起英国 当中古之世，英国、法国已略具民族国家之雏形。盖历代君主均能一面巩固中央政权，一面摧残封建之制也。减削封建诸侯之势在英国较易。盖英国自一〇六六年威廉第一（William Ⅰ）自诺曼底（Normandy）入侵以后，所有贵族易于就范。偶遇君主昏庸，则诸侯每有跋扈之举，如一二一五年英国王约翰（John）之宣布大宪章（Magna Carta）即其一例。自此以后，政府不得非法审判或监禁人民，非经国会允许不得征收新税。

国会 至一二六五年，英国又有贵族之叛，主其事者为蒙福尔（Simon de Montfort），其结果有第一次国会之召集。三十年后，英国王爱德华第一（Edward Ⅰ）有召集“模范国会”（Model Parliament）之举，平民之有代表实始于此。嗣后一百年间，爱德华第三与法国有百年之战争，军用浩繁，益不得不有赖于国会之援助。国会之势力因之益大。

都铎尔王朝诸君 百年战争（自一三四〇年至一四五〇年）方终，英国之内乱随起，即所谓“玫瑰战争”（War of the Roses）是也。盖其时约克（York）及兰加斯德（Lancaster）两王族互争王位。前者以白玫瑰为徽，后者以红玫瑰为徽，故有是名。此次战争纯在贵族，而平民不与焉。其结果贵族因战争而死亡者不可胜数。故兰加斯德族之亨利都铎尔（Henry Tudor）战胜约克族之理查第三（Richard Ⅲ）后，君主之权骤较昔日为大。新王即位以后，国内之工商业日盛，国库亦日形充裕。其子亨利第八即位后，骄奢无度，国用遂匮矣。

法国　十六世纪以前之法国史与英国正同。卡彼王朝（Capetian）诸君之战胜诸侯集权于中央政府，其事较英国为难，至十三世纪时方告成功。当十三世纪中叶，中央司法机关渐形发达，曰高等法院（Parlement）。至一三〇二年，有召集第一次国会之举，其国会名全级会议（étatesgénéral）。所谓全级者即社会中僧侣、贵族、平民，三阶级是也。故至十四世纪初年，法国已有代议制度及宪政之组织。不久与英国有百年之战，法国受害最烈。当战争最烈之日国会曾有扩张势力之举；不幸其领袖马拆（Etienne Marcel）被刺死，内阁制遂与之同归于尽。

法国君主之势力　百年战争既终，内乱随之而起，兵匪为患举国骚然。于是重开国会予君主以征收丁口税（taille）之权，为平定内乱之用。而法国王遂以此为政府固有之岁入。其结果则法国王无常常召集国会之必要。故其行动远较英国王为自由，此法国所以无“大宪章”也。任意逮捕人民之恶习亦至一七八九年大革命时方得废去。限制王权之机关仅有巴黎之高等法院，盖国王命令须经其注册，方生效力也。然国王一旦命其注册，则该机关即无抵抗之法。此种状况维持至大革命时始止。

中古时代之帝国

神圣罗马帝国　中古时代之德国及意大利，与英国、法国不同。其时神圣罗马帝国虽自命为全部欧洲之主，然其禁令尚不能通行于中部欧洲方面之本国。国内阿尔卑斯山（Alps）横亘其中，统一不易。皇帝驻跸于北，则意大利叛；驻跸于南，则德国之诸侯叛。

北部意大利之独立国　当十二世纪末造，霍亨斯陶菜（Hohenstaufen）族之皇帝腓特烈巴巴洛萨（Frederick Barbarossa）为伦巴底（Lombardy）同盟所败后，北部意大利诸城形同独立。不久诸城之政权渐入于僭主之手，然国势殊盛。僭主之最著者莫过于米兰（Milan）城之斯福察（Sforza）族。诸城之行民主制度者首推佛罗伦萨（Florence）及威尼斯二国。然前者之政权握诸豪族；而后者之政权则隐然在麦第奇（Medici）族人之手中。诸城之工商业甚盛，经济充裕，故为文艺复兴之中枢。

中部及南部意大利 教皇领土横贯于意大利之中部，而以教皇为元首。在南部者有那不勒斯（Naples）王国。此国与西西里（Sicily）当十一世纪之中叶，为基斯卡（Robert Guiscard）自东部罗马帝国夺来。至十三世纪时，那不勒斯附属于德国皇帝腓特烈第二，后为法国王圣路易（St. Louis）之弟安如（Anjou）之查理（Charles）所征服，而建安如王朝。至一二八二年，西西里叛而附于亚拉冈（Aragon）王国。当一四三五年至一四三八年间，亚拉冈王国并逐那不勒斯之法国人，遂合二国称二西西里王国。

查理第八之入侵意大利 当一四九四年至一四九五年间，法国王查理第八入侵意大利，志在恢复法国人之势力。其始干戈所向到处披靡。那不勒斯王国不久即入其手。成功之速出人意外。唯法国王及其军队得志逾恒，日形骄纵。同时其敌国又复合力以抵抗之。盖亚拉冈王斐迪南（Ferdinand）既虑西西里之丧亡，德国皇帝马克西米连（Maximilian）又不愿法国之兼并意大利也。法国王于一四九五年败而遁归。至一五〇三年路易十二（Louis Ⅻ）售那不勒斯王国于斐迪南。嗣后那不勒斯王国之附属于西班牙者垂二百年。

查理第八入侵之结果 查理第八入侵意大利之结果，表面上虽似不甚重要，实则其影响极为宏大。第一，意大利人无民族感情之迹从此大著于世。自此至十九世纪中叶，先后臣服于异国——先属于西班牙，继属于奥地利。第二，法国人入侵意大利后，极羡意大利之文化。贵族之堡垒遂改筑为华丽之宫室。法国、英国、德国三国人研究学问之风蔚然兴起。希腊文字遂大盛于意大利之外。故意大利半岛不但政治上为四邻之牺牲，即文化上亦渐失其领袖之资格。

法王之力争米兰 法国王路易十二虽放弃南部意大利，然对于米兰公国则出全力以争之。法兰西斯第一（Francis Ⅰ）在位时，尚争持不已，卒为查理第五所得。

十六世纪时代之德国 十六世纪初年之德国绝不似后日德国组织之完备。故当时法国人名之曰“诸日耳曼”（Germanies），盖国中小邦多至二三百，其面积性质均甚互异也。有公国，有伯国，有大主教之领土，有主教之领土，有独立之城，又有极小骑士之领土。

皇帝权力之微弱 至于皇帝，国帑有限，军队不多，绝无实力足以压制诸侯之跋扈。当十五世纪末年，皇帝腓特烈第三异常困苦，竟致乞食于寺观。盖当日德国之政权不在中央而在诸侯之手也。

选侯　诸侯中之最有势力者首推选侯。所谓选侯者盖自十三世纪以来即握有选举皇帝之权故名。选侯中有三人为大主教，分领莱茵河上马因斯（Mayence）、德里佛斯（Treves）及科伦（Cologne）三地。在其南者为“莱茵河上之宫伯领土”，在其东北者为勃兰登堡（Brandenburg）及萨克森（Saxony）两选侯之领土，合波希米亚（Bohemia）王而得七人。

其他之诸侯　选侯以外尚有其他重要之诸侯。如符腾堡（Württemberg）、巴威（Bavaria）、厄斯（Hesse）及巴登（Baden）四国，即他日德国联邦中之分子。不过在当日国土较小耳。

城市　德国城市自十三世纪以来即为北部欧洲文化之中心，正与意大利之城市同。有直辖于皇帝者则名“自由城”或“皇城”，亦得列于小邦之林。

骑士　德国骑士在中古时代极有势力。自火药发明以后，骑士无所施其技，其势力大衰。领土过小，岁入不足以自给，故流为盗贼者甚多，而为商旅之大患。

德国无中央权力　德国小邦林立，时起争端。皇帝既无力以维持，诸侯遂设法以自卫。邻国纷争遂为法律所允许，不过须于开战前三日通知敌国耳。

国会　德国之国会曰帝国公会（Diet），开会无定期，会场无定所，盖德国本无皇都者也。一四八七年以前，城市不得举代表。骑士及小诸侯亦然。故国会议决案其效力不能遍及于全国。

德国不能建设中央政府之理由　德国不能建设一强有力之中央政府其最大原因为帝位之不能世袭。虽时有皇帝父子相承之举，然须经选侯之选举，故入继大统者多不敢稍拂诸侯之意或稍夺诸侯之权。故自十三世纪霍亨斯陶棻族覆灭以来，为德国皇帝者每汲汲于皇家领土之扩充，而不顾全国之利害。一二七三年后哈布斯堡（Hapsburg）族之皇帝即实行此种政策之最著者。自十五世纪中叶后，为皇帝者多选自此族。

皇室之联姻　十六世纪初年之皇帝为马克西米连第一（Maximilian Ⅰ）。青年时代娶勃艮第（Burgundy）之马利（Mary）为后，领有尼德兰及莱茵河西介于德国法国间一带之地。马利不久死，传其领土于其子。

其子娶西班牙之佐安那（Joanna）为后。后为亚拉冈王斐迪南与卡斯提尔（Castile）女王伊萨伯拉（Isabella）联姻所生之公主，财产之富为欧洲冠。自美洲发见以后，西班牙之富源日辟，故当公主于归德国皇帝时，嫁奁之富殆莫伦匹。

查理第五　马克西米兰之太子死，其子查理年仅六岁——一五〇〇年生于根脱（Ghent）城。其外祖父斐迪南死于一五一六年，其祖父马克西米兰死于一五一九年。查理遂领有广漠之国土，其称号之著者为卡斯提尔、亚拉冈、那不勒斯三国及美洲殖民地之王，奥地利之大公，提罗尔（Tyrol）之伯，不拉奔（Brabant）之公，安特卫普（Antwerp）之边防使（margrave），荷兰之公等。至一五一九年，被选为德国皇帝，称查理第五。

查理第五赴德国之第一次在一五二〇年，召集瓦姆斯（Worms）大会以讨论大学教授路得（Martin Luther）攻击宗教之著作。宗教革命之端实发于此。

宗教改革

中古时代之教会　中古时代之教会其组织之完备与势力之宏大远在当时政府之上。为其元首者为驻于罗马城中之教皇。教会所根据之教义最要者有二：第一，教会以外无救世之机关；第二，上帝救世以各种仪节（sacraments）为方法，举行仪节之权唯教士有之。仪节中之最重要者为浸礼与圣餐。唯教徒须向教士忏悔其罪过，方得与于圣餐之礼。行礼之后罪过自除。忏悔与消除二种仪节合称曰悔过（penance）之仪。盖谓人不忏悔，则无消除罪过之望也。

教会之组织　教士既握有执行仪节之权，故其势力极巨。同时教会不能无一种极形完备之组织。机关既大，流弊滋多，故时有受人指责之事，而改革活动在中古时已时有所闻。教会内容之不堪，至十五世纪初年尤著；盖是时适有教会分裂，教士不法之事也。

宗教大会　其结果则有屡次召集宗教大会之举，隐然为基督教中之代议机关。其最著者为一四一四年在瑞士康斯坦斯（Constance）所开之会，然其改革之计划从未实行。嗣后五十年间，教皇常设法阻止此种改革之举动。教会中之代议制遂以失败。

十五世纪末年之教皇　同时教会本身又绝无改革之表示。迨十五世纪之末造，教皇专意于扩张中部意大利之领土，当时人遂了然于教皇之意志在政治而不在宗教，扩张领土在需钱。而教皇之岁入向多筹自德国，盖英国、法国君主均早有停止输款罗马教皇之举也。故一旦路得提出抗议，德国全部无不闻风响应。

伊拉斯莫斯之讽刺　当路得幼时即有著名学者伊拉斯莫斯（Erasmus）因鉴于教士之无知无识，教会之不法行为，著文以讽刺之。然伊拉斯莫斯辈之意，原望教会之能改革其本身。若辈对于教会并无革命之意。即路得之反抗教会其初意亦不料竟成决裂之举也。

路得及其主张　路得自幼即为修道士，继充萨克森（Saxony）之威丁堡（Wittenberg）大学教授。尝读《圣经》及圣奥古斯丁（St.Augustine）之著作，忽悟自救之道端在"信"字（faith）。所谓信即吾人与上帝发生亲密关系之意。如其无信，则赴礼拜堂朝谒圣墓，参拜圣迹等事，均不足以消除吾人之罪过。人而有信，则虽不赴礼拜堂可也。

一五一七年在德销售之赎罪券　路得此种主张本不足以引起世人之注意。至一五一七年，教皇因重修罗马之圣彼得（St.Peter）教堂，需费浩大，有销售赎罪券于德国之举，遂激起路得之抗议。其主张乃大著于世。

赎罪券之原理　赎罪券之颁给起源于忏悔之仪。教会中人尝谓凡人能自忏悔者上帝必赦其罪过；然悔过者须行"善事"（goodworks）——如斋戒、祷告、朝拜等——方可。吾人虽死，然因悔过之义未尽必入炼罪所。所谓赎罪券颁自教皇，得之者可免此生一部分悔罪之苦行，及他日炼罪所中全部或一部之痛苦。故所谓赎罪券者非赦罪之谓，乃减少苦行之谓也。

销售之方法　人民之捐资于教会者多寡不同。富者多捐，贫者则可以不出资而得赎罪券。然经理赎罪券者每有贪多务得之举，受人叱骂。

路得之赎罪券论文　一五一七年冬十月，多明我（Dominic）派之修道士名忒策（Tetzel）者在威丁堡附近地方劝销赎罪券，其言多有未当。路得闻之，以为与基督教精义相反，遂著《赎罪券论文》九十五条以辨其非。榜其文于礼拜堂门外，任人辩难。

论文之内容　路得之榜其《论文》也，原不料有惊动世人之结果。其《论文》系用拉丁文所著，唯学者能读之。而不久即有人译成德国文，播之全国。其《论文》之大意略谓赎罪券之购买与否无关宏旨，不如省其费为日用之需之为愈。信上帝者上帝佑之，购券无益也云云。

路得怀疑教会之组织　路得既著《论文》，乃潜心研究教会史，以为教皇之得势乃系渐进者。耶稣门徒绝不知有所谓圣餐、朝拜诸仪；更不知有所谓炼罪所与赎罪券及居于罗马之教皇。

路得致德国贵族之通告　同时路得并潜心于研究及著述，其文气遒劲异常，运用德国文颇具舒展自如之能力。至一五二〇年，发行小丛书数种，实开宗教革命之端。就中之最足以动人者莫过于致德国贵族之通告，略谓现在教会内容之不堪尽人皆知。然欲教会之自行改革不啻坐以待毙，又何如由各国君主实行改革教会之为愈。又谓为教士者除应尽职务外并非神圣，故应服从各国之政府。又谓现今寺院林立为数大多，应将修道士放之还俗，为教士者应准其娶妻。意大利方面之教士多取资于德国，应设法抵抗。此种主张一出，不啻为宗教革命之宣言。全国响应，良非偶然。

路得焚毁教皇之谕　路得既有非议教皇之举，教皇遂下令逐路得于教会之外；路得不服，竟焚其谕。一五二〇年，德国皇帝查理第五赴德国召集大会于瓦姆斯，令路得赴会。路得虽如命往，然始终不愿取消其主张。德国皇帝亦无如之何，放之出走。

路得之隐居　查理第五不久即离德国而归，十年之间，因一面西班牙有内乱，一面有与法国王法兰西斯第一（Francis Ⅰ）之战争，无暇兼顾宗教上之争执。同时萨克森选侯腓特烈颇加意于路得之保护。故当路得自瓦姆斯大会回里时，中途即为密友携至选侯之堡垒曰瓦特堡（Wartburg）者。路得居此凡二年，日唯以著书为事，《圣经》译成德国文，即在此时。

贵族之革命　同时宗教革命一变而为社会革命。第一，为骑士之反抗广有领土之主教。骑士力小而败，而人民所受之损失殊巨。故世人颇有归咎于路得者，以为彼之著述实有以致之。

农民之叛乱　较贵族革命尤烈者为一五二五年农民之叛。其时德国农民纷纷标上帝公正之名以报复旧怨为事。所要求者颇有合理之处，其最著者曰“十二条”，略谓《圣经》之上并无纳租于地主之明文，地主与佃户既同是教徒，又何得以奴隶视佃户？又谓若辈甚愿纳其应纳之租，至于例外之徭役则非有相当之工资不可。并要求各地方应有自选牧师之权，牧师之不称职者得随时解除之。

路得力劝政府平定叛乱　其时农民中之激烈者有杀尽教士及贵族之主

张。城堡及寺院之被焚毁者以数百计，贵族之被惨杀者亦不一其人。路得本农家子，对于农民本有同情，嗣因劝之不听，遂有力劝政府以武力平定叛乱之举。

平定叛乱之惨　德国诸侯纳其言，遂以残酷方法平定之。至一五二五年夏，农民之被惨杀者数以万计，而受毒刑者不与焉。地主对待佃户之苛虐曾不为之少减，佃奴之苦况反较叛乱以前为甚。

斯拜尔之抗议　一五二九年德国皇帝查理第五再召集大会于斯拜尔（Speyer），以实行昔日瓦姆斯大会处置异端之议决案。然自一五二〇年以来，德国诸邦及城市中已有实行路得派之宗教及其对于寺院及教产之观念者。唯系少数，故唯有根据于一五二六年第一次斯拜尔大会之议决案提出抗议（protest），主张各国对于此种事务之处置自有权衡。此辈抗议者并以多数专制之事诉诸德国皇帝之前及后来之宗教大会。抗议者三字遂为后日新教徒之通称。

奥格斯堡信条　一五三〇年德国皇帝查理第五赴德国，召集大会于奥格斯堡（Augsburg）。新教诸侯提出奥格斯堡信条于大会，内中详述若辈所信之教义。此文至今尚为路得派教徒之教条。唯德国皇帝仍令新教徒允旧教徒之要求，将所有籍没之财产交还旧主，且此后不得与旧教徒为难。不久德国皇帝又因事他去，自此不入德国者又凡十年。新教之势遂乘机日盛矣。

奥格斯堡和议　德国皇帝查理第五曾欲摧残新教而不得，不得已于一五五五年承认奥格斯堡之和议。其重要之条文如下：凡皇帝直辖之诸侯、城市及骑士，得以自由选择其信仰之宗教。如主教之为诸侯者一旦宣布信奉新教时，则所有财产即须交还于教会。德国各邦之人民均须信其本国所奉之教，否则唯有移居他国之一途。无论何人必信旧教或路得派之新教，不得另奉第三种宗教。故当时德国人实无真正之信教自由也。

法国之新教徒

喀尔文　同时新教运动之影响渐及于他国。其在法国有喀尔文（Calvin），其能力与路得同，而其智力则远在路得之上。因惧政府之抑制，遁入瑞士；先往巴塞尔（Basel）城，继又遁入日内瓦（Geneva）城，遂家焉。时一五四〇年也。该城方脱离萨伏衣（Savoy）公国而独立，遂付喀尔文以改革市政之权。喀尔文编订宪法，设立政府，将宗教政治冶于一炉。付管理教会之权于“长老”（Presbyters），故喀尔文派之新教有“长老会派”之名。法国之新教乃喀尔文派，而非路得派。苏格兰亦然。

法国之新教徒　法国王法兰西斯第一及其子亨利第二（一五四七年至一五五九年）屡有虐杀新教徒之举。然新教徒日增月盛，而以中流社会及贵族居多。故法国之新教徒不仅为宗教上之信徒，亦且为政治上之朋党。至十六世纪末造，势力甚盛，能以武力抵抗政府。亨利第二之长子法兰西斯第二在位不过一年，其次子查理第九（一五六〇年至一五七四年）以十龄之童入承大统，母后喀德邻（Cathe-rinede Medici）居摄。

喀德邻圣巴托罗缪节日之虐杀　母后喀德邻居摄之始本欲以调和新旧教徒为己任。不久旧教首领居伊兹（Guise）公有虐杀新教徒于筏西（Vassy）之举。此后三十年间，国内每有假宗教之名以实行其焚毁劫掠之实者。至一五七〇年，新旧教徒有停战之举。是时新教首领科利尼（Coligny）有联络旧教徒合力以抵抗西班牙之计划，故颇得国王及母后之信任。旧教首领居伊兹公忌其计划之实行，思有以尼之。遂谮科利尼于喀德邻之前，谓其计划非出诸本心，母后信之，乃使人谋刺科利尼，伤而不死。母后恐王之发其罪也，乃造蜚语于王前，谓新教徒实有图谋大举之意，王信之。于是巴黎旧教徒定期于一五七二年圣巴托罗缪（St.Bartholomew）圣诞之夕闻号袭杀科利尼及新教徒。盖其时因王姊马加勒特（Margaret）与信奉新教之纳瓦拉（Navarre）王亨利结婚，全国新教徒多来巴黎观礼也。是役也，巴黎城中被杀而死者约二千人，其他各地约万余人。

三亨利之战　虐杀新教徒之后，内乱随起。法国王查理之弟亨利第三（自一五七四年至一五八九年）即位，一面与新教首领纳瓦拉之亨利战，一面又与旧教首领居伊兹公名亨利者战。旧教首领被刺死，法国王亦为旧教徒所刺而死。新教首领遂入承大统，称亨利第四——实为法国波旁（Bourbon）王朝之始。亨利第四即位，乃改信旧教。至一五九八年下南特（Nantes）之令，许新教徒以信教之自由。当时国内升平无事，农商诸业经政府之提倡极其发达。至一六一〇年亨利第四不幸被刺死，传其位于其子路易十三（自一六一〇年至一六四三年）。自一六二四年至一六四二年，法国王权实握诸名相黎塞留（Richelieu）之手。摧残国内新教徒，王权为之大张。

英国之教会

英王亨利第八　英王亨利第八即位，权力甚大。盖其时贵族之势已衰，中流社会未起也。其初隐握政权者为武尔塞（Wolsey），不甚与闻欧洲大陆之战争。亨利第八对于路得其初本不甚赞成，曾著书以抨击之。嗣因王欲与后亚拉冈之喀德邻离婚，武尔塞与罗马教皇均不以为然，遂生嫌隙。其初与教皇所争者不在宗教而在教会之管理权。一五三四年，英国国会通过《独尊议案》，宣言国王为英国教会之最高首领，有任命教士及征收教税之权。因实行议案而有虐杀之举。唯此时英国王尚自信为旧教徒，凡不信旧教者必加以刑。不过英国教会此后须受其监督耳。然其时仍有解散寺院籍没教产之举。英国王之用心原不堪问，不过反对罗马教皇之举颇合国人心理耳。

英国国教之成立　亨利第八之子爱德华第六（Edward Ⅵ）即位后，与教皇所争者方关于教义之上。故有《祈祷书》及《二十四教条》之编订。至女王依利萨伯（Elizabeth）时代重订教条减之为三十九，至今为英国国教之重要教义。

罗马旧教之改良

西班牙王腓力第二　王极信旧教，几有倾其国以维持旧教之概。设立异端裁判所之目的即在于此。同时并命亚尔伐（Alva）公率军队赴尼德兰以铲除新教。法兰德斯人之逃往英国者甚多。唯北部则有奥伦治（Orange）公威廉（William）为新教徒之领袖，以抵抗西班牙王之压制。

荷兰之独立　其时荷兰人多信新教，尼德兰南部人则多信旧教。唯因亚尔伐公过于残酷之故，南部旧教徒亦均心怀携贰。不久亚尔伐公被召归国，其军队于一五七六年大掠安特卫普（Antwerp）城，即历史上所谓“西班牙之怒”（the Spanish fury）是也。此后三年间尼德兰南北两部合力反抗西班牙。不久西班牙王另命大臣来处置一切，方法和平。南北两部因之分裂。仅北部七省于一五七九年组织乌得勒支（Utrecht）同盟，至一五八一年宣布独立。此次独立事业之最出力者，即奥伦治公威廉其人。西班牙王于一五八四年阴令人刺之而中，然荷兰独立之根基已固矣。

西班牙之无敌舰队　西班牙之敌除荷兰外尚有英国。盖英国自依利萨伯而后已显然为新教之国也。而且英国商船时有劫夺西班牙商船之举，尤为西班牙人所切齿。西班牙王腓力第二欲用一劳永逸之计，组织极大之海军舰队以攻英国。英国军舰轻便易于驾驶，加以适遇大风，遂大败西班牙之海军。西班牙之国力至是垂尽，即在今日犹未能恢复焉。

三十年战争

三十年战争　德国自奥格斯堡和议后，新教之势日形发达。至一六一八年，信仰新教之波希米亚忽叛哈布斯堡之皇帝，遂开三十年宗教战争之局。战争之第一步，旧教诸国群起合攻波希米亚大获胜利。盖新教诸君意见不合，且无能也。第二步，为丹麦王来助德国新教徒，至一六二九年为德国军统窝楞斯泰因（Wallenstein）所败。德国皇帝下交还教产之命（Edict of Restitution），凡自奥格斯堡和议后，新教徒自旧教教会夺来之财产均须交回旧教徒。第三步，因交还教产，新教徒丧失太大，再开战事。瑞典王考斯道夫阿多发（Gustavus Adolphus）南下援助新教徒，所向披靡。德国皇帝在德国北部之军队被逐一空。然瑞典王亦于一六三二年在吕层（Lü tzen）战场上阵亡。第四步，是时法国名相黎塞留欲乘机限制德国皇帝之势力，出兵援助德国之新教徒。兵连祸结以迄于一六四八年，方开和平会议于西发里亚（Westphalia）之二城。

西发里亚和约　据和约之规定：凡新教诸邦于一六二四年以前所籍没之旧教财产无须交还，且仍有选择本邦宗教之权。各邦有与国内各邦及他国缔结条约之自由。从此帝国仅存其名，实与瓦解无异。德国北部沿海之地让予瑞典；麦次（Metz）、都尔（Toul）、维丹（Verdun）三城，及德国皇帝在亚尔萨斯（Alsace）[除斯特拉斯堡（Strassburg）一城以外]之权利均归诸法国。荷兰、瑞士之独立同时并得各国承认。和约既订，宗教战争遂告终止。民族国家至此大盛矣。

第一卷　十七十八两世纪之回顾

第一章　英国国会与君主之争权

1. 詹姆士第一与君权神授之观念

英国与其国会　英国位于岛中，四面环海，故与欧洲大陆战争之机会绝少。欧洲大陆诸国战事方殷之日，正英国升平无事之秋。当中古时代，国会制度已甚发达。然至中古末造，国会之势力极微。十六世纪初年，亨利第八尚有藐视国会之态。

依利萨伯在位时代之国会　至十六世纪末年：女王依利萨伯颇欲伸其实权于国会之上，国会竟有抵抗之能力。盖是时商业日盛，民智日开，加以战胜西班牙后爱国之心日益发达，而对于专制君主仇视益深也。他日斯图亚特（Stuart）朝继起，唯以扩充君权为事，故有十七世纪之内乱。其结果则王权衰落而国会之势日张。

詹姆士第一之即位　一六〇三年女王依利萨伯卒，苏格兰王詹姆士第六入主英国，改称詹姆士第一。英国、苏格兰及威尔斯（Wales）三国自此合称为大不列颠（Britain）。詹姆士第一为都铎尔朝亨利第七之后，故得入承英国大统。

詹姆士第一对于君主之观念　詹姆士第一既即位，颇欲压制国会以自逞。同时对于君权观念又复主张专制。彼固学者，且喜著书。曾有关于君主之著作刊行于世。意谓君主可以任意立法，而毋庸得国会之同意；凡属国民均是君主之臣子，生杀予夺权操于君。又谓明主虽应守法，然绝不受法律之束约，而且有变更法律之权。又谓："与上帝争者既谓之渎神……则与君主争者岂非罔上？"

君权神授　此种主张在今日视之固近谬妄，然在当日则詹姆士第一不过摹仿前朝诸君之专制及大革命以前之法国王，并非创举。以为君为民父，上帝实命之。人民既尊重上帝，即不能不服从君主。故为君主者对于上帝负责任，非对于国会或国民也。至于詹姆士第一与国会争权之陈迹实为他日其子查理第一丧命之机，兹不多赘。

詹姆士第一在位时代之著作家　詹姆士第一在位时代之著作家极足以照耀于史册，而为英国之光荣。世界最著名之戏曲家莎士比亚（Shakespeare）即生于此时。莎士比亚于伊丽莎白时代虽已有著作，然其名著——如《利尔王》（King Lear）及《狂风雪》（Tne Tempest）诸篇——实于詹姆士第一时代出世。同时并有大哲学家培根（Francis Bacon）著《学问之进步》（Advancement of Larning）一书行于世。其意略谓旧书如亚里士多德（Aristotle）等著作已不可恃，吾人应加意于动植物及化学之研究，以便知其究竟，而利用之以谋人类状况之改善。培根之能文殆可与莎士比亚相埒，所异者不过散文韵文之别耳。是时并有英译《圣经》之举，至今为英国文译本之最。

哈维 是时又有名医生名哈维（William Harvey）者潜心研究人体之机能，遂发现血液循环之理，为生理学上别开生面。

2. 查理第一与国会

查理第一　詹姆士第一之子为查理第一，虽较其父为稍具君人之度，然其固执己见失信于民则与其父同。其父之恶名未去，即与国会启争执之端。曾向国会筹款，国会恐其靡费也不允，乃思以战胜他国之荣结好于国会。当三十年战争时，西班牙曾竭力援助旧教徒，至是查理第一虽无军饷亦竟与西班牙宣战，筹划远征队赴大西洋中劫夺西班牙之商船，而终不得逞。

查理第一之横暴　国会既不允纳款于王，王遂以强横之方法征税于民。英国法律虽禁止君主不得向人民要求"礼物"（gifts），然并不禁其向人民假款。查理第一遂实行假贷之举，绅士因不允而被逮者五人。于是君主无故逮捕人民之问题遂起。

权利请愿书　英王横暴之迹既著，国会遂起而限制之。至一六二八年提出著名之《权利请愿书》（The Petition of Right）于政府。书中对于国王及其官吏之横征暴敛极言其非法。又谓此后非得国会之允许，国王不得向人民要求礼物、假贷、捐款、赋税等。非根据《大宪章》不得任意逮捕或惩办人民。军队不得屯驻于民家。查理第一不得已而允其请。

查理第一之解散国会　此种情形既著，国王与国会之意见益左。一六二九年之国会对于国王之举动颇为愤激，遂被解散。从此英国无国会而治者前后凡十一年。

查理第一之暴敛　王既解散国会，然实无统治之能力。加以横征暴敛大失民心，伏他日国会重振之机。如征收“船税”（shipmoney）即其一端。盖英国沿海各港向有供给战船于国家之义务，查理第一忽令其纳捐以代之。并向居在内地之人民征收同样之船税。意谓凡英国人均有输款护国之义。

罕普登　其时有罕普登（John Hampden）者为巴京汗州（Buckinghamshire）之缙绅竟行反抗输纳船税二十先令之举。此案遂提交于法庭以审之，卒以法官多数之同意判其有罪。然国人自此切齿矣。

劳得　一六三三年查理第一命劳得（William Laud）为坎特布里（Canterbury）大主教。劳得以为欲巩固国教及政府之势力，则英国国教应折衷于罗马旧教及喀尔文派新教之间。并谓为国民者应遵守国教之仪式，然政府不应限制人民对于宗教之良心上主张。劳得既任大主教之职，即有查视其辖地各教堂之举。凡教士之不遵国教仪式者则提交“高等特派法院”（Court of High Commission）审判之。如其有罪，即免其职。

新教徒中之党派　是时英国之新教徒分为二派：一为高教会派（High Church Party），一为低教会派（Low Church Party）。前者虽反对教皇及圣餐，然其遵守旧教仪式则与昔无异。故其对于劳得之主张异常满意。后者即清教徒（Puritans），则颇不以劳得之举动为然。盖此辈虽异于长老会派之主张废止主教制，然对于教会中之“迷信习惯”（superstitious usages）——如教士之法衣，浸礼所用之十字架，圣餐礼中之跪拜等——无不反对。至于长老会派之教徒虽有与清教徒相同之处，然并有仿行喀尔文派制度之主张，故与清教徒异，此不可不辨者也。

独立派　此派又有分离派（Separatists），亦称独立派（Independents）。此派主张各地方应自有宗教之组织，故对于英国国教及长老会派均反对之。英国政府禁其集会，故至一六〇〇年时颇有逃至荷兰者，居于来丁（Leyden）地方。至一六二〇年有乘美弗劳尔（Mayflower）船移民于北美洲之举，即美国历史上所谓行脚僧团（Pilgrim Fathers）者是也。北美洲新英诸州之殖民即出诸此辈之力。其教会之在北美洲者至今称为“公理会”（Congregational）。

3. 查理第一之被杀

查理第一与苏格兰长老会派之争执　苏格兰当女王伊丽莎白在位时代，有诺克斯（John Knox）其人，将长老会派之新教传入。嗣因查理第一强迫苏格兰应用新订之《祈祷书》，故苏格兰于一六三八年有《国民契约》（National Covenant）之缔结，以维持长老会派之新教为宗旨。

查理第一召集长期国会　查理第一志不得逞，乃思以武力强使之行。其时王适有大宗胡椒由东印度公司运归，遂以贱价出售以充军需。不意所招军士均隐与苏格兰之新教徒表同情，无心出战。查理第一不得已于一六四〇年召集国会。因其会期甚长故有长期国会之名。

长期国会反对英王政策　国会既召集，即有逮捕劳得监禁于伦敦监狱之举。宣布其大逆不道之罪于全国。王营救虽力，终不能出其罪。遂于一六四五年处以死刑。同时国会又通过《三年议案》（Triennial Bill），规定嗣后虽不经国王之召集，国会会期至少每三年一次。查理第一之专制政府根本为之摇动。国会不久又提出《大抗议》（Grand Remonstrance），内中缕述国王之种种不法行为。并要求国务大臣应对于国会负责任。并将此文印颁全国。

查理第一逮捕下议院议员五人　国会既表示其反抗政府之意，王大不悦，乃有下令逮捕下议院议员五人之举。不意王入议场时，此五人早已遁往伦敦城中矣。

内乱之开始（一六四二年）　是时王与国会各趋极端，均有预备开战之举。助国王者曰骑士党，多贵族旧教徒及下议院议员之反对长老会派者。国会议员之反对国王者曰圆颅党，因若辈皆截短其发以示其反对贵族之意也。

克伦威尔 其时为圆颅党之领袖者为来自田间之国会议员克伦威尔（Oilver Cromwell）。其军士类系深信宗教之人，与普通轻浮不法者异。英国之北部及爱尔兰人多信旧教，故竭力援助国王。

二大战 战事既起，迁延数年，自第一年以后王党之势日促。战事之最烈者首推一六四四年马斯敦穆耳（Marston Moor）之战；及次年纳斯卑（Naseby）之战，英国王败创特甚。王之书札入于圆颅党人之手，举国乃晓然于国王有求援于法国及爱尔兰以平内乱之意，国人益形切齿。一六四六年，王为援助国会之苏格兰军队所获，解交国会。国会拘之于外特（Wight）岛中者凡二年。

勃来得驱逐国会议员 是时下议院议员中颇有党于王室者，至一六四八年之冬，遂提出调和国会与国王争执之议。团长勃来得（Pride）颇反对斯举，率兵至议场中将王党之议员全数逐出。

查理第一之被杀 王党议员被逐后，国会之势力全为反对党人所占，乃有审判国王之提议。宣言下议院既为人民所选举，当然为英国之最高机关，虽无君主及上院可也。乃由下议院指派反对国王最力者组织高等法院以审理之。一六四九年正月三十日判处国王以死刑，僇其首于伦敦白宫（Whitehall）宫门之外。王之死殊非全国人民之意，盖主持此事者实少数激烈党人也。

4. 克伦威尔与共和时代

英国建设共和政府 国王既被杀，“残缺国会”（Rump Parliament）遂宣布共和政体，废君主及上院。然主其事者实为军统克伦威尔其人。克伦威尔之实力专恃独立派教徒。其时英国人之赞成清教派及废止君主者为数甚少；而共和政体竟能维持如是之久殊出意外。其时虽长老会派之教徒亦颇党于查理第一之子查理第二。然因克伦威尔有治国之才，且有军队五万人在其掌握，故能实行共和至十三年之久。

征服爱尔兰及苏格兰 克伦威尔虽握有军政之大权，然国步艰难统治不易。是时三岛分离不相统一。爱尔兰之贵族及旧教徒宣布查理第二为王。而新教首领名奥梦德（Ormond）者又集合爱尔兰之旧教徒，及英国党于王室之新教徒组成军队，以谋倾覆共和政府。故克伦威尔先率兵入爱尔兰，既陷德罗赫达（Drogheda），杀死二千余人。干戈所指无不披靡，至一六五二年全岛之乱遂平。逐爱尔兰之地主入山，籍没其土地以予英国人。同时（一六五〇年）查理第二又自法国入苏格兰，愿奉长老会派之宗教，苏格兰人群起拥戴之。然不久亦为克伦威尔所征服。

一六五一年之航业议案 英国国内虽属多事，然克伦威尔尚能从容战胜商业上之劲敌荷兰人。其时欧洲与殖民地间之运输全赖阿姆斯特丹（Amsterdam），鹿特丹（Rotterdam）二港之商舰。英国人忌之，乃于一六五一年由国会通过《航业议案》（Navigation Act），规定凡物产输入英国者必由英国商船或输出物产国之商船运入。此议案通过后，荷兰、英国间遂起商业上之竞争。两国海军屡有冲突，而互有胜负。实开近世商战之局。

克伦威尔解散长期国会（一六五三年）及其被选为护国者 克伦威尔与国会之意见屡有冲突，与昔日之查理第一正同。其时“残缺国会”虽系清教徒，然其贿赂公行，营私植党，久为国人所不齿。克伦威尔因其破坏大局也，遂痛责之。其时有议员起而抗辩，克伦威尔大呼曰：“来，尔辈之为恶已多矣！吾将止之。此已非尔辈所居之地矣。”言已，挥兵士入议场驱之。长期国会至此遂解散。克伦威尔即于是年四月召集新国会，以“畏上帝”之人充之。即历史上所谓贝耳逢（Barebone）国会是也。盖其时国会议员中，有伦敦商人名贝耳逢（Praise-God Barebone）者最为时人所注目故名。然所有新议员虽“畏上帝”，而对于国家大事毫无经验应付为难。故于是年十二月，议员中之较有常识者自行宣布解散，并付国家大权于克伦威尔，称之为“护国者”。

克伦威尔之外交政策 此后五年之间，克伦威尔虽不愿有加冕之举，实与君主无异。彼虽不能巩固国内之政府，然其对外政策则到处胜利。与法国缔结同盟，并助法国而战胜西班牙。英国遂得丹刻克（Dunkirk）地方及西印度群岛中之牙买加（Jamaica）岛。法国王路易十四最初不愿以“吾之中表”（my cousin）（此系欧洲各国君主间之通称）称克伦威尔，至是曾对人言愿称其为父，亦足见克伦威尔当日声势之宏大也。克伦威尔至是已俨然以君主自居，而其行动之专制亦竟不亚詹姆士第一与查理第一云。

克伦威尔之去世 一六五八年五月，克伦威尔忽患寒热交作之疾，其时国内适有大风拔木之象，王党党人以为此乃天夺之魄，神人交愤之征。不久遂卒。临终时祷于上帝，略谓："汝命我为英国人民造福，并为汝服务。爱我者固多，而恶我者亦众。愿汝恕之，盖若辈亦汝之民也；并愿汝恕我祈祷之愚"云云。

5. 复辟

复辟　克伦威尔既死，其子理查（Richard）庸碌无能，不久退位。长期国会之议员乃有重行集合之举。然其时国中实权仍在军队之手。一六六〇年，有军官名孟克（George Monk）者统率苏格兰军队入伦敦，以平内乱。方知国人并不赞助长期国会之议员，而长期国会不久亦自行解散。盖知众怒难犯，兵力难抗也。其时国人对于武人之骄横久怀厌恶，故极愿查理第二之复辟。新国会两院合议欢迎国王查理第二。共和政府至此遂覆。

查理第二之性质　查理第二之固执己见与其父同，然其才力较其父为大。虽不愿受国会之牵制，然始终不欲伤国人之感情而与国会生冲突。其时朝廷官吏颇好欢娱。当日戏曲之淫靡溢出常轨。盖清教徒得势时代，禁止人民行乐，未免矫情，故复辟之后有此反动也。

英王赞成信教自由　新教之异派既切望政府允许其信教自由，不意国王忽有赞助之意，盖其意固在旧教徒也。国王对于《一致议案》曾与国会商议减轻之道，并有信教自由之宣言。然国会深恐王之意或在恢复昔日之旧教，故于一六六四年有极严厉《宗教集会议案》（Conventicle Act）之通过。

一六七九年之出庭状议案　其时国会议案中之重要者当以一六七九年之《出庭状议案》（Habeas Corpus Act）为最。此案规定凡人民之被逮者须将理由告知，速予审判，并须根据国法办理。此种原理至今为身体自由保障之要义。立宪国家莫不承认。

与荷兰之战争　英国与荷兰之战争始自克伦威尔，至是复启。盖查理第二极欲扩充英国之商业及领土。海上战争因两国势均力敌之故，难分胜负。迨一六六四年，英国占据荷兰所领之西印度群岛及满哈坦（Manhattan）岛上之殖民地（即今日之纽约），荷兰不能敌。至一六六七年而和。

6. 一六八八年之革命

詹姆士第二　查理第二死，其弟詹姆士第二继之。詹姆士第二极信旧教，并继娶旧教徒摩德拿（Modena）之马利为后。即位后，即一意以恢复旧教为事。其前后所生之女名马利者嫁荷兰奥伦治公威廉第三。其时国人以为一旦国王去世，则必以其女继之，其女固新教徒也。不意新后忽举一子，而王又急于恢复昔日之旧教，国人大恐。新教徒遂遣人赴荷兰迎威廉。

一六八八年之革命及威廉第三之入英　一六八八年十一月威廉第三入英国，向伦敦而进，全国新教徒一致赞助之。詹姆士第二拒之，然军士多不效命，而朝廷官吏亦多怀二心。王不得已遂遁入法国。国会议员及一部分公民乃组织临时会议。宣言詹姆士第二“因信旧教及佥佞之故已违背国法而逃亡，故英国王位现已虚缺”云。

权利法典　临时会议又有《权利法典》（The Bill of Rights）之提议，后经国会之通过，遂为英国宪法中之重要部分。法典中规定：国王不得停止或违背国家之大法；非经国会允许不得征税及设常备军；不得干涉国会中之言论自由；不得废止陪审官制度；不得有逾分之罚金及逾分之刑罚；不得阻止人民之请愿。最后并宣布威廉与马利为国王，如其无子则以马利之妹安（Anne）继之。

光荣革命之结果　自国会宣布《权利法典》以后，一六八八年之“光荣革命”乃告终止。英国王之权力此后完全受国会及旧日习惯所限制。国会废立君主之权至此乃固。

解决议案　不久国会又有《解决议案》（Act of Settlement）之通过，规定他日女王安去世，则以其表妹汉诺威（Hanover）之索非亚（Sophia）或索非亚之嗣子入承英国之大统，盖所以拒绝詹姆士第二之子之要求也。至一七一四年，女王安死。索非亚之子佐治第一（George Ⅰ）入英国为王，为汉诺威朝开国之君主，其祚至今未绝。

英人此后无君主擅权之虑　《解决议案》之内容不但解决王位之承继问题，并有限制君权之规定。其重要者如司法官任期定为终身；如不称职唯国会可以免其职。故英国王此后并不能间接以干涉司法行政矣。

7. 英国宪法之性质

英国宪法为不成文法　英国宪法之发达多根据于上节所述之各种议案。故英国之宪法与现在文明各国之成文宪法不同；其条文始终无正式编订之举，实合各种议案中之精理及习惯而成。有种习惯其源远发于中古。盖英国人具有遵重古习之特性，如今日英国法官仍披白发即其一端。然一旦旧习已不可行或为革新之障碍时即弃而不用，另造新例为后人之指导。

兵变议案及陆军议案　英国宪法之变迁往往出诸偶然。例如当威廉及马利在位之初年陆军忽有兵变之举。国会不愿予君主以兵权以平定兵变，盖恐兵权过大，又酿昔日斯图亚特朝诸君拥兵专制之祸也。故仅予国王以统兵六个月之权。不久国王统兵之权延长至一年；至今陆军议案仍须每年重提一次云。

行政费与皇室费预算案　英国国会之得势在于有监督国家财政之权。《权利法典》中已有非经国会允许不能征税之原理。国会将国家岁出分为二部。其一为行政费（海陆军费在外）及皇室费，其数目有定，无特别理由不能变更。至于非常费则每年由国会分配之。其计算曰“预算案”。此种预算之方法始于斯图亚特朝，而大成于威廉第三时代。其结果则君主统兵之权只以一年为限，而因分配岁出之故每年不能不召集国会一次。

英王权力之薄弱　国会因有上述种种之进步遂握有国内之大权。君主既无掌握财政及军队之权，除否决议案及备国会之顾问外，形同木偶。而否决议案之权则自一七〇七年后已废而不用。而且自威廉第三即位以后，知充国务大臣者非从国会多数党中选出，则预算案必不易于成立，故不得不从多数党中选择国务大臣。其时骑士党因援助斯图亚特朝之故已失国人之信仰。故威廉第三时代之国务大臣皆命圆颅党中人充之。此后两党之名改称为保守党（Tories）及进步党（Whigs）。国务大臣之团体合名之为内阁（Cabinet），为他日行政之中枢。

第二章　路易十四时代之法国

1. 路易十四之地位及其性质

十七世纪初半期之法国　自宗教战争终了以后，法国王亨利第四治国英明，故王权复固。其子路易十三即位，政府大权握诸黎塞留之手，一面压制新教徒，一面摧残国内之贵族，王权为之益振。一六四三年路易十三卒，其子路易十四（自一六四三年至一七一五年）冲龄即位。马萨林（Cardinal Mazarin）当国，诸侯最后跋扈之举至是荡平。

马萨林与黎塞留之功业　一六六一年马萨林死。昔日负固不服之诸侯至是皆变为俯首帖耳之官吏。新教徒之人数亦已大减，而无抵抗之力。且因干涉三十年战争之故，法国领土较昔增加，法国国势亦较昔为盛。

路易十四之政府　路易十四实能广续先人之事业而益光大之。组织中央集权之政府，至大革命时方废。维尔塞（Versailles）之宫殿华丽宏壮为欧洲之冠，见者无不惊叹。王好大喜功，扰乱欧洲和平之局者先后几五十年。内有良臣，外有名将，欧洲诸国莫不敬而畏之。

君权神授说　路易十四对于君权之观念与英国王詹姆士第一同。以为君主受上帝之命以临其民，人民应以尊重上帝之心尊重君主。盖服从君主即服从上帝。如君主贤明，人民安乐，此上帝之德也，人民应有以报之；如君主庸愚，人民困苦，此上帝之示惩也，人民应忍受之。无论君主之贤否，人民始终不能有限制君权及反抗君主之举。

英法两国人民对于专制君主之态度　君权神授之说路易十四行之而成功，詹姆士第一行之而失败。其原因有二：第一，英国人对于君主之专制不如法国人之易与。而且英国有国会，有法庭，有种种权利之宣言，均足以限制君主之擅作威福。至于法国既无《大宪章》，又无《权利法典》。其国会又无监督国家财政之力。而且国会开会又无定期。当路易十四即位时，法国之未开国会者已垂四十有七年，此后尚须经过一百余年方有召集国会之举。第二，法国介于大国之间，如无强有力之中央政府不足以图自存，故法国人对于君主极具依赖之诚。盖一旦政情纷纠则强邻即将乘隙而入也。

法国人对于英国之观念　其时法国人之忠于王室者均以英国为革命之邦。英国人曾杀一王，逐一王；攻击政府与宗教之书籍通行无阻。凡此种种在法国人心目中视之无不惊骇。以为英国人不尊重权力、习惯或宗教者也。总之十七世纪末年英国所享之名誉正与十八世纪末年法国所享之名誉无异。

路易十四之性质　而且路易十四之为人亦有胜于詹姆士第一之处。盖其风姿俊美，态度幽娴。与英国王之面目可憎，言语无味，真有天渊之别。而且路易十四有临机应变之才，具料事如神之德。寡言笑，而勤于公务。

专制君主之勤劳　专制君主本不易为。一日万机应付甚苦。如腓特烈大王及拿破仑（Napoleon）诸人，无不早起晏眠，勤劳终日。路易十四虽有能臣多人襄理国事，而大权在握从无旁落之虞，与其父在位时之太阿倒持者有别。尝曰：“为人君者，如能尽其为君之道，则知其位高，其名贵，而其事乐。”故法国王以勤劳政事著于世。

2. 路易十四之提倡美术及文学

维尔塞宫殿　路易十四之宫殿其宏壮为西部欧洲之冠，诚不愧为王者之居。巴黎城外之维尔塞宫气象尤为雄壮。宫殿在前，名园在后。周围为城市，备官吏及商民居住之用。国内贫民虽多，而宫殿土木之费竟达银币二万万元之巨。宫殿中所有装饰之华丽至今见者尤赞叹不止。维尔塞为法国政府之中枢者先后凡百余年之久。

路易十四宫中之生活　国王宫殿既华丽无伦，国内贵族遂多离其旧堡而集于维尔塞，以得侍奉君主为荣。凡国王之饮食起居无不以贵族为使役。盖唯有接近君主方可为一己或亲友谋其进身之道也。

科尔伯特之改革　路易十四初年之改革事业多系财政家科尔伯特（Colbert）之功，法国人至今受其赐。科尔伯特深知当日官吏之贪污，逮其最著者逼其缴还。一面关于国用适用商民之簿记法。吏治既稍稍澄清，乃壹意于实业之提倡及旧业之改良，使法国之物品得以畅销于国外。其意以为一旦法国货物畅销于外，则外国之金银不难源源而入于法国，国与民将两受其益。甚至织品之质地及颜色亦有严密之规定。并将各种商会及公所重行改组，以便政府之监督。

当时之文学及美术　然路易十四之所以著名在于文学及美术之提倡。摩利哀尔（Moli è re）本优伶出身，以善编喜剧著于世。柯奈耶（Corneille）所著之悲剧以《大将》（The Cid）为最佳，继而起者即极有名之拉辛（Racine）也。舍焚耶夫人（Madame de Sévigne）之书札实为当日散文之模范。圣西门（Saint-Simen）所著之实录能将法国王之弱点及官吏之诡诈描摹尽致。

政府之提倡文学　其时法国王对于文人多所资助，如年金即其一端。法国自黎塞留当国时代即有中央研究院（The French Academy）之创设。至科尔伯特秉政时益扩充之。中央研究院尤注意于法国文字之改良，法国文之日趋优美得力于中央研究院者不少。即在今日，国人尚以得充中央研究院会员为最大荣誉（会员人数仅四十名）。今日尚存之杂志曰《学人杂志》（Journal des Savants）者专以提倡科学为宗旨，即创于此时。科尔伯特并于巴黎建设天文台。而皇家图书馆中之藏书自一万六千卷增至二百五十万卷，至今各国学者尚趋之若骛焉。法国王及其大臣提倡之功又焉可没也！

唯关于政治上与宗教上问题之讨论则绝无自由之可言。当时书籍之流行者多颂扬君主之著作，卑鄙不足道。故他日法国人着手倾覆专制政体时反倾心于英国以为模范焉。

3. 路易十四与四邻之争

路易十四之武功　法国王不但右文，亦且黩武。而其好大喜功之心远胜其修明内政之志。盖其军队精良，军官效命，久存思逞之心。而祸结兵连，卒召国库空虚之祸。诚法国之大不幸也。

路易十四思恢复法国之天然疆界　路易十四以前之君主每无暇思及国土之扩充。盖其时国内诸侯时形跋扈，中央权力巩固需时；加以英国诸君遥领法国之地，实逼处此，恢复为难；而且新教纷起，内乱频仍，平靖摧残费尽心力。至路易十四时代，国内升平，既无内顾之忧，遂生远略之志。故抱有恢复古代法国“天然疆界”之雄心。所谓“天然疆界”者即东北之莱茵河，东南之朱辣山（Jura）及阿尔卑斯（Alps）山，及南方之地中海及庇里尼斯（Pyrenees）山。黎塞留曾以恢复天然疆界为职志。马萨林当国时代则东得萨伏衣（Savoy），南得尼斯（Nice），法国之国境已北达莱茵河，南及庇里尼斯山矣。

路易十四要求西班牙属之尼德兰　路易十四之后为西班牙王查理第二之姊。法国王遂借此要求西班牙之尼德兰为其领土。至一六六七年，法国王著文说明：不但西班牙之属地应归法国之治下，即西班牙王国亦有应与法国合并之理由。以为今日之法国即昔日佛郎克民族（Frank）所创帝国之旧壤；果尔，则尼德兰固明明法国之领土也。

路易十四入侵尼德兰　一六六七年法国王统兵入尼德兰，遂征服其边疆一带地，再南向而克服法兰斯孔德（Franche-Comté）。此地为西班牙之领土，久为法国王所垂涎者。法国王既征服诸地，欧洲各国莫不为之大震，而荷兰尤甚；盖一旦尼德兰南部入于法国之手，则荷兰将与法国接壤，行有实逼处此之忧也。于是荷兰、英国、瑞典三国组织三国同盟以迫法国与西班牙媾和。其结果则法国占有尼德兰边疆一带地，而以交还法兰斯孔德于西班牙为条件。

路易十四破坏三国同盟　其时荷兰海军既足以抵抗英国之侵犯，一面又能阻止法国军队之进行，趾高气扬，殊为法国王所不喜。其意以为蕞尔小邦而敢开罪于大国，殊属无理。加以荷兰对于攻击法国王之文人多所庇袒，法国王益恨。故设计破坏三国同盟，与英国王查理第二约合攻荷兰。

路易十四侵入荷兰　法国既与英国媾和，骤占洛林（Lorraine）公国。一六七二年统兵十万人渡莱茵河而征服荷兰之南部。荷兰亡国之祸迫在眉睫。幸其时奥伦治公威廉急命将海堤之闸悉数开放，海水泛滥，法国军队遂不能北进。其时德国皇帝遣兵来袭法国王，英国亦中途离叛，法国王不得已与荷兰媾和于尼谟威根（Nimwegen）。

尼谟威根和约　六年以后和约告成。其重要条文为荷兰国土法国人不得侵占，唯法兰斯孔德既系法国王亲征所得之地应归法国。此地法国与西班牙两国相争者先后凡一百五十年，至是卒入附于法国。此后十年之间虽无重大战事，然法国王曾有占据斯特拉斯堡城之举。德国皇帝因其时土耳其人方围攻维也纳（Vienna），自保不遑，故对于法国王之侵略只能提出抗议而已。

4. 西班牙王位承继战争

西班牙王位承继问题　西班牙王查理第二既无子女，又无兄弟，承继问题久为西部欧洲各国所注意。其时法国王路易十四之后及德国皇帝利欧破尔得第一（Leopold Ⅰ）之后均系西班牙王之妹，故法国王与德国皇帝同具瓜分西班牙王国之心。不意查理第二于一七〇〇年去世时遗嘱以路易十四之孙腓力（Philip）入承西班牙之大统，唯以法国与西班牙两国不得合并为条件。

腓力即西班牙王位　西班牙王虽以王位遗诸法国王之孙，唯法国王承认与否关系极大。假使法国王承认之，则法国势力将遍及于欧洲之西南部及南北两美洲。其领土之广将远驾昔日德国皇帝查理第五之上。其时德国皇帝既不得染指，心本不甘；而荷兰之威廉入即英国王位以来久怀猜忌。法国王私心自用，不顾后患之无穷，竟以国家为孤注之一掷。故对于西班牙驻法国大使宣言彼行且以王礼待腓力矣。同时国内报纸亦复以此后再无庇里尼斯山为言。

西班牙王位继承之战争　英国王威廉于一七〇一年组织大同盟（Grand Alliance）以抵抗法国，同盟中以英国、荷兰及德国皇帝为中坚。英国王虽不久去世，然英国大将马尔巴罗（Marlborough）公及奥地利将萨伏衣之尤金（Eugene）均能勇猛从事。此次战争范围较三十年战争尤广，即北美洲之英国法国殖民地亦有互动干戈之举。十年之间法国军队屡次失败，不得已于一七一三年媾和。

乌得勒支和约　乌得勒支（Utrecht）和约既成，欧洲之地图为之大变。交战诸国莫不得西班牙领土之一部分。腓力第五仍许其为西班牙王，唯以西班牙与法国不得合并为条件。奥地利得西班牙领土之尼德兰。荷兰得形胜之地数处，国防愈固。意大利之西班牙领土如米兰及那不勒斯均入于奥地利。奥地利人之占有其地者至一八六六年为止。英国得法国在北美洲之诺法斯科细亚（Nova Scotia），纽芬兰（Newfoundland）及哈得孙（Hudson）湾一带地。法国人北美洲之领土从此日蹙。英国之占有直布罗陀（Gibraltar）亦在此时。

国际法之发达及格老秀斯之国际公法　国际法之发达以路易十四时代为最。盖因战事频仍，盟约迭起，欧洲各国均感有国际规则之必要也。例如使臣之权利，中立船只之待遇，战争行为之规定，对待俘虏之方法等，均系重要问题亟待解决者也。欧洲之有国际法始于一六二五年格老秀斯（Grotius）所著之《平时战时国际法》。格老秀斯及以后国际法学者之种种主张虽不能永息战争，而各国和平商协之道则因此增加不少。

路易十四之死　路易十四死，传其位于其曾孙路易十五（一七一五年至一七七四年）。路易十五即位时年仅五龄，国库空虚，人民困苦。英国某旅行家曾言曰："吾知法国之贫民有售其床而卧于藁上者；有售其壶罐及家具以满足国税征收人者。"故服尔德（Voltaire）谓当路易十四出丧之日，沿途人民不特不哀，反面现愉快之色云。法国军队之精良曾为欧洲之冠，至是亦复精神瓦解，远非昔比矣。

第三章　俄罗斯及普鲁士之兴起奥地利

1. 俄罗斯之起源

欧洲二新国之兴起及其重要　在路易十四以前，所谓《欧洲史》者大都以法国、英国、尼德兰、神圣罗马帝国、西班牙及意大利诸国为限。二百年来欧洲有新国二：一为普鲁士，一为俄罗斯，在欧洲及世界上均占极重要之位置。欧洲大战之发生实以普鲁士为中坚，而现代俄罗斯之"多数人"几有倾覆全世界秩序之势。故吾人不能不将吾人之注意自欧洲西部移至欧洲东部。

欧洲斯拉夫民族及俄罗斯之领土　东部欧洲一带地虽大半为斯拉夫（Slav）民族所占——如波兰人、波希米亚人、塞尔维亚人及俄罗斯人等——然在十八世纪以前与西部欧洲无甚关系，故在历史上之地位不甚重要。至十八世纪初年，俄罗斯方参入西部欧洲之政局，渐为世界强国之一。其疆域之广即就在欧洲方面者而论已硕大无朋，而欧洲之俄罗斯实仅占全国领土四分之一而已。

俄罗斯之立国　俄罗斯之立国始于九世纪时之北蛮，相传路列克（Rurik）于八六二年统一诺弗哥罗（Novgorod）附近之斯拉夫民族而成为一国。继其后者大扩国土以抵于聂伯（Dnieper）河上之基辅（Kiev）城。俄罗斯之名似自牢斯（Rous）一字而来，牢斯一字为芬兰人对于北蛮之通称。十世纪时，希腊派之基督教（即东正教）传入俄罗斯。假使俄罗斯无外患之频仍，则因与君士坦丁堡（Constantinople）交通之故其文化或早已发达矣。

2. 彼得大帝

彼得大帝（一六七二年至一七二五年）　自伊凡第四称帝以后，俄罗斯之领土虽时有扩充，然至彼得（Peter）即位时尚无通海之孔道。风俗习惯与亚洲同，政府组织仿自蒙古。彼得对于君主权力之宏大虽无疑义，然深知本国之文化远不如西部欧洲诸国之发达，而军队组织之不完备又不足以抵抗西部欧洲诸国而有余。假使俄罗斯而无良港与海军，则将永无参预西部欧洲政局之希望。故彼得即位之始即以引入西部欧洲习俗及开通与西部欧洲交通之孔道二事为职志。

彼得之游历西欧　自一六九七年至一六九八年，彼得亲赴欧洲西部，游历德国、荷兰、英国，以考察文学、美术及工艺为目的。在珊达姆（Saardam）地方船厂中工作者凡一周。经过英国、荷兰、德国时，聘请美术家、文学家、建筑家、航海家、军事家等，携之回国以备改革国政之用。

旧党之抑服　其时国内之贵族及教士因彼得力革旧习，与禁卫军合谋叛乱，彼得闻之急返国。旧党人所最不喜者即若彼所谓“日耳曼之观念”（German ideas），如短衣、吸烟、薙须等。国内教士并谓彼得为“反耶稣者”（Antichrist）。彼得怒，力平叛乱，相传手刃旧党人不少。

改革计划　彼得在位始终以改革为事。禁止国人不得留长须，服长衣。凡上流女子设法使之与男子有社交之会，一反旧日男女隔绝之旧。凡西部欧洲人之入居俄罗斯者无不加意保护，并许其信教自由。同时并遣国内青年前赴西部欧洲留学。并以新法改组其政府及军队。

新都圣彼得堡之建设　又因旧都莫斯科为旧党之中心，古来旧习不易骤改，乃有建设新都之计划。择地于波罗的海上。建都曰圣彼得堡（St. Petersburg），移国民及外人以实之。

瑞典王查理十二之兵力　彼得既抱获得海岸之野心，其势不能不与瑞典起冲突。盖介于俄罗斯及波罗的海间之领土皆属瑞典故也。其时瑞典王查理十二以善于用兵著于世。当一六九七年即位时年仅十五岁。四邻诸国以瑞典王冲龄易与群思一逞。故丹麦、波兰及俄罗斯三国缔结同盟以侵略瑞典之领土为目的。不意瑞典王用兵神速几可与古代亚历山大（Aexander）埒。转瞬之间攻克哥本哈根（Copenhagen），丹麦不得已而求和。乃东向俄罗斯，以八千之众而战败五万之俄罗斯兵（一七〇〇年）。不久波兰亦为瑞典所败。

查理十二之失败及其逝世　查理十二虽长于用兵，然短于治国。彼以波兰为三国同盟之祸首故逐其国王而以新主代之。其时彼得征略波罗的海沿岸一带地，瑞典王再率兵东向以拒之。长途跋涉士卒劳顿，于波耳多瓦（Pultowa）地方为彼得所败（一七〇九年）。瑞典王遁入土耳其，力劝其王北攻俄罗斯而不听。数年后返国，卒于一七一八年阵亡。

俄罗斯获得波罗的海沿岸一带地及侵略黑海之计划　瑞典王查理十二死后数年，瑞典与俄罗斯遂缔结条约。俄罗斯因之得波罗的海东岸里窝尼亚（Livonia），爱沙尼亚（Esthonia）及其他诸地。至于黑海方面彼得之志殊不得逞。其始虽得阿速夫（Azof），然不久复失。不过于里海沿岸得占数城而已。唯此后俄罗斯驱逐土耳其人之志渐形显著。

彼得殁后之俄罗斯　彼得死后三十年间，俄罗斯之君主多弱懦无能之辈。至一七六三年女帝喀德邻第二（Catherine）即位，国势为之复振。自此俄罗斯遂列于强国之林。

3. 普鲁士之勃兴

霍亨索伦族　勃兰登堡（Brandenburg）选侯国立国于北部欧洲者盖已数百年，初不意其有为欧洲强国之一日。当十五世纪初年，勃兰登堡之选侯无子，皇帝西祺门（Sigismund）乃鬻其侯国于霍亨索伦（Hohenzollern）族，即他日德意志帝国之皇室也。历代相传英主辈出。一六一四年选侯受有莱茵河畔克理甫斯（Cleves）及马可（Mark）两地，是为扩充领土之第一次。四年以后又得普鲁士公国。普鲁士公国其始原系斯拉夫种人所居地，当十三世纪时为条顿骑士团（Teutonic Order）所征服，德国人移居者渐多。然其西部于十五世纪初年为波兰所夺。至十六世纪初年（一五二五年），条顿骑士团改信新教并解散其团体，乃建设普鲁士公国而举其团长（Grand Master）为公，附属于波兰王。至十七世纪初年（一六一八年），普鲁士公国之霍亨索伦族绝嗣，其领土遂入于勃兰登堡选侯之手。

大选侯之领土　勃兰登堡选侯之领土虽大有增加，然当一六四〇年腓特烈威廉（Frederick William）——世称大选侯（Great Elector）——即位时国势殊不甚振。盖其领土虽多，形势散漫。军队力薄，又不足恃。加以贵族争雄，时虞跋扈。其领土以勃兰登堡为中坚。在极西者有莱茵河畔之马可及克理甫斯，在极东者有维斯杜拉（Vistula）河东为波兰附庸之普鲁士公国。

大选侯之性质　然腓特烈威廉颇具有统一国家之能力。生性粗鲁而残忍，行事尚诡诈，一心以扩充军队为事。并解散地方议会，夺其权以予中央官吏。扩充领土亦复不遗余力。

大选侯之扩充领土　大选侯意所欲为之事业无不大告成功。当三十年战争告终西发里亚和约缔结时，竟得民登（Minden）及哈伯司达（Halberstadt）二主教之领土及上波美拉尼亚（Farther Pomerania）公国。同时并将普鲁士公国脱离波兰及帝国而独立。

大选侯之改革事业　大选侯深知巩固王室之势力端赖军队，故不惜尽其财力以扩充军队，人民反对不顾也。又改革政府，集其权于中央。不久与英国、荷兰二国合力以抵抗法国王路易十四，勃兰登堡兵力之强乃著于世。

大选侯始创军国主义之普鲁士　勃兰登堡大选侯腓特烈威廉实创军国主义之普鲁士。普鲁士历朝君主贤愚不一，而国土时有增加，卒统一德国诸邦而成为世界强国之一。雄霸中部欧洲之基础实肇于此。

普鲁士王国之建设（一七〇一年）　一六八八年大选侯死，传其位于其子腓特烈第三。其功业虽不如乃父之彪炳，然能变其公国为王国，亦可见其能力之何如。此事成功之易盖因当日西部欧洲各国方有合力攻击法王路易十四之举，大有赖于腓特烈之援助也。故一七〇一年德国皇帝不得已承认其称王权利。

勃兰登堡选侯腓特烈第三改称普鲁士王腓特烈第一　至于腓特烈第三不称王于勃兰登堡而称王于普鲁士，则因普鲁士所在之地不在帝国疆域之中，为普鲁士之王可以离皇帝而独立也。腓特烈第三改称王，行加冕礼于普鲁士都城哥尼斯堡（Knigsberg）地方，改称号为第一。

腓特烈威廉第一（一七一三年至一七四〇年）　新王国之第二君主为腓特烈威廉第一，即他日大王之父也。性情粗野，壹意以训练军队修明内政为事。治家治国皆以严厉闻于世。

军队　腓特烈威廉第一自幼即好驰马试剑。尤好强勇之兵士，不惜出重资以招致之。自二万七千人增至八万四千人，几可与法国、奥地利二国之军队相埒。凡军官之黜陟一以成绩为标准，杜绝奔竞之路。常以训练兵士为乐，呼兵士曰“吾之青衣孩子”。

政治设施　腓特烈威廉第一不但长于治军，亦且善于治国，虽大权独揽而政治修明。加以节俭性成，国用大裕。裁汰宫内之冗员，拍卖内廷之珠玉；甚至镕御用之金银器具为铸币之用。故当其子腓特烈第二即位时，不但军队精良，而且府库充实。他日腓特烈第二功业之盛皆乃父之遗泽有以致之。

4. 腓特烈大王之战争

腓特烈第二之即位（一七四〇年至一七八六年）　一七四〇年春，腓特烈第二即位。腓特烈第二幼时好读书，喜音乐，而不好武事，其父不喜也。尤嗜法国文字。即位之后忽变其好文之习，而为穷兵黩武之人。当腓特烈第二即位前数月，哈布斯堡（Hapsburg）族之皇帝查理第六卒，无嗣，传其位于其女马利亚德利撒（Maria Theresa）。德国皇帝未死以前，西部欧洲诸国曾承认其遗嘱曰基本勒令（Pragmatic Sanction）者遗其领土于其女。不意女王即位之始四邻诸国即有跃跃欲试之意。腓特烈第二之野心尤著，其意盖在勃兰登堡东南之西利西亚（Silesia）一地也。不久竟无端率兵入占布勒斯劳（Breslau）城。

奥地利王位承继战争　普鲁士既有侵略马利亚德利撒之领土之举，法国亦尤而效之，联合巴威（Bavaria）以攻德国。帝国存亡正在千钧一发之秋，幸女王胆识兼全，人民忠于王室，卒败法国人。然不得不割西利西亚一地于普鲁士以求其停战。不久英国、荷兰二国缔结同盟以维持均势之局，盖二国均不愿法国竞夺奥地利之尼德兰也。数年之后诸国厌乱，遂于一七四八年媾和，以恢复战前原状为目的。

腓特烈第二之提倡实业　唯腓特烈第二仍占有西利西亚之地，普鲁士之国土因之增加三分之一。战事既终，普鲁士王乃专意于开辟草莱，提倡实业，编纂法典诸事。同时并提倡文学，敦请法国名人服尔德来居于柏林。

七年战争　马利亚德利撒对于腓特烈第二之强占西利西亚心殊不甘，思有以报之，遂引起近世欧洲之极大战争。东自印度，西至美洲，无不干戈云扰。此次战争（自一七五六年至一七六三年）之经过，另详下章。兹所述者关于普鲁士王国者也。

反抗普鲁士之同盟　马利亚德利撒所派驻法国之大使手腕敏捷，竟能于一七五六年使二百年来与哈布斯堡族为仇之法国与奥地利同盟以攻普鲁士。俄罗斯、瑞典及萨克森三国亦有合力以攻普鲁士之协议。就当日众寡之形势而论，普鲁士之灭亡几可拭目以俟。

腓特烈第二之善于自守　不意腓特烈第二极善用兵，不特无亡国之忧，而且得"大王"之号。彼既洞悉敌人之目的，遂不待宣战长驱入占萨克森。再向波希米亚而进，中途被阻。然于一七五七年大败法国与德国之军队于洛斯巴哈（Rossbach）。一月以后又败奥地利军于类腾（Leuther）、瑞典及俄罗斯之军队均闻风而退。

腓特烈第二竟战胜奥地利　是时英国正攻法国，腓特烈第二遂得尽其力以战其敌人。然彼虽以善于用兵著，几罹身败名裂之祸。幸其时俄罗斯初易新帝，极慕腓特烈第二之为人，遂与普鲁士和。马利亚德利撒不得已而停战。不久英国与法国亦复息兵，至一七六三年缔结《巴黎和约》。

5. 波兰之分割　一七七二年、一七九三年及一七九五年

腓特烈第二之野心　腓特烈第二虽得奥地利之领土，雄心未已。其王国之要区——勃兰登堡，西利西亚，波美拉尼亚（Pomerania）——与东普鲁士之中间，介以属于波兰之西普鲁士。腓特烈第二之垂涎此地，已非一日。加以是时波兰之国势衰弱不振，一旦外力入侵，即无抵抗之能力也。

波兰之人种及宗教　其时欧洲诸国除俄罗斯外以波兰为最大。莽莽平原无险可守；人民稀少，种族混淆。波兰人以外有西普鲁士之德国人、立陶宛（Lithuania）人，及在立陶宛之俄罗斯人及犹太人。波兰人多奉旧教，德国人信新教，而俄罗斯人则奉希腊派之基督教。人种既杂，教派又多，国人感情遂多睽隔。

政府组织之不完备　波兰政制之不良诚为历史中所罕见。四邻诸国莫不中央集权以资御外，而波兰则贵族跋扈君主无权，对内对外两无实力。波兰王不得国会之同意不得宣战、媾和、征税及立法。而国会议员类皆贵族之代表，凡百议案非全体同意即不得通过。一人反对即无事可为。此即世上所传之自由否决权（Liberum veto）者是也。

王位系选举制　至于君主无世袭之权，一旦去世则由贵族公选一外国人充之。每当选举之秋情形极其骚扰，四邻诸国多以武力或金钱暗争选举上之胜利。

贵族及农民　国内贵族极多，数约百万，而贫无立锥之地者半。故有"贵族之犬虽踞于封土之中，而其尾可达邻封之境"之笑谈传于世。国内政权实握诸少数富豪之手。除德国人所居诸城以外绝无所谓中流社会。其在波兰及立陶宛境内者则工商诸业均操诸犹太人之手。然波兰政府不承认犹太人为国民，常有虐待之举。至于农民之状况困苦异常。已由佃奴降为奴隶，生杀之权操诸地主矣。

喀德邻第二与腓特烈第二之协商（一七六四年）　波兰国内之政情既如此不良，而俄罗斯、普鲁士、奥地利三强环伺，又皆抱欲得而甘心之志。其亡国之祸固不待识者而知其迫在眉睫也。俄罗斯、普鲁士、奥地利三国早已屡屡干涉其内政，曾阻其宪政上之改良，盖若辈固不愿波兰之重振也。当七年战争告终时，波兰王奥古斯都第三（Augustus）死，腓特烈第二遂与女帝喀德邻第二协议，以女帝之宠臣坡纳托甫斯岐（Poniatowski）入承王位，称斯坦尼斯罗第二（Stanislas Ⅱ）。

斯坦尼斯罗之改革　斯坦尼斯罗第二既即位，颇专意于改革，俄罗斯大失望。波兰王并有废止国会议员自由否决权之意。俄罗斯得普鲁士之同意尽力干涉之，以不得废止为要求之条件。自此以后，内乱迭起，俄罗斯常播弄其间。

奥地利赞成分割波兰　奥地利与波兰接壤，对于波兰之国情关怀甚切。乃商之普鲁士，协议如俄罗斯允退出自土耳其夺来之领土，则分割波兰之举当三国共之。奥地利应得波兰之一部分，西普鲁士则归诸腓特烈第二。

第一次分割（一七七二年） 一七七二年三国遂实行分割之举。奥地利所得之领土内有波兰人及俄罗斯人三百万。奥地利人种语言本已复杂，至此益甚。普鲁士得西普鲁士之地，居民多属信奉新教之德国人。俄罗斯得波兰东部俄罗斯人所居之地。迨俄罗斯军队直逼其都城华沙（Warsaw），波兰国会不得已而承认其分割。

波兰之中兴（一七七二年至一七九一年） 波兰自第一次为强邻分割后，国人颇有所警惕。此后二十年间（自一七七二年至一七九一年），教育、文学、美术等，无不具有中兴之气象。维尔那（Vilna）及克拉科（Cracow）两地之大学力加刷新。而国立学校之新设者亦复不少。波兰王斯坦尼斯罗坡纳托甫斯岐（Stanislas Poniatowski）广聘法国及意大利之美术家多人赴波兰以资提倡。同时并与法国哲学家及革新派名人书札往还，征求意见。史家诗家人才辈出，足为波兰王国末造之光。宗教专制渐形减销。废止宪法，以新者代之。

一七九一年之新宪法 新宪法宣布于一七九一年五月三日。废议员自由否决制，王位定为世袭；设国会，其性质略与英国国会同——即君权有限，使君主及国务大臣对于国会负责任是也。

喀德邻第二之破坏革新事业 其时国人中颇有反对革新事业者，诚恐一旦佃奴释放则地主之权利行且扫地以尽也。乃求援于喀德邻第二，喀德邻第二大喜，宣言："波兰之共和政制，行之已数百年而无弊"，今反更张，实为谬举。又谓：波兰之改革家实与法国当日之雅各宾（Jacobin）党人无异，其意无非欲剥夺君权耳。遂派军队入侵波兰，废新宪法，恢复议员自由否决制。

第二次分割（一七九三年） 俄罗斯既阻止波兰之改良，再与普鲁士商议第二次分割之举。是时普鲁士王为腓特烈威廉第二，率兵东入波兰。其理由以为但泽（Danzig）城实有接济法国革命党饷糈之嫌，而波兰又有暗助法国雅各宾党人之意；而且波兰之行动实足以扰乱欧洲之和平。遂占波兰领土，得有波兰人口五十万之众，并占托伦（Thorn），但泽及波森（Posen）三镇。俄罗斯得人口三百万。奥地利则因俄罗斯及普鲁士有允其代向波兰商议以其领土尼德兰交换波兰之巴威，故不与此次分割之事。

科修斯古之叛（一七九四年） 是时有波兰志士名科修斯古（Kosciusko）者曾与美国独立战争之役，暗中布置革命之举，于一七九四年春间起事。普鲁士之波兰人起而响应之。腓特烈威廉第二之军队不得已而退出。

第三次分割（一七九五年） 喀德邻第二闻之，遣兵入波兰。大败其国中之叛党，科修斯古被擒。是年冬，华沙陷。波兰王退位，俄罗斯遂与普鲁士及奥地利分割波兰残余之国土。俄罗斯得立陶宛公国之大部，其面积倍于普鲁士及奥地利两国所得之总数。波兰遂亡，时一七九五年也。然波兰人之民族精神至今不灭，故一九一四年欧洲大战以后世界上又有波兰共和国之复现云。

6. 奥地利、马利亚德利撒及约瑟第二

奥地利之哈布斯堡 当普鲁士霍亨索伦族扩充势力于北部德国之日，正奥地利哈布斯堡族统一领土而成大国之秋。昔日德国皇帝查理第五即位之初，曾让其奥地利领土于其弟斐迪南第一（Ferdinand I）。斐迪南第一因娶后而得波希米亚及匈牙利两王国，奥地利之领土因之增加不少。然其时匈牙利王国之大部分均入于土耳其人之手，故十七世纪末造以前，奥地利之王室专意于抵抗土耳其人。

土耳其人之武功 十四世纪初年，亚洲西部有土耳其人种，自东而西征服小亚细亚一带地。其酋长名倭脱蛮（Othman）（一三二六年死），故欧洲人名其族曰倭脱蛮土耳其人，所以别于十字军时代之塞尔柱（Seljuk）土耳其人也。长于战斗，兵力极盛；亚洲领土日有扩充。一方并侵入非洲北部一带。在一三五三年时已在东部欧洲方面得一根据地，征服马其顿（Macedonia）地方之斯拉夫族，而占据君士坦丁堡（Constantinople）附近之地，至百年后并陷落之。

欧洲诸国之抵御 土耳其人既有侵略欧洲之举，欧洲诸国大恐。威尼斯及德国之哈布斯堡族首当其冲，负有防御之责。此后相持不下者几二百年。一六八三年，土耳其人率兵围奥地利都城维也纳（Vienna），几陷之。幸波兰王率兵入援，土耳其人方率兵去。自此以后，土耳其人之势力

日就衰微，奥地利遂恢复匈牙利及德兰西尔斐尼亚（Transylvania）诸地。一六九九年得土耳其王之承认。

马利亚德利撒在位时代 腓特烈第二既夺奥地利西利西亚之地，马利亚德利撒引为大辱，盖其地人民多系德国种，一旦失去，王族之威权为之大损也。他日分割波兰所得足以偿其所失而有余；然波兰人种本属异族，一旦入附民族益杂。哈布斯堡族领土之中有居于奥地利之德国人，波希米亚及摩拉维亚（Moravia）之捷克（Czech）种人，匈牙利之马札儿（Magyar）种人及罗马尼亚人（Roumania），加里西亚（Galicia）之波兰人，南部之哥罗西亚（Croat）种人及斯罗茭（Slovene）种人，米兰及多斯加纳（Tuscany）之意大利人，尼德兰之夫勒民斯（Flemish）种人及窝伦（Walloon）种人等。

约瑟第二 马利亚德利撒善于治国，以勤劳国事著于世。在位凡四十年而卒。其子约瑟第二已被选为德国皇帝。在位十年（一七八〇年至一七九〇年），力行改革。终以阻力过巨，故哈布斯堡族之领土始终无统一之机。十八世纪以来英国、法国诸国之民族观念极盛，而奥地利则因人种复杂之故，不但无民族精神之可言，而且常有四分五裂之危险。加以四邻强国多与奥地利国内之人民同种，故时有外力入侵之虞。一九一四年欧洲大战之近因即源于奥地利与其邻国塞尔维亚（Servia）之纷争。故吾人欲了然于今日欧洲之大问题，非先明了奥地利国史不可。

第四章 英国法国在印度及北美洲之竞争

1. 欧洲之扩充世界商业

欧洲与殖民地之关系 二百年来欧洲诸国时有战争，其目的多在扩充海外殖民地。如西班牙王位承继之战为王位者半，为商业者亦半。各国内政亦莫不大受远居海外之商民及兵士之影响。英国诸城——如黎芝（Leeds）、曼撤斯特（Manchester）及北明翰（Birmingham）——工业甚盛，而有赖于印度、中国及澳洲。假使商业范围以欧洲诸国为限，则利物浦（Liverpool）、阿姆斯特丹（Amsterdam）及汉堡（Hamburg）诸城之商业断无如此之繁盛。

欧洲各国殖民地之广大　欧洲面积虽仅占世界陆地十二分之一，然世界陆地之属于欧洲人者竟占五分之三而有余。法国在亚洲、非洲之领土其面积较欧洲全部为大。荷兰壤地褊小，而其殖民地之面积竟三倍于德意志帝国。英国领土占世界陆地五分之一，几百倍其母邦之三岛。其他南北两美洲莫不为欧洲人所有。

本章所述者欧洲殖民事业之由来，英国人战胜在印度及在北美洲法国人之经过。读者明乎此，而后七年战争之意义方明。

上古中古时代之世界　欧洲史之范围自古以来愈近愈广。希腊人及罗马人虽有与印度、中国交通之迹，然上古世界之范围仍以亚洲西部、欧洲南部与非洲北部为限，此外知者甚鲜。中古时代民智益趋闭塞，唯对于东方之兴味仍甚浓厚也。

十六十七两世纪葡西荷三国之殖民政策　当十五世纪末年及十六世纪初年，葡萄牙人及西班牙人颇从事于海上之探险，卒有发见新大陆及印度航路之事。葡萄牙人自一四九八年伽马（Vasco da Gama）直达印度后，即建设商埠于印度沿岸。不久又设商埠于南美洲之巴西。其时西班牙亦占墨西哥、西印度及南美洲大部之地方为已有。未几荷兰继起，而为葡萄牙、西班牙二国商业之劲敌。当西班牙王腓力第二合并葡萄牙时代（自一五八〇年至一六四〇年），禁荷兰商船不得入里斯本（Lisbon）。荷兰人遂夺印度诸商埠及香料群岛于葡萄牙人之手，同时并占爪哇（Java）及苏门答腊（Sumatra）诸大岛。

英法两国在北美之殖民地　英国、法国两国自十七世纪初期以来即殖民于北美洲，互相对垒已非一日。英国在北美洲之殖民地以一六〇七年维基尼阿（Virginia）之惹米斯敦（Jamesown）为最古。自后新英伦诸州、马里兰（Maryland）、宾夕法尼亚（Pennsylvania）诸地相继而起。其时英国新教之异派教徒——清教徒、天主教徒及朋友会教徒——之逃亡者多赴北美洲。同时亦有为谋生而前往者，则多贩卖黑奴，从事工作。

2. 英国与法国互争殖民地

法国之北美殖民地　当英国殖民于北美洲之时，法国亦有建设殖民地于诺法斯科细亚（Nova Scotia）及魁北克（Quebec）两地之举。法国人占据加拿大（Canada），英国人虽未尝阻止，然进行甚缓。一六七三年，法国耶稣会传道教士名马贵特（Marquette）者及商民若雷（Joliet）二人曾控密士失必河（Mississippi）之一部分。不久拉萨尔（La Salle）顺流而下，名其地曰路易斯安那（Louisiana）。一七一八年，法国人建城于河口曰新奥尔良（Orleans），自此北至蒙特利奥（Montreal）均筑有炮台以资防守。

英法两国之对峙　英国自缔结乌得勒支（Utrecht）条约以后，得法国属地纽芬兰、诺法斯科细亚及哈得孙湾两岸地，其势力已达于北美洲之北部。当七年战争之初，英国人之在北美洲者已达百万以上，而法国人尚不及十万。然当时法国为西部欧洲最强之国，识者固不料其有丧失北美洲领土之事也。

印度之面积　英国法国所争者并不仅限于五十万红人所居之北美洲。当十八世纪初年，英国与法国均已得有根据地于印度。印度为文明古国之一，当时人口约有二百兆。

英法两国在印度之殖民地　十七世纪初年，英国人设东印度公司于印度以谋商业之发展。当英国王查理第一在位时代，东印度公司购得一村落于印度之东南岸（一六三九年），即他日有名之玛德拉斯（Madras）商埠也。同时于孟加拉（Bengal）地方并建设商埠数处。不久并筑加尔各答（Calcutta）城。其时孟买（Bombay）已属于英国。印度之蒙古皇帝对于少数外人之入居其国漠不关心。迨十七世纪末年，东印度公司时有与印度诸王战争之举，方知外人为数虽少固有自存之道也。为英国人之劲敌者不仅印度人而已，而且有欧洲之强国。盖法国亦设有东印度公司者也。自十八世纪以来即以笨第舍利（Pondicherry）为根据地。此地人口六万人，欧洲人仅二百而已。是时葡萄牙与荷兰二国人在印度之势力已日就衰微；而蒙古皇帝又复无能为力；故争持不下者仅英国、法国两国人及印度诸王而已。

英国之独霸北美　欧洲七年战争将启之前，英国与法国有争雄于北美洲及印度两地之举。其在北美洲则自一七五四年后，英国与法国殖民地间已起争端。英国政府遣布刺多克（Braddock）赴北美洲，意在占据法国人在俄亥俄河（Ohio）流域之根据地度垦堡（Fort Duquesne）。英国大将不审边地之形势，为法国人所败而死。其时法国因与奥地利同盟方有事于普鲁士，无暇顾及北美洲之领土。英国之内阁总理庇得又系著名之政治家。一面援助普鲁士，一面援助北美洲之英国人。于一七五八年至一七五九年间占据法国人在泰昆得洛加（Ticonderoga）及耐亚嘎拉（Niagara）诸地所筑之炮垒。同时英国大将乌尔弗（Wolfe）攻克魁北克城，次年加拿大地方全入于英国人之手。当魁北克陷落时，英国人并三败法国海军于海上云。

度普雷与克莱武在印度之争持　当奥地利王位承继战争之日，英国人与法国人之在印度者已有战争。是时笨第舍利之法国总督为度普雷（Dupleix），善用兵，颇思逐英国人于印度之外。印度诸王中有属旧日印度种者，有属蒙古种者，时起纷争，法国人遂得以坐收渔人之利。度普雷所统之法国军为数本少，乃募印度土人充之，加以西法之训练，此策遂为英国人所仿。

克莱武战胜度普雷　其时英国东印度公司中有书记名克莱武（Clive）其人者知兵善战，不亚法国度普雷。是时年仅二十五岁，募大队土人而训练之，遂成劲旅。其时欧洲虽已有爱斯拉沙伯（Aix-la-Chapelle）之和约，度普雷仍继续在印度与英国人战。克莱武之战略远胜于度普雷。二年之间英国人势力已弥漫印度之南部。

英国独霸印度　当欧洲七年战争开始之时，印度孟加拉地方之总督（nawab）忽籍没居在加尔各答（Calcutta）英国商民之财产，并监禁英国人一百四十五于一室，一日之间闷死大半。克莱武闻之急率英国兵九百人印度兵一千五百人往孟加拉，于一七五七年大败印度总督五万人于普拉西（Plassey）。遂易新督以代之。七年战争未终，英国人已夺得法国人之笨第舍利。法国人在玛德拉斯一带之势力至此乃消灭垂尽。

七年战争时英国所得之领土　一七六三年七年战争告终，英国所得之领土最多。其在地中海则直布罗陀（Gibraltar）与在米诺卡（Minorca）岛上之坡特马洪（Port Mahon）两险要均入英国人之手。至于北美洲则法国领土加拿大，诺法斯科细亚，及西印度群岛中之法国所领诸岛亦均割让于英国。同时法国并割让密西西比河以西之地于西班牙。法国人在北美洲之领土至是丧尽。其在印度，法国人虽恢复其领土，然其声威之著远不逮英国人矣。

英国及实业革命 十八世纪之英国史为世界帝国建设史，正如十七世纪之英国史为专制政体衰替史。同时国内并有种种机器之发明引起实业之革命，其结果则十九世纪英国富强之象甲于世界。至于实业革命之情形后再详述。

3. 北美洲英国殖民地之叛

英国对待殖民地之放任 英国方得加拿大于法国人之手，不久在北美洲之英国殖民地忽有叛而独立之举。先是英国政府之待北美洲殖民地本取宽大放任之政策，故北美洲之英国殖民地远较法国与西班牙两国殖民地为自由。维基尼阿于一六一九年即已有地方自治会，马萨诸塞（Massachusetts）一地亦与共和国无异。殖民地之宪法日渐发达，为他日独立时宪法之根据。当十七世纪时，英国内有国会与君主之争权，外有路易十四所激起之战事。自乌得勒支和议后二十年间，窝尔坡尔（Walpole）当国，对于北美洲殖民地极其放任。殆七年战争告终时，北美洲殖民地之英国人数达二百万以上。殖民地既日形富庶，生活又极其自由，加以战胜法国人，自信之心益固，故不愿受母国之干涉。

英国征税于北美殖民地 当英国与法国战争之时，英国政府方晓然于北美洲殖民地之财力甚为雄厚，遂决令其负一部分之战费及常备军费。故于一七六五年国会通过《印花税案》，强北美洲殖民地以实行。殖民地人民以为英国与法国战争之军费负担已重，而且国会中既无殖民地之代表，即无征税于殖民地之权。北美洲各殖民地之代表遂于一七六五年集会于纽约城，议决反对《印花税案》。

航业法律 其时北美洲殖民地人所不满者尤有甚于《印花税案》者在，即各种《航业法律》是也。当克伦威尔及查理第二时代所定之航律其目的原在荷兰。规定凡外货必经由英国商船方得输入英国及其殖民地。故一旦北美洲殖民地购买外货非由英国商船运输者即为违法。而且又规定凡欧洲各国之出产必经过英国与英国商船之运输方得销售于英国之殖民地，殖民地人欲输出其产品于他国亦非经由英国商船运输不可。

贸易法律　较上述《航业法律》尤为难堪者则英国政府规定凡北美洲殖民地所产之糖、烟草、棉花及靛青，仅能销售于英国是也。其他物品有禁其输出者，并有禁其出产者。如北美洲虽产皮，而殖民地不得输出皮帽于英国或他国。又北美洲铁矿甚富，而一七五〇年之法律则禁止殖民地不得建设炼钢厂，盖恐有害英国之钢业也。其时殖民地之木材及食品多与西印度诸岛之糖相交换，而英国政府并禁其不得输入西印度所产之糖。

北美殖民地人之违法　较上述种种法律之不便于殖民地显而易见，殖民地人遂往往实行私运以牟重利。烟草、蔗糖、麻、棉布诸业，异常发达。钢铁制造物亦复日有进步。工业既日形发达，则反抗英国之干涉固意计中事矣。

英国取消各种税法　英国政府不得已取消殖民地之印花税。唯英国王大不谓然，故于次年有征收殖民地玻璃、纸、茶等税之举。同时并设专司以监督航业贸易诸法之施行。英国国会不得已取消各种税法，仅征收茶税而已。

殖民地人之反抗　一七七三年北美洲殖民地人有反抗茶税之举。其时波士顿（Boston）城有某青年暗登茶船掷茶叶于海中。殖民地与母国之恶感益甚。英国下院名议员柏克（Burke）主张取放任政策，然英国王佐治第三（George Ⅲ）及国会均主以严厉手段对付之。以为此次反抗之举以新英伦诸州为中坚，不难指日平靖也。一七七四年，国会通过议案数起，禁止波士顿不得输出或输入物品；并剥夺马萨诸塞殖民地选举法官及该地上院议员之权利，改由英国王任命之。

大陆会议及宣布独立　此种政策不特不足以平马萨诸塞之反抗，而且引起其他殖民地之恐慌。各殖民地遂于一七七四年遣代表开大会于菲列得尔菲亚（Philadelphia），筹商对付之策。结果议决英国对于殖民地所施虐政未除以前双方贸易暂行中止。次年殖民地军队与英国军队战于勒克星敦（Lexington）及邦刻山（Bunker Hill）两地。第二次大陆会议决议预备与英国宣战，举华盛顿（Washington）为军统。至是北美洲殖民地尚无脱离英国之意。嗣因调和无望，遂于一七七六年七月四日宣布独立。

北美合众国求援于法国　法国对于英国北美洲殖民地之独立异常注意。盖自七年战争以后法国丧地太多，一旦世仇有故当然引以为快也。

北美洲合众国知其然也。故遣佛兰克林（Beujamin Franklin）赴法国，求援于法国王路易十六。法国政府因未悉合众国之实力如何不敢遽允。迨一七七八年合众国之军队败英国大将柏圭因（Burgoyne）于萨剌拓加（Saratoga），方与合众国缔结条约而承认其独立。其时法国人之赴北美洲助战者颇不乏人，著名之拉法夷脱（Lafayette）即其一也。

合众国之成立 是时殖民地之军队虽有华盛顿为统军之人，然仍屡次败绩。一七八一年幸得法国海军之援助，迫驻在约克敦（Yorktown）之英国大将康华理（Cornwallis）降。英国至是承认北美洲合众国之独立。其领土东自大西洋岸，西至密西西比河。河西路易斯安那及南部佛罗里达（Florida）诸地则尚属西班牙也。

美国独立为新大陆解放之始 美国独立三十年以后，西班牙及葡萄牙两国在新大陆之领土亦相继独立。欧洲人之领土仅存加拿大一区而已。西班牙之领土古巴（Cuba）岛至一八九八年方得美国之援助而独立云。

乌得勒支和约后欧洲所得战争之结果 自乌得勒支和约后至法国革命时七十年间，欧洲时有战事。其结果则欧洲东北有俄罗斯及普鲁士之兴起。普鲁士之领土大有扩充。至十九世纪时，普鲁士、奥地利两国互争雄长，前者卒代后者起而建设德意志帝国。

东方问题之起源 土耳其之势既衰，奥地利及俄罗斯遂乘机而起。乃成为欧洲诸国间一大问题，即十九世纪以来所谓“东方问题”是也。假使奥地利与俄罗斯两国之领土日益增加，则欧洲诸国间均势之局必破，而为英国人所不喜。故英国人特与土耳其交欢。自是而后土耳其遂入居于平等国之林，西部欧洲各国甚有愿与联盟以资抵制者矣。

英国之领土 英国失策，失去北美洲中部之殖民地。然仍领有北美洲北部之加拿大。至十九世纪时并得澳洲。至于印度，则因竞争无人，其势力渐普及于喜马拉雅山（Himalaya）南矣。

路易十五（一七一五年至一七七四年） 法国当路易十五在位时代国力衰微大非昔比。一七六六年得洛林（Lorraine），一七六八年得科西嘉岛（Corsica），次年拿破仑（Napoleon）生于岛中阿耶佐（Ajaccio）城，即他日雄霸欧洲之法国皇帝也。十九世纪初年，法国已由王政一变而为民主，干戈所向到处披靡。吾人欲明法国革命及拿破仑战争之影响如何，不能不先述法国革命之所由起。

第二卷　十八世纪之状况及改革

第五章　欧洲之旧制

1. 乡间之生活——佃奴制度

十八世纪西欧乡农之状况　十八世纪初年欧洲乡农之状况与十一世纪时初无稍异。虽自十二世纪以来西部欧洲之佃奴制度日就消灭，然各国之迟早初不一致。其在法国则自十四世纪以后佃奴之制已废，而英国之废止佃奴则尚在百年以后。其在普鲁士、奥地利、波兰、俄罗斯、意大利、西班牙诸国，十八世纪时之乡农状况与昔无异。

十八世纪时法国之封土制度　即在法国，当十八世纪时亦尚有封土制度之遗迹。农民身体虽已不固定于封土，而有购售土地、婚姻、身体诸自由。然地主对于佃奴仍可强其舂米于地主之臼，烘面包于地主之炉，压葡萄酒于地主之榨。过桥有税，渡河有税，即驱羊而过地主之居亦有税。而且因有种种限制之故，为农民者往往终身耕种一片地，永无脱离之望。一年所获须纳其一部于地主。一旦售其地于他人，则须将得价之一部交诸地主。

英国之封土制度　至于英国则当十八世纪时佃奴制度已完全消灭。对于地主之徭役早已代以金钱，故佃奴一变而为佃户。唯地主仍为排难解纷之人，佃户亦仍行尊重地主之礼。一旦佃户有冒犯地主之举，则地主仍有惩罚之权也。

其他欧洲诸国之佃奴状况　在欧洲中南东各部，佃奴状况与中古时代无异。其身体终生联属于封土，对于地主应尽之义务亦复与千年前不殊，所有器具异常粗陋，自造者多。英国农民所用之木犁其形式与古代罗马人所用者无异。割麦以钹，刈稻以镰，大车之轮仍用木材。

农民居室之卑陋 欧洲各部农民之居室虽不相同，然大致皆系狭小而黑暗之茅舍。牛豕之类与人同居，臭秽可想。饮水既污泄水无沟。所幸农家男妇终日力田，家居之为时甚短耳。

乡间生活之乏趣 十八世纪之乡间生活绝无兴趣之可言。农民除封土外绝无所知；纵有报纸亦不能读。当日英国之农民识字者五千人中尚不及一人，至于法国则虽征收田赋之官吏亦无编制报告之能力。东部欧洲诸地之农民其状况尤恶。匈牙利之农民于一周之中服务于地主者四日，为地主而渔猎者二日，几无力田之余暇焉。

2. 城市及各业公所

十八世纪之城市与中古无异 十八世纪城市之状况亦与中古时代相同。街衢狭小而屈曲，入夜即昏暗异常。地铺圆石，秽气熏蒸，与今日欧洲城市之宏大美丽真有天渊之别矣。

伦敦 当一七六〇年，伦敦城之人口约五十万，仅占今日伦敦人数十分一。城市交通既无所谓电车，更无所谓汽车。仅有数百辆马车及肩舆二种而已。入夜之后虽有更夫携笼灯巡行守夜，然盗贼四伏，夜出者咸有戒心，多携武器以自卫。

巴黎 当日法国京城巴黎较伦敦为大。城中警察制度远较伦敦为完备，故盗贼之患绝少。公园大道已具规模。然就全城而论，则街道狭小者仍居多数。虽有地沟可资泄水，然一旦大雨，则满街积水泛滥难行。水退污留，河水混浊，居民饮料且取资于是焉。

德国诸城 德国诸城人口稀少，故其范围多不出中古墙城之外。虽城中建筑亦颇有宏大者，然其景况荒凉远非昔比。柏林人口仅有二十万，维也纳稍多。维也纳为今日世界上最美城市之一，在当日城中清道夫役仅自三十人至百人，并以每夜均点路灯自夸云。盖当时其他各城之路灯仅于冬季无月光时方一放光明耳。

意大利诸城 至于意大利，除威尼斯外，其他著名各城——米兰、热那亚、佛罗伦萨、罗马——虽以有宏大美丽之建筑著于世，然其街道之狭陋亦正不亚其他诸城。

工商业之规模狭小　十八世纪欧洲城市中既无大工厂，又无大商铺。除伦敦、安特卫普及阿姆斯特丹诸城因有殖民地之商业尚形繁盛外，其他诸城之工商业规模狭小，与中古同。

同业公所　其时商铺之售品多系自制而成。各种同业——如裁缝、制鞋、面包、制皮、钉书、剪发、制烛、造刀、做帽、纸花、制假发等——无不有一种同业公所之组织，以限制他业中人不得制造本业物品为目的。店主之人数及商店之学徒均有定额。学徒学习为期甚长，甚有七年或九年者。其理由以为学精一业断非旦夕所可能。实则同业公所不愿店主人数之增加，故对于学徒特加限制耳。学习之期既届，学徒遂得升充工匠。然假使无有势朋友之援引，则终身无充当店主自设商铺之望也。

英国之同业公所　同业公所之制始于中古，故至十八世纪时相沿已有数百年。英国学徒学习之期普通定为七年。设斐尔德（Sheffield）地方之刀匠同时不得收二徒；诺福克（Norfolk）及挪威支（Norwich）二地之织工每人以二学徒为限；全国帽工之学徒人数亦然。

法德两国之同业公所　法国同业公所之势力较英国尤巨。盖自科尔伯特当国以后，政府往往加以援助，以冀国货之改良而得畅销于外国也。德国同业公所之组织较英国与法国尤为严密而普遍。旧日之规定犹是风行。大抵店主之学徒以一人为限，商铺以一处为限，所售物品以自造者为限。

各业公所之纷争　为工人者终身一业，不得变更；假使制鞋而不遵旧式，或做面包者而代人烤肉，则遂之于同业公所之外。巴黎有帽匠以丝和毛制成美观之帽，畅销获利，同业公所中人以其毛中和丝有违成法，遂毁其存货以示惩。凡未经同业公所允准者不得开设商铺。同时各业之间亦时有纷争之事。如金匠与制表匠，养花匠与纸花匠，每起范围不明之争执。制面包者不得制糕，补破衣者不得新制。凡此种种不但难以实行，亦且有碍工业。

同业公所与今代职工会之不同　同业公所与今代职工会之性质实不相同。第一，同业公所之会员以工头店主为限。学徒工人对于公所之政策绝无过问之权。第二，公所中之议决案赖官力以实行。假使工人而违背定章，则监禁罚金诸事均由政府负执行之责。第三，公所中人之职业规模狭小，与中古同。

各业公所之衰微　各业公所之势力表面上虽似宏大，然因社会状况之变迁有日就衰落之趋势。当日稍具常识之人莫不知同业公所之足以阻止工业之进步，思所以废止之。而且种种新工业日兴月盛，多不隶属于同业公所之中，而专赖中央政府之提倡。其势力遂渐驾于各业公所之上。同时并有实业上之革命，工业性质为之大变，而资本人工诸问题于以兴起。

3. 贵族与君主

十八世纪时之贵族　当十八世纪时，中古之封建制度虽已废止，而巨室贵族犹享特权。英国、法国、西班牙诸国君主摧残国内诸侯之陈迹兹不多赘。总之至十八世纪时，国内贵族已不若昔日诸侯之负固不服，而多仰君主之鼻息矣。盖昔日之诸侯宣战铸钱，立法司法，俨同君主；今日之贵族则反以得侍君主之巾栉以为荣。诸侯堡垒至是亦已变为别墅。

法国之贵族　法国之贵族与英国不同。不喜乡居而喜居于维尔塞之宫内。盖宫廷生活兴趣甚浓，而近侍君王进身有道也。然因久离封土之故，对于佃户威信渐减；加以管理无方，佃农侧目，益失人望矣。

法国贵族之特权　又因法国贵族有免纳数种国税之特权，国内平民益形侧目。而且因接近君主之故，国内优肥之职每为若辈捷足者所得。又因门第关系夜郎自大，工商诸业皆不屑为。故法国之贵族为数得十三四万人，显然为社会中之特权阶级。尤其不堪者则当日法国之贵族多非昔日封建诸侯之苗裔，大都以金钱贿买而得之。以视世袭之贵族尊卑之价相去甚远；而国人之视贵族亦遂多抱藐视之心矣。

英国贵族之特异　英国封建诸侯堡垒之消灭较法国为早，而英国法律又始终不与贵族以特权。昔日英国君主常有召集国内贵族商议国家大计之举，日久遂成今日之贵族（peerage）。凡贵族有充贵族院议员之权，传其爵于其家子。然其负有纳税之义务及其同受法律之制裁初与平民无异。而且贵族虽系世袭，仅传长子，与欧洲大陆诸国之传其爵位于诸子者异。故英国贵族人数有限。阶级虽异，国人初无侧目之心也。

德国骑士仍类中古之诸侯　至于德国之贵族其地位与中古之诸侯同。盖德国既无中央集权之政府，又无强健有为之君主。其结果则在十八世纪时，诸侯之数尚以百计；壤地虽小，负固如昔。征税、司法、铸钱、统兵，诸权仍握掌中。

国君为贵族之首领　欧洲各国之贵族皆以国君为首领。为君主者类多大权独揽使国民无参政之机，而暴敛横征每致国民有交困之象。宫廷宏大，费用浩繁，岁入取诸国民，大半为权奸所中饱。而且君主得以无故而逮捕人民，任意生杀，不过为国民者多归咎于朝廷之权相，故对于君主仍甚忠敬也。

君主之尽职　实则当时欧洲各国之君主功业甚盛，实有可敬之道。如封建制度之废止君主之力也。国内纷争之终止亦君主之力也。中央官吏遍驻国中，商旅往来安然无虑。修筑孔道，整顿币制，通商惠工，提倡学问，巩固国基，组织政府，卒成今日之民族国家，亦何莫非君主之力耶？假使封建之制不废，诸侯独立之象犹存，则民主精神与政治平等恐永无实现之一日。不过当日君主仍愿与贵族合群，每置国民之利害于不顾也。

第六章　改革精神

1. 近世科学之发达

改革精神　当十八世纪时，社会状况及人类思想虽已经过五百年之变迁，而中古制度犹颇有存在者。如佃奴也，各业公所也，封建租税也，享有特权之贵族及教士也，寺院制度也，复杂苛虐之法律也——凡此种种皆中古黑暗时代之遗产而留存于十八世纪者也。然至是欧洲人渐知旧制之不善，渐望将来之改良。并知进步之障碍实在旧制之留存及智识之闭塞。必先废除旧制开通知识而后方可建设新制以适合于当日之环境。

尊古之习　此种希望将来之心理在今日视之本不足异，然在当日则实一种新态度也。盖当日之欧洲人均有尊古之习，每以现在状况为不如过去之佳；因若辈对于昔日之缺点知者甚少，而对于当日之陋习则知之甚审也。当时欧洲人亦有欲为武士，为圣人，为名士，为美术家，为伟人者，然皆以能比拟古人为尚，初无超轶古人事业之心。求智识于古人著作之中，不求之于当日世界之上。以为亚里士多德（Aristotle）之科学著述已足包罗万有详尽无遗。大学教授之责任即在解释其著作之意义以传授于学生，而不在学问之增加或谬误之改正。所有思想莫不以过去为依归；所谓改良即是复古。

科学家促进进步及改革之精神　欧洲人思想之能由过去而向将来者科学家之功为多。自有科学家之后世人方知古人之谬见极多，古人之思想未当。盲从古人之习日渐消除，希望将来之心日渐浓厚。故今日之欧洲人无不时存进步之观念，而种种发明亦因之而日新月盛焉。当中古时代，学者所研究者在古而不在今，重神学与哲学而不重天然科学。抑若读古人书——亚里士多德之著作尤要——即足以了解世界者然。

近世之科学方法　然当十三世纪之时，即已有芳济（Francis）派之修道士名培根罗哲尔（Roger Bacon）者力言盲从古人之非是，主张独立以研究真理。其方法有三：第一，对于万物之变化应有严密之观察，方可以了然其究竟。近世衡量及解剖诸法之精审即源于此。例如化学家能在杯水之中详悉所含各物之多寡及性质，不知者且以为一杯清水不染一尘矣。第二，为实验。培根以为仅仅观察天然尚不足恃，必加以人为之实验方可断定其结果。故今日之科学家莫不并有赖于实验之一法。盖仅有观察而无实验断不足以明万物之究竟也。第三，吾人既知观察及实验为求智之方法，然无观察及实验之器械不为功。当十三世纪时已有人知凸镜之足以显微，不过不如今人所制者之精致耳。

培根法兰西斯（一五六一年至一六二六年）　规定科学方法之第一人当推英国詹姆士第一在位时代之政治家及著作家培根法兰西斯（Francis Bacon）。彼以为吾人果能研究万物之本身，排除各种模糊之字义——如“湿”“干”“物质”“形式”——与大学中所授亚里士多德之“多刺哲学”（Thorny Philosophy），则各种科学之发明当可远过古人之所得。又谓：“时至今日，能将各种流行之观念一扫而空而重新研究者尚无其人。故今日人类之知识犹复混杂不堪，有可信者，有偶然者，亦有极其幼稚者。”

自然律之发见　观察实验之方法既盛行于世，人类对于地球及宇宙之观念为之丕变。其最重要之发见莫过于万物运行皆有定律之一说。而近世科学家即终身以发明此种定律及其应用为事者也。星命之说本无根据，魔术方法久已不行。天然定律之作用始终不息。科学家研究所得之结果实已远驾于中古魔术家所得者万倍矣。

反对科学上之发明 科学虽有进步，而障碍实多。盖人类天性固不愿变更其观念者也。

2. 科学上之发见及改良精神之产生

科学发见之影响于宗教信仰上者 其时思想陈腐之人群知一旦科学发达于若辈定有所不利。盖自有科学研究以后，泥古之习一变而为疑古之心。旧日宗教中人无论新教旧教均主人类性恶之说。至于科学家之主张则适与之相反，以为人类之性本善；人类应自用其理想；人类果能研究天然定律，其智识定能日有增加。而且迷信破除谬见更正以后人类状况必能改善。又主张上帝不独默示于犹太人，其好生之德弥漫于宇宙之中，自古至今无远弗届。

自然神教家 此种宗教观念与基督教义并无不合。盖古代神父著作中曾有此种主张也。然当时怀有此种观念者每系自由思想家，攻击基督教义不遗余力。以为若辈之上帝观念远较基督教徒为有价值。并谓基督教徒既深信灵怪及地狱诸说，是明明以上帝为违反自然律之人矣。

服尔德之游英 一七二六年世界上第一自然神教家法国之服尔德有游历英国之举。其时服尔德年仅三十二岁，对于旧日信仰上已怀疑。既抵英国，思想为之益变。尤仰慕牛顿（Newton）之为人，故躬行送葬之礼。彼以为万有引力之发明其功业当在亚历山大或恺撒（Caesar）之上，故尽力传播其说于法国人。尝谓："吾人所应崇拜者非以力役人之人，乃以真理服人之人，非破坏宇宙之人，乃明了宇宙之人。"

服尔德所得言论自由之印象 服尔德鉴于朋友会派中人生活之简单及痛恨战争之激烈大为感动。对于英国之哲学私淑极深，尤喜陆克（John Locke）（一七〇四年卒）。彼以为陆克所著之《论人》（An Essay on Man）一诗为世界上得未曾有之劝善诗。又鉴于英国人言论及著作之自由与夫尊重商人之习惯，异常钦羡。尝谓："法国商人受人藐视每自汗颜；然商人既能富国又能裕民，而谓其不若面涂脂粉之贵族一面窃人一面乞怜以得侍君主之巾栉为荣者，窃未敢信。"

服尔德之游英观察谈 服尔德将游历英国所得者著文以行世。巴黎之高等法院以其有抨击国君及政府之处取其书而焚之。然服尔德终身为主张依赖理性及信仰进步之最力者。对于当时制度之缺点时有所见，每为文以攻击之。文笔畅达人争诵之。彼所研究者范围极广，如历史、戏曲、哲学、传奇、纪事诗、书札等，莫不有所著述。故其文字之影响所及甚广。

服尔德之弱点 服尔德固是多才，然亦有其短处焉。彼之议论每贻肤浅之讥，而武断之处亦复在所不免。彼所见者仅教会之弊，而忘却旧日教会之利。对于教会中人之著作每加以诛心之论。未免将宗教观念与检查书籍及神学争辩诸事并为一谈，于理实有未当。

服尔德之优点 然彼对于当日之虐政竟能力加攻击，有胆有识，令人钦敬。彼所攻击之弊窦至大革命时莫不一扫而空。新旧教徒之非议服尔德者往往显其所短而略其所长，究非持平之论。盖教会之能改良实不能不归功于服尔德之呼号也。

狄德罗之百科全书 当日钦慕服尔德者颇不乏人，其最著者即为狄德罗（Diderot）及其同志。若辈当时有编纂《百科全书》之举，以传布科学智识激起改革精神为主旨。《百科全书》之著作并不始于当日，盖狄德罗之计划原欲翻译英国辰柏兹（Chambers）之《百科全书》也。当狄德罗辈所编之《百科全书》未出版时，德国曾编有《百科字典》（Universal Dictionary）六十四卷行于世。然当时欧洲人之能读德国文者为数甚少，而狄德罗辈所编之《百科全书》则因文字浅明及欧洲人多能读法国文之故风行一世。

神学家之反对百科全书 狄德罗辈深恐反对者多，故对于当日流行之观念虽不同意亦采纳之。然同时并将意见相反之材料搜集无遗，予读者以权衡之余地。一七五二年首二卷方出版，即因有攻击君主及宗教之处为法国政府所禁止。

百科全书之告竣 政府虽禁止《百科全书》之印行，然并不禁止诸人之编纂。故源源出版，购者日众，而反对者亦日力，以为编纂者之目的在于摇动宗教及社会之根本。法国政府遂取消其出版证书，并禁止首出七卷之销售。然七年之后，狄德罗辈竟将后十卷告竣以公于世。

百科全书之价值 《百科全书》中所攻击者为宗教专制、苛税、贩卖奴隶、苛虐刑法等。立论虽甚和平，而主张异常有力。而且竭力提倡自然科学之研究，旧日之神学哲学遂无形为之失势。狄德罗所著《立法者》一篇中之言曰："各国人民有互换工农各业出产品之必要。故商业为联络人类之新机关。今日各国均有维持他国财富、工业、银行、生活、农业之义。一旦来比锡（Leipzig）、里斯本（Lisbon）或利马（Lima）有衰败之迹，则欧洲贸易必有破产之虞；而受其影响者将达数百万人之众云。"故英国人摩黎（John Morley）尝谓：深悉近世社会之原理而能注重实业者当首推法国百科全书家云。

3. 政治上之新思想

法意　服尔德及狄德罗辈提倡新知虽力，然均无攻击君主及政府之举。自孟德斯鸠（Montesquieu）出（一六八九年至一七五五年），虽表示其对于法国政制之信仰，然因称赏英国政府优良之故极足以使法国人了然于本国政府之败坏。尝著《法意》（The Spirit of Law）一书，谓：证诸历史政府为特种时势所造成，故政府之组织应有以适合当日之情势。彼以为各国政府以英国为最良。

卢梭攻击文化　攻击当日之制度使国人生不满之心者除服尔德外当推卢梭（Rousseau）（一七一二年至一七七八年）其人。卢梭之主张与服尔德及狄德罗不同。彼以为时人病于思想之过多，并不病于思想之太少；吾人应依赖感情，不应专恃脑力。又谓：欧洲当日之文化实嫌过度，不如反诸自然朴野之域之为愈。其第一篇文字著于一七五〇年，系应悬赏征文之稿也。文中证明人类道德之堕落实源于学术之发达。盖学术发达之后人心日趋险诈也。故力赞斯巴达（Sparta）之朴野，而痛骂雅典（Athens）人之堕落。

爱弥尔　不久卢梭又著一研究教育之书，即至今尚负盛名之《爱弥尔》（Emie）是也。书中极言教师改良人类本性之非是，以为"天生万物莫不优良，一经人手莫不退化……欲保存天性之本来面目其道何由？莫如无为……吾人之智慧皆奴性之成见也；吾人之习惯皆抑制天性之具也。文明之人皆生死于奴境者也。生为衣所缚，死为棺所囚；一生皆受制度之约束"。

民约　卢梭主张人类生活以淳朴为主闻者莫不心许。不久又有人类自然平等及参与政治权利之主张，时人益为之倾动。其名著《民约》（The Social Contract）即详述此种主张者也。其言曰：“人类生而自由者也，而今则处处皆受束缚。一人自以为为他人之主人，而其为奴隶也则较他人为尤下。此种变迁何自来？吾不知也。此种变迁何以竟成合法之举乎？则吾能答之。”彼以为此种变迁之合法原于民意。统治权当属诸人民。人民虽可设君主以治国家，然立法之权当操诸人民，盖人民有守法之义也。他日法国革命时代之第一次宪法定法律之意义为“民意之表示”，即受卢梭学说之影响者也。

柏卡里亚（一七三八年至一七九四年） 及其著作十八世纪时主张改革之书籍不一而足，而影响最巨者莫过于意大利人柏卡里亚（Beccaria）所著《犯罪及刑罚》（On Crimes and Punishments）一书。书中所述当日刑法之苛虐不平，简明允当。盖当日审判之不得其平，刑罚之残酷无理，虽在英国亦复如斯。刑讯逼供仍甚通行。考查证人出以秘密，于未见被控者之面之前录其证据；通风报信者予以重赏；无根之言即足以入人于罪。罪犯既自承，则用种种虐刑——如拷问机、指夹、火烙诸刑——逼其供出同谋者之姓名。不但杀人者处以死刑即信异端者、赝造者、行劫者、渎神者，亦莫不处以死刑。据英国名法学者布拉克斯吞之言，则英国法律所定之死刑计凡一百六十种，凡砍断果园之树，窃自商铺中五仙令以上，及窃自衣袋中十二便士以上之罪皆属之。唯英国死刑之罪法定虽多，然因其有陪审公开及出庭状之制，其审判尚远较大陆诸国为公允也。

柏卡里亚之主张 柏卡里亚主张审案应公开，证人须与被控者觌面。密控他人者不得受理。尤不应有刑讯逼供，强入人罪。彼并主张死刑之废止，一因死刑之阻人为恶不如终身监禁之有力；一因死刑之残酷——如斩、绞、凌迟、车断等——极足以败坏观者之德行也。故刑罚须宽大而一定，当以犯罪及于社会之危险程度为衡。贵族官吏之犯罪其刑罚当与平民等。籍没财产亦应废除；盖因一人有罪遗累其无罪之家族，于理未当也。罚人之犯罪不如阻人之犯罪，欲阻人之犯罪莫若将法律昭示国人，而明定其刑罚。而振兴教育，开通民智，尤为澄本清源之上策。

十八世纪之经济学 经济学发达于十八世纪中叶以后。其时学者颇能研究国家财富之来源，货物出产及支配之方法，货物供求之公律，泉币信用之功能，及泉币信用及于工商业之影响等。十八世纪以前，群以为此种事实绝无研究之价值。初不知物价贵贱之不同及利率高低之各异均有定律存焉。古代希腊及罗马之哲学家对于农工商界中人多藐视之；盖其时力田经商者类以奴隶充之故也。当中古时代，藐视之态虽不若昔日之甚。然当日之神学家及哲学家好高骛远绝不注意于人民之生计也。

各国政府规定工商业之影响　当时政府虽不知经济学上之公例为何物，然已渐有规定工商诸业之举。吾人已知各国政府常有种种之限制以利其本国之商人，或援助各业公所以维持其专利之职业。法国政府因受科尔伯特之影响，规定工商各业巨细无遗。如织品之广狭、颜色、质地，均有定规。政府对于食粮禁商人不得居奇或窃运出境。

重商主义　总之十八世纪初年之政治家及学者莫不以提倡实业为富国上策。又以为欲增财富必输出多于输入方可，盖必如此而后他国之金银方可源源而来也。凡主张政府之提倡航业，发展殖民地，及规定制造业者谓之“重商主义家”（mercantilists）。

自由贸易主义　然至一七〇〇年时，英国与法国学者颇以政府之干涉工商业为失策。以为政府限制过严每生极不良之结果；若政府不加限制使制造家得以自由适用新发明，则实业之发达必能较速；又谓法国政府之限制民食过严适足以增加人民之痛苦，盖有背于经济学上之原则故也。此辈经济学家颇反对昔日之重商政策。以为重商主义家误认金银为国家之财富，殊不知国家之贫富固不在现金之多寡也。世人名此派学者为“自由贸易家”。即法国某经济学家所谓放任主义（Laissez faire）是已。

斯密亚丹之原富　一七七六年苏格兰人斯密亚丹（Adam Smith）所著之《原富》（An Inquiry into the Nature and Causes of the Wealth of Nations）一书出版，实为近世第一经济学之名著。他日经济学之发达莫不以此为根据。彼颇反对重商政策及其方法——如进口税、政府补助费、限制谷米之输出等——以为此种限制适与富国利民之道相反背，而减少出产之价值。政府之责尽于保护而已。然彼对于英国之《航业法律》极表同情，故斯密亚丹实非纯粹之自由贸易家也。

经济学者之攻击旧制　英国与法国之经济学者其主张虽不尽相同，然均以为政府不应有违反经济学原则之举。例如攻击旧日税法之未当，主张赋税当直接征之于地主。著书立说风行一世。甚有印行经济学杂志以提倡国民之经济学识者。

十八世纪为开明进步之时代 据上所述可见十八世纪实一开明进步之时代。学者辈出，民智日开。既晓然于旧制之不良，又抱有改良进步之希望。改革精神且达于宫廷之内矣。兹故略述当日开明专制君主之事业。

第七章 法国革命以前之改革

1. 腓特烈第二、喀德邻第二及约瑟第二之改革

开明专制君主 当十八世纪时，欧洲各国有开明专制君主数人，即普鲁士之腓特烈第二、俄罗斯之喀德邻第二、奥地利之马利亚德利撒、德国皇帝约瑟第二及西班牙之查理第三是也。之数君者皆颇能加意于改良，故有废旧制、定新法、抑制教士、提倡工商诸善政。世称为“开明专制君主”（enlightened despots）。实则若辈虽较当时一般君主为开明，然其利国利民之心至多亦不过与查理曼（Charlemagne）、加纽脱（Canute）及圣路易（St.Louis）诸君等。至其专制则真名实相符。总揽国家之大权，使国民无参政之余地。争城争地，时动干戈。故谓其专制则有余，称为开明则不足。

腓特烈第二 当日开明专制君主中之最有能力者当推普鲁士王腓特烈第二（一七四〇年至一七八六年）。王幼年好读书、赋诗、弄笛，为其父所不喜。曾受业于法国人某，故极爱法国文及法国之文哲诸学。年十八岁因不胜军事训练之苦意欲逃亡，中途被逮。其父怒甚，几手刃之。后遂禁之于库斯特林（K ü strin）卫城中，令读《圣经》，并使其目睹同谋者一人之被戮。

腓特烈第二之受教 事后腓特烈第二稍稍留意于国家大事。巡视库斯特林附近之王室领土，遂了然于农民之疾苦。其父代订婚姻，王允之。一意以研究文字、哲学、历史、算学为事。并与欧洲文人信札往来，殆无虚日。尤敬服尔德之为人。喜著书，有暇则从事于历史、政治、军事之著述。死后遗著凡二十四卷，均用法国文著成。

即位后之事业 腓特烈第二既即位乃专心于政治。虽不与人民以参政

之权，然其勤劳国事世所罕有。早起晏眠万机独理，从不假手于他人。对于宗教极主张信教自由。彼固深信自然神教者也。故国内新教徒虽多，而旧教徒亦颇不少。对于法国新教徒及耶稣会中人一视同仁绝无畛域。尝谓："吾对于罗马及日内瓦，严守中立。"又谓："凡因信仰不同而开罪他人者则罚之；假使吾之信仰有所偏倚，不且激起党见与虐杀乎？故吾之宗旨所以使各派教徒了然于教派虽异其为公民也则同。"

喀德邻第二　俄罗斯之开明专制君主应推彼得为第一人，然其名不著于当世。至十八世纪后半期有女帝名喀德邻第二者（一七六二年至一七九六年）实历史上一奇人也。帝本德国人，一七四三年出嫁于俄罗斯之皇子彼得第三，年方十四岁。既入俄罗斯遂改奉希腊教，易其名索非亚（Sophia）为喀德邻。其夫在位不过六个月，待其后甚薄。后恨之，乃阴促禁卫军叛，遂自立为女帝。彼得第三不得已退位，卒为后党中人所弑而卒。

喀德邻第二之性质　喀德邻第二承彼得大帝之志以一意将欧洲文化输入俄罗斯为事。为人放荡诡诈。然勤于政事而知人善任。早晨六时即起，沐浴晨餐均自任之。终日披阅公牍无倦容。

喀德邻第二仰慕法国文化　喀德邻第二极钦慕当日之哲学家及改革家。曾邀狄德罗与之同居者一月。请法国有名算学家达兰贝耳（d'Alembert）来任皇储之师傅，不允，帝为之大失望。又订购狄德罗之《百科全书》一部。当狄德罗贫困时，女帝并购其藏书而仍许其留用。尝与服尔德通信详述其改革之计划。其时俄罗斯人颇有主张废止佃奴制者；女帝独不谓然，反增加佃奴之人数；同时并禁止佃奴不得向政府诉苦；佃奴之景况因之较前益困。又将教会及寺院之资产一概没收。以资产之收入为维持教会及寺院之用，其余款则为设立学校及医院之需。

约瑟第二之改革事业　腓特烈第二及喀德邻第二虽仰慕当时之改革家，然绝无改革法律及社会之意。唯德国皇帝约瑟第二自一七八〇年其母马利亚德利撒死后兼领奥地利，极具改革之热忱。首先着手于巩固国基。定德国语为国语，所有公文书均应用之。废旧日之疆域，分全国为十三省。并废旧日各城市之特权另代以新政府，由中央任命官吏主持之。

约瑟第二攻击封建旧制及提倡实业　约瑟第二下令解放波希米亚、摩拉维亚（Moravia）、加里西亚（Galicia）及匈牙利诸地之佃奴，使为佃户。并减少其他诸地佃奴对于地主之徭役。凡贵族教士一律令其纳税，不得再享蠲免之特权。统一国内杂乱无章之法律，即今日奥地利法律之始基也。对于关税适用保护政策，并提倡工厂之组织。因提倡国货之故将宫内之外国酒悉数送入医院中。同时并禁止民间不得以金银为制烛台之用以示节俭之意。甚至禁止死者不得用棺，意谓木材太费也。

约瑟第二改革之阻力　其时国内之反对改革者颇不乏人，尤以教士贵族为最力。其领土尼德兰于一七九〇年宣布独立。同年约瑟第二死，维新事业亦同归于尽。

开明专制君主事业之总论　据上述者观之，所有开明专制之君主均以扩张个人权力为宗旨，专制有余而开明不足。若辈虽反对罗马之教皇，然意在攫其权以为己有，间并有取一部分之教会财产以自肥者。对于法律有所改革。对于政府尽力集权。对于农工商诸业亦莫不竭力提倡。然其目的皆在于一己权势之扩大，及政府收入之增多。盖除约瑟第二尚有解放佃奴之举外，若辈绝不愿予人民以参政之权也。

2. 一六八八年后之英国

十七世纪之英国为改革之领袖　当十七世纪时代，英国实为改革事业之领袖。代议制创自英国。英国君主因主张君权神授之故被弑及被逐者各一人。英国国民之宗教及思想无不自由。名诗人密尔顿（John Milton）曾著文以维护出版之自由。名哲陆克曾力主国民应有信教之自由，政府不应加以干涉。王家学会尽力于自然科学之提倡。著作家如培根、牛顿、陆克辈之著作无不风行于欧洲大陆诸国以激起诸国之思想。

两大问题之解决　自一六八八年威廉与马利即位后，英国五十年来相持不下之二大问题因之解决。第一，英国国民自此决定信奉新教，而国教与新教异派之纷争亦渐归平靖。第二，君主权力限制甚明，故自十八世纪以来，英国君主无再敢否认国会通过之议案者。

英国与苏格兰之合并　一七〇二年威廉第三去世，女王安即位。在位之日有与西班牙之战争。然有较战争尤为重要者即英国与苏格兰之最后合并是也。自四百年前英国王爱德华第一开始征服苏格兰以来，两地间时有流血冲突之举。英国与苏格兰两地虽自詹姆士第一以来即同隶于一人之下，然各有国会，各有政府，并不统一。至一七〇七年，两地国民方愿合并其政府而为一。自此以后，苏格兰选出议员四十五人出席于英国国会之下院，选出贵族十六人出席于上院。大不列颠一岛自是遂成一统之局，纷争之迹大形减少。

佐治第一之即位　女王安之子女多夭殇。一七一四年女王卒，无嗣。乃根据昔日之规定以最近之亲族信奉新教者继之。其人为谁？即詹姆士第一之外甥女索非亚（Sophia）之子是也，索非亚本汉诺威选侯之妻，故英国新王佐治第一（George Ⅰ，一七一四年至一七二七年）并兼领汉诺威而为神圣罗马帝国之一分子。

英国与均势之局　威廉第三未入英国以前，本系欧洲大陆上之一政治家。其目的在于防止法国之过于得势。彼之加入西班牙王位承继战争即以维持均势之局为目的者也。当十八世纪时代，欧洲大陆诸国间之战争每有英国之参预，其原因亦在于此。至于为扩充英国领土而起之战争则多在远地实行之，而不在欧洲之大陆也。

查理亲王之入侵　当一七四〇年普鲁士人与法国人合攻马利亚德利撒时，英国独援助女王。法国遂命英国王詹姆士第二之孙查理（Charlie）亲王率海军舰队以入侵英国，志不得逞。至一七四五年，幼主又入侵英国，在苏格兰登陆。其地高区之酋长多响应之。幼主遂召募军队南向而进。英国人御之甚力。一七四五年大败幼主于卡罗登穆耳（Culloden Moor）地方，幼主不得已再遁入法国。

3. 十八世纪之英国立宪君主及佐治第三

英国之立宪君主　英国之政府权在国会，与欧洲大陆诸国之专制政府权在君主者异。盖英国自一六八八年之革命而后，君主之地位有同选举，而其权力又为宪法所限制也。故虽有君主徒具虚名。欲行专制势有不可。

十八世纪初年进步党之得势　吾人已知当日英国之政党有二，曰进步党（Whigs），为旧日圆颅党之后，主张国会独尊及信教自由者也；曰保守党（Tories），为骑士党之后，主张君权神授及国教独尊者也。女王安死，保守党中人主张迎詹姆士第二之子入承大统，卒为进步党人所反对而败。乃迎汉诺威之佐治第一人英国即位。进步党自后得势者几五十年。

窝尔坡尔为内阁总理　佐治第一既即位，不谙英国语，且不悉英国之政情。国务会议多不出席，付其权于进步党之领袖。是时进步党中有窝尔坡尔（Robert Walpole）者极具政才。任总理之职者先后凡二十余年（一七二一年至一七四二年）。对于政治及宗教一以和平方法处置之，措施尽当与论翕然。彼尝以政府之公款为购买国会议员之用，故在国会中进步党人常占多数，政府所欲行者无不得心应手。故窝尔坡尔实为英国内阁总理第一人。

内阁制之发达　国内两党对峙政见不同，国王遂不得不于两党中选任其大臣。所有国务总理及国务大臣凡遇政府政策为国会所反对时则全体辞职而去。此即威廉第三以来之内阁制度也。若君主柔懦，则大权实在总理之手。

君主之地位　至于君主仍可操纵其间以谋自利。故英国保守党自一七四五年放弃复辟政策后，英国王即无专赖进步党之必要，进步党之势遂不若昔日之盛。

佐治第三之专制　一七六〇年佐治第三即位，组织私党曰王友者（King's Friends），利用贿赂以把持政权。王受母教，一仿欧洲大陆诸国君主之专制。当北美洲殖民地叛而独立时，英国政府之政策纯出于国王一人之意。

改革之要求　英国宪政之缺点不在君主之专横而在国会之不能代表民意。当十八世纪时，国会议员多为地主富人所独占，国民已生不满之心。当时学者多著书以说明英国宪法之未善。以为人民既有参政之权，即应实行投票之举，并应将宪法编订成文使国民了解其真义。研究政治之集会日有增加，并与法国之各种政社书札往还以资讨论。讨论政治之书报源源出版，下议院中人亦颇有力主改革之人。

庇得　自一七八三年至一八〇一年，庇得任内阁总理。因国民要求改革之迫切遂提出议案于下议院以冀挽救代表不平等之弊。嗣因鉴于法国革命之过激，英国与法国战争之绵延，改革之举为之中止。

英国政体虽属自由然不似民主　当时英国之政府已具近世自由政体之规模；盖国王既不得任意逮捕人民，又不得自由支配国帑，而法律一端又不得任意去取也。而且讨论政治之书报风行全国；庶政公开与昔日之严守政治秘密者异。然谓当日英国之政治已同民主则大误矣。贵族世袭之上院既可推翻下院之议案，而下院之议员又不足以代表全国之人民。充任政府官吏者以崇奉国教者为限。刑法之残酷依然如昔。凡工人不得集会。自佐治第三即位后百余年，国内农民方有选举国会议员之权。

法国　至于法国君主之改革事业本章中并不提及之。盖因法国王之措置无方卒引起国内之绝大变化，王政被废，共和肇兴。其关系于世界人类之将来者甚大，故吾人不得不另章详述之。

第三卷　法国革命与拿破仑

第八章　法国革命将起之际

1. 法国旧制之紊乱

法国人之改革　近世改革事业之成功，中古旧制之覆灭，当以法国为最早。当十八世纪时，欧洲各国之开明专制君主虽有从事于改良之举，然其成效盖寡。一七八九年法国王下令召集人民之代表赴维尔塞，陈述其疾苦及商议救济之方法。惊动世界之大事遂于是乎始。国内旧制一扫而空。开明专制君主从事百年之久而未能如愿者，法国人则于数月之间而大告成功。民众参政之利于此可见。彼之不知利用民众援助而唯君主命令是遵者又焉有成功之望耶?

法国革命与恐怖时代不可混而为一　法国革命之事业往往为当日政情纷纠所掩没。吾人一提及法国之革命，则断头机也巴黎暴动也无不宛然在目。虽对于法国革命绝无研究之人亦每熟闻此种情状焉。其结果则法国革命之一事往往与“恐怖时代”合而为一。殊不知恐怖时代者不过革命之一种结果，非革命之本体也。以之与革命告成之事业较，相去甚远，学者明乎此，而后可以了然于法国革命之真义焉。

旧制之意义　当日欧洲各国之旧制一如专制君主任意逮捕人民、税率不平、检查书籍、佃奴制度、封建徭役、国家与教会之冲突等——改革家之主张及当日君主之改革均于前两章中略述之矣。法国革命所废止之种种遗制法国人总称之为“旧制”（ancien régime）。吾人欲知法国之改革事业何以独冠欧洲，不能不详考当日法国之状况。

法国国家之组织　革命以前之法国毫无组织之可言，国内人民之权利绝不平等。盖法国之领土自古以来时有增加。其初卡彼（Hugh Capet）之领土不过包有巴黎及奥尔良（Orléans）附近一带地。其子孙或用武力或通婚姻渐将法国国土四面扩大。路易十四占据亚尔萨斯（Alsace）及斯特拉斯堡（Strassburg）诸地，并伸其势力于西班牙属之尼德兰。一七六六年，路易十五又得洛林之地。二年之后，日内瓦又割让科西嘉岛于法国。故当路易十六即位时，其领土之广已与今日之法国无异。然其时国内各部之制度彼此互异绝不一致。

旧日之行省　法国国内如郎格多克（Languedoc）、布罗温斯（Provence）、布勒塔尼（Brittany）及多飞内（Dauphine）诸部面积广大形同国家。各有特异之法律、习惯及政府。盖各部先后入附时，法国王并不改其法律使与其他诸部一致，只求其输款尊王而已。各行省中兼有保存其旧日地方议会者。故法国革命以前之行省与今日之郡区（déparements）异，实一种历史上之遗迹而非行政上之区域。各地方言各不相同，即文字亦不尽一致。

法律之繁杂　法国南部虽通行《罗马法》，至于中西北三部则各地法典多至二百八十五种。故人民一旦移居邻近之城市，其所遇之法律往往与其故乡绝异。

税率之不均最重税中盐税居其一，而国内各部不同。故政府不能不费巨资以监守人民之越境。盖人民往往偷运税轻诸部之盐售诸税重之地也。

2. 特权阶级及第三级

享有特权之阶级　法国国内不但各部之情形不同，即社会之阶级亦极不平等。所有国民并不享同等之权利。就中唯贵族与教士得享特权，不负纳丁口税（taille）之义务。其他种种之负担亦往往借口以逃避之。例如贵族与教士得免当兵或筑路之徭役。

教会　中古时代教会势力之宏大驾乎当日政府之上。在十八世纪时，欧洲诸国中唯法国之旧教教会其声势尚与十三世纪时等。握有教育及慈善事业之大权。资产极富。其领土占法国国土五分之一。教士并谓教产所以备供奉上帝之用，应享免税之特权。教士虽尝有输纳“自由礼物”（free gift）于朝廷之举，然教会征收教税，财力雄厚，颇有自立之概。

教士 教会之收入大部分为上级教士所有。即大主教、主教及寺院住持是也。上级教士类由法国王于贵族中简任之，故名为教士实同亲贵。对于教务漠不经心。至于下级教士职务虽极劳苦，而俸给有限几至无以自存。故当革命发端之日，下级教士多党于平民而不愿与上级教士为伍。

贵族之特权 贵族之特权与教士同，均源自中古。试细察所享之种种权利即知当日状况与十一及十二世纪时代无异。法国之佃奴制虽早经废止，然国内可耕之地在当日尚均在地主之手。地主对于佃户仍享有征收各种旧税之权。

封建之徭役 法国贵族所享之特权各地不同。为地主者往往有分得一部分佃户收成之权利。凡佃户逐其牛羊而过地主之居室时亦有纳税之例。亦有地主专设磨臼、酒榨及火炉，迫令佃户租用者。甚至佃户出售己产时，其邻近地主有得其售价五分之一之权利。

畋猎权利 畋猎之权为贵族所独有。凡农民不得伤害可资畋猎之用之禽兽，故为禾稼之害极大。贵族领土中每建有鸽室，每室有巢一二千。满布野中为害尤烈。农民所受之痛苦莫此为甚。

充任官吏之特权 凡军队、教会及朝廷上之上级官吏均为贵族所独占，盖皆封建时代之遗习也。自路易十六以后，国内贵族虽多入居于维尔塞，然此种特权依然存在。

世家贵族并不甚多 然当十八世纪时，法国之贵族并非均属昔日巨室世家之苗裔。大半由国王特封者或以金钱购得者。故此辈贵族之骄横益足令人侧目。

第三阶级人民 凡不属教士或贵族二级之人皆属第三阶级（the third estate），故第三级实为法国之国民。在一七八九年时其人数约有二千五百万。至于贵族及教士两共不过二十五万人而已。第三级人民大部分乡居以务农为业。普通作史者每以为法国农民之状况困苦不堪。国家税率之不平，封建徭役之繁重，固然难堪。而且时有饥馑之祸，益增痛苦。然其实并不如史家所述之甚。美国人哲斐孙（Thomas Jefferson）于一七八七年曾游法国，据云农民状况颇呈安乐之象。英国人杨（Arthur Young）于一七八七年及一七八九年亦尝往游法国，亦谓乡农中固有景况困苦者，然大部皆有家给人足之观。

法国农民之景况较他国为佳　史家对于法国农民之困苦往往故甚其辞，盖以为革命发生必原于人民困苦耳。实则十八世纪法国农民之景况远较普鲁士、俄罗斯、奥地利、意大利及西班牙诸国之农民为佳。盖当日欧洲各国除英国外仍行佃奴之制。佃奴对于地主每周有服务之义，婚姻置产非得地主之允许不可。而且法国人口在路易十四时代本仅一千七百万人，及革命将起时竟增至二千五百万，尤可见当日人民之状况并不甚恶。

法国革命原于人心之不满　法国革命所以较他国为早并不因人民状况之困苦，实因当日法国人之知识程度较他国为高。故对于旧制之缺点莫不了然于心目中也。故仅有秕政实不足以激起大革命。必人民生不满现代制度之心而后革命之势方不可遏。不满现制之心在当日以法国人为最著。农民之仰视地主已由保护之人一变而为劫夺之盗矣。

3. 君主及高等法院

君主之专制　十八世纪法国之政体为专制君主。路易十六曾言："法国之统治权全在吾之一身。唯吾有立法之权。唯吾有维持秩序之权而为其保护者。吾与民一体也。国民之权利与利害即吾之权利与利害，而实握诸吾一人之手中。"故当日之法国王犹是代天行道，除对上帝外不负一切行为之责任者也。试观下述各节即可见王权过大之险。

君主握有财政权　第一，法国王有每年征收地税之权，其数占国家全部收入六分之一。唯征收之数既秘而不宣，其用途如何又无从过问。国家收入与王室经费合而为一。国王可以随时填发支票以取国币，朝廷官吏唯有照给之一法。相传路易十五曾于一年之中用去国币合银币一亿四千万元之多。

拘人手诏　法国王不但握有财政之权，即对于人民之性命亦有生杀予夺之力。随时可以任意逮捕人民而监禁之。可以不经审判而下诸狱中，必待王命而后释放。此种拘人之手诏名曰"加封之函"（lettrés de cachet）。此种手诏凡与国王或朝贵接近者均易予取予求以逮捕其私仇以为快。当时因著书而被此种手诏所拘禁者颇不乏人。弥拉波（Mirabeau）年幼时曾因放荡而被拘数次，即其父适用此种手诏所致者也。

君权之限制　法国君权之巨既如上述，且无成文宪法及立法机关，然君主之权力亦非绝无限制者。国中之高等法院（parlement）即具有阻止君主行动之力者也。

高等法院及其抗议　法国高等法院——国内十余处，以在巴黎者为最有势力——之职权并不仅以审理案件为限。盖以为君主欲定新法，若不经法院之注册，则法院之判决将无依据。唯若辈虽承认君主有立法之权，若新法不善则法院往往提出抗议以示反对之意。且将其抗议印刷而贱售之，故国人每视法院为维护民权之机关。法院提出抗议之后国王应付之道有二：其一，取消或修改其命令；其二，则国王可召某法院中人开一"郑重之会议"（lit de justice），亲命法院将命令注入册中。法院至是遂无反对之余地。然当革命将起之际，法院往往宣布国王强令注册之法律为无效。

高等法院与革命之关系　当十八世纪时，高等法院与政府中人时有争执之举，实开他日革命之先声：第一，引起人民对于重大问题之注意。盖其时国内无新闻纸或国会议事录可资人民之观览也。第二，高等法院不仅批评君主之命令，而且使人民了然于君主无自由变更国家大法之权。意谓法国隐然有一种不成文宪法之存在，而为限制君权之利器。故人民对于政府之政治秘密及朝贵擅权益形不满。

舆论　限制君权之机关除法院外尚有舆论。路易十六时代，某大臣曾谓："舆论为无财无力之潜势力，统治巴黎及朝廷——甚至王宫亦在其势力范围之下矣。"至十八世纪后半期，国民之批评旧制者公然无忌。改革家及政府中人均知政府之恶劣，其明了当日之情势正与吾人今日所见相同。

公谈国事之禁止　当时法国虽无新闻纸，然小本书籍层出不穷以讨论时政，其功效正与新闻纸上之时评同。服尔德及狄德罗辈之主张言论自由及其著作如《百科全书》等均足以激起国人不满之心而抱将来进步之望。

4. 路易十六之为人及其整理财政之失败

路易十六之即位　一七七四年路易十五卒。在位之日绝无善政之可言。因战争而失美洲及印度之殖民地，国库空虚频于破产；故其末年曾有不认偿还公债一部分之举。国税太重，人民嗟怨，而每年政费仍短银币一亿四千万元之数。王之行动每多不德，以致小人女子播弄其间，所有国帑大都为若辈所中饱。故当其去世之日全国欢呼，以为庸主既逝改良有望也。其孙即位，称路易十六。

路易十六之性情　新王即位，年仅二十岁。未尝受教育，性情而傲，好畋猎与制锁等游戏。优柔寡断，宅心纯正，而绝无能力。对于国事漠不关心。与腓特烈第二、喀德邻第二、约瑟第二较，相去远矣。

马利翁团涅脱　路易十六之后马利翁团涅脱（Marie Antoinette）为奥地利马利亚德利撒之女。一七七〇年订婚，原所以巩固一七五六年来法国与奥地利两国之同盟也。当法国王即位时，后年仅十九岁，性好娱乐。尤恶宫廷之仪节，每于大众之前戏谑百出，见者莫不骇然。法国王举止安详，后极不喜。时时干涉政治以利其嬖臣或害其仇敌。

堵哥为财政大臣　路易十六即位之初颇思振作，似抱有为开明专制君主之志。于一七七四年任当日最有名之理财家堵哥（Turgot）为财政大臣。堵哥为当日极有经验之官吏，而且极有学问之名人也。

堵哥之主张　欲使政府无破产之虞，人民得轻税之利，当然以节俭政策为第一要义。堵哥以为维尔塞宫中之费用过巨，应予减削。盖是时君主及王族每年所费不下银币二千四百万元也。而且国王时有任意赏给年金于幸臣之举，每年亦在二千四百万元之则。

朝贵之反对　然一旦减削王室之经费及朝贵之年金，则反对之人必群起而阻，盖法国政府实为朝贵所把持者也。若辈常谮堵哥于王前，且因自晨至暮均近国王，与堵哥之仅于有事商议时方得人见者，其势力之厚薄固可想而知也。

堵哥之地位　有某意大利经济学者闻堵哥被任为财政大臣，曾致书于其法国友人曰："堵哥竟任财政大臣矣！然彼必不能久于其任以实现其改革计划也。彼必能惩罚贪官数人；必能盛气凌人以泄其怒；必且勇于为善；然彼必多方被阻矣。国民信仰必为之减少；人必恨之；必谓彼之能力不足以副其事业焉。彼必为之灰心；彼必求去或免职；然后吾人可以证明任命如此正人为法国财政大臣之非是矣。"

堵哥之免职　某意大利人之言正确精当无以复加。堵哥果于一七七六年五月免职去。朝廷官吏无不弹冠相庆，喜形于色。堵哥之改革计划虽被阻而不克实行，然他日朝廷权贵之失势实堵哥有以致之。

芮克继充财政大臣　不久芮克（Necker）继堵哥而为财政大臣。其有以促成革命进行之处有二：其一，当时法国因援助美国独立之故与英国再启争端，军费浩大负债益巨。遂产出财政上之绝大危机，而为革命原因之最近者。其二，芮克于一七八一年二月详具国家岁出岁人之报告以陈于国王；使国人了然于国家财政状况之紊乱及王室费用之不当。

卡伦充财政大臣（一七八三年至一七八七年）　一七八三年卡伦（Calonne）又继芮克而为财政大臣。滥用国帑较前人尤甚，故极得朝贵之欢心。然不久财源告竭，筹措无方。高等法院既不许其假债，国民负担又已繁重不堪。卡伦不得已于一七八六年将破产之大祸及改革之必要陈诸国王。法国革命于是乎始。盖他日之召集国会引起政潮均卡伦之报告有以致之也。

第九章　法国革命

1. 全级会议之召集

卡伦提议改革　卡伦尝谓欲免亡国之祸非改革国中一切弊政不可。故提议减少地税，改良盐税，废止国内之税界，整顿各业公所之内容等。然改革事业之最要而又最难者莫过于废止教士贵族所享蠲免纳税之特权。卡伦以为政府若能与贵族教士从长计议或可望其纳税。故请王下令召集教士与贵族筹商整理财政之方法。

贵人之召集（一七八六年）　一七八六年召集国内贵人开会之举实与革命无异。盖法国王至是已承认除求援国民外绝无救亡之道也。所有贵人——主教、大主教、公、法官、高级行政官等——虽纯系享有特权之人，然与接近君主之朝贵有异，已足以代表国民之一部。而且先召集贵人，再召集国会，其势亦较顺也。

卡伦之批评时政　贵人会议开会之始，卡伦向之详述国家财政之困难。谓：每年政费不敷银币八千万元之则，欲假国债已不可能，欲行减政又嫌不足。“又将用何法以弥补其不足而增加岁入乎？诸君其亦知国家之秕政乎？一年之中因秕政而费者甚巨，倘改革之足以救济财政之紊乱矣……目下最重要而且最难解决者莫如秕政，盖其根深蒂固已非一日也，例如平民所负之重税、贵人所享之特权、少数人所享免税之权利、各地税率之紊乱。”——凡此种种为人民所痛心疾首者均非废止不可矣。

卡伦之免职及贵人之散会　其时贵人对于卡伦绝无信仰之心，故对于彼之改革计划遂无赞助之意。王乃下令解卡伦之职，不久贵人会议亦解散（一七八七年五月）。路易十六至是仍思用命令以实行其整理财政之计划。

巴黎高等法院之反对新税及全级会议之召集　巴黎高等法院每有反抗君主借得民心之举，至是尤力。不但反对国王所提之新税，并谓：“唯有全级会议方有允许征收永久国税之权。”又谓：“必俟国民了然于国家财政状况后，方可革除苛政而另辟财源。”数日之后，乃请国王召集全级会议（estatesgeneral）。以为除召集国民外别无他法。王不得已下令于一七八九年五月一日开全级会议。

全级会议之性质　法国自一六一四年以后即无国会，故当时虽人人高谈全级会议之召集，迄少知其内容为何者。法国王遂请国内学者研究之。其结果则关于全级会议之著作层出不穷，国民皆以先睹为快。古代全级会议之组织实适于封建时代之国家。国内三级人民——教士、贵族及第三级平民——之代表其数相等。其责任不在研究全国之利害，而在保护本级之利益。故三级不聚于一院。凡有议案必待各级本身同意后，再各投一票以公决之。

此种制度之反对者　此种制度之不适当在一七八八年时之法国人类已知之。如依旧法以召集全级会议，则教士贵族两级代表之数必两倍于国民全体之代表。而反对改革最力之教士及贵族其表决权亦两倍于平民。改革前途宁有希望？是时复任财政大臣之芮克主张平民之代表应增至六百人，使其数与教士贵族等，唯各级不得同聚于一院。

人民之陈情表　除表决权外，当日学者并提及全级会议应行提议之改革。同时国王并下令全国人民详陈其疾苦以备采纳。其结果即法国革命时代最重要之《陈情表》（Cahier）也。凡国内各镇各村均得具表以陈其所受苛政之苦及应加改良之处。读者浏览一过，即知当日法国人民无一不抱改革旧制之希望，大革命之兴起固非偶然矣。

国民之希望立宪君主　国民《陈情表》中几乎皆以君权无限为秕政之源。某表中之言曰："吾人既知君权无限为国家祸患之源，故吾辈极望编订宪法以规定人民之权利而且维持之。"盖当时法国人民本不作废止君主政体之梦想，若辈所希望者君权有限，国会开会有定期，以决定国税而保护民权，如是而已。

全级会议之开会　一七八九年五月五日，各级代表开第一次会议于维尔塞。国王下令各级代表仍服一六一四年时代表所服之制服。然形式虽旧，精神已非。第三级代表不愿依旧法以组织其会议，屡请教士贵族之代表来与平民代表合。贵族中之开明者及教士之大部分均愿允其请，然仍居少数。第三级代表不能再忍，乃于六月十七日宣言自行组成国民议会（National Assembly）。其理由以为若辈所代表者占国民百分之九十六，彼教士贵族仅占百分之四，置之不理可也。欧洲大陆之变更封建阶级为近世国民代议机关者当以此举为嚆矢。

网球场之誓　法国王听朝贵之言令三级代表开联席会议，王亲莅焉。详述其改革之计划，并令三级仍依旧制分开会议。然第三级代表已于开会前三日（六月二十日）集于邻近网球场中宣誓："无论如何，必待宪法成立而后散。"

教士贵族与平民代表联合　故当国王下令分开会议时，少数教士及大部分贵族均遵令而行，其余则仍坐而不动。是时礼官命各代表应遵王命而去，代表中忽有弥拉波（Mirabeau）其人者起言："非刀锯在前者，则吾辈断不离此地矣。"王不得已，乃命教士贵族与平民代表合开会议。

国民第一次之胜利　三级合议实第一次国民之胜利。享有特权之人竟不能不与第三级代表联合，人各有表决之权。而且国民议会既宣言必待宪法成立而后散，则此次开会之目的显已不仅以整理财政为限矣。

2. 国民议会之改革事业（一七八九年七月至十月）

王党解散国民议会之计划　国民议会既开会，遂一意于编订宪法之举，然其事业不久即辍。盖当时朝贵组织王党，为数虽少，然因接近君主之故势力极大。竭力反对改革事业之进行，尤不愿国王之屈服于国民议会。盖恐一己之特权有消灭之虞，一己之利益无保存之望也。主其事者为王后马利翁团涅脱及王弟亚多亚（Artois）伯二人，国民议会所视为骄横无忌隐夺王权者也。王后辈曾因堵哥与卡伦主张改革之故而免其职，则声势汹汹之国民议会又焉可任其存在耶？

法王遣兵入巴黎及芮克之免职　法国王颇赞成王党之计划，遂遣政府所募之瑞士兵及德国兵一队入巴黎以备解散议会时平定暴动之用。同时并免雅负虚名之芮克之职。巴黎市民既睹兵士之入城，又闻芮克之免职，惶惑殊甚。群集于皇宫（Palais Royal）花园中唧唧私议。其时有新闻记者名对穆郎（Camille Desmoulins）者奔入园中立于桌上，宣言不久瑞士兵及德国兵将有屠杀全城“爱国者”之举，力促市民急携武器以自卫，并卫为国宣劳之国民议会。市民闻之莫不大震。是夕暴民群集于通衢之上，凡购买军器及饮食之商铺无不被劫一空。时七月十二日也。

攻击巴士的狱（一七八九年七月十四日）　至十四日，市民复行劫夺市中军器之举。有一部分暴民向巴士的（Bastille）堡垒而去，以劫夺军器为目的。其时管理堡垒者为得罗内（de Launay）其人坚执不允。同时并架巨炮于垒上为示威之举，附近居民益形恐慌。巴士的堡垒原备拘禁用国王手诏所逮之人之用。人民过之者以其为君主专制之标帜莫不侧目而视。市民虽知该狱墙厚丈许，壁垒高耸，然仍行攻击之举。继与管理该狱之人商酌和平方法，市民中颇有因之过吊桥而入内者。不意护狱之兵忽开枪击死市民约百人。市民益愤，攻击亦益力。护狱之兵士乃迫得罗内纳降，唯以不得伤害狱兵为条件。吊桥既下，暴民一拥而进。不意狱中囚犯仅有七人，遂释之使出。市民之暴烈者力主复枪毙市民百人之仇，乃尽杀瑞士护兵及得罗内，悬其首级于长枪之上游行于通衢之中。

巴士的狱陷落之关系　巴士的狱之陷落为近世史中最足惊人之一事，至今七月十四日尚为法国之国庆纪念日。巴黎市民之反抗王党以自卫实始于此。君主专制之标帜至是遂倒，毁其墙，杀其守者。昔日森严可畏之监狱一旦夷为平地，所存者白石数堆而已。有一七八九年七月十四日之暴动，旧制恢复之希望从此永绝，不可谓非人类自由史上之一新纪元。王党中人虽日以反对改革为事，然适足以促进改革之成功。巴士的狱既陷，王弟亚多亚伯遂逃亡在外，日以嗾使他国君主出兵保护路易十六为事。

护国军　是时法国王已无维持巴黎秩序之能力。巴黎市民因不堪暴民之骚扰乃组织“护国军”（national guard）以自卫，并请拉法夷脱

（Lafayette）为军统。法国王自是遂无遣兵入巴黎之理由，而巴黎军权乃入于中流社会（bourgeoisie）之手。

巴黎及各市市政府之建设 巴黎市民乃着手于市政府（commune）之改组，选国民议会中人为市长。其他诸城亦相继仿行，多设委员会以代之以促进革命之进行。并仿巴黎召募“护国军”为维持秩序之用。既而有国王已承认巴黎市民之举动为合法之消息，各城市民益信自治之正当。他日巴黎市政府之举动极有影响于革命，后再详述之。

国内之骚扰 七月之末全国大乱。人心皇皇不可终日。其时忽有“劫匪”（brigands）将至之谣传，乡农闻之莫不惊恐。各地多急起筹划自保之策。迨恐慌既过，方知所谓劫匪者并无其事。乡农之注意乃转向于其所恨之旧制。群集于空场之上或教堂之中，议决不再输纳封建之租税。再行焚毁贵族堡垒之举。

八月四日至五日之夜 八月之初，乡农之抗纳租税及焚毁堡垒之消息达于国民议会。议会中人以为若不急事更张将无以平乡农之怒。故于八月四日至五日之夜，国民议会中享有特权之阶级中人以诺爱（Noailles）为领袖争相自动放弃其特权。

废止特权之议决案 先议决废止贵族畋猎及养鸽之特权。又废止什一之教税。教士贵族所享之免税特权亦从此剥夺之。又议决：“凡公民及其财产均有纳税之义”，而且“所有公民不拘门第均有充任官吏之权”。并谓：“废止特权既有关于国家之统一，故所有各地一切特权概行永远废止，一以国法为准。”

统一国内诸部之政策 此案既公布，法国人民遂享平等一致之权利。昔日税则不平之象亦永无恢复之机。从此国法一致、人民平等矣。数月之后又议决废止旧日之行政区域，分全国为郡区（departements）。其数较旧日为多，而以本地之山川为名。昔日封建之遗迹至是扫地以尽。

人权宣言 革命初期人民《陈情表》中颇有提及公民权利应有明白之规定者。以为如此则种种苛政与专制均将有以限制之也。国民议会因之有《人权宣言》（The DecLaration of the Rights of Man）之议决。此宣言成于八月二十六日，为欧洲史中最重要之文字。不但足以激起当日人民之热忱，而且自此至一八四八年为法国宪法中之精义及欧洲各国同样宣言之模范。极足以反照欧洲当日之苛政焉。

宣言之内容　《宣言》中所缕陈者如“人生而平等且永久平等者也。社会阶级当以公善为唯一之根据”。“法律为公意之表示。凡公民自身或其代表均有参与立法之权。”“凡公民除因犯案及依据法定方法外不得被控、被逮或被拘。”“如人民意见之表示不害法定秩序时，不得因有意见——包括宗教意见在内——而被扰。”“思想与意见之自由交通为人类最贵之权利。故凡公民均有言论、著作及出版之自由，唯须负法定滥用自由之责。”“凡公民自身或其代表得议决纳税之必要，有自由允许之权，有明悉用途之权，有规定数目征收方法及久暂之权。”“社会有要求官吏行政负责之权。”观此可知国民议会所谓“人类权利之被夺者已数百年”，若辈“此种《宣言》可以复兴人道，永为反对压制人类者之口号”之言，洵非虚语。

3. 移往巴黎之国民议会（一七八九年十月至一七九一年九月）

王党之反抗计划　法国王对于批准《人权宣言》一事颇形踌躇。十月初旬国中忽有国王召集军队平定革命之谣。其时适有军队一连自法兰德斯（Flanders）调入，禁卫国宴之于维尔塞，王后与焉。巴黎人相传军官于酒后将革命三色旗——红、白、蓝——掷于地而践踏之。适是年秋收不足，民食缺少，巴黎市民益形蠢动。

巴黎市民侵入王宫并挟法王入巴黎　十月五日，巴黎女子数千人及携有武器之男子纷纷向维尔塞而进。法拉夷脱率护国军随之。唯当暴民次晨侵入王宫时几加害于王后而彼竟不加阻止，殊不可解。暴民宣言国王非与若辈同赴巴黎不可，王不得已允之。盖人民之意以为国王入居巴黎，则人民得享升平之福也。于是王入居推勒里（Tuileries）宫，实与监禁无异。国民议会亦随之移入王宫邻近之骑术学校中。

法王与议会迁入巴黎之恶果　王室与国民议会之迁移实革命中一大不幸之事。盖当日国民议会之改革事业并未告竣，而此后之举动无一不受旁听席中暴民之牵制也。其时有马拉（Marat）者在其所办之《民友报》（The Friend of the People）中极言城中之贫民皆系“爱国之志士”。故不久贫民皆抱仇视中流社会之意。偶有提倡“自由”或痛骂“逆党”者群奉之为领袖。势力雄厚足以操纵巴黎及在巴黎之议会而有余矣。

新宪法之编订 数月之间巴黎城尚称安谧。国民议会乃壹意于编订新宪法。一七九〇年二月四日法国王及其后亲临议会宣誓承认新定之政体。规定国王一面代天行道，一面遵守宪法；然全体国民当在法律之上，而法律则在国王之上。

宪法中所规定之立法议会 宪法中当然规定凡立法及征税之权均须操诸代议机关之手。至于代议机关与国民议会同，与英国国会异，仅设一院。当时主张取两院制者虽不乏人，然恐设立上院则充议员者将属诸教士及贵族，或且存恢复特权之心，故定采一院之制。又规定凡公民每年纳税等于其三日工资者方有选举国会议员之权，故贫苦工人无参政之机会，与《人权宣言》未免相背。其结果则国家政权渐握诸中流社会之手矣。

国民议会宣布教会财产之入官 教税之废止已于八月间实行。教会每年之岁入因之减少银币六千万元之则。一七八九年十一月二日议会又宣布籍没教会之财产归政府管理，唯政府须负维持教务教士及救济平民之责。国内教士从此均唯国家之薪俸是赖。国内寺庵之财产同时亦均没收入官。

纸币 不久国民议会议决清查教会之财产而转售之，唯因政府需款甚亟之故议决发行四万兆佛郎之纸币（assignats），而以教会之财产为担保品。不久其价格日落，七年之间大部分之纸币已同废纸。

巴士的狱陷落之庆祝 巴士的狱陷落之周年巴黎举行庆祝大典。各地多遣代表与会，以表示其同情。观者无不感动。年余之后国民议会方解散，而以新定之立法议会代之。

国民议会之事业 国民议会之开会先后凡二年有余。为期如此之促，成功如此之巨，世界上殆无其匹。英国国会尽五百年之力而不克成功者国民议会于二年间而成之。唯有约瑟第二之改革事业或可与之比美。

国民议会政策所激起之反抗 国民议会之成功虽巨，然其足以激起他人反抗之处亦正不少。法国王及其后与朝贵与普鲁士王及德国皇帝信札往来促其干涉。逃亡在外之贵族亦均力求外援以遂其卷土重来之志。至于教士则多以革命为反对宗教之举，无不生仇视之心。加以巴黎及各大城之暴民多被激动而有反对国民议会之举。以为国民议会专为中流社会谋福利，绝不顾及贫苦之人民。若辈对于拉法夷脱所统率之“护国军”尤为侧目。盖军士衣服都丽，且每有枪伤“爱国志士”之举也。识者早知法国之在当日，大难之来方兴未艾矣。

第十章　第一次法兰西共和国

1. 立宪君主时代（一七九一年至一七九二年）

第二次革命　法国革命之性质及其进行已于前章详述之。旧制之废止，国内之统一，人民之参政，皆革命之功也。其改革事业之和平及全国人民之赞助世界史上殆无其匹。然不久而有第二次猛烈之革命，以致君主政体一变而为共和。并有种种过激之举动激起多数国民之反抗。因之引起与外国之战争。内忧外患同时并进。遂产出革命中之恐怖时代。国内政府有同虚设，扰乱之局几至不可收拾。不得已而屈服于一专制之武人，其专制较昔日之君主为尤甚。此人为谁，即拿破仑波那帕脱（Napoleon Bonaparte）是也。然其结果不但将一七八九年之事业永远保存，而且扩充其事业于四邻诸国。故当拿破仑失败路易十六之兄入承大统时，即以力维革命之功业为其唯一之政策云。

贵族之逃亡　法国人民对于国民议会初期之改革极形满足，举行周年纪念之庆典举国若狂，上章曾提及之。然国内贵族仍不愿居于法国。王弟亚多亚伯、卡伦、康狄（Condé）亲王辈于一七八九年七月十四日后即有逃亡之举。嗣后贵族因焚毁堡垒，废止特权及废止世袭制而逃亡者踵相接也。不久逃亡在外之贵族（émigré）有曾充军官者组织军队渡莱茵河而南。亚多亚伯并有入侵法国之计划。极欲假列强之力以推翻革命之事业，援助国王之复辟，及恢复贵族之特权。

逃亡贵族之行动反使法王失信于国民　逃亡在外之贵族既有恫吓之举，又有假借外力之嫌，其行动遂影响于居在国内之同类。法国人民以为在外贵族之阴谋必隐得国王及其后之赞助，盖其时德国皇帝而兼领奥地利者实为后之兄利欧破尔得第二（Leopold Ⅱ）其人也。加以国内不愿宣誓之教士显有反对革命之意。故"爱国者"与反对革命者之间其势益同冰炭。

弥拉波维持王政之失败　假使法国王听信弥拉波之言，则革命中或不致有恐怖时代之发现。弥拉波之意以为法国须有一强有力之君主，并能遵守宪法，指导国会，维持秩序，而尤以消除人民怀疑恢复特权为最要。然王及其后与国民议会均不听信其言。彼于一七九一年四月二日因荒淫无度而死，年仅四十三，从此遂无人可为法国王之参谋者。

法王之遁走　一七九一年六月王携其眷属以遁，人民益疑惧。王自批准《教士组织法》后即存避地之念。法国东北境驻有军队为迎护国王之备。以为王果能遁出巴黎以与军队合，则不难联络德国皇帝而卷土重来以阻止革命之进步。不幸王及其后行至发棱（Varennes）离其目的地仅二十五英里许，中途被逮，遂返巴黎。

法王逃亡之影响　王及其后之逃亡国人闻之既怒且惧。观于人民之一忧一喜足见其尚存忠爱君主之心。国民议会伪言国王乃被人所迫而走，实非逃亡。然巴黎人颇以国王此举有同叛国，非令其去位不可。法国之有共和党实始于此。

共和党之领袖　共和党中之最负盛名者为马拉其人。马拉者为当时之名医生，曾著科学书数种，至是主持主张激烈之《民友报》。尝在报中痛骂贵族及中流社会中人，彼谓“人民”者乃指城市工人及乡间农夫而言者也。此外又有对穆郎，即曾于一七八九年七月十二日演说于皇宫花园中者也。彼亦为主持报馆之人，且为科第力（Cordeliers）俱乐部之领袖，为人和蔼而有识。最后即为对穆郎之友丹敦（Danton）其人。面貌凶恶，声音洪亮，极为暴民所信服。其识见不亚于马拉，而出言不若马拉之恶毒。然因其精力过人之故，遂有残忍激烈之行。

国民议会之闭会　一七九一年九月，国民议会二年来专心编订之宪法告竣。法国王宣誓忠于宪法，并大赦天下借以解除国人之误会。国民议会至是遂闭会，而以新宪法中所规定之立法议会（Legtslatve Assembly）代之。十月一日开会。

立法议会开会时之忧患　国民议会之事业虽盛，然法国之状况愈形险恶。外有逃亡贵族之阴谋，内有不遵新法教士之反对，而国王又阴通外国之君主以冀其干涉。当王及其后在发棱中途被逮之消息传至德国皇帝利欧破尔得第二时，德国皇帝宣言法国王之被逮足以证明法国革命之非法，“有害于各国君主之尊严及政府之威信”。乃与俄罗斯、英国、普鲁士、西班牙、那不勒斯及撒地尼亚（Sardinia）诸国君主协商“恢复法国王之名誉及自由，及阻止法国革命之过度”之方法。

匹尔尼次宣言　八月二十七日，德国皇帝与普鲁士王联衔发出匹尔尼次（Pillnitz）宣言。申明若辈依法国王兄弟之意已预备联络其他各国之君主以援助法国王之复辟。同时并召集军队为作战计划。

宣言之影响　此次宣言不过一种恫吓之文字而已；然法国人民则以此为欧洲各国君主有意恢复旧制之证据。无论革命功业或且为之败于一旦，即外力干涉之一端已为法国人所不容。故宣言之结果适足以促进法国王之去位而已。

新闻纸　法国自全级会议开会后新闻纸蔚然兴起。革命热忱之得能持久者新闻纸之功居多。西部欧洲诸国在法国革命以前除英国外类无所谓新闻纸。偶有周刊或月刊以讨论政治问题为事者每为政府所疾视。自一七八九年后，日刊新闻骤形发达。有纯属表示个人主张者，如《民友报》是也。有并载国内外新闻与今日无异者，如《导师》（Moniteur）是也。王党之机关报名《使徒之条例》（The Acts of the Apostles）立言尖刻而轻薄。新闻纸中亦有画报专在讽刺时事者，极饶兴趣。

雅各宾党　其时各种政治俱乐部中以雅各宾（Jacobin）俱乐部为最著。当国民议会迁入巴黎时，议员中有一部分租一室于会场附近之雅各宾寺中。最初本仅百人，次日人数骤倍。其目的在于讨论国民议会中行将提出之议案，决定本党对于各种政策之态度。因此国民议会中贵族代表之计划多被阻而不能行。俱乐部日渐发达，于是即非议会中人亦得与于该部之会议。至一七九一年十月，则无论何人均得入部旁听。同时并渐设支部于各地，而以巴黎为中枢，一呼百应，极足以激起全国之民心。当立法议会开会之初，雅各宾党人并非主张共和者，不过以为君主之权力当与总统相等耳。若国王而反对革命则当令其去位。

立法议会中之政党　立法议会既开会，对于各种困难实无应付之能力。盖自国民议会中人议决不能再被选而为立法议员后，立法议会中人遂多年少不更事者。各地之雅各宾俱乐部每能用武力以选出其本党中人。故立法议会中以反对国王之人居其多数。

吉伦特党　此外并有多数之青年法学者被选为议员，其中著名者多系吉伦特（Gironde）地方之人，故世人遂以地名名其党。党中人多善辩，亦主张共和者。然绝无政治手腕以应付一切困难之问题。盖亦能言不能行之流亚也。

宣布逃亡贵族为叛国之人　自法国王逃亡之事失败后，其兄布罗温斯（Provence）伯遂出国以与逃亡在外之贵族合。既嗾使德国皇帝与普鲁士王发匹尔尼次《宣言》，乃集其军队于莱茵河上。立法议会宣布“集于边疆上之法国人”实犯阴谋叛国之嫌疑。令布罗温斯伯于二个月内回国，否则削其继统之权。其他贵族若于一七九二年一月一日以前不能遵令返国者则以叛国罪犯论，如被逮捕，则处以死刑并籍没其财产。

立法议会启外国之争端　立法议会一年中之举动当以激起法国与奥地利之战端为最重要。其时议会中人多以当日之状况为不可忍。外有贵族扰乱之忧，内有国王反动之虑。故吉伦特党人力主与奥地利开战。以为唯有如此方可谋国民感情之统一，明国王真意之所在。盖一旦战端开始则国王之态度如何不难一目了然也。

2. 第一次法兰西共和国之建设

法国对奥地利之宣战　法国王迫于立法议会之要求乃于一七九二年四月二十二日与奥地利宣战。彼吉伦特党中之少年律师初不意此举竟开二十三年之欧洲战局。而且后半期之战争虽已以扩充领土为目的，然法国革命之原理能隐然遍传于西部欧洲者实权舆于此时。

法军入侵奥属尼德兰之失败　其时法国军队本无战斗能力。盖自充任军官之贵族逃亡以后军队组织久已瓦解。虽有护国军，然仅能为维持各地秩序之用，于战略上绝无经验。故法国军队入侵尼德兰时，一见奥地利之骑兵即不战而溃。逃亡贵族闻之无不大喜，欧洲人亦以为所谓“爱国志士”者亦不过尔尔。

法王否决议会之二案及免吉伦特国务大臣之职　同时法国王之地位亦益趋险恶。立法议会议决议案二：一、令不愿宣誓之教士于一月内出国；一、召募志愿军二万人驻于巴黎城外以资守卫。法国王均否决之，并免吉伦特党国务大臣之职，此皆一七九二年五月至六月间事也。

一七九二年六月二十日之暴动　法国王对于议会之议案既有否认之举，国人益愤。以为此皆“奥地利妇人”或名“否决夫人”（Madame Veto）者一人所为，而且并知王后果有将法国之行军计划暗泄于奥地利之举。六月间，巴黎暴民举行示威运动，“爱国志士”中颇有侵入推勒里

（Tuileries）宫中者，往来搜索“否决先生”（Monsieur Veto）。幸其时议会中人环绕法国王而立于窗下，王戴一红色之“自由冠”，向大众祝国民之康健，暴民乃四散。王虽得不死，然亦险甚矣。

普鲁士军队之入侵　巴黎暴民既扰乱王宫，欧洲各国君主益以为所谓革命者实与无政府主义同。普鲁士本于法国宣战时即与奥地利联合者，至是不伦瑞克（Brunswick）公遂率其军队向法国而进，以恢复法国王之自由为目的。

宣布全国已陷于险境　于是立法议会于一七九二年七月十一日宣布全国已陷入险境。下令全国城乡人民均须将其所藏之军器或弹药报告于各地政府，违者监禁之。并令全国人民一律戴三色之帽章。其意盖在引起全国人民同仇敌忾之心也。

不伦瑞克公之布告　当联军将近法国时，法国王不但无保护法国之能力，而且犯私通国敌之嫌疑。王之地位已有朝不保夕之势。不伦瑞克公之布告既出，法国王去位之事益不可免。其布告于一七九二年七月二十五日以德国皇帝及普鲁士王之名义行之，宣言联军以平定法国扰乱及恢复其国王权力为目的；凡法国人有反抗联军之举者则以严厉之军法从事并焚毁其居室。如巴黎人民再侵犯国王及其后或有骚扰王官之事，则巴黎必得屠城之祸。

马赛之志愿军及其军歌　其时巴黎之暴民颇欲强迫立法议会实行废止国王之举。召马赛（Marseilles）之护国军五百人来巴黎以援助之。诸兵士沿途高唱《马赛歌》（Marseillaise），慨慷动人为世界国歌之最。至今尚为法国国歌。

推勒里宫之第二次被扰　丹敦辈决欲废立国王而建设共和政体。八月十日巴黎人民有第二次入侵王宫之举。马赛之军队实为先驱。王及其后与其太子事先遁入立法议会会场所在之骑术学校中，议会中人引之入居新闻记者旁听席。宫中守卫之瑞士兵忽向叛党开枪，卒以众寡不敌之故全体被杀。于是暴民侵入宫中大肆劫略，杀死侍人无算。拿破仑目睹其事，尝谓若卫军之将不死，则守护王宫或非难事云。

巴黎之革命市政府　同时巴黎暴民占据市政府，逐市政府之参事而代之。巴黎市政府遂为激烈党人所占有。乃遣人要求立法议会实行废立国王之举。

立法议会召集宪法会议　立法议会不得已允之。唯法国果欲变更其政体则昔日所定之君主宪法当然不适于用。故议决召集宪法会议商酌变更政体之方法。他日宪法会议之事业不但改订宪法统治国家，而且外御强邻内平乱党，盖即法国革命中之“恐怖时代”也。

3. 革命时代之战争

法国宣布共和　宪法会议于九月二十一日开会。其第一件议案即为废止君主宣布共和。国人以为此乃自由世纪之黎明，专制君主之末日矣。乃易正朔，以一七九二年九月二十二日为“法国自由元年”（Year One of French Liberty）之元旦。

普鲁士军队于发尔米被阻　八月下旬普鲁士军队长趋入法国境于九月二日占据维丹（Verdun）要塞。法国大将度穆累（Dumouriez）遇普鲁士军队于发尔米（Valmy）而败之，此地距巴黎盖仅百英里而已。是时普鲁士腓特烈威廉第二本无久战之意，而奥地利之军队又复逗留不进。盖两国是时方有分割波兰之事也。

法军之战绩　因之法国军队虽无纪律竟能抵御普鲁士之军队而扩充其势力于国外，侵入德国境，占据莱茵河畔之要塞，并占据东南境之萨伏衣。于是度穆累再率其服装破烂之兵侵入奥地利所领之尼德兰。于十一月六日败奥地利军队于宅马普（Jemappes），遂占有其全境。

宪法会议思扩充革命事业于国外　宪法会议急思利用其军队以扩充革命事业于国外。乃于一七九二年十二月十五日发布告于法国军队所占诸地之人民曰：“吾人已将尔辈之暴君逐出矣。尔辈若愿为自由之人者则吾人当加以保护，使暴君不得报尔辈之仇。”所有封建徭役不平赋税及种种负担一律废止。凡反对自由、平等，或维护君主及特权者皆认为法国人之敌。

法王路易十六之被杀　其时宪法会议对于处置国王之方法颇费踌躇。然多数议员以为国王阴嗾外国之干涉实犯大逆不道之罪。乃决议开庭以审判之，卒以多数之同意处以死刑。于一七九三年一月二十一日杀之于刑台之上。王临刑时态度雍容娴雅见者莫不感动。然因其优柔寡断之故贻害于国家及欧洲者甚大。而法国人民之所以建设共和政体原非本心，亦王之无能有以促成之矣。

法王被杀之影响　法国王之被杀无异法国对于欧洲列强之挑衅。列国闻之莫不投袂而起以反对法国。英国政府之态度尤为激烈。英国王佐治第三且为法国王服丧，逐法国驻英国之使臣而出之。内阁总理庇得宣言惨杀法国王之罪大恶极实为史上所未有。英国人尤虑法国人抱扩充领土之野心。以为路易十四侵占奥地利所领之尼德兰及荷兰之计划行且复现。二月一日，庇得向下院宣言：法国之革命足以扰乱欧洲之和平，故英国应与欧洲大陆各国合力以抗之。

法国对英宣战　同日宪法会议亦议决对英国及荷兰二国宣战。初不料加入联军最后之英国竟为反对法国最久之敌人。战争延长至二十余年之久，迨拿破仑流入荒岛后方止。自此以后，法国军队渐形失势。盖自一七九三年一月第二次分割波兰后，奥地利、普鲁士乃得专意于法国方面之战争也。

法军之败绩及法将之遁走　是年三月，西班牙与神圣罗马帝国亦加入同盟以抗法国，法国遂处于四面楚歌之境。三月十八日，奥地利军大败度穆累于尼尔温登（Neerwinden），逐法国军队于尼德兰之外。度穆累既恨宪法会议之袖手旁观，又不满于国王之惨遭杀戮，遂率其军队数百人遁入敌中。

同盟诸国提议瓜分法国　同盟军既战败法国军队，乃发瓜分法国之议。奥地利应得法国北部一带地，并以亚尔萨斯及洛林二地与巴威，以其在奥地利境内之领土与奥地利。英国应得丹刻克（Dunkirk）及法国所有之殖民地。俄罗斯之代表主张西班牙及撒地尼亚亦应稍分余润。“既分之后，吾辈应于残余法国国土内建设稳固之君主政府。如此则法国将降为第二等国家不致再为欧洲之患，而欧洲之导火线亦可从此消灭矣。”

第十一章　拿破仑波那帕脱

1. 波那帕脱第一次入侵意大利

军队之变性　当革命时代，法国军队之性质为之大变。昔日充军官者皆系贵族。自巴士的狱陷落后，贵族逃亡者踵相接也。其他如拉法夷脱及度穆累辈初本具赞助革命之热忱，然自一七九二年后相继降敌。又有因战败而为监军之代表所杀者，如屈斯廷（Custine）及波哈内（Beauharnais）［即他日皇后约瑟芬（Josephine）之前夫］辈是也。旧日之军纪至是荡然无存。为军官者类多行伍出身，每能不拘旧法以败敌人。无论何人凡具统军能力者随时可望为上将。故摩罗（Moreau）以律师一跃而为名将，缪拉（Murat）为曾任店伙之人，如耳洞（Jourdan）则曾以贩布为业者，盖法国之军队至是亦与国家同具民主精神矣。

拿破仑时代　当时出身行伍之军统当以拿破仑波那帕脱为最著。十五年间之欧洲史无异彼一人之传记，故世人名此期为“拿破仑时代”（Napoleonic Era）。

拿破仑之家世　波那帕脱于一七六九年八月十五日生于科西嘉岛中。此岛虽于前一年入属于法国，然彼实系意大利种。彼所用之语言亦系意大利之语言。其父卡罗（Carlo Bonaparte）虽系贵族之后，仍从事律师之职务于岛中之阿耶佐（Ajaccio）镇。共有子女八人，家贫几无以自给。不得已乃遣其最长之二子留学法国。长子名约瑟（Joseph）习神学，次子拿破仑则入布里恩（Brienne）之陆军学校习兵学，时年仅十岁也。

波那帕脱求学时代　波那帕脱之在陆军学校中者自一七七九年至一七八四年前后凡五六年。起居极清苦，颇恶同学中之贵胄子弟。尝致函其父曰：“我以清贫之故常为无耻同学所窃笑，我实厌之。盖若辈所以胜我者富而已，而我之思想高尚则固远出若辈之上也。”不久遂抱使科西嘉岛离法国而自立之志。

波那帕脱在科西嘉岛之政治阴谋　波那帕脱既毕业于陆军学校，乃得下尉之职。既无财，又无势，故无升迁之望。不得已返科西嘉岛，一在谋该岛独立之实行，一在谋维持家庭生活之方法，盖自其父去世后家中境况益贫困不堪。故彼屡次告假回里以实现其独立之阴谋。及革命既起，其阴谋暴露，遂于一七九三年全家被逐，乃逃入法国。

波那帕脱之得势　波那帕脱逃入法国以后，三年之中落泊无定。土伦之役颇获微誉，然不愿赴芬底以平其乱，仍居巴黎以待时机。二年后，其友巴剌斯（Barras）令其率兵入卫宪法会议。一生遭际造端于此。盖巴剌斯是时为督政官之一，援引波那帕脱以入于缙绅之列。彼不久即遇波哈内之寡妻爱而娶之，即九年后之法国皇后约瑟芬也。

波那帕脱入侵意大利　一七九六年春，督政部命波那帕脱率三师之一入意大利，时年仅二十有七岁。其武功甚盛直堪与古代亚历山大比美。

普鲁士及奥地利在一七九四年时对法战争之冷淡　当一七九三年时，欧洲各国之与法国为敌者计有奥地利、普鲁士、英国、荷兰、西班牙、神圣罗马帝国、撒地尼亚、那不勒斯王国及多斯加纳（Tuscany）。同盟诸国声势虽大，然仅能占据法国边境之要塞，而不久复失。盖是时普鲁士及奥地利方有第三次分割波兰之举无暇顾及法国之革命也。其时波兰志士科修斯古率波兰人叛，于一七九四年四月逐俄罗斯之军队于华沙之外。喀德邻第二求援于普鲁士王腓特烈威廉第二。普鲁士王允之，遂壹意于平靖波兰之乱。英国之内阁总理庇得输巨款于普鲁士，请其留兵六万于尼德兰以御法国人。然普鲁士军队并不尽力，即奥地利亦因战事失败决意退出尼德兰以便专心于分割波兰之举。

英国无力阻止法军之进行　英国人见普鲁士及奥地利态度之冷落大为失望。盖英国之所以加入同盟军者一在援助普鲁士及奥地利以维持均势之局，一在维护尼德兰以阻止法国军队之入侵荷兰也。一七九四年十月，奥地利军队退出莱因茵河外；英国军队不得已亦自荷兰退至汉诺威。荷兰人颇有热心共和者，故法国军队所至无不闻风归向。废其世袭之行政首领（stadtholder），另建巴塔维亚（Batavia）共和国而受法国之节制。

法国与普鲁士及西班牙之和　自开战以来三年之间，法国人所征服者有奥地利所领之尼德兰，萨伏衣，及尼斯（Nice）诸地，建巴塔维亚共和国，并占据德国西部之地以达于莱茵河。一七九五年四月，普鲁士与法国媾和于巴塞尔（Basel），暗许法国人可以永有莱茵河左岸地，唯普鲁士所受之损失应有相当之赔偿。三月之后，西班牙亦与法国和。一七九六年春，法国政府听波那帕脱之言发三军分头进攻奥地利都城维也纳。如耳洞率一军向北溯美因河（Main）而进；摩罗则经黑林（Black Forest）沿多瑙河（Danube）而下；波那帕脱则入侵伦巴底（Lombardy）。

意大利之分裂 意大利政局之紊乱与五十年前爱斯拉沙伯和会时无异。统治那不勒斯王国者为优柔寡断之斐迪南第四及其后喀罗林（Caroline）。在其北者则有横断半岛中部之教皇领土。多斯加纳之政府和平而开明。帕马（Parma）公为西班牙王族之亲属，摩德拿（Modena）公为奥地利王族之亲属。纯属他国者为伦巴底，于西班牙王位承继战争后人属于奥地利者也。威尼斯及热那亚两共和国虽仍存在，然其国势久已衰落。半岛中最强之国当推撒地尼亚王国——包有皮德梦特（Piedmont）、萨伏衣、尼斯及撒地尼亚岛。

波那帕脱逼撒地尼亚求和并入据米兰 与波那帕脱为敌者有奥地利及撒地尼亚两国之联军。波那帕脱自萨窝那（Savona）北进，以中截敌军。逼撒地尼亚军使之向吐林（Turin）而退。撒地尼亚不得已割萨伏衣及尼斯两地于法国以和。波那帕脱既无后顾之忧，乃沿波河（Po）而下。奥地利军队惧法国军队或断其后路乃急向东而退，法国军队遂入占米兰，时在一七九六年五月十五日。

法军大肆劫掠 波那帕脱入意大利之始宣言法国军队以驱除暴君为宗旨。然法国政府仍望征服各地负维持军队之责。观其与波那帕脱之训示，尤属显然："凡物之可为吾用而且因政情上不能不移动者毋任留在意大利。"故波那帕脱入据米兰之后不但令其输款二千万佛郎，而且令其交出美术品多种。帕马及摩德拿两公国亦纳款于法国而以停战为条件。

孟都亚之役 波那帕脱率军东向蹑奥地利军队之后而败之。奥地利军队一部分逃入孟都亚（Mantua）城，盖一极强固之要塞也。法国军队围而攻之。七月下旬，奥地利援军自提罗尔（Tyrol）分三路而下。其数倍于法国军队，法国军队殊危急。波那帕脱竟乘奥地利军未联合以前一一败之。五日之间奥地利军败退，法国军队获俘虏万五千人。波那帕脱乃决溯阿的治河（Adige）而上，中途又大败奥地利军于特棱特（Trent）。奥地利将服谟则（Wurmser）思截法国军队之后，不意并其军队亦为法国人围入孟都亚城中。

阿柯勒及离伏里之两役　是年十一月奥地利又遣二军来解孟都亚之围，一沿阿的治河，一沿皮阿味河（Piave）。其自皮阿味河来者遇法国军队于阿柯勒（Arcole），相持三日，卒为法国军队所败。其他奥地利军队闻风而遁。次年一月法国军队败奥地利军于离伏里（Rivoli），遂陷孟都亚。法国人乃得意大利北部之地。

雷奥本停战条约（一七九七年四月）　波那帕脱既征服意大利北部之地，乃率师直捣奥地利京维也纳。一七九七年四月七日，法国军距奥地利京仅八十英里许，奥地利将请停战，波那帕脱允之。盖至是法国军队在外经年，离乡已久，而且摩罗及如耳洞所率之二军又复败退至莱茵河左岸也。至是年十月并有坎坡福米奥（Campo Formio）之和。

坎坡福米奥和约　坎坡福米奥之和约极足表示当日法国奥地利二国对待小国之蛮横。奥地利割其属地尼德兰于法国，并阴许助法国获得莱茵河左岸地。奥地利并承认波那帕脱在北部意大利所建之息萨尔宾（Cisalpine）共和国。此国之领土包有伦巴底、摩德拿公国、教皇领土一部分及威尼斯之领土。奥地利得其余之威尼斯领土。

波那帕脱之行辕　当法国奥地利和议进行时，波那帕脱设行营于米兰附近之别墅内。军官大吏集于一堂，莫不以得波那帕脱之一顾为荣。盖是时波那帕脱已隐抱帝王思想矣。

波那帕脱对于法人及其军队之观念　波那帕脱尝谓："吾之事业实不足道。此不过吾之境遇之发端耳。汝以为吾在意大利之战功以增加督政部诸律师之势力为目的耶？汝以为吾之目的在于建设共和国耶？此诚谬误之观念也！……督政部解吾之兵柄可矣，夫而后方知谁是主人也。国家须有首领者也，然所谓首领者必以战功著名，非彼富于政治思想言词富丽或高谈哲理者所能胜任者也。"波那帕脱所谓"以战功著名"之首领所指何人，读史者不难预测。昔日贫寒律师之次子竟为他日法国之英雄。其处心积虑之迹至此已彰明昭著矣。

波那帕脱之特点　波那帕脱身材矮小，长不满五尺四寸。人极瘦削。然其仪态动人，目含精气，举止敏捷，口若悬河，见者莫不惊服。其最胜人之处有二：一、在思想精深；二、在力能实践。尝告其友曰："当吾任下尉时，吾每任吾脑尽其思索之能事，然后静思实现吾之梦想之方法"云云。

波那帕脱之性情　波那帕脱之成功与其性情极有关系，盖彼绝不顾其行为之为善为恶者也。观其行事无论对于个人或对于国家皆绝无道德上之观念。而亲友之爱情亦绝不足以阻其扩充个人势力之雄心。此外并具天赋之将才及忍劳耐苦之能力。

当日政情足以促进波那帕脱之成功　波那帕脱虽为当日之奇才，然假使西部欧洲政情不如此之紊乱，则彼之鞭笞欧洲亦正不能如此之易。盖其时德国与意大利均非统一之邦，势同瓦解。四邻诸国弱小无能，其力本不足以自守。而且强国之间互相猜忌初无一致之精神。故普鲁士无力战法国之心，奥地利有屡战屡北之祸。

2. 波那帕脱之得势

远征埃及之计划　波那帕脱既与奥地利订坎坡福米奥和约乃返巴黎。鉴于当日法国人之态度颇知一己之战功虽巨而国民尚未具拥戴之忱。又知久居巴黎则昔日之名将将变为庸碌之常人。欲保持其令名则赋闲实非上策。因之有远征埃及之计划。其时英国、法国之间尚未休战。波那帕脱力陈远征埃及之策于督政部，以为果能征服埃及则不但可夺英国人在地中海中之商权，而且可断其东通印度之孔道。实则波那帕脱之存心一欲仿古代亚历山大之东征，一欲率法国之精锐远赴埃及以陷督政部于无以自存之域，然后彼可树救国之帜幡然返国矣。督政部听其言，命率精兵四万并强盛之海军往埃及。彼并聘科学家工程师一百二十人随之，负筹备他日殖民事业之责。

埃及之战争　一七九八年五月十九日，法国军舰自土伦起程。因在夜中故地中海中之英国军舰绝无所觉。七月一日抵亚历山大里亚（Alexandria）城登岸，即大败土耳其人于金字塔下。同时英国大将纳尔孙（Nelson）所率之海军方自叙利亚（Syria）岸边搜索法国军队不得而返，知法国军舰屯于亚历山大里亚港遂击而大败之，时八月一日也。法国军队通欧洲之途乃绝。

波那帕脱征略叙利亚　是时土耳其政府已与法国宣战。波那帕脱拟由陆道以攻之。一七九九年春率兵向叙利亚而进，于亚克（Acre）地方为土耳其之陆军及英国之海军所败。法国军队返埃及，疫疠大起，虽于六月中复夺开罗（Cairo），而死伤者无算。不久并击败方在亚历山大里亚登岸之土耳其人。

波那帕脱之返国　其时国情危险之消息达于埃及，波那帕脱遂弃其军队而返国。盖是时西部欧洲诸国组织新同盟以攻法国。北部意大利之领土亦复丧失殆尽。同盟军入逼法国境，督攻部已仓皇失措矣。波那帕脱于一七九九年十月九日安抵法国。

一七九九年十一月九日之政变　法国督政部之腐败无能世所罕见。波那帕脱遂与人阴谋倾覆之。拟不遵宪法另建新政府。此种急遽之方法百年以来盛行于法国，故即在英国文中亦有法国文“政变”（Coup d’état）二字矣。波那帕脱辈在国会中颇有多数之同志，在元老院中尤夥。于未实现其计划之前率兵五百人入院中以驱除异己者。其余议员重开会议，以波那帕脱之弟琉细安（Lucien）为主席。议决设执政官（eonsul）三人，波那帕脱居其一焉。并令执政官与元老院及特派委员共同编订新宪法。

共和八年之宪法　新订之宪法复杂而详尽。规定立法之机关凡四：一为提议之机关，一为讨论之机关，一为表决之机关，一为议决法律是否与宪法抵触之机关。然所有政权实在波那帕脱一人之手。政府中之最重要机关莫过于以国内名人组织而成之国务会议（Council of State），而以波那帕脱为会长。

中央集权之制　波那帕脱之最大目的在于中央集权。凡各地政权皆握诸中央政府之手。故各省有省长一，省长之下有郡长，郡长之下有县长及警长，皆由第一执政官任命之。所有各地郡长——波那帕脱称之为“小第一执政官”——与王政时代之道尹（intendant）无异。实则新政府与路易十四之政府颇有相同之处。他日虽有种种变迁，然至今尚为法国政治组织之根据。亦足征波那帕脱实具有政治之才也。

国民赞成新政府　波那帕脱之不信人民为有参政之能力与路易十四同。彼以为改革政体仅问国民之可否已足矣。故彼有实行“国民公决”（plebiscite）之举。新宪法既告竣乃令国民表决其可否。其结果则赞成者三百万人，反对者仅一千五百六十二人而已。然当日法国人之赞助波那帕脱者并非多数，不过赞成新政府总较反对新政府之危险为少耳。

法人赞成波那帕脱为第一执政官　波那帕脱以少年名将入据要津，法国人民因其能巩固中央政权故无非议之者。瑞典驻法国之使臣曾言：“法国人之赞助波那帕脱较其赞助正统君主为尤力，若彼不能利用此种机会以改良政府，则其罪诚不可恕也。盖法国人民厌乱已久，只求进步，不问政体之变更与否也。即当日之王党亦以波那帕脱有光复旧物之心，无不悦服。其他亦以为从此升平之象不难复见。即共和党人亦并不反对也。”

3. 第二次对法国之同盟

第二次同盟　当波那帕脱任第一执政官时，与法国交战者有英国、俄罗斯、奥地利、土耳其及那不勒斯诸国。先是自巴塞尔及坎坡福米奥媾和后，英国独力与法国战。一七九八年俄罗斯皇帝保罗（Paul）忽有与英国联合以攻法国之举。保罗于一七九六年即位，其痛恨革命与其母喀德邻同，而其出师攻法国则与其母异。奥地利则因波那帕脱不能履行坎坡福米奥条约之故亦颇愿重开战事。至于土耳其则因波那帕脱远征埃及之故竟与其世仇俄罗斯合力以攻法国。

法国建设共和国于四邻诸国　其时法国尽力于建设共和国。先有荷兰之变更政体，继之以北部意大利之息萨尔宾共和国。法国人又激起热那亚人废止其旧日之贵族政府，而建设亲近法国之力究立亚（Liguria）共和国。

罗马共和国　不久罗马城中人得波那帕脱之兄约瑟之援助亦宣布罗马为共和国，盖约瑟是时适为法国驻罗马之大使也。当城中叛乱时有法国将被杀，法国督政部遂借口率兵入罗马。一七九八年二月十五日，罗马城中之共和党人集于市中宣布古代共和国之复兴。法国遣往之特派员侮辱罗马教皇备至，夺其手中之杖及环，令其即时出城去。法国人除得新国所输之六千万佛郎外，并将教皇宫内之美术品多种移往巴黎。

督政部之干涉瑞士　法国人之处置瑞士尤为过当。瑞士各州之中自昔即有为他州之附庸者。服（Vaud）州中人不愿仰百伦（Berne）州之鼻息乃求援于法国。一七九八年一月，法国军入瑞士，败百伦州之军队，并占据其城（三月中）。夺其库中所存八千万元之巨款。遂建设赫尔微底（Helvetic）共和国。琉森（Lucerne）湖畔之守旧诸州颇欲与法国人为难，法国人对于反抗变更者无不加以虐杀。

那不勒斯与法再战及其改建共和国　法国与列强之重开战衅实始于那

不勒斯。盖其地之后喀罗林本系马利翁团涅脱之姊，鉴于法国人之入据罗马颇惴惴不自安也。英国大将纳尔孙自在尼罗（Nile）河口战败法国海军后，即返驻那不勒斯筹驱逐法国人于教皇领土之外之策。法国军队入那不勒斯，大败之，时一七九八年十一月也。王族登英国军舰遁走巴勒摩（Palermo）。法国人遂于次年一月改建帕腾诺皮（Parthenopean）共和国。劫其府库携其美术品而归。

法人占据皮德梦特 同时法国人又占据皮德梦特，逼其王退位。其王遁居撒地尼亚者十五年，至波那帕脱失败时方返国。

法国已达到天然疆界 一七九九年春，法国军队颇有所向无敌之象。天然疆界至是已如愿以偿。北得莱茵河左岸之奥地利领土尼德兰及神圣罗马帝国之地，南得萨伏依公国。其他又有臣服法国之共和国五——即赫尔微底、巴塔维亚、力究立亚、罗马及息萨尔宾是也。同时波那帕脱并已占有埃及，向叙利亚而进以征服东方。

苏瓦罗夫及奥地利军逐法人于意大利之外 然不数月间形势忽变。法国军队在德国南部为奥地利军所败而退至莱茵河畔。其在意大利，则俄罗斯将苏瓦罗夫（Suvaroff）逐法国人于北部意大利之外。不久与奥地利军合力屡败法国军，围其残众于热那亚。苏瓦罗夫乃向北越山而进，方知其他来援之俄罗斯军队已为法国人所败。俄罗斯帝以为军队之败系奥地利之阴谋有以致之，遂召其军队回国（一七九九年十月），并与奥地利绝交。

4. 一八〇一年之升平及德国之改组

第一执政官之主和 一七九九年十一月法国之督政部解散，改设执政官三人。第一执政官深知国民之厌战，乃于耶稣圣诞之日亲具手书于英国王佐治第三及德国皇帝法兰西斯第二（Francis Ⅱ）力言文明国间战事频仍之非是。“何必为虚荣而牺牲商业与升平？和平岂非吾人之要着及荣耀？”

答复之冷淡 英国内阁总理庇得覆称欧洲大陆之战事咎在法国。如法国人不表示和平之担保则英国人将无中止战争之意。并谓最上之策莫过于请波旁（Bourbon）族之复辟云。奥地利之覆文虽较和婉，然亦不愿与法国言和。波那帕脱遂密募军队以解热那亚之围。

波那帕脱越圣伯尔拿岭 法国军队入意大利之道在昔或沿热那亚之海岸，或越萨伏衣之阿尔卑斯山。至是波那帕脱欲攻敌人之后，乃集其军队于瑞士，率之越圣伯尔拿（St.Bernard）岭而南下。其时山道险阻，步行不易，所有战炮均装入空木中曳之而行。一八〇〇年六月二日抵米兰城，奥地利人大惊。波那帕脱遂恢复息萨尔宾共和国，再西向而进。

马伦哥之战 其时波那帕脱未悉奥地利军队之所在，乃于六月十四日在马伦哥附近地方分其军为数路而进。命得舍（Desaix）率一军向南。奥地利之军队以全力来攻波那帕脱亲率之军。得舍闻枪声急率军返，竟大败奥地利人。得舍虽阵亡，而法国军队固已获胜矣。次日两方有休战之约，奥地利军退出明韶河（Mincio）之外。法国复得伦巴底一带地，令其地负供给法国军饷之责。至于息萨尔宾共和国则月输二百万佛郎于法国。

摩罗战败奥军于和亨林敦林 当波那帕脱预备越过圣伯尔拿岭时，法国大将摩罗率一军入德国之南部以断奥地利军入意大利之路。数月后，当马伦哥休战条约期满时，摩罗率师向维也纳而进。十二月三日遇奥地利军于和亨林敦（Hohenlinden）林，大败之。乃有一八〇一年二月之吕内微尔（Luneville）和约。

吕内微尔和约 和约中之规定大致与坎坡福米奥和约相似。法国仍得有奥地利属之尼德兰及莱茵河左岸地。奥地利并承认巴塔维亚、赫尔微底、力究立亚及息萨尔宾诸共和国。威尼斯仍附属于奥地利。

一八〇一年之和平 奥地利既休战，西部欧洲遂成息争升平之局。即英国至是亦知继续战争之无益，故自败埃及之法国军后，即有与法国缔结亚眠（Smiens）和约之举。

一八〇一年诸约之结果 诸约之结果类多暂而不久，而最要者则有二端。第一，为法国售路易斯安那地方于美国。此地本系西班牙之领土，因西班牙与法国交换意大利之利益而入于法国者也。第二，为德国之改组，树他日德意志帝国统一之基，因其关系重大故详述之如下：

法人获得莱茵河西岸地之影响 据吕内微尔和约之规定，德国皇帝代表德国奥地利二国承认法国人占据莱茵河左岸地。德国法国间以莱茵河为界，自赫尔微底共和国边境起至巴塔维亚共和国边境止。其结果则德国小诸侯中之丧失领土者数几及百。

世袭诸侯所得之赔偿 和约并规定凡世袭诸侯所失之领土由德国皇帝

另以帝国中之领土赔偿之。凡非世袭者如主教及寺院住持等，则予以终身之年金。至于城市在昔虽极为隆盛至是已以等闲视之矣。

以教会领土及自由城市为赔偿世袭诸侯之用　然当日帝国之内已无隙地足为赔偿之资。乃夺主教寺院及自由城市之领土为赔偿世袭诸侯之用。此举无异神圣罗马帝国中之革命，盖教会领土原甚广大，一旦入官极足以减少分裂之势也。

分配领土之委员会　德国皇帝派诸侯数人组织分配帝国领土之特别委员会。世袭诸侯多奔走于巴黎第一执政官及其大臣塔力蓝（Talleyrand）之门以谋私利。奴颜婢膝，见者羞之。分配结果之报告名曰《帝国代表报告书》（Reichsdeputationshauptschluss）于一八〇三年通过于德国公会。

教会领土及自由城市之消灭　所有教会之领土除马因斯外均被籍没而归诸世袭诸侯。皇城原有四十八处至是存者仅六处而已。就中汉堡（Hamburg）、布勒门（Bremen）及律伯克（Lü beck）三城至今尚为德国联邦之分子。特派员之分配领土非地图所可说明。兹故特举数例以明之。

分配领土之例　普鲁士因失克理甫斯等地，乃得喜尔得斯亥谟（Hildesheim）及帕得波纶（Paderborn）两主教领土，闵斯德（Munster）主教领土之一部分，马因斯选侯领土之一部分，及睦尔豪赠（Mhlhausen）诺德豪赠（Nordhausen）与哥斯拉尔（Goslar）三城，其面积四倍其所失。巴威选侯因失莱茵河左岸地，故得符次堡（Wijrzburg）、班堡（Bamberg）、夫赖星（Frei.sing）、奥格斯堡（Augsburg）及帕骚（Passau）诸主教领土，并得十二寺院住持之领土与十七自由城。奥地利得布立克森（Brixen）及特棱特（Trent）两主教领土。其他多数之小诸侯则予以片地或数千元之奥币以安其心。波那帕脱意欲兼并帕马及皮德梦特两地，故以多斯加纳予帕马，而以萨尔斯堡主教领土予多斯加纳。

二百余小邦之灭亡　据上所述者观之，可以了然于当日德国内部分裂之情形及此次合并小邦之重要。莱茵河东诸国之被并者约一百十二国，河西之被并于法国者亦几及百国云。

波那帕脱结好南德诸邦之用意　德国国势之衰微虽以此时为最，然此次之兼并实肇他日中兴之基。波那帕脱之用意原在减少德国之势力。其增加南部德国诸邦——巴塔维亚、符腾堡、厄斯及巴登（Baden）——之领土盖欲另建“第三德国”以与普鲁士及奥地利相峙而成鼎足之局也。其计划虽能实现以满其希望，然实伏六十七年后德意志统一之机，此又非波那帕脱意料所及者矣。

第十二章　欧洲与拿破仑

1. 波那帕脱恢复法国之秩序及隆盛

督政部时代法国之扰乱　波那帕脱不但善于用兵，亦且长于政治。当彼得势之日正法国经过十年变乱之秋。先之以恐怖时代之骚扰，继之以督政时代之腐败。国民议会之改革既未告成功，革命之事业亦半途中辍。通衢大道盗贼成群，海港桥梁壅塞塌毁。工业不振，商业大衰。

纸币　财政状况尤不堪问。国内扰乱过甚，故当一八〇〇年时国家几毫无赋税之收入。革命时代之纸币几同废纸。督政政府已濒破产。第一执政官与其大臣筹划种种补救之方法，并令各地官吏督促新法之实行。改良警察制度，严惩匪盗。规定税率而如期征收之。渐储的款以备偿还国债之用，政府信用渐形恢复。国债担保品易以新者，并设国家银行以振兴商业。督政部之处置教士及贵族之财产颇为失当，故政府所得者极微。至是亦力加整顿收入较裕。

逃亡在外贵族之返国　至对于逃亡在外之贵族，波那帕脱下令不得再增其人数于名册之上。同时并于册中注销其姓名或交还其财产。恢复贵族亲友之公权。一八〇二年四月下大赦之令，因之贵族返国者竟达四万户。

旧习之恢复　恐怖时代之种种新习亦渐废止。复用“先生”“太太”等称号以代“公民”或“女公民”。街道之名概复其旧。昔日贵族之尊称仍许延用。推勒里宫中之生活亦与王室无异。盖波那帕脱至是已不啻法国之君主矣。

法国人民之爱戴　法国自革命以来，国内纠纷已十余载。人民厌乱之心早已昭著。一旦有人焉战胜强邻于国外，恢复秩序于国中，郅治之隆指日可待，其加惠国民为何如耶！法国人生息于专制政体之下者已非一日，则其爱戴波那帕脱也岂非势所必至者耶？

拿破仑法典　波那帕脱一生之事业以编订法典为最著。昔日紊乱之法律虽屡经革命时代各立法机关之修订，然未成统系。波那帕脱知其然也，乃特派数人任修订之责。初稿既成，乃提出国务会议讨论之，第一执政官尤具卓识。其结果即为世界著名之《拿破仑法典》。应用之者不仅法国而已，即莱茵畔之普鲁士、巴威、巴登、荷兰、比利时、意大利、北美洲之路易斯安那州诸地之法律亦莫不以此为根据。此外并编订刑法及商法。各种法典无不有平等主义贯彻其中，法国革命之利益遂因之远播于国外。

波那帕脱之称帝改名为拿破仑第一　波那帕脱生性专制。而法国自一七九九年十一月九日政变以后，所谓共和政府本已徒有其名。波那帕脱屡屡改订共和之宪法，隐集政权于一身。一八〇二年被选为终身执政官，并有选择后任者之权利。然此尚不足以满其意。彼既有帝王之实，并望居帝王之名。深信君主之政体，雅慕君主之威仪。其时王党中人有阴谋倾覆波那帕脱之举。彼遂有所借口而为称帝之要求。示意于上议令其劝进。一八〇四年五月上议院上尊号，并予波那帕脱之子孙以世袭之权。

推勒里新官　是年十二月二日，波那帕脱加冕于圣母院大礼拜堂，改称法国皇帝拿破仑第一。教皇躬自罗马来观礼，波那帕脱不待教皇之举手即自加其冕以示其不服之意。重修推勒里官以为新君起居之所。请舍居耳（Ségur）及冈邦夫人（Madame de Campan）二人入宫中任指导宫廷仪节之责。又新定贵爵以代一七九〇年所废之贵族制。封其叔为大施赈官（Grand Almoner），任塔力蓝为御前侍从官长（Lord High Chamberlain），度洛克（Duroc）为巡警总监（High Constable），任大将十四人为法国元帅。共和党人见之，有痛恨者，亦有窃笑者，拿破仑不之顾也。

出版物之检查　拿破仑即位以后渐形专横，尤恶他人之评论。当其任执政官时，旧日新闻纸之被封者已属甚多，并不许人民之新设报社。至是查禁尤厉。凡消息均由警察机关供给之，对于皇帝不敢稍有非议。并下令“凡有害于法国之新闻一概不得登载”。除政府公报外，彼固不愿有其他报纸之存在也。

2. 拿破仑灭神圣罗马帝国

拿破仑对战争之意见　法国人虽大都厌乱，然拿破仑为维持其地位起见有不能不战之苦。一八〇二年夏间曾向国务会议言曰："假使西部欧洲诸国有重开战端之意者则愈速愈妙，盖为日过久则若辈渐忘其失败之耻，吾人亦且渐减战胜之荣也……法国所要者乃光荣之事业，则战争尚矣……邻国而欲和平也吾亦何尝不愿，然一旦有战争之必要则吾且先发制人矣……就法国现状而论，吾以为所谓和平条约者不过停战条约而已，而吾之将来必以继续战争为事者也。"

拿破仑欲为欧洲之皇帝　一八〇四年拿破仑曾向人言："欧洲若不统治于一人之下则将来永无和平之一日，必有皇帝一人，以各国国王为其官吏，分各国领土于诸将，凡意大利、巴威、瑞士、荷兰诸国均应封一人为王，而兼为皇帝之官吏。此种理想不久即有实现之一日。"

英国反对拿破仑之理由　英国、法国间虽于一八〇一年三月有亚眠之约，然常有破裂之虞。求其理由不一而足。言其著者则拿破仑显有征服欧洲之野心，而对于输入法国领土之货物又复重征关税。英国工商界中人莫不惊惧。英国人固极愿和平，然和平适足以增进法国商业之发达以不利于英国。此英国之所以终以战胜法国为目的也。故其他各国皆有与法国媾和之举，而英国则自与法国重启战端以后直至法国皇帝为俘虏时方罢干戈。

一八〇三年英法间战端之再启　一八〇三年五月英国、法国两国间之战端为之重启。拿破仑急率兵占据汉诺威，并宣布封锁自汉诺威至俄特兰陀（Otranto）间之海岸。荷兰、西班牙及力究立亚共和国均令其供给军队或饷糈，而禁止英国船只之人其海港。

拿破仑拟入侵英国　不久拿破仑遣军驻布伦（Boulogne），此地与英国仅隔一峡，朝发可以夕至，英国人大恐。彼并集多数船只于港外，日以登船下船诸法训练兵士，入侵英国之意昭然若揭。然英国法国间之海峡虽狭，而风涛险恶，船渡不易，运送大队兵士几不可能。至于拿破仑是否真有入侵英国之意虽不可知，谓其为欧洲大陆战争之备亦未可料。然英国人已饱受虚惊矣。

亚历山大第一与英联合　一八〇三年八月俄罗斯新帝亚历山大第一有调和英国法国之举。拿破仑不允。次年拿破仑并有入侵他国之预备，同时并以翁季盎（Enghien）公阴谋倾覆拿破仑之故而杀之。俄罗斯皇帝大愤，乃与英国联盟以驱逐法国人于荷兰、瑞士、意大利及汉诺威诸国之外为目的，时一八〇五年四月也。至于欧洲政局则开一国际公会以解决之。

奥地利加入联盟普鲁士严守中立　奥地利鉴于拿破仑之发展北部意大利足为己患，乃急加入俄罗斯与英国之同盟。盖一八〇五年五月拿破仑自称为意大利王，并合并力究立亚共和国于法国也。当日并谣传法国有攫夺奥地利领土威尼斯之意。普鲁士王腓特烈威廉第三庸懦保守，不敢加入反对法国之同盟。然同时法国虽有割让汉诺威于普鲁士之意，普鲁士王亦终不敢与拿破仑携手。卒以严守中立之故丧失甚巨。

拿破仑专意于奥地利　拿破仑极欲扩充其海上势力以凌驾英国人之上，盖英国军舰一日驻守英国之海峡，则法国军队一日无渡海入英国之望也。然英国海军竟能包围法国使不得逞。法国入侵英国之举从此绝望。一八〇五年八月二十七日，拿破仑不得已移驻在布伦之军队向南部德国而进，以与奥地利军对垒。

乌尔穆之战及维也纳之陷落　拿破仑故意集其军队于斯特拉斯堡附近，奥地利将军麦克（Mack）率军直趋乌尔穆（Ulm）以御之。不意法国军队实绕道北方马因斯及科不林士（Coblenz）诸地而东。十月十四日占据慕尼克（Munich），以截奥地利军之后路。是月二十日奥地利将麦克所率之军被围于乌尔穆，不得已纳降，全军六万余人被虏，法国军士死伤者仅数百人而已。法国军队乃向维也纳而进，是月三十一日入其城。

奥斯特里齐之战　德国皇帝法兰西斯第二闻法国军队之东来，急离其都城向北而遁，以便与俄罗斯之援军合。奥地利与俄罗斯之联军决与法国军队一战。乃驻军于奥斯特里齐（Austerlitz）村附近小山之上。十二月二日俄罗斯军队下山攻法国军，法国军急占其山以攻俄罗斯军之后。联军大败，淹死山下小湖中者无算。俄罗斯帝率其残军以退，德国皇帝不得已与法国缔普勒斯堡（Pressburg）之约，时十二月二十六日也。

普勒斯堡和约　和约中规定奥地利承认拿破仑在意大利一切之变更，并割让坎坡福米奥约中规定奥地利属威尼斯领土于意大利王国。奥地利并割让提罗尔于巴威，并割其他领土以与符腾堡及巴登，盖凡此诸邦皆与法国交好者也。法兰西斯第二并以神圣罗马皇帝之地位进封巴威及符腾堡两地之诸侯为王，与巴登公同享统治之权，其地位与奥地利及普鲁士之君主等。

莱茵河同盟　普勒斯堡和约于德国史上极有关系。盖诸大邦既离帝国而独立，实肇他日组织同盟援助法国之基。一八〇六年夏，巴威、符腾堡及巴登与其他十三邦果有同盟之组织，名莱茵河同盟（Confederation of the Rhine），受法国皇帝之保护。并供给军队六万三千人，由法国人训练之，备拿破仑战争之用。

拿破仑不认神圣罗马帝国之存在　八月一日拿破仑向在拉的斯本（Ratisbon）之神圣罗马帝国公会宣言曰："吾之所以愿受莱茵河同盟保护者之称号，本为法国人及其邻国之利害起见。至于神圣罗马帝国名存实亡，实不能再认其存在。而且国内诸邦多已独立，若任帝国之继续，不且益滋纷扰耶？"

神圣罗马皇帝之改称号　德国皇帝法兰西斯第二与昔日诸帝同，兼领奥地利之领土。兼称匈牙利、波希米亚、哥罗西亚（Croatia）、加里西亚（Galicia）及雷奥多麦利亚（Laodameria）诸地之王，洛林、威尼斯、萨尔斯堡诸地之公等。当拿破仑称帝时，法兰西斯第二遂弃其繁复之称号，而以较简之世袭奥地利皇帝及匈牙利王代之。

法兰西斯第二之退位及神圣罗马帝国之灭亡　自普勒斯堡和约缔结以来，德国南部有莱茵河同盟之组织。德国皇帝法兰西斯第二深知所谓神圣罗马皇帝者已同虚设，故于一八〇六年八月六日有退位之举。一千八百年来之神圣罗马帝国至是遂亡。

拿破仑之分封其兄弟　拿破仑壹心于建设"真正法兰西帝国"，使四邻诸国均入附于法国为目的。奥斯特里齐战后，即宣言废那不勒斯王斐迪南第四。并遣将入南部意大利"以逐其罪妇于御座之外"。盖因王后喀罗林有联络英国人之举也。三月中封其兄约瑟为那不勒斯及西西里之王，封其弟路易为荷兰之王。

3. 普鲁士之失败

普鲁士之被逼而战　普鲁士为欧洲大陆强国之一，自一七九五年来即与法国媾和而严守中立。当一八〇五年时，俄罗斯帝曾劝其联合以攻法国，普鲁士王不听。至是被拿破仑所逼，不得已再与法国战，然已陷于孤立无助之境矣。

汉诺威问题　此次战事重开之近因即为汉诺威之处置问题。该地当时本暂由腓特烈威廉第三负管理之责。一俟英国人同意即可入属于普鲁士。

汉诺威介于普鲁士新旧领土之间，故普鲁士王急欲占为己有也。

拿破仑对待普鲁士之傲慢　拿破仑遂利用此种机会以图私利。彼既使普鲁士大伤英国人之感情，并允许以汉诺威与普鲁士，同时并向英国王佐治第三表示交还汉诺威于英国之意。普鲁士人大愤，迫其王与法国宣战，王不得已允之。

普鲁士军队在耶拿为法军所败　其时统率普鲁士军队者为宿将不伦瑞克公。一八〇六年十月十四日于耶拿（Jéna）地方为法国军队所败。普鲁士人莫不惊惶失措。沿途要塞类多不战而陷，其王亦远遁于俄罗斯边疆之上。

波兰之役　拿破仑既战胜普鲁士，乃于一八〇六年十一月率兵入旧日波兰境，以与俄罗斯及普鲁士之联军战，败之于夫里兰（Friedland）地方。一八〇七年六月二十五日，俄罗斯皇帝与拿破仑会晤于尼门（Niemen）河中木筏之上。商订法国、俄罗斯、普鲁士三国间之的尔西特（Tilsit）条约。俄罗斯皇帝亚历山大第一至是已为法国皇帝所折服，弃其同盟之普鲁士，助法国以攻英国。

拿破仑既战胜普鲁士，遂夺其易北（Elbe）河西之地及第二第三两次分割波兰所得之领土。普鲁士于的尔西特条约中承认之。拿破仑遂建华沙大公国，以其友萨克森王兼治之。在西部则建西发里亚王国，以予其弟哲罗姆（Jerome）。

俄法间之秘密同盟条约　至于拿破仑之对待俄罗斯其态度极为和平。彼提议法国与俄罗斯间应结同盟以为平分欧洲大陆之计。俄罗斯皇帝允许其分裂普鲁士，并承认其在西部欧洲方面之各种改革事业。并谓假使英国王不愿与法国讲和，则俄罗斯当助法国以攻英国，并令丹麦及葡萄牙诸国禁止英国船只之入港。果能如是，则英国与西部欧洲之交通当然为之断绝。同时拿破仑并许俄罗斯皇帝夺取瑞典之芬兰（Finland）及土耳其之摩鲁达维亚（Moldavia）及窝雷启亚（Wallachia）诸省。

4. 大陆封港政策

拿破仑摧残英国商业之计划　拿破仑之商订的尔西特条约显然抱有摧残英国之深心。盖彼自行军以来，在欧洲大陆之上所向无敌，而在海上则屡遭挫败，心实不甘。一七九八年彼本目睹法国之海军尽歼于尼罗河口之外。一八〇五年当彼预备入侵英国时，法国之海军舰队又被困于布勒斯特（Brest）及加的斯（Cádiz）之二港。当彼大败奥地利军于乌尔穆之日，正英国大将纳尔逊大败法国海军于特拉法加（Trafalgar）之秋。拿破仑深知以兵力入侵英国势所不可，故遂壹意以摧残英国之工商业为务。以为绝英国人与大陆贸易之道必可以断英国人致富之源也。

拿破仑之柏林命令　一八〇六年英国宣布封锁自易北河口至布勒斯特之海港。拿破仑战胜普鲁士后，于同年十一月颁发《柏林命令》，宣言英国“绝无公平之观念及人类文明之高尚感情”。并谓英国人本无实力，而乃竟有封港之宣言，实系滥肆淫威罪在不赦。乃亦宣布封锁英国之三岛。凡寄往英国或用英国文所书之信札及包裹一概禁止其邮递。欧洲大陆诸国之附属于法国者不得与英国贸易。凡英国人之居于法国及其同盟诸国者均以俘虏待之，并籍没其财产为合法之战利品。实则拿破仑及其同盟并无实力以期其封锁政策之实行，所谓封锁者亦不过“纸面封锁”（paper blockade）而已。

米兰命令　一年之后英国对于法国及其同盟之海港亦宣布同样之纸面封锁。唯中立国船只之欲经过英国海港者必须领有英国政府之护照及缴纳出口税方得通行无阻。一八〇七年十二月拿破仑颁发《米兰命令》，宣言无论何国之船只凡服从英国之规定者均作敌船论，被法国船只拘获时即籍没之。受此种政策之影响者中立国中以北美洲合众国为最巨。故是年十二月美国政府有禁止船只出国之令。嗣因损失过巨，故于一八〇九年即复开与欧洲通商之禁。唯英国法国两国之商船不得驶入美国云。

拿破仑欲使欧洲不仰给于殖民地　拿破仑极信封锁政策之可行。不久英国一金镑之价格果由二十五佛郎跌至十七佛郎。英国商人亦颇有恳求政府与法国媾和之举。拿破仑益喜。彼又欲陷英国于一蹶不振之域，乃有使欧洲不仰给于殖民地之计划。提倡以苦苣代咖啡，种植萝卜以代蔗糖，发明各种染料以代靛青及洋红。然大陆封港维持不易，欧洲大陆人民多感不便。拿破仑乃不得不用严厉方法以求其实行，不得不扩充领土以伸长其海岸线。他日失败之祸未始非大陆封锁之制有以致之。

5. 拿破仑之最得意时代（一八〇八年至一八一二年）

拿破仑对国内之政策　法国人所受拿破仑之惠极厚。秩序之恢复及一七八九年革命事业之保存皆彼一人之力也。彼虽牺牲多数法国之青年于战场之上；然其武功之盛，国势之隆，足以使全国之人民踌躇满志。

建筑　拿破仑欲以改良公共之事业为获得民心之具。故沿莱茵河、地中海及阿尔卑斯山诸地修筑通衢大道，以便行旅；即在今日见者尤赞叹不止焉。又复广辟巴黎城内之林荫大道，修森河（Seine）上之船埠，造宏大之桥梁，建雄壮之凯旋门。中古黑暗之巴黎遂一变而为近世美丽之都会。

一八〇六年设大学　拿破仑欲使法国人永久爱戴之，乃有改革全国学校之举。一八〇六年组织“大学院”。所谓“大学院”者实无异全国教育董事部。其教科自小学以至大学皆备。“大学院”院长曰“总监督”（grand master），其下有评议会以三十人组织之，专任编制全国学校规则、编纂教科书及任免全国教师诸责。“大学院”并有甚巨之基金，并设师范学校为培养师资之用。

钦定问答体教科书　政府得随时干涉学校之教授；地方官吏须随时视察各地之学校，报告其状况于内务大臣。“大学院”所编之第一册教科书名《钦定问答体教科书》。书中要旨有“基督教徒应感激其君主，而吾辈尤应敬爱，服从，忠顺吾国皇帝拿破仑第一，从戎纳税以维护帝国及其帝位。吾人并应为皇帝之安全及国家之隆盛上求天祐”等语。

贵族及勋位　拿破仑不特建设新官爵，而且定“荣光团”（Legionof Honor）之制，凡有功于国家者皆给以奖章而命之为团员。彼所封之“亲王”（princes）均得年金二十万佛郎。国务大臣、上院议员、国务会议会员及大主教，皆封之为“伯”，年得三万佛郎。至于武臣之年俸亦甚丰巨，其有功勋者则赐以“荣光团”勋章。

拿破仑之专制　拿破仑之专制与时俱进。政治犯之被逮者不下三千五百人。批评政府或谩骂皇帝者每罹被逮之祸。曾下令改《波那帕脱战史》之书名为《拿破仑大帝圣武纪》，并禁止德国城市中不得演席勒尔（Schiller）及歌德（Goethe）所编之戏剧。盖恐其激起德国人爱国之心而有叛乱之举也。

民族主义之兴起 自拿破仑得势以来，所与抗者不过各国之政府而已。至于人民之对于当日各种政变则漠不经心焉。然一旦民族精神激起以后，则法国皇帝之政制必有瓦解之一日。故拿破仑第一次之挫折竟来自民间，又岂彼之始料所及哉？

法军占据葡萄牙 拿破仑自的尔西特条约后即专注于西班牙半岛。彼与西班牙之王室原甚和好，唯葡萄牙仍与英国交通，允英国船只得以自由入港。一八〇七年十月拿破仑令葡萄牙政府向英国宣战，并令其籍没所有英国人之财产。葡萄牙仅允宣战，拿破仑遂遣举诺（Junot）率兵往。葡萄牙王室乘英国船遁往南美洲之巴西（Brazil），法国军队遂占据葡萄牙，事虽轻易，然卒为拿破仑平生最失策之一事。

拿破仑封其兄约瑟为西班牙王 当时西班牙王室之内亦起纷争，拿破仑遂思合并之以为已有。一八〇八年春召其王查理第四及其太子斐迪南赴贝云（Bayonne）来会。拿破仑力劝其退位，西班牙王不得已从之。六月六日拿破仑封其兄约瑟为西班牙王，而以其妹夫缪拉（Murat）继约瑟人王那不勒斯。

西班牙之叛 约瑟于七月间入马得里（Madrid）。西班牙人因法国人之废其太子也，群起作乱。国内修道士亦以法国皇帝为侮辱教皇压制教会之人煽动人民以反抗之，败法国军队于贝伦（Bailen）地方。同时英国人又败法国军队于葡萄牙境内。七月下旬约瑟及法国军队退至厄波罗河（Ebro）以外。

西班牙之征服 十一月法国皇帝率精兵二十万人亲征西班牙。西班牙军队仅有十万人，兵穷粮缺。加以前次战胜，趾高气扬。法国军队所向披靡。十二月四日入其京城。

拿破仑在西班牙之改革 拿破仑既征服西班牙，遂下令废止所有旧日之遗制，许人民以职业上之自由。裁撤异端法院并没收其财产。封禁全国之寺院，留存者仅三分之一而已。禁止人民不得再有入寺修道之举。废止国内各省之税界，移税关于边境之上，凡此种种颇足以表明拿破仑以武力传播革命原理之功绩。

法军不得不久驻于西班牙 不久拿破仑即返巴黎，盖将有事于奥地利也。约瑟之王位殊不巩固，盖西班牙之“别动队”（Guerilla）极足以扰乱法国军队而有余也。

奥地利之侵法　拿破仑既与俄罗斯结好，奥地利大惧，盖恐一旦法国军队平定西班牙之乱即将有东征奥地利之举也。且奥地利之军队曾经改革，其兵士亦大有加增，故决于拿破仑专心于西班牙时乘虚以入侵法国，时一八〇九年四月也。

阿斯本及瓦格拉木之二役　拿破仑急向东而进，败奥地利军队于巴威，直捣奥地利京。然其战功不如一八〇五年时之速而且巨。五月二十一日至二十二日法国军队竟于阿斯本（Aspern）地方为奥地利军队所败。七月五日至六日方败奥地利军于京城附近之瓦格拉木（Wagram）。奥地利不得已求和。十月中订维也纳和约。

维也纳和约　奥地利声言此次战争之目的在于倾覆拿破仑之属国制与恢复昔日之原状。自瓦格拉木战后，奥地利反割地以与巴威；割加里西亚以与华沙大公国；并割亚得里亚（Adriatic）海岸之地以与拿破仑，名其地曰伊立连省（Illyria），直隶于法兰西帝国。

拿破仑之再娶　其时奥地利之内阁总理梅特涅（Metternich）极欲与法国修好，主张奥地利之王室应与法国皇帝联姻。拿破仑亦颇以无嗣为忧。皇后约瑟芬既无出，乃与之离婚。一八一〇年四月娶奥地利公主马利亚路易萨（Maria Louisa）为后。不久生太子称为“罗马王”。

拿破仑重合教皇之领土于法　拿破仑方与奥地利战争时，宣言“重合”教皇之领土于法兰西帝国。彼以为昔日法国先帝查理曼（Charlemagne）予教皇以领土，今为法国安宁起见不得不收回以重合于法国云。

合并荷兰及汉萨同盟诸城　荷兰曾改建为王国，由拿破仑之弟路易统治之。路易与其兄之意见向来不合，拿破仑遂于一八一〇年合并荷兰及北部德国——带地——包有布勒门、汉堡及律伯克诸城——于法国。

拿破仑势力极盛时代　至是拿破仑之势力实已达于极盛之域。西部欧洲诸国除英国外无不仰其鼻息。法国境界北滨波罗的海，南达那不勒斯湾，并包有亚得里亚海边一带地。法国皇帝并兼任意大利王及莱茵河同盟之保护者。其兄为西班牙王，其妹夫为那不勒斯王。波兰中兴，改建华沙大公国，而附属于法国。奥地利之国土日促一日。法国区域之广，皇帝势力之宏，欧洲史上殆无其匹。

6. 拿破仑之败亡

拿破仑事业之不稳 拿破仑虽才兼文武，然欲维持其帝国于不敝迄无方法。彼虽力能屈服西部欧洲诸国之君主，而不能阻止蒸蒸日上之民族精神。盖西班牙、德国及意大利之人民至是均以屈服于法国皇帝之下为可耻也。而且欧洲列强之中不服属于法国者尚有二国即英国及俄罗斯是也。

在西班牙之英国人（一八〇八年至一八一二年） 英国人不特不因大陆封锁以与法国求和，而且屡败法国之海军，渐登欧洲大陆以与法国战。一八〇八年八月英国大将威灵敦（Wellington）公率军队于葡萄牙登陆，逐举诺及法国军队于葡萄牙之外。当次年拿破仑有事于东方时，英国军队侵入西班牙，大败法国军。英国军队乃退回葡萄牙，修筑要塞炮台于里斯本附近之海角上以为行军之根据地。法国军队驻守西班牙者凡三十万人。故拿破仑实未尝征服西班牙，而西班牙之战争适足以消耗法国军队之精华，而壮敌人之胆。

拿破仑与亚历山大第一之关系 欧洲大陆诸国中唯俄罗斯始终不受法国之约束。至是两国虽仍遵守的尔西特条约之规定，然两国之间颇多误会。盖拿破仑不但不助俄罗斯以获得多瑙河诸省于土耳其人之手，而且阴破坏之。加以拿破仑或有再造波兰王国之心，将为俄罗斯他日之患。

俄罗斯不能遵守大陆封锁政策 然最困难者莫过于俄罗斯之不愿遵守大陆封锁制。俄罗斯皇帝虽愿根据的尔西特条约不允英国船只之入港，然不愿并禁中立国之商船。盖俄罗斯之天产物不能不设法以销售于他国，同时又不能不输入英国制造品及热带上之天产品也。故俄罗斯人之生活及安宁不得不有赖于中立国之船只。

拿破仑决意入侵俄罗斯 拿破仑以为俄罗斯之举动极足以妨碍大陆封锁政策之实行，遂有入侵俄罗斯之预备。一八一二年彼以为东征之时机已至。其时廷臣中颇有以越国过都危险殊甚为言者。拿破仑不听，乃募集新军五十万人屯驻俄罗斯边境之上以为作战之备。军中类多年少之法国人及同盟诸国之军队。

俄罗斯之战役 拿破仑东征俄罗斯之困难情形兹不细述。彼以为征服俄罗斯非三年不可。然不得不与俄罗斯战而获胜一次。俄罗斯军队不战而退，沿途焚掠一空。法国人深入以追逐之。九月七日两军战于波罗底诺（Borodino）地方，法国军大胜。七日后入其旧都莫斯科（Moscow）。然兵士之死亡者已达十万余人矣。法国军队将抵俄罗斯旧京之前城中大火，昔日富庶之区顿变荒凉之地。法国人既入城绝无养生之资，不得已而退。时值隆冬，天寒食缺。沿途复受俄罗斯人民之蹂躏，法国军士死亡相继，悲惨之剧殆无伦匹。十二月返达波兰，法国军队之存者仅得二万人而已。

拿破仑召募新军　拿破仑既返巴黎，伪言东征之法国军现尚无恙。实则兵士之死亡者其数甚巨。不得不召募新军六十万人以继续其战事。新军中除年老兵士外并募有至一八一四年方可入伍之兵士十五万人。

普鲁士所受之苦痛　拿破仑之同盟离叛最早者唯普鲁士，盖非偶然。普鲁士所受之苦痛不一而足。拿破仑既夺其地，并侮辱其政府，迫普鲁士王流其能臣斯泰因（Stein）于国外。凡普鲁士有改革之举则设法阻止之。

普鲁士耶拿战后之改革事业　普鲁士虽经腓特烈大王之改革，然在耶拿之战以前国内状况颇似中古。农民地位犹是佃奴。社会之中犹分阶级——贵族、市民、农民。各级间之土地不得互相交易，既有耶拿之战，又有的尔西特之约，普鲁士之领土丧失殊巨，国人颇有归咎于旧制之不善者。虽普鲁士之君主及其廷臣并无彻底改革之意，然斯泰因及哈登堡（Hardenberg）亲王辈力主维新，其结果则政府亦不得不从事于改革之举。

佃奴制之废止　一八〇七年十月普鲁士王下令“除去阻止个人力能获得幸福之障碍”，废佃奴及阶级制。无论何人均得自由购买土地。

近世普鲁士军队之起源　普鲁士旧日腓特烈大王之军队至耶拿战后元气大伤。的尔西特订约后普鲁士遂从事于军队之改革，以实行全国皆兵之制为目的。拿破仑仅许普鲁士养兵四万二千人，而普鲁士之改革家则常常添募新兵，令退伍者为后备兵。故军队之数目虽有限制，而不久即得能战之兵十五万人。此种全国皆兵制他日风行于欧洲大陆各国，为一九一四年大战时各国军队之根据。

斐希特之演讲　佃奴及阶级诸制既废，普鲁士人颇注意于激起民族精神之举。此种运动之领袖为著名哲学家斐希特（Fichte）其人。彼于耶拿战后一八〇七年至一八〇八年间在柏林举行公开之演讲。彼以为德国人实为世界民族之最优者。其他诸民族皆已盛极而衰；世界之将来非德国人莫属。因德国人天赋独厚必有为世界领袖之一日。又谓德国语言文字之优壮远胜于弱懦之法国文及意大利文。雄辩滔滔闻者莫不感动。以后德国之著作家、经济学家、哲学家及教士莫不追随斐希特之后，尽力于养成自重轻人之习。

柏林大学之设立　欧洲大战以前之柏林大学建设于一八一〇年，为世界最著最大高等教育机关之一。第一年入学之学生仅四百五十八人而已。学生中组织所谓“进德同盟”（League of Virtue）以提倡爱国仇法为主。普鲁士人民同仇敌忾之心大为激起。

约克之叛离　当拿破仑东征俄罗斯时，普鲁士所供给之军队由约克（York）统率之。因未与战事，故其军未败。迨拿破仑自莫斯科败退时约克遂叛，倒戈以助俄罗斯。

普鲁士与俄罗斯反攻拿破仑　普鲁士王鉴于约克之行动及公意之逼迫不得已于一八一三年二月二十七日与俄罗斯订同盟之约。俄罗斯允许必俟普鲁士恢复耶拿战前领土后方罢干戈。普鲁士以第二第三两次分割波兰所得之领土割让于俄罗斯而得德国北部之地。此条规定关系甚大。三月十七日腓特烈威廉第三下令于“我之人民”——勃兰登堡人、普鲁士人、西利西亚人、波美拉尼亚人及立陶宛人——应取法西班牙人以驱逐外国暴君为职志。

萨克森之战役　假使奥地利、意大利及莱茵河同盟仍能援助拿破仑者，则彼之地位正未易摇动。一八一三年拿破仑率新军向莱比锡（Leipzig）而进，以攻普鲁士与俄罗斯之联军。于五月二日败联军于吕岑（Lü tzen）地方，乃长驱直入萨克森都城德勒斯登（Dresden）。于八月二十六日至二十七日之间有最后德勒斯登之战。联军又复大败。

奥地利与瑞典反攻拿破仑　拿破仑之地位渐形摇动，梅特涅之友谊亦渐形冷落。梅特涅之意以为拿破仑若能放弃其一八〇六年后所得领土之一部分，则奥地利与法国间之同盟不难维持永久。拿破仑不允，奥地利遂与联军合攻之。同时瑞典亦加入联军，遣兵入北部德国。

莱比锡之役　拿破仑既知俄罗斯、普鲁士、奥地利及瑞典有联合来攻之举，急向莱比锡而退。于此地与联军战，先后凡四日（十六日至十九日），法国军队大败，死伤不下十二万人。即德国人所谓“民族之战”（Battle of Nations）是也。拿破仑既败，莱茵河同盟先叛。哲罗姆弃西发里亚王国而遁，荷兰人亦起逐国内之法国军。英国大将威灵敦援助西班牙以逐法国人，至一八一三年冬，西班牙境内已无法国人足迹。威灵敦遂能越庇里尼斯山以侵入法国境。

联军入占巴黎　拿破仑虽败，联军诸国尚欲与之言和，而以拿破仑放弃法国以外之领土为条件。拿破仑不允。联军遂侵入法国境，于一八一四年三月三十一日攻陷巴黎。拿破仑不得已退职，联军许其仍得用帝号退居厄尔巴（Elba）岛。称号虽尊，实同俘虏。法国波旁族乃有复辟之举。

拿破仑之返国　法国王既复辟，一切措施颇不满法国人民之意，同时联盟各国又复互相猜忌未能一致。拿破仑闻之，遂于一八一五年三月一日遁出厄尔巴岛而返国。军队颇有闻风来会者。至于人民之态度虽不反对，然已无热忱。盖拿破仑虽以和平自由诸主义相号召，已不足以取信于国人。且联盟各国虽有互相猜忌之迹，然其仇视拿破仑则始终一致。故法国皇帝返国时，联盟各国遂合力以驱逐之。

滑铁庐之战　拿破仑闻英国大将威灵敦及普鲁士大将布吕协（Blucher）已率军抵尼德兰，乃急亲率新军以御之。战败普鲁士之军队。英国军队驻于滑铁庐（Waterloo），拿破仑于六月十八日率军攻之。英国军队几不能支，幸普鲁士军来援，遂大败法国军。

拿破仑被流于圣赫勒拿岛　拿破仑既败乃向海岸而遁。然英国军舰林立不可复进，不得已投入英国船。其意以为英国人或有宽容之意。不意英国政府仍以俘虏待之，流之于大西洋南部圣赫勒拿（St.Helena）岛中。居此六年，忧愤成疾而卒，时一八二一年五月五日也。

拿破仑之被拘于圣赫勒拿岛在欧洲通史上生出二种神情。被拘一事不但使后人念末路之英雄生同情之感慨；而且使读史者常想其功业之盛而忘其暴厉之行……旧日伟人竟流于万里重洋之外，殁于荒凉穷岛之中，至今尚令人尝于海市蜃楼中见拿破仑其人也。

第四卷　自维也纳会议至普法战争

第十三章　维也纳会议及欧洲之再造

1. 维也纳会议及其事业

改造欧洲地图之困难　拿破仑败亡以后改造欧洲地图异常困难。数百年来之旧境莫不因连年战争之故一扫而空。古国之灭亡者不可胜数——如威尼斯、热那亚、皮德梦特、教皇领土、荷兰及无数德国中之小邦。凡此诸国或合并于法国，或合并于邻邦，或改建为新国——如意大利王国，如西发里亚王国，如莱茵河同盟，如华沙大公国。其他旧国除英国、俄罗斯外均能扩充疆土，更易君主，或变更制度。拿破仑退位后，亡国君主之要求恢复者不一而足。英国、奥地利、俄罗斯、普鲁士四国挟战胜之余威，自居于公断者之地位。然诸国以自私自利为心，处置不能公允。

第一次巴黎和约　困难较小之处已于第一次巴黎和约中（一八一四年五月三十日）解决之。如允路易十六之兄布罗温斯伯复辟，称路易十八。法国疆界本许其得仍一七九二年十一月一日之旧。后因拿破仑自厄尔巴岛返国法国人迎立之故，故夺其萨伏衣之地。又议建尼德兰王国，以奥伦治族统治之。德国诸小邦联合而成同盟。承认瑞士之独立。并恢复意大利诸王国。至于重要问题则留与秋间维也纳会议解决之。

荷兰王国并得奥属尼德兰　维也纳会议之政策与旧日同，一本强国之主张，不问人民之意向。联盟诸国议决建设荷兰王国。并因防御法国入侵起见，以奥地利所领之尼德兰予之。其不顾两地语言、习俗及宗教之不同正与昔日西班牙与奥地利之以武力征服之者无异。

德国内部之合并　德国内部领土问题之解决骤视之颇为困难，而处置并不棘手。国内除小诸侯及教士外对于一八〇三年之事业已无复稍存异心者。神圣罗马帝国之恢复亦皆视为无望。然德国人均知余存三十八邦有联合之必要。故三十八邦遂建一极其疏弛之同盟，许昔日莱茵河同盟中诸国仍得享旧日之权利。昔日莱茵河西之德国领土四分五裂形同瓦解，致法国人常存思逞之心。自一八一五年后普鲁士得莱茵河上之地，加以得巴登、符腾堡及巴威三国之援助，法国人遂不敢复存侵略德国领土之意。

奥地利在意大利之势力　意大利国内形势之散漫与法国革命以前无异。拿破仑极盛时代曾合并诸小邦为意大利王国，而自兼王位。以那不勒斯王国予缪拉。至于皮德梦特、热那亚、多斯加纳及教皇领土均合并于法国。至是联盟诸强国一反拿破仑之所为，恢复昔日诸王国。多斯加纳、摩德拿、教皇领土及那不勒斯等无不有复辟之举。而以帕马一地与拿破仑之后马利亚路易萨。撒地尼亚王归自海外，入驻吐林。至于热那亚及威尼斯二共和国在会议中已无人顾及之。以热那亚之领土予撒地尼亚为抵御法国之备。奥地利因丧失尼德兰领土故以威尼斯之领土偿之，遂与昔日之米兰公国合并而成伦巴底威尼西亚王国（Lombardie-Venetia）。

瑞士　关于瑞士困难较少。维也纳会议承认瑞士各州为自由平等之区域，并承认瑞士为局外中立国，无论何国不得率兵入侵或经过其领土。各州遂订新宪法，建瑞士联邦，共有小州二十二。

瑞典挪威之合并　维也纳会议承认瑞典与挪威合并，同属于拿破仑大将伯纳佗特（Bernadotte）之下。挪威人抗不遵命，自订宪法，自选国王。伯纳佗特乃允挪威人得另订宪法及政府，至于王位则由彼兼领。此为瑞典挪威“属身结合”（personal union）之始，至一九〇五年十月两国方分离独立焉。

俄罗斯及普鲁士二国之处置华沙大公国及萨克森王国　关于上述种种之处置，会议中人颇能和衷共济。迨俄罗斯及普鲁士两国之要求提出后，会议中意见纷歧争执甚烈，同盟诸国间几起战事。因之拿破仑有自厄尔巴岛遁回法国之举。俄罗斯极欲得华沙大公国，与俄罗斯属波兰合并而设王国，以属于俄罗斯之皇帝。普鲁士王颇赞助之，唯须以萨克森王国之领土附属于普鲁士为条件。

英奥法三国反对俄普二国之计划 奥地利与英国颇反对俄罗斯及普鲁士二国之计划。盖英国与奥地利二国雅不愿萨克森王国之灭亡，尤不愿俄罗斯势力之西进。而且俄罗斯所欲得之华沙大公国其领土之一部分原属于奥地利。法国外交家塔力蓝遂乘机以间离英国、普鲁士、奥地利、俄罗斯四国之感情。同盟诸国先本抱藐视法国之心，至是英国与奥地利颇欲得法国之欢心以为己助。塔力蓝承路易十八之意于一八一五年一月三日与英国奥地利密订同盟之约，以武力援助二国以抵抗俄罗斯与普鲁士。甚至行军计划亦已运筹就绪。三十年来扰乱欧洲和平之法国至是复入列于强国之林，不可谓非塔力蓝之功也。

俄罗斯得波兰普鲁士之势力及于莱茵河 诸国之间卒用折中主义以调和其意见之异同。俄罗斯让出华沙大公国领土之一部分，但仍得如愿另建波兰王国。普鲁士得萨克森王国领土之半及莱茵河左岸之地。普鲁士虽失波兰人所居之领土，而所得新地之民族纯系德国种，实为他日普鲁士独霸德国之基。

2. 革命时代之结果民族精神

一八一五年之欧洲与乌得勒支和议后之欧洲之比较 试将维也纳会议后之欧洲地图与百年前乌得勒支和议后之状况相较，即可知其变化极显而巨。大抵小国之数大减，各地均有合并统一之迹。荷兰与奥地利所领之尼德兰合建王国。神圣罗马帝国四分五裂至是灭亡，而以三十八邦之同盟代之。普鲁士之领土大有增加。波兰王国至是复现，然领土较昔为狭，而且已非独立之邦。其领土虽有割让于普鲁士与奥地利者，然大部分则属于俄罗斯。奥地利虽失尼德兰，然得威尼斯共和国之领土。至于撒地尼亚王则得热那亚及其附近一带地。其余意大利诸地犹仍昔日分崩离析之旧。

英国得锡兰岛与好望角 英国此次所得之领土与西班牙王位战争时同，多系海外殖民地，其最要者为印度东南角之锡兰岛及非洲南端之好望角。好望角本荷兰属地，因荷兰人附拿破仑之故英国于一八〇六年夺而据之。实开他日英国非洲南部领土发展之局。

一八一五年时英国殖民地之广大 英国虽于法国革命将起之际丧失北美洲殖民地，然至一八一五年时已植他日商业殖民事业之基。其在北美洲则加拿大与除阿拉斯加（Alaska）以外之西北部皆为其所有。西印度群岛中之英国领地为与南美洲通商之孔道。直布罗陀（Gibraltar）又为入地中海之门户。好望角一区不但为他日北入非洲沃地之根据，而且足以扼印度航路之咽喉。其在印度则孟加拉一带及东西两岸已入于英国人势力之下，殖民帝国造端于此。此外在太平洋之南部尚有澳洲，先为罪犯远戍之区，卒变为人民富庶之地。加以海军甚强，商船独夥，雄霸海上，岂偶然哉！

贩奴之禁止　维也纳会议并革除欧洲自古相传之陋习，即贩卖黑奴是也。会议中虽仅宣言贩卖黑奴实违反文明及人权诸原理；然因英国主张甚力之故，除西班牙、葡萄牙二国外，莫不设法革除贩奴之恶业。盖贩奴事业之残酷在十八世纪时已为英国、法国二国人所不忍闻。一八〇七年三月英国国会有禁止人民贩奴之议案。一八一三年瑞典亦起而仿行之。一年后荷兰亦如之。当拿破仑自厄尔巴岛返国时，因欲交欢于英国故亦有禁止法国人贩奴之举。

民族主义之漠视　拿破仑之事业除变更欧洲地图及传播革命原理之外，当以民族精神之激起为最有关系。十九世纪之所以异于十八世纪者即在于此。当法国革命以前国际战争专以君主之意为依据，而人民不与焉。领土分配亦唯以君主之意为标准，不问居民之意向何如。盖皆只求领土之增加不问种族之同异也。

法国国民议会宣言君主对于人民应负责任　然一七八九年法国所宣布之《人权宣言》中曾谓法律为民意之表示，凡公民皆有参政之权利。君主与官吏之行动均对于人民负责任。此种观念发生之后，人民对于政治上之兴趣于以激起。政治领袖接踵而起。新闻报纸遂渐以讨论国事为务。而政治集会亦因之纷起矣。

民族主义之兴起　各种民族渐觉其各有语言各有习俗以自异于他国。德国、意大利、希腊诸国之爱国者类皆回顾古代之光荣，以激起人民爱国之热诚。所谓民族主义者即各国之政府应适合于各国传统之习俗而以本国人治之；凡异族入主或君主任意处置其领土者皆视为不当。此种精神发端于法国革命之初，至十九世纪而益著。意大利、德意志二国之统一，希腊及巴尔干（Balkan）半岛上诸国之离叛土耳其，一九一四年欧洲大战之开端，皆民族精神有以致之。

3. 神圣同盟及梅特涅之反对革命

一八一五年后之复古精神一八一五年六月维也纳会议将其议决各种条约汇成一集名曰《最后议案》（Final Act）。数日之后拿破仑大败于滑铁庐，不久被流于圣赫勒拿岛，十五年来之恐怖至是涣然冰释。复辟之君主鉴于二十五年来之干戈云扰战争连年，凡有提及改革者莫不谈虎色变，惊惶不可名状。革命二字尤为逆耳。盖不但为君主所不喜，即贵族教士亦颇不愿闻也。

神圣同盟之组织 维也纳会议虽已告终，然欲维持其会议之结果与防止革命余烬之复燃则诸国间之同盟显有继续存在之必要。俄罗斯皇帝亚历山大第一有组织宗教同盟以维持和平之计划，即“神圣同盟”（The Holy Alliance）是也。奥地利皇帝及普鲁士王均赞许之，遂于一八一五年九月间宣布成立。三国君主以同志相待，为“统治一家三族之上帝代表”。其他诸国之君主如能承认其原理者则许其加入同盟而为同志之一。

神圣同盟并非阻止革命之同盟 俄罗斯皇帝与普鲁士王二人颇具宗教之热忱，故对于神圣同盟极具维持之诚意。然当日各国外交家心目之中，以为所谓神圣同盟者实俄罗斯皇帝之一种幻想。实则神圣同盟之组织并非压制革命之机关。其条文中并不提及革命危险之宜屏除或会议结果之宜维持。然当日新闻纸及改革家仍多以神圣同盟为列强反抗革命之组织。并非以上帝之名行亲爱之实，实隐受梅特涅焚涅堡奥卡森哈森（Metternich-Winneburg-Ochsenhausen）亲王之指导，专以压止改革为事者也。

梅特涅之政治主张 拿破仑败亡以后，欧洲最著之政治家当首推奥地利宰相梅特涅。彼生于一七七三年，自法国革命以来即抱仇视改革之意。一八〇九年后身任宰相，凡有提及宪法二字或民族统一者彼均以革命目之。

民族精神实不利于奥地利 彼本仇视改革者，又因鉴于奥地利国内情状之独异，故其仇视益甚。而且欧洲诸国受法国革命之祸最烈者除普鲁士外首推奥地利。假使民族主义日盛一日，则奥地利国内之各种民族——如德国人、捷克人、波兰人、匈牙利人、意大利人等——将群起革命而要求宪法。奥地利、意大利、德国等诸国偶有革新思想，即有覆灭人种复杂之奥地利之虞。故梅特涅之意所谓保存奥地利即压制革命，亦即维持欧洲之和平。

秘密同盟　一八一五年十二月二十日，奥地利、普鲁士、英国及俄罗斯四国缔结秘密同盟之约以维持欧洲之和平。并规定诸国间常开有定期之会以筹谋公共之利害及应付之方法。此实一种维持维也纳会议议决之国际公会矣。

爱斯拉沙伯公会　根据密约所开之第一次公会于一八一八年在爱斯拉沙伯（Aix-Ia-Chapelle）地方举行。商议联军退出法国境外之事。法国遂加入同盟。梅特涅之保守政策至是大行。

4. 十九世纪初年之思想及文化

历史不仅以致治为限　自法国革命以来欧洲历史多述政治，抑若当时文化绝无足称者然。实则当日之农工商贾经营贸易依然如旧。当拿破仑自厄尔巴岛返国之日，正斯蒂芬孙（George Stephenson）发明机车之时。其影响之大远驾拿破仑武功之上。实业革命关系重大，另详下章。与工商业同时并进者尚有文学、美术及哲学。其关系之巨与工商业等。兹特略述其梗概。

十八世纪时代之文学颇受法国文化之影响　当十八世纪时代，欧洲文学颇受法国文化之影响。诗文多富丽而整齐，然不免有矫揉造作之病，如英国之德来登（Dryden）及颇普（Pope），皆其著者也。盖自中古文艺复兴以来，考古精神大著于世，所谓教育者大都以研究古代希腊罗马之文学为务。为文者则仿西塞禄（Cicero），赋诗者则仿味吉尔（Vergil）。所用之字以雅而不俗者为限，故为数甚少。所选题材以高尚者为限，盖以为古文体裁仅能适用于高尚题材也。其结果则所谓文学者不若今日之以常人常事为主，而以描述英雄功业为务。服尔德之著作颇能舒展自如，脱去古文窠臼。卢梭之负有文名亦因其能叛离古文独树一帜之故。

文学上之"自然"　英国虽无卢梭其人，然诗人朋斯（Robert Burns）及威至威士（Wordsworth）辈颇能破矫揉造作之习以返于自然，大受时人称誉。观其著述颇见当日读书之人已不仅以朝贵为限，盖中流社会中人亦已渐形得势矣。

浪漫主义 十九世纪之初拿破仑败亡之后文字上之传奇主义或浪漫主义（romanticism）大盛，专以描写古代光荣为事。当法国革命之中欧洲思想多非古而是今，希望将来，痛恶过去。至是文学名家多向于素所藐视之中古，津津乐道封建时代之生活。司各脱（Walter Scott）之诗文可称此派之领袖。浪漫派之文学由英国而入于法国与德国。自滑铁庐战后人民本皆抱复古之念，此派文学应运而生固非偶然。传奇派之文学虽足以塞人民注意现在之心，然因此而激起科学化历史之研究，其影响不可谓不巨也。

近代史学家 传奇派文学家所描写者多出诸幻想之中，而非真有其事。侠士佳人千篇一律，类出虚构并无其人。然因此而引起历史之研究。史家辈出均以搜求材料明了实情为能事。又因当日政治问题最为重大，民族主义正在发生，故史家心目之中莫不以政治与民族为其研究之资料。盖自法国革命以后，欧洲大陆诸国中民族主义方兴未艾。法国与德国二国之史家莫不以搜求本国民族史料为要务。自古至今搜罗殆尽。故十九世纪以后之历史知识远轶前代。其有功于后日之史学实非浅鲜。

德国历史家及其影响 德国自与拿破仑战后，爱国热忱骤然奋起，故研究历史之事业较他国尤为发达。德国人先屈于拿破仑，继又屈于梅特涅，战争与虐政之祸相继而来，故唯有回忆古代之光荣聊慰当日之痛苦。民族精神涵养既久，至一九一四年乃大著于世，盖皆十九世纪之史家有以致之。

德国之哲学家 十九世纪之初德国文学及思想，因有哲学、诗学及史学而益富。康德（Immanuel Kant）为近世第一哲学家。其最要之原理谓人类不特居于物质世界之中，亦且居于道德世界之内，人生原理当以“义务”为最要。其他哲学家如斐希特、黑格尔（Hegel）辈并谓“义务”之中当以服从国家为第一，又谓德国人及德国人之理想为世界史上之最精良者云。

德国之韵文 此期中德国有最大诗人而兼科学家歌德（Goethe）其人。其最著之著作为《浮士德》（Faust）剧本。剧中之浮士德本一学者沉湎于各种快乐之中，歌德将其经验及苦痛详述无遗，借以了然于人欲及感情之作用。歌德并以善作乐府著名，而其科学思想亦甚精到。因研究动植物而发明进化之理，实开他日达尔文（Darwin）学说之先声。所著小说风行一世，为后日德国小说家之模范，以身心俱臻完美为其理想中之目的。至于彼之不喜普鲁士人及痛恶武力主义之处，正与诗家海涅（Heine）（一七九七年至一八五六年）同。

德国新文学之影响　德国文学在腓特烈第二时世人尚以俗而不雅视之，至是忽起而为世界文学上利器之一。至歌德而益著，真足令人惊异不止。腓特烈第二所著之诗文类皆弃德国文而用法国文。迨彼武功大盛之后北部德国人方起自信之心，应用德国文以与法国文争胜。德国人民族精神之发达遂因之益甚。

读书之新时代　十九世纪之初，中流社会既兴，读书之人益众，于是欧洲文学上别开新面。除历史、韵文、小说以外，新闻纸开始盛行。且因印字机改良以后，每小时能印报纸八百页，读书之新时代实始于此。

法英二国之教育　十八世纪时代欧洲人民大都皆不识字。教育之权操诸教士之手。教材本极简陋，而能培植子弟读书者又以中流社会为限。法国当恐怖时代曾有义务教育之规定，然始终未尝实行。至于英国，则至十九世纪后半期方有改良教育之倾向。

普鲁士之教育制度　至于普鲁士，教育一端本为改革家如斯泰因辈事业之一，而洪保德（Karl Wilhelm Humboldt）实为首领。柏林大学建于一八一〇年。当一九一四年欧洲大战以前德国之大学名满世界，外国人之游学其地者连袂而来。然德国大学教授之态度对于大战中德国政府之种种行动多所偏袒，德国学者态度之名誉不免受其影响也。

第十四章　维也纳会议后欧洲之反动及革命

1. 法国之复辟

法国人不反对复辟　法国王路易十六之兄虽逃亡在外二十年以与革命为敌，然当一八一四年入即王位时法国人民并无反抗之意。盖法国人之主张共和政体者本居少数。人民心目中又尚有君主政体存在也。

路易十八之维持革命事业　然同时新王亦并无推翻革命事业之意。彼之性情与其弟亚多亚伯之刚愎不同。当幼年时代喜读服尔德及其他诸哲学家之著作，对于旧教党徒亦无特别之情感。而且年已六旬，身体肥巨，具有常识者岂愿轻信贵族之言恢复旧制以转滋纷扰耶？

一八一四年六月之宪章 一八一四年六月法国王所颁之《宪章》（Constitutional Charter）较拿破仑时代尤为自由，而与英国宪法颇为相似。设国会取二院制。上院贵族由国王任命之；下院代表由富民选举之。唯君主有提议法律之权，而下院得行请愿立法之举。

人权之维持 除建设代议机关外，《宪章》中并维持革命时第一次《人权宣言》之原理。宣布人民在法律上之平等，有充任军政官吏之权。税率以人民之贫富为比例。虽定罗马旧教为国教，而人民仍得享宗教及身体之自由。人民并有出版之自由，唯不得滥用。

亚多亚伯所统率之极端保王党 《宪章》颁布之后国内政党纷然而起。逃亡之贵族及教士组织极端保王党（Ultra-royalists），以推翻二十五年来之改革事业与恢复昔日之旧制为目的。主张扩充教士权力，限制出版自由，增加君主权力，恢复丧失财产。此党人数虽少，然因有王弟统率之故极有势力。

温和保王党 然力能援助法国王者实为温和保王党。此党鉴于二十五年来之政变深知恢复旧制之不可能。故一面力劝极端保王党人不可坚持，一面力使法国人民维持王政。以上二党一属激烈一主温和合占国内人民之大部。

自由党 第三党可称为自由党。此党虽忠于王政，然以为《宪章》所付人民之权利未免太少，主张减少人民选举权上之财产限制及责任内阁之建设。

无可调和之党 此外尚有极端反对波旁族之无可调和党（irreconcilables）。第一为波那帕脱党，类皆拿破仑部下之军人。若辈常忆昔日之光荣，并恨反对革命者之得势。拿破仑未卒以前此党日望其有卷土重来之一日，及其既死乃拥其子为号召之资，称之为拿破仑第二。此外又有共和党人对于波旁及波那帕脱两王族均所反对，而以恢复一七九二年之共和为主。

2. 一八三〇年之革命

查理第十之政见　当路易十八在位时代王党之势殊盛。故法国王于一八二四年去世时波旁族之势力已足以战胜反对党而有余。假使其弟查理第十（一八二四年至一八三〇年）即位以后处置有方，则国祚延绵正未有艾。不意彼竟有“与其尸位若英国王，不如刊木生活之为愈”之语。即位之始其政策一受教士及耶稣会中人之指使。贵族之丧失财产者年发国币数千兆佛郎以赔偿之。

七月命令　查理第十之政策既行，反对者当然甚烈，王不之顾。且于一八三〇年七月有专横之举。根据《宪章》上君主有为公安而立法之权之规定，于七月中下令数通，规定检查出版之制，增加选举权上之财产限制，声明唯君主独有提议立法之权。宪政精神摧残殆尽。人民权利绝无保障矣。

新闻记者之抗议　下令之次日即七月二十六日，巴黎之新闻记者提出抗议。为人民显然反抗命令之始。宣言若辈不能遵守王命，仍当继续其新闻之出版。并谓国王既剥夺民权，则人民不应再忠于王室。

共和党人之暴动　然查理第十之倾覆共和党人之力居多。七月二十七日巴黎城中之共和党人多毁移通衢之巨石，堆成堡棚以御政府之兵士。

候补王位者之出现　至七月二十九日巴黎全城皆入于叛党之手。王知事体扩大，乃与国会商酌收回成命之法。然为时已晚，国会难开。富商巨贾已有拥戴奥尔良（Orleans）公之子路易腓立（Louis Philippe）入继王位之计划。路易腓立在昔本极热心于共和，曾与于发尔米及宅马普诸战役。不久被放，居于英国数年。复辟后返国，主张民主以取信于国人。衣服朴素，遣其子人普通学校中就学，不另聘师傅。故中流社会之主张维持王政者莫不以彼为最属相当之人物。

查理第十之退位及路易腓立之被任为中将　查理第十知王位之不可再留乃决意退位，传其位于其孙波尔多公。并命路易腓立为中将负实行王命之责，称其孙为亨利第五。而已则携眷遁入英国。此种措置本可望人民之赞许，然路易腓立并无实行之意。彼反一意以结好共和党人为事。盖此次变乱共和党之功独多，而且并有拥戴老耄之拉法夷脱组织临时政府之举也。其时叛党设委员会于市政府中，四周围以暴民。路易腓立突围而进，以数言折服拉法夷脱。二人遂携手立于窗外之平台上。拉法夷脱手拥路易腓立以示亲密之意，路易腓立亦手摇三色之旗以表其同情革命之忱。共和党人至是已知无法可阻路易腓立之入即王位矣。

下议院之劝进 路易腓立于八月三日召集下议院宣布查理第十之退位，唯不明言其继统之人。四日之后下议院议决请路易腓立入承大统，上议院承认之。路易腓立当允许即位时，尝曰："吾实无法拒绝国家之召我。"

修订宪章 国会中人从事于《宪章》之修订，且要求新王于加冕以前承认之。将《宪章》之第一段文字全行删去，以为"给予"（grant）二字有伤国民之荣誉。宣布出版自由，规定责任内阁制。并删去定罗马旧教为国教之一条。

一八三〇年革命结果之微 就事实而论，一八三〇年之革命无甚结果。君主虽已易人而政府之专制如故。选举之权仍以富民为限。昔日贵族教士擅权之政府至此仍以富商巨贾代之。白旗虽废而代以三色旗，然同是王政初无变更。彼共和党之革命绝无效果之可言也。

3. 比利时王国之建设

比利时人对于荷兰之不满 法国一八三〇年之革命其影响并及于奥地利领土尼德兰。此地自维也纳会议后即合并于荷兰。其不满意于荷兰之处不一而足。第一，荷兰王威廉虽宣布宪法于全国，然以法国之宪章为依据。故上无责任内阁之制，下有财产限制之选举权。而且南省人民数逾北省百余万，而代表之数则与北省相等。加以充任官吏者类多荷兰人，不顾南省人民之利害。至于宗教则南省多信旧教，北省多奉新教。国君又系新教教徒每有强迫南省人民改奉新教之举。

比利时王国之独立 路易腓立即位不久，布鲁塞尔（Brussels）即有叛乱之举。南方各省闻风兴起，遂建设临时政府，于一八三〇年十月四日宣布离荷兰而独立。不久并召集国民公会以建设永久之政府。公会遂编订宪法，以民主观念为根据而建设立宪君主之政府。是时之比利时人实与一六八八年时之英国人无异。一八三一年七月迎可堡（Coburg）之利欧破尔得（Leopold）为比利时新国之君。

4. 德国同盟之建设

德国所受拿破仑之影响（一）小国之灭亡　拿破仑占据德国之影响有三：第一，自法国得莱茵河左岸地后，德国领土之因之合并者及小邦之因之灭亡者不一而足。至维也纳会议讨论组织德国同盟以代神圣罗马帝国时，德国小邦之存在者仅得三十八。

（二）普鲁士地位之优胜　第二，普鲁士之内外情形为之丕变，卒为他日继奥地利而独霸德国之基。盖普鲁士虽丧失第二、第三两次分割波兰所得之领土，然因之反得萨克森王国之半及西部莱茵河畔之地，领地人民纯属德国种，而异族不与焉。与奥地利国内之五方杂处者大异。至于内部之改革则自耶拿战后有斯泰因及哈登堡辈尽力革新，其成绩之优美几可与法国第一次国民议会等。废止阶级，释放佃奴，经济发达造端于此。军队改组实为一八六六年及一八七〇年战胜他国之预备。

（三）立宪之要求　第三，自拿破仑战争以来，德国之民族精神为之大盛。国民既抱救国之忱，又有参政之望，则其要求立宪不满王政又势所必然者矣。

一八一五年之德国同盟　当维也纳会议讨论德国统一问题时，提出方法有二。普鲁士代表所提出之计划在于组织强有力之同盟，与北美洲合众国相仿，国内大政操诸中央。反对此种计划最力者为奥地利之梅特涅，而有德国诸小邦为其后盾。盖奥地利深知其国内人种之复杂断无统一德国之希望。无论在匈牙利及南部诸省绝无德国人，即其西部诸地亦有多数斯拉夫种人杂居其内。而且奥地利向欲独霸国中，则非使国内诸小邦形同独立不可。其结果则奥地利之计划见诸实行。

德国同盟为君主之联合　德国同盟并非联邦可比，实包有“德国之君主及自由城市”者也。如奥地利之皇帝及普鲁士之王皆有领土在同盟之中。此外丹麦之领土好斯敦（Holstein）及尼德兰之领土卢森堡（Luxemburg）亦均在同盟之列。四国之君主皆为同盟中之分子。故同盟之中有二君纯属外人。而其他重要二君之领土又非全部属诸同盟者。

法兰克福公会之无力　同盟之公会设于法兰克福（Frankfort）城。为会员者皆代表君主而不代表人民。公会之权力极小。既无干涉各邦内政之权，而会员又不能任意表示其可否，凡事均须请命于其国君。权力既微，议事敷衍，适足以为欧洲人士谈笑之资耳。

德国同盟之弱点　同盟中各邦均有与他国缔结各种条约之权，不过不得妨害同盟之安全，并不得与同盟诸邦宣战。同盟之宪法不得各邦君主之全体同意不能修正。此种组织缺点显然。然卒能维持至五十年之久，至一八六六年普鲁士与奥地利战役后方解体也。

德国学生之政治组织　维也纳会议未能为德国建设强有力之政府，德国之新党中人无不失望。大学学生群起而非议之，而抱德国自由之望。一八一七年十月十八日大学学生群集于瓦特堡（Wartburg）堡垒，举行路得改革宗教及来比锡大战纪念之祝典。演说中多赞叹因与拿破仑战争而阵亡之爱国者。

科策部之被刺　此种学生之运动欧洲政治家闻之无不惊恐，而梅特涅尤甚。学生颇有痛恨新闻记者科策部（Kotzebue）为阻止俄罗斯皇帝维新之事业者，竟刺杀之，新党之信用益为之堕落。梅特涅益有所借口，以为学生之集会，政府之维新，及出版之自由，其结果必皆可怖。

卡尔斯巴德议决案　梅特涅于一八一九年八月召集同盟诸大邦之代表开会于卡尔斯巴德（CarLsbad）地方。通过各种议案以限制新闻纸及大学学生之言论自由及逮捕革命党。此种卡尔斯巴德议决案由奥地利提出，虽有抗议者卒通过于大会。既限制出版之自由，并干涉大学之教授，妨碍进步莫过于此。然德国人亦无有力之反抗，屈服梅特涅制度之下者盖垂三十年也。

南德诸邦之立宪　然在德国南部诸邦政治上仍颇有进步。一八一八年巴威王即有编订宪法建设国会之举。二年之内巴登、符腾堡及厄斯诸邦无不闻风而起。至一八三四年又有“关税同盟”（Zollverein）之组织。各邦货物通行无阻，昔日税界一扫而空，影响他日政治上之统一者甚大。关税同盟以普鲁士为领袖，而奥地利不与焉，实为他日德意志帝国统一之先声。

5. 西班牙与意大利之恢复旧制

约瑟波那帕脱时代之西班牙　西班牙之恢复旧制较他国尤为彻底。拿破仑因力维其兄之地位之故战事连年，大伤西班牙之元气。至一八一二年法国人方被英国人逐于西班牙之外。然西班牙之人民虽屈服于法国人之下，而始终反抗实与独立无异。西班牙之国会（Cortes）虽忠于故主，然能利用国内无主之机会于一八一二年编订宪法以植立宪之基。

斐迪南第七之废止宪法　西班牙王斐迪南第七之被禁于法国者先后凡六年。至一八一二年仗英国人之力而复国。返国之日即废止宪法。宣言国会之编订宪法，显欲以“根据法国革命原理之煽乱宪法”强国民之遵守，实越俎而夺君主之大权。又宣言凡主张立宪者均以大逆不道论处以死刑。检查出版物较昔尤厉。压制言论之自由，恢复寺院之财产。新党人之被拘或被逐者踵相接也。

一八一五年后之意大利　维也纳会议对于意大利绝不关心，不过以一种“地理上之名词”（geographical expression）置之。盖意大利绝无政治上之统一者也。北部之伦巴底及威尼西亚则属于奥地利。帕马、摩德拿及多斯加纳诸邦则均属于奥地利之王族。南部之那不勒斯王国则属于西班牙之一支。中部有教皇领土截半岛而为二。外有奥地利之蟠据，内有罗马教皇之负固，意大利之统一几绝望矣。

拿破仑时代意大利之改革　拿破仑之统治意大利虽甚专制，然其设施与改革成绩昭然。废除旧制，澄清吏治。兴利除弊成绩灿然。然因其利用意大利以谋一己利益之故大失人望。昔日热忱援助之人不久皆抱与汝偕亡之意。

皮德梦特之废止新政　撒地尼亚王伊曼纽尔第二（Victor Emmanuel Ⅱ）于一八一四年五月二十日返其京都吐林。全国人民莫不欣然色喜。不意返国之后，即将皮德梦特于法国革命时引入之新政一律废止。恢复贵族之特权，交还教士之财产。宗教法庭设置如昔，检查出版严厉如前。人民遂无复宗教上之自由矣。

意大利境内之奥地利领土　奥地利所领伦巴底及威尼西亚二地中之新政无不革除殆尽。奥地利因欲维持其领土，特设明暗二种侦探制以干涉个人之自由。其横暴情形实有令人难忍之处。

奥地利在意大利之势力 奥地利除领有意大利北部之地外，并享有保护摩德拿之权。多斯加纳公国则因条约关系无异奥地利之领土。帕马之马利亚路易萨付其权于奥地利皇帝之官吏，而那不勒斯王国又与奥地利订有攻守之同盟。故意大利半岛中除撒地尼亚及教皇领土外无不在奥地利之势力范围中。

法国革命之事业并不全废 意大利半岛虽四分五裂日处于强邻威胁之下，然一八一五年之意大利已与一七九六年拿破仑入侵时之意大利异。诸邦中虽皆有恢复旧物之举，然法国革命之遗迹不但留在法律政府之中，而且深入人心之内。民族主义方兴未艾，虽有警察已难划除。人民虽恨拿破仑之专横，而对于法国之改革事业则欣慕不已。

6. 美洲之西班牙殖民地及一八二〇年之革命

一八二〇年之革命 南北美洲西班牙殖民地之梦想独立梅特涅思想之实现以在西班牙及意大利二国者为最著。因之革命之举不再启于德国与法国，而重见于西班牙及意大利。西班牙本国仅占其全国领土之一小部分。盖西班牙之领土除欧洲本国及各处岛屿外本包有北美洲之一部，中美洲之全部，及南美洲之大部。美洲之西班牙殖民地自始即受母国自利之商业政策之苦。凡殖民地仅能与母国之商埠一二处往来贸易。自北美洲合众国叛英国而独立以后，西班牙之殖民地遂有蠢蠢欲动之势。迨拿破仑入据西班牙之消息传到美洲，西班牙之殖民地群起而叛乱。

西班牙殖民地之叛 西班牙殖民地之叛乱实始于一八一〇年。是时墨西哥、新格拉那达（Granada）［即今日之哥伦比亚（Colombia）］、委内瑞辣（Venezuela）、秘鲁、倍诺斯爱勒（BuenosAires）及智利（Chile）诸地名虽拥戴斐迪南第七，实则均起夺政权于母国派来官吏之手。最后乃有独立之举。最初西班牙颇以残暴方法平定叛乱。至一八一七年委内瑞辣之叛党首领玻利发（BoLivar）出，该地独立竟告成功。此后五年之间新格拉那达、秘鲁、厄瓜多尔（Ecuador）、智利、墨西哥及上秘鲁［即今日之玻利非亚（Bolivia）诸地相继独立］。

英国反对西班牙武力平乱 斐迪南第七自复辟以来，即遣兵赴美洲以平定殖民地之叛。彼并以革命为有害诸国之利害为理由求援于各国。不意英国政府颇持反对。盖自南美洲诸邦独立后英国之商业骤形发达，不愿放弃其利益也。

西班牙恢复一八一二年之宪法　一八二〇年一月西班牙调遣驻在加的斯之军队赴美洲平乱。兵士深知远征之苦遂有叛乱之行。宣言恢复一八一二年之宪法。全国新党闻风响应。京都之暴民于三月间围王宫以迫西班牙王宣遵守宪法之誓。

西班牙革命消息传入意大利　西班牙革命消息不久传入意大利。意大利本有各种秘密结社专谋叛乱。其最著者为“烧炭党”（Carbonari），以谋立宪政体及国家统一为目的。那不勒斯人既知西班牙王有允许恢复宪法之举，亦群起迫其王仿行西班牙之宪法，时一八二〇年七月也。那不勒斯王不允并求援于各国。

梅特涅以革命为疫病　梅特涅乃请俄罗斯，普鲁士，法兰西及英国合力以阻止“叛乱及罪恶”之发展。彼以为革命之为物正同疫疠。不独抱病者有生命之忧，即旁观者亦有被染之险。欲防传染应速隔离。

奥地利之干涉　一八二一年一月奥地利请各国遣代表开大会于来巴哈（Laibach），以商议恢复南部意大利之原状为宗旨。那不勒斯王斐迪南亦来赴会，极愿奥地利遣兵人其国以平内乱。叛党之被戮或被逐者不一其人，宪法遂废。

味罗那公会　同时西班牙之革命日趋于不可收拾之境。俄罗斯、奥地利、普鲁士、法国及英国于一八二二年开公会于味罗那（Verona），以研究对付西班牙革命之方法。英国不主张有干涉之举。法国王路易十八因被国内教士及极端保王党之逼迫，遣兵入西班牙以“维持亨利第四子孙之西班牙王位为宗旨”。法国之自由党人颇不谓然。以为法国今兹之援助斐迪南第七实与一七九二年时普鲁士及奥地利之援助路易十六无异。法国军队既入西班牙，斐迪南第七之地位复固。平定内乱残酷异常，法国人耻之。

西班牙殖民地问题　当法国援助西班牙王平定内乱之日，正英国美国援助西班牙殖民地独立之秋。在味罗那公会中除英国外无不欲援助西班牙以平定其内乱。盖同盟诸国固以压制“无论何地及何种之叛乱”为目的者也。

孟禄主义　梅特涅辈既有援助之意，北美洲合众国之总统孟禄

（Monroe）于一八二三年十二月向国会宣言欧洲列强干涉之危险，即后世所谓“孟禄主义”是也。其意略谓凡欧洲同盟诸国有欲扩充其制度于西半球之任何部分者即以有害于合众国之和平及安全论，而且视为一种有伤友谊之行动。

英国承认西班牙殖民地之独立 同时英国外交大臣坎宁（Canning）向法国驻在英国大使力言西班牙欲平殖民地之叛断难得手。又谓西班牙与其殖民地间有所争执英国当取中立之态度，然不容有第三者之干涉。一八二四年之冬英国承认倍诺斯爱勒、墨西哥，及哥伦比亚之独立。欧洲大陆诸国以英国此举“足以提倡革命之精神”颇示不满之意，英国不顾也。

葡萄牙 当一八〇七年拿破仑遣兵入侵葡萄牙时，其王族渡大西洋遁居南美洲之巴西。自英国人逐出法国人以后，葡萄牙之政权握诸英国大将伯勒斯福（Beresford）之手。擅作威福。遂激起一八二〇年之叛。叛党要求王室之返国及立宪之宣布。王约翰第六（John）遂归自南美洲，命其子彼得禄（Pedro）留守巴西。

梅特涅国际警察制之失败 观上所述可知梅特涅压制革命之国际警察制已完全失败。盖英国美国既持异议，同盟之势大为减削。当希腊叛土耳其而独立时，俄罗斯有对土耳其宣战之举。希腊独立卒告成功。足见虽俄罗斯当有利于一己时亦未尝无援助革命之意。至一八三〇年法国有七月革命之举，梅特涅之政策益不能行。故就事实而论，所谓神圣同盟者绝无成绩之可言。一面内部解体，一面革命精神复兴，瓦解之势至此遂不可收拾矣。

第十五章　实业革命

1. 纺织机之发明

实业革命原于机器之发明 上数章所述者为法国革命，拿破仑战争及维也纳会议诸陈迹。以政治家武人及外交家之力为多。然在法国全级会议未召集以前，英国社会中已有一种革命。其影响较国民会议之事业及拿破仑之武功尤为远大。人民之习惯思想及希望莫不因之而变更。

十八世纪以前之实业状况　古代希腊人及罗马人虽以文明著于世，然对于实业器械上绝少发明。十八世纪以前欧洲之工业状况几与古代埃及无异。纺织耕种纯赖手工。货物运输专恃车辆。信札邮递之迟缓亦与罗马帝国末造无异。迨十八世纪之末叶忽有种种实业器械之发明，不百年间工商业之状况为之丕变，即世人所谓“实业革命”是也。近世之各种问题如商埠也，工厂制度也，工党也，贫民也，皆由是而起。故实业革命之重要实不亚于君主，国会战争，宪法诸事矣。

纺织业之改良　一百五十年来之实业革命可以纺织业之改良一端说明之。织布之先必先纺毛、棉或麻成纱而后可。纺纱之法自古已有发明，然一人同时仅纺一线。至一七六七年英国人哈格里佛士（James Hargreaves）发明纺纱机，以一人运动机轮同时可纺十线。是则一人之力可以作十人之工矣。次年又有理发匠名阿克来特（Richard Arkwright）者发明纺纱之辘机，创设纱厂，卒致巨富。一七七九年克纶普吞（Samuel Crompton）合哈格里佛士之纺机及阿克来特之辘机而一之。至十八世纪之末已有同时能纺二百线之机器之发明。运用机器者一二人已足，专恃手工者遂不能与之争衡。工厂制度从此发端。

织布机及轧棉机　纱线之出产既富，旧日之织机已简陋不适于用。至一七三八年揆约翰（Jonh Kay）有飞梭之发明。织工运用机柄，使飞梭往来不再需他人之辅助。至一七八四年肯德（Kent）之教士卡特赖特（Cartwright）博士发明新机，飞梭提纬均系自动。然至五十年后手工不敌机器时，昔日之手织机方废。十九世纪之中织机之改良日有进步。至今利用机织一人之力可当昔日二百人之工。此外又有以酸质漂白之发明。昔日漂白专恃日光动需数月之久，至此数日而已足。一七九二年美国人辉特尼（Eli Whitney）发明轧棉机，每日每人力能轧棉一千余磅，以视昔日之每日仅轧五六磅者真有天渊之别矣。

各种发明之影响　自纺织机发明之后布之出品骤然增加。一七六四年英国每年仅输入棉花四百万磅，至一八四一年增至五万万磅。拿破仑战争将终时奥文（Robert Owen）宣言在新拉拿尔克（New Lanark）工厂中二千工人之工作足以抵苏格兰全部人民之手工工作。

2. 蒸汽机

机器之发明与铁力之关系 机器之发达及普遍端赖二物：第一，制造机器之材料首重坚固，故钢铁最为相宜。第二，机器巨大断非人之手足所能运用。在昔虽有借风水之力以运动者，然其力有限而无定不足以促进机器之发达。故当纺织机发明之日正炼铁方法及利用蒸汽进步之秋，铁之为用并不自十八世纪始。然炼铁方法极其简陋。至一七五〇年熔铁之燃料方以煤代炭。弃风箱而用新机，火力较巨。锻铁以蒸汽锤而不用手矣。

瓦特之改良蒸汽机 世人每以瓦特（James Watt）为发明蒸汽机之人，其实不然。蒸汽机之重要部分一如水炉、圆筒、活塞等——早已发明，用之为抽水之具。瓦特之研究蒸汽机实始于一七六三年之冬。其时彼居格拉斯哥（Glasgow）为机器匠，是年有人请其修理六十年前纽昆门（Newcomen）所发明之蒸汽机模型。彼固聪慧而勤劳者，遂改良纽昆门之机器以裨实用。一七八五年瓦特之蒸汽机始于诺定昂（Nottinghamshire）工厂中用以纺纱。阿克来特于一七九〇年应用之。至十八世纪之末其用途之广已与风车水车等。

法国之实业革命 近世机器之发达以英国为最早。至于法国一八一五年后实业革命方见端倪。拿破仑虽有提倡机器及保护实业之举，然其成绩不著。迨彼将败之时法国之有蒸汽机者仅亚尔萨斯地方棉厂中一具而已。然至一八四七年全国有蒸汽机五千具，足当六万匹之马力。棉花之消费三十年间增至五倍。在一八四七年时全国共有纺机十万余具，纺锤三百五十余万支。至一八四八年法国实业大城已林立于全国。巴黎一城已有工人三十四万二千人。其他如里昂、马赛、里尔（Lille）、波尔多及土鲁斯（Toulouse）诸城无不工厂林立，工人满布。自此以后，工人渐有组织工党及同盟罢工之举，以要求工资之增加及工作时间之减少。

3. 资本主义及工厂制度

实业之家庭制度 十八世纪末年英国之实业革命已略如上述。兹再述实业革命之影响于人民生活上者。自古以来，制造二字仍指手艺而言。工人多在家中或商铺中制造物品。偶有余暇则兼事种植以资生活之补助。

笛福所述之工人状况　一七二四年至一七二六年间，新闻家笛福（Defoe）曾游历英国之约克州（Yorkshire）地方，详述当日之工人状况如下："所有土地分成小区，自二亩至六七亩不等，三四区之间必有一家，鸡犬相闻也。每家必有张布之架，架上必有布篷。每家几皆有工厂。织布之工人必有一马为运货入市之用，并牛一二头为其家庭饮料之资。故各区土地占用殆尽，种植所得尚不足以养家禽也。一家之中类皆身壮力健之辈，有染色者，有织布者，有整理布疋者。至于妇人稚子则专事纺纱，无论老少无一闲居无事者。"

工厂制度之原理　实业革命以来专恃手艺之工人其力不能与机器相敌。小规模之实业渐渐无获利之望。不得不入资本家所设之工厂借谋生计。

工厂制度之结果（一）分工制度　工厂制度之结果不一，其最要者为分工。昔日之工作以一人而负全部工作之责。至是一人专管制造之一步。同时学习之期较昔为短，盖其事较简也。而且因分工之故以机器代人工之发明亦较为容易。

（二）生产增加　因利用机器及分工之故，制造品之量大有增加。试举其例，则有斯密亚丹所著《原富》中所述制针之一事。据云：分工制造则一针之微制造之步骤可得十八，一日之内以十人之力可制针四万八千枚。此种状况尚就机器发明之初日而言。至于今日则每机每分钟可以制针一百八十枚。一厂所出每日得针七百万枚，所需工人不过三人而已，再如印刷自谷腾堡（Gutenberg）发明印字机以来，凡排版、用墨、铺纸、印刷，无不用手。至今则巨城中之新闻纸几无不全用机器印刷之。每分钟可得折成之报五百余纸。

（三）城市发达　机器未经发明以前，工人散居城外，半工半农人人有独立生活之资。自工厂制度发生以来，此种状况不可复见。工人群居于工厂附近之地。住室陋劣，鳞次栉比。既无田园，又无草地。此今日大城所以有工人住室问题之发生也。

（四）资本家之发现　自实业革命以后，社会阶级分而为二。一方为主有工厂及机器之资本家，一方为资本家雇佣之工人。十八世纪以前政治上及社会上之得势者当推广有田产之地主。而富商巨贾其财力亦可与大地主抗衡，至今则地主富商以外并有资本家矣。

（五）工人依赖资本家 为工人者不得不赖少数资本家以维持其生活。盖独立之工作已不足以自存也。资本家既主有工厂及机器，工人之求生活者又接踵而来。其结果则工作时间之长工人工价之贱一任资本家之规定。工人之特出者或可望成资本家，而中人以下者则终身从事于工作之一业。自资本家与工人应如何分配其利益之问题起，今日人工与资本之难题遂从此发生矣。

（六）工厂中女子及幼童 自家庭实业制推翻以后，其影响并及于女子及幼童。工厂既立机器日有发明。除巨大工作如炼钢造船等外，女子与幼童之入厂工作者日增月盛。试举其例，英国纺织业自一八四二年至一八九一年五十年间男工之增加率为百分之五十三，而女工为百分之二百二十一。当蒸汽机未发明以前，幼童之工作多以简单者为限，如拣棉是也。至于今日，则看守机器、接续纱线等事女子及幼童均优为之，而其工资并可较男子为贱。当家庭实业制度未废以前为女子者并不闲惰。不过其工作复杂而且在家中任之。至于今日则汽笛一鸣为女工者不得不群趋于工厂。流弊因之而发生，政府乃有补救之方法。其显著者虽已尽除，而女子与幼童之工作困难仍未尽去。同时中流以上之女子较十八世纪以前为闲。盖昔日之需用手工品者至是已代以工厂制造品矣。

（七）工人所受之影响 当实业革命以前，人民之生活及习惯无甚变迁。自机器发明以来，人民风习随之俱变。发明愈多，变迁愈速。实业有新陈代谢之迹，工人事业亦有时时变迁之机。旧日陈陈相因之习既然破除，工人仆仆往来之行难以幸免。经验既富，心思亦长。国内有工党，国际有公会，以研究工人之利益及政策为宗旨。

（八）商业之扩大 实业革命之影响并及于商业。十八世纪以前商业虽已发达，然运输不便范围不广。自机器发明以后各国制造之品畅销于世界之全部。欧洲、美洲、澳洲、亚洲皆成贸易之场。一七八三年英国之输出品尚不值一千四百万镑，十三年后乃达二千九百万镑。

（九）政治上所受之影响 自实业革命以后政治思想为之一变。中流社会与工人两级中人莫不加入政治潮流之中以谋一己之利益。十九世纪欧洲史大部分为中流社会与工人合力与地主教士竞争之陈迹。非洲亚洲之开放实欧洲各国制造家竞争市场之结果。

中流社会 工商界中人本不满意于贵族之把持政府，尤不满意于政府之限制工商。盖此种干涉政策始于中古不适于今，而且足以妨害工商业之发达也。

经济学中流社会中人遂发达经济学原理以谋自利。亚当斯密即此派学说之首创者，主张营业自由，政府不得横加干涉。凡物价之高下，物质之优劣，工作时间之长短，工资之多寡等均应听其自然。

个人主义 此种经济学原理实以个人主义为根据。以为判断利害以一己为最明。若任其自然则其成败将以其贤愚为标准。制造家既有自由竞争之机，则物价必能达最低之率。工人之值可以因供给需要之定律为标准。此种原理颇为富商巨贾所主张，以为不但可以产生快乐，而且有合于“天理”。凡政府及工人均不应破坏之。

实业革命之恶果 上述之学说虽言之成理，而实行甚难。巨城之中工人群集，所谓快乐者仅少数富人享有之，而工人之贫困不堪者仍居多数。九岁以下之幼童每日工作十二小时至十五小时不等。而女子之离其家庭工作于工厂中者又复接踵而至。完工之后则不得不返居陋室无异坐狱。

保护工人之法律 拿破仑败亡之后英国之工人状况愈趋愈下。于是国内有补救改良之举动。有主张扩充选举权者，以为一旦工人有代议之权利，即可得法律之保障。此种运动虽有资本家加入其中，而以工人为主体。他日之《人民宪章》（People's Charter）运动实肇基于此。

工党之起源 此外工人中并有工党之组织以便合力与资本家相抗。此实近世史上最重要事实之一。此种运动始于十九世纪之初年。当时英国政府本有禁止工人集合要求增薪之举，犯者以大逆不道论罪。工人因之被拘或被放者颇不乏人。至一八二四年国会废去此种苛法，工党遂日盛。然限制仍甚严密也。至今工党组织已遍传于世界各国矣。

社会主义 改良工人地位之第三法即为“社会主义”（socialism）。五十年来社会主义大有影响于欧洲史。兹故不厌详尽述其意义如下。

4. 社会主义之兴起

生产机关公有之主张 社会主义之原理以为生产机关应属于社会不应属于私人。然“生产机关”之为义甚泛，凡田园器具皆可包括在内。而社会主义家之意则所谓“生产机关”者似系专指机器、工厂、铁道、轮船而言。总而言之，社会党人之主张在于各种大实业不应握诸私人之手而已。以为工厂为资本家所独有于理不合。并谓同盟要求增薪之举断非治本之法，因近世之实业制度实予少数人以获利之机，已属谬误，非根本改革不可也。工人为资本家之“工资奴隶”（wage slave），失去自由。补救之法莫过于将各种大实业变成公有，使全部人民均蒙其利。若辈以为此种之理想社会将来必有实现之一日，即所谓协作之共和国（Cooperative Commonwealth）是也。

最初之社会党人　最初之社会党人每冀赖资本家之善意以实现其主义。梦想将来有开明之日，使社会无困苦之人。英国富人奥文即主张此种原理之最著者，当拿破仑战后于英国极有势力者也。社会主义之名词实始于彼。其在法国则将近十九世纪中叶时社会主义之著作风行一世，其势力亦正不小。

后日之社会党人　然近世之社会党人多以昔日之社会党人为梦想有余而实行无法。以为富人断无放弃其实业之意。故提倡社会主义当专从工人方面入手。使之晓然于社会主义之有利无弊，激之使与资本家斗争以实现其主义。并谓富之产生专恃劳工，资本之用专在供给机会而已。是则工人应享劳动所得之结果宁非合理之事？

马克思　近世最著名之社会主义著作家首推德国人马克思（Karl Marx）。彼一生多居于伦敦，学问渊博，对于哲学及经济学研究尤精。尝读历史，断言将来工人必能起代资本家，正如昔日资本家之起代贵族。所谓工人者指专赖劳动而生活之人而言。自工厂制度发生以来，工人乃不得不受资本家之约束。马克思于一八四七年曾与恩格尔（Frederick Engels）合著《共产党宣言》（Communist Mani festo）公诸平民，令其起夺生产之机关以为已有。宣言之在当日虽无影响，然至今社会党人尚视同玉律金科也。

社会主义及民主主义　故近世之社会主义或马克思之社会主义实一种工人之运动，而为民主主义发达史之一部分。假使实业私有之制依然存在；众贫独富之象未能革除：则枝节之改良于事无济。故社会主义家必欲工人不失其唯一之目的，不受他种政党之牵制，必俟协作之共和国建设成功而后已。

社会主义为一种国际运动　社会主义之在今日不但为一种国内之运动，而且成为一种国际之运动。视他国工人之举动为抵抗工人公敌之方法。所谓公敌即“资本主义”是也。故一九一四年以前之社会主义实维持国际和平之一种大力。自一九一四年大战之后，俄罗斯忽发生一种极其激烈之社会主义，即德国亦一变而为社会主义之共和国。此种运动凡研究历史者均应明了者也。

第十六章　一八四八年之法国革命

1. 路易腓立政府之不满人意

路易腓立之性质　有一八三〇年之革命，法国君权神授之说遂不复存。路易腓立所承认之《宪章》已有统治权属诸人民之宣言。彼于旧日“天命法国人之王”（King of the French by the Grace of God）称号之上，并冠以“民意”（and the will of the nation）二字。然此皆外表而已，人民之得参与政治者仍属少数。改订之选举法虽将选民年龄自四十减至三十，财产限制亦减去三分之一，然大多数之人民仍无参政之机会。而法国王则宣言彼之政策实介于保守精神与维新精神之间之“中庸主义”（golden mean）。

正统党　其时反对“七月王政”者实有二党：一为正统党（Legitimists），一为共和党，前者拥戴查理第十之孙，称之为亨利第五。此党人数较少，类皆贵族教士二级中人，不常用暴烈之方法。

共和党　至于共和党则大异是。此辈党人每念一七九二年之革命而不能忘，颇抱卷土重来之意。其革命运动多持秘密结社以传播于各大城中，与意大利之烧炭党无异。鉴于一八三〇年革命成功之易屡起叛乱，卒不得逞。

政府之压制共和党　同时共和党并组织报馆以攻击政府及国王为事。政府恶之，乃严订监视集会及检查出版之法。共和党之势益衰落不振。

社会党　同时巨城之中社会党人日多一日。改革政体及扩充选举权诸事已不足以满其意。若辈鉴于数十年来之政变，虽由共和而帝国，再由帝国而王国，犹是陈陈相因。至于宪法之编订修改虽不一次，而人民之困苦犹昔。又鉴于昔日之中流社会有剥夺贵族教士特权之举，则今日之工人又何尝不可有平分富民财产之行?

巴倍夫当恐怖时代所主张之社会主义制度 当法国大革命时代已有非议私有财产及贫富不均之人，然注意者盖寡。巴倍夫（Babeuf）（一七六〇年至一七九七年）于恐怖时代曾宣言政治革命不足以变更人民之状况，则经济革命尚矣。“当吾见无衣无鞋之工人，又思不耕而食不织而衣之少数人，吾乃晓然于今日之政府犹是昔日以少数压制多数之旧，所不同者形式而已”。彼主张一切财产应归国有，使人民皆有自食其力之机。此说一出闻者莫不首肯，并组织一会以宣传之。不久被禁，而巴倍夫并被杀。然其著述已不胫而走。自有一八三〇年之七月革命，社会党人又渐形蠢动矣。

乌托邦派之社会党 社会党人中亦有富于梦想者。如傅立叶（Fourier）辈主张协作之工人应组织团体自食其力，而以互助为主。傅立叶并希望慈善家能提倡之。此种思想实与英国奥文之主张无异。又有勃郎（Louis Blanc）者其主张与傅立叶异。彼于一八三九年著《劳动之组织》（The Organization of Labor）一书公之于世。宣言工作为人类之权利，预备工作则为政府之责任。故政府应出资设国立工场由工人负管理之责，所获利益分诸工人。如是则资本家之阶级可不废而自废。《劳工之组织》一书遂成工党之口号，即在下议院中亦时有所闻。然当日尚未有正式组织之社会党也。

退耳与基佐之意见 其时法国政权实握诸二党人之手。一以退耳（Thiers）为领袖，一以基佐（Guizot）为领袖。此二人皆以长于史学文学名于世。退耳颇醉心于英国之宪政，常谓“英国王为统而不治”之人。基佐则甚愿君主握有实权，不应高踞“虚座”（empty armchair）。并谓法国宪法已无更张之必要。彼于一八四〇年任内阁总理之职，前后凡八年。为人虽忠厚诚实，然其吏治不修，纲纪不振，极为国人所指摘。有非议者则以严厉方法处置之——如警察之监视，及新闻记者之被杀是也。彼对于改良工人之状况及扩充人民之选举权始终反对，盖以为法国人民之“能独立而投票适当者”尚不及十万人而已，保守过度卒酿成革命之祸。

2. 第二次法兰西共和国

巴黎之二月革命 一八四八年二月巴黎城中叛党有暴动之举。法国王惧甚。基佐不得已辞职而去。然叛党以为仅变更阁员实不足以满其意。二十三日之晚叛党群集于基佐所居之外交部公署，署中护兵枪伤叛徒数人。叛徒益愤，乃将车载尸明火以游于通衢之上。天尚未明，巴黎城之东部已全为叛党所占。

路易腓直之退位 二十四日巴黎全部皆入于叛党之手。路易腓立不得已宣告退位，传王位于其孙巴黎伯。然共和党及工党中人已不欲王政之复见，即于是日下午宣布共和，以待他日国民议会之追认。

工党之得势 共和党中之和平者以废止王政为满足，而工党则因此次革命有功必欲实现勃郎之计划以为快。迫临时政府下令建设"国立工场"（national workshops），命工部大臣负施行之责。

实业特派委员会 同时政府并于卢森堡宫即贵族院之旧址设实业特派委员会负维持工人利益之责。此举实反对社会党者之妙策。盖如是可使工党中人远离临时政府所在之市政府。一任其高谈阔论，终无经费可资实行也。

工人国会 卢林堡委员会以勃郎及工党首领名亚尔伯特（Albert）者为领袖。于三月一日开第一次会议；遂着手组织工人国会，其议员以各业代表充之。工人国会于三月十日开会。开会之时勃郎起言此地为昔日贵族院之旧址曾立法以压制工人者，今工人竟有集会于此之举，不胜感慨系之云云。又谓："昔日占此席者非身衣锦绣光耀夺目之人耶？而今则何如？诸君衣服之破烂，无非正当劳动之所致或系此次冲突之标帜。"然工人国会绝无成绩，因政府未尝以经费予之也。故勃郎辈无力以实行其国立工场之计划。

国立工场为一种权宜之计 临时政府虽有下令建设国立工场及担保国人工作之举，然其用意与工党之委员会实不相同。勃郎辈之意本欲使各种实业成为永久自给之实业，由政府出资，由工人办理。而临时政府之意则无非出此空言借资搪塞。虽实行工赈之举，然皆系无用之职业。工人结队成群日以掘沟筑城为事，每日人得二佛郎。而工务大臣即反对国立工场之最力者。国立工场于三月一日开始，十五日间工人之数即达六千人。至四月间人数骤增至十万，工资所达数百万佛郎。此种计划与政府之目的适合——即保守党之势力未恢复以前，必使赋闲无事之工人无扰乱秩序之机会是也。

国民议会不表同情于社会主义　五月四日临时政府解散，国民议会起而代之，以编订共和宪法为目的。议员大都为温和之共和党人极反对社会主义之趋向。而乡间农民之代表尤反对巴黎工人之计划及要求。

一八四八年之“六月天”　国民议会鉴于工人之日多国库之日匮乃议决废止国立工场，令工人转入行伍或离巴黎城。工人大愤，遂有极其激烈之巷战。自六月二十三日起至二十六日止，工人所居之区秩序大乱。国民议会予卡汾雅克（Cavaignac）将军以平定暴动之全权。政府之军队大胜。惩办乱党极其惨酷。市民之非法被逐者凡四千人，报馆之被封禁者凡三十二处。并拘禁工党中之著作家。秩序不久恢复。然可怖之“六月天”至今巴黎工人念及之，尚切齿于资本家而未已也。

宪法之编订　叛乱既平，国民议会乃着手于宪法之编订。议会中虽有少数有力之王党，然开会之始议会即有赞成共和之宣言。重提“自由、平等、博爱”之格言，劝国人捐弃宿怨，合为一家。凡六阅月而宪法告成。宣言统治权属于国民，并担保宗教及出版之自由。国会取一院制。凡人民皆有选举权。设总统一，由人民选举之，任期四年。

总统之候补者　宪法既宣布，遂定一八四八年十二月十日为选举总统之期。其时候补者有三人：一为勒德律洛郎（Ledru-Rollin）代表工党。一为卡汾雅克上将平乱有功。一为拿破仑第一之侄路易拿破仑（Louis Napoleon）。

路易拿破仑境遇之离奇　路易拿破仑一生之境遇最为离奇。当其父为荷兰王时，彼生于巴黎。其伯父败亡时年仅六岁，与其母并被逐于法国之外。嗣后流离失所者凡数年。其母尝告之曰，凡名波那帕脱者必能成大事于世界之上者也。自此彼遂抱光复旧物之志。

路易拿破仑著拿破仑之理想　自一八三二年拿破仑第一之子去世后，路易拿破仑遂自命为应承皇统之人。四年之后曾欲煽动斯特拉斯堡之军队拥戴一己为皇帝，败而走居于英国。一八三九年著《拿破仑之理想》一书公之于世。意谓拿破仑第一实革命原理之仆，其帝国为人民权利之保障，而彼之希望在于民主主义之进步。总之其著书之意无非以拿破仑第一为爱民之人而为暴君所倾覆。一八四〇年路易拿破仑以为人法国之时机已到又思一逞。偕同志数人于布仑（Boulogne）登岸，携驯鹰一只自随，视为帝国之徽。不意又败，被禁于堡垒之中。一八四六年复遁入英国以待时机之至。

路易拿破仑之返国　一八四八年革命事起，路易拿破仑返国之机又至。共和宣布后四日彼忽现身于巴黎。投入临时政府宣言愿尽其力以援助之。并谓除服务国家之外别无他意。不久被选为国民议会议员，颇得巴黎市民之欢心。

路易拿破仑被选为总统　彼素以民主党人自命，宣言深信统治权属于人民之理。屡著文以表示其同情于工党。彼并以热统治权属于人民之理。屡著文以表示其同情于工党。彼并以热心于勃郎之计划闻于时。至是乃出而为总统之候补者。宣言当选后愿竭力为工人谋利益。然同时又明言不承认社会主义之计划，而以维持秩序保护财产之说以示好于中流社会。卒以五百五十万票之大多数当选为总统。其他二候补者合得一百五十万票而已。

3. 路易拿破仑与第二次法兰西帝国

路易拿破仑建设帝制之计划　路易拿破仑既被选为总统，不久即有建设帝制之意。先着手于宪法之修改，任期自四年延长至十年。国务大臣多以亲友任之。与军队及官吏亦复多方交好以得其欢心。同时并巡行国内遍问民间疾苦。

一八五一年之政变　其时国民议会颇持异议。彼仍密谋实行政变之举。一八五一年十二月一日之晚召密友数人赴宫中告以实行政变之计划。次日早晨巴黎城墙之上已满张总统之命令，宣布解散国会，复行普选，及举行新选举。

国民投票予总统以军政全权　最后并以下述之事提付国民公决之："法国人民愿维持路易拿破仑波那帕脱之权力，并付以改订宪法之权，而以十二月二日之布告为根据。"凡法国人年在二十一岁以上者均得可否之。据政府之报告则认可者七百七十四万人，反对者六十四万六千人，此种计数虽不可恃，然法国人之赞成政变实无疑义。昔日拿破仑第一之“立宪专制政体”（constitutional absolutism）于是复见。

一八五一年政变之和平　十二月四日巴黎虽稍有流血之迹，然此次革命之性质实甚和平。国内反对党之被逮者凡十万人。被逐者凡万人，而多数国民初无异议。工人则以主张一八四八年六月流血之政客至是无不失败亦复引为大快。

帝国之复现　至是法国总统大权独揽。任命官吏、提议法律、宣战、媾和诸大权无不在彼一人之手。事实上虽已与皇帝无异，然彼必欲并其名而得之。凡彼所到之处人民多向之呼“皇帝万岁！”益足以征民心之倾向。此种民情虽当日官吏有意造成，然拿破仑之名极足以激起人民向往之思使之具帝国中兴之望。一八五二年之冬路易拿破仑在波尔多地方宣言彼信废止第二次共和政府之时机已至。上院议员多党于路易拿破仑者至是议决劝进，称之为法国皇帝拿破仑第三。十一月将劝进之议案提付国民公决之，卒以大多数通过。路易拿破仑之梦想乃竟实现，而拿破仑之帝祚乃竟中兴。

拿破仑第三之专制　拿破仑第三在位十年实甚专制。宪法中名虽保存革命之原理，然不久即有废止出版自由之令。凡新闻纸或杂志之以讨论政治经济为事者非经政府之允许不得印行。而且政府官吏得任意封禁各种新闻纸。拿破仑第三虽允许教授之自由，然大学教员均需宣忠于皇帝之誓。并竭力限制历史及哲学等科之讲授。凡大学教授不得留胡，“以便除尽无政府主义遗迹之表示”。

法国之盛隆（一八五二年至一八七〇年）　政府虽甚专制，而法国之状况颇有家给人足之观。皇帝虽擅权，然颇具开明之想。利民之事不一而足。兴筑铁道，干线至是落成。巴黎城之美丽亦复日有进步。狭小道路无不变成广衢。一八五五年之展览会尤足以征明法国实业及科学之进步。各种进步虽不始于此时，而集其大成则实在帝国之日。而且至一八七〇年，又有改订宪法及建设责任内阁之举。假使无外患之交乘，则拿破仑第三名誉之隆在位之久正未可量也。

第十七章　一八四八年之革命
——奥地利德意志意大利

1. 梅特涅之失败

一八四八年革命之主张较一七九三年之主张为广　梅特涅闻法国有二月之革命，大惧。宣言“今日之欧洲无异一七九三年之第二”。然五十年来，欧洲已经过极大之变化。当一八四八年时，《人权宣言》中之原理早已风行一世。如民主政治也，出版自由也，法律平等也，废除旧制也，皆当日新党中人之主张也。加以自拿破仑时代以来，民族精神日兴月盛颇足以激起反对旧制之情。而且自实业革命以来，大多数之人民皆现蠢动之象。为工人维护利益之著作家不一其人，在法国英国二国尤著。故在一八四八年时，人类权利之外并有民族权利及工人权利之争矣。

一八四八年之革命遍及西欧各国　西部欧洲各国之新党鉴于法国二月革命之成功无不跃跃欲试。其在英国则有宪章党（Chartists）力争选举权之运动。至于瑞士则内乱方终，废一八一四年之宪法另以新者代之。然一八四八年之扰乱除法国外首推德国，盖受梅特涅之压制已四十年矣。

奥地利国内种族之复杂　欲知一八四八年之革命不能不先考奥地利国内种族之组织如何。维也纳以西至瑞士及巴威止为德国人所居之地。南部卡尼鄂拉（Carniola）、士的里亚（Styria）、克伦地亚（Carinthia）及伊斯的里亚（Istria）诸省类多斯拉夫种人。至于北部波希米亚与摩拉维亚诸省大都为捷克种人。与俄罗斯交界之处则有波兰人。至于匈牙利王国之内除居于多瑙河流域之马札儿种人外，东南有罗马尼亚（Roumania）人，西南有哥罗西亚人。阿尔卑斯山外之伦巴底威尼西亚王国，则纯属意大利人。就中以奥地利之德国人，匈牙利之马札儿种人，波希米亚之捷克种人，及伦巴底与威尼西亚之意大利人为最有势力。

奥地利之政府　奥地利帝国之内皇帝统治于上，有任免官吏之权。立法、征税及国用均无须国民之同意。新闻纸、书籍、戏院、教员等无不受严密之监视，以防止新思想之输入。无政府护照者不得有出国旅行之举。故西部欧洲之思想无从输入奥地利，而梅特涅尝以奥地利各大学内无科学精神之发生为幸。贵族之享有特权依然如昔。教士之势力宏大与旧日同。不奉旧教者不得充任政府中之官吏。

匈牙利之贵族 匈牙利王国之政权纯在马札儿种贵族之手。虽有两院制之国会，然上院为贵族之机关，而下院则为地主所占有。马札儿种人虽不及全国人数之半，然其力足以压制哥罗西亚人、罗马尼亚人及斯罗发克（Slovak）人而有余。其时国内亦颇有开明之新党。主张国会公开，国会议事录之印刷，国会会期每年一次之规定，赋税之平等，农民徭役之废除等。

噶苏士 政府中人莫不尽力以压抑新党为能事。关于改革之演讲录不得印刷。并因新党首领噶苏士（Kossuth）（一八〇二年至一八九四年）有传抄演讲稿之事逮捕而监禁之。噶苏士不久被释，乃设报馆于佩斯（Pesth）鼓吹匈牙利政治之改革及奥地利干涉之抵抗。力主废止封建之特权，引用陪审之制度，及修改苛虐之刑法等。伦巴底威尼西亚之意大利人亦不满于当日之政府。奥地利在意大利方面之政权多操诸警察及法官之手，凡有主张意大利人之权利者无不任意逮捕而监禁之。关税制度纯在增加帝国之府库，摧残意大利之工业。国内要塞无不有奥地利之军队屯驻其中以为平乱之用。

维也纳之三月革命 故法国二月革命之事起，德国、奥地利、匈牙利及意大利之人民莫不蠢动，以倾覆梅特涅之制度为目的。一八四八年三月十三日维也纳城中之学生成群结队以向地方议事厅而进，市民附和追随者颇众。人数既增，乃有填筑壁垒实行巷战之举。与“梅特涅俱亡”之呼声传入宫内。梅特涅知革命之端既开，声势汹汹已不可复遏，乃有辞职之举。遂遁走英国。威灵敦公欢迎之。梅特涅既遁，奥地利皇帝乃下令改组内阁，着手于宪法之编订。

2. 中部欧洲之革命

匈牙利之改革 维也纳暴动后之二日，普勒斯堡之匈牙利国会遣代表赴奥地利京，要求皇帝实行责任内阁制，允许出版之自由，适用陪审之制度，及提倡国民教育之普及。于是匈牙利国会受噶苏士之运动废昔日奥地利皇帝所派之官吏，另设财政、陆军、外交三部以代之。独立之机益迫。同时并释放佃奴不予地主以赔偿。匈牙利王至是已无力压制矣。

布拉格之暴动　三月十五日，布拉格（Prague）城中之捷克人亦开国民大会要求民法上之自由及佃奴制之废止。举行郑重之圣餐礼后，乃送代表乘专车前赴维也纳。奥地利皇帝向波希米亚代表用捷克语表示其允许之意，代表等大悦。盖是时匈牙利及波希米亚之爱国志士并无倾覆帝室之意也。

意大利之三月革命　至于奥地利之在意大利素为意大利人士所痛恨。梅特涅失败之消息传来，米兰人遂逐奥地利军队于城外。不久伦巴底之大部已无奥地利军队之足迹。威尼斯人亦继米兰人之后起而重建共和国。米兰人深知来日方长外患未已乃求援于撒地尼亚王亚尔伯特（Charles Albert）。至三月中旬意大利半岛之大部分无不纷纷暴动。那不勒斯、罗马、多斯加纳及皮德梦特诸国之君主亦相继宣布立宪。撒地尼亚王迫于清议，不得不驱逐奥地利人之领袖而为将来统一之初步。罗马教皇庇护第十（Pius X）及那不勒斯王均允出兵以争得意大利之自由。意大利之独立战争实始于此。

普鲁士人之要求立宪　奥地利既有内忧又有外患遂无力以压制德国之诸邦。故巴登、符腾堡、巴威及萨克森诸国同时均起暴动。巴黎二月革命之消息传来，柏林大震，乃有举代表谒王要求立宪之举。三月十八日市民群集于王宫外，警察欲解散之遂相冲突。叛党亦仿巴黎市民之举动于街衢之上高筑壁垒为战守之备。腓特烈威廉第四雅不欲有秩序扰乱或革命流血之举，乃允许召集议会以编订宪法。

德国国民议会之召集及宪法之编订　梅特涅既失势，德国颇有改组同盟筹划统一之希望。同盟公会被新党之压迫议决召集国民议会，以各邦民选之代表组织之。一八四八年五月十八日，开议会于法兰克福（Frankfort）城，着手于宪法之编订。

3. 波希米亚及匈牙利革命之失败

革命之失败 三月革命之希望当一八四八年三月下旬时，革命之前途似极有希望。匈牙利及波希米亚已得其欲得之权利。维也纳之委员会又正在编订奥地利各省之宪法。意大利半岛中诸国之有宪法者已得其四。普鲁士则有召集议会编订宪法之允许。而德国全国又正有法兰克福之议会实行修订宪法之举。

新党之分裂利于旧党之恢复势力 然改革事业虽似胜利，而其困难亦日甚一日。盖各国中之新党莫不四分五裂，致与旧党以恢复旧日势力之机也。

波希米亚之德人与捷克种人意见之不同 旧党之胜利实始于波希米亚有种族之争，卒致奥地利皇帝有恢复势力之日。捷克人本仇视德国人，而德国人又惧捷克人一旦自由将有压制德国人之举动。故德国人极不愿波希米亚之离奥地利而独立，盖若辈之保护者乃维也纳之政府，而非捷克种之同胞也。波希米亚之德国人并欲遣代表赴法兰克福之宪法会议冀列于德国同盟诸邦之林。

斯拉夫公会不能用德语 至于捷克种人方面则颇欲破坏德国人之联合运动。乃有召集奥地利帝国内斯拉夫种人开联合斯拉夫公会之举。一八四八年六月初旬开公会于布拉格。凡北部之捷克种人、摩拉维亚人及刺提尼亚（Ruthenia）人，南部之塞尔维亚（Sérbia）人及哥罗西亚人皆举代表赴会。不幸各种方言相去甚远，不得已而用法国文，代表中仍多不谙者乃卒用德国文。

焚狄士格累次平定波希米亚之叛 公会虽开会多日毫无成绩。当六月十二日公会将解散之际，忽有学生及工人高唱波希米亚歌，并谩骂奥地利驻在布拉格之将军焚狄士格累次（Windischgrtz），因其态度甚为傲慢也。遂与兵士冲突而有巷战之举，随有人攻将军之住室。六月十七日奥地利军用炮攻布拉格城，房屋烧毁无算。次日宣布革命之平定，此为奥地利战胜叛党之第一次。

焚狄士格累次攻陷维也纳 其在维也纳形势愈恶。皇帝于五月十八日惧而遁走音斯蒲路克（Innsbruck）。叛党乃建设临时政府召集议会以编订宪法，然一无所成。同时秩序之扰乱益甚。帝国政府已无能力。焚狄士格累次乃宣布其直捣维也纳之意。皇帝允之。维也纳人死力守城，卒因不敌而败。焚狄士格累次以炮攻之，于十月三十一日入其城，市民被杀者无算。

约瑟法兰西斯入即帝位　奥地利皇帝乃改组内阁任士发层堡（Schwartzenberg）为总理，其保守专制与梅特涅无异。逼皇帝斐迪南退职，传其位于其侄约瑟法兰西斯（Francis Joseph）。

马札儿种人与斯拉夫种人之不和　当梅特涅失败之初，奥地利皇帝本无反对匈牙利要求之能力，而匈牙利几达于完全独立之境。然民族主义渐普及于匈牙利王国中之他种人。匈牙利、奥地利、土耳其三国中之斯拉夫种人久有联合建国于南方之意。当马札儿种人强欲哥罗西亚人应用匈牙利语言时，哥罗西亚人之领袖曾言："尔辈马札儿人不过斯拉夫洋中之一岛而已。毋使大浪忽兴，将尔辈淹没。"故哥罗西亚人与塞尔维亚人大都与维也纳政府交好，以备与匈牙利战。

奥地利平定匈牙利之叛　奥地利皇帝至是一反昔日因循之旧，于十月三日下令宣布解散匈牙利之国会，并宣告国会之议案为无效。十二月，焚狄士格累次率兵入匈牙利，次年一月五日入佩斯城。然匈牙利人又为噶苏士所激起，群起叛乱。于一八四九年四月十九日宣布完全永久与维也纳政府分离。不意俄罗斯皇帝忽有援助奥地利之举。俄罗斯军队十五万人自东来攻，匈牙利力薄不能支，八月中休战。奥地利大惩叛党。叛党之被杀被拘者数以千计。噶苏士辈多遁往英国及北美洲合众国。古代之匈牙利王国至是几夷为奥地利之郡县。然此后不二十年间，匈牙利卒得其欲得之独立。欧洲大战以后完全与奥地利分离矣。

4. 奥地利恢复意大利之势力

意大利人之失败　奥地利恢复意大利之势力其成功与在匈牙利同。意大利人始终不能逐奥地利军队于国外。其时奥地利军为名将刺得次岐（Radetzky）所统率，驻于孟都亚附近，有四大要塞保护之。撒地尼亚王亚尔伯特除少数志愿军外不得其余诸国之援助。奥地利之最好同盟莫过于意大利诸围之袖手。罗马教皇庇护第九宣言彼之任务在于维持国际之和平，而奥地利又为维护罗马旧教之至友，故不愿伤至友之情而破和平之局。那不勒斯王亦有召回军队之举。七月二十五日亚尔伯特为奥地利军战败于库思拓萨（Custozza）地方。不得已与奥地利订休战之约，撤其军队于伦巴底之外。

意大利共和党之政策　然意大利之共和党人并不因此而丧气。佛罗伦萨亦继威尼斯之后宣布共和。至于罗马则主张革新之洛西（Rossi）于十一月间被人暗杀而死，教皇遁走那不勒斯。革命党人乃召集宪法议会，于一八四九年二月间因听玛志尼（Mazzini）之言宣布废止教皇之政权，建设罗马共和国。

奥地利再败撒地尼亚军　当意大利各处多事之日，正皮德梦特与奥地利休战条约终止之期。一八四九年三月两国之战端再启。先后不过五日而已，奥地利军队复大败撒地尼亚军于诺瓦拉（Novara），时三月二十三日也。意大利独立之希望至是乃绝。亚尔伯特退职，传其位于其子伊曼纽尔第二（Victor Emmanuel Ⅱ），即他日改撒地尼亚王之称号为意大利王之人也。

奥地利在意大利势力之恢复　奥地利乘战胜之余威向南而下以恢复昔日之旧制。新建之共和国乃行消灭。罗马、多斯加纳及威尼斯均恢复其原状。半岛中诸邦之宪法除皮德梦特外无不一扫而空。至于皮德梦特之伊曼纽尔第二不但保其父所传之代议制，而且广聘新党之名人为他日率领诸国驱逐奥地利人之预备。

5. 一八四八年德国革命之结果

德国联合之范围问题　至于德国奥地利亦因其有内乱而得收渔人之利。一八四八年五月十八日国民议会开会于法兰克福，以议员约六百人组织之，遂着手于宪法之编定。然将来新国之境界为何？一八一五年之同盟并不包有全部普鲁士之德国人，而实包有奥地利西部之异种。普鲁士之领土使之全人于新国之中固属易事。而奥地利则何如？不得已决定凡一八一五年奥地利领土之附属同盟者仍允其依旧。因此建设统一之国家势有所不能。盖新国中普鲁士与奥地利两雄并立，又谁愿甘居人下者？故所谓统一之新国犹是昔日复杂散漫之旧。

法兰克福议会之失策　法兰克福议会之措置不当益增统一上之困难。不急着手于新政府之组织，坐费数月之光阴于规定公民权利之上。迨宪法将告成功之日，正奥地利势力恢复之秋。保守精神于以复盛。遂联络南部德国诸邦合力以反对新政。

议会之失败及其解散　虽有奥地利之反对，然议会所编之宪法卒告成功。规定国中应有世袭皇帝一人，请普鲁士王任之。腓特烈威廉第四本主张新政者，因有柏林之暴动遂一变其政策。而且彼本胆怯之人心存保守。既恨革命之举动，又疑议会究竟有无率上尊号之权。加以彼向重视奥地利，诚恐一旦称帝，有伤奥地利之感情，万一宣战实甚危险。故于一八四九年四月不允称帝，并宪法而否认之。国民议会之一年事业至此毫无结果，代表遂星散。奥地利力主恢复旧日之公会，德国乃再返于旧日四分五裂之域中。

普鲁士之立宪　一八四八年之革命虽无结果之可言，独普鲁士有宣布宪法之举，于德国之将来颇有关系。法国革命之传人柏林及普鲁士王之允许立宪前已述及。是年五月宪法会议开会于柏林，提议废止贵族及删除国王称号上“天命”二字。同时城中工人蠢蠢欲动，于六月十四日围攻兵工厂。普鲁士王大惧，退居波次但（Potsdam）。乃令会议移往勃兰登堡。会议中人不允，遂被解散。一八四九年普鲁士王另编宪法；再慎选宪法会议以讨论之，于一八五〇年一月颁布。他日虽稍有修改，然为普鲁士之国宪者垂六十余年，至欧洲大战告终时方废。

新党之失望　普鲁士新党之希望民主政体者至是无不失望。虽有内阁而其责任则对于君主负之。国会采二院制：曰贵族院，以亲王、贵族、国王特任之终身贵族、大学校代表及巨城之知事等组织之。曰代表院。

普鲁士之选举制　下院议员之选举采复选制。凡年在二十五岁之公民皆有选举之权。以初选当选之人选举国会之议员。然根据其宪法之规定则选举中富民之势力特巨。凡纳税较多之人其数目达国税总数三分之一者共得选出初选当选人三分之一，第二等纳税得总数三分之一者亦如之。至于多数贫民年纳之税为数甚微，且其人数较众，然亦仅得选出初选当选人三分之一。故偶有富人年或纳税达总数三分之一者，则其一人之选举权竟可与该处全部贫民相等也。

第十八章　意大利之统一

1. 统一意大利之计划

一八五〇年之意大利　意大利新党驱逐奥地利人及建设立宪政府诸举无不失败。自诺瓦拉战后意大利之政情几有恢复旧状之险。那不勒斯王既不实践其立宪之言，且有惩罚革命党之举。罗马教皇因得法国、奥地利、西班牙及那不勒斯之援助，竟能覆灭罗马共和国。至于北部意大利、奥地利之势力依然存在。摩德拿、帕马及多斯加纳诸邦之元首无不仰奥地利之鼻息以望其保护。然革命党人之逃亡在外者仍日以驱逐奥地利及统一意大利为职志。

新党意见之纷歧　然自拿破仑第一失败以来，意大利之新党对于统一之目的虽同，而对于方法之意见则异。共和党人则深恶君主政体而渴望共和。又有主张拥戴罗马教皇为统一半岛之元首者。此外又有希望撒地尼亚王为解放意大利之领袖者。一八四八年之革命完全失败，而撒地尼亚之君主年富力强，并允立宪。

玛志尼　共和党中之著名领袖首推玛志尼（Giuseppe Mazzini）（一八〇五年至一八七二年）。有识而多才，自幼即醉心于革命。不久入烧炭党，于一八三〇年为警察所逮，拘于热那亚之西萨窝那（Savona）炮垒中。然仍能用密码与他处革命党通声气。

少年意大利　玛志尼鉴于烧炭党之无用，乃组织新党曰少年意大利，以养成意大利青年之共和思想为目的。玛志尼以为君主及外援皆不可恃。主张建设统一共和国，盖恐联邦之制形势散漫，有强邻入逼之虞也。然玛志尼虽能激起人民爱国之热忱，而乏实行之能力。同时志士之中亦颇有主张拥戴罗马教皇为联邦之首领者。

伊曼纽尔之开明　然意大利之将来既不系于共和党，亦不系于教皇党，而实属于撒地尼亚王。意大利之独立必自驱逐奥地利人于国外始，而驱逐奥地利人之事唯彼优为之。故志士之具有实行能力者无不倾心于彼之一身。盖自一八四八年以来唯彼能与奥地利对垒，亦唯彼能热心于立宪政治也。皮德梦特之有宪法虽始于一八四八年当其父在位之日，然彼能不顾奥地利之要求，一意以维持宪法为事。

喀富尔伯　伊曼纽尔第二颇有知人之明，即位之后即任喀富尔伯（Cavour）（一八〇一年至一八六一年）以国家大事。喀富尔主张立宪及统一甚力，固近世有名政治家之一也。然彼以为欲谋意大利之统一非藉外力之援助不可，盖撒地尼亚之壤地褊小国力太微也。人口不过五百万，国内分为四区，各区又复互相猜忌。若无他国之援助，必难望统一之成功。而诸国中彼以为法国最为可恃。尝曰："无论吾人之好恶如何，吾人之将来实有赖于法国；迟早之间欧洲必有运动会，而吾人必当为法国之伴侣。"

2. 法国皇帝拿破仑第三与意大利

撒地尼亚加入克里米亚战争　不久撒地尼亚即得与法国同盟之机会。一八五四年英国、法国二国与俄罗斯有克里米亚（Crimea）战争。次年喀富尔与法国订攻守同盟之约，遣兵赴克里米亚以援助之。至一八五六年巴黎开和平会议时，撒地尼亚遂得列席之机会。喀富尔力言奥地利之占有北部意大利实有扰乱欧洲和平之虞，并要求法国皇帝拿破仑第三援助意大利之独立。盖法国皇帝昔日曾表同情于烧炭党者也。

拿破仑第三之地位及政策　拿破仑第三之所以干涉意大利尚有他种原因。彼与拿破仑第一同，得位不正。彼知门阀名誉不甚足恃。欲得民心非为国立功不可。一旦援助同种之意大利人以与奥地利战，必能博得国民之同情。法国并或可因此而扩充领土，而为意大利联邦之保护者。故拿破仑第三与喀富尔遂有密商之举。所议何事虽不可知，然一旦意大利有与奥地利战争之举，法国必允援助无疑。假使奥地利被逐于北部意大利之外，则撒地尼亚即允割让萨伏衣及尼斯二地于法国。

马进塔及索非里诺之胜利　一八五九年四月伊曼纽尔第二与奥地利宣战。法国军队来援，败奥地利军队于马进塔（Magenta）。六月八日拿破仑第三与伊曼纽尔第二并驾入米兰城，人民之欢声雷动也。六月二十四日奥地利军又败于索非里诺（Solferino）。

拿破仑第三忽允停战　不久拿破仑第三忽与奥地利订休战之约，留威尼西亚之地于奥地利之手。欧洲各国闻之无不惊异。实则法国皇帝目睹战场之惨酷不欲久战。而且彼以为欲驱尽奥地利之军队非有兵士三十万不可。加之鉴于意大利诸邦对于皮德梦特无不表示其热忱，一旦骤成强国，将为法国之大患。故仅以伦巴底、帕马及摩德拿诸地与皮德梦特，使意大利之统一不能完成。然至是彼虽见到意大利将有绝大变化，而其力已不足以阻止之。变化维何？即建设统一之国家是也。

意大利诸邦之合并于撒地尼亚　一八五九年八九月之际帕马、摩德拿及多斯加纳三地之人民宣言永逐其元首以与撒地尼亚合并。亚平宁山（Apennines）以北之教皇领土曰罗马纳（Romagna）者，亦有开会宣言脱离教皇而加入撒地尼亚之举。诸邦间之税界一律废止。引用撒地尼亚之宪法，并交邮政管理权于撒地尼亚官吏之手。此种国民运动实开意大利统一之局。

加里波的　南部意大利之那不勒斯王既不愿与撒地尼亚联盟，又不欲实行立宪。其时有加里波的（Garibaldi）者（一八〇七年至一八八二年）极仰慕玛志尼之为人，决意以武力强迫南部意大利及西西里与撒地尼亚合并。彼于一八六〇年五月率“红衣”志士一千人，由热那亚渡海向西西里而进，败那不勒斯之军队，遂以伊曼纽尔第二之名义占据该岛。不久渡海登意大利半岛，与那不勒斯军队稍有冲突。九月六日进那不勒斯城。

拿破仑第三之干涉　加里波的意欲向罗马城而进。拿破仑第三大恐，盖法国人民多奉旧教，雅不愿罗马教皇之失势也。彼允伊曼纽尔第二可以占有北部之教皇领土，唯加里波的不得以武力久占那不勒斯，应另设永固之政府以代之。至于罗马城及其附郭一带则应仍属教皇。十月间伊曼纽尔第二遂南向占据那不勒斯。那不勒斯王纳款求和，南部之地遂并入于意大利王国。

意大利国会之开会　一八六一年二月意大利国会开第一次会议于吐林，遂着手于新国之合并。意大利人既实现其统一与独立之希望莫不欣然色喜。然奥地利之势力犹在，罗马教皇之负固依然，未免美中不足耳。

3. 一八六一年后之意大利王国

威尼西亚之加入　然不久撒地尼亚忽得一种意外之援助。一八六六年之春普鲁士与奥地利间战争之机甚迫。普鲁士因欲得意大利之援助，乃于四月间与伊曼纽尔第二缔结条约。七月间战事开始，意大利人与普鲁士人遂合攻奥地利。意大利之军队于库思拓萨（Custozza）地方为奥地利所败，然普鲁士竟败奥地利军于萨多瓦（Sadowa）。奥地利乃允割让威尼西亚于拿破仑第三，唯以交还该地于意大利为条件。意大利人本欲并夺特棱特及的里雅斯德（Trieste）诸地于奥地利。嗣因海军失败故不得志。

罗马城之被据　一八七〇年普鲁士与法国宣战。法国军队之驻于罗马城中者均撤归。伊曼纽尔第二遂乘机要求教皇庇护第九应与意大利王国协商一切。教皇不允，意大利军队遂入占罗马城。教皇退居法迪坎（Vatican）宫中，自称意大利政府之囚犯。然城中居民颇表示欢迎意大利之意。罗马城及教皇领土以十三万票之多数，于一八七一年一月合并于意大利，反对者仅一千五百票而已。

罗马为新国之都城　至是意大利统一之功完全告竣。一八七一年伊曼纽尔第二向国会宣言曰："吾辈将来之责任在于使吾国强大而快乐。"新国之都城一八六五年自吐林迁至佛罗伦萨，至一八七一年乃移入罗马。新主宣言曰："吾人竟入罗马矣，吾辈将永留此地也。"撒地尼亚之宪法遂为意大利王国之宪法。

意大利为欧洲之强国　意大利因欲维持其新国之尊严颇费巨款以扩充其海陆军。制造新式战舰，实行征兵制度，仿普鲁士之征兵制以改组陆军。海陆军之费用因之加倍。国帑日益不敷。当一八八七年时不敷之款已达银币一亿六千六百万元。

意大利加入三国同盟　然意大利之政府仍日以扩充殖民地为事。中隔地中海与意大利遥遥相对之地为古代之迦太基（Carthage）即今日之突尼斯（Tunis），意大利必欲得之以为快。不意于一八八二年先为法国所占据。意大利憾之，德国宰相俾斯麦（Bismarck）遂利用机会令意大利加入德国与奥地利匈牙利之同盟，即他日著名之三国同盟也。至一九一四年方解散。

意大利在非洲之殖民政策　意大利占据北部非洲之计划既完全失败，乃移其注意于与红海口相近之阿比西尼亚（Abyssinia）地方。一八八七年遣军队渡海而往。嗣后战事迁延至十五年之久方克服之。他日意大利并有与土耳其争夺北部非洲的黎波里（Tripoli）之举，后再详述。

意大利之政党　今日之意大利颇不能维持昔日喀富尔及伊曼纽尔第二辈之本意。因欲勉为欧洲之强国，不惜岁耗巨费以扩张军备而殖民海外。赋税之负担日重，人民之痛苦不堪。昔日各地爱国之精神遂一变而为利己之心理。盖意大利各部之利害原来本不一致也。共和党人仍以反对王政为事。社会主义亦已深入工人之脑中。此外尚有主张维护教皇政权者。凡此皆新政府之劲敌也。

意大利之进步　意大利之国情虽不甚佳，然三十年来之进步实足惊人。实业发达一日千里。至今人民之从事工商业者已达三分之一以上。丝、棉、毛货之输出外国者为数日增。

教育之进步意大利之人民颇以不识字为各国所诟病，故其政府有改良学校之计划。然共和党及社会党人均尚心怀不满之意。以为不识字之人数虽已大为减少，一八六二年不识字者约百分之七十三，一九〇一年约百分之五十二，然国家每年之军费竟六七倍于教育费，实属国家之奇耻。

重税　若以其财富为比例，则意大利实欧洲负债最巨征税最重之国家。国民须纳地税、所得税、房税、遗产税、印花税、统捐及关税等。此外烟、彩券、盐及桂宁等无不由政府专卖。税则规定未得其平。以工人及农民所负担者为最重，故国家之收入半出自贫苦之人民。而且最重之税往往加诸日用必需品之上如盐及谷类是也。偶遇水旱，则人民每因乏粮而叛乱。至于食盐则每二百二十磅征税银十六元，而其成本实不过值银六角而已。据一八九八年某经济家之计算，佛罗伦萨之工人年纳其收入四分之一于地方及中央政府，而英国之工人则尚不及二十分之一。然读史者须知意大利在未曾统一以前税重而政苛。统一以后赋税虽不能减轻，而公共事业之进步亦正不小也。

罕柏特之被刺　伊曼纽尔第二于一八七八年卒。其子罕柏特第一（Humbert）即位。为人虽勇敢而且忠于宪法，然无实行改革之能力。一九〇〇年七月二十九日为叛党所刺而卒。其子伊曼纽尔第三继之，仍以继续其父之政策为事。

意大利之移民　国民之不满意于政府依然如昔。自罕柏特第一被刺后人民之移出国外者接踵而起。一八八八年人民出国者计十一万九千人；至一九〇〇年增至三十五万二千人；至一九〇一年竟达五十余万人。意大利领土之在非洲者类皆穷乡僻壤，故意大利人之移出国外者多赴巴西、阿根廷（Argentina）、乌拉乖（Uruguay）及巴拉圭（Paraguay）诸国。其赴北美洲合众国者亦以千万计。一九一〇年回国者不下十四万七千人。移出国外之人数虽多，然终不足以苏国内人民之困苦。当一九〇五年时国内社会党之势力极其强盛，故教皇庇护第十通令旧教徒参加选举以资抵抗。盖旧教徒自来本不许参加选举者也。然亦有以为社会党之发生颇足以激起保守党之实行改革云。

第十九章　德意志帝国之成立及奥地利匈牙利之联合

1. 普鲁士为德国之领袖

德意志之实业革命　一八四八年法兰克福公会中之维新党人本有统一德国之计划，而终归失败。推求其故盖在德国诸邦之君主负固自守，互不相下。然是时德国之工商业日兴月盛，统一之基潜伏于此。一八三五年始筑铁道，运输之业于以大盛。敷设电线交通益便。制造品日有增加。推广市场遂不能仅以本国之界线为限。故德国在政治上虽非统一之邦，而统一之基则造端于实业革命时也。

国土分裂之影响于商业上者　自一八一五年后德国之政治家及工商界中人无不晓然于国土分裂之为害。三十八邦并立国中，彼界此疆俨同敌国。至其有碍于商业之发达则一览当日德国之地图即可知其梗概。自佛耳达（Fulda）至阿尔丁堡（Altenburg）相去不过百二十英里，而经过之邦凡九，界线凡三十四。当一八一九年时有商会曾向同盟国会诉商业上之困苦，谓自汉堡至奥地利或自柏林至瑞士必经过十邦，熟悉关税制度十种，纳税十类。

关税同盟　一八三四年一月德国国内十七邦有组织“关税同盟”之举。

各邦税线一律废除，商民得往返自由而无阻。十七邦之周围有公同界线以与同盟以外诸邦隔绝。奥地利始虽踌躇，终不加入。其他诸邦则因利害切身故均先后入盟。

威廉第一之即位 普鲁士既为关税同盟之中坚，国力遂渐形浓厚，伏他日战胜奥地利之机。一八五八年威廉第一之即位实为普鲁士开一新纪元。王为人沈毅有为。即位之始即以排除奥地利于同盟之外，合其余诸邦而建设一强有力之国家为己任。彼以普鲁士与奥地利之战势所难免，故壹意于军备之整顿。

普鲁士之军队 德国陆军强甲天下，而实始于威廉第一之改革。五十年以前当法国皇帝拿破仑第一征服德国时代，普鲁士名将沙纶和斯特（Scharnhorst）始创强迫全国国民从军之征兵制为驱逐法国人之备。凡国中男子身体强健无疾病者均须入常备军受训练。乃退伍而为后备兵以备国家之用。及威廉第一即位，将每年征兵之数自四万人增至六万人，而训练之期以三年为限。限满之后乃退伍而为后备兵者二年。威廉第一颇欲增加后备之年为四。盖如是则国家可得国民从军之义务七年，一旦有事则军队之数可达四十万人也。此事因普鲁士国会下议院不愿供给军费几有中止之势。

俾斯麦之统一政策 然普鲁士王竟一意实行其计划。至一八六二年并任现代著名政治家俾斯麦为相。俾斯麦极忠于普鲁士，精明强悍。其政策在于以普鲁士之精神贯注于德国诸邦。深信君权神授之说，极不喜代议之制。对于自由思想多所藐视。彼以为欲达目的非用武力不为功，盖彼实普鲁士军阀之中坚也。俾斯麦既欲实行其计划遂有三大战争。至一九一四年之欧洲大战世界沸腾，皆俾斯麦政策之遗响也。

俾斯麦成功之要着有四 俾斯麦以为欲使普鲁士雄霸欧洲其要着有四：（一）普鲁士须有强有力之陆军。（二）奥地利非驱出德国范围之外不可。（三）普鲁士之国土必须增加，必须巩固。凡介于普鲁士领土间之小邦均应并吞之。（四）德国南部诸邦向不喜普鲁士之所为，非诱之北附不可。统一德国之业似属无望，盖自中古鄂图第一以来无一能成功者。不意俾斯麦竟能于十年之间成就之，其才力之伟大可想而知焉。

俾斯麦压制普鲁士国会 俾斯麦所遇之阻力第一即为普鲁士下议院之反对增加军费以扩充陆军。俾斯麦遂不顾下院之反对及舆论之非议一意实行其计划。其意以为上下两院既有相持不下之势，而宪法上又无规定解决之明文，则普鲁士王当然可以行使其旧有专制之特权。彼曾向国会言曰："现在之种种大问题断非演说或多数议决所能解决，吾人所需者唯有血与铁耳。"其时普鲁士之政府抑若回返昔日专制之旧。迨俾斯麦之"血铁"政策成功以后德国人竟多以目的既达何择方法恕之。

什列斯威好斯敦事件 不数年间普鲁士之军力骤然增长，已有战胜其世仇之望。俾斯麦既欲逐奥地利于德国同盟之外，乃利用什列斯威、好斯敦（Schleswig-Holstein）事件以实现其计划。什列斯威、好斯敦两地中之居民虽多系德国种而附属于丹麦，然与丹麦之关系不甚密切。一八四七年丹麦王宣言将两省合并于丹麦王国。德国人闻之莫不愤怒。至一八六三年丹麦竟合并什列斯威。

俾斯麦之计划 俾斯麦以为欲解除此事之纷纠莫过于将此两省夺为己有。同时并可得对奥地利宣战之机会，彼先邀奥地利协同普鲁士筹商解决之法。丹麦王绝无让步之意。普鲁士、奥地利两国遂于一八六四年二月向丹麦宣战。丹麦以弱小之邦而与两大国战，故不数月而败，遂割两省之地于两国以和。至于两省领土之处置一听两国自决之。俾斯麦实不愿两省处置之适当，盖彼本欲借端以伤奥地利之感情，同时并可占有两省之地也。乃于好斯敦境内沿波罗的海滨之基尔（Kiel）地方修筑军港为屯驻普鲁士海军之用。奥地利以其食言也遂大愤。

2. 一八六六年之战争及北部德国联邦之组织

德国同盟之解散 一八六六年四月俾斯麦与意大利约，谓三月之内如普鲁士与奥地利宣战，则意大利亦当出兵相助以获得威尼西亚之地为目的。普鲁士与奥地利之感情日趋恶劣。一八六六年六月奥地利使公会下令召集同盟之军队以与普鲁士战，普鲁士议员遂宣言同盟之解散。

普鲁士之宣战 六月十四日普鲁士奥地利两国均有宣战之举。当时德国诸邦除梅喀棱堡（Mecklenburg）及北部德国诸小邦外，莫不助奥地利以攻普鲁士。俾斯麦急提出要求于北部德国诸大邦——汉诺威、萨克森及厄斯加塞尔——令其与普鲁士一致。诸国不允，普鲁士军队遂入侵其境。

萨多瓦之战 普鲁士之军队训练有年，征略北部德国势如破竹。七月三日大败奥地利军队于萨多瓦。三周之后奥地利不复成军。普鲁士遂霸。

北部德国联邦　普鲁士深知美因河以南诸邦尚未有与北部德国诸邦联合之意。故仅合美因河以北诸邦而组织北部德国联邦。普鲁士并乘机扩充领土，凡北部德国诸邦之曾反抗普鲁士者除萨克森以外无不据为己有。如汉诺威、厄斯加塞尔、拿骚（Nassau）、法兰克福自由城及什列斯威与好斯敦两国均入属于普鲁士。

组织之要件　普鲁士之领土既大加扩充，乃召集诸国筹商制宪之方法。普鲁士所抱之目的有三：（第一）凡普鲁士治下之人民不问属于何邦均应予以参政之机会，则国会尚矣；（第二）普鲁士之霸主地位须始终维持；而（第三）同时各邦君主之尊严又不能不顾及。乃决定以普鲁士王为联邦之"总统"。设联邦议会（Bundesrat）为行政机关。在联邦会议中各邦君主及三自由城——汉堡、布勒门及律伯克——至少各有一表决权，以明示其不隶属于普鲁士之意。以为北部德国联邦之统治者实为联邦诸国之全体，而非普鲁士王也。实则会议中之表决权数共四十三，而普鲁士竟得其十七。而且同时并可望他邦之援助。至于宪法之编订非常周密，故他日南部德国诸邦——巴威、符腾堡、巴登及南厄斯——加入联邦时已无更张之必要。

3. 法国与普鲁士之战争及德意志帝国之建设

拿破仑第三之外交政策　一八六六年普鲁士骤败奥地利，法国皇帝拿破仑第三闻之大为不惬。法国皇帝本甚愿战事之延长使普鲁士与奥地利成两败俱伤之局，法国乃得以从容而收渔人之利。此次战事骤然中止，彼已为之嗒然；加以国内新党中人又有要求改革之举应付之术已穷。而同时经营墨西哥之事又复失败。政府威信扫地无余。其时芬兰王本有售卢森堡公国于法国之意，卒因普鲁士之反对而止，法国皇帝益愤。其他在两国国交上，法国皇帝亦自愧不敌俾斯麦手腕之灵敏。巴黎与柏林两地之新闻纸上时有两国战祸势所难免之言；两国人心亦因之而大为摇动。法国人既抱"复萨多瓦之仇"之意，德国亦存报复"世仇"之心。

西班牙王位承继问题　是时适有西班牙王位承继问题之发生。西班牙自一八六八年女王伊萨伯拉（Isabella）被逐以后王位空虚。西班牙国会开会讨论承继之人物。卒议决迎立普鲁士王威廉第一同族之利欧破尔得人承大统。法国人大不悦，以为此事如果实行则西班牙普鲁士两国将与合并无异。法国之外交部大臣宣言此举无异于查理第五帝国之重建。实则西班牙人多不愿迎立利欧破尔得或意大利王太子亚马丢斯（Amadeus）为王。若辈所愿者在于女王太子亚丰琐（Alfonso）其人也。

法国当日之态度　然法国与普鲁士之武人莫不欲乘机而思一逞。一八七〇年六月利欧破尔得得普鲁士王之同意竟允入继西班牙之大统。嗣因法国政府之抗议遂不果行。此事原可就此结束。不意法国犹以为未满，要求普鲁士王担保不再重提此事。普鲁士王不允。俾斯麦故将普鲁士王之言断章取义遍载柏林诸日报上，使读者误认法国大使有侮辱普鲁士王之举。全国大哗。一八七〇年七月十九日法国遂与普鲁士宣战。

法国之失败　法国政府中人之宣战也曾有“无足重轻”之言，不久即自知其轻举妄动之失策。法国皇帝之意以为一旦战胜普鲁士，则南部德国诸邦如巴威、符腾堡及巴登诸国皆将闻风兴起援助法国。不意法国军队始终无战胜普鲁士之能力，而南部德国诸邦亦且与北部德国诸邦合力来攻。加以法国之军队兵甲不利，统率无人，德国军队渡莱茵河，不数日而法国军队败退。在麦次（Metz）附近血战数次，而法国之一师军队被困城中。不二月而有色当（Sedan）之战。一八七〇年九月一日德国人又俘法国军一师并获法国皇帝。

巴黎之被围及战事之终了　德国人遂长驱直入围困巴黎。法国皇帝拿破仑第三至是信用全失。法国人遂宣布帝国之废止，及第三次共和之成立。新政府虽有抵御之意而力不从心。一八七一年一月二十八日巴黎纳降，并与德国订停战之约。

德国之要求　当两国议订和约之时德国傲慢特甚，卒至铸成大错伏他年大战之根。当普鲁士与奥地利战争终止时，俾斯麦之对待奥地利一以宽大为主。而对于法国其政策独异。德国人之意颇欲于战胜之余获得实益以永志其复仇之举。乃强法国人割让亚尔萨斯及东北部洛林之地。使法国之领土与德国之莱茵河隔绝，而以佛日山（Vosges）顶为两国之界。亚尔萨斯居民虽多用德国语，且该地自昔即为神圣罗马帝国之领土；然均以亚尔萨斯为法国之领地不愿入附于德国，因之迁入法国者颇不乏人。

此外德国人并要求法国人纳极巨之赔款——二千兆元——德国军队须

俟赔款还清后，方允退出法国之境。法国人耻之，尽力筹款以速敌军之退出。德国法国仇恨之日深实始于此。一方法国人抱报复之心，一方德国人有怀疑之态，两国成仇不可复解。一九一四年之战祸实伏于此。亚尔萨斯、洛林之争执实为欧洲大战原因之一云。

德意志帝国之宣布成立 普鲁士既战败法国，俾斯麦建设德意志帝国之希望于是成功。南部德国诸邦——巴威、符腾堡及巴登——亦相率加入北部德国联邦之中。各邦协商之结果乃将北部德国联邦易名为德意志帝国，而拥同盟"总统"为"德意志皇帝"。威廉第一遂于一八七一年一月十八日在法国维尔塞宫中上皇帝之尊号。当时欧洲美洲各国固多表同情于德国也。

4. 一八六六年后之奥地利匈牙利

一八六六年奥地利之问题 奥地利自被普鲁士战败以后离德国而自立。乃尽力于与匈牙利及国内诸异种之调和，一面并谋所以应付新党要求立宪之政策。

奥地利匈牙利王国之建设 当一八六一年时奥地利曾有统一国土建设帝国之举。设国会于维也纳嗣因匈牙利人、波希米亚人、波兰人、哥罗西亚人等相率退出于国会，事遂中止。一八六六年奥地利既为普鲁士所败，奥地利帝国与匈牙利王国之关系遂根据于一种协约（Ausgleich）而决定。奥地利皇帝约瑟法兰西斯自认为两独立国之元首：（一）奥地利帝国包有十七省——即上奥地利、下奥地利、波希米亚、摩拉维亚、克伦地亚（Carinthia）、卡尼鄂拉（Carniola）等地。（二）匈牙利王国，包有哥罗西亚及斯拉窝尼亚诸地。两国各有宪法，各有国会——一在维也纳，一在佩斯，各有国务大臣。唯关于外交、宣战、媾和三事则两国一致有同一国。此外两国之海陆军亦共有之。币制、度量衡制及关税等亦两国一致。此种国家之组织虽属新奇，而国力甚强故能维持数十年之久。

奥地利匈牙利之政制 凡两国共同之事由奥地利皇帝派三大臣任之——即外交大臣、海陆军大臣及财政大臣是也。三大臣对于两国国会代表联席会议（delegations）负责任。联席会议以奥地利、匈牙利两国会各选出代表六十人组织之。其开会地方则一年在维也纳，一年在佩斯，以免不平之感。开会之日分道扬镳，一用德国语，一用匈牙利语往返商酌全赖文书。偶有异同，则合开会议以便取决，初无讨论余地也。

语言问题　各种民族同处国中，言语不同，思想互异，政府必欲尽人而悦之，于势有所不能。当一八六七年时奥地利境内有德国人七百十万，捷克人四百七十万，波兰人二百四十四万，刺提尼亚人二百五十八万，斯罗棼种人一百十九万，哥罗西亚人五十二万，意大利人五十八万，及罗马尼亚人二十万。德国人以为维也纳为帝王旧都，应为奥地利之京城；德国语之为用最广，应为奥地利之国语。至于波兰人及捷克人则追思往日之自由莫不以谋划独立为职志。对于言语一项亦思用其母语以代德国文。

选举权问题　奥地利与其他欧洲诸国同亦大受实业革命之影响。工人之人数既日有增加，其参政之要求亦愈接而愈厉。至一九〇六年奥地利政府遂有扩充选举权之举。规定凡国内男女年逾二十四岁者皆有选举之权。根据新法而行之选举于一九〇七年五月举行。社会党人之被选为国会议员者得五十人。然教会中人之被选者亦复不少。

匈牙利之马札儿种人　一八六七年后匈牙利之历史与奥地利相似。然匈牙利国中之马札儿人把持政权，其势力远出奥地利国中德国人之上。据一九一一年之统计，匈牙利人口约共一千八百万人，而马札儿人居其泰半。哥罗西亚人及斯拉窝尼亚人合共二百五十万有奇。国会下院中，匈牙利之议员约四百十三人，而哥罗西亚及斯拉窝尼亚合共四十人而已。国会、政府、大学及铁道上均以马札儿语为国语。其政府并力倡移民人城之举，盖马札儿人势力之中心多在巨城中也。

匈牙利之种族问题　哥罗西亚人及斯拉窝尼亚人对于布达佩斯（Budapest）国会中种族待遇之不平极示不满之意。塞尔维亚人亦日望若辈所居之地之合并于塞尔维亚。而罗马尼亚人亦日望合并于罗马尼亚。一九一四年欧洲大战之爆发及一九一八年匈牙利王国之瓦解均伏机于此。

（底本此处标缺页）

第五卷　欧洲大战以前之改革

第二十章　德意志帝国

1. 德国之宪法

德国宪法之来源　德意志帝国成立之沿革已详上章。其宪法本订于一八六六年普鲁士战胜奥地利之后，以维持普鲁士之霸权为目的。人民虽稍有参政之机，然以俾斯麦之深信君权及武力，吾人固难望其削君主之权减武人之势以与国民更始也。

普鲁士之独霸国中　在一八六六年北部德国联邦中，普鲁士兼并之余实无异联邦之全部。自普鲁士战胜法国以后南部德国诸邦相率来归，而德意志帝国于以成立。然对于四年前之宪法无甚修正。美因河以南诸国虽加入联邦，而普鲁士之领土仍占国中三分之二，人口之比例亦然。

一八五〇年之普鲁士宪法　欲知德国宪法之内容不能不先明普鲁士政府之性质。当一八五〇年普鲁士王颁布宪法时俾斯麦颇持反对之态。故当一八六二年时彼竟有不顾国会擅增军队之举，普鲁士王之权力犹是根据于旧日君权神授之成见。上院议员类皆武人地主充之。至于下院议员之选举方法规定尤为奇特，故予富民以操纵之权。

三级制　下院议员用复选制。虽二十五岁以上之男子均有选举权，然假使贫无资产则所谓选举权者虽有若无。盖宪法中根据纳税之多寡分选民为三级。凡富民纳税之额占全数三分之一者则得三分之一选举权。其次纳三分之一税者亦如之。至于大部贫民亦因其所纳之税仅有三分之一，故人数虽多其选举权则与少数富民等。初选当选者再互选国会之议员。

普鲁士选举之性质　有时富民一人得选本区初选当选人三分之一。当一九〇〇年时社会民主党人选民之数居其大半，而仅得国会议员七人。而且普鲁士政府令人民于选举时须高声唱被选者之名以表示其意思。同时政府并干涉各区之选举以免反对普鲁士政策者之得势。

下院之力薄　普鲁士之下院权力极微。普鲁士王既有任意选派上院议员之权，故上院议员一唯王意之是从。所有法律均由政府提出之，而普鲁士王有否决国会议案之权。行政大权一人独揽。政府各部均为守旧官吏所占据。下院议员虽有讨论之机会与不允增加预算之权力，然政府得用种种方法强其相从。故世人称普鲁士政府为官僚政府洵非虚语。兹再略述德国之联邦宪法。

德意志皇帝之地位　当一八六六年编订北部德国联邦宪法时其目的原望南部德国诸邦之加入。四年后帝国成立时宪法上无甚变更。以古代尊号"德意志皇帝"（Doutscher Kaiser）上诸普鲁士王威廉第一，并以帝位永予霍亨索伦族。唯不以德国统治者自命，盖恐伤诸邦君主之感情也。故仅以帝国中之"主席地位"予诸德国皇帝。

皇帝之权力　皇帝对帝国国会所议决之议案虽无直接否决之权，然因有他种权力之故有同专制之君主。帝国总理及海陆军官均由皇帝任免之。帝国海陆军由皇帝统率之。调遣军队由皇帝主持之。

联邦议会　德意志帝国之统治权理论上不在皇帝而在联邦议会，此实德国政制中之最奇特最重要而又最不易明了之机关也。其议会以二十二邦君主及自由城之代表充之。德国之联邦议会与美国之上议院同，以各邦之代表组织之。然德国之议员与美国之上院议员异，盖若辈乃政府之代表而非人民之代表也。表决议案一以君主之意为去取。普鲁士王有表决之权十七，此外再加以亚尔萨斯，洛林之权三。故六十一权之中普鲁士王一人得其二十，巴威王得其六，萨克森及符腾堡之王各得其四，其余诸小邦大抵仅得其一。

下议院　德意志帝国中机关之较近民主者唯有帝国下议院（Reichstag）。议员约共四百人，各邦所选之数以人口之多寡为标准。宪法规定凡德国人年逾二十五岁者均有选举下院议员之权。议员任期五年。然皇帝得联邦议会同意时得随时解散下议院。一九〇六年后下院议员方有公费。

帝国总理 帝国总理由皇帝于联邦议会普鲁士代表中选任之，然皇帝可以不问下议院中政党势力之消长任意免总理之职。故总理仅对于皇帝个人负责任，下院意志之向背可不问也。联邦议会之主席由总理任之，联邦之官吏亦由彼任命而监督之。

德国无内阁制 总之德国无所谓责任内阁制。皇帝既有任免总理之权，又系普鲁士之元首，权力之巨，远在其他立宪诸国君主之上。而所谓下议院者批评政府虽有余，监督政府则不足也。

法律一致之必要 一八七一年德意志帝国统一后之情状与一七八九年美国联邦成立后之情状颇相仿佛。各邦虽因同文同种之故联合成国，然有随时瓦解之虞，初难保其永久。德国诸邦之君主类皆壹意于维持一己之威权，雅不喜普鲁士王之独霸。各邦各有独立之旧观，各有工业之利害，各有特种之政体。帝国政府知其然也，乃规定全国一致之法律以巩固统一之精神。

帝国政府之权力 统一帝国之责任唯俾斯麦实负之。所幸帝国宪法所予帝国政府之权力远较美国之中央政府为大。凡关于商业，各邦间及与外国之交际，国币、量衡、银行、铁道、邮、电诸业均由帝国国会规定之此外帝国政府并得制定全国之刑民各法规定法院之组织，诉讼之手续等。故帝国总理之权力甚为宏大。欲施兴革颇能措置裕如也。

帝国法律 帝国既成立，国会遂行使其宪法所予之权力。一八七三年议决国币统一之案，昔日紊乱之币制为之一扫而空。以“马克”为单位。新币之上一面镌皇帝之像，一面刻帝国之徽，以志统一之庆。一八七一年议决全国一致之刑律。一八七七年又议决关于法院之组织，民事刑事诉讼之程序，破产之处置，及注册专利之规定诸议案。自一八七四年至一八八七年并设编订民法之机关，于一九〇〇年施行。

文化之争 是时德国人之主张地方分权者颇不满俾斯麦统一之政策，而旧教徒之反对尤力，盖恐信奉新教之普鲁士一旦得志则旧教徒将无立足之地也。当一八七一年举行第一次帝国国会选举时旧教徒之当选者凡六十三人。俾斯麦以为此乃教士反对国家之阴谋，非设法破坏之不可。一八七〇年教皇曾宣言政府不得干涉罗马教皇与教徒之关系及教会之事件。俾斯麦则以为国法当在宗教之上。不久而管理学校之问题起。所谓

"文化之争"（Kurturkampf）于是乎始。将耶稣会中人及他种宗教结社逐诸国外，教士之批评政府者则依法惩之。普鲁士不久亦定种种苛法以限制教士，而德国教士亦多联络教皇合力以反抗俾斯麦之政策。旧教徒团结益固，卒成政党名曰"中央"，于一八七四年选出议员九十一人于下议院。

2. 俾斯麦与国家社会主义

德国社会主义之发达　德国社会党之发生实始于俾斯麦当国时代。当一八四二年时德国某大学教授曾谓德国既无劳动界，则社会主义之运动当然可以无虑。然三十年间德国亦步英国、法国之后尘而有实业革命之迹，巨城蔚起，工厂如林，工人之数遂因之日众。而资本与劳工问题亦随之而起矣。

马克思及拉萨尔　当一八四八年革命以前德国学者马克思（Karl Marx）曾著有《资本论》一书，详论劳工问题及其解决之方法。然二十年后德国政局中方有社会党之发见。其领袖为拉萨尔（Lassalle）其人，深思善辩。于一八六三年在来比锡工人大会中组织"工人协会"（General Workingmen's Association）。然经营一年，而会员之数尚不及五千人，乃大失望。于一八六四年因恋爱问题与人决斗而死。

社会民主党之兴起　拉萨尔虽死，然社会主义之运动进行如昔。其激烈者因受马克思学说之影响，于一八六九年在挨塞那哈（Eisenach）地方另组新会名曰"德国之社会民主工党"（SocialDemocatic Labor Party of Germany）。此党与昔日之工人协会并立国中。至一八七五年于皋塔（Gotha）地方开工人大会时方合并为一，并发布其政见及目的。是年适值下院选举之期，社会党人之投票者得三十四万。德国政府乃大惧。

俾斯麦之压制社会主义　俾斯麦颇反对社会主义。又因有人谋刺德国皇帝者前后凡二次，俾斯麦乃归咎于社会党人，于一八七八年制法以限制社会主义之运动。规定凡以"倾覆社会秩序"或提倡社会主义为宗旨之集会出版物及结社均一律禁止之。无论何处凡遇工人暴动时，政府得宣布戒严令。此法之施行凡十二年之久。社会党势力之及于政局上者因之大衰。然社会党人仍秘密宣传其主义于工厂军队之中，其出版物亦多由瑞士秘密递入于国内。故政府虽有压制社会主义之法律，而社会主义则未尝因此而绝迹也。

国家社会党之起源　当政府压制社会党之日正国家社会主义（state socialism）发生之时。主张此种主义之学者以为政府而欲压制社会主义莫若实行社会主义之主张，而为釜底抽薪之计。此辈所提议者不止一端。言其著者如工人失业者之设法维持，工作时间之减少，工厂卫生之注意，女工童工之限制，工人损伤疾病之预防等。此外为均贫富起见凡以租价利息或投机所得为收入者均须令其纳税；所有铁道、运河、各种交通及运输机关、自来水、煤气、市场、银行及保险诸业，及城市中之土地均应归诸国有。

俾斯麦之态度　俾斯麦对于国家社会主义颇为赞许。故自一八七八年以后至辞职时止始终主张种种改革以利工人。彼以为此种政策无异返诸昔日勃兰登堡保育政策之旧以福国而裕民。然彼始终以为贫富阶级乃势所必然无可变更；政府之责一面固在改良工人之地位，而一面亦不能不增加进口税以保护实业之发展。

各种工人保险法　俾斯麦以为有几种改革事业颇足以减削社会主义之势。乃于一八八二年由政府提出工人残废及疾病保险之二案。讨论二年，于一八八五年议决实行。前者规定凡资本家均须另储经费为工人残废保险之用。工人之残废者可得相当之赔偿；一旦身故，则其妻子亦可免无以自给之患。后者规定凡工人均须纳疾病保险之费，其另一部分由资本家供给之，用人者并负实行此法之责。

工人寿险法　一八八九年政府并有工人寿险法之规定。凡工人收入年在千元以上者均须纳其收入之一部分于政府。年逾七十岁之工人得向政府领养老金以资生活。如年未及七十而已不能工作者亦如之。工人应纳之费其一部分由资本家负之，而政府亦有一定之津贴。据一九一三年之统计工人之依法保险者达二千五百万人以上。

社会党人对于国家社会主义之不满　政府得因上述政策以维持工人之安宁，即今日所谓国家社会主义者是也。然社会党人犹以为未足，以为此种政策缺一社会主义之最要原质——即“民主”是也。此种政策不过昔日腓特烈大王时代保育政策之变相。资本之主义犹存，贫富之不均如昔。德国政府对于此种非议虽不之顾，然对于维持工人之工作及铁道矿业之国有诸端，始终进行不懈，造福正复不浅也。

3. 德国之保护政策及殖民外交

德国实业之要求保护　俾斯麦一面保育工人，一面亦保护实业。德国既战胜法国建设帝国并得法国之巨款，国内实业因之大为兴起。新业发达一日千里。即就普鲁士一邦而论，一八七〇年时有合资公司四百十所，至一八七四年竟增至二千二百六十七。工资日增，工人之生活程度亦日高。然投机过度，不久而有反动之象。物价工资均渐低落，公司工厂之闭歇者日有所闻。于是制造家及农民群起要求政府之保护以免为外货所排挤。以为德国实业尚在幼稚时代，若政府不加意保护者则商业场中将无立足之地也。

德国之保护制度　一八七八年德国政府乃提出改良关税议案于国会。其要点有二：（一）以保护本国之制造品为目的，（二）凡德国所无之原料则减少其进口税。次年国会通过新税则。德国他日能成世界上最大实业国之一实造端于此。

非洲之殖民德国制造家虽已得政府之保护，然尤以为未足。乃要求政府推广本国制造品之销场。俾斯麦初本轻视殖民地为无甚价值者，至是亦不得不谋伸其足于非洲矣。

多哥兰及喀麦隆　俾斯麦于一八八四年遣那哈提加尔（Gustav Nachtigal）博士赴非洲西岸一带实行其获得殖民地之计划。不久果得非洲多哥兰（Togoland）及喀麦隆（Kamerun）两地土酋之承认，均愿受德国之保护。两地面积合得二十万方英里。同年布勒门商人名吕得累次（Lüdoritz）者亦受俾斯麦之命树德国旗于非洲西岸之安格拉佩揆那（Angra Pequena）地方，德国商人之经营此地者颇能尽力。不数年间德国政府将该地扩充之，计得三十二万方英里。名之为德属西南部非洲。欧洲人之居此者尚不及万五千人也。

德属东非　德属东部非洲面积尤广。一八八四年“德国殖民会”遣彼得斯（Karl Peters）博士赴该地调查一切。一八八八年向赞稷巴（Zanzibar）土酋租得一带狭长之地，长约六百英里。二年以后德国出二百万元之价购之。德国人经营颇力，德国政府并设农业试验场数处于此。

俾斯麦与三国同盟 俾斯麦于外交上极为活动。当德意志帝国统一时代俄罗斯为德国之益友。统一之后德国、俄罗斯、奥地利三国之皇帝互相携手以防法国之复仇。然在一八七八年奥地利因俄罗斯在巴尔干半岛中颇为得手，遂与俄罗斯决裂，俾斯麦乃助奥地利以攻俄罗斯，次年并与奥地利同盟。一八八二年意大利亦加入同盟之中即世称三国同盟者（Triple Alliance）是也。一九一四年夏日德国对奥地利之态度太形亲密，亦为欧洲大战近因之一。然战端既起，意大利竟脱离三国同盟而与德国、奥地利之敌携手。

4. 威廉第二在位时代

威廉第二之即位 威廉第二既即位，俾斯麦之势力骤衰。盖德国宰相当先帝在位时代得威廉第一之信任，大权独揽，言听计从。新帝之为人则异是，深信君权神授之说。即位之始即宣言曰："吾既人承吾祖之大统，吾将求助于万王之王。吾誓以吾祖为模范，为坚毅公平之君主，提倡忠孝及畏上帝，以和平为怀，援助贫困之人而为公平之保管者。"

俾斯麦之辞职 德国皇帝以青年而亲政，俾斯麦当然不能忍受。遂于一八九〇年三月中辞职。国民虽具爱戴之忱，而"铁相"（Iron Chancellor）已遂告归之志矣。俾斯麦既辞职，德国皇帝宣言曰："吾所感之苦痛与丧吾之祖父同，然上帝所命吾人唯有忍受之，虽死可也。舵工责任加诸吾肩。船之方向未尝稍改，吾辈尚其开足汽力而前进！"

威廉第二对于社会主义之态度 新帝即位之始颇有与社会党人调和之倾向。一八七八年来俾斯麦所订压制社会党人之法律均于一八九〇年废止之。社会党人之运动遂复昔日之旧。新帝宣言彼将继其祖父之志以救济贫民为务。并谓彼对于工人困苦关切异常。然不久愤工人之非议政府渐改其常态，至谓社会民主党为"无异帝国及普鲁士之敌"。

德国之在远东 德国既实行其殖民政策，威廉第二亦置身于世界政潮之中。当一八九五年中日战争之后彼与俄罗斯、法国二国合阻日本之占据中国辽东半岛。二年以后德国人乃强占中国山东之胶州。

德国殖民政策之价值 德国之殖民地虽广，然得不偿失，初无价值之可言。所得诸地类皆不适宜于德国人之移居。非洲之殖民地尤劣。其地土人往往好勇很斗时有反侧之举动。当一九〇五年至一九〇六年间德国政府所用平定非洲土人叛乱之经费数达一千八百万元，而殖民地之进出口货合仅值银币四百万元而已。欧洲大战既起所有德国之殖民地乃丧失殆尽。

维新党及社会党之不满　德国中之反对政府者亦颇有人在。盖德国虽有成文宪法及民选之下院，然其政府之专制实冠西部之欧洲。政府中无责任内阁之制，人民非议政府者有被捕之虞。而且所谓下议院亦绝不足以代表真正之民意。议员之分配仍沿一八七一年之旧。其结果则如柏林一城虽有居民二百万人，应有议员之额二十，而事实上仅得其六。故社会党之选民虽多，而议员之人数卒不及保守党人之众。如一九〇七年之选举，社会党之选民得三百二十五万人而被选者仅四十三人，至于保守党之选民为数虽仅得一百五十万人而被选者竟达八十三人之多。至一九一二年时社会党被选之人数骤然增加，亦足见其势力之日大也。

德国无反对政府之巨党。唯有社会民主党时有反对武力主义及帝国主义之言论。然当一九一四年欧洲大战开始时社会党人之反对战争者实居少数，亦可见民族主义入人之深及国界打破之不易也。

第二十一章　第三次共和时代之法兰西

1. 巴黎市政府与复辟问题

第三次共和国之宣布　一八七〇年九月三日拿破仑第三自色当电致巴黎曰："吾军败而被俘，而吾已为俘虏。"二十年来之帝国至是遂复灭。巴黎暴民侵入下议院中大声要求改建共和政体。下议院遂议决废拿破仑第三及其朝代。次日甘必大（Gambetta）及巴黎之议员占据市政府，宣布共和政体之重建，巴黎人大悦，同时其他巨城如波尔多、马赛、里昂等亦莫不闻风而响应。

德人围困巴黎　德国军队既败法国军队并获法国皇帝，遂长驱直入所向披靡。九月下旬陷落斯特拉斯堡，再逾月又陷落麦次。遂围攻巴黎，而普鲁士王则驻兵于维尔塞宫内。甘必大乘气球遁走都尔（Tours）城。召募志愿军为解围之用。然新兵未经训练多不战而溃。一八七一年一月法国人遣兵断德国军队之后路，又为德国人所败，纷纷向瑞士而遁。巴黎城中几有绝粮之患，不得已于一月二十八日纳降。

国民议会之召集 自一八七〇年九月以来法国人无编订新宪之机会，政权暂操于甘必大辈所设之国防政府（Government of Public Defence）之手。唯临时政府是否有媾和之权尚属疑问，故召集国民议会以代表国家与敌人开和平会议。选举之结果则王党——如拥戴查理第十之孙之正统党，拥戴路易腓立普之孙之奥尔良党，及少数之波那帕脱党——之被选者得五百人，而共和党仅二百人而已。此盖甘必大辈宣言非力战德国人不可，国民深恐若辈得势则战祸迁延为害更烈也。国民议会知巴黎人极热心于共和，故决议移往波尔多城，于二月十二日开第一次会议。

退耳 国民议会中之最有才力者首推退耳（Adolphe Thiers）其人。彼本精于史学，从事于新闻业及政治生活者已近四十年，颇负时望。当法国在危急存亡之际，领袖人才非彼莫属。彼以二百余万票之多数当选，法国人之属望甚殷可知。国民议会乃推彼为法兰西共和国之行政元首（Head of the Executive Power of the French Republic），并允其得自选国务大臣以助其行政。此盖一种应变之方法而非永久之机关也。至于政体问题则决定俟德国军队出境后再议。退耳宣言丁兹国家命脉一发千钧之秋，全国公民无论政见有何异同均应敌忾同仇恢复元气。

法兰克福和约 实行其政策之第一步即为与德国人之媾和，盖停战之期行且终了也。二月二十一日退耳急向维尔塞而进，与德国皇帝及俾斯麦开和平之议。至二十六日和议大纲方定。法国允割让亚尔萨斯及洛林之一部于德国，并允纳赔款一万兆佛郎，德国军队得驻在法国境中俟赔款清偿后方始撤退。国民议会深知再战无胜利之望，不得已而允之。和约于五月十日在法兰克福地方签字。

国民议会移往维尔塞 法国既与德国媾和，共和党力主国民议会之任务既了即应解散。然大众多不以为然，遂着手于宪法之编订。唯国民议会不愿返于巴黎，乃移往维尔塞。勃郎谓国民议会如不能满足巴黎人之要求而弃多年之都会，则在“对外战争死灰之中，恐再发见极可畏之内乱”。不久巴黎人果有暴动之举，以为国民议会中人类皆来自田间之“乡愚”（rustics），只知拘守君主制度而不识城市之需要。

巴黎之反抗　巴黎叛乱之酝酿已数月于兹。德国军队围攻之结果工人之失业者日众，城中之秩序益乱。革命党人良莠不齐，有共和党，有共产党，有社会党，有无政府党，及其他以扰乱秩序为事之暴民。领袖之中亦颇有具高尚之思想者不惜牺牲一己以维护共和，以共和政体为“合于人民权利与自由社会发达之唯一政体”。若辈要求各城市应顾虑本身利害，有自治之权。法国因之成为一种城邦之联合。各城市得自由立法以应付本地之要求。此“市政府党”（Communards）之名所由来也。

市政府党之失败　然市政府党之原理信从者少。而国民议会又有力平巴黎叛乱之决心。四月下旬退耳下令攻击巴黎。巴黎人死者无算。三周之后国军直入巴黎，时五月二十一日也。城中之秩序大乱，奸淫掳掠，无所不至。五月二十八日国军司令麦马韩（Marsbal Macmahon）方下停战之令。然杀戮之事并不因之中止。盖王党设立军法院，不讯而处以死刑者以百计也。远戍者凡七千五百人，拘禁者凡一万三千人。

正统党与奥尔良党之不和　巴黎之叛既平，国民议会方有讨论国体之机。倘使当日之王党无内部破裂之迹，则王政中兴易如反掌。正统党人力主立查理第十之孙宋波（Chambord）伯为王。而奥尔良党人则竭力拥戴巴黎伯。两党相持不下。除反对共和以外绝无相同之点焉。

退耳整顿陆军　国民议会中各党之意见既不一致，均愿缓议国体问题，借以延宕时日。退耳亦颇以此种政策为然，故于八月被举为总统后即力主整顿陆军以恢复国家之元气。国民议会鉴于辱国丧师之耻，遂通过陆军议案。仿普鲁士之征兵制，凡法国人均有充当五年常备兵十五年后备兵之义务。边防加固，军备改良。而军事部亦重加改组。

退耳之失败及麦马韩之被选　退耳本属奥尔良党。一八七二年十二月彼忽宣言以维持共和为己任，以为一旦变更政体则革命之祸必因之复起。然彼之共和主义近于保守，为甘必大及激烈共和党人所不喜；同时王党中人亦恶其反复无常思有以报之。一八七三年五月国民议会以多数通过反对政府政策之议案，退耳遂辞职。交政权于王党人之手。王党人乃举麦马韩为总统，并组织一王党之混合内阁，以正统党、奥尔良党、波那帕脱党中人充国务员。

正统党与奥尔良党之调和　不久各王党中人深知欲恢复王政非各党携手不可。故奥尔良党与正统党协商拥宋波伯为国王之候补者，称之为亨利第五。彼本无嗣，故死后应以奥尔良党中之巴黎伯继之。至于国旗问题，究用革命时代之三色旗或用波旁族之白色旗，议论纷纭莫衷一是。乃决定暂从缓议。

宋波伯坚持适用白色旗　各王党之协商恢复王政也，绝未顾及宋波伯之性情何若。是时彼已年逾五十，曾逃亡于苏格兰、德意志、奥地利及意大利诸国，饱尝风露，彼曾受旧教徒之教育，而光复旧物之志极坚。巴黎市政府失败之后，彼即宣言：“法国既来归于我，我亦以我之原理及国旗来归于法国。”彼虽允与巴黎伯协商携手之策，唯坚持一己为正统之君主。不久并宣言白旗为彼族之标帜，无论如何不能废弃。

麦马韩任期之延长　宋波伯不久赴维尔塞，筹备登极之典礼。奥尔良党人恨其壹意孤行，思有以尼之。乃与波那帕脱党及共和党协议延长总统任期为七年。以冀届时或可令巴黎伯入继大统也。

2. 第三次共和国之建设及其宪法

共和政体之决定　同时国民议会中之意见复杂异常。共和党要求建设共和；正统党要求总统退职；奥尔良党要求总统任期延长至一八八〇年。至一八七五年国民议会方讨论政体问题。一月二十九日以一票之多数议决共和国之总统应由上下两院合开之联席会议选举之。政体于是遂定为共和。

法国现代宪法之奇特　王政恢复之望既绝，国民议会遂着手于政府组织之规定。然此次不复如昔日之专事于编订宪法，仅陆续议决各种法律以为根据而已。此种法律及日后之种种修正合成为第三次共和国之宪法。故现代法国之宪法与昔日之宪法异。关于统治权人民权利及共和政体等均无切实规定之明文。一望而知其为一种仓促成功应付潮流之法律。然竟能传世行远，而政府之稳固亦远在第一次革命以来之政府之上。今之研究政治学者每以世界最良宪法之一目之。

法国总统之地位　据新宪之规定法国总统之地位与美国之总统异，而与英国之君主同。盖总统之下既有内阁及内阁总理，故所谓总统者非行政之元首实一种装饰品而已。而且总统之选举不由人民直接举行，而产生于上下两院之联席会议。总统之任期七年，不另选副总统。总统因病故或辞职出缺时即选新总统以继之。内阁阁员多由下院议员中选充之，故阁员之势力每大于总统。行政大权如英国然实在总理之手。总统无否决议案之权，仅能交回国会覆议而已。

国会 国会取两院制，此为与一七九一年及一八四八年所设立法机关相异之一点。上院曰参议院（Senate），下院曰代表院（Chamber of Deputies）。下院议员约六百人，任期四年，由人民直接选举之。凡国民年在二十一岁以上者皆有选举权。上院议员三百人，用复选制由各区官吏选举之。任期九年，每三年改选三分之一。

国会权力之宏大 法国国会权力之宏大远在美国国会之上。盖国会不但握有选举总统之权，而且可以开上下两院联席会议以修正宪法而不必征求人民之同意。国会所定之法律又不如美国之有大理院可以宣布法律之违宪。而总统又无否决议案之权。法国之内阁亦与英国同以国会议员多数之向背为行藏之标准。

3. 一八七五年后之法国德雷福案

麦马韩之辞职 国民议会组织政府之大业告成，遂于一八七五年十二月三十一日解散。全国行选举新国会议员之举。选举结果则共和党人之当选为下院议员者得大多数；其在上院数亦不少。总统麦马韩本属奥尔良党与国会意见相左。乃于一八七七年下解散下院之令，思设法改选以增加王党议员之人数。不意选举结果大失所望。共和党人之势力并不因之灭杀。力斥总统政策之非是，并不愿通过总统提出之预算案。政府与国会之争持延至一八七九年，总统不得已而辞职。共和党之格累微（Jules Grévy）乃被选为总统。

出版集会之自由 共和党之势力经一八八一年之选举而益巨，乃着手于改革之计划。当一七八九年及一八一五年时法国政府虽有出版自由之宣言，然其监视报纸及惩罚新闻记者之抨击政府者数见不鲜。至一八八一年，废出版须领执照之制。发行者不必再缴保证金，警察机关此后亦不得受理侮辱官吏之案。此外凡国民得以自由集会，只须将集会之宗旨向当道声明已足。一八八四年又议决工人得自由结合。最后又将管理学校之权夺诸教士之手。详述后章兹不先赘。

王党之消灭 年复一年法国之共和内得国民之拥护，外得列强之信任，根基益固。一八七九年拿破仑第三之子卒，一八八三年宋波伯亦去世，波那帕脱党及正统党均失其拥戴之人。一八九四年巴黎伯卒，奥尔良党亦失其所恃。当一八九三年选举时王党中人之被选为下院议员者不过七十三人，亦足见法国人爱戴共和政府者之为数甚多也。

布郎热拟推翻政府 第三次共和国成立以后有重大之政潮二次。甘必大力主改革之议而求援于工党中人。卒为守旧共和党人所反对而失败，于一八八一年去世。甘必大既死，政府乃壹意于海外事业之经营，如中国、安南诸地均为其目的地，意欲转国民对内之心使之向外。然工人仍不满于政府。其时有军官名布郎热（Boulanger）者仿拿破仑第三之故智，隐与军队及工人交欢，以遂其夺取政权之大志。一八八九年彼以绝大多数再被选为下院议员，声势宏大国人无出其右者。其敌人乃以心怀叵测贻害国家之罪加之，判以监禁终身之罪。彼遂逃亡出国，于一八九一年自尽。王党之势益不振，而共和之基益固。

德雷福案之开端（一八九四年） 布郎热之事方终而德雷福（Dreyfus）之案又起。政争激烈举国骚然。其纷纠之情形几与普鲁士与法国战争之时无异。当一八九四年时有炮兵上尉名德雷福者本亚尔萨斯之犹太人。忽以犯为德国人密探之嫌疑被控。法国政府乃密开军法会议以审之，结果褫其军职定以监禁终身之罪，流之于南美洲法属基阿那（Guiana）附近之鬼岛（Devil's Island）中。德雷福始终不服自谓冤屈，其友人亦代为设法冀达再审之目的。然军队中之要人多不主张旧事之重提，盖恐有伤军队之名誉也。

全国人民之激昂 德雷福之友人多痛骂军官之不德与腐败；其敌人则力言军队之荣誉不可不维持；而教士则又以德雷福为犹太人，实法国之敌。其时政府中人多以德雷福为有罪，而在野之政客新闻记者及激烈党人则力言其冤屈，而议政府为袒护军官有枉法徇私之嫌。王党中人则援此事为共和失败之明证。故德雷福一案不但为军事上之问题，亦且成为宗教上及政治上之问题；不但法国举国若狂，即世界各国亦莫不引领注目。

德雷福宣告无罪 德雷福案之争执至一八九八年而益烈。其时有名小说家佐拉（émile Zola）著文痛论审理此案官吏之不当，谓若辈不但不公而且无信。国人益愤文人学士群起为德雷福呼冤。政府乃拘佐拉，定以武断诬人之罪。然德雷福案其势已不能不复审。一八九九年夏日在棱纳（Rennes）地方开庭再审。仍判定监禁六年，随之以总统卢贝（Loubet）特赦之令以为如此则于负初审责任者之声誉上不致有所损害。德雷福犹以为未足，盖彼所望不在罪人被赦之自由，乃在无罪之宣布。其友人亦日为奔走，卒于一九〇六年再经法国最高法院之审判宣告无罪。

此案之影响　此案虽告结束，而其影响之及于政局者则甚深且巨。国内之共和党人无论为和平为激烈无不联合而组织团体，以减削军队及教会之势力为宗旨。军官之属于王党者渐以共和党人代之。至于剥夺教士之政权则其事较难也。

4. 政党

国会中之政党　法国国会中政党之多，不胜枚举。一九〇六年选举之结果在下院中得下列各党之代表：激进党、激进社会党、独立激进党、独立社会党、统一社会党、共和左党、进步党、国民党、王党及其他诸小党。除王党及波那帕脱党以外，虽均以维持共和政体为职志，且关于国家大计如教育及宗教等问题亦颇具全体一致之精神；然关于其他改革之事业则意见纷歧难以究诘。有主张维持现状者，有主张实行经济革命以增进工人之幸福者。以为国内土地矿产工厂及种种生产机关均应归诸国家使工人均享其利。

社会主义之复现　当一八四八年革命及巴黎市政府得势时代，社会党之声势甚为浩大。一八七一年巴黎乱事既平之后其势骤衰。然自共和政体正式建设以后社会党复盛。一八七九年党人开大会于马赛，此为现代法国社会党运动之始。次年政府大赦巴黎市政府时代之叛党，全国工人遂开工人大会于巴黎，决定采取马克思学说为法国社会主义之原理。

社会党之分裂　法国社会党人之目的虽大致相同；然关于方法一端则自始即意见纷歧莫衷一是。大体可分为二派：其一为马克思派，主张用激烈方法以实现社会主义之原理，如是则工人可以得势而谋一己之利益。第二派人数较多，称为“可能派”（Possibilists），不信武力革命为能实现社会主义之精神。此辈主张实业国有之政策徐图实现其理想。

社会党之势力　法国社会党之流别约得六七派。于一八九三年选举时颇能协力同心选出本党议员约五十人于下院，法国政局上之形势为之一变。自后此党之声势与日俱进。至一八九九年国务总理窝尔得克卢梭竟不能不任社会党人密勒蓝特（Millerand）为商部总长以便统制下院之党人。自此以后“可能派”中人常有充任国务员者，且亦常能与他党和衷共济以实行社会党之政策。

法国政党与英美不同之点 在英国、美国两国之中素有两大政党并峙之局，此起彼扑互为雄长。至于法国则党派纷歧不可胜数，国会中绝无多数党可以操纵其间。故议案之通过每有赖于数党之协助。而少数党亦因之有左右政局之机会，政治上绝无成为机械作用之虞。虽因党派分歧之故内阁有时时更替之烦，而对于议案之能斟酌尽善则远在一党把持之上。

质问权 下院如有不满于内阁之处每得利用其“质问”（interpellation）之特权，向阁员质问其政策及用意。凡议员既声明其有提出质问之意，则下院必于定期中予以提出之机会。欧洲各国之国会虽亦有提出质问之举，然不若法国之频繁也。

5. 殖民事业

一八七〇年之殖民地 法国第三次之共和政府一面尽力于解决国内之政潮，一面亦颇能尽力扩充领土于海外。殖民地之物产虽不丰富，而幅员之广则足以偿十八世纪中之所失而有余。当第三次共和政府建设之时，法国已有北部非洲之阿尔及利亚（Algeria），西部非洲之塞内加尔（Senegal），及自基尼（Guinea）湾至刚果（Congo）河诸地，安南之一部及其他诸海岛。元气恢复以后乃尽力于帝国主义之实现。

法国占领阿尔及利亚 先是当一八三〇年时阿尔及利亚土酋有在广众之中掌击法国总领事之举，法国政府要求土酋谢罪，不允，遂遣兵渡海夺其地。一八七〇年法国军队败绩之消息传来，阿尔及利亚遂叛。法国军队与叛党交锋二百余次，方平其乱。阿尔及利亚之面积略小于法国，有人口五百余万人，而欧洲种人仅占八十万。在其东者有突尼斯（Tunis），其种族宗教均与阿尔及利亚同。法国人咎其骚扰阿尔及利亚之边疆，遣兵入其境，土酋不能敌而降，至今为法国人所占。

法国人在塞内加尔 同时法国人又在西部非洲一带扩充领地。法国人之占领塞内加尔本始于一六三七年，唯自领有阿尔及利亚后方有图谋两省领土接触之志。自十九世纪中叶以后法国人日伸其势力于内地，至一八九四年遂奄有廷巴克图（Timbuktu）之地。

法属刚果　法国人于一八三九年购得赤道下加蓬（Gabun）河口之地，他日度察宇（du Chaillu）及得布拉萨（de Brazza）之远征莫不以此地为根据。其结果则刚果河北一带地均入于法国人之手，即所谓法属刚果是也。至于法国人在非洲领土之广大披图一览即可知其梗概焉。

马达加斯加之占领　当法国人图谋非洲西北部之日，正其教士及商人经营马达加斯加（Madagascar）大岛之时。法国政府借口于法国人有被杀于土人之事，遂于一八八二年至一八八五年间与土酋战，卒得其地为法国之保护国。不久法国人又因岛中盗匪横行咎女酋蓝那凡罗那第三（Ranavalona Ⅲ）之无信无力，于一八九五年遣兵逐而出之，全岛遂归于法国。

法绍达事件　一八九八年法国有探险家名麻向（Marchand）者自西部非洲起程东经撒哈拉（Sahara）沙漠以达于尼罗河上流法绍达（Fashoda）地方，遂树法国国旗于其地。不意此地本已在英国人势力范围之中，英国兵士强法国人下其国旗。其时两国几有因此宣战之势。法国人不得已退出其地，两国并筹商划定境界之举。故法绍达事件几肇战端，而忽变为两国协约之根据。盖法国既允退出埃及及苏丹（Sudan）。英国人亦允退出摩洛哥（Morocco）。非洲西北一隅遂成法国人自由行动之域。唯此次协商德国未与，卒伏他日法国、德国争夺摩洛哥之机。

法人占据安南　法国人之经营安南始于科尔伯特当国提倡工商诸业时代。唯越国过都，法国人不甚注意。至一八五〇年安南人忽有杀死法国教士之举，法国人遂有所借口以实行其侵略之政策。一八五七年法国皇帝拿破仑第三遣兵与安南人战。既败安南军乃强其纳款割地于法国。法国人既得根据地，遂着着进步；于一八六四年占据柬埔寨；于一八六七年占据交趾。至一八七三年法国人强欲开通红河之航路，又与东京王战而败之，遂宣布安南全部为法国之保护国。中国政府以安南向为中国之属国，其王又为中国所册封，力持异议。然一八八四年之战，中国与安南之军队虽有名将刘永福之忠勇终归失败。安南及东京一带地至是遂永亡于法国。至一八九三年法国人又扩充其领土于东京以南一带地以达于湄公河。法国领土遂与中国西南诸省相接触，法国势力亦因获得敷设铁道及开采矿产诸权渐及于中国内地矣。

第二十二章　英国政治上及社会上之改革

1. 选举权之扩充

十九世纪初年英国之政局　十八世纪时代之英国政府世称为欧洲之最自由而且最开明者。英国虽无成文宪法，然既有立法之国会，又有司法之法庭，均能保障民权，不受政府之牵制。然至十九世纪时英国立法司法两机关之急宜改良，与夫人民自治权利之薄弱方大著于世。

腐烂城市　国会之改良尤为急切，盖此时英国之国会已成为一种富民与贵族独有之机关，不足以代表全国之人民也。求其原因可得二端：其一，是时国中有多数之“腐烂城市”（rotten borough）。此种城市自古即有选举国会代表二人之权利。至十九世纪初年各城之人口虽有增减，而代表之人数则初无变更。且自查理第二以来新城蔚起而终不予以选举代表之权。如丹尉契（Dunwich）城之沉没于北海者已近二百年，古萨蓝（Old Sarum）城久已成为荒凉满目之草地，而国会中尚各有代表二人！同时因实业革命之影响有村变为镇镇变为市者如北明翰、曼彻斯特（Manchester）及黎芝（Leeds）诸大城反无选举议员之权。康瓦尔（Cornwall）一区仅有人口二十五万，而议员之额占四十四人。苏格兰之人口较多八倍而代表之数仅多一人。

选民之数甚少　第二，当时国内之选民为数甚少。在数城凡纳税公民均有选举权，然各处之标准初不一致。如加登（Gatton）一城选民之数仅得七人。其他诸城选举往往操诸知事及城议会之手，而人民不与焉。

贵族之操纵　有数城为上院贵族所占有，故其地议员之选举一唯贵族之命是从。

乡间之状况　至于乡区之选举亦复如此。法律虽规定凡国民有田产其收入年在四十仙令以上者均有选举国会议员之权。然小农日少，地主日增。选举之权唯大地主享之。如苏格兰之彪特（Bute）一区人口虽有一万四千众，选民仅有二十一人。而二十一人中仅有一人为本区之土著。

贿赂之公行　每当选举之际处处贿赂公行。又因选举公开其弊滋大。选举之事于露天举行。监督选举之官吏朗诵候补者之姓名，令选民欢呼举手以决其可否。其失败者可要求依选民册将选民逐人而问之，各选民须将其名签于选民册之上，故威吓利诱之事在在发生。

英国政府为贵族所把持　议员之人数不均，选举之方法又异，加以城市私有，贿赂公行，故下院议员之选举实操纵于少数贵人之手。据近日某学者之计算，当日议员之合法选出者尚不及三分之一也。

十九世纪以前之改革计划　英国之选举制度如此奇离，故提议改革者自昔即不一其人。当十八世纪之中叶国中颇有攻击选举之不当者。当法国革命将起之际亦常有改革国会之举动。庇得父子即主张改革之有力者。不久法国革命事起，英国人鉴于恐怖时代之暴乱，对于改革之举骤然冷淡。诚恐民众得势将蹈法国之覆辙也。故自此至一八三〇年英国政权实操于保守党之手。政府对于改革之要求亦无不多方阻止之。

乡间之状况　至于乡区之选举亦复如此。法律虽规定凡国民有田产其收入年在四十仙令以上者均有选举国会议员之权。然小农日少，地主

日增。选举之权唯大地主享之。如苏格兰之彪特（Bute）一区人口虽有一万四千众，选民仅有二十一人。而二十一人中仅有一人为本区之土著。

贿赂之公行　每当选举之际处处贿赂公行。又因选举公开其弊滋大。选举之事于露天举行。监督选举之官吏朗诵候补者之姓名，令选民欢呼举手以决其可否。其失败者可要求依选民册将选民逐人而问之，各选民须将其名签于选民册之上，故威吓利诱之事在在发生。

英国政府为贵族所把持　议员之人数不均，选举之方法又异，加以城市私有，贿赂公行，故下院议员之选举实操纵于少数贵人之手。据近日某学者之计算，当日议员之合法选出者尚不及三分之一也。

十九世纪以前之改革计划　英国之选举制度如此奇离，故提议改革者自昔即不一其人。当十八世纪之中叶国中颇有攻击选举之不当者。当法国革命将起之际亦常有改革国会之举动。庇得父子即主张改革之有力者。不久法国革命事起，英国人鉴于恐怖时代之暴乱，对于改革之举骤然冷淡。诚恐民众得势将蹈法国之覆辙也。故自此至一八三〇年英国政权实操于保

守党之手。政府对于改革之要求亦无不多方阻止之。

曼彻斯特城之惨杀事件 自法国皇帝拿破仑败亡以后，演说家及文学家无不尽力以激起工人之暴动。组织罕普登（Hampden）俱乐部宣扬改革之主义；举行游行大会以表示民众之热心。一八一九年曼彻斯特城开国民大会，军警有殴杀人民之举。全国大哗，政府惧，乃通过多种法律以限制人民言论出版及集会之自由，即所谓《六种议案》（Six Acts）是也。

工商界之要求改革 然压制人民之法律其势不能持久，盖是时不但工人有要求改革之举，即巨商大贾亦有要求参政之心。国会中之进步党在罗素（John Russell）领袖之下屡提改革之议。迨一八三〇年法国革命事起，英国人之要求改革益急。保守党内阁之总理威灵敦公乃为公意所逼而辞职。

改革案之通过 保守党既失势，进步党或称改革党（Reformers）入组内阁。一八三一年三月罗素提出《改革议案》（Reform Bill）于国会，国会反对甚力。政府遂下改选下院之令，其结果则主张改革者居多数，此案遂通过于下院。然贵族院不同意。下院乃再提出性质相同之议案交诸上院，而全国人民之瞩望上院通过者亦莫不激昂异常。最后英国王威廉第四知民意之不可复违，乃准内阁总理"得增加贵族院之议员，以担保改革案之通过"。贵族院知反对之无用乃通过该案，时一八三二年六月中也。

改革案之内容 据《改革案》之规定，凡腐烂城市五十六处其人口在二千以上者均不得有选举代表之权。另有城市三十二处其人口在四千以上者各减议员之额一人。此外新城之得有选举代表权者凡四十三处，视人口多寡得各选出议员一人或二人。并将国内各行政区域分为选举区，各区之议员额数与人口之多寡成正比，城中市民凡主有或租有房产年值十镑之上者，与乡民之主有或租有田产者均有选举权。选民之数虽因之增加，然城中之工人及乡间之佃户则尚无选举权之可言也。

改革案离民主精神尚远 故一八三二年之《改革议案》实不能谓为民主精神之胜利。据一八三六年政府之统计国内成年男子共有六百零二万三千七百五十二人，而选民之数仅有八十三万九千五百十九人。因之国内贫民多不满意于新案。加以改革党类皆资本阶级中人对于工人疾苦多不经意，工人益愤。

宪章之要求 改革案通过之后国内要求改革之小册书籍风起云涌。如

《大宪章》也，《权利法典》也，长期国会之废止贵族院及君主议案也，无不印成单行小册以传播于工人之间。最后并有所谓《宪章》（Charter）者内列要求之条件六：即普遍选举，秘密投票，国会每年一选，国会议员须有岁费，减除议员选举资格上之财产限制，及选举区之平等。

宪章党之运动 女王维多利亚（Victoria）即位之初年，人民之赞成宪章者为数甚多，世遂以“宪章党”（Chartists）名之。各巨城中均有宪章党俱乐部之设立。一八四〇年又设立全国宪章协会（Charter Associations）以联络各地之俱乐部为宗旨。多才善辩之人蔚然兴起；出版报纸以宣传其主张；著宪章党之诗歌；开宪章党之大会。全国时有开会游行之举。不久改宪章为请愿书签名者达一百万人之上。于一八三九年提出于国会，卒以大多数之反对不得通过。

宪章党亦有主张暴动者 宪章党知和平方法之不能行，乃力主暴动以实现其主张。各巨城颇有闻风兴起者，秩序殊乱。政府不得已用警察之武力以平之。然扰乱秩序之举并不甚烈，而中坚人物仍继用和平方法而进行。宪章党人后有被选为国会议员者，乃再提出第二次之请愿书于国会。

一八四八年之请愿书 当一八四八年时法国既有革命之举，又有重建共和之事，英国之宪章党遂乘机而起竭力从事于改革之要求。适是年国内之生活状况较为困难，工人之失业者甚众，乃益愤政府不当以武力为答覆人民要求之利器。于是再从事预备提出请愿书于国会，并思结队向伦敦举行示威之运动。请愿团中途为老将威灵敦公所驱散，然六百万人署名之请愿书卒得递交于国会。国会交委员会审查之，其结果则真名不及二百万，其余如女王维多利亚、威灵敦公、短抑鼻等名氏显系伪造。请愿书之价值大减，国会不愿加以讨论。宪章运动之信用从此乃扫地无余。

葛拉德士吞之改革主张 宪章之运动虽完全失败，而改革之主张则始终不懈。盖自宪章运动发生以来民主精神遍传全国，而下院议员中之提议改革者亦屡有所闻。虽改革之举未能实现，而改革之急切则尽人皆知。最后至一八六六年下院领袖葛拉德士吞（Gladstone）遂以改革一端为其主要之政纲。彼之被选为下院议员也在一八三二年改革案通过之后，本属保守党中人。不久国人即服其辩才之长与手腕之敏。不数年而彼之政见大变，遂脱离保守党。当彼于一八六四年在国会中讨论改良国会时，尝谓证明之责当由主张“排斥工人五十分之四十九于选举权利之外”者负之。次年罗素人任内阁总理之职，遂选葛拉德士吞为下院之领袖。

的士累利继为下院之领袖　一八六六年国会既开会，葛拉德士吞提出扩充选举权利之议案，大体仍以财产资格为限制。其同志大不悦，有以为太过者，亦有以为太不及者。其结果则内阁改组，而德被（Derby）起而组织保守党之内阁以的士累利（Benjamin Disraeli）为下院之领袖。的士累利实十九世纪中英国之一大政治家。青年时代因著一小说名满全国。年三十三被选为国会议员，一生政治事业于是乎始。彼本犹太种，衣服奇异，语言典丽，人多笑之。然不久而大众即承认其为政治家矣。

的士累利之改革案　保守党鉴于人民要求改革之激烈及亥德（Hyde）公园暴动之声势颇为惊恐。然的士累利竟能不顾同志之叱骂及敌党之窃笑于一八六七年通过其提出之改革案。该案规定凡大镇之成年男子居住在十二个月以上而纳本地之济贫税者无论其为房主或租户均有选举之权。凡寄居其地年出租屋金十镑以上者亦如之。至于乡间，则凡主有田产之人年得盈利五镑以上者，或佃户年纳租金十二镑以上者亦均有选举之权。一八七二年国会又议决采用秘密投票制而废旧日之公开记名制。

选举权之扩充　至一八八四年自由党（即旧日之进步党）之领袖葛拉德士吞再提出改革之案，盖英国虽有一八三二年与一八六七年之两次改革，而农民之无选举权者尚有二百余万人也。自由党之意以为果能如此，则保守党操纵乡农之势力或可从此打破也。据新案之规定不问市镇之大小凡市民均有选举之权，乡区亦然，全国一致。然因英国房租甚低之故，未娶之小工年纳租金尚不及十镑者甚多，故尚无选举权之可言也。

女子参政问题　二十年间英国人对于选举权问题多不甚注意。盖保守党得势之日，不求有功但求无过，不欲多所更张也。自一九〇六年自由党秉政以来，不但男子选举权问题有解决之必要，即女子参政问题亦应运而发生。盖自实业革命以来女子有工作机会，生计渐能自立。十九世纪末造国内诸大学相继开放女禁，而女子专门学校亦相继建设。女子之知识既然增高，而生活又能自立，参政之要求遂成为自然之趋势。英国国会于一九一三年虽有否决扩充选举权之举。然至一九一七年国会竟通过改革案，凡成年男子及年逾三十岁之女子均有选举之权。其详情后再述之。

2. 内阁

英王之地位　英国政治改革之结果将选民之数大为增加，独于国王及贵族院颇能维持其旧有之尊严而不改。凡英国王行加冕礼时，仪节隆重不异畴昔；国币上及谕旨上仍有“奉天承运”之文；而议案之首亦必冠以经“国王陛下与集于国会之平民之忠告及同意”而通过之句。凡法庭判决之执行与殖民地之统治无不以国王之名义行之。即海陆军及邮政等亦莫不冠以“王家”二字。

国会之得势　昔日英国亦曾有君主专制之迹。如亨利第八在位时代任免官吏宣战媾和诸权无不由国王一人操之。即国会议员亦复为彼所操纵，然当十七世纪时君主与国会有争权之事，再加以一六八八年之革命，国会之势力遂驾乎君主之上。国王虽握有否决议案之权，而始终无行使之者。实则英国王之权力仅限于商酌提倡及劝告而已。且英国国会握有分配国帑之权，国王不得不仰其鼻息，故始终不敢与国会为难。

内阁与国会之关系　英国行政之权握诸内阁之手。内阁以各部大臣组织之，上有总理。内阁制之发达情形前已详述。内阁阁员名虽由国王任命，实则不过下院多数党人所组织之委员会而已。国王每令多数党之领袖组织内阁，阁员由彼一人于上下两院中择人任之。其在美国行政与立法两机关之往来专用间接之方法，而英国之内阁总理及阁员则能出席于下院以辩护其政策。

内阁责任之一致　凡重要议案均由内阁预备完好然后提交国会，名曰“王言”，由国王或其代表朗诵之。所有内阁之行动无不全体一致，阁员偶有独持异议则唯有辞职之一途而已。故内阁对于国会及国民始终表示其一致之态度也。

内阁之改组　如下院对于内阁提出之重要议案不予通过或提出弹劾内阁之案时，则内阁之对待方法可得二端。其一则内阁辞职，予彼反对党以人组织新阁之机。然假使内阁阁员以为其政策必得国人之赞助，则可用“诉诸国民”之法，请国王下解散旧会召集新会之令，以觇民意对于内阁政策之向背。内阁之行止至是乃视选举之结果而定之。如赞成者仍居少数，则内阁唯有辞职之一途矣。

英国政府受民意之监督 一九一一年之法律虽有国会每五年改选一次之明文，然下院议员之任期初无一定之期限。盖英国王有随时解散下院之权以便得真正民意之所在也。故英国政府对于民意之感觉远较国会议员任期有定者为灵敏。如美国下院议员之任期二年，上院六年，其结果则假遇行政与立法两机关有相持不下之局时，唯有任其自然，不若英国之可以随时举行改选以便决定政策之去取也。

贵族院 或问英国政府之民主精神既若是之显著，何以不负责任之世袭贵族院至今尚能存在于国中乎？欲明其故，须知英国财政大权握诸下院之手，下院有操纵君主之权。上院如有反对下院议案不予通过时，则下院可迫国王加派相当之贵族以便补足通过下院议案之人数。此种事实虽不多见，然国王一旦表示其实行之意时，则上院即不敢坚持到底也。

人民对于上院之不满 当十九世纪中重要议案之被贵族破坏者虽不一而足；唯上院议员渐知民意之不可违，凡国民所赞成之政策上院每不敢坚持反对之意。然在今日英国人之不满于贵族院者日甚一日。上院议员亦多不能尽其职责。开会之日多不出席。又因一九〇六年上院有反对教育案之举，一九〇九年又有反对预算案之举，废止上院或改组上院之问题为之复起。其结果则有一九一一年《国会案》（Partiament Act）之通过。

3. 言论及意见之自由刑法之修改

新闻纸及出版物之征税 当英国国会改良之日正人民获得出版集会及信教诸自由之时。英国出版物之不受政府检查实自一六九五年始，盖其时国会有不欲再继续检查出版物之法律之举也。然遇政局不安之日如当法国革命及一八一九年时代，则检查出版物之举仍所难免。加以新闻广告之类均须纳印花税于政府，故国内无贱价之报纸以传达政治消息于国中。报纸每份须纳税十六分，故售价每份计二角八分，《伦敦泰晤士报》（London Times）每份竟售三角六分。此外尚有纸税，故报纸之成本因之增加百分之五十。

出版自由 当日主张国民教育及政治改革之人无不攻击此种“知识税”（tax on knowledge）之不当。至一八三三年广告之税减轻；一八三六年印花税亦为之减少；伦敦之报纸价遂多降至二角。二十年后此种税一律废止。至一八六一年印刷用纸之关税亦一律免除。出版自由至是实现。然政府所取报纸之邮费尚不若美国之低廉也。

言论自由　集会与言论之自由在民主国中其重要不亚于出版之自由。当十八世纪时代英国限制集会与言论之法律虽不若欧洲大陆诸国之严密，然英国人之言论自由至十九世纪中叶方始完备。今日英国人颇以有此种自由自喜，实则许人民以集会及言论之自由固无害而有益者也。

信教自由　英国之旧教徒及新教之异派鉴于政治上及言论上均已自由，遂有要求废止限制宗教法律之举。其时凡旧教徒虽有信教之自由，然充当官吏之权剥夺殆尽。新教之异派亦然，唯得充国会议员一节为稍异耳。自监理会派发现以后新教之异派之势力日盛一日，国会不得不允其要求于一八二八年废止旧日限制异派之法律予以充当官吏之权，唯须宣誓不用其势力以伤害国教。次年旧教徒亦要求国会通过《解放议案》（Emancipation Act），凡旧教徒均有充当官吏及议员之权，唯须宣誓不承认教皇为领袖及无损害新教之意。

刑法　同时国人对于旧日之刑法亦颇有议其残忍非基督教国家所应有者。旧日刑法上之死罪竟达二百五十种之多。自一八一〇年至一八四五年间人民犯死罪者有一千四百人之众。

刑法之改革　然改良刑法为日殊久。在十九世纪上半期中滥肆淫威之迹虽减去大半。然至一八六一年时死罪之种类方减为三。当一八三五年时国会曾有调查监狱之举，方知内容黑暗难以形容。遂有视察及改良管理之规定。监狱改良于是乎始。如建筑之卫生、男女之分监、积犯与青年之隔离、待遇之优美、囚犯之感化等无不着着进行。

4. 社会改革

工厂生活之恶劣　英国之刑法始于中古。自佐治第三在位时实业革命以后人民所受之痛苦尤有甚于惨无人道之刑法者。此即英国工人所得于工厂制度者也。其时英国国内工厂如林；急就造成每背卫生之原理。空气臭恶，墨暗异常。无家可归及无地可耕之男女无不趋入城中工厂以求生活。工作机会全操诸资本家之掌中。加以国际贸易时有涨落，工人每有失业之虞，生活每无一定之局。

童工 自蒸汽机发明以来童工之为用遂广。贫民子弟数以千万计，名虽人工厂为学习之徒，实则与奴隶之地位无异。为父母者迫于生计，设工厂者贪佣贱工。儿童之人工厂者趋之若鹜。

工厂状况之黑暗 成年工人生活之状况其恶劣与童工等。青年妇女多充厂工，甚至危险黑暗之矿中亦有用女子为工人者，危险之机器多不设法防卫。工人生命随地堪虞。工作之时间甚长，工人每现力竭精疲之象。吾人试读勃朗宁（Browning）夫人所著之诗《儿童之哭声》（The Cry of Children），金斯莱（Kingsley）所著之《奥尔吞陆克》（Alton Locke），及喀莱尔（Carlyle）与狄更斯（Dickens）所述之文字，则当日工厂生活之黑暗即可见其一斑云。

限制工厂之反对者 为工人者既无参政之权利又无教育之机会。而当时之政治家亦多不愿为工人筹谋增进幸福之地。此外经济学家亦颇尽心以维持资本家之权利。若辈以政府之干预工商各业为非计。以为商人之熟谙商业情形远在政府之上。假使工人作工之时间减少，则工厂将无利可图。其结果则工厂休业，工人将更无生活之机矣。

工人之要求 因学者有此种主张，故十九世纪最初三十年间政府绝不顾及工人之困苦，当一八〇二年时政府虽有减少儿童工作时间至每周七十二小时之举；并有其他改革如厂主每年颁给工人以衣服一袭等。然厂主每视此种议案为具文；工人生活困苦如昔。自一八一五年至一八一九年间大慈善家奥文曾有要求国会设法保护儿童之运动。彼以其工厂中优遇工人之利益宣示于国人；并请国内厂主同襄善举，使无告工人得享安居乐业之福。然国内工厂无起而响应者。而国会所通过之法律亦不过彼所要求者之一部分而已。规定嗣后工厂中不得佣九岁以下之童工，凡年在九岁以上十六岁以下之工人工作时间每天不得逾十二小时。

最后国会之改良计划 然自此以后一面有改革家之要求，一面有工人之蠢动，国会遂不得不筹改良工厂生活之法。其时因工厂中空气臭浊，饮食稀少，工作之时间甚长，卫生之原理不讲之故，疫疠为害遍传厂外，若不设法危险殊甚。于是改革家如阿士力（Ashley）辈莫不起而提倡改良。国中志士闻声响应。一八三二年国会乃有派人调查工厂之事。其结果则工厂黑暗大白于世。国会乃议决再减童工工作之时间，而定期调查工厂之制亦始于此。至一八四二年阿士力并提出禁止女子幼童入地开矿之案于国会，卒得通过。

女工童工工作十小时之要求　此种法律尚不足以满改革家之意，若辈遂又要求将女工童工工作时间减为每天十小时，膳时在外。下院中对于此案争持极烈。布来脱（John Bright）以此案为“最有害于国家利益者”，“对于工人之一种蛊惑行为”，及“得未曾有之恶政策”。然至一八四七年此案卒通过于国会，成为法律。事实上则此项规定并适用于成年之男工，盖女工童工一旦辍业时，则工厂中即不得不以男工补充之也。

摩黎之描写　自此案通过之后工商界反对政府干涉之力遂破。政府对于工人之保护日益周密。至于今日则保护工人之最为尽力者除德国外当以英国政府为首推。摩黎（Morley）尝谓英国“有完全精密巨大之保工法典，厂中须清洁无臭恶之气；危险机器须围以栏栅；机器运动时幼孩不许走近清洁之；工作时间不仅有限而且有定；继续工作之时间虽各业不同，而法律有定；工人假日亦由法律规定之；凡童工必须入学，厂主每周须保存其修业之证书；对于面包房、花边厂及煤矿中之工作均有特别法律以规定之；欲实行此精密法典之规定，则有多数之视察员、外科医生等往来于海陆，驰驱于城乡，以尽其监视法律之实行与保护工人之利益之责”。至于十九世纪末年之种种议案尤为重要，后再详述之。

5. 自由贸易

十九世纪以前英国之保护政策　英国自十四世纪以来即有高率关税航海条例及种种法律以保护本国之工商农航各业。对于外国输入制造品及农业品征以高税；对于国内之商业予以种种补助费。凡英国人输入英国领地之物产非由英国船只运输不可。

制造家要求废止谷律　亚当斯密辈均以此种保护政策为有害于商业及工业。然开英国自由贸易之端者，实始于十九世纪中叶制造家之要求。盖百谷之进口税太重，工人之食品太贵也。若辈以为俄罗斯、美国诸国之农产如大、小麦之类果能自由输入英国者，则英国之制造品如毛织品、铁器之类必能畅销于外国。英国壤地偏小，实业之盛又无伦匹，故农工两业均无保护之必要。因此国内制造家多攻击保护农产之《谷律》（The Corn Laws）。自一八一五年后欧洲大陆战事终了，英国农民骤受价格低落之影响几有破家荡产之虞，故农产之进口税较昔加重。

反对谷律同志会 国内制造家因谋《谷律》之废止及自由贸易主义之宣传乃于一八三八年组织反对谷律同志会（Anti-Corn LawLeague）。为领袖者有哥布登（Ricnard Cobden）及布来脱诸人。十年之间精神不懈。一年间开会印刷之费竟达二百余万元之巨，其有功于国民教育史所罕见。若辈所攻击者以《谷律》为目标，盖唯此方可激起民众之感情也。此实一种攻击地方之战争。

庇尔开自由贸易政策之端 此种运动至一八四五年而益烈。盖是年英国之秋收甚歉，而爱尔兰之番芋亦然，全国饥荒不可终日。其时国内学者均以政府如再不废农产之进口税，则民食维艰，太无人道。故内阁总理庇尔（Rohert Peel）始虽以竭力维持《谷律》为事，至是亦抱废止之决心。于一八四六年提出废止《谷律》之议案于国会，卒得通过。彼曾因此而被逼辞职，然英国之保护政策自此打破矣。

自由贸易之实现 十年之间昔日之航业法律一律废止。海滨商埠一律开放。一八五二年葛拉德士吞任财政大臣时货物之免税者凡一百二十三种，减轻者凡一百三十三种。十五年后葛拉德士吞再当国时，除茶、酒、可可等以外，所有关税一概免除。

欧洲各国之倾向自由贸易 自由贸易之倾向不独英国为然。当一八七〇年以后欧洲大陆诸国亦因商约关系几皆入于自由贸易范围之内。法国拿破仑第三时代之维新党即主张自由贸易主义者。德国于一八七九年俾斯麦未订税则以前亦赞成自由贸易之主义。然不久美国及欧洲大陆诸国又渐复其保护政策之旧矣。

英国渐不满于自由贸易 欧洲、美洲各国之经济既有变动，英国人亦颇有主张改变自由贸易政策者。一九〇六年之选举张伯伦（Chamberlain）并以主张保护政策为政纲。结果虽然失败，然自一九一四年欧洲大战开始以来英国即有增加关税之举焉。

6. 爱尔兰问题

土地问题 英国不但内政上有种种困难问题，即对于爱尔兰之纠纷亦几穷于应付之术。盖爱尔兰人系克勒特（Celt）种，而信奉旧教。其感情习惯均与英国人不同。所谓爱尔兰问题者其乱源有三：即土地、宗教及自治是也。

土地问题之起源　土地问题之发生实系英国人屡次征服其地之结果。英国军队入侵一次，则爱尔兰人之土地亦日促一次，盖皆被夺而入于英国军人或贵族之手也。英国人之入侵始于十二世亨利第二在位时代，遂夺都伯林（Dublin）附近所谓佩尔（Pale）者一带地。当十六世纪时爱尔兰有叛乱之举，英国女王伊丽莎白遂遣兵夺北部厄耳斯得（Ulster）之地。至詹姆士第一时英国及苏格兰之新教徒相率迁入其地。不久英国国内有清教徒之叛，爱尔兰乘机蠢动，终以内部分裂为克伦威尔所败。蹂躏全国，土地之被没收者甚广。至一六八八年英国有革命之举，爱尔兰人起而勤王以拥护詹姆士第二为目的。爱尔兰之新教徒多被驱逐。最后一六九〇年七月一日威廉第三败詹姆士于波印（Boyne）河畔。厄耳斯得之新教徒自此有每年庆祝“奥伦治威廉拯救”之举，并组织奥伦治同志（Orangemen）秘密党以反对爱尔兰之旧教徒为目的。

遥领地主制之流弊　爱尔兰屡次叛乱之结果为土地之日减。为地主者皆系英国人而远居英国。即所谓遥领地主（absenteelandlords）是也。当十九世纪时爱尔兰金钱之流入英国者年以百万镑计。而遥领地主则有终身足未践爱尔兰之土者。对于佃户除如期收租外一切利害漠不关心。凡佃户之不能如期缴租者则依法夺其居室及田产而逐之。据一八四七年之计算，爱尔兰地租之缴入英国遥领地主者占全岛地租三分之一。

农民之状况　爱尔兰之农民大都常有饿死之险。对于田产绝不欲设法以改良之，盖因英国人有随时强夺之虞，其田产有朝不保夕之势也。全岛民食半恃番芋，一旦水旱成灾，则人民之困苦情形笔难尽述。如“四十七年之黑年”（Black Year of Forty-Seven）（即一八四七年之大饥）即其著例。英国政府虽力筹赈济，而人民之饿死者不可胜计也。自此以后爱尔兰人之移入北美洲者渐多。五十年间竟达四百万人之众，挟其痛恨英国人之心以俱往。

帕涅尔与土地同盟　教税虽废而遥领地主之制犹存。爱尔兰人既力争废止国教而获胜，遂尽力于土地改革之事。于一八七九年组织土地同盟（Land League），以国会议员帕涅尔（Charles Stewart Parnell）为会长。其目的有三：公平之地租，一定之田产，及公平之售卖。换言之，即法律上须规定所有地租不得由地主任意规定，须由法庭根据土地之价值而定其高下；凡佃户年纳法定租金者不得变更其田产之所有权；凡佃户交出田产时应有尽售其因改良而添置之物品之权。

爱尔兰土地议案　帕涅尔与国会中之爱尔兰议员用“故意延宕之计”（filibustering）以强迫国会承认若辈之三件要求。国会不得已于一八八一年议决土地议案以承认其要求。不久并通过土地购买议案，政府得贷爱尔兰人以购地之资，用分期方法取还。自一九〇三年之议案通过后，政府更拨巨款以备贷予爱尔兰人购地之用。地主之愿出售田产者因之日多。故爱尔兰土地问题颇有完全解决之望。

自治问题　爱尔兰之第三乱源即为自治之争。一八〇一年以前爱尔兰本自有国会。嗣因一七九八年有新教徒名吞（Wolfe Tone）者醉心于法国之社会主义有反叛之举，不久事平。英国国会遂于一八〇一年通过合并议案（Act of Union）废止爱尔兰之国会，令爱尔兰人选出代表百人出席于英国之下院，令爱尔兰贵族选出代表二十八人出席于英国之上院。爱尔兰之志士大愤，遂着手自治（home rule）之运动。所谓自治者即爱尔兰之内政应决诸爱尔兰之国会，不应由英国与苏格兰两地代表所操纵之国会主持之之谓。

鄂康尼　自一八二九年宗教解放议案通过之后，鄂康尼（Daniel O'Connell）尽力于废止合并议案之运动。一八三四年选举之结果得赞成爱尔兰自治之议员四十人。不久有废止协会（Repeal Association）之组织。鄂康尼并屡开国民大会以激起国人之热忱，每举比利时及希腊之独立为例，以说明爱尔兰人之可以有为。爱尔兰全岛人民闻之，无不激昂慷慨，存心一逞。同时在美国之爱尔兰人亦筹划入侵加拿大之举。英国政府乃遣军队三万五千人入驻该岛，鄂康尼殊无战志也。

葛拉德士吞主张爱尔兰自治　鄂康尼于一八四七年去世，然自治运动并不因之中止。盖土地同盟中人及飞尼（Fenian）党中人实行恐怖之手段以对待地主，自治问题遂常在人民心目之中也。一八八二年爱尔兰行政长官卡汾狄士（Frederick Cavendish）及其秘书被人暗杀于都伯林之凤凰公园（Phoenix Park）中，全国大惊。葛拉德士吞乃知爱尔兰问题之解决方法舍允其自治以外别无他道。一八八六年选举之后葛拉德士吞之同志居其多数，乃联络爱尔兰议员以从事于运动合并议案之废止。不意同志中颇有持异议者，遂与葛拉德士吞分离另组自由统一党（Liboral Unionists），葛拉德士吞之议案卒以少三十票不获通过。七年之后葛拉德士吞又提出议案规定爱尔兰另建国会于都伯林，同时并保存其出席于英国国会之代表。此案虽通过于下院，终以上院之反对而失败。

第六卷　欧洲史与世界史之混合

第二十三章　欧洲势力之扩充及西方文明之传布

1. 交通机关之改良

欧洲之海外商业　欧洲自实业革命以来工商诸业蒸蒸日上制造之品足以供给欧洲自用而有余。故欧洲人常觅新市场于世界之各部。因欲与远东通商，遂引起美洲之发见。至十九世纪时英国、法国、德国三国之制造品已通销于中国、印度及太平洋上诸岛中。此种世界通商实为历史上大事之一；因欧洲人之殖民于海外与亚非二洲市场之垄断莫不因世界商业而发生。欧洲各国间因之遂不免有互相竞争之迹，一九一四年之大战此亦为其一因。

轮船之发明及其应用　自蒸汽机发明以来运输物品费省而便利，商业上之发展益为促进。轮船铁道合而造成世界为一大市场。应用蒸汽机以航海久已有人研究及之，然第一次之成功则为美国人福尔敦（Robert Fulton）之力。彼于一八〇七年春间将其新造之轮船名克勒芒（Clermont）者下水。是年秋间“新水怪”驶至奥尔巴尼（Albany）。至于轮船之横渡大洋则始于一八一九年之轮船名塞芬那（Savannah）者。此船由塞芬那向英国之利物浦（Liverpool）而行，前后凡二十五天而达于英国，同时并张帆以助之。一八三八年有轮船名“大西”者自英国之布里斯它尔（Bristol）至美国之纽约，凡需时十五天十小时，此船载重一千三百七十八吨，长二百十二尺，每日须煤三十六吨，其时各国人士无不惊其神速。至今披览世界商业地图，则各地无不有一定之航线，载人或运货之定期轮船不可胜数，大部分皆较“大西”为巨。

苏彝士运河之凿成　昔日欧亚两洲之交通需时甚久，自苏彝士（Suez）海股开通之后地中海与印度洋遂互相联接。苏彝士运河之开凿法国之名工程师雷塞布（Ferdinand de Lesseps）实总其成。凡需时十年而工竣，时一八六九年十一月也。至今每年经过此河之船只数在五千艘以上，不必再如昔日之远绕好望角矣。

巴拿马运河　巴拿马（Panama）运河之开凿始于一八八一年雷塞布所组织之法国公司。然发起此事之人有行贿法国国会之举，而工程之进行亦复不得其方。此事于一八九二年暴露，公司遂被解散。一九〇二年美国国会议决由总统以美币四千万元购法国公司之财产。美国乃与哥伦比亚共和国协商开凿运河之事，不得要领。一九〇三年巴拿马地方脱离哥伦比亚而独立，美国总统罗斯福（Roosevelt）急承认之，遂与新共和国缔结运河区域之约。不久美国政府即继续法国人之工程，至一九一五年而告成。

机车之发明　海上运输既以轮船代替昔日之帆船，昔日陆地货物之以牛马拖运或以轮船运输者不久亦以机车代之。机车之发明正与纺机与蒸汽机同，经过多次之试验方告成功。发明之人厥惟斯蒂芬孙其人（一七八一年至一八四八年）。

斯蒂芬孙与英国铁道　一八一四年斯蒂芬孙始造小机车名巴芬比来（Buffing Billy）备矿区之用。一八二五年彼得英国国会之允许，在英国北部斯拖克敦（Stockton）与达林敦（Darlington）间造铁道一条以载人而运货。其时利物浦与曼彻斯特间亦有修筑铁道之举，机车之参预竞争者凡五，而斯蒂芬孙所造之洛克脱（Rocket）得选，此路于一八三〇年正式开通。此有名之机车重约七吨，每小时平均行十三英里，与今日重百吨每小时行五十英里之机车相较，相去远矣。此后十五年间，利物浦、曼彻斯特、北明翰，与伦敦之间均通铁道。至十九世纪末年大不列颠岛中已有铁道二万二千英里，每年平均载客一千万人以上。

德法之铁道　法国之有铁道始于一八二八年；德国则始于一八三五年，然因其时国内四分五裂之故不甚发达。至于今日则欧洲一处已共有铁道二十余万英里。

铁道政策　非亚二洲铁道之建筑进行亦甚迅速，为输入西方制造品及矿产之机关。横断欧亚二洲大陆之西伯利亚铁道吾人已述及之。俄罗斯亦并向南建筑铁道以达波斯与阿富汗；英属印度约有铁道三万五千英里。即非洲内陆之森林与平原之中在十九世纪中欧洲人足迹所未到者至今亦复铁道纵横以千里计。此种铁道极为重要，盖主有铁道者每有监督铁道所经地方之经济与政治生活之权也。故欧洲各国对于铁道尚未发达之国莫不争先恐后以投资兴筑。如中国与土耳其之铁道极为重要，欧洲各国互相竞争，为欧洲大战争原因之一。

便士邮费 与世界商业有密切关系者除铁道、轮船外，尚有邮政、电话、电报与海底电线等。英国之便士邮费至今视为平常，若在腓特烈大王时代之人眼中观之宁非怪事。英国当一八三九年以前短距离间之邮费每函需一仙令，路途较远者则邮费亦较多。至一八三九年喜尔（Rowland Hill）有改良邮费之主张，大不列颠岛上信札邮费遂一律改为一便士，国人无不惊异。互相通信之机会乃大为增加。邮费既减昔日闭关自守之习遂破，人民生活日益开明。其他欧洲各国群仿英国之模范减少邮费。至今全世界已有每函一律减收邮费美金二分之趋向。至今中国与美国间通信所需之时间较初行“便士邮费”时代已减少甚多矣。

电报与电话 电报与电话之发达亦殊为可惊。前者发明于一八三七年，后者发明于一八七六年。非亚诸洲之内地遂得与欧洲接近。中国国内巨城均通电报，同时并可与巴黎直接通电。一九〇七年十月马可尼（Marconi）建设无线电报以通欧美两洲之消息。至今则无线电话已可自美京华盛顿（Washington）以达于法国之巴黎，将来或能倍远亦未可知。

第二十四章　十九世纪中之英国殖民地

1. 英属印度领土之扩充

英国领土之扩充 关于英国与他国之争夺殖民地——与荷兰之争香料群岛，与西班牙之争南美洲商业，及与法国之争印度及北美洲——吾人已述至一八一五年之维也纳会议止。自此以后英国遂为世界商业之首领。

十九世纪中英国人尽力于发展印度、非洲、加拿大及澳洲之富源。

十九世纪初年之英属印度　十九世纪初年之英属印度领土有孟加拉一带地及沿恒河流域以达于德利。印度东部沿岸一带地，印度半岛之南端及锡兰岛，西部之孟买，及苏拉特（Surat）以北一带地亦无不在英国人掌握之中。此外并有受英国保护者，如海达拉巴（Hyderabad）等地是。

马剌塔战争　此种政治组织维何？即印度内地土酋所组织之马剌塔（Mahratta）同盟是也。同盟之领土凡由孟买海岸向内地一带之区，其西并以山为界。然诸土酋虽组织同盟，而此界彼疆互相猜忌，外患稍息内乱随来。假使若辈无蛮触之争，则英国人之势力定有被挫之一日矣。然诸酋之相争延绵不已，英国领土与之接触者每苦其骚扰。英国人卒于一八一六年至一八一八年间遣兵与之战而夺其地。诸土酋多为英国之附庸，以迄于今。

英国扩充势力于中国之边境　当英国人平定印度内乱之秋，同时并伸其势力于印度北东西之三部。印度北方边境沿长六百英里，介于喜马拉雅山及恒河间者有人种曰廓尔喀（Gurkhas）者居之，时起骚扰。往往下山劫掠，村落为墟。盗首数人组织同盟，附属于一总督，占据尼泊尔（Nepal）自号王国。屡思南下以占恒河流域一带地。卒于一八一四年至一八一六年间为英国人所败。英领印度之国境遂与中国之西藏接触。

缅甸之合并　当英国人与马剌塔及尼泊尔战争之日，正缅甸人西犯孟加拉地方之时，缅甸人初不知欧洲人军队之强盛，以为不难一战而败之。不期于一八二四年至一八二六年间为英国人所败，并割孟加拉湾东岸一带地于英国。英国人之势力从此遂及于印度之外。至一八五二年英国缅甸之间再起战争。英国人遂奄有伊拉瓦底河（Irawadi）流域及仰光（Rangoon）以南沿岸一带地。

信德及判查布诸地之征服　英国人既征服缅甸之地，乃转而注意印度之西北境。沿印度河（Indus）两岸之地名信德（Sind）者肥沃异常。有土酋（Amer）统治之，颇不驯，为英国人患。英国人借口其政治腐败政府无能，于一八四三年遣兵入侵其地，遂灭之，据其地为己有。不久英国人又与信德西北之塞克（Sikh）种人战，又得印度河上流判查布（Punjab）之地。英国领土之境遂与阿富汗相接。英国人于武力侵略政策以外并用“和平同化”（peaceful assimilation）之策。当总督大贺胥（Dalhousie）在任时代（一八四八年至一八五六年），凡遇土酋绝嗣时莫不改其保护国为行省焉。

印度不满英人之原因　英国人武力侵略之迹既著，印度人大恨。英国领土中之王族及官吏因失势而抱怨；至于附属国中之土酋亦颇厌英国人之压制。而马剌塔人亦以英国人作梗不能实现其马剌塔帝国之计划，故对于英国人无不侧目。

脂肪弹筒之激变　印度乱机之四伏既如上述，至一八五七年英国人有整顿军队之举，乱机遂发。盖当一八五六年英国人鉴于法国人所发明之新枪便捷可用，遂购而给诸印度兵。新枪实以纸造之弹筒，内装火药及子弹。为装弹便捷起见，筒外涂以脂肪。唯兵士须以齿啮去筒之一端以便着火。

兵变　英国政府之引用新枪也，初不想及印度士兵之宗教习惯。英国政府后允废新枪而不用。军心为之稍定。一八五七年五月米剌特（Meerut）之兵士不愿使用新弹，英国人处以监禁十年之罪。印度兵群起不平，遂叛。五月十一日德利城中兵变，尽杀城中之英国人，并围困英国之驻防兵。不数日间印度之西北部无不叛乱。勒克瑙（Luknow）城人口凡七十万，亦起而与英国人抗，困英国兵士于垒中。城南四十英里之地有孔坡（Cawnpore）城，其地英国人之被杀者凡千人。至七月中旬凡澳德（Oudh）及西北一带地均叛英国而独立。

叛乱之平定　米剌塔之兵既叛，东印度公司总理急电孟买、玛德拉斯、锡兰诸地求援。其时叛乱之地虽无铁道，幸有电线故消息灵通。名将坎柏尔（Collin Campdell）为拿破仑战争及克里米亚战争中之老将，率兵来援勒克瑙。至十一月竟解其围，而英国兵士之困守者至是盖已六阅月。其时印度兵亦有忠于英国人者，英国人又得沿海诸省之援助，各城之叛相继平定。至十一月下旬乱事已平，然英国人所费亦不资矣。英国人之惩办叛党其残酷亦正不亚印度人也。

女王维多利亚之取得东印度公司政权　兵变既定，英国国会遂实行改革印度政府之举。东印度公司之统治印度者前后凡二百五十余年，至是乃夺其政权归诸英国之中央政府。一八五八年十一月女王下令凡东印度公司所订之条约一概继续有效；印度诸王之权利照旧维持；印度之宗教自由一概仍旧。另派总督一人以代昔日之公司总理。公司董事之权让诸新设之管理印度大臣（Secretary of Statefor India）。废德利之蒙古皇帝。一八七七年一月一日维多利亚进称为印度皇后。至今印度之人口得三百兆人，面积得一百七十七万三千方英里，均属英王治下。

兵变后之进步　英国政府之在印度者自兵变后注其全力于国内之改革及西北境之保护。士兵之数日减，白人之数日增，凡炮兵纯以英国人充之。于一八六〇年及一八六一年适用英国之法典及刑律。建筑铁道不遗余力，军事上得朝发夕至之功，商业上有运输便利之益。纱厂林立，城市勃兴，印度之海外商业七十年来增至二十倍。报纸凡八百种，以二十二种方言印刷之。振兴教育，学校蔚起，全国学生得五百万人。

印度自治之发端　总之今日之印度工业及教育之革命正在进行；而参政运动亦正在开始。英国政府深知此种民族精神之不可遏，于一九一五年，一九一六年及一九一七年通过三案以谋印度自治之进行。建设立法机关一，包二院。二院议员以民选者居其多数。各省亦许其建设立法机关，并多予土人以充任官吏之机会。然至今印度人尚以为未足，颇有主张脱离英国而完全自治者。故各地人民时有革命或暴动之举，英国政府几有穷于应付之势也。

2. 加拿大领地

魁北克议案　当一七六〇年英国人建设政府于加拿大时，英国人之在加拿大者仅得二十六万五千人，其余均法国人也。英国、法国两国人因人种、语言、法律及宗教之不同，故此疆彼界畛域极明。英国人人地生疏，故其政治设施多不适当。至一七七四年美国将独立之际英国人深恐加拿大人之携贰，故英国国会通过著名之魁北克（Quebec）议案——为英国史上最重要议案之一。其时各国尚无信教自由之规定，而该案竟承认基督教，许教士得征收教税，维持法国之民法，并听法国习惯之存在。

保王党之在加拿大者　当美国独立时加拿大人多忠于英国。法国人虽援助美国，而保王党之自美国入加拿大者纷至沓来，安居乐业。若辈多居于滨海诸省及上加拿大，自称为统一帝国保王党（UnitedEmpire Loyalists）。至一八〇六年保王党之自美国移入加拿大者计有八万人之多，英国政府亦每予以新地及补助费以提倡之。

加拿大之行省　自后英国人入居加拿大者其数日增，加拿大之政府遂有不得不改组之势。一七九一年英国国会议决建设代议政府于加拿大。分其地为二省：沿大湖一带者为安剔厘阿（Ontario）在下加拿大者曰魁北克。

法国人之忠于英国　加拿大既设新政府，英国人与法国人均能忠于英国。一八一二年美国拟侵入加拿大时该地英国、法国两国人莫不一致御侮，即其明证。盖居于安剔厘阿之保王党尚怀旧日被逐之恨，而法国人亦群起而援助之。美国人入侵之计既败，加拿大人对美国之感情益恶，并疑美国有兼并之野心。

加拿大之叛　加拿大两省人民虽对美国有一致之象，而在国内则时起纷争。其时上加拿大（即今日之安剔厘阿）之政权操诸保王党人之手。若辈大都属于昔日之保守党，其握政权之团体世人称之曰“家属团体”（Family Compact），因多系亲戚故旧也。其时进步党人颇恨政府之不负责任，遂于一八三七年有叛乱之举。至于下加拿大（即今日之魁北克）之法国人亦举兵叛乱。两处叛乱不久平静。英国政府于一八四〇年派得汉（Durham）赴加拿大调查该地之实况。其报告力言应予殖民地以自治之权利。自此以后英国对待殖民地之政策为之一变。凡殖民地之有自治能力者无不允其自治。此实政治史上一大革命也。至今英国之殖民地甚至有与他国缔约之权，与独立国家几无区别。得汉报告之结果加拿大二省遂统于一责任政府之治下。

加拿大之联邦　统一议案为他日加拿大联邦之先声，一八六七年英国会通过英属北美洲议案，合安剔厘阿、魁北克、新不伦瑞克（New Brunswick）及诺法斯科细亚诸省为加拿大领地（The Dominion of Canada），并规定其他诸地亦得随时加入。联邦宪法上规定设总督一人为英王之代表；上议院一，其议员由总督任命之，任期终身；下议院一，由民选议员组织之。联邦计划自一八六七年七月一日实行，是日至今为加拿大之国庆日。

加入联邦之新省　加拿大自联邦政体成立之后，物质发达甚为迅速；民族精神亦渐显著。加拿大西部一带地先为领地，再为行省，正与美国发展其西部领土之步骤同。一八六九年哈得孙湾公司二百年来所有之领土售诸联邦政府。次年设曼尼托巴（Manitoba）省。一八七一年不列颠属哥伦比亚（British Columbia）加入联邦。二年以后普麟斯爱德华（Prince Edward）岛亦如之。一九〇五年亚柏挞（Alberta）及撒喀其万（Saskatchewan）两省亦来加入。至今仅纽芬兰岛尚在联邦之外。外人之移入加拿大者日渐增多。当一八二〇年时加拿大之人口不过五十万余，至十九世纪末年已达五百余万，至今几达八百万。

民族精神之发达　加拿大虽为英国领土之一，而民族精神竟甚发达。又因有保护关税及政府之补助，故实业发达亦有一日千里之势。在昔加拿大与美国间因有互惠条约故商业关系极为密切。自美国南北战争以后关税之率增高，与加拿大之商业关系顿生障碍。其结果则加拿大转视英国为其实业之同盟。自一八七〇年以后保守党领袖马克多那尔特（Sir John Mac Donald）力主"国家政策"（nationalpolicy）以保护加拿大利益为目的。此后保守党及进步党均尽力使加拿大成为实业独立之国家。此种"殖民地之民族主义"（colonialnationalism），前总理罗立亚（Sir Wilfrid Laurier）提倡尤力。观于一九一一年加拿大之反对美国商业互惠计划，足见美国合并加拿大之野心绝无实现之希望。是年选举之结果保守党卷土重来，其领袖波登（Sir Robert Borden）极主与母国联络，并增加关税以抗美国。

3. 澳洲殖民地

澳洲为无人之境　当十九世纪英国人占据澳洲殖民地时——包括澳洲、塔斯马尼亚（Tasmania）、新西兰（New Zealand）及其他小岛——如入无人之境。盖澳洲及塔斯马尼亚之土人为数本不甚多，性情亦非好勇狠斗者。故英国人之往殖民者颇能自由发展其民主之政府。既不若加拿大之有欧洲人，又不若印度之有异族。

澳洲之富源　澳洲及塔斯马尼亚之面积合计约有三百余万方英里，新西兰一岛亦大于大不列颠。澳洲大部分虽位于温带之中，然北部接近赤道之地夏季干燥异常。洲之中部水量尤缺，不宜居人。故殖民地之繁盛者偏于东南两部。极南之墨尔本（Melbourne）城之在南半球，其纬度与北半球中国之天津相似。澳洲产金、银、煤、锡、铜及铁。塔斯马尼亚与新西兰则风景美丽，气候宜人，土壤亦远较澳洲为沃。

昔日澳洲之探险　英国人之占有澳洲始于十九世纪。在昔初入其地者似以葡萄牙人为最早。然其地不著。试观依利萨伯时代地图上所绘澳大利亚之简陋，即可见当日欧洲人对于澳洲之知识如何。一六四二年荷兰航海家塔斯曼（Tasman）发见一岛，即以其名名之曰塔斯马尼亚。同年彼并发见澳洲东方诸岛，以荷兰之地名名之曰新西兰。然荷兰人并不占据其地。日后英国人库克（Cook）有著名之航行，澳洲诸地遂引起英国人之注意。彼于一七六九年至一七七〇年间环绕新西兰岛一周，乃西向而达澳洲之东岸，见其植物繁茂故名其地为植物湾（Botany Bay）。遂以英王名义占其地。因沿岸一带之风景极似英之威尔斯，故名其地曰新南威尔斯。

澳洲殖民地之建设　一七八七年英国政府流国内罪人于澳洲之植物湾，是为英国殖民于澳洲之始。湾南有良港，发达而成今日之悉德尼（Sydney）城，为新南威尔斯州之都会，此州为澳洲联邦六州中之建设最早者。塔斯马尼亚于一八〇四年建设殖民地，其首都曰哈巴特（Hobart）。西澳一州之初亦为罪人远戍之所。墨尔本附近一带之殖民地于一八五一年联合而成维克多利亚殖民地。不久悉德尼以北地方亦组织而成昆士兰（Queensland）殖民地。至于南澳一州其都会为阿得雷德（Adelaide），自始即为自由民殖民之地，而非罪人流寓之区。一八五一年澳洲金矿发见后，英国人之赴澳洲者日众。殖民地既富且庶，遂反对英国流入罪人之举。英国政府不久乃中止之，废昔日之军政而代以民政。各州亦渐得自治之权。

澳洲共和之成立　各殖民地之言语制度既属相同，则联合之举势所必至。联邦之事早已有人主张。迨一八九一年各殖民地代表有组织宪法会议之举，编订联邦宪法，由人民准之。一九〇〇年英国国会通过议案，根据澳洲新宪以建设澳洲共和（Commonwealth of Australia）。联邦中计六州——新南威尔斯、塔斯马尼亚、维克多利亚、昆士兰、南澳州及北澳州——其组织与北美洲合众国无异。联邦中有总督一，为英王代表，国会分二院。上议院由各州各选议员六人组织之，下议院则以民选之代表组织之。政权之大以下议院为最。凡商业、铁道、币制、银行、邮电诸政、婚姻及工业、公断等均由下议院规定之。

新西兰之殖民　离澳洲东南千二百英里之海中为新西兰岛所在地。英国人之赴其地者始于十九世纪之初半期。一八四〇年英国人与其地土人曰毛利（Maoris）者约，令若辈承认英国女王维多利亚为其君主，而英国人则予以一定之居地。英国人于北岛上建奥克兰（Auckland）城。二十五年后新西兰自立为殖民地，以威灵敦为都会。其时英国人所建之新西兰公司尽力于殖民事业之发展，不久渐侵入土人所居之地。一八六〇年及一八七一年土人起叛者凡二次，均不久而平。

新西兰之社会改革　新西兰近年来有种种社会之设施激起世界各国人士之注意。十九世纪末年其地之工人颇占势力，竟能实行种种改革以利工人。言其著者如特设法院以审理工人与资本家之争执。并规定贫民养老金。同时并设法限制私人之广拥土地，凡地广者加以重税，地狭者则否。女子与男子同享有选举之权。

维克多利亚之改革　维克多利亚之种种社会设施亦正不亚于新西兰。其政府设法禁止工业上之苦役。设立工人与资本家合组之公会以规定工资多寡及工作之标准。秘密投票制亦始创于澳洲，故世称为“澳洲投票制”（Australian ballot）。此制已风行于英国、美国矣。

4. 非洲殖民地

南非方面英荷之战　英国人侵略非洲之中心有二：一在极南之好望角，一在极北之埃及。英国人在埃及方面之发展后当再详。至于海角殖民地（Cape Colony）则当拿破仑战争时代英国人已自荷兰人手中夺来。至一八一四年维也纳会议承认该地永属于英国。是时海角殖民地中有欧洲人二万五千，大部皆荷兰人。十九世纪以来虽有英国人移入其地。然大部至今仍属荷兰人之苗裔。此地之荷兰人强壮而顽固。性质虽和平，然极不愿受他人之干涉。英国人既得其地，遂着手于改良地方政府及司法机关，强迫人民适用英语。至一八三三年并废奴制。

荷兰农民之北徙　荷兰在南非洲之农民世称为部耳（Boer）者因不堪英国人之虐待于一八三六年至一八三八年间移往北部内地者凡万人，渡奥伦治河（Orange）向东北以建设殖民地。自后荷兰农民再向东北两方而进占纳塔耳（Natal）及脱兰斯瓦尔（Transvaal）诸地。是时该地草莱未辟，无人注意，故荷兰农民颇有自由发展之乐。

英入侵占纳塔耳及奥伦治河殖民地　然纳塔耳为滨海之区，英国人极不欲有敌国之在其侧。故英国人遣兵入占德尔班（Durban）。一八四二年英国兵与荷兰人战而败之，荷兰人恨英国人益甚。英国人殊不顾。六年之后英国人夺荷兰农民所建之奥伦治河殖民地。

英人承认脱兰斯瓦尔殖民地之独立 荷兰农民至是又再向北走。渡瓦尔河（Vaal）而建脱兰斯瓦尔（Transvaal）殖民地。英国人以为该地多系荒芜之区，仅足供畜牧之用，故绝无兼并之意。乃于一八五二年与该殖民地订约承认脱兰斯瓦尔地方之独立，维持其“自治之权利，英国政府断不加以干涉”。二年以后英国人并承认奥伦治自由国（即昔日之奥伦治河殖民地）之独立。

英人兼并脱兰斯瓦尔共和国 荷兰人之在脱兰斯瓦尔地方生活朴野，既无政府亦无欲望。与其地之土人常起争执。英国人遂借口荷兰农民之举动未免扰乱英国属地之和平于一八七七年入占脱兰斯瓦尔共和国。英国人此种举动荷兰农民实不能堪，乃于一八八〇年叛。次年在马朱巴山（Majuha）地方歼灭英国军队之一部分。

葛拉德士吞再允荷兰农民之独立 是时英国国内葛拉德士吞秉政。不顾主张帝国主义者之要求报复竟允荷兰农民之独立。彼与脱兰斯瓦尔之临时政府缔结条约许其自治，唯须承认英国女王为元首；外交上亦须受英国人之监督。荷兰农民以为此约并非出于英国人之大量，实为武力所迫而来，故决意非得完全独立不可。一八八四年果得再与英国订约，除外交仍受英国人监督外，英国承认脱兰斯瓦尔为自由独立之国家。

脱兰斯瓦尔金矿之发见 不意次年（一八八五年）脱兰斯瓦尔南部忽有金矿之发见。昔日人所唾弃之地至是一变而为极有价值之区。于是开矿者投机者趋之若鹜，不久而人口竟增至三倍。外人之数日增，荷兰农民之数相形见绌。荷兰农民遂设法以阻止外人之入籍或获得公权。

英国在脱兰斯瓦尔者之反抗 英国人在脱兰斯瓦尔者乃提出抗议。略言地瘠人稀之区能一变而为富庶之地者英国人之力也；几濒破产之政府经济忽然充裕者英国人之力也；该地之盛衰既与英国人有切肤之关系，则英国人当然应享参政之权利。英国人曾欲设法修改脱兰斯瓦尔之宪法，终归失败，乃于一八九五年谋叛。

哲麦孙侵掠 此次脱兰斯瓦尔地方英国人之谋叛，罗德斯（Cecil Rhodes）实提倡之。彼盖海角殖民地之总理而且兼英属南非洲公司之总裁。相传彼并受英国政府中人之指使。一八九五年公司经理哲麦孙

（Jameson）博士颇欲实行罗德斯之计划，乃率公司中之军队向脱兰斯瓦尔而进，以冀在约罕涅斯堡（Johannesburg）地方之英国人之响应。不意事机不密，所有叛徒均为荷兰农民所虏。

总统克律革不愿与英人言和 此次“哲麦孙之侵掠”适足以增加英国人与荷兰农民间之恶感。而荷兰农民亦得借口自卫大购军械。脱兰斯瓦尔共和国之总统克律革（Paul Kruger）极不愿与英国人言和。其时彼之势力极大，绝不顾外人之要求，而且与南方奥伦治自由国订攻守同盟之约。

荷兰农民之战 英国人至是宣言荷兰农民之居心在于侵占南非洲之英国人殖民地。而荷兰农民则谓英国人之言无非欲借此为兼并荷兰农民所建设之两共和国之口实。一八九九年脱兰斯瓦尔与奥伦治自由国竟与英国宣战。荷兰农民战争殊力，而英国人之战略殊不得法。英国人中颇有以与荷兰农民战争为耻者，而其他诸国人——德国人尤甚——亦多表同情于荷兰农民。然他国迄无起而干涉者。英国人始败终胜，卒兼并二共和国为已有。

南非联邦之成立 英国人既得有南部非洲之地，统治有方，与其他诸殖民地同亦予以自治之权利。一九一〇年英国国会议决建设南非洲联邦（South African Union），一仿加拿大与澳洲之例。联邦中包有海角殖民地、纳塔耳及二共和国——奥伦治自由国及脱兰斯瓦尔。联邦之元首以英王所遣之代表充之，并有国会一。当一九一四年欧洲大战开始时，德国颇望南非洲荷兰农民之起叛。不意联邦总理波塔（Botha）将军十五年前本为荷兰农民之军官，不但平定一部分荷兰人之叛乱，而且征服德国所属之西南部非洲领土。同时英国所属之南非洲军队又侵入德国所领之东非洲，并遣兵入欧洲大陆以助战。此盖英国人给予殖民地以自由及自治之效果云。

其他英属非洲领土 此外英国人在非洲并有黑人所属广大领土三处。在海角殖民地之北者有伯楚阿那兰（Bechuanaland）保护国，其土人性情和平。在伯楚阿那兰及脱兰斯瓦尔之外者又有洛谛西亚（Rhodesia）一区，于一八八八年及一八九八年为英属南非洲公司所兼并，卒成英国之保护国。在非洲东岸者向内地至尼罗河源诸大湖止有英国所属之东非洲领土。此地为自南北上苏丹及埃及之要区，故形势上极为重要。

此外英国人又于一八八四年在巴布厄尔曼得（Bab-el-Mand）湾上得索马利兰（Somaliland）之地。在非洲西岸者英国人之势力中心有五：

即冈比亚（Cambia）、塞拉勒窝内（Sierra Leone）、黄金海岸、拉哥斯（Lagos）及奈机立亚（Nigeria）是也。昔日凡此诸地皆系英国人贩卖黑奴之要埠，至今则英国人颇能尽力于开化土人，修明政治以自赎前愆焉。

南非洲之铁道不一而足。其一自海角城北上而至洛谛西亚之边境。英国人曾有建筑自海角至开罗（Cairo）铁道之计划。然西北有比利时之刚果自由国，东北有德国所属之东非洲，英国人之计划因之被阻。然自一九一四年以来南非洲荷兰农民有战胜南非洲德国人之举。故英国人建筑直贯非洲铁道之计划颇有实现之希望。大战告终，德国所领之东部非洲委任英国管理之，德国所领之西南部非洲则交诸南非洲联邦管理之。

第二十五章　十九世纪之俄罗斯帝国

1. 亚历山大第一与尼哥拉第一在位时代

俄罗斯与西欧之关系　五十年来俄罗斯与西部欧洲之关系渐形密切。其文化程度虽不甚高，然五十年来颇能尽力于改革以成近世之国家。至二十世纪初年颇有革命建设民主政府之倾向。国内名人之著作多流传于国外。托尔斯泰（Leo Tolstoy）之名著尤受世人之传诵。鲁宾斯泰因（Rubinstein）及柴哥甫斯基（Tschaikowsky）之音乐其风行于伦敦、纽约诸城，正与在圣彼得堡与莫斯科同。即就科学方面而言，门对尔依夫（Mendelyeev）之化学与麦奇尼可夫（Metchnikoff）之生理学在德国、法国、英国、美国，亦复负有盛名。俄罗斯人口甚众，将来在世界文化上必能有所供献。故西部欧洲文化如何输入东部欧洲之情形不能不详述之。

亚历山大第一之参预西欧政治　当一八一五年亚历山大第一自维也纳会议返国时声威殊盛，彼本有功于拿破仑之败亡者，又能联合西部欧洲各国之君主以组织神圣同盟（Holy Alliance），其得意可想。然彼之利害当然以本国为主。彼之领土占欧洲之大半，至于亚洲北部一带之广袤更无论矣。

俄罗斯帝国内部之复杂　亚历山大第一之领土中人种甚杂，各民族之习惯、语言及宗教无不相异。有芬兰人、波兰人、德国人、犹太人、亚美尼亚（Armenia）人、佐治亚（Georgia）人及蒙古人。俄罗斯人虽繁殖于欧洲俄罗斯之南部及西伯利亚，在国内为数甚多；俄罗斯之语言文字亦通行于学校及政府中。然芬兰大公国中之人用其本国语及瑞典语有同独立之国。至于波兰人则无日不回想昔日王国之光荣以冀其恢复。

当亚历山大第一在位时代俄罗斯人多乡居，盖其时城市甚小远不若西部欧洲诸城之宏丽。乡居者大半皆佃奴，其状况与十二世纪时英国、法国之佃奴无异。

皇帝之专制　俄罗斯皇帝自称为“所有俄罗斯之专制皇帝”（Autocrat of All the Russias），故权力之大与法王路易十六同。宣战媾和唯意所欲；任免官吏极其自由；对于人民则逮捕之，监禁之，放流之，杀死之，不受他人之限制。即俄罗斯之教会亦在其监督之下。为官吏者绝不作对人民负责之想，腐败专制无所不为。

亚历山大何以反对革命及维新　亚历山大第一即位初年本怀维新之思想。然自维也纳会议后态度忽变。渐畏人民之革命，与旧俄罗斯党联合以反对维新为事。不久俄罗斯皇帝并痛骂维新主义为幻想，有妨社会秩序之全部。命官吏尽力于新党之抑制。检查出版极严，新派之杂志莫不被禁；大学中之教授科学者均被免职。然国人之留心西部欧洲革命运动者实繁有徒；诵西部欧洲之新书者亦正不一而足。

十二月之叛　一八二五年十二月一日亚历山大第一忽去世。国内革命党乘机而叛，即世称“十二月之阴谋”是也。组织未当，不久即败，其领袖颇有被杀者。

波兰人之叛　尼哥拉第一（Nicholas Ⅰ）既即位，极恨十二月之叛，故专制特甚。因专制太过，乃激起波兰人之叛。昔日亚历山大第一所颁之宪法至是竟违背之。俄罗斯兵之入驻其地者甚多。并强以俄罗斯人为波兰之官吏。波兰国会有所要求，俄罗斯政府亦每置之不理。波兰人遂多组织秘密团体以谋恢复昔日之共和国。一八三〇年华沙之波兰人叛，占其城，逐俄罗斯之官吏而出之，设临时政府，求援于欧洲各国。一八三一年一月二十五日，宣布独立。

叛乱之平定　然欧洲各国绝无应之者。俄罗斯军队既入波兰，乱事遂平。俄罗斯皇帝尼哥拉第一之对待乱党殊为残酷。撤其宪法，停其国会，废其国旗，移波兰人四万五千户于顿河（Don）流域及高加索山（Caucasus）中，波兰至是遂夷为郡县。

尼哥拉第一之深信专制　尼哥拉第一以为欲救宗教及政府之“凋零”，非维持专制政体不可，盖人民之误视破坏思想为文化者唯专制政体足以阻止之。俄罗斯之希腊教会及其教义非始终保存不可。国民应独树一帜以维持其过去之信仰及制度。其时朝廷官吏多以现代制度为满足，不欲多所更张。

尼哥拉之抑制维新　尼哥拉第一借口于维持民族精神，尽力阻止维新主义之发达。国内官吏亦复抑制自由不遗余力。凡关于宗教及科学之书籍均须经警察及教士之检查；凡外国政治著作之输入者则没收之；其稍涉维新之处则由检查者删去之。官吏并公然拆阅人民之私札。此种专制情形至二十世纪初年革命时方为之一变。

2. 佃奴之解放及革命精神之发达

亚历山大第二之即位　一八五四年俄罗斯因欲伸张其势力于土耳其乃有与英国、法国战争之事。俄罗斯军队大败，其在克里米亚半岛上之根据地塞巴斯拖堡（Sebastopol）为联军所占。战事未终而尼哥拉第一死，其子亚历山大第二即位。凡与敌言和澄清吏治以及增进人民幸福诸责任皆将由彼一人负责之。

佃奴之状况　俄罗斯之人民半系佃奴。其生活之困苦与其身体之不自由实为进步及隆盛之障碍。为地主者每自占其领土之一部分，分其余以予佃奴。佃奴一年所得几不足以自给。为佃奴者每星期为地主工作者凡三日。凡有争执诉诸地主，地主得自由鞭笞之。其地位之卑下而困苦与牛马殆无以异。

农民之叛　佃奴因不堪其苦故常有叛乱之举。当喀德邻第二在位时代农民起而作乱，全国响应，平定之日死者极众。当尼哥拉第一在位时代农民作乱前后不下五百余次。日后政府虽防止极严，然叛乱之举可断其有增无减也。

佃奴之解放　亚历山大第二深恐农民之再叛，决意解放国内四千万之佃奴。几经讨论乃于一八六一年三月三日下令解放国内之佃奴。然彼又虑地主之损失过大，故对于解放佃奴之举并不彻底。政府虽剥夺地主鞭笞佃奴及主持婚姻之特权，并禁地主不得强佃奴工作或纳税。然为佃奴者仍终身附属于田地，盖佃奴无政府护照者不得擅离其村落也。地主虽交出其领土之一部分，然佃奴个人仍一无所得，盖所有田地仍属诸村落之全体也。各村之地每于定期中重新分配于各户，俾无永久占有一地之机会。

至于政府之对待地主异常宽大。不但规定农民有缴交地价之责，而且政府所定之地价亦远较其真值为高。其价由政府代付，由农民分期偿还。因此农民之自由与罚作苦工之罪人初无少异。故佃奴每有鉴于政府之虐待不愿解放者。是时农民之叛乱者凡数百次，政府每用力以铲平之。迫农民收受“自由”，并纳地税。

凡村中人口增加者则各人所分得之田地当然减少，生活之机会亦因之日减。今日俄罗斯之农民被解放者虽已六十年，而农民所有之地尚不及原来分配所得之半。农民常有饿死之虞，国课之征亦每不能应命，故一九〇五年皇帝下令免其积欠，盖明知农民永无补缴之能力也。不久又下令允农民得自由离其村落求工作于他处。同时并许其私有田地。古代村落制至是遂废。

虚无主义之本意　亚历山大第二在位时代政府专制。国内知识阶级渐发生一种反抗之精神，即世上所称之“虚无主义”（nihilism）是也。其初并非一种恐怖主义，不过一种对于国家教会及种种恶劣旧习之知识上与道德上之革命耳。其主张以理性为人类之明星，正与服尔德、狄德罗及百科全书家之主张无异。

亚历山大第二之让步　政府中人既知强抑革命之无用，乃劝皇帝让步以平革命党之心。请其颁布一种宪法，允召集民选之国会，为谘询立法之机关。然为时至是已晚。当彼允许立宪之日之下午乘马回宫，中途被刺而死，时一八八一年三月中也。

巴尔干战争　亚历山大第二在位时代之外交亦有足录者。一八七七年俄罗斯以援助“南斯拉夫种人”——塞尔维亚人、蒙特尼格罗（Montenegro）人及保加利亚（Bulgaria）人——之独立为名，又与土耳其宣战。俄罗斯虽战胜土耳其，然有一八七八年柏林会议之开会，俄罗斯所得诸地仍复丧失。其详情当于下章述之。

恐怖主义之衰微　亚历山大第二既被刺而死，革命党之执行委员会致书于其子亚历山大第三略谓：彼若不允代议政治言论自由出版自由集会自由诸要求，则彼将有性命不保之忧。不意新帝之意并不为之稍动，而警察之侦视较前尤密，撤回改革之计划一返昔日专制之旧。恐怖党知徒劳之无益乃稍稍敛迹，盖其时人民尚无革命之心也。

保守党之主张 亚历山大第三（一八八一年至一八九四年）在位之日国内相安无事，然毫无进步之可言。人民虽受政府之压制毫无抵抗之意。稍有反对，则鞭笞监禁放逐之刑即随其后。盖亚历山大第三之深信专制正与尼哥拉第一同，以为自由与维新均足以亡国者也。

3. 俄罗斯之实业革命

实业革命 然欲使俄罗斯“冻”而不化日难一日。盖当十九世纪末年蒸汽机工厂制度及铁道等引入国中，极足以促进民主思想之传播，摇动数百年来俄罗斯之农民生活。俄罗斯天产虽富，对于机器之应用较西部欧洲诸国独后。盖资本稀少，交通不便，而政府中人又无提倡之者。

实业之骤兴 佃奴之释放虽有缺点，而独有利于工厂之发达。盖农民每得离其村落赴城市为工人也。当一八八七年至一八九七年间工业上出产品之价值增至一倍；工人之数自一百三十一万八千零四十八人增至二百零九万八千二百六十二人。莫斯科一城至是已成为纺织业之中心，机声隆隆，宣布实业新世界之建设。今日俄罗斯之城市有人口十万以上者得二十五处，就中圣彼得堡及莫斯科两城之人口各在一百万以上。实业最发达之区尤推人烟稠密之中西部俄罗斯。

铁道 与实业发达同时弗进者尚有铁道之建筑，大都由政府贷款于西部欧洲诸国而进行之。建筑铁道之目的大都以政治及军事为主，然亦有以联络实业中心为目的者。自克里米亚战争以后俄罗斯对于建筑铁道方始尽力实行，盖当战争时因军需运输不便兵士大受苦痛故也。至一八七八年自首都至欧洲俄罗斯边境之铁道已达八千英里以上。至一八八五年向印度建筑铁道之事业开始进行，不久达阿富汗及中国之边境。黑海里海之间亦有重要铁道之建筑。

西伯利亚铁道 俄罗斯建筑铁道工程之最大者首推西伯利亚线，盖欲有事于远东则军队与军需之运输非铁道不可也。自圣彼得堡至太平洋岸之干线于一九〇〇年造成。不久并筑自哈尔滨至旅顺口之支线。故欧洲人之旅行者自哈佛尔（Havre）经过巴黎、科伦（Cologne）、柏林、莫斯科、伊尔库次克（Irkutsk）、哈尔滨以达海参崴（Viadivostok），路程虽有七千三百英里，而沿途安适换车甚少。除干路外并有支线，支线中除造成者外并有在计划中者。将来中央亚细亚一带必能渐成为人烟稠密之区。俄罗斯人之移民多东向者。

4. 尼哥拉第二在位时代之自由运动

尼哥拉第二之专制　一八九四年尼哥拉第二继其父亚历山大第三之帝位，年仅二十六岁。时人颇望其能以进步精神应付当日之困难。彼尝游历西部欧洲诸国，即位之初即因圣彼得堡之警察官有妨害外国新闻访员之举动而监禁之。然尼哥拉第二不久即使人民之主张革新者大失所望。彼宣言曰：“大众须知吾将尽吾之力为国民谋幸福，然吾将如吾之父尽吾之力以维持专制君主之原理。”

检查出版物　检查出版较前尤严，仅一命令而禁书之数增加二百种之多。有名历史家密尔由科夫（MiLyoukov）教授因其有“邪恶趋向”免其莫斯科大学教授之职，其余教员亦警告其少谈政事云。

同化芬兰　尼哥拉第二之专制表示于应付于芬兰方面者尤著。当亚历山大第一于一八〇九年兼并其地时虽强其承认俄罗斯皇帝为其大公，然仍允芬兰得保存其旧有国会及立法之权利。芬兰人极望有独立之一日，在近日并为欧洲最进步民族之一。然至一八九九年尼哥拉第二始有俄罗斯化（Russification）芬兰之举。遣残忍性成之官吏如普雷味（de Plehve）等前往其地，以压制其地之反对变更者。将芬兰军队直隶于俄罗斯之陆军大臣，除纯粹地方事务外并夺其立法之权，而同时并以俄罗斯语代芬兰语。一九〇四年六月十七日芬兰上议院议员之子某刺死其地之俄罗斯总督随即自杀。遗书略谓彼之出此纯欲使俄罗斯皇帝注意其官吏之残虐。新总督既接任，允其地之报纸恢复营业，并禁止俄罗斯人之干预选举。一年以后俄罗斯皇帝因内忧外患之交乘遂允恢复芬兰旧日之权利。

普雷味之残暴政策　兹再述俄罗斯国内人民与政府之激烈奋斗。当一九〇二年俄罗斯内务大臣因不为人民所喜而被刺，皇帝乃任命众人所恶性情残暴之普雷味继其任。此人本以摧残革命党及虐待芬兰人著名者也。

犹太人之虐杀　普雷味既就任，先从事于虐杀不奉国教之异教徒。犹太人所受之苦痛尤大。当一九〇三年基西尼夫（Kishinef）及其他诸地有虐杀犹太人之举，西部欧洲诸国无不惊震，犹太人之逃亡者以万计，多赴美国。世人多谓此次虐杀普雷味实主持之不为无因也。

立宪民主党　普雷味以为国内乱源出诸少数之异端，实为大误。盖国内之反对政府者有专门家、大学教授、开明之工商界中人及公心为国之贵族。此辈并无政党之组织，然不久即得立宪民主党（Constitutional Democrats）之名。此党党人希望建设民选之国会，与皇帝及廷臣和衷共济以立法而征税。并要求言论及出版之自由；集会讨论国事之权利；废止密探，任意逮捕人民，及虐杀异教徒诸事；及改良农民工人之状况。

社会民主党　城市之中则有社会党人，主张马克思之学说。此党除希望政府实行立宪民主党之党纲外，并希望将来工人之日多而且得势，能据政府中之要津以管理国内之土地矿产及工业，谋全国工人之利益，免少数富人之把持。然若辈并不信恐怖主义或暗杀举动。

社会革命党　与上述两党之主张和平相反者有社会革命党，其组织较为完备。二十世纪革命时所有暴烈举动类皆出诸若辈之手。此党党人主张政府若有抑制人民或吸收人民膏脂以自肥者，则人民有反抗之权利。党中人每择官吏中之最残暴者加以暗杀，暗杀之后乃宣布其劣迹于国民。此外并由党中执行部精密研究，将应杀官吏之名单先事预备。盖若辈之杀人极具抉择之能力，并非不分皂白者也。

日俄战争之影响　普雷味之抑制愈厉，人民之反抗亦愈力，至一九〇四年而公开之革命开始。是年二月五日日本与俄罗斯之战衅既起，国内维新党人多以此种战争原于官吏处置之失当，有反于人道之主义及人民之利害。

俄罗斯之失败　日本战败俄罗斯之陆军，歼其海军，围困旅顺口。俄罗斯之新党中人类引以为快。以为战争之失败足以证明官吏之无能及其腐败，并足说明专制政体之不能应付危机。

普雷味之被刺　国人之反对虽力，然普雷味仍命警察禁止科学及文学之集会，放逐文人学士于西伯利亚。一九〇四年七月二十八日莫斯科大学毕业生某以炸弹掷杀普雷味于马车中。

国内之骚扰　是时国内之秩序大乱。而俄罗斯之军队在奉天以南屡为日本军队所逐而北退。沙河之役俄罗斯兵士之死亡者竟达六千人。其海军之在远东者全部覆没，至一九〇五年一月旅顺口失守。是时国内之收获不丰，农民大饥，乃焚毁贵族之居室，以为贵族或因此而无家可归，警察亦将无屯驻之所。

战争之中工商业俱为之停顿。工人同盟罢工之举时有所闻。国民并知朝廷官吏有中饱军费之事；购军械之价虽付，而不得军械之用；购军需之价虽付，而不见军需之来。尤其不堪者则虽红十字会之费亦复多所中饱，伤兵竟不得其实惠。

"红礼拜日"　一九〇五年一月二十二日乃遇一可怖之事。圣彼得堡之工人上呈皇帝谓定于礼拜日将结队赴皇宫亲陈民瘼。盖若辈已不信任其廷臣也。至礼拜日早晨，城中之男女及幼孩群集于冬宫之前，冀"小父亲"之垂听其疾苦。不意哥萨克（Cossack）骑兵以鞭笞驱散之，而禁卫军竟开枪击死人民数百人，伤者无算。此即世上所传之"红礼拜日"（The red Sunday）也。

文人之抗议　次日城中之主要律师及文人连名发表下述之宣言："大众应知政府已与全国国民宣战矣。关于此点已无疑义，政府除求助于指挥刀及枪以外而不能与人民交通者是自定其罪也。吾人今集俄罗斯社会中之生力军来援为人民而与政府宣战之工人。"

俄罗斯皇帝召集国会　俄罗斯皇帝不得已于八月十九日下令召集国会（Duma），限一九〇六年一月以前开会。此会名虽代表全国国民，然仅一立法之谘询机关而已。

同盟罢工　此令既下，维新党之较和平者大失所望。盖据其规定凡工人与从事于专门职业者皆无选举之权也。于是十月下旬国内有同盟罢工之举以强迫政府之俯从民意。国内铁道停止行驶；巨城商铺除售卖民食者外一律罢市；煤气、电气来源断绝；司法机关停止职务；甚至药铺亦闭门不售，非俟政府允许改革不可。

皇帝之允许　此种状况当然不能持久。是年十月二十九日俄罗斯皇帝宣言彼已命"政府"予国民以良心言论及集会之自由，并允凡第一次命令中无选举权者均得享选举议员之权。最后并谓："以后凡法律非经国会之同意者不能成立，永著为令。"

国会之开会 一九〇六年三月四月间实行国会选举之事。警察虽尽力干涉，而结果仍以立宪民主党占大多数。其时议员之希望甚奢。若辈与一七八九年之法国全级会议议员同，以为有全国国民为其后盾。其对于皇帝之态度与当日法国议员对于法王路易十六及其廷臣亦不甚异。

国会之批评政府 然当时廷臣关于重要改革政策每不愿与国会和衷共济。至七月二十一日尼哥拉第二宣言彼实“异常失望”，一因国会议员不以其应尽之职务为限，而批评皇帝应行之事务也。乃下令解散之，定一九〇七年三月五日为新国会开会之日。

骚扰之继续 是年八月革命党又行谋刺国务总理于其别墅之举，不意未中，同时暗杀官吏之事仍复时有所闻。而所谓“黑百”（Black Hundreds）党者则实行虐杀犹太人及维新党人。政府亦特设军法院为专审革命党人之用。一九〇六年九十月间被军法院判决死刑者凡三百人。一年之中人民因政治原因被杀或受伤者竟达九千人。

灾荒 是年冬日全国大饥。廷臣中竟有中饱赈款以自肥者。据当时某旅行家之报告谓彼遍游八百英里之地，无一村落足以自给者。有几处之农民竟以树皮与屋顶之稻草为果腹之物。

村落之解放 一九〇六年十月皇帝下令许农民得离其村落而他往。十一月二十五日令农民得主有其所分得之地，并免其缴价。此举实为村落公产制度废止之先声，至一九一〇年六月二十七日而告成功。俄罗斯之专制政体至是已难以继续维持矣。

国会反对政府 嗣后俄罗斯之国会虽依期召集，然选举法之规定极为严密，故议员中类多守旧之徒，而政府中人亦尽力以阻止新党之得选。然一九一二年所召集之第四次国会仍有独立反对政府之精神，不得谓非一大进步。而俄罗斯皇帝始终以“所有俄罗斯之专制君主”自称，朝廷官吏亦始终以摧残自由原理及虐杀革命党人为事。宜乎有一九一七年三月之大变，国事遂成不可收拾之势也。

第二十六章　土耳其与东方问题

1. 希腊独立战争

土耳其为欧洲之乱源　吾人在前数章中曾屡提及土耳其之王与土耳其与其邻国之纷争，邻国中尤以俄罗斯及奥地利之为患最烈。所谓“东方问题”者包括土耳其人之渐形被逐于欧洲以外，土耳其政府与财政之纷纠，及塞尔维亚、罗马尼亚、希腊及保加利亚诸国之建设诸大端。吾人欲明了其内容，不能不先明白欧洲土耳其帝国之原始。

喀德邻得黑海滨之地　自后土耳其虽不能攻入，然其力尚足以自守。数十年间俄罗斯与奥地利虽欲乘机思逞终无进步。至一七七四年俄罗斯女帝喀德邻第二竟得克里米亚及阿速夫海滨一带地，俄罗斯在黑海上之根据实肇基于此。同时土耳其政府并予俄罗斯以保护土耳其境中基督教徒之权，至于所谓基督教系希腊派之东正教，非罗马之天主教也。

俄罗斯在土耳其之势力　此种让步及其他种种条约关系似予俄罗斯以干涉土耳其内政之口实，与播弄土耳其基督教徒之机会。一八一二年当拿破仑东征俄罗斯以前，俄罗斯皇帝亚历山大第一强迫土耳其割让黑海滨之比萨拉比亚（Bessarabia）于俄罗斯。

塞尔维亚之建国　塞尔维亚人之作乱以叛土耳其已非一日。维也纳会议后不久若辈竟能建设独立之国家（一八一七年），都于柏尔格雷德（Belgrade），唯入贡于土耳其而已。此实十九世纪中欧洲土耳其帝国瓦解之始。

希腊民族精神之兴起　第二国之叛土耳其而独立者为希腊。希腊人之反抗土耳其亦已非一日，颇激起全部欧洲人之同情。近世之希腊人虽非尽古代希腊人之苗裔，其所用之语言文字亦与古代不同。然至十九世纪初年希腊人之民族精神忽然勃发，国内学者力能使近世之希腊文字成为文学上之文字，并利用之以激起国人爱国之热忱。

希腊之独立　一八二一年摩利亚（Morea）叛。希腊教之教士起而援助之，声言必扑灭异教徒而后已。乱事既起，半岛响应；双方杀戮之惨正复不相上下。一八二二年一月二十七日希腊之国民议会发表独立之宣言。

西欧表同情于希腊 在梅特涅心目之中以为此次希腊之叛乱更足以证明革命之危险。然西部欧洲人士因希腊之叛乱以民族自由为标帜故极表同情。英国、法国、德国、美国诸国之知识界中人群起集会以表示其赞助之忱。至于欧洲之基督教徒则群以希腊人之叛乱为一种反对异教虐待之正当战争，源源以军队与军饷接济之。假使西部欧洲诸国不起而干涉者，则希腊之独立或竟无成功之日亦未可知。

诸国之干涉 欧洲诸国间关于希腊叛乱之协商兹不多赘。一八二七年英国、法国、俄罗斯三国缔结伦敦条约，其理由以为流血战争使希腊及附近诸岛为“纷纠之牺牲，而且天天产生欧洲商业上之新障碍”，非设法阻止之不可，故三国间有协力以解决困难之规定。土耳其政府不允诸同盟之调停，其海军遂于一八二七年十月在那瓦里诺（Navarino）地方为联军所歼灭。然俄罗斯力能抵抗土耳其人，不但竭力援助希腊之独立，而且强迫土耳其政府允窝雷启亚及摩鲁达维亚之独立，为他日罗马尼亚王国建国之首基。土耳其至是已无能再抗西部欧洲之联军。一八三二年希腊王国乃完全独立，迎立巴威亲王鄂图（Otto）为王。

2. 克里米亚战争（一八五四年至一八五六年）

土耳其国内基督教徒之保护问题 一八五三年俄罗斯皇帝忽又得一干涉土耳其内政之口实。其时土耳其之基督教徒向俄罗斯皇帝诉称凡基督教徒之朝谒圣墓者每被土耳其人所阻，不能自由瞻仰各圣地。俄罗斯本以基督教徒之保护者自居，至是俄罗斯驻土耳其之大使要求土耳其政府予俄罗斯皇帝以保护所有土耳其国中基督教徒之权。

英法对俄之宣战 此种消息达到巴黎之后法国新帝拿破仑第三本急于参预欧洲政局者宣言根据法国与土耳其所订之条约凡保护旧教教徒之权利应由法国享有之。同时英国深恐俄罗斯占有君士坦丁堡足以断其通印度之路，亦劝土耳其政府毋允俄罗斯之要求。当俄罗斯军队入侵土耳其时，英国、法国竟合力以助土耳其，于一八五四年对俄罗斯宣战。

克里米亚战争 此次战争所以称为克里米亚战争者盖因战争中最烈之

举为英国、法国两国军队合攻克里米亚南部之塞巴斯拖堡城费时甚久流血甚多之故。联军每胜一次，其损失每甚大。英国军队因国内饷糈不能源源接济故受苦甚烈。巴拉克拉瓦（Balaklava）与英喀曼（Inkerman）之二役英国、法国联军之损失与苦痛均甚巨大。然俄罗斯亦因军队损失甚多，军官之无能而腐败，及塞巴斯拖堡之失陷，无心久战。而且奥地利又将有援助联军之举，俄罗斯益惧。故一八五六年俄罗斯新皇帝亚历山大第二允媾和于巴黎。

巴黎和约 巴黎和约承认土耳其帝国之独立，并担保其领土之完全。自此土耳其得列于欧洲诸国之林，不再以野蛮政府为人轻视。诸国间并协定不再干涉土耳其之内政。宣布黑海为中立之领土，各国商船均得自由航行，唯战舰不许通过博斯普鲁斯（Bosporus）或达达尼尔（Dardanelles）二峡。总之，土耳其因各国干涉之故得以继续立国于东部欧洲，而为抵御俄罗斯势力南伸之砥柱；然土耳其王虽有维新之言，而内治之不修与国内基督教徒状况之困苦与昔无异。

3. 巴尔干半岛之叛乱

波斯尼亚与黑塞哥维那状况之不堪 吾人欲知土耳其治下人民之状况如何，观于一八七五年英国旅行家伊文思（Arthur Evans）之报告即可见一斑。据彼在波斯尼亚（Bosnia）与黑塞哥维那（Herzegovina）二省中所见，则除驻有西部欧洲各国领事之大城外，其他诸地基督教徒之荣誉财产与生命绝无安全之担保。至于政府所征收之税，农民须纳其所产者十分之一，故担负独重。而且征税官吏每在秋收之前即着手征收现币，如农民无力输纳者则不许其收获，任其腐烂，或敢反抗则处以极酷之刑。

保加利亚之残忍事件 一八七四年秋收甚歉，人民状况益不能堪，波斯尼亚与黑塞哥维那乃起而作乱，蔓延于巴尔干半岛。一八七六年菲利波波利（Philipopolis）附近之保加利亚（Bulgaria）人鉴于西部之乱颇抱乘机独立之意。乃刺杀土耳其之官吏数人。土耳其政府遂有所借口大肆虐杀，其残酷为土耳其史上所罕见。

俄罗斯大败土耳其 诸国间之协商既无结果，俄罗斯遂于一八七七年决意孤行。自对土耳其宣战之后俄罗斯之军队所向披靡，至一八七八年进占亚得里雅那堡（Adrianople）——此举无异欧洲土耳其灭亡之先声。英国政府乃提出抗议，然土耳其政府卒与俄罗斯订圣斯忒法诺（San Stefano）和约。承认塞尔维亚、蒙特尼格罗与罗马尼亚之完全独立；至于保加利亚亦允其独立而入贡于土耳其。

柏林会议　英国与奥地利二国因圣斯忒法诺条约之结果足以增加俄罗斯在巴尔干半岛之势力大为不满，乃强迫俄罗斯皇帝亚历山大第二将全部事件提出于柏林会议研究之。经过长期激烈之讨论，诸国卒承认塞尔维亚、罗马尼亚及蒙特尼格罗诸国之完全独立，保加利亚亦许其独立，唯须入贡于土耳其。俄罗斯皇帝得黑海东岸之地，包有巴统（Batum）与喀斯（Kars）诸镇。波斯尼亚与黑塞哥维那则由奥地利占据而管理之。

保加利亚不满意柏林条约　柏林会议与五十年前之维也纳会议同，绝不顾及各国民族之希望。保加利亚人对于柏林条约尤为不满，盖若辈本冀与所有同种人合建一国，不意柏林会议之结果仅承认多恼河与巴尔干山间之地为保加利亚之领土。至于在山以南者强由基督教总督管理之，然仍在于土耳其与鲁米利亚（Roumelia）省之治下。其他在马其顿（Macedonia）与亚得里雅那堡附近之保加利亚人则仍受土耳其官吏之管辖。

保加利亚与东鲁米利亚之合并　根据柏林条约之规定保加利亚人遂着手于宪法之编订，并选巴腾堡（Battenberg）之亚历山大为亲王。国人以“保加利亚人自治保加利亚”为言，于一八八五年有革命之举，东鲁米利亚与保加利亚遂合而为一。至一九〇八年不再入贡于土耳其，保加利亚至是乃为世界独立之邦。

欧洲土耳其领土之日促　土耳其之领土至是仅留一带狭长之地，东滨黑海，西达亚得里亚海，其大部分之地名为马其顿。此地山脉错纵，人种复杂，故世人多称其地为“完备之人种博物馆”。沿爱琴海（Aegean）一带地及与希腊接壤之地类皆希腊人居之。在其东北两部为马其顿之保加利亚人。在其北者则有塞尔维亚人，务农为业。此种人之勤俭与东北部之保加利亚人相似，正如爱尔兰人之与苏格兰人相似。两种人之语言虽颇相仿，然均欲得马其顿地方而甘心焉。西部亚得里亚海滨之地则有阿尔巴尼亚（Albania）人，文明程度甚低，不甚守法。

马其顿地方之纷扰　土耳其国中之人种既甚复杂，各人种之文明程度又复高下不齐，虽有良善之政府，统治已屡不易。而土耳其之政府则又以腐败无能著称。

4. 巴尔干半岛中之独立国

巴尔干半岛中之独立国　马其顿地方之人民直隶于土耳其，状况固甚困苦。然就巴尔干半岛中独立诸国——希腊、塞尔维亚、罗马尼亚与蒙特尼格罗——之成绩而论难称优美实足令主张半岛中小国独立之人为之丧气也。

希腊独立后之发达　希腊新王鄂图即位后倾向专制，极为国民所不喜，卒于一八六二年为国人所逐，改选丹麦前王之子佐治第一为国王。希腊之进步甚慢。山中盗贼横行，巡警束手，大为行旅之患。平原沃野耕种无方，农民之知识甚低，国家之课税过重。政府提倡教育始终不懈，而国民之不识字者至今尚占三分之一也。

希腊人之统一至今未成　希腊国内之状况虽不甚佳，然希腊人极有意于建设宏大开明之国家。卒因开凿运河，建筑铁道，开辟道路，及维持军队等事所费不资，国家遂濒于破产。希腊人自以为道德上有解放其同胞之仍在土耳其治下者——如马其顿、小亚细亚、克里特（Crete）及其他地中海中诸岛之希腊人——之义务，于一八九七年与土耳其宣战，以冀实现其计划。战争之结果虽不得手，而希腊人始终播弄克里特之同种人起而作乱。乱事太频，卒引起英国、法国、俄罗斯、意大利四国之干涉，起代土耳其负保护此岛之责。至一九〇六年乃予希腊王以选派此岛总督之权。克里特尤以为未足，遂于一九〇八年宣言与希腊合并，至一九一三年乃得土耳其之正式承认。

塞尔维亚之革命　民族自治试验之失败在巴尔干半岛中当以塞尔维亚王国为最。塞尔维亚脱离土耳其之羁绊者虽已垂六十年，然至一八七八年方宣布独立。至一八八二年其国君改用王号，自称米兰（Milan）第一，专制而昏庸。国民中之激烈者强国王召集国会，于一八八九年编订宪法。米兰第一大怒，宣言不愿为傀儡，乃退位。其子亚历山大继立，停止宪法，并请其父归自国外，尤失民心。一九〇三年亚历山大被某军官刺死，另选十九世纪初年运动独立之领袖迦拉佐治（Kara George）之孙迦拉佐治维奇（Peter Karageorgevitch）为王。

罗马尼亚之困难 罗马尼亚王国虽不如塞尔维亚之宫廷多故，然其政治上之纷扰与农业上之困难亦正不小。据其宪法之规定，国内政权几皆为有财产者所占有；新党中人常有不平之表示。然尤有甚于此者即国内农民之不靖是也。罗马尼亚之人民务农者占其多数，尝宣言自一八六四年佃奴解放之后若辈实为重利贷款者与专制地主之牺牲。唯当巴尔干半岛战争中，罗马尼亚受祸独少云。

保加利亚之隆盛 保加利亚于一九〇八年独立，为巴尔干半岛中最进步之国家。国中人口四百余万，宪法精良，升平无事。沿黑海滨之商埠商业日盛，故国家财力增加颇速。

蒙特尼格罗之立宪 蒙特尼格罗王国壤地褊小，人口仅约二十三万众，然竟为欧洲乱源之一。自一八七八年独立以来至一九〇五年间国君专制。至一九〇五年方被迫而宣布立宪，召集国会。至一九一〇年国君改称王。

5. 欧洲土耳其之衰落

马其顿地方之虐杀 马其顿为土耳其最后之残余领土，故土耳其人极欲维持永久，然其政府绝不顾及其地人民之互相残杀。欧洲诸国虽明知其地常有虐杀、暗刺及盗劫诸事，然不敢夺其地以分予巴尔干半岛中之独立国——希腊、塞尔维亚与保加利亚——盖恐反足以引起诸国间之纷争也。

土耳其之革命 近年以来土耳其国内有少数改革党曰“少年土耳其人”者渐形得势，其党人在军队中尤多，盖为军官者类皆稍明西部欧洲诸国之方法者也。一九〇八年在萨罗尼加（Salomca）地方有“统一进步委员会”之组织。七月中委员会宣言土耳其非有宪法不可，并谓政府不允若辈必群向京都而进。其时土耳其王阿卜都哈米德（Abdul Hamid）年已老耄无力抵拒，不得已允其要求下令选举议员。一九〇八年十二月国会乃正式开会，国王亲临典礼甚盛。此次“无血之革命”既告成功，欧洲各国无不瞩目，皆以为少年土耳其人为数既寡，又无宪政上之经验，今欲改革多年腐败之政府似不甚易。

奥地利合并波斯尼亚与黑塞哥维那 保加利亚遂乘机宣布完全脱离土耳其而独立。奥地利亦宣布合并土耳其所属之波斯尼亚与黑塞哥维那二省。同时并尽力实行同化之举。排除所有与塞尔维亚联络之趋向。吾人试披览地图，即知此二地与奥地利之关系何如，盖二省之地实介于奥地利与其领土达尔马提亚（Dalmatia）及亚得里亚海滨各埠之间。一九一四年引起欧洲大战之事件即发生于波斯尼亚之都中者也。

少年土耳其人之困难　少年土耳其人所遇之困难日甚一日。若辈以为不许阿尔巴尼亚与马其顿诸地人民携带武器或系良策，因之遂引起种种之困难。盖诸地之人民本久有携带军器之旧习，而且随时有杀人或自卫之必要。阿尔巴尼亚人虽愿为土耳其人战，然志在利己；而且若辈并不愿尽纳税当兵之义务。故阿尔巴尼亚与马其顿诸地时有叛乱之事。立宪时代之纷扰反较昔日专制时代为烈。同时守旧之官吏及政客又有在都城中叛乱之举，不久平定。阿卜都哈米德被废且被禁，其弟即位。少年土耳其人号称得势，然因反对之人甚多故其地位极为不稳。

意大利土耳其之战争　一九一一年九月意大利借口在的黎波里（Tripoli）之意大利人有受土耳其人虐待之迹乃与土耳其宣战。欧洲各国均以意大利之举动为不当提出抗议。意大利覆称彼不过援其他各国之例而行——合并常常纷扰之地以保护其国民之生命与财产而已。土耳其之兵力当然不如意大利之强。两方战事并不甚烈。意大利卒强占的黎波里与罗德斯（Rhodes）岛。少年土耳其党人以为如果让步必失民心；然因战争经年，且巴尔干半岛中又复有干戈再动之势，不得已于一九一二年十月割的黎波里以予意大利。而意大利并占在罗德斯岛。

奥地利阻止塞尔维亚之发展　奥地利至是颇惧塞尔维亚或有伸其势力于亚得里亚海滨之势。假使俄罗斯于此时援助塞尔维亚，则欧洲大战或不必再待二年而后起也。塞尔维亚因之志不得逞。巴尔干诸国与土耳其乃缔停战之约，遣代表开和谈于伦敦。欧洲诸国劝土耳其除其京都与京西附近之地外一概割让于诸国。土耳其不允，次年一月战端重启。土耳其仍复处处失败，五月间复媾和于伦敦乃割马其顿与克里特诸地以予同盟诸国。

不加勒斯多和约　巴尔干诸王国间在不加勒斯多所缔结之和约将欧洲土耳其之领土瓜分殆尽。土耳其王仅留其都城及其西方一带地，包有亚得里雅那堡之重镇。欧洲诸国力主建设阿尔巴尼亚为独立之国家，以阻止塞尔维亚之获得海港于亚得里亚海上。此种主张奥地利持之尤力。其他土耳其之领土则由希腊、塞尔维亚、保加利亚与蒙特尼格罗瓜分之。希腊得要港萨罗尼加、克里特岛及马其顿之大部。保加利亚则向南以达爱琴海之滨。塞尔维亚与蒙特尼格罗之领土则均倍于昔。

第二十七章　欧洲与远东之关系

1. 欧洲与中国之关系

古代欧洲与中国　欧洲与中国之关系由来甚古。罗马皇帝中——包括安敦即马卡斯奥理略（Marcus Aurelius）——颇有与中国君主互相往还者。当中古八世纪时波斯之基督教徒所谓景教一派者曾有竭力传布基督教于中国之举。至十三世纪时芳济及多明我两派之托钵僧起继传道于中国之事业。威尼斯人马哥孛罗（Marco Polo）曾入中国，仕于元代。元亡明兴，欧洲与中国之交通中断。自好望角之航路开通以来欧洲与中国之商业关系方形重要。十六世纪初年葡萄牙商人运货物赴中国以易中国之丝茶。一五三七年葡萄牙人向中国租借广州南之澳门。

中国之闭关主义　然其时中国人极不喜外国人之入境。中国官吏多视外人为蛮夷。当一六五五年荷兰派使臣二人觐见中国皇帝，中国政府强令其行跪拜之礼以示尊卑之别。且其时中国之通商口岸仅限于广州一地。然英国、荷兰之商人仍接踵而赴之。

鸦片战争　欧洲各国人屡欲与北京政府直接往还，就中英国人之运动尤力，然始终不得要领。至一八四〇年鸦片战争后欧洲与中国政府之关系方确定建设。其时中国政府曾有禁止鸦片输入之举，然英国商人因获利甚厚故不愿应命。一八三九年中国政府获英国商人之鸦片多箱，令英国人停止输入，英国人怒，逐与中国开衅。

通商口岸　英国人武器精良，不久即战胜中国，乃于一八四二年与中国订南京条约。中国允予英国以巨大之赔款，割香港以予之，并更开厦门、福州、宁波、上海四处为通商口岸，与广州同。美国亦乘机于一八四四年与中国订通商之约。

其他诸国人之在中国者　自鸦片战争以至今日，中国之外患无时或已。法国皇帝拿破仑第三得英国人之援助，于一八五八年与中国宣战，卒迫中国多开通商口岸，北京附近之天津即开放于此时。近来中国与外国之通商口岸常有增加，自欧洲诸国有要求中国租借地之举，中国几罹瓜分之大祸。

第二十八章　非洲之探险及其分割

1. 非洲之探险

古人不知非洲　非洲之东北端虽为最古文明发祥之地，而非洲大陆则实为最后探险之区。尼罗河下流及北部沿地中海一带地上古时代之欧洲人已熟知之，而且为罗马帝国之一部分。然尼罗河上流及撒哈拉沙漠以南之地则为上古人所不知，盖其时以为非洲之地最多不过自迦太基（Carthage）南伸五十英里而已。

欧洲人在非洲之发展甚迟　然欧洲人得来之非洲知识为时甚迟。葡萄牙人虽于一四八六年有环航好望角之事，然因与东印度通商获利较厚之故，故无暇探险或殖民于硗瘠之非洲。非洲之最重要商业莫过于贩卖黑奴，而英国人之从事于此者尤多，因此致富者颇不乏人。其时欧洲人方从事于新世界之经营，不甚注意于非洲之殖民事业。荷兰于一六五二年在好望角所建之商埠并不兴盛，至十九世纪初年仅有人口一万人。法国于十七世纪时在塞内加尔河口建一商埠曰圣路易（St.Louis），亦复规模甚小；唯此地至十九世纪忽变为法国势力伸张于非洲西北部之根据地。

一八一五年之状况　一八一五年以前欧洲诸国对于非洲之殖民事业并无宏大切实之举动。实则贩卖黑奴之事禁止以后欧洲人在非洲之活动反因之停顿，盖贩奴获利之厚远在黄金、象牙、树胶或其他非洲产品之贸易之上也。

当一八一五年时非洲之状况大概如下：在北部非洲者则埃及与巴巴利（Barbary）诸国、的黎波里、突尼斯与阿尔及利亚——均为土耳其之属国，摩洛哥则为独立之国家。法国之根据地仍限于塞内加尔河口一带。至于葡萄牙之领土其最重要者在下基尼（Guinea）及东南岸与马达加斯加岛相对之地。英国人在非洲西岸一带略有几处不甚重要之地，当拿破仑战争中并夺海角殖民地于荷兰人之手。非洲内地无人知其究竟；撒哈拉沙漠一带一片荒凉无人过问。

十九世纪后半期英法之经营非洲　维也纳会议后五十年间欧洲人之经营非洲进行极慢。唯英国、法国两国已渐扩充其非洲之势力范围，探非洲内地山河之险者亦正不一其人。法国之征服阿尔及利亚即在此期之中，至一八四八年乃正式合并之。荷兰农民因不满南部非洲英国人之统治向北迁徙，而建脱兰斯瓦尔与奥伦治河殖民地之基。

李温士敦辈之探险　十九世纪后半期为非洲探险时代。其时欧洲之历尽艰辛从事于非洲之探险者不一而足，虽欲列举其姓氏亦几有不可能之势。因英国王家地理学会之提倡，曾有人探索尼罗河源，一八五八年在赤道南发见一湖名之为维多利亚湖（Victoria Nyanza）。一八六四年英国人培克尔（Sir Samuel Baker）又于维多利亚湖之西北发见亚尔伯特湖（Albert Nyanza），并探其与尼罗河之关系。李温士敦（Livingstone）曾于二十年前游历伯楚阿那兰（亦译为贝专纳），并溯赞鼻齐河（Zambezi）而上几抵其源。至一八六六年彼又探诸湖附近一带地以达刚果河之上流。此次探险颇激起世界上文明各国之注意。彼忽失踪，时人以为必被蛮人所拘禁，美国《纽约先驱报》（Herald）乃派探险家史坦利（Henry Stanley）赴非洲以求其踪迹，竟遇之于坦噶尼喀（Tanganyika）湖上。李温士敦本以传教士而兼探险家，故终其身从事于探险事业，至一八七三年去世时为止。

史坦利之发见　二年之后史坦利再有探险之举，此次实为非洲探险史上最重要之事实也。彼既遍历维多利亚湖及坦噶尼喀湖附近之地，乃横行以达于刚果河之源，沿河而下以抵大西洋。同时法国、德国两国之探险家亦与英国人同尽力于探险之事业，增加世人对于非洲之知识不少。

2. 非洲之瓜分

瓜分非洲之速　史坦利之探险非洲中心颇激起欧洲各国之注意。一八七八年史坦利返马赛。十年之间非洲全部瓜分殆尽，其余亦划分为各国之势力范围。三十年前之非洲地图除沿岸一带外大都皆未定而无稽。

至今则非洲之地势大部分皆已确定，而各殖民地间之界线亦复明白规定与欧洲无以异。英国、法国、德国三国人占据非洲之方法前数章中曾略述及之，兹不再赘。

法国属地 非洲西北部自刚果河口起至突尼斯大部分皆属法国。唯吾人须知法国之非洲领土沙漠之地居多绝不生产。在非洲东岸者有法属索马利兰（Somaliland），其商埠及步第（Jibuti）与英属之亚登（Aden）遥遥相对，均属红海之门户。马达加斯加岛亦属法国。法国人之欲侵入摩洛哥为一九一四年欧洲大战远因之一，上已述及。

德国属地 自一八八四年至一八九〇年间德国在非洲所得领地凡四大区，其面积几达一百万方英里之巨。所谓四大区即多哥兰、喀麦隆、德属西南非洲及德属东非洲是也。德国人之经营诸地不遗余力，设学校，筑铁道，种种事业所费甚巨。然因屡与土人战争及商业不甚发达之故，所得实不能偿其所失。欧洲大战以后诸地均为英国法国两国所得矣。

比利时属刚果介于德属东非洲与法属刚果之间者为比利时属之刚果。其历史实自一八七六年比利时王召集国际公会于布鲁塞尔（Brussels）始。会议结果有国际非洲协会之组织，设总机关于比利时之京城。然此举实比利时王利欧破尔得一人之事业，所有史坦利之探险，商埠之建设及与土酋之缔结条约等事其经费均由比利时王以私财供给之。

柏林公会非洲社之经营颇引起欧洲各国之猜忌，英国与葡萄牙尤甚，乃有柏林公会之召集。此会于一八八四年十一月开会，欧洲各国除瑞士外均遣代表赴会，美国亦参预其间。公会决议承认非洲协会在刚果河流域一带地方之权利，并宣布其地为刚果自由国，世界各国均得与之自由通商。次年比利时王利欧破尔得宣言彼已握有刚果自由国之统治权，并提议将其地与比利时合并而成为属身之联合。彼于是遣派比利时人前往充任其地之官吏，并建设税线以增收入。

比利时人虐待刚果自由国之土人二十世纪初年世人盛传比利时人有虐待刚果自由国中土人之事。其时新闻纸上之传述或不免有言过其实之处；然非洲土人之受欧洲人虐待者亦正时有所闻。自比利时王收管荒地之后土人因来往不能自由极为不满。比利时人引入一种所谓“学徒”制者，遂使黑人状况与奴隶无异。土人之生活本极自由，对于铁道垦荒诸工作极为不惯，故工人之雇用甚难。政府方面乃令各处土酋供给工人若干，如不遵命则每以火焚其村落。政府并令土人每年供给树胶若干，不应命者则重惩之。此种情形宣传于世之后英国、美国两国人纷起抗议，比利时政府不得已于一九〇八年收其地为完全国有，并改称为比利时属刚果。

葡意西之非洲领土葡萄牙在非洲方面仍领有昔日基尼（Guinea）安哥拉（Angola）及东部非洲诸地。意大利领有红海沿岸之以勒得里亚（Eritrea）殖民地，瓜达夫伊角南之索马利兰，又于一九一二年自土耳其夺得的黎波里。西班牙领有属地二处：一在直布罗陀海峡，一在基尼湾，仅足以使人生出西班牙昔日殖民帝国盛衰之感慨而已。

3. 摩洛哥与埃及问题

摩洛哥摩洛哥名义上虽称独立之邦，而事实上则为欧洲列强欲得而甘心之地，其地之人种包有柏柏人（Berbers）、亚拉伯人及黑人，在过去千年中其文化实无甚进步。土人每反抗其居于费兹（Fez）之土酋。有盗首名累苏利（Raisuli）者于一九〇七年夏间逮英国使臣马克楞（Sir Harry Mclean）拘之数阅月。摩洛哥土酋之不能约束人民与保护外人此不过一例而已。

阿合西勒公会摩洛哥之东境与法国属地毗连，两方虽有种种困难，而法国人渐与摩洛哥发生关系。法国人多从事于杏仁、树胶及世界著名之摩洛哥羊皮之贸易，并假款于土酋。先是自法绍达事件解决后英国人允法国人得以自由行动于摩洛哥之地。不久法国人竟有干涉摩洛哥内政之举，实行解决摩洛哥问题。德国乃以与摩洛哥亦有利害关系为言提出抗议。其结果乃有一九〇六年开国际公会于西班牙阿合西勒（Algeciras）之举，欧洲诸强国及美国均遣代表与会。议决组织警察队以法国人及西班牙人为军官，并由各国合力建设国家银行。日后法国仍有继续干涉摩洛哥之举，引起德国之第二次抗议，两国间之感情益形恶劣，为欧洲大战原因之一。

在非洲之英国人　英国人在南部非洲建有南非洲之联邦，吾人曾述及之，其重要为欧洲各国在非洲所有殖民地之冠。英国人在非洲东岸亦有属地向内地以达于大湖。然最有兴趣之事实莫过于英国人之伸其势力于埃及。

阿利自立为埃及总督埃及为非洲最古之文明国，当七世纪时为亚拉伯人所征服。当中古时代后半期埃及一地为一种军人名曼麦琉克（Mameluke）者所统治，至一五一七年为土耳其所灭。土耳其之势力既衰，其地遂再入于曼麦琉克军官（bey）之手；一七九八年拿破仑率军入埃及时即与此辈战争者也。自英国大将纳尔逊战败法国军队及拿破仑返国之后即有阿尔巴尼亚之军官名美赫麦特阿利（Mehemet Ali）者入埃及，以逼土耳其王承认其为埃及之总督，时一八〇五年也。不数年后彼有杀戮曼麦琉克兵之举，并着手于内政之改革，组织海陆军队，其势力不仅普及埃及而已，并远伸于尼罗河上流苏丹之地。彼于一八四九年去世，未卒以前曾要求土耳其王承认其子孙世世为埃及之总督（khedive）。

伊斯迈尔第一负债之巨　自一八五九年苏彝士运河开凿以来埃及之地骤形重要，因地中海方面之塞特（Said）埠及红海方面之苏彝士埠均属埃及故也。其时埃及之总督为伊斯迈尔第一（Ismail I）（一八六三年至一八七九年），昏庸而浪费，国库空虚，国债甚巨，乃以贱价售其苏彝士运河股票于英国之政府。英国人在埃及之势力肇基于此。然埃及人之公债为数仍巨，伊斯迈尔第一卒被英国、法国二国所迫允许二国人得监督其财政。此种外国干涉极为埃及人所不喜，一八八二年乃有叛乱之举。法国人不愿与英国人合力平乱，英国人遂独力以平定之。乱事既平英国人乃“暂时”占据其地，并监督其军队及财政。嗣后埃及一地遂永远为英国人“暂时”所占据。迨一九一四年欧洲大战开始时英国政府方宣言埃及脱离土耳其而独立为英国之永远保护国。废其旧督之不肯服从英国人者，另选人以充之，并改称为王（sultan）。

4. 西班牙殖民帝国之衰亡及葡萄牙之革命

西班牙殖民地之日促欧洲诸国中之从事于殖民事业者以西班牙及葡萄牙二国为最早，而其殖民地之衰落在今日亦为欧洲诸国之冠。西班牙昔日殖民地甚广，然自腓力第二在位时代以来其国势已日就衰替。当十九世纪初年西班牙之美洲殖民地有相继叛而独立之举；至十九世纪末年又有与美国之战争，西班牙之殖民地至是丧失殆尽。

美西战争美国与西班牙之战争实原于西班牙属之古巴（Cuba）岛常有纷扰之事，因之引起美国人驱逐西班牙人于新世界以外之心。古巴岛人之叛西班牙不止一次，至一八九五年又有乱事，美国人颇表同情于叛党。次年美国两大政党均以援助古巴岛为其党纲之一，马琴力（McKinley）被选为总统后即实行干涉之政策。美国政府要求西班牙召回其驻在古巴岛之总督威勒（Weyler），并要求改良对待俘虏之方法。一八九八年二月美国战舰缅因（Maine）忽在哈瓦那（Havana）港中被人击沉。此事何人主谋虽不可知，而美国政府乃更有所借口，以为古巴岛之纷扰实难再容，遂于四月间向西班牙宣战。

西班牙之丧失殖民地战衅既开，美国军队到处胜利，古巴与拍托里科（Porto Rico）均为美国人所占。五月间美国海军攻陷马尼剌（Manila）城，斐律宾群岛（Philippine）亦入于美国人之手。八月间两国媾和于巴黎。承认古巴之独立；拍托里科与其附近之微爱克斯（Vieques）及库利勃剌（Culebra）群岛，斐律宾群岛，及拉德伦（Ladrone）群岛中之瓜姆（Guam）岛均割让于美国。次年西班牙又割让喀罗林（Caroline）及拍卢（Pellew）两群岛于德国。西班牙之领土除本国外仅留巴利阿利（Balearic）及加那列（Canary）两群岛与非洲领土数小区而已。

葡萄牙之领土当西班牙失去南美洲殖民地之日葡萄牙亦失去其最大之殖民地巴西。至今葡萄牙在非洲之领土虽尚广大，然其在亚洲之领土则仅有中国之澳门及印度之果阿（Goa）与二小岛而已。外交方面与英国颇为一致。

卡罗斯之被刺现代葡萄牙历史上之最重要事实大部分均属于内政方面。葡萄牙王卡罗斯第一（Carlos I）颇专制浪费，国人遂抱倾覆王室之意。一九〇八年卡罗斯第一及其王太子均于里斯本城中道上被党人所刺而死。王之幼子年十八岁人即王位，称麦纽尔第二（Manuel Ⅱ），国内多故统治不易。盖国中党争甚烈，财政困难，工人有蠢动之象，新党又有反对教士及修道士之举；新王虽有改革之宣言，而共和党人之势力则日增一日矣。

葡萄牙建设共和一九一〇年十月葡萄牙京都中忽有叛乱之举。攻击王宫，王遁走英国，唯不承认退位。共和党人乃建设临时政府，驱逐国内之僧尼，并没收其财产。一九一一年五月举行宪法会议之选举。六月开会，乃编订宪法，采两院制之立法机关，一由成年男子选举之，其一则由各市间接选举之。设总统，由国会选举之，任期四年；并规定责任内阁之制。

共和政府之困难葡萄牙自革命以后党派纷歧。共和政府虽从事调和，然颇为困难。政府予旧教牧师及主教以年金，而若辈则坚不肯受。罗马教皇亦颁发通谕痛论共和政府主张信教自由与反对教士政策之非是；共和政府遂没收教士所有之政府担保品，数达三千万元之巨。国家财政状况仍甚紊乱，而工人亦尝现蠢动之象。唯共和政府日臻巩固，虽有王党之思逞，似不足为葡萄牙之患也。

第七卷　二十世纪与世界战争

第二十九章　二十世纪初年之欧洲

1. 十九世纪以前欧洲史之回顾

近世欧洲史之回顾（一）政治状况　在前二十八章中吾人已将法国王路易十四时代与现代之欧洲史略述其梗概矣。吾人曾述及十八世纪之君主如何为领土或为王位而起战争。此种战争每因德国及意大利分裂之故而益甚，二国之地遂为当日诸国君主战争与外交之中心。然当十八世纪时欧洲史之范围实已推广。东部欧洲一带自经彼得大帝与喀德邻经营之后与西部欧洲诸国之关系渐形密切。商界中人亦复以殖民问题激起诸国政府之注意。英国逐法国人于美洲与印度之外，向所未有之大帝国遂肇基焉。葡萄牙与荷兰固曾雄霸海上者，至是已日就衰替；西班牙对于美洲之殖民地亦复渐形弛懈。

（二）改革精神　其次，吾人又略述十八世纪时之人民状况——佃奴也，市民及各业公所也，贵族也，教士也，及宗教派别也。吾人曾述当日君主权力之宏大与旧教教士特权之异常。英国国教与其他各派新教之由来亦已略加说明。吾人并略述自然科学之兴味发达以后崇古之习如何打破；演化观念如何发生。法国之哲学家服尔德、狄德罗、卢梭及其他诸人如何攻击当日之制度；当日之所谓开明专制君主如何为扩张一己权力而有改革之举。至一七八九年当法国王召集国民代表商议救济国家财政困难时，法国人民如何利用机会以限制君主之权力，废止腐败之旧制，与宣布改革之计划。此种改革他日欧洲诸国无不仿而行之。

（三）拿破仑　自一七九二年后欧洲有战争之事，乃引起法国之建设共和。然不久有一盖世之英雄不但统治法国，而且为西部欧洲大部分地方之霸主。彼并引入法国革命之改革事业于其治下之国中，而且因合并德国之小邦及覆灭神圣罗马帝国之故建他日欧洲一大强国之根基。

（四）十九世纪之变化　自维也纳会议以后欧洲形势颇有重要之变化。德国与意大利均有统一之举，成为世界上之强国。土耳其之领土渐渐减削，巴尔干半岛中遂发生多数十八世纪中所无之新国。诸国君主之专制权力莫不渐渐丧失，而忍受宪法之限制。甚至俄罗斯之皇帝虽自称为“所有俄罗斯之专制君主”亦复予立法权与国家预算案于国会，不过皇帝与其警察仍监视国会甚严耳。

（五）实业革命　与上述各种重要变化同时并进者有实业上之革命，其影响之及于人民生活上者远较军队或国会为巨。实业革命不但产出多种新问题，而且产出一种帝国主义，将欧洲文化传之于世界。当十九世纪后半期欧洲强国中如英国、法国、德国、俄罗斯等群起而开放中国及其他亚洲诸国之门户，亚洲之地遂因之加入欧洲史旋涡之内。非洲一地在一八五〇年以前世人所知者仅沿边一带，而五十年来欧洲各国竞探险而瓜分之。唯欲永久统治之则尚须加以多年之经营也。上所述者殆最近二百年来欧洲史上之最著特点矣。

吾人尚须研究及之者则二十世纪初年之欧洲如何收受过去之遗产与对于文化尚有何种供献是也。

2. 英国之社会革命（一九〇六至一九一四年）

英国之守旧　十九世纪末年英国之守旧与西部欧洲诸国初无少异。百年来国内扩充选举权与改革旧制之热忱似已消灭。维持现状与实现帝国主义于南部非洲及其他世界之各部实为当时英国政治之特点。自一八八六年至一九〇六年凡二十年间，除一八九二年至一八九五年短期外，下议院及政府均为保守党人所把持。维新主义抑若已亡，社会党人之运动亦不能激起工人之附和。

然至一九〇六年国会选举之后英国政局为之一变。旧党失势，新党继秉国钧。而工党中人之被选为国会议员者不下五十人。五十人中颇有深信社会主义者。此后十年之间自由党人与工党结合实行根本之改革，其内容几与英国社会上及政治上之真革命无异。

社会改革为政争之要点　英国人态度上之变化以自由党人察赤尔（Winston Churchill）于一九〇九年一月三十日在诺定昂（Nottingham）地方所讲演者为最真确。其言曰："现时英国人之重要希望殆皆偏于社会方面而非政治方面。若辈处处而且几乎每日皆目睹紊乱与困苦之情状，与人道及公平之观念相反。若辈深知在近世国家之中人民每罹种种无妄之灾。同时若辈并深知科学之力量，加以财力与权力之援助，足以引入秩序，预备安宁，预防危险，或者至少可以减除危险之结果。若辈本知此国为世界上之最富者；据吾所见，则英国国民实不愿援助无力或无意建设较大较完全较复杂较彻底之社会组织之政党，盖无此种组织则吾人之国家与国民定将由忧思而沉入患难，而吾人之名字与声誉亦将减削于史书中。"

劳工法律　自由党之秉政实抱有此种精神者，故自一九〇六年得势后即着手于规定法律以减少贫苦、劳役、失业及工业危险为目的。一八九七年《工人报酬议案》（Workmen's Compensation Act）之条文推广而施诸农工及家庭仆从。规定凡工人因工作而受伤者除此种损伤因工人有意恶行自取其咎外，雇主须给以赔偿。同时（一九〇六年）国会议决工党中之基金免其负有因同盟罢工或他种冲突而发生损害赔偿之责任。二年以后国会又议决凡工人在地下矿中工作或因工作而往来之时间在任何二十四小时中不得过八小时。

蒲士调查伦敦之贫苦状况　裨益工党中人、矿工、受伤工人等之议案虽然重要，然不足以解决工人之贫苦问题。盖工人之贫苦类皆原于工资之低廉，工作之无定，疾病及其他非原于个人之困苦。人民贫苦为实业革命结果之一本无疑义，而英国工人之贫苦亦实极为不堪。数年前英国富商蒲士（Charles Booth）因感于伦敦工人之状况无正确之记载，乃出其私资纠合同志实行挨户调查之举，以便明定"贫穷困苦邪恶等与一定进款及比较安适之数目上关系"。其调查之结果印而行之，即十六卷之《伦敦人民之生活及劳动》（The Life and Labor of the Peopte of London）一书是也。据彼调查在伦敦城东部居民约一百万，其家庭每周收入在银币十元以下者凡三分之一以上；每周收入在银圆十一元至十五元之家庭约占百分之四十二；

其每周收入在十五元以上者仅百分之十三而已。彼之研究结果并发见居民住室之非常拥挤，光线不足，饮水不良，卫生不讲，疫疠时起。后竟断言伦敦一城之中贫苦之人约占三分之一；所谓贫苦即工资甚少，衣食尚有不足之虞，安适与奢侈更无论矣。

伦敦之贫苦并非例外　吾人骤然闻之，抑若伦敦之贫苦实为世界上所罕见者。然据龙的里（Rowntree）之调查则谓约克（York）一城人口尚不及八万，贫苦者亦约占三分之一。彼并谓儿童身体之发育，疾病之流行，与死亡之多寡，均与工资之多寡有关；总之身体、快乐与安宁三者均与工资同时而增加。至今世界各国虽无此种状况之科学调查，然此种状况之普及恐不仅英国如此，即世界之上亦莫不如此也。

废止贫苦之可能　昔日因各地之财富有限，不能使人人皆有安适之机，故遂以为贫苦状况断难幸免，不甚注意救济之方法。然自科学昌明与发明进步以来世人颇有希望贫苦之绝灭者，以为如能改组实业以免除虚费而增进效率，如能使社会之闲人皆从事于工作，并使财富不入于少数人之手，则将来人人皆无失业之虞而有安居之乐，邪恶疾病必将大为减除。罗马教皇利奥十三曾言曰："救济现在压迫大多数人民之困苦与患难，必须求救济之方法，而且须速求之，此则无庸疑贰者也。"

英国政府向贫苦宣战　英国政府竟放胆乘机以"与贫苦宣战"为其计划之一部。一九〇八年国会中通过养老金法律，其重要条文如下：凡领政府养老金者必须年在七十岁以上之英国人不受他人碉济者，其私人进款不超过约中国国币三百元以上者。刑事犯及不愿工作以自存者不予以养老金。凡每年收入不过二百圆以上者其最高养老金每周约二元五角。

国立佣工介绍所　国会为救济工人失业起见于一九〇九年议决设立"佣工介绍所"于全国，以征集雇主需要工人及工人需要工作之消息。并规定凡工人远赴他处工作者政府得酌量贷以旅费。

苦工工资之规定国会对于工业中之工资过低者设法增高之。一九〇九年议决设立数种"苦工"（sweated trade）如成衣、织花边、造箱等职业之董事部。部中包有工人之代表，雇主及政府所派之代表，对于定期工作及临时工作有规定最低工资之权。雇主与工人间不得有授受较董事部所规定为低之工资之举动，若雇主以较低工资给予工人者则罚以重金。

上议院反对改革　同时守旧党人之反对改变亦益形激烈。唯守旧党人在下议院中者为数甚少，故唯有以国家将亡中流社会失势等语为言，提出抗议而已。然守旧党人之在贵族院中者根深蒂固人数较多，故视自由党之改革为革命，必欲破坏之以为快。一九〇六年十二月贵族院对于下院之《义务世俗教育案》因其有害英国国教之利益割裂而修改之。不久又反对下院之《多数选举权案》，盖因英国昔日一人每因广拥财产之故而得数处之选举权，而此议案则欲废止此种习惯故也。贵族院此种行动极为下议院中人所不满，以为有反于代议政府之原理。

一九〇九年之革命预算案 贵族院与下议院冲突之最激烈者实为一九〇九年之预算案。是年四月爱斯葵斯（Asquith）内阁中之财政大臣鲁意佐治（Lloyd-George）提出新税制于国会，激起政局上绝大之纷争。彼于"革命预算案"（revolutionary budget）内提议征收甚重之汽车税，所得税亦如之；而所得过五千镑者并增重之——因工作而得之收入，其税较不劳而获者为轻——此外遗产税亦另定新标准，视遗产多寡而定；凡遗产值一百万镑以上者抽百分之十五。彼并提议一种新地税，将自己工作之地主与坐享矿利或城中屋基之地主分别为二。预算案并包括一种不劳而获之地价税计百分之二十，于售卖或转移时征收之。无论何人凡售产获利者均须纳其一部分之余利于政府。同时彼并提议一种尚未发达与富于矿产之地税。

与贫苦宣战之预算案 此种预算案因有种种特别税故税率甚重；然鲁意佐治以为彼之预算案实一种"对于贫苦之战争"。彼并谓彼甚望："此三十年中必有大进步之一日，使贫苦之为物如昔日布满森林中之豺狼然远离英国之人民。"

守旧党之反对 守旧党以为此种预算案实具有社会主义与革命之性质大为反对。若辈以为"劳力而得"之收入与"不劳而获"之收入之区别为一种对于财产权利之无理攻击。"假使对于一人不劳而获之所得者政府所征之税较劳力而得者为重，以为彼对于二种收入无同一之绝对权利，则何不谓彼对于不劳而获者绝无权利，政府正不妨渐渐收其所有不劳而获之收入耶？"自由党中人之较为保守者对于此问不敢回答，仅谓此系程度上问题，而非根本原理上问题。然亦有明言人类之财产权利全以其获得财产之方法为根据者。

税制上之新问题 关于此端察赤尔曾言曰："昔日征税人所问者为：

‘尔所得者多寡耶？’……至于今日则有新问题发生焉，吾人并问：‘尔如何得之耶？尔用己力得之耶，抑他人遗予尔者耶？其用有益于社会之方法得之耶，抑用无益而有害他人之方法得之耶？其用经营与建设商业之能力得之耶，抑仅吸尽主有与创设商业者之膏血得之耶？其因供给工业上必需之资本而得者耶，抑因除高价外不愿出售工业上必需之土地而得者耶？其用生产方法而得之耶，抑或盘踞必要之土地以待经营与劳工，国家利害与城市利害，不能不出五十倍于农业上之价值以向尔购之而得者耶？其因开矿利人而得者耶，抑或他人劳苦而一己则坐收其利而得者耶？……尔用何法得者耶？’此即假定之新问题常常波动于全国者也。”

预算案之理由颇得下议院之信服，故得多数之同意而通过。然提出贵族院后则反对者得三百五十人，赞成者仅七十五人而已。

3. 英国贵族院之失势参政权及爱尔兰问题

下议院之抗议　贵族院既反对预算案，自由党人遂与之宣战。一九〇九年十二月二日爱斯葵斯在下议院中提出正式决议如下：“贵族院否决平民院本年财政之规划之举动实破坏宪法而且侵夺平民院之权利。”此次决议赞成者三百四十九人，反对者仅一百三十四人，可见上下两院政见调和之无望。一九一〇年一月并行国会改选之举以觇民意之向背。

选举运动　此次改选之运动激烈异常颇有动武者。社会党人激烈党人及爱尔兰人要求立即废止贵族院，而温和之自由党人则以为减削其权力已足。选举结果自由党议员之人数虽减少一百人，然在下议院中仍占多数。唯其多数甚小，故为进行便利起见，不能不与工党中人及爱尔兰人携手。

贵族院通过预算案　国会既开会，贵族院深恐权力之减少，不得已而通过预算案。然自由党人至是已决意使贵族院将来不再为平民院之患。

贵族院存在问题之选举　当英国宪法上争执最烈之日英国王爱华德第七忽于一九一〇年五月六日去世，政党间之纷争因之暂息。自由党与守旧党间有屡次开会商议互让之方法，然始终不得要领。十一月国会开会时双方之相持不下也如故。自由党人遂解散国会而改选之，十二月十九日而事竣。选举之结果与一月无异，自由党人虽尽力奔走而所得则仍甚微也。

贵族院之征服　一九一一年二月新国会开会，即以多数通过议决案一，以限制贵族院使用“否决”权（veto power）为目的。当此案提出上院时爱斯葵斯宣言彼已得英国新王佐治第五之允许，如守旧党人力能反对此案者英国王将加派贵族院之议员以担保其通过。贵族院闻之惧，乃于是年八月十八日通过之，即所谓《国会议案》或称曰《贵族否决议案》（The Lords Veto Bill）是也。其重要条文如下：

贵族否决议案　无论何种财政议案——关于分配岁入及岁出之议案——若既经下议院之通过，并于闭会至少一月前提交贵族院，而贵族院于一月中不加以修正而不通过者，则此案即可呈请国王批准公布成为法律，不再顾贵族院之赞成与否。无论何种公共议案（非财政议案，或变更国会会期为五年之议案）既经下议院继续三次会期之通过，而贵族院继续三次反对者，亦可呈请国王批准成为法律，不必再问贵族院之赞成与否——唯该案第一次议决时之二读与第三次通过之时间，中间须相隔二年之久。此外并改国会会期七年为五年。其意即谓国会虽仍可由内阁随时解散，至少每五年须改选一次。至一九一一年并规定下议院议员每年应得岁费四百镑。昔日宪章党之要求至是又实现其一。

各种工人保险案　贵族院之权力既大形减削，自由党之政府乃进行其他之改革。其改革事业之最宏大者莫过于一九一一年之《国家保险议案》（The National Insurance Act），此案于一九一二年七月实行。其中一部分规定凡工人（除从事手工者及每年收入在一百六十镑以上者）均强迫其实行各种疾病之保险。凡工人雇主及政府均须供给其基金。凡经保险之工人可享下列之利益：疾病之医治，肺痨之疗养，病中之薪给，残疾之津贴，凡为母者生子女一人则得领仙令三十枚等。此案之第二部分规定凡某种职业中之雇主与工人每周均须缴纳微款以成基金，以为保险失业者之用，同时并由政府协济之。

英国竟成民主国　有上述种种改革案，英国政治上遂达到民主之域。英国人虽仍维持旧日之王政，对于贵族亦复尊重如昔，然政治上之权力已入于大多数国民之手，国民每不顾贵族之感情以行使其权力。即上流社会中人亦不能不承认此种政治上之变化，故仅尽其力于阻止更进一步之改革。然爱斯葵斯与鲁意佐治之改革计划日进无已，至欧洲大战开始时方为之停顿。

地方改革　除国会有改革全国之计划外，同时又有城市改良之运动。

英国城乡之自治实始于一八三五年，至是以代议机关代替中古传来之官吏。近年以来城市之事业与公有之公益均有增加。曼彻斯特、北明翰及伦敦诸城均有巨大之事业。电车煤气厂及电灯厂类皆公有；而模范附郭区域及工人居室之发达颇有进步，成效甚著。英国人民之贫苦者虽尚不一其人，而浪费之习惯亦复未能尽免，然国民已大为觉悟矣。

英国之隆盛　英国之守旧党虽有新税实行财政必乱之言；然国家富庶之象则仍日进无已。其商业在欧洲大战以前极其隆盛，一九一三年之输入价值吾国银币七千兆元以上，其输出值六千兆元。工业亦极为发达。即就纺织一业而论，百年之间其出产每年自二百兆元以达二千兆元，当一九一三年时足以维持五百万人之众。

鲁意佐治为内阁总理　当一九一四年欧洲战争开始时英国总理爱斯葵斯应付失宜颇受国人之指责。鲁意佐治日形得势。一九一六年十二月内阁改组时彼遂继任总理之职。组织一混合内阁以应付国内外之政潮。

女子参政权之扩充　一九一七年春内阁方面主张扩充国民之选举权，乃提出所谓《人民代表议案》（Representation of People Bill）于国会。不但予年逾二十一岁之男子以选举权，即女子之因之而得选举权者人数亦以百万计也。过去二十五年来最大变化之一莫过于扩充女子选举权倾向之发达。一八九三年新西兰之女子有完全参政之权。次年南澳洲亦有同样之举动。一九〇一年澳洲自治政府成立以后亦予女子以选举国会议员之权。芬兰于一九〇六年，挪威于一九〇七年，瑞典于一九一二年，丹麦于一九一五年，均前后予女子以参政之权利。欧洲大战以后德国俄罗斯及昔日奥地利匈牙利境中诸新国之女子莫不享选举之权利。一九二〇年美国亦有修改宪法扩充女子参政权之举。

英国女子之激烈运动　其在英国则自一九〇五年女子中如邦克赫斯脱（Ernmeline Pankhurst）夫人辈实行激烈方法以要求女子参政权后，女子参政问题遂激起英国人及世人之注目。一九〇七年冬英国女子在国务大臣居室前举行示威之运动，并骚扰下院议场。有被逮者不愿罚金，纷纷入狱。此种暴动颇能引起国人之兴趣。然英国国会始终不愿予女子以选举权也。此后女子之纷扰继续不已。一九一四年欧洲战端既开，邦克赫斯脱夫人宣言运动女子参政者将暂行停止其暴动，专心服务于国家。战争中英国女子之从事工作者甚力。反对女子参政之人鉴于女子具有爱国之热忱乃渐改其态度。故当一九一七年《人民代表议案》通过后不但各地人民居住六个月以上者享有选举权，即年逾三十岁之女子之占有土地房屋者或系占有者之妻均予以选举权。英国女子之因之获得选举权者计有六百万人。唯女子须年较长而且景况较佳者方有选举权，此则与男子不同者也。英国至是遂成为纯粹之民主国矣。

一九一二年之爱尔兰自治议案　爱尔兰自治问题自一八九三年葛拉德士吞之计划失败后，迁延不决者凡二十年。而反对爱尔兰自治者亦以为英国国会种种援助爱尔兰之计划或足以平爱尔兰人之怒。然英国国会中之爱尔兰议员对于自治运动始终不懈。其领袖勒德曼德（John Redmond）深知上院权力远不如前，故运动自治益力。一九一二年英国内阁总理爱斯葵斯与自由党中人提出《爱尔兰自治案》于国会，规定设一爱尔兰国会于都伯林。爱尔兰总督仍由英王任命之，唯须对于爱尔兰国会负责任。至于爱尔兰议员之在英国下院中者其人数自一百零三人减至四十二人。

爱尔兰共和国之建设（一九一六年）　至一九一四年九月自治议案竟不待上院之同意而成为法律。嗣因大战开端暂行搁置。勒德曼德宣言爱尔兰南部之旧教徒将与厄耳斯德之新教徒合力以御外侮。然自治案之搁置，爱尔兰人极为不满。一九一六年四月都伯林城中忽有暴动之举，新芬（Sinn Fein）党人实主持之。新芬二字本“我们自己”之意。党人目的在于建设共和，而以绿白金三色旗为其国徽。英国政府遣军队前往以武力平之。城中乱党被杀者达三百人，英国兵士死者达五百余人。爱尔兰共和国之总统被杀。

英国政府不得已有与爱尔兰协商之举。鲁意佐治任总理时将编订爱尔兰宪法问题提交爱尔兰国民会议讨论之。经过数月之会议卒无结果而散。欧洲大战终了以后，爱尔兰人复起纷扰至今未已。

4. 德国之现代史

德国之隆盛　当德国皇帝威廉第二时代财富与人口增加均甚迅速。德国隆盛之根据一部分原于政治上之统一。然德国实业之发达亦殊可惊，而有赖于西普鲁士，莱茵河及萨克森诸地之钢铁制造业。钢铁制造之方法在一八七八年为英国人托马斯（Sidney G.Thomas）所发明。德国之铁矿含有磷质甚多，沿摩塞耳河（Moselle）之铁矿尤其如此，而当时炼铁之方法为柏塞麦（Bessemer）方法，每不能炼铁矿而成纯粹之钢。英国之铁矿磷质较少，故炼钢之业远胜德国。自托马斯发明新法之后莱茵河诸城多仿而行之，德国之钢铁业遂远驾英国之上。盖英国之铁矿不如德国之丰富也。当欧洲大战开始时德国钢铁出产之多仅亚于美国云。

人口之增加 与财富俱增者尚有人口。当一八七〇时德国之人口约四千万；至一九一四年约六千八百万。其增加之多为西部欧洲诸国之冠。因之新城林立，旧城亦复大加扩充，街道加广，其美丽宏大与英美诸国中之巨城无异。

城市社会主义德国之城市如柏林、慕尼克、莱比锡及汉诺威等每购有大片之土地，以谋得地价增加之利益，并足以预防居室之拥挤。各城每有分区之计划，各区中之建筑均受法律之限制，以免拥挤之弊。城市中每主有电车、煤气厂、电灯厂、屠宰场、戏馆、押当铺、工人居室等，并用种种方法以免工业城中之污秽。

德国政府提倡商业 德国商业发轮极速。德国轮船受政府之补助费甚巨，故不久德国商船航行于世界之各部。农人工人亦因海外市场开辟之故无不获利甚巨。国内既有家给人足之象，故工人之移入南北两美洲者为数日减。唯德国商人类皆受德国政府之援助，故其经营商业不仅为谋利起见，且亦为扩充国家势力起见也。

德国之陆军 德国既骤然富强，国民间遂不免抱有高志。军人中每有一种睥睨一切之气概；以为一八六六年与一八七〇年既屡著奇功，则“下次战争”不难征服四邻而增加德国之权力。一九一三年帝国议会有增加军费之议决。备战着着进行无时或已。对于战炮之改良，炮弹之发明，飞艇之制造，海底潜艇之计划，莫不大加注意。国中常备军之训练有素而且设备完全者得四百万人，一旦有事则并有后备兵六百万人，故德国实有天下莫强之势。

德国之海军 德国陆军之精良既甲天下尤不自满，乃有整顿海军之举。自一八九八年以来战舰之数日有增加，其规模之宏大与设置之完全，仅亚英国。德国之海岸线有二，中隔丹麦半岛。乃有开凿基尔（Kiel）与易北河（Elbe）口间运河之举，其海岸线遂自荷兰境直达俄罗斯境。船只往来于北海与波罗的海之间极其便利。然当欧洲大战开始时英国即封锁北海沿岸之德国海港。大战最初四年间德国之海军一部分困守于本国海港中，绝无用武之地。

5. 二十世纪之法国

法国人之保守　世人每以法国人为轻浮之辈，以巴黎为“革命之家”。然就法国全体而论则实具有保守之精神。法国农民极其节俭，性情保守不喜更张。城中商人亦同具此种心理。法国革命之频仍与其成功之甚易，盖皆由于大部分人民漠视政治变迁之故。法国政体虽屡经变更，而其政治上之组织自拿破仑以来实无甚出入，尤足征法国人民之富于保守精神也。

责任内阁制　第三次共和初年法国之内阁每数月间必有改组之迹。政局上每现不稳之象。然政府之政策每能贯彻而不变。盖英国内阁有统制国会之趋向，而法国国会则有监督内阁之权力也。

政党之合群　法国内阁之为期甚短，变化频仍，乃国内政党合群制之结果。盖国会中之政党甚多，随时可以合群而成大多数以与政府为难。至于英国美国诸国国会仅有大政党二，而内阁中人又必得有多数党之援助者，故内阁改组之事较法国为罕见也。

保险案　社会改革之举德国英国颇能尽力进行，而法国独后，其原因一部分在于法国之贫苦问题不如其他二国之重大。至一九一〇年法国方规定老年及残疾年金之制度。规定凡受工资及薪水之工人均须保险。工人与雇主均负纳费之责任，政府并补助之。凡六十五岁以上之人男子每年可得年金约银币一百五十元，女人一百二十元。至于残疾者亦有保险之规定。寡妇孤儿亦得有补助金。当一九一三年国民之注册保险者有八百余万人。

第三次共和国之和平政策　当十九世纪时法国人因回忆拿破仑武功之盛每存好大喜功之心，而取辱国丧师之祸。即一八七〇年后法国人亦仍有抱武力主义者，就中尤以波那帕脱党人为最。若辈每以光复亚尔萨斯洛林二地为言以动国人之心。在巴黎尝在代表斯特拉斯堡城之铜像前行示威之运动。然国会中及国人之注意者渐形减少。自社会党发达之后反对战争甚力，故法国政府对于战备极不经心。

摩洛哥事件之影响　然自一九一一年与德国因摩洛哥势力问题有冲突

之举后法国政府之态度大变。国人除社会党外均以为大战将至非扩充军备不可。当欧洲大战将起之际社会党领袖若累斯（Jaur è s）仍坚持不战政策。迨一九一四年战争开始之后国人颇责彼理想太高，非爱国者所应有，当德国军队将侵入法国境内时若累斯被人暗杀而死。

6. 二十世纪之社会党

社会主义之发达 英国德国法国诸国之社会改革不但不能阻止社会主义之发展，反足以促进社会主义之发生。社会党中人大致可分为三派：

校正派 第一为校正派（revisionist wing），此派对于马克思派曾起反对者也。此辈以为世上绝无所谓社会之“革命”，仅有继续之改革事业，渐渐建设社会主义制度之特点。德国之校正派虽不能操纵社会党之全部，然在社会党中极有势力者也。

直接行动派 一面又有所谓直接行动派（direct actionists），主张应用直接行动以代替和平政治运动。以为仅用和平方法结果太微。故此派中人力主同盟罢工或激烈方法以战胜雇主而以获得实业管理权为目的。一九一一年八月英国铁道工人之同盟罢工即其一例。其结果则政府出而干涉，而工人之工资为之增加。其在法国，直接行动颇有结果。每遇劳工纷争时必随以激烈之举动。直接行动派之意在于联络各级及各业之工人成一规模宏大团结巩固之团体以操纵实业之全部。其在俄罗斯则社会党人之最激烈者日布尔札维克（Bolsheviki），竟于一九一七年之冬获得国内政权。

中途派 此外又有所谓中途派（Middle of the Road Socialists），此派既反对和平改革派，亦反对直接行动派。以为和平改革派无异资本家之傀儡；而直接行动派亦有无政府之嫌疑。大抵欧洲各国之社会党人多主张用和平方法从事运动，注意于选举以获得政权焉。

欧洲大战后之国家社会主义 自一九一四年欧洲战争发生以来欧洲各国几均有重要实业及运输机关归诸公有之倾向。为军事上必要起见，铁道矿产多由政府管理而运用之。制造业亦然。军火及军舰之制造尤其如此。某种重要物品之价格应由政府规定之，此理亦为各国政府所承认。总之，大战以后欧洲各国政府莫不向国家社会主义方面而进行也。

第三十章　自然科学之进步及其影响

1. 地球甚古说之发见

科学研究之重要　近世史中较政治上变迁尤要之一方面，厥惟近世科学之兴起。十八世纪时代科学之进步前已略述之。近世固有精密之观察与实验及科学仪器——如显微镜及望远镜——之发明再加以精细之深思与计算科学家如牛顿、林尼阿（Linnaes）、蒲丰（Buffon）、拉瓦节（Lavoisier）等遂建近世科学——天文、植物学、动物学、化学、物理——之基础。自有科学研究以来吾人对于人类、动物、植物、矿物、气体、地球及宇宙之知识无不大增。科学上之发见不但足以满足吾人之高尚好奇心，而且大有影响于不谙科学者之生活。至今几乎所有人类之兴味皆不能避免科学之直接影响。盖自然科学之为物不但产出一种改革之精神，而且供给改良人类状况之方法也。

十九世纪之科学进步之一例　十八世纪之科学成功固然甚大；十九世纪之科学进步尤为惊人。吾人欲了然于此种进步之宏大，只须知当维也纳会议开会各国代表不但不知有所谓电报、电话、电灯、电车；即轮船、铁道、摄影术、麻醉药、防腐药等亦并未有所闻。即如火柴、煤油、煤气及橡皮制造品等在当时亦复一无所有。至于缝纫机、打字机、削草机等均未发明。其他如原子、细胞、内力、进化、病菌诸学说，在今日则为学生者类皆熟闻而习知之，而在当日则皆茫然一无所晓。

科学进步之无穷　二十世纪以来研究方法益形精密，解决多种科学上之奥妙，人类之能力因之益复增加。然即在今日，科学上发明一次，每生出一种出于意外之新问题。宇宙内容益形复杂，故科学研究几无止境之可言。吾人研究近世欧洲史，应了然于科学之如何发达及吾人对于人类习惯及见解，原始及将来之如何变迁。下文所述者仅百年来欧洲美洲各国科学研究之大端而已。

旧日之创造观念及地球之年龄　兹先就地球而论，五十年前欧洲人莫不以为地球之生存至今不过五六千年，而且上帝于一周之内造成地球上之生物，并于空中造日月以照耀地球。自地质学家动物学家古生物学家人类学家物理学家及天文学家加以研究之后方知现在万物均经过几千万或几万万年之演化，旧日上帝创造万物之观念至是打破。

地球上生物之生存甚古　现在科学家均信地球最初实为一圆形之气体，球面渐冷凝结为固体而成吾人所居之地壳。地质学家对于地球之年龄若干初无一致之主张，而且恐永无解决此种问题之希望。然据若辈之推测则地球上之水成岩其造成之时期约需一百兆年至一千兆年之久。岩石中颇有各种化石之存在，可知地球上之有动植物为时甚久。故地球之有水与陆离今似至少已有一百兆年。

吾人即将此期减短一半，地球上之有植物及下等动物为期之久亦正不易领会。吾人假定藏有过去五十兆年之记载，假使每页中所载者为五千年中之大事，则此书将有十卷之巨，每卷计有一千页；而吾人之所谓欧洲史，自古代东方诸国以至今兹，将不过占此书之第十卷中最后之一页。

至于吾人所见之天体，太阳与其行星不过占宇宙之一极小部分，在吾人见之抑若永远存在而且其大无限。然自有分光器及陨石研究以来则知天体之化学分子与吾人所知者无异——水素、酸素、窒素、碳、钠、铁等是也。

来伊尔之地质学原理　当一七九五年时苏格兰之地质学者胡同（James Hutton）曾著书断定地球之成为现在之形状，其天然进程极为迟缓；此说一出，抗议者纷起，以为彼不能发见“起源之痕迹与终止之先见”。至一八三〇年英国人来伊尔（Charles Lyell）著名满世界之《地质学原理》（Principles of Genlogy）一书公之于世。书中详言地球之如何渐形缩小，如何经过长期之雨霜作用成为高山与大川，而积成石灰石黏石及沙石。总之，彼断言地面之形势实为吾人尝见作用之结果，其进行至今尚可见也。现代地质学家之研究颇足以证实来伊尔见解之无误云。

2. 演化原理

蒲丰发明动植物之演化　地球因天然势力之作用而逐渐变化，动植物之成为现形亦似经过逐渐之变迁。法国博物学家蒲丰（一七〇七年至一七八八年）当狄德罗编订《百科全书》之时曾著《博物学》（Natural History）一书，谓所有哺乳动物骤视之虽似互异，而细察其身体之构造则颇为相同。彼谓假使以马与人相较，“其足以激起吾人之惊异者不在其相异而在其相同”。彼曾细察各类生物之同点，乃断定假使有充分之时间则造物似可将所有有机体皆由同一原形演化也。

十九世纪初年之演化观念 蒲丰著作之中并道及演化之学说。迨十九世纪初年法国人拉马克（Lamarck）著书行世，竟谓世界上之动物均由逐渐发达而来。彼所主张之发达理由在今日动物学家眼中观之虽不充分，然在当日彼之主张实较时人之见解过早五十年。唯其他科学家颇受同一之印象。一八五二年英国人斯宾塞（Herbert Spencer）胪陈理由多种以证明宇宙间之万物——地球、植物、动物、人类及其观念与制度——均经一种自然程序而渐渐发达。

达尔文之天择原理 七年之后（一八五九年）英国人达尔文（Charles Darwin）所著之《物种原始》（The Origin of Species by Means of Natural Setection）出世，演化之原理乃激起世界之注意。达尔文主张各种动植物并非各种不同动植物之苗裔，今日之动植物乃数百或数千万年来屡经变化之结果。

“生存竞争” 达尔文以为无论何种动植物任其生殖则不久即将布满世界。例如一对知更鸟或麻雀若不加限制任其繁殖，则十年之间必可增至二千万翼以上。故现在世界上动植物之不增加，必因鱼鸟之卵，植物之种子及哺乳动物之幼兽于发达之前即被破坏之故。热，冷，雨，旱实负其大部分之责任。然生物间亦有无数互杀之方法，有时仅互相排挤而耗尽所有之食物已足。故生物之间无论其为同种或异种有一种永久之“生存竞争”（the struggle for existence），而存者每居少数——五之一，或十之一，或千之一，有时或百万之一。

“适者生存” “然试问生物中何以有存者有不存者？假使各种中之生物绝然相同，则吾人只得谓此乃偶然之事。然生物并不相同，有较强者，有行动较速者，有身体之构造较坚者，有较狡者。色彩较晦者易藏；目光较锐者易于获食而逐敌。至于植物稍有不同，则其有用与否遂为之大异。其萌芽较早而较强者可免蛞蝓之害；其力较强者可以在秋初开花而结实；树木之有芒刺者可免动物之吞食；花之最触目者则先受昆虫之注意。

故吾人可以断言凡生物之具有优良特点者则其忍苦之能力较大，而其生命亦必较长。偶然之事虽不能尽免，然就全体而论则适者必生存也（the survival of the fittest）。"

总之，达尔文之学说以为一切生物断无不变之理；唯因生物变化之故在生存竞争之中其最适者可免消灭而生存，而传其优良特点于其苗裔。此种生物"发达"之观念及人类亦属于动物之观念激起世人之惊异，而科学家神学家及一般学者遂渐有激烈之讨论。

科学家大都承认演化之说　赞成达尔文学说之最热心者当推斯宾塞、窝雷斯（Alfred Wallace）、赫胥黎（Huxley）及美国植物学家亚撒格雷（Asa Gray）等，若辈均能尽其力以辩护及解释演化之学说。演化原理之足以破坏旧观念虽较哥白尼（Copernicus）之"太阳系学说"尤为有力，然其受科学家——动物学家、植物学家、地质学家、生物学家等——之承认极其迅速。至今演化原理之确定几与相对论及物理相同。

演化之说实足以增高人类之地位　反对演化原理者其人数之减少甚慢。最初无论新教或旧教之教士莫不痛骂达尔文，以为彼之学说与上帝之言相反，而且使人类之地位为之降落。然日久之后宗教中人渐与演化新说调和。盖再加思索之后即知演化之说实足表明上帝用意及方法之佳妙，而且人类虽同属于动物界，而人类仍不失为自古以来所有造物工作之最后目的也。

3. 物质之新观念

原子说　当动物学家植物学家及地质学家发挥演化学说之日，正化学家物理学家及天文学家研究物与力问题——热也，光也，电也，太阳及恒星之历史也——之时。当十九世纪初年英国人道尔顿（Dalton）曾谓所有物质似皆由各质之"原子"（atom）化合而成为"分子"。例如一原子之碳素与二原子之酸素合而成气，谓之碳酸。而且碳素与酸素之化合重量每系十二与三十二之比例，故吾人可以推定每一原子之碳素其重量为十二单位，而二原子之酸素其重量各为十六单位。此即原子说之根据，屡经研究家之发挥遂成今日化学之基础。

现代化学家之重要　今日化学家能解剖最复杂之物质，而发见动植物体中之成分为何。甚至能将原子化合而成人造之动植物原质。酒精、靛青、茜草及香料等皆其著例。化学家能造靛青及有用之药物；并改良而且增进钢铁之出产。自有柏塞麦方法以来世界之财富每年增加银币四千兆元之巨。化学家既知植物成分之需要，故能解剖土壤供给必要之化学药品以培养植物。同时水之纯洁与否亦能辨别明白。至今制造家矿业主人农业家莫不依赖化学家矣。

光之性质当十九世纪时热与光之性质方完全解释明白。光与热系由能媒中之极细波动而外传。所谓能媒者必到处存在。盖无此种中介则太阳与恒星之光线断无达到吾人之理也。

电力之重要　电之为物在十八世纪时知者极少，至今竟占物质上最重要之地位。电似系一种原子间之爱力，足以联合分子中之原子。所谓光似不过一种游行于能媒中之电波动。将来所谓物质者或竟仅系电力亦未可知。三十年来电力之应用极广，为科学上成功之最著者。

镭之发见　当十七世纪时代化学家断定彼炼丹者欲变更金属之性质实不可能，因物之原质各有特性，如不与他质混合则永远不变。二十年来化学上忽有能发速度极高之光体之发见，就中尤以镭素为最著。物质不变之原理为之大受影响。此种元素为巴黎居礼（Curie）教授夫妻二人所发见，由沥青铀矿中提取之，唯极为困难。虽以沥青铀矿一吨仅可得不纯粹之镭一厘之七分五。而全世界之镭现已共有一百厘之多。然因其性质之特异，足以证明原子竟能变性而成为不同之质。故所有物质或皆与生物同均逐渐演化而成者也。

原子中之巨力　镭素之热力于一小时中能将同等重之水，自冰点以达于沸点；然镭素本身之消耗极微而且极慢。故据吾人之计算，则镭素之失其半重几需一千五百年之久。此种力之发表必不原于分子之破裂，而原于原子中之一种作用。世之乐观者以为将来吾人必有利用原子之力以代今日化学作用之一日。唯至今化学家对于促进，阻止或驾驭镭素一类原子中作用之方法尚未有所发见也。

4. 生物学及医学之进步

细胞之原理　近年来关于动植物上之发见其奇异不亚于物与电。约一八三八年德国之博物学家二人士来登（Schleiden）与司旺（Schwann）互较其观察所得者，乃断定所有生物皆由微体组织而成，此种微体谓之细胞。细胞为一种胶质之物。一八四六年植物学家摩尔（Mohl）称之“原生质”（protoplasm）。所有生物皆原始于原生质，昔日简单之有机体可由死物自然发生之说至是遂破。德国之名生理学家微耳周（Virchow）曾言曰：只有一细胞能产出一他细胞（Omnis Cellula a cel lula）。故生物界之细胞颇似非生物界之分子。

近世生物学之重要　细胞原理为生物学研究之根据，极足以使吾人明了原卵发生及所有组织与机关发生之方法。细胞原理亦足以说明多种疾病及医治之方法。奥士勒（Osler）曾谓知识树上之叶竟能医治国民之疾病，对于吾人之快乐及功能实最重要。人类身体及其组织之细密卡造——无论有病与否——如各种机关之作用及其关系，消化同化循环及分泌之作用，血球之非常活动，神经脑筋——凡此种种无不经多人之研究。十九世纪以来实验室与医院之建设者日兴月盛。故以吾人今日之知识观之，则十八与十九两世纪时医生之端赖药物治病者实较不医尤恶也。

种痘　一七九六年英国人勤纳（Edward Jenner）有试行种痘之举，当日可怖之危病遂得一防止之方法。此种发明如能处处实行，则世界之上将不至再有天花之踪迹。然世人之疏忽者及反对者至今尚不乏人，故天花一症至今未能扫除使尽。

麻醉药之发明　勤纳发明种痘方法之后五十年美国人窝棱（Warren）于一八四六年至一八四七年间在波士顿医院中始用麻醉药使病人失去知觉以便割治，所用之药曰以脱（ether）。次年苏格兰爱丁堡（Edinburgh）地方始用闷药水（chlroform）。当麻醉药未发见以前病人之不惧刀割者为数极少，即为医生者鉴于病人之痛苦，亦每无充足之时间及机会以便从容施其手术。至于今日则割治之时间可以延长至一小时以上，而病人之痛楚则并不因之增加。

防腐药　自麻醉药发明以后病人之痛楚虽除，医生之施术虽易，然病人之因割治而死者仍复不一其人，盖割治之后每有血毒丹毒或死肉诸症随之也。凡割头或胸或腹者其结果每有性命之忧。最后英国人力斯忒（Joseph Lister）发明救济之方法。彼将所有施手术用之器械拂拭极洁，并用防腐药，病人之因割治而死者数遂大减。唯当一八六〇年间彼之发明成功虽巨，然当时无人知其成功之理由。其时方有微菌学之发生，此种科学不但可以表明伤口传染之原因，而且可以说明人类所受之恶病。假使无微菌学之发生，则治病与防病之方法必不完备，而所谓医学亦将谬误不全矣。

微菌之名 当一六七五年时曾有人用显微镜察出腐蚀牛乳兽肉及干酪之微生物。百年之后维也纳之普雷内士（Pleinez）乃宣言彼信凡疾病与动物质之腐烂均原于此种微生物。然再过百年至一八六三年法国人巴士特（Pasteur）方谓吾人之毒疮曰痈者实原于棒形之微体，名之曰微菌（bacteria），微菌之名实始于此。

巴士特之研究 法国化学名家巴士特以发明医治恐水病之方法著名，然彼之发见亦正不一而足。彼证明空气中之微菌极其普通，并谓昔人之误以为自然发生者实原于微菌。法国政府遣彼赴法国南部研究蚕之疾病，盖其时蚕疫极盛，人民损失甚大也。彼乃于蚕身及蚕子上发见微菌，并提出救治之方法。彼对于发酵作用亦颇加研究，酒家之损失因之大减。

病之芽胞原理 柏林之科和（Koch）始发见产生肺病之结核菌，其他学者亦先后发见肺炎、白喉、颚锁、肤核炎等病之芽胞。

驱除微菌之运动 微菌既如此之微，如此之多，欲免除之似不可能；然就经验上所得者观之，则当医生施割治之手术时，将一切器具加以消毒，即可防止微菌之侵入。肠热症之原于不洁之水与牛乳，肺痨病之传自患病者之干燥涎唾，黄瘧与瘧疾之芽胞之传自蚊虫，一一凡此种种发见均足以示吾人以预防之方法而减少疾病之流传。而且除预防方法以外，救治方法亦复常有发明。巴士特发明凡动物曾受恐水病毒水之注射者即可免恐水病之发生。至今白喉及颚锁二种恶病均有毒苗（antitoxin）之发见，唯肺痨及肺炎诸症则至今尚未有医治之方法也。

白血球 俄罗斯人麦奇尼可夫（Metchnikoff）曾在巴黎研究科学发明白血球有战杀微菌之功。今日科学家颇多专心研究增加白血球以防御微菌之方法。故至今人类之敌皆一一发见而扑杀之，而防御或卫生之方法亦时时有所发明焉。

注意自然科学之必要 吾人如欲驱除人类之疾病免除人类之苦痛有二必要之前提。第一，国家与富人急宜慷慨捐资以维持无数科学家之研究。第二，凡各级学校均宜多加注意于自然科学及其应用。英国名科学家某曾主张不但吾人应多设研究自然科学之机关，而且应组织政党以科学上之训练为选举上之先决问题焉。

史学之将来　一九〇六年法国某报纸曾征求近代法国名人表，其名字以功绩大小为先后。其结果则巴士特居第一得数百万票，而拿破仑反居第四。将来所谓英雄者或将为科学家而非君主与武士或政客。或者当二十世纪时方承认十八十九二世纪史中科学进步及其应用之重要。故吾人之历史将来恐非重编不可。狄德罗之《百科全书》在历史上之地位将在腓特烈大王战争之上，而来伊尔、达尔文、力斯忒、科和与居礼等之名将与梅特涅、喀富尔与俾斯麦并传。

盖文明之进步有赖于科学家及发见家者为多，而有赖于政治家者为少；盖政治家所能管理者国家之命运而已，而科学家及发见家则予吾人以天然及生命之监督权也。近世国家之富强多来自科学家之实验室。故将来之政治家不能不注意此种科学家之新供献，正如昔日之政治家不能不注意新航路之发见及实业之革命也。

5. 新史学

史材之应用　十九世纪以来各种学问之曾经变化者历史一科即居其一。第一，史材之搜集远较昔日为有条理。所谓史材即吾人对于过去所得之真确消息。如石刻、信札、法律、命令、公文书、重要人物之札记、日记、编年史、传记、国会中之辩论、各种议决案等皆是。凡此种种皆系历史之原料。吾人于利用此种材料以前，必先搜集而说明之方可。今日欧洲各国均有整理就绪之史材，异常丰富，极便研究。

历史范围之扩充　当十九世纪以前所谓历史仅研究人类史之一小部分，约共二千五百年之过去而已。五十年来吾人方知纪元前古代东方诸国及埃及之人类及其事业。至今吾人方知纪元前四千年埃及人已有文字。故历史之范围因之较昔倍增。

未有记载以前之人类　而且五十年来吾人对于未有纪载以前之人类颇有发见。吾人可根据古人所用之石器，再根据其图画，再根据其在瑞士湖滨之居室，以追溯人类之发明及其进步。

世界上何时始有人类，人类何时始有语言与发明，吾人已无法可以断定。或有以为欧洲之有人类已达五十万年。唯人类之脱离游牧时代而从事于建筑居室、纺织、陶业、耕种及豢养家畜等事，离今似不过一万或一万二千年而已。凡此种种均发见于人类能用金属以前。故此期曰“新石器时代”。

现代史之重要 吾人对于古代史既大有扩充；同时吾人对于现代史之重要亦大有觉悟。盖唯有现代史能使吾人判断今日之问题也。二十年前之编辑历史课本者每详于上古而略于近世。今则不然。欧洲大战发生以来吾人方知欲明了战争及其结果及现代人类诸问题，非先明了欧洲之状况不可。故吾人居今日而编辑历史课本，则上古史与中古史应仅占全书之半，而上古史应仅占上半卷之小半。近世史应占全书之半，而五十年来之历史应占后半卷之半。

唯有历史能使吾人明了现在之世界 吾人欲明白现在，必先明白过去。故研究历史应特重近世。就个人而论，吾人之能明了吾人现在之生活者盖皆自明了吾人一己之过去记忆经验及所历之境遇始。人类全体亦然。吾人欲明了现代人类之习惯及希望，不能不先明了人类之由来，人类之制度及人类之知智与欲望为何。所谓近世欧洲史无异二百年来之欧洲改革史。说明欧洲人如何固守中古之遗制及旧日之观念以迄于十八世纪。此种遗制及观念之如何废止及变更以成现代之欧洲。即就现代而论，亦复来日方长，需要改革之处不一而足。盖吾人之知识常有增加。知识增加，则吾人之状况不能不随与俱变。变更过去人类之生活者知识与发明也。变更将来人类之生活者亦知识与发明也。故改革家之事业日新月异，希望正复无穷。

旧史之缺点 旧日之历史著作中每包有多数与现代生活无关之事实，故读者之兴味索然。吾人编辑课本篇幅有限，其不能遍述一切者势也。著者之目的应仅述其最重要者，以明示人类之如何进步以迄于今。切不可因为过去有此一件事实，吾人遂不得不有此一段文字。

关于各时代及各伟人之记载本甚丰富。吾人编辑课本时断不能包罗万有者也。故抉择史材一事极为重要。所谓历史实仅一种人类过去事实及状况之记忆，为吾人明了现代问题所必需之常识而已。未读历史之人每多肤浅谬误之见；曾读历史之人则每能根据过去之知识评判现代之问题而无误。

第三十一章　一九一四年战争之起源

1. 欧洲诸国之陆军及海军

一九一四年之战争　一九一四年八月欧洲最激烈之战争开始。军队人数之众为亘古所未有；所用武器之坚利亦为亘古所未有；其影响于世界之巨亦为亘古所未有。世之有思想者类以此次战争为出诸意料之外。不信欧洲诸国之政府竟敢负此破坏世界和平之责任。然不意竟有战争。此次大战实为欧洲史上最重要之事实，吾人不能不求其原因之所在，与各国争持之问题为何。

欧洲武力主义之发达　自一八七〇年至一八七一年普鲁士战败法国以来，五十年间西部欧洲诸强国间并无战争之迹。此为欧洲升平无事之期。然各强国间始终专心致志于军备之扩充与军器之设备。普鲁士实为提倡武力主义之领袖。二百年前普鲁士曾欲以武力而成为强国。然近世普鲁士之军队实始于拿破仑战败普鲁士于耶拿之后。盖自后普鲁士之政治家知旧式常备军之不可恃，不能不赖“全国皆兵”（the nation in arms）之征兵制也。然欲实行全国皆兵之制须避拿破仑之怀疑。普鲁士政府乃令其国民皆受短期之军事训练，训练之后乃令其退伍而为后备兵。因之常备军之数并不增加，而一旦有事则可用之兵为数甚众。而且普鲁士之训练军官尤为精密。

此种已经改良之军队曾有功于推翻拿破仑。全国皆兵之制相沿不废。五十年后威廉第一与俾斯麦欲独霸国中与奥地利宣战时遂增加每年征兵之数，国民从军之期由二年延长至三年，后备之期延长至四年。因之普鲁士军队之数竟达四十万人之众，于一八六六年战败奥地利。他日法国之失败与德意志帝国之统一盖皆普鲁士军队之力也。

其他诸国之军备　自普鲁士于一八七〇年至一八七一年间战败法国以来，欧洲诸国除英国外莫不仿普鲁士之征兵制而踵行之。凡国民之身壮无疾者均须入伍二三年，再退而为后备兵以备随时奉命从军之用。政府每任用多数教师负教育兵士之责，加以军器发明日形精锐，改良设备所费尤为不资。

国民负担之重 欧洲各强国既争先恐后以扩张其军备，各国陆军之人数为之大增，而国民之负担亦为之加重。当大战开始时德国法国二国之陆军各有四百万人以上；俄罗斯有六七百万人；奥地利匈牙利得二百五十万人以上。英国之陆军不及二十万，驻在欧洲者又居其少数，盖英国之募兵方法与美国同类以志愿军补充之，并无征兵之制也。

英国之海军 然英国之国防端赖海军，而英国海军力之雄厚实为世界之冠；盖英国固以“二强海军”（two powers’ navy）为其海军政策之标准者也。英国所以必有强盛海军之理由一在英国人浮于地，国内所产之食粮不敷供给，故不能不自外国输入以资维持。而且英国工业甚盛，与商业有密切之关系。故一旦英国失去其海上之霸权，则其衰亡可以立待。

德国之海军 然其他诸国对于英国之独霸海上多不甘心。若辈对于英国殖民地之广大本怀猜忌之心，而其急于市场之获得与商业之保护亦与英国等。二十世纪以来商业上足为英国之敌者厥唯德国。德国皇帝威廉第二自始即有意于海军之整顿，二十年前曾谓德国之将来必在于海上。故一八九七年德国国会通过振兴海军之议案。自后海军之扩充极其迅速，几有凌驾英国之势，英国人乃大惧。英国政府遂亦增加其战舰之数目及吨数。其他诸国亦纷起仿行。故欧洲各国除陆军军费外又加以海军军费负担倍重于昔焉。

2. 和平运动

海牙和平会议之召集 军费既甚浩大，再加以恐惧战争之心，遂引起一部分人之弭兵运动。第一次减少军备之运动始于俄罗斯皇帝尼古拉第二其人。彼于一八九八年提议召集世界各强国代表开会于荷兰之海牙（Hague）以讨论之。此次会议与昔日之维也纳会议及柏林会议不同，非战后之和平会议及平时之弭兵会议也。

第一第二两次之和平会议 第一次海牙和平会议于一八九九年开会，对于限制军备绝无成绩之可言；唯决定建设一永久之“公断法院”（Court of Arbitration），凡各国间之争执“无关于国家荣誉及存亡”者均可提诸法院以求裁判。然因无法可以强迫各国之提起国际诉讼，而且足以激起战争之祸源又复除外，故所谓公断法院有同虚设。第二次开会于一九〇七年，规定埋藏地雷，炮攻孤城，及战时中立国之权利等。然自大战开始后此种规则亦复有同具文。

各国间之和平条约　自第一次海牙和平会议开会之后各国间之互订公断条约者有一百三十余种之多。规定凡无关国家存亡独立荣誉及第三者利害之争执，均以国际公断方法解决之。近来诸国间甚有将“所有可用法律解决之问题”一律提出公断者。

其他和平运动除海牙和平会议及公断条约外，尚有其他种种和平运动，故世之乐观者多以为此后或不致再有大战之发生。国际上各种公会及结社在大战前常有增加，而且各国人民间亦多有共同之利害，故有互助之必要。

社会主义　国际和平运动之最有力者社会主义亦居其一；盖社会主义本系一种各国工人之国际运动，其公共目的在于废止“生产机关”之私有制。社会党人常常开国际公会而且互以“同志”（comrades）相称。对于政府之实行帝国主义者每肆攻击，以为投资远地之利益独为富人所享有，因投资而起之战事与工人实无关系。而且社会党人力言战争之祸以穷人所受者为最烈。故极端社会党人多系反对武力主义者。所谓反对武力主义即不愿当兵之谓，社会党人之因此被拘者不一其人。然自一九一四年战端既起之后，各国之社会党人大都热心于战事，故若辈之反对帝国主义或反对扩充领土之战争，此属空言而已。

3. 各国间之争执

帝国主义与近东问题　欧洲大战发生之最要条件吾人在前二章中已述及之，一为帝国主义，一为近东问题。吾人曾述十九世纪后半期欧洲诸国之如何争获殖民地或商埠于非洲与亚洲，对于土耳其衰替之利益之如何虎视眈眈。兹吾人不能不再略述五十年来各强国间之如何竞争及一九一四年夏间战争之如何爆发。

法意二国在非洲之冲突　第一，吾人须知非洲之如何探险及其分割。非洲北岸沿地中海一带之地大部分属于法国，故法国对于意大利英国及德国先后均有冲突之事。法国领地阿尔及利亚于一八三〇年征服，于一八七〇至一八七四年完全占领，有邻国二——即突尼斯与摩洛哥是也。法国借口于突尼斯土人之骚扰阿尔及利亚边疆，乃于一八八一年遣兵征服之。意大利本欲得其地为已有者，今法国竟捷足先得大为失望。意大利因之遂与俾斯麦携手，加入德国与奥地利之同盟，即现代有名之“三国同盟”也。

法国与英国在埃及之冲突 英国与法国在埃及之冲突，吾人上已述及之。英国人既握有埃及之财政权，法国被屏，法国人乃大恨。一八九八年英国大将启拆涅征服苏丹损失殊大，彼未抵法绍达以前忽有法国探险家麻向自非洲西部越内地以达其地，高树法国之三色旗。此种消息既达伦敦与巴黎，英国、法国二国人莫不惊震。假使法国不让步者，则二国间之战祸几不可免。自有“法绍达事件”英国与法国之感情益恶。二年之后英国与南非洲荷兰农民战争时法国公然表同情于英国人之敌，二国之意见益左。英国人之居于法国者每受法国人之凌辱，两国人至是竟互以“世仇”相称。

爱华德第七与协约 然此种情形于四年之内忽然大变。英国王爱华德第七于一九〇一年继其母女王维多利亚之后而即位，颇喜法国，而法国人亦独爱王。二国之政治家遂竭力利用机会以恢复二国之和好。至一九〇四年英国与法国乃有缔结“协约”（ententecordiale）之举，以解决所有两国间未决之困难。此次协约他日竟成为世界史上最重要事实之一。法国承认英国在埃及之利益，而英国则承认法国在摩洛哥之利益。协约既订二国人莫不大喜；法国海军兵士游行于伦敦通之上时英京人士欢声雷动；法国人亦开始赞美盎格罗萨克森人之性情优美矣。

英日同盟及英俄协约 英国与法国缔结协约外，并与日本缔结同盟，英国孤立之局至是乃破。当日本与俄罗斯战争之后言归于好，合力以和平方法侵略中国之满洲，英国亦乘机与俄罗斯携手。此种结合实出吾人意料之外，盖英国人久以印度边疆之乱系俄罗斯人所嗾使者。且英国人本恨俄罗斯政府之专制，伦敦一城实为俄罗斯革命党逋逃之薮。然至是二国竟有协商之举。一九〇七年英国与俄罗斯合订协约，限二国之侵略亚洲于波斯一地，其他各地之划界问题至是解决。

其他诸小国 英国除与法国及俄罗斯订有协约与日本订有同盟之外，并与丹麦及葡萄牙携手，而英国之公主亦嫁于挪威与西班牙之王为后。

德国之怀疑　英国之友中有一强国焉独不在内，即德国是也。德国皇帝威廉第二虽为英国王爱华德第七之甥，然二人自始即意见相左，而两国之富强相等，亦复互相猜疑。德国人以为英国王所缔结之同盟及协约其目的无非在于抵制德国、奥地利与意大利所订之三国同盟，思破坏之以为快。

德法两国在摩洛哥之冲突　故德国于一九〇五年得奥地利之后援，反对英国与法国协定摩洛哥事件。德国谓德国人在摩洛哥地方亦有利害关系，加以德国皇帝措词激烈，欧洲方面产出一种“战争之恐慌”。法国乃允开公会于阿尔及西拉斯地方，决定予法国以摩洛哥之警察权，唯担保摩洛哥之独立。然法国因握有警察权之故五年之间着着进步；摩洛哥之独立名存而实亡。故德国于一九一一年遣巡洋舰驶往摩洛哥海边之亚加得（Agadir）地方为示威之举。德国与法国几启战端。法国乃割刚果河上之地于德国，德国方允法国得自由处置摩洛哥之

欧洲战祸之日迫　亚加得事件既发生，英国人大惊。其时欧洲人均以为战祸已近在眉睫断难幸免。德国之主战者以此次事件实为德国之一大失败，盖法国仍得占有摩洛哥也，乃要求政府以后办理外交应取强项之态度。法国与英国之激烈者亦以德国显欲凌辱二国于世人之前，而德国反得刚果河上之地实难容忍。其结果则各国再竭力从事于军备之扩充。

4. 近东问题

一九一一年德国与英国间之战争虽幸而免去，而奥地利与俄罗斯之关系又复日益紧张，战机四伏。盖自巴尔干半岛之战祸重起后奥地利与俄罗斯之旧恨复兴，不久竟产出欧洲之大战。吾人欲明了两国之关系，不能不略述一八六六年后奥地利之历史。

奥地利国内之民族　奥地利自一八六六年为普鲁士所败后即脱离北部德意志同盟而独立。其领土自十三世纪以来尝有增加，极为复杂。国内之最困难问题莫过于调和奥地利本部之德国人与匈牙利人及多种斯拉夫人——如波希米亚人、波兰人、哥罗西亚人——之感情。一八四八年奥地利之内乱即原于人种之复杂，吾人曾述及之。至一八六七年奥地利与匈牙利分疆而治，有如独立之二邦。西部诸省合加里西亚与达尔马提亚诸地而

成奥地利帝国，都于维也纳。东南则有匈牙利王国及其他行省，都于布达佩斯。奥地利皇帝虽兼任匈牙利之王，然国内有国会二，一在维也纳，一在布达佩斯。故二国之合并无异二国之联邦。凡二国公共之政务如财政，外交及陆军三者由两国国会之联席会议日“代表会议”者处置之。然此种计划仍属暂时救济之方法。盖匈牙利之贵族桀傲不驯，深知奥地利之有赖于匈牙利，故匈牙利不但有所要挟以获得独立，亦且设法以左右两国政府之政策也。

斯拉夫人之不满 奥地利、匈牙利国内之斯拉夫种人对于二国之组织颇不满意，以为如此则德国种人与匈牙利人之地位在若辈之上也。加以斯拉夫种中又有捷克人哥罗西亚人与刺提尼亚人等之支派，语言文字各不相同，而奥地利、匈牙利之政府每播弄其间以便收渔人之利，此即所谓“分而治之”（divide and rule）之政策也。其结果则各民族间之感情益形恶劣。

俄罗斯援助南斯拉夫人奥地利国内之人种既甚复杂，加以所谓南斯拉夫（Jugo Slavs）者其人种分布于奥地利、匈牙利之境外巴尔干半岛一带地方，益足为奥地利、匈牙利之患。自土耳其帝国衰替以来俄罗斯即以巴尔干半岛人民之保护者自居，奥地利之政策当然难免与俄罗斯冲突。此种情形至一八七八年奥地利因有英国与德国之援助，竟开柏林会议以阻止俄罗斯之计划时益著于世。

奥地利合并波斯尼亚与黑塞哥维那 柏林会议允许奥地利得占据土耳其之二省波斯尼亚与黑塞哥维那。此后三十年间奥地利之经营二省不遗余力，殊得其地人之欢心。然当一九〇八年土耳其国内有革命之事，似有中兴之望。奥地利深恐二省之复入于土耳其也故遂正式合并之。其邻国塞尔维亚乃大恨，盖二省中之居民本属南斯拉夫种而塞尔维亚又本抱有联合二省及蒙特尼格罗以建一南斯拉夫大国之志者也。俄罗斯亦颇抱不满之意，然因德国有以武力援助奥地利之宣言，而俄罗斯又自与日本战争及国内革命以来元气未复，故不得不隐忍也。

塞尔维亚之计划为奥地利所破 受此次合并之影响者当以塞尔维亚为最切。尽至是塞尔维亚入海之希望显然断绝，而国内出产又不能不经过敌国以达于多瑙河也。塞尔维亚之地位遂一变而为仰他人鼻息之国家，而国势亦因之大衰矣。

塞尔维亚在巴尔干战争中之所得　当一九一二年至一九一三年巴尔干诸国战争时塞尔维亚之领土向南发展，几可经阿尔巴尼亚以达亚得里亚海。奥地利又加以干涉，必欲建设阿尔巴尼亚王国以阻梗之。塞尔维亚人以为战后应得之物又为奥地利人所剥夺，对于奥地利益形切齿。

一九一三年之危机　第二次巴尔干战争终了之日已兆次年欧洲大战之机。奥地利虽能破坏塞尔维亚人海之计划，并能建设阿尔巴尼亚王国以牵制之；然塞尔维亚之领土倍于战前，而世人亦多虑塞尔维亚或乘其战胜之余威实现其建设南斯拉夫国家之计划。德国本表同情于奥地利者，而俄罗斯则群知其倾心于塞尔维亚及南斯拉夫种人者。

德国之地位　德国假示其畏东邻俄罗斯之意。而且德国对于俄罗斯"联斯拉夫主义"以独霸巴尔干之计划尤所不容。盖一旦俄罗斯占有君士坦丁堡，则德国之大计划将无实现之希望也。所谓大计划即自柏林起筑铁道一经巴尔干半岛以达于巴格达（Bagdad）而抵波斯湾是也。其时德国之铁道计划已得土耳其政府之同意，不过英国与法国之反对尚未消除耳。然德国人仍着手于铁道之建筑。不意塞尔维亚有起而为梗之事，而土耳其之国运亦忽有朝不保夕之势。因之"联德意志主义"与"联斯拉夫主义"两种精神遂成对峙之局。

一九一三年之战备　当一九一三年时各国莫不汲汲于战备。德国国会于七月中议决增加非常军费一千兆马克。法国亦将国民从军之期自二年延长至三年。俄罗斯亦大增军费，并请法国总司令霞飞（Joffre）入国商酌改良军队之方法。奥地利、匈牙利亦复尽力于炮兵之改良；英国之海军亦大加整顿：即比利时亦实行全国皆兵之制，其理由以为德国造铁道于比利时边疆一带其意显在侵犯其中立，故不得不未雨绸缪云。

5. 战争之开始

奥地利皇储之被刺　同时主张和平之人并不失望。英国之政治家尽力于解除各强国间之误会。英国甚至允许德国得修筑巴格达之铁道以消除德国对于英国之恶感。德国之政治家亦颇尽力于和平运动。然一九一四年六月二十八日忽有一事发生，欧洲和平之局乃破。奥地利皇储斐迪南（Francis Ferdinand）大公与其妻出游于波斯尼亚，在舍刺泽奉（Sarajevo）城中被刺死。先是塞尔维亚政府曾劝奥地利之大公毋游其地，谓恐难免有阴谋暗杀之事发生。奥地利以为塞尔维亚之政府实有暗助此种阴谋之嫌疑，故须负此次暗杀之责任。然一月之后奥地利方有所举动。七月二十三日奥地利致最后通牒于塞尔维亚，要求塞尔维亚禁止所有新闻纸上学校中及各种结社之反对奥地利运动；凡文武官吏之反对奥地利者一概免职；奥地利得派法官参预审判罪人之事；凡此诸端均限塞尔维亚于四十八小时内答覆。塞尔维亚不得已允许其要求，唯对于最后之条件不能同意。然亦愿提诸海牙之法院中公断之。奥地利不允，维也纳人闻之莫不欣喜。

德国之态度　一九一四年七月下旬殆为世界史中最有关系之时代。其时俄罗斯对于奥地利与塞尔维亚之冲突，显然不能袖手而旁观。至于德国则宣言若奥地利被俄罗斯所攻，则德国必尽力援助奥地利。俄罗斯、法国与英国之外交家多主张将奥地利与塞尔维亚之困难提诸海牙法院解决之，并谓此系二国间之冲突与其他诸国无干，德国人独不谓然。盖德国之意在于严惩塞尔维亚也。

德国之宣战　七月二十八日奥地利对塞尔维亚宣战，俄罗斯遂下动员之令。德国以为俄罗斯之目的在于攻击德国，故于八月一日与俄罗斯宣战。德国同时并向法国询其态度如何，限十八小时内答复。法国政府之答复甚为模棱，一面亦下动员之令。德国遂于八月三日对法国宣战。然德国军队已先一日向法国而进。八月二日德国军队进占中立之卢森堡，德国并致最后通牒于比利时，限十二小时内答复，询其究竟允许德国军队之通过其国境否。如其允许则德国必尊重比利时之领土与人民；否则以敌人对待。比利时政府答称其中立为各强国所议决与担保，如有侵犯者誓竭力抵抗之。

英国之加入战争　英国虽无出兵援助法国与俄罗斯之义务，然于八月二日致书德国政府声明英国对于德国海军之攻击法国海岸断难应允，盖离英国太近，且英国之心存猜忌为时亦已甚久也。二日之后英国政府闻德国军队有入侵比利时之事，外交大臣葛累（Edward Grey）乃致最后通牒于德国要求德国尊重比利时之中立，并限于十二小时内答复。德国总理复称为军事上必要起见德国军队不能不经过比利时云云。英国遂正式向德国宣战。

一九一四年之交战国　不久日本亦对德国而宣战。土耳其亦于十一月决定与德国及奥地利联合。自战争开始以后三月之间一面有德国奥地利与土耳其诸国，一面有塞尔维亚、俄罗斯、法国、比利时、英国、蒙特尼格罗与日本诸国，两相对垒。意大利宣布严守中立，以为无援助奥地利与德国之义务。盖意大利一八八二年加入三国同盟时原议德国与奥地利一旦被攻则意大利方有援助之责，今德国与奥地利既显然为挑衅之人，故意大利自以为当然可以中立云。国际政情之变幻盖如是之不可测焉。

德国加开战之责于英国　英国内阁总理爱斯葵斯既宣布英国与德国已在战争状态之中，德国人遂宣言此次战祸之发生英国应负其责任。德国总理柏特曼和尔味（Bethmann-Hollweg）向下议院声称假使英国政府果能力劝俄罗斯毋预奥地利与塞尔维亚之事，则欧洲战争必可幸免。盖德国人以为奥地利之惩戒塞尔维亚颇有理由，其他诸国断无横加干涉之理。英国政府亦明知之，今竟故犯之，则大战中生命财产之损失当然由英国负责。

英人之见解　关于德国人之意见《伦敦时报》于一九一四年十二月五日有下述之论调："假使英国政府果如德国人之言而向俄罗斯声明，则英国政府无异宣言英国将援助德国与奥地利以反对俄罗斯。诚如德国人之言则所有交战之强国均须负责，盖若辈均不曾为与若辈现在所为者相异之事也。例如假使法国而不援助俄罗斯，则法国可以阻止战争之发生；假使俄罗斯不关心塞尔维亚之存亡，则俄罗斯可以阻止战争之发生；假使德国不愿援助奥地利，则德国可以阻止战争之发生；假使奥地利不致最后通牒于塞尔维亚，则奥地利可以阻止战争之发生。"

第三十二章　世界战争之初期（一九一四至一九一六年）

1. 一九一四年与一九一五年之战迹

德军入占巴黎之被阻　德国人之入侵法国分三路而进，一经比利时，一经卢森堡以达香槟（Champagne），一自麦次（Metz）以达南雪

（Nancy）。比利时人竭力抵抗，德国军队之被阻者前后凡十日，此次延期实大有利于法国。然德国之枪炮极利，故于八月七日攻陷列日（Liège）重镇，至八月二十日即占领比利时都城布鲁塞尔（Brussels）。法国军队因有英国之援助，第一次在那慕尔（Namur）附近与德国军队对垒。那慕尔虽为法国有名之要塞，然亦为德国之巨炮所攻陷，时八月二十二日也。法国与英国之联军向南而退。德国西路之军队至九月一日已进逼巴黎，相距仅二十五英里。法国政府不得已移至波尔多城，一面巴黎亦着手于抵抗围困之预备。

然自九月五日至十日间法国大将霞飞所统之军队大败德国军队于玛伦河（Marne）上，形势为之一变，巴黎被陷之险至是幸免。德国军队向北退驻于要松（Soissons）至来姆斯（Rheims）间之邱上。英国与法国之联军尚未追蹑而至，德国军队已掘壕为久居计矣。

比利时之征服　德国人袭击巴黎之希望既绝，乃着手于征服比利时。十月十日攻陷安特卫普（Antwerp）。比利时全国除俄斯坦德（Ostend）西南一隅外，均为德国军队所占有。德国人本欲进攻卡力斯（Calais），以其地为进攻英国之根据。然在伊塞河（Yser）上被阻。

德国占据法国东北部　自战争发生之后三月之中德国人已占有比利时，卢森堡及法国之东北部。诸地本实业甚盛之区，城市林立，场圃相连，又富于煤、铁诸矿产，德国人得之大足以增加其战斗之实力。唯德国颇尽力于破坏工厂中之机器，砍断所有果子树，毁坏矿场，大伤法国元气，其方法殊太忍也。

在法国之永久战线　自玛伦河及伊塞河两次战役以后虽常有战争而且死者无算，然四年之间两方战线无甚变更。德国军队不能南下，而英国与法国之联军亦无力北上。两方均掘壕作久战计，继续从事壕战，助以机关枪、开花弹及过山炮等。飞机往来于空中以探敌军之地位及其动作，常常抛掷炸弹以中伤之。自双方应用毒气与流火以来战祸尤惨。

东面之战事　至于东部欧洲方面，则俄罗斯行军之敏捷颇出吾人意料之外。俄罗斯军队侵入东部普鲁士颇为得手，德国不得已分其西部军队以御之。玛伦河上战役之失败此为主因。然德国大将兴登堡（von Hindenburg）于一九一四年八月二十六日至九月一日间大败俄罗斯军队于坦能堡（Tannenberg）地方，俄罗斯军队遂退出普鲁士境。俄罗斯军队之入侵奥地利者较为得手。在加里西亚境内所向披靡。然因德国与奥地利联军在波兰一带活动之故，俄罗斯军队不得不退出奥地利境。一九一五年之冬俄罗斯人思越喀尔巴阡山（Carpathian）以入侵匈牙利，卒因饷需缺乏，故死者甚众，毫无结果。一九一五年八月俄罗斯不能再守华沙及其他波兰诸城，而德国人则进占库尔兰（Courland）、里窝尼亚（Livonia）与爱沙尼亚（Esthonia）诸地，故德国不但得有波兰，而且亦占有重要之俄罗斯国土也。

日本之加入战争　一九一四年八月二十三日远东之日本亦对德国而宣战。其理由有二：一在履行英日同盟之条约。英日同盟始订于一九〇二年，重订于一九〇五年及一九一一年。英国至是求援于日本以保护其远东之商业，日本急允之。然日本人以为远东之德国势力不去，则其目的难达。故日本遂于八月十七日提出最后通牒于德国令其缴出中国之胶州以“维持远东之和平”，限德国八月二十三日答复。德国不允，日本遂于八月二十三日对德国宣战，遣兵经过中国之中立国境以攻青岛，于十一月中旬陷落之，乃背其缴还中国之言占为己有。胶州问题他日为巴黎和会中争点之一。

土耳其之加入战争　一九一四年十一月土耳其加入战争以援助德国与奥地利。英国人遂乘机于十二月宣布埃及完全脱离土耳其而独立，另选新王以统治之，而受英国之保护。英国军队侵入美索不达米（Mesopotamia），于一九一七年三月攻陷名城巴格达。并逼巴力斯坦（Palestine）之土耳其军，一九一七年十二月陷耶路撒冷（Jerusalem）城。

当一九一五年英国与法国之联军入攻君士坦丁堡大为失败。是年四月联军因有澳洲及新西兰之援军思进逼达达尼尔（Dardanelles）海峡。土耳其军队因有德国之军官及军器故战功甚盛，联军之死伤者数达万人，终不能得一根据地于加利波利（Gallipoli）半岛之上。数月以后英国政府自承此举之失策，乃放弃其计划。

意大利加入战争　一九一五年五月意大利决定不再取旁观之态度。意大利人本无所爱于奥地利。加以恢复“未经收回之意大利”（Italia Irredenta）之机会似乎已至。所谓“未经收回之意大利”系指特棱特一带伊斯的里亚一部分及的里雅斯德（Trieste）海港与达尔马提亚沿岸一带地而言，盖诸地皆奥地利之领土而其人民则皆属意大利种者也。因之德国与奥地利之战线又增加一处。

战争第二年之交战国 战争第二年之交战国一面为中部欧洲诸强，与俄罗斯、法国、意大利、英国、比利时、塞尔维亚、日本、蒙特尼格罗及圣马力诺（San Marino）诸国对垒——交战之国共得十二，而遍布于世界之全部。不久中立之国亦先后加入战争焉。

2. 海上之战争

德国商业之破坏 欧洲大战中最大之问题其影响及于世界全部者厥为海战。当战争初起之日世人均以为英国与德国间必将有极其激烈之海战，不意始终无此事之实现。德国之战舰多蛰居于本国之海港中，绝无用武之地。其商船亦多藏于本国或中立国之境内。故不久德国之海上商业即完全消灭，而英国遂独霸于海洋之上。假使德国无海底潜艇之发明，则德国欲抵抗英国之海上霸权几乎无望。而海上战争实最有关于各国之成败者也。

封港与海底潜艇 英国虽封锁德国之海港汉堡、布勒门诸地、基尔运河及波罗的海之出口，以断绝德国对外之交通，然德国之海底潜艇仍时时潜出以击沉英国之商船或战舰。英国政府规定凡中立国船只之赴荷兰、挪威及瑞典诸国者均须在奥克尼（Orkney）群岛上之刻克窝尔（Kirkwall）埠受英国政府之检查，以便知其载有军用品否，并确定其货物是否运至德国。不久英国政府又宣言凡食粮之运往德国者均以军用品论，其理由以为德国食粮充足则有继续战斗之力，故食粮之为用实与军火无异。

德国潜艇战区之扩充 德国人以为英国此种举动显然“欲使德国人民饥饿而死”。德国政府乃亦宣布英国附近之海为战区，凡敌人商船之经过其地者均击沉之。同时并通告中立国船只毋再冒险驶入区内。昔日凡战舰捕获敌船时如所运之货物果系军用品则将船中旅客移至战舰上，然后将商船掳归或击沉之，至于海底潜艇规模狭小不能容人，而德国人又每不能事先预告即施袭击，故旅客每无逃生之机会。

英国商船琉息坦尼亚之沉没 自一九一五年二月后德国之海底潜艇开始袭击中立国之船只，有时虽事先预告然不告之时居多。是年五月七日英国往来于大西洋上之巨船名琉息坦尼亚（Lusitania）者于爱尔兰附近为德国之海底潜艇所击沉，男女旅客之沉没于海中者达一千二百人之多。德国政府以为该船系武装而且载有开花弹者故与战舰无异，然嗣经美国法院之调查断定该船并无军器，此事颇激起英国与美国人民之愤怒。

英兵之突击　西部欧洲战线上之英国军队日有增加，至一九一五年九月下旬英国上将法兰契（John French）所统率者已有军队一百万人。是时英国颇尽力于军火之制造，一面并购自美国。故决意于阿拉斯（Arras）东北之地与德国军队为激烈之战争。其时战线延长至十五英里至二十英里之间；而德国军队前线之被逼而退者仅二三英里而已。此事足证联军驱逐德国军队于法国及比利时境外之不易。

塞尔维亚之失败及保加利亚之加入战争　德国人在西方虽为英国军队所逼退，然在东方之德国军队竟能败退加里西亚之俄罗斯军队，并进逼塞尔维亚。塞尔维亚之敌国保加利亚闻之，以为有机可乘，遂于一九一五年十月四日加入战争以与德国及奥地利联合，入侵塞尔维亚。相持两月之久，塞尔维亚力不支而败，其残军遁走国外。一九一六年一月蒙特尼格罗亦为德国与奥地利之联军所败。

当一九一五年十月间英国与法国之军队在希腊之萨罗尼加（Salonika）地方登陆，然已无能为力。其时希腊政府之态度甚不明了，希腊王君士坦丁（Constantine）为德国皇帝之妹夫，故颇有援助德国之倾向，而其内阁总理凡尼济罗斯则表同情于协约诸邦。希腊王乃宣布中立，卒于一九一七年被逐出国。

3. 一九一六年之战争

维丹之役　德国军队之在西部欧洲者既被英国军队所逼退，德国人遂集合大军由皇太子统之以攻著名之维丹（Verdun）要塞。协约诸国以为德国人或又有长驱直入巴黎之意，无不惊震。然一九一六年二月至七月间两方经极激烈之争斗，法国大将霞飞竟能抵御而败退之。

当大战初起之时英国之军队尚不及十万人。盖大战以前德国，俄罗斯与法国均采用征兵之制，故各有百万以上之精兵也。大战既始英国政府仍照旧制以募兵。至一九一六年五月始采行征兵之制，规定凡国民年在十八岁以上四十一岁以下者均有当兵之义务。不久又将从军年限规定自十八岁起至五十岁止。五十岁至五十五岁之男子亦有相当之义务。

索谟河上之大战　不久英国法国之联军与德国之军队又大战于索谟河（Somme）上。此次战争区域在亚眠（Amiens）之东北，自一九一六年七月起至十一月止前后剧战凡经四阅月。此次战争之中英国人始用其新发明之铁甲汽车日坦克（tank）者力能破铁线之网，且能匍匐以过地穴或壕沟。德国人被逼而退者仅数英里，然两方军士之死伤者各达六七十万人之众。

意大利方面之战事　当维丹附近有激烈战争之日意大利军队忽于一九一六年五月间为奥地利军队所败退。至六月下旬意大利不但失去其所得者，并且失其本国领土之一部分。是时俄罗斯适有复侵匈牙利之举，奥地利遂不得不移其军力以保护加里西亚之边境。意大利因之转败为胜，再侵入奥地利境。

罗马尼亚之失败　其时俄罗斯之军事颇为得手。罗马尼亚以为协约诸国必获胜利，故于一九一六年八月二十七日加入战争以援助协约诸国。一面并侵入奥地利之德兰斯斐尼亚（Transylvania）。其时德国虽有索谟河上之剧战，仍能遣其名将二人向东以御之。又加以保加利亚之援助，故罗马尼亚之西南两面受敌，一九一六年十二月其都城不加勒斯多为敌人所攻陷。其领土之为敌所占者约达三分之二，而其产谷之区及煤油之矿亦均入诸德国人之手。

空中战争世界战争史上人类之能飞在空中以观察敌军或与敌军激战者实始于此次欧洲之大战。空中飞机至今遂为战争利器之一，战争之惨亦为之益增。德国飞机屡扰乱英国之空际以恫吓英国之人民。德国人始用往来自如之飞艇日徐柏林（Zeppelin）者，继用各式之飞机以代之。英国人民之被飞机炸死者约二三千人，城乡财产亦有被破坏者。英国与法国之飞机亦飞行于德国之夫赖堡（Freiburg）、卡尔斯鲁厄（Karlsruhe）及曼亥谟（Mannheim）诸城之上，抛掷炸弹以报之。然于战事上均无甚影响也。

4. 美国与欧洲大战

美国人之意见　一九一七年春间德国之海底潜艇政策及中立国船只之被沉颇引起美国人之责难。先是美国政府对于欧洲战争本取旁观态度。总统威尔逊当欧洲大战开始时宣言美国政府应严守中立，并令全国人民对于欧洲战争不得为左右袒。然欧洲战争中之惊人消息日传于美国，美国人民渐难袖手。德国人在美国所设之报纸力言此次战争之责任应由英国负之。同时美国人对于比利时之征服，卢芳（Louvain）之焚毁，及来姆斯大礼堂之破坏极其惊震。其与英国人同种者当然表同情于协约诸国。

德国人在美国之运动　故欧洲战争开始之时美国人之感情遂为之激起。德国政府阴遣人入美国以宣传德国之主张，力言英国与协约诸国之非是。甚至给巨款于德国驻在美国大使本斯托夫（Countvon Bernstorff）令其行贿美国之国会议员。至于奥地利匈牙利之驻在美国大使则于战争开始之日即向其政府报告谓彼已有破坏美国钢铁厂之计划，以便断绝英国与法国军火供给之来源。其事闻于美国之政府，美国政府乃致书奥地利政府请其召归。

美国政府对于海底潜艇政策之抗议　美国政府对于德国海底潜艇之击沉中立国船只极不满意，故总统威尔逊屡有提出抗议之事。盖德国潜艇之攻击船只每不预告，故乘客无暇逃生。美国人民之态度渐形激昂，多议总统威尔逊为优柔寡断，以为不应再与德国政府有所往来。德国政府乃于一九一六年九月允改变其潜艇政策。

德国之提议媾和　美国民气虽甚激昂，然总统威尔逊极不愿改变其最初之主张。彼虽向德国声明美国将尽力抵抗德国之潜艇政策，然仍一意于研究和平解决之方法，而其时亦颇有休战言和之希望。一九一六年十二月德国及其同盟既占有波兰，塞尔维亚及罗马尼亚诸国，而德国军队亦复有无往不利之势，德国政府乃有媾和之提议。德国主张凡交战诸国应遣代表会仓于中立国境内以研究媾和之条件。然是时德国之势甚盛，其战功又甚著，协约诸国当然不愿在此时媾和；德国政府因此遂以继续战争之罪加诸协约诸国。以为此次大战之罪魁不问为谁，而提议停战之功臣厥惟德国。德国皇帝乃宣言协约诸国之假仁假义至是大著，而穷兵黩武之罪亦有攸归云。

威尔逊之和平运动　当协约诸国对于德国之提议尚未答复时，美国总统威尔逊于是年十二月十八日致书于交战诸国，略谓交战诸国似均赞成建设维持和平之联盟；又谓世界小邦均应设法保护；然诸国始终未曾说明其战争之“具体目的”为何。故彼提议各国间应开一公会以讨论和平之要件。其时德国政府甚愿照行，而协约诸国则殊不愿，仅于一九一七年一月十日答复美国政府所言者不外“恢复”“赔偿”“担保”等语，同时并定下媾和条件，实为德国人所难堪者。

美国总统威尔逊并不因之而失望，彼于一九一七年一月二十二日会将和平之必要条件宣布于世界。彼谓和平之为物必能担保大小民族之权利平等，属国人民之安全，大国民有入海之通道，海洋之自由及军备之限制。又谓：“若不承认民主政治之原理，而承认君主有任意转移人民和财产之权利者，则所谓和平断难持久，亦不应持久。若此后巨大之军备仍得建设而维持，则各国之间必无安宁与平等之望。世界上之政治家应有和平之计划，世界各国之政策均须适合于此种计划方可。”然此种和平运动卒无结果，战争之进行如昔，不久美国亦不能不加入战争之中矣。

第三十三章　世界战争之末期及俄罗斯之革命

1. 美国之参战

海底潜艇战争之重启　一九一七年一月英国政府因欲完全断绝德国之交通有扩充海上封锁区域之举。德国乃宣言欲反抗“英国之专横”及其饿死德国之计划，不得不扩充英国西面海上之战区，以阻止他国与英国之通商。以为英国生活之资端赖他国之供给，今若断其来源，则英国食粮缺少战事必可早日告终也。唯封锁区域之中另开狭路一条许美国之商船得以每周自由往来一次。

美国与德国之绝交　一九一七年二月一日德国在英国西方海上从事于海底潜艇之战争，船只之被击沉者甚多。二月三日美国总统威尔逊宣布与德国绝交：德国大使本斯托夫亦离职回国。德国击沉他国船只之举仍复继续通行，美国人益愤。不久德国外交大臣致书于墨西哥政府，谓一旦德国与美国宣战，则请墨西哥遣兵入攻美国之南部，并即以其地为报酬。此书为美国人所知，载诸报章，美国人更愤不可遏。

美国对德国宣战　至是美国与德国之宣战势已难免。一九一七年四月二日总统威尔逊特召集国会开临时紧急会议，并向国会宣言德国实抱有与美国宣战之意。彼谓："吾人之目的在于拥护世界生活上之和平与公平原理，以反抗自利与专制之势力。"凡世界上自由与自治之民族均应合力"使民主精神得以安然存在于世界之上"。盖不然者则世界上必无永久和平之望也。彼谓美国应与德国之敌人携手，并应假予巨款以助之。美国上下二院遂以大多数通过对德国宣战之议案。同时并规定发行公债之计划，增加旧税，另征新税。是年五月采用征兵之制，凡国民年在二十一岁以上三十一岁以下者均有从军之义务。同时并预备运兵赴欧洲以助战，一面加工赶造船只以补足昔日被德国人所击沉者。美国人亦颇现一致对外之态度。

2. 战争范围之扩大

交战国之增加　自一九一七年美国加入欧洲战争后德国敌人之数大有增加。古巴与巴拿马踵起而对德国宣战。希腊国内纷扰多时，至是亦因凡尼济罗斯运动之力加入协约诸国之中。是年秋冬之间暹罗、来比利亚（Liberia）、中国、巴西，亦先后与德国宣战。至是欧洲战争遂一变而为世界战争。世界人民之参与战争者约有一千五百兆人之众。协约国方面之人民得一千三百四十兆，同盟诸国方面得一百六十兆。故名义上世界全部人口中之参战者约占八之七，此中协约诸国占其十之九。不过印度与中国人口虽多，于此次战争之中参预者当然甚少。至俄罗斯则至一九一七年终因国内有革命之举亦已非战争中之主力。吾人明乎此则再观下表形势即了然矣。

附一九一八年春间之交战国表

同盟诸国（包括殖民地属地）

国　名	宣战日期	人　口	军　队
奥地利匈牙利	一九一四年七月二十八日	五〇、〇〇〇、〇〇〇	三、〇〇〇、〇〇〇
德国	同年八月一日	八〇、六〇〇、〇〇〇	七、〇〇〇、〇〇〇
土耳其	同年十一月三日	二一、〇〇〇、〇〇〇	三〇〇、〇〇〇
保加利亚	一九一五年十月四日	五、〇〇〇、〇〇〇	三〇〇、〇〇〇
		一五六、六〇〇、〇〇〇	一〇、六〇〇、〇〇〇

协约诸国及其殖民地与属地

国名	宣战日期	人口	军队
塞尔维亚	一九一四年七月二十八日	四、五五〇、〇〇〇	三〇〇、〇〇〇
俄罗斯	同年八月一日	一七五、〇〇〇、〇〇〇	九、〇〇〇、〇〇〇
法国	同年八月三日	八七、五〇〇、〇〇〇	六、〇〇〇、〇〇〇
比利时	同年八月四日	二二、五〇〇、〇〇〇	三〇〇、〇〇〇
英国	同年八月四日	四四〇、〇〇〇、〇〇〇	五、〇〇〇、〇〇〇
蒙特尼格罗	同年八月七日	五一六、〇〇〇	四〇、〇〇〇
日本	同年八月二十三日	七四、〇〇〇、〇〇〇	一四、〇〇〇、〇〇〇
意大利	一九一五年五月二十三日	三七、〇〇〇、〇〇〇	三、〇〇〇、〇〇〇
圣马力诺	同年六月二十日	一二、〇〇〇	一、〇〇〇
葡萄牙	一九一六年三月十日	一五、〇〇〇、〇〇〇	二〇〇、〇〇〇
罗马尼亚	同年八月二十七日	七、五〇〇、〇〇〇	三二〇、〇〇〇
美国	一九一七年四月六日	一一三、〇〇〇、〇〇〇	一、〇〇〇、〇〇〇
古巴	同年四月八日	二、五〇〇、〇〇〇	一一、〇〇〇
巴拿马	同年四月九日	四七二、〇〇〇	三〇〇、〇〇〇
希腊	同年七月十六日	五、〇〇〇、〇〇〇	三〇〇、〇〇〇
暹罗	同年七月二十二日	八、一五〇、〇〇〇	三六、〇〇〇
来比利亚	同年八月七日	一、八〇〇、〇〇〇	四〇〇
中国	同年八月十四日	三二〇、〇〇〇、〇〇〇	五四〇、〇〇〇
巴西	同年十月二十六日	二五、〇〇〇、〇〇〇	二五、〇〇〇
		一、三三九、四五五、〇〇〇	二七、四七三、四〇〇

中立诸国　至于中立诸国之人口约共得一百九十兆，荷兰、瑞士、丹麦、挪威与瑞典均因与德国相距太近，且与德国同种，故不欲与德国宣战。西班牙及中美洲与南美洲诸国亦有严守中立者。然世界各国无一能逃避此次大战之影响及负担者。故真正中立实不可能。各国赋税莫不增加，物价亦莫不腾贵，原料之来源中绝，商业之状态骤失其常。

一九一七年之西欧战线　当一九一七年时除德国之敌人增加颇堪注意以外，其重要事实如下：三月中德国决定缩短其西面之战线，南自讷永（Noyon），北至阿拉斯。德国军队退走时英国与法国之联军仅能恢复德国军队所占法国领土之八分一而已。其时英国、法国两国之军队力攻德国人，然卒因德国战线之防御极固故牺牲虽巨毫无所得，而德国人仍能维持其战线至一年之久。英国人在比利时海滨亦能稍稍逼退德国之军队，希望夺回德国人之潜艇根据地最布鲁革（Zeebrugge）地方。至于攻夺圣昆墩（St. Quentin）、隆斯（Lens）及喀姆布来（Cambrai）诸城之计划凡相持一年之久终不成功，而两方兵士之死伤者则每周必以千万计也。

3. 俄罗斯之革命

俄罗斯之革命　俄罗斯本交战国重要分子之一，至一九一七年三月中其内部忽起绝大之变化，战事进行与和平问题因之受绝大之影响。兹故略述俄罗斯革命之情形与其退出战争之经过。当一九一四年战事初起之时俄罗斯政府之腐败无能即暴露于世，有时其官吏甚至有卖国之行为。其军队之侵入德国与奥地利者亦因军需不足之故死者不可胜计。俄罗斯之国会渐现不稳之象。一九一六年十二月通过议决案宣言政府为“黑暗势力”所把持，而国家利害亦为“黑暗势力”所破坏。所谓“黑暗势力”乃隐指皇后及其嬖臣某修道士名累斯勃丁（Rasputin）而言。盖二人朋比为奸均竭力以反对改革为事丑声四溢故也。不久累斯勃丁被刺死，俄罗斯皇帝乃免所有官吏之主张革新者，而以最横暴之人代之。至是尼古拉第二似已显然与新党宣战，一返昔日尼古拉第一方法之旧。同时国内亦渐形瓦解。城市中食粮缺少，国民对于战争之继续渐生厌恶之心。

俄罗斯皇帝之推翻　一九一七年三月俄罗斯都城彼得格勒（Petrograd）地方人民因食粮缺少大起暴动，政府中之军队竟不愿加以阻止，政府中人乃大窘。皇帝下令国会闭会，国会竟不应，并着手于组织临时政府。皇帝急自前敌返京，中途为临时政府代表所阻，强其退位传其大统于其弟迈克尔（Michael）大公，时三月十五日也。然大公之意以为临时政府之举动并无宪法上之根据不允即位；此种态度实与退位无异，三百余年来之罗曼诺夫（Romanov）皇祚至是遂绝。此后世界之上遂再无所谓“所有俄罗斯之专制君主”矣。皇帝之亲戚多先后宣言放弃其权利，政府中之官吏多被拘禁，而国内与西伯利亚之政治犯亦一律被释。此种急遽之政变世人闻之莫不大震。

社会党人之得势　其时革命党人所组织之内阁大体均意见温和者，唯司法总长克楞斯基（Alexander Kerensky）系社会党人且为工人兵士农民会议（音译为苏维埃Soviet）之代表。新内阁宣言赞成多种之改革：如言论自由；出版自由；同盟罢工之权利；以民军代昔日之警察；普遍选举，包括女子在内等。然社会党人犹以为未足，若辈因有苏维埃之故渐占势力。至一九一七年七月中临时政府中之温和者皆被排挤，而以社会党人代之。俄罗斯军队是时尚欲竭力以与奥地利一战，不意大败。此后国民遂大声要求“无合并无赔款”之和约。

“多数人”之革命 至一九一七年十一月国内酝酿多时之政潮乃爆发。先时当革命初起之时，工人兵士农民会议始建设于彼得格勒，渐与国会争权。不久国内各地均设有工人兵士农民会议。至十一月领袖列宁（Lenin）与特洛兹基（Trotzky）二人得军队之援助，推翻克楞斯基政府，另建“无产阶级专制政府”以代之。此党党人世称为布尔札维克即“多数人”之意，盖此辈占国内社会党中之多数故云。

布勒斯特里多佛斯克和约 俄罗斯国内之“多数人”既得势，遂废止土地及资本之私有制，而建“共产制”。若辈痛骂战争为“为商业与领土之帝国主义战争”，乃请交战诸国开一和平会议。交战诸国无应者，“多数人”遂开俄罗斯政府中之档案，将协约国与俄罗斯政府所订反对德国之密约公布于世。是年十二月俄罗斯与德国及奥地利媾和于布勒斯特里多佛斯克（Brest Litovsk）地方。

俄罗斯代表提出其“无合并无赔款”之条件，颇不满于德国与奥地利两国之苛求。然“多数人”对于德国之要求无法抵抗。芬兰与乌克兰（Ukraine）两地受德国之运动宣布独立，自建政府。“多数人”不得已于一九一八年三月三日与德国及奥地利缔结和约。俄罗斯允撤兵退出乌克兰与芬兰，并允放弃波兰、立陶宛（Lithuania）、库尔兰、里窝尼亚（Livonia）及高加索山中数处地方，许其自由建设政府。因此俄罗斯丧失人口三分之一，铁道亦然，铁矿四分之三，煤矿百分之九十，及其实业中心与最沃农地。不久俄罗斯政府自彼得格勒迁都于莫斯科。其结果则俄罗斯之国家完全瓦解。而西南一带地则皆在德国势力之下。

4. 大战之争点

战前之种种问题 欧洲当升平之日，本已百孔千疮难以救治，至大战发生而益烈。法国始终不放弃其恢复亚尔萨斯洛林之心。波兰始终希望其国家能再发现于地图之上。波希米亚地方之北斯拉夫种人，哥罗西亚、波斯尼亚及斯拉窝尼亚诸地之南斯拉夫种人虽在奥地利匈牙利之治下，而始终不能心悦诚服。意大利之“未经收回党”（Irredentists）始终希望恢复奥地利治下之海滨一带地。塞尔维亚与保加利亚因第二次巴尔干战争后之处置不当，故恶感极深。罗马尼亚久欲得德兰斯斐尼亚及布科维那（Bukowina）二地而甘心。此外对于欧洲土耳其之残余领土如何处置？叙利亚与美索不达米亚应属何人？其在远东则因日本在中国有种种利害关系不易解决。而德国对于印度及爱尔兰亦复存幸灾乐祸之心，思有以播弄之以增加英国之忧患。

战后发生之问题　战争发生之后领土问题益复纷纠。至一九一七年之末同盟诸国已占有比利时、卢森堡、法国之东北部、波兰、立陶宛、库尔兰、塞尔维亚、蒙特尼格罗及罗马尼亚诸地。英国则据有巴格达与耶路撒冷。其在非洲，则所有德国之属地均入于敌人之手；太平洋上之德国属地则为日本与澳洲所占有。此种地方其将交还德国耶？比利时备受德国人之虐待又将如何？法国之东北部曾为德国人所蹂躏又将如何？岂可毋庸赔偿耶？

对于战争之战争　上述种种问题固甚重要，然尤有重要者在。人类之战祸其如何永远消弭乎？今日之世界与百年前不同，万国庭户互相依赖，故各国合力之从事于战争之扑灭似乎时机已至。当一八一五年时横渡大西洋需时一月以上；今则不六日而至；将来飞机行空其速度必在轮船之上尤在意中。昔日之大洋与中古时代欧洲之城墙同实为交通之阻梗，今则皆一变而为各国交通之孔道。大战以前欧洲铁道上之快车每小时行四十至五十英里，而汽车之速率亦与火车上之机车争胜。当一八一五年时欧洲人之交通机关最速者不出马匹之上。其他如电报电话之灵通，无线电报之便利，虽在海上消息可通，皆非百年前人所能梦见者也。

各国之互相依赖　世界各国之衣食及生活上之必需品至今无不有互相依赖之象。英国断绝德国之交通以速战争之终了，德国亦击沉往来英国之船只以断其食物之来源。战争谣言一起，而全世界之证券交易为之推翻。各国民族互读各国人所著之书，互受各国人科学及发明之益，互聆各国人所编之戏曲。德国人、意大利人、法国人及俄罗斯人对于音乐均有供献，而纽约、法尔巴来索（Valparaiso）或悉德尼（Sydney）诸城之人士莫不倾耳而听之。吾人虽仍以“独立”之民族自居，而当今之世唯极其野蛮之民族方能有真正之独立。故至今各大洲间之关系日形密切，而各洲历史亦将混合而成全世界之历史矣。

大战前之国际协商 大战既启，各国互相依赖之情益著。海牙和平条约也，海牙国际法院也，各国间之公断条约也，其目的均在于弭兵。此外尚有关于币制、邮政、商业及运输之国际协商均足以增加各国之谅解与互助。其他如种种国际协会、公会及展览会等，皆能聚各种民族于一堂以表示其共同之利害。

军费之浩大 至于旧日之军备问题及减除国民负担问题自大战发生以后益有不能不解决之势。盖欧洲各国而欲永久维持其巨大之常备军与海军，其结果必出于国家破产或民不聊生之二途。加以杀人之术日有进步，辅之以科学之发明与战争之苦痛，故战前之充分军备，在战后视之几同废物，大炮也，飞机也，铁甲汽车也，毒气也，皆此次战争中新发明之杀人利器也。而海底潜艇发明以来海上战术亦为之一变矣。

武力主义 在理想家眼中观之，此次战争之最大争点实为武力主义。此主义并包有密切问题二：第一，吾人仍允外交家得继续其秘密交涉与缔结密约以引起战争乎？第二，政府仍可不问国民之意向而任意宣战乎?美国总统威尔逊屡次声明美国所主张之原理，对于此种原理决以武力维持之。当一九一七年八月一日罗马教皇本笃十五（Benedict）曾有要求各国弭兵之宣言，望各国易干戈为玉帛以恢复“昔日之原状”。美国总统于八月二十七日答称：德国政府极其不负责任，如听其存在则世界和平实无希望。“此种力量并非德国之人民。此乃管理德国人民之凶暴主人……德国政府之言除非有德国人民意思为援助之证据，吾人断不可恃为担保。若无此种担保，则所有与德国政府订定之裁减军备，规定公断，领土协定，恢复小国等诸条约，无论何人，无论何国，均不能听信。”

威尔逊之十四要点 一九一八年一月八日美国总统提出世界和平之计划，其要点凡十四。言其著者则各国间不得有秘密条约或协商；海洋之上除国际协约不得通行之部分外无论战时平时均当绝对自由通行无阻；经济障碍之排除与军备之裁减；殖民地权利之公平协商；比利时之恢复及德国军队之撤退；德国占据亚尔萨斯洛林时对于法国之无礼举动应有相当之赔偿；土耳其之亚洲领土应解放之；组织国际协会以担保大小诸国之平等独立。英国工人代表对于上述诸点极表同意，而美国加入战争之目的至此亦大著于世。

5. 美国参战后之战迹

德国人之突击　一九一八年三月二十一日德国军队在西面战线上又有突击之举，思决一最后之胜负，以迫协约诸国之媾和。德国人至是深知海底潜艇之力已不足以征服英国；美国之军队又复接踵而来；而德国军需取资于俄罗斯之计划又复无甚效果；故德国人急于一战。加以德国人民备受战争之苦痛，若不早日结束诚恐有迫不及待起而暴动之虞。

其时西面战线之东南两部为法国军队所防守，北部则为英国军队所防守。德国大将兴登堡及其他诸人决定用全力以攻索谟河上英国军队之在最南端者，以为如果胜利则英国与法国之军队中分为二，不能呼应。大战数日，英国军队不能支，退至亚眠附近。法国急遣军援之，德国军队不能再进，亚眠为铁道交错之一点，至是幸免陷落之险。自欧洲大战发生以来当以此次战事为最烈，兵士之死伤及被虏者计达四十万人以上。然德国所得者不过恢复一年前旧有之地而已，进占新地之计划乃大失败。

福煦为联军总司令　协约诸国既知战局之危险，乃思另举总司令一人以指挥所有战地上各国——法国、英国、意大利、美国——之军队借收指臂之效。一九一八年三月二十八日各国均赞成派法国大将福煦（Fedinand Foch）为总司令。战事形势果然为之一变。

德国人最后之突击　世人均知德国军队不久必有第二次突击之举，唯因战线延长至一百五十英里之远，德国人究自何处进攻，协约诸目无从憶测。四月九日德国军队竟有突击阿拉斯与伊泊尔（Ypres）间英国防线之事，其意在于直抵卡力斯与英国海峡。联军方面人人危惧，英国军队力不能支，退出数英里之地，其司令乃下令兵士宁死毋退，德国军队至是又不得逞。五月下旬德国军队又有第三次之突击，此次方向系指巴黎。攻陷要松及沙托退里（Chateau-Thierry）诸城，离巴黎仅四十英里。六月中又再欲南下，以谋进步。至此为美国军队所阻，是为德国军队与美国军队接触之第一次。而德国之战功至是亦可谓告终矣。

美国军队之赴欧　第一批美国军队于一九一七年六月抵法国，统率者为拍兴（Pershing）上将。至一九一八年七月一日美国军队之在法国者已达一百万人，参与战争甚力。当一九一八年五月下旬美国军队建第一次夺城之功，并力助法国军队以抵抗德国军队在沙托退里城之突击。并于该城之西北败退德国之精兵。诸战役中美国海军兵士之出力尤巨。

德国之败退 此后数周之中两方常有小战，德国兵士颇有死伤者。至一九一八年七月十五日德国军队又尽力攻击来姆斯城以冀直抵巴黎，然卒被阻而退。以后数月法国与美国之军队合逐德国军队于玛伦河以外，德国人入捣巴黎之希望乃绝。同时英国军队亦在索谟河上及亚眠东南诸地进攻德国之军队。至九月下旬德国军队已退至昔日之兴登堡战线；而联军亦有攻入此线者。至是联军距洛林边境已仅数英里而已。

大战将终时之美国军队 当一九一八年十一月十一日停战条约签字以前美国军队之在法国者约有二百万人以上，多散布于西面战线之上，就中参与战事者约一百四十万人，战功殊盛。至九月中旬夺回圣密喜尔（St. Mihiel）城于德国人之手，与麦次要塞相去益近。同时并与英国人合力夺回北部圣昆墩之运河坠道，美园兵士死伤者亦以千计。阿尔艮（Argonno）森林中之战役及十一月七日之夺回色当，美国军队之力居多。自一九一八年六月至十一月间美国兵士之死伤或被俘者约三十万人。

俄罗斯之状况 其他各方面战线之上，协约诸国均渐占优胜之势。德国军需虽能取资于俄罗斯，然军事上已不能有所发展。乌克兰之人民颇有倾向于协约诸国之势。芬兰境内则有“白卫军”即国民党与“红卫军”即“多数人党”之激战。同时英国与美国之军队亦在麦曼斯克（Murmansk）沿海一带地以与“多数人”战。

至于西伯利亚之东部，则英国、日本、美国之军队均在海参崴登陆，拟西向深入内地以恢复俄罗斯之秩序。此外“多数人”之敌中尚有旧日奥地利治下捷克斯拉夫种人所组织之军队，至是为援助协约诸国起见人俄罗斯从事战事。

保加利亚之屈服 当西部欧洲联军有合力进攻之举，东部欧洲方面巴尔干半岛中之塞尔维亚、希腊与法国之军队亦开始活动于塞尔维亚境中，保加利亚军力不支而退。德国与奥地利是时均无力来援，保加利亚不得已于一九一八年九月二十九日停战求和。协约诸国允之，唯令保加利亚须绝对纳降。保加利亚至是战力盖已尽矣。土耳其与同盟诸国之交通既断，势亦难支，而协约诸国之入侵奥地利其机亦复甚迫。

土耳其之纳降　第二国之停战求和者即为土耳其。英国大将阿伦培（Allenby）自一九一七年十二月陷落耶路撒冷城后，即穷追耶路撒冷之土耳其军队。英国与法国之联军不久即征服叙利亚一带地，并攻陷达马士革（Damascus）及贝鲁特（Beirut）诸城。土耳其军队之在美索不达米亚地方者亦为英国人所虏。土耳其不得已于十月三十一日向协约国纳降。

6. 霍亨索伦哈布斯堡与罗曼诺夫三系之绝祚及大战之告终

德国之地位　西部欧洲战线上之德国军队既不能支，而东部欧洲方面之德国同盟又复后先失败。同时美国军队源源而来，协约诸国之军威益壮。德国人民对于政府渐生不满之心。海底潜艇之应用不但不能屈服英国，而且反足激起美国之恶感。德国虽与俄罗斯订有接济军需之约，然终不足以救济德国之困难。德国之商业完全破坏；国债之数日有增加，而取偿无地。德国本无友邦，而东部同盟又复中道离叛。所恃者仅一奥地利、匈牙利而已。

奥地利之瓦解　然即就奥地利、匈牙利而论，亦复现力竭精疲之象。国内各党之意见渐趋纷歧，国内各种人民蠢蠢欲动，加以国内之食粮缺少，西部欧洲败绩之消息纷传，奥地利政府不得已于十月七日致书于美国总统提议休战。是月下旬奥地利军队为意大利人所败，不但北部意大利再无奥地利人之踪迹，即特稜特与的里雅斯德城亦为意大利人所占领。十一月三日奥地利、匈牙利纳降。

然其时欧洲地图上已无所谓奥地利、匈牙利矣。国内捷克斯拉夫种人已宣布共和，而南斯拉夫种人亦宣言与奥地利脱离关系。匈牙利有叛乱之举，亦宣布建设共和。奥地利皇帝本兼匈牙利王者不得已于十一月十一日宣布退位。

德国之求和　同时德国亦现瓦解之象。一九一八年十月初旬德国政府中人深知协约诸国之军势甚盛难以抵抗，故其总理具书托瑞士公使转达美国总统提议休战与媾和。总统威尔逊答称：如德国不降而且尚有再战之力者则协约诸国断不停战。“因为世界上之民族不信而且不能信德国政府中要人之言也。”

德国皇族之倾覆　是时德国之军事会议尚欲力维旧制，然其势已不可能。政府下令免卢登道夫（Ludendorff）大将之职，并于十月二十七日通知协约诸国谓政府中已经过一种巨大之变化，使国民得有监督军政之大权。

德国皇帝之退位　不久，德国政府因急于停战之故竟与福煦大将直接交涉，盖是时德国内部革命之机甚迫故也。而且自北海以至瑞士协约诸国着着进步，而德国军队则败退时死亡相继。十一月九日德国皇帝威廉第二竟宣布退位。不久遁入荷兰，霍亨索伦系之帝祚乃绝。巴威王已于前一日退位，其他德国诸邦大抵皆由王政改为共和。十一月十日柏林有暴动之事，社会党领袖亚柏得（Friedrich Ebert）得旧总理及各部大臣之允许就任总理。普鲁士亦宣布共和。德意志帝国至是遂亡。

停战条件　同时双方之停战交涉仍继续进行。十一月八日德国政府代表越战线以与法国大将福煦会晤，并探得条件而归。就中规定德国于二周之内撤退占据比利时，法国东北部，卢森堡及阿尔萨斯洛林诸地之军队。德国军队须退出莱茵河右岸以外，其河西之德国领土应归协约诸国之军队占领之。所有德国军队之在旧日奥地利、匈牙利、罗马尼亚、土耳其及俄罗斯境内者均应立即撤退。德国应将所有战舰，海底潜艇及军用材料交诸协约诸国；其铁道亦应交由协约国处置之。此种条件之目的在于使德国无再战之能力。虽甚严刻德国亦已不能不承认矣。十一月十一日两方乃签停战之约。欧洲大战至是告终。

第三十四章　大战后之欧洲

1. 巴黎和会

与会之国家　一九一八年之冬协约国既败德国及其同盟乃择定巴黎及其附近之维尔塞为各国代表议和之地。一九一九年正月开会。和会中主持讨论及最后决议者，实仅五大国：即英国、法国、美国、意大利及日本是也。参预和会之国家有英国诸殖民地：加拿大、澳洲、新西兰、南非洲及印度。有南美洲之巴西及其他十一共和国。有欧洲之比利时、塞尔维亚、希腊、罗马尼亚及新兴之波兰、捷克斯拉夫。有亚洲之汉志、中国、暹罗。有非洲之来比利亚。总共三十二国。德国、俄国及其他中立国均不与会。

和会三大头 和会中重要条件始终由三大头——法国之克里门梭（Clemenceau）、英国之鲁意佐治、美国之威尔逊——秘密讨论而决定之。诸小国代表多向之抗议，无益也。法英美三国代表之意以为此次战事三国之功最多；且与会诸国之利害多所冲突，如公开大会讨论断难成事，故非出以秘密专断不可云。

德国领土之损失 一九一九年五月五日和约草案成，由大会讨论通过之。依和约规定：德国领土大缩。割阿尔萨斯洛林于法国，割卜山（Posen）及西普鲁士两省之大部于波兰。其他较小之领土或并入波兰，或并入丹麦，由各该地居民自决之。但泽一城原极重要，自是亦独立而为自由城。一切殖民地概行放弃。其在非洲者由国际联盟委任英国法国管理之。其在太平洋中者改隶澳洲或日本版图。为永远削弱德国起见，德国须交出大部分之海军，全部分之飞机及潜艇。陆军不得过十万人，废止征兵制。限制军器之制造及购买。协约国占领莱茵河西岸至和约执行完了为止。

赔款问题之困难 和约中最困难问题为战争中协约国要求德国赔偿损害之数目问题。此事当时决定由协约国组织赔偿委员会以决定德国应赔及能赔之数目，二年后报告。唯德国先须赔出约一千兆银圆之巨款。并须为协约国制造船只以补偿战争中所击沉者。又因破坏法国煤矿之故应赔偿巨量煤矿于法国。当时英、意、美诸国之经济专家已知和约条件过苛执行不易，且足阻止欧洲元气之恢复矣。

德国人闻之大愤，群以和约为含有复仇精神，殆与灭国无异。乃向和会提出长篇之抗议，意谓此约违反威尔逊之十四要点；赔款不加决定，无异沦德国于奴隶之境；至于当日立须交付之赔款亦超出德国全部之财富。又谓德国即被迫签字亦无力可以履行。并不认此次战争之责任全在德国。唯德国虽迭次呼吁终无结果。卒于六月二十八日勉强签字于维尔塞宫中。

2. 国际联盟

国际联盟公约　对德和约中之第一部即系国际联盟之公约，此诚人类史上最重要史料之一种。美国总统威尔逊深信国际联盟之组织实为现代偃武修文之唯一方法，故坚持《联盟公约》须为和约之主要部分。

联盟之组织　凡完全自主之国家及殖民地如能证实其有意遵守公约者得为联盟会员。唯当时德国及其同盟暂时除外。俄国及墨西哥须俟确定政府成立后方得加入。联盟之永久机关设于瑞士之日内瓦。设有议事会参事会各一。议事会中会员各有一表决权。参事会会员除五大强国代表（英、美、法、意、日）外，并由议事会随时选举其他四国代表充任之。两会会期均有一定。参事会每年至少开会一次。一切重要提案须全体一致方得通过。

弭兵政策　无论何种战争或影响世界和平之举动均视为有关联盟之事件。凡联盟会员中有足以引起战争之争论均须提出国际公断，或请议事会或参事会加以调查。如既提出公断则公断后须绝对遵守，不得宣战。如提请调查则参事会或议事会须加以精密之调查，并须于提请后六个月内报告实情并陈述其主张。如报告及主张除当事者外全体同意，则当事者不得再行宣战。如主张未能全体同意时当事者在报告后三个月内不得宣战。如会员不遵规约任意宣战即作为对于联盟全体会员国之宣战。诸国须与之断绝商业及经济关系，并禁止人民间之往来。联盟会员并须互相尊重及维持各国领土之安全及政治之独立。

世界法院　《联盟公约》并规定设立一永久国际法院，即通常所谓世界法院是，以受理并判决国际争端为职务。联盟参事会并计划裁减军备及限制军器制造。所有各国条约均须向联盟注册而公开之。

委托管理制度　昔日弱小民族所居之地之属于中欧诸国者如土耳其帝国之一部分，中非及西南非，及南太平洋诸岛等均由国际联盟保管之。依据所谓委托管理制（mandato），凡弱小民族均委托所谓“先进国”（advanced nation）者管理之以求诸地之安宁及发展。受有委托之政府须每年报告其成绩于联盟。

国际劳工局　条约中并规定设立“国际劳工局”（International Labor

Bureau)，以谋世界工人状况之改良，并谋男女及童工工作状况之改进。此局由联盟监督之。

3. 欧洲地图之变色

奥地利之瓦解　奥地利旧帝国之瓦解实为此次战争最惊人之结果之一。当战争将终之时北部斯拉夫人所谓捷克者组织捷克斯拉夫（Czechoslovakia）共和国；南部斯拉夫人组织南斯拉夫（Jugoslavia）王国；领土大缩之匈牙利亦宣布独立。奥地利领土大减，亦一变而为共和国。其王查理第一于一九二二年死于国外，六百年来哈布斯堡皇族之祚于是乎遂绝。

奥地利本为昔日帝国之中心，至是国家财源大半断绝，因之经济极形困难。甚至行政费用亦无着落，竟濒破产。更无论改革善后矣。国内饥馑及叛乱相继而起者前后凡三年。纸币仅值昔日原值千分之一一五。国际联盟乃设法使借外债二百七十兆银元，由西欧诸国政府担保之，联盟并协助奥地利政府以谋善后。奥地利财政乃渐能恢复常态，出入相敷。

匈牙利之政变　匈牙利曾建一时之共和国，以伯爵喀罗里伊（Karolyi）为总统。彼本一大地主，然颇抱与民共享地权之志，不久为共产党人所倾覆。而共产党又于一九二〇年三月为反对党所打倒，海军上将何尔提（Horthy）得势为“摄政”，各种改革事业多被阻止。匈牙利至今犹为无王之王国。

一九二三年匈牙利求援国际联盟以恢复其财政状况。参事会派委员会调查之后为谋借善后外债。国内财政由美国波士顿人斯密（Jereiniah Smith）任委员长与国际联盟合力整理之。一九二六年斯密卒使匈牙利之出入相抵。

捷克斯拉夫　由奥地利匈牙利故国分离而成之国家，当以捷克斯拉夫共和国为最繁荣。系合波希米亚、摩拉维亚、西里西亚及斯罗瓦基亚诸旧壤而成。捷克人及斯罗瓦克人约占人口百分之六十，其他有德国人三百五十万，匈牙利人及其他共一百万。德国人在国会中自成一党，且坚持仍用德语。昔日德国人与斯拉夫人之宿仇在新政府下尚未能消除也。

南斯拉夫王国　南斯拉夫王国之国运不若捷克斯拉夫之佳。南部斯拉夫人之联合运动虽已由来甚古。然欲冶各种不同民族——塞尔维亚人、哥罗西亚人、斯罗文人、达尔马提亚人、波斯尼亚人、黑塞哥维那人——于一炉实属难事。此等民族虽属同种，然因分地而居者已经数百年，故社会上政治上宗教上之观念以及教育之制度莫不大不相同。而今竟由新王亚力山大一人统治之其困难可想。不特此也，对外并常与意大利纷争。意大利坚欲得非麦（Fiume）及其附近之地，盖其地为意大利人所居，且为人海之门户也。非麦之地卒并于意大利，而附近之巴罗斯（Barros）埠则与南斯拉夫王国。

波兰之中兴　斯拉夫人之国家除俄国外要以战后中兴之波兰为最大。不幸波兰专以恢复其旧壤为事，故不久即与捷克斯拉夫、俄国、乌克兰及立陶宛诸邻国战。与俄国之战尤为激烈（一九一九至一九二〇），卒败俄国。俄国割白俄大部之地以予之，乌克兰亦放弃其东部加里西亚之要求。波兰因得法国之援助遂蔚成大国。然国中波兰人仅过半数，其余有德国人、立陶宛人、白俄人、乌克兰人及犹太人，民族亦复甚杂也。

俄国之反共产运动　俄国之共产党领袖特洛兹基组织强盛之红军以扑灭反“多数人”之运动，反革命军虽有军官如科尔查克（Kolchak）、但尼金（Deniken）、胡兰格尔（Wrangel）等得协约国之援助在西伯利亚与俄国屡兴反共产之师。然“多数人”终得胜利至今尚握国内政权也。

芬兰诸地之独立　俄国旧日之四省至是亦成为自由独立之国家。芬兰在昔本为独立之公国，而以俄皇为其公。历来反对俄国政府之剥削其政权。俄国革命事起，芬兰遂乘机完全独立。其他毗邻之三省——爱沙尼亚、拉特维亚、立陶宛——数百年来常受邻国之阴谋及侵略者至是亦独立而成共和国，与芬兰同加入国际联盟。

保加利亚　至于巴尔干半岛，吾人已知其西部并入南斯拉夫王国。协约诸国为惩保加利亚起见，将保塞两国交壤之地割与南斯拉夫，并剥夺西部色雷斯之地以予希腊以断保加利亚与爱琴海之交通。且又以多瑙河与黑海间多白鲁耶（Dobrudja）之农地畀诸罗马尼亚。唯保加利亚失地虽多，赔款虽巨，而恢复元气殊为迅速。一因其农民之勤劳，一因其军费之轻少，且能利用其军队为战后善后之工作也。

罗马尼亚　罗马尼亚虽为德国人所败，然战后领土增大，加至一倍。经协约国之同意得有一八一二年来俄国所领之贝萨拉皮亚（Bessarabia）；

奥地利之布科维那（Bukovina），匈牙利之德兰斯斐尼亚（Transylvania）。罗马尼亚王国至是包有罗马尼亚人、塞尔维亚人、匈牙利人、俄国人、保加利亚人及土耳其人。国会为谋联合国内诸异族起见迭有改革之举。就中如普遍选举及土地之重新分配等其尤著者也。分裂大地以予小农民，其地价由小农民及政府分担之。并以公民资格给予生长本地之犹太人。

土耳其　土耳其帝国领土之在欧洲者自巴尔干战争以后（一九一二至一九一三年）大形缩小，仅留有君士坦丁堡及迤西东部色雷斯一小部分之地而已。当战争中，非洲之埃及及亚洲之汉志、美索不达米亚、叙利亚及巴力斯坦均先后失去。当停战之际协约国要求土耳其割让要港斯麦那（Smyrna）及东部色雷斯于希腊人。此举激起土耳其人之民族运动。其首领名凯末尔（Mustapha Kemal Pasha）精明强干，起建新都于小亚细亚之安哥拉（Angora）。否认土耳其皇帝与协约国所订之条约，逐希腊军队之在小亚细亚者。土耳其之国民党实阴得意大利与法兰西之援助；盖两国商人颇望获得土耳其之油矿与商业权也。

洛桑条约　土耳其国民党既战败希腊人，乃坚持恢复其应有之权利。一九二三年七月与协约国订洛桑（Lausanne）条约。协约国承认土耳其仍得有斯麦那，君士坦丁堡及东部色雷斯。唯达达尼尔海峡公诸万国。国民党乃于一九二三年十月逐皇帝离君士坦丁堡，另建共和国，设新政府于安哥拉。数月后七百年来统治土耳其之皇帝被逐出国，与德奥俄诸皇室同归于尽。废旧日之哈里发制（caliphate），昔日政教合一之制遂废。

希腊之政变　希腊人之加入大战虽较迟，然大战后犹继续与土耳其人战以冀获得斯麦那及东部色雷斯。协约国原暗助希腊人之侵略者，卒因土耳其人民族运动之强烈，竭力以结安哥拉新政府之欢心。希腊人民将战败之罪归诸国王及大臣，乃逐国王，杀大臣。于一九二四年三月废王制而改建共和。

百年来之世变　当一八一五年欧洲开维也纳会议改造欧洲地图时当时外交家之唯一愿望为旧制之恢复与正统君主之复辟。凡有运动立宪者限制君权者建设民族国家者无不力加压迫使之不成。然终十九世纪之世卒因改革家之努力建设立宪独立之民族国家七国，加入于欧洲列国之林——塞尔维亚、希腊、比利时、德国、意大利、罗马尼亚及保加利亚。

民权与民族两主义之发达　百年后而有维尔塞会议。至是法国反为盟主以支配奥地利，主客之势适与百年前相反，沧桑之变何其亟也。梅特涅、塔力蓝、亚历山大已去矣，而克里门梭、鲁意佐治辈乃继起。且并有欧洲以外之各国代表。诸外交家已不复信赖帝与王，而独信赖民主之政府，且欢迎共和国之建设。且亦深信所谓民族自决权。故一九一九年欧洲政治之改造实为两种政治思潮之结果：即民权与民族是也。

中部欧洲之变化 欧洲政治变化之最足惊人者为中部东部之变化：霍亨索伦、哈布斯堡、罗曼诺夫三大旧皇室之倾覆，均变为社会主义或共产主义之共和。其次为土耳其帝国之消灭及新共和之兴起。旧日俄国西南边疆上新建七共和国：芬兰、爱沙尼亚、立陶宛、拉特维亚、白俄、乌克兰及特兰斯高加索。至于哈布斯堡族之领土大部分割与波兰、意大利、罗马尼亚、南斯拉夫及捷克斯拉夫。

4. 废战运动

德国赔款问题之困难 欧洲战后之困难问题甚多，而德国赔款问题尤为其最。其数目于一九二一年二月间规定为一一二，〇〇〇，〇〇〇，〇〇〇银元。德国政府宣言如此巨款虽分为四十二年摊还，亦属绝对不可能。英国颇有意于调解。然法国比利时之军队竟于一九二三年正月侵入莱茵河流域中德国实业最繁盛之地，驻兵于鲁尔河（Ruhr）流域中诸城，冀以武力征收其赔款。德国人抵死以抗之，法比两国之计不得售。是年秋德国政府愿提赔款问题于国际法庭公断之，请其规定数目及方法。

赔偿委员会之计划 一九二三年十一月赔偿委员会决派专家组织二委员会以决定：（一）整理德国国内财政之方法；（二）调查德国在国外之财富若干，并计划收回之方法。前者由美国前任预算主任道威斯（Charles G.Dawes）将军等主持之；后者由英国前财政大臣麦肯那（Reginald McKenna）主持之。一九二四年四月二委员会之报告成。法、英、德诸国政府均表示赞成之意，德国政府并宣言愿意遵守。唯赔偿总数仍未尝规定也。

华盛顿会议 当和约告成之日美国政府因有种种原因——不愿转入欧洲政潮中，“孟禄主义”之不稳，英国在联盟中有五表决权（加拿大、澳洲、新西兰、南非各有一权）等——卒不批准，且未尝加入国际联盟。

唯美国政府颇思尽力于国际弭兵之举。故美国总统哈丁（Harding）于一九二一年十一月公请各国代表开一裁减军备会议于华盛顿。中、英、法、意、日、比、荷、葡诸国均有代表出席。海军强国英、美、法、意、日五国相约停造新战船十年。至于英、美、日之海军力维持五五三之比例。诸国并相约不干涉中国之内政或谋特殊之利益。中国之山东问题，亦于此会中解决。

国际联盟之开会　依维尔塞和约，国际联盟于一九二〇年十一月组织成立，开第一次会议于日内瓦。与会者凡四十二国。自后陆续加入至今共得五十五国。自一九二六年来联盟中包有德、俄两国外之全部欧洲，美、墨、厄瓜多外之全部美洲，土耳其及阿富汗外之全亚洲，埃及外之全非洲（罗卡诺条约允德国加入）。参事会及议事会照常开会。并常设各种委员会研究特种问题或计划专门报告。

和平运动　联盟颇能致力于国际和平之运动：（一）排解会员间之领土争执。如意大利希腊间及希腊保加利亚间之得免战争皆联盟干涉之效也。（二）主持赈济战区灾民事业，特派委员会主持之。援助诸国整理国内之财政，如援助奥匈两国之善后，即其著例。（三）组织研究国际重要问题之附属机关。凡分二种：（甲）专门委员会，掌理财政及经济，交通及卫生。（乙）顾问委员会，专掌军事问题，裁减军备，委任管理，贩卖女子儿童、鸦片及知识合作等。此外并有二相关而独立之机关之建设：即国际劳工组织（International Labor Organization）及国际永久法院（Permanent Court of International Justice）是也。

永久法院之建设　国际联盟最大之成绩莫若国际永久法院之建设。一九二〇年二月参事会派世界著名法学家组织委员会规划国际法院之组织。同年十二月《国际法院组织条例》成，通过于议事会。乃将条例订入条约，分交各会员国签字，以后加入者并得补行签字。次年（一九二一年）十二月议事会开会时批准该约者已得二十八国，乃施诸实行。一九二二年一月三十日国际法院第一次开庭于海牙。至一九二四年终加入国际法院者已有四十八国。

永久法院之组织　条例中声明国际法院应与一八九九年及一九〇七年海牙公约所规定之公断法院（Court of Arbitration）并行不悖。法院中法官应以道德极高之法学家充任之，在国内须具有最高法官之资格或在国际以专门研究国际法著名。法院中设法官十五人：正十一人，副四人。其名单先由公断法院中各国代表推定之，再由联盟参事会及议事会于此中选举之。联盟会员而无代表在公断法院者，其候补者名单由该国政府遣派委员会决定之。法官任期九年，均得连举连任。法院设于海牙。每年开庭一次，自六月十五日起至审案完了为止。

永久法院之管辖　法院之管辖权包有一切当事者所提出之案件及所有现行条约特别规定之事件。法院管辖权之承受与否一听各国之便。唯会员如果签字于附件上者则有于下列诸端之争论得相约绝对服从法院之管辖：（一）条约之解释，（二）国际法上问题，（三）足以破坏国际责任之事件，（四）破坏国际责任后赔偿之性质及范围。加入国际法院之四十八国中，有二十三国绝对承受法院之管辖。

永久法院与公断法院之比较　建设国际法院之讨论实始于海牙和平会议时。然当时各国均欲保留其完全之独立，提案与否一听自由，强迫公断亦所不愿。其结果为海牙公断法院之建设。内中所有者为一纸法官之名单，由会议中各国选任之。遇审案时则由名单中随时选人组织法院以处理之。法院亦在海牙，并由美富人卡内奇（Andrew Carnegie）捐建和平宫一所以居之。公断法院与国际法院虽同在海牙，而性质不同。言其著者约有二端：（一）公断法院重在公断，故以调停两者之间为主。至于国际法院则重在法律一其判决及意见纯以法律为根据。（二）公断法院之法官常常更换，故其工作缺继续性。至于国际法院法官则专心于法院事务继续服务，颇有造成一种新国际法之希望。

裁减军备问题　国际联盟最困难之问题尚有裁减军备问题。向来凡有提倡减少国防军备者莫不引起各国之恐惧与怀疑，而遭强烈之反对。此不定因各国之倔强，实因有不安全之感想。国际联盟第三次议事会承认裁减军备与国际保安二问题为不能分开。如果国家处于受人攻击之环境中而尚欲其减少军备，除非订有协力御敌之公约必不可能。海牙和平会议对于裁减军备既无功于前。华盛顿会议虽规定各海军强国海军力之一定比例，而对陆军除痛斥化学战争为惨无人道外，亦终无妥善之办法也。

互助草约　因有上述种种困难，故留意世界和平之人多欲致力于他种解决之方法，如强迫公断及视战争为非法等。各种计划之出于国际联盟者甚多。一九二四年联盟所派文人及武士所组织之临时混合委员会

（Temporary Mixed Gommission），根据英国塞西尔（Lord Cecil）及法国专家之计划草成《互助草约》（Draft Treaty of Mutual Assistance）一种。联盟会员中有赞成者亦有反对者。其重要之点为凡属侵略之战争当视为犯罪。凡签约诸国应援助受人侵略之国家，且应依该约所予之安全之程度减少各国之军备。然何谓“侵略”？其意义仍未加以界说也。

美国计划　其时又有所谓“美国计划”者由一美国人所组织之非正式委员会商订之，卒成为国际联盟正式之公牍。此计划中最大之供献为明定“侵略者”一词之意义。其定义谓凡不服从国际正当法院之传询，或不承受联盟议事会一致议决案而自行宣战者谓之侵略者。计划中并规定各国军备须受国际之检查，并应常开裁军会议，非联盟会员亦得出席。

议事会草约　以上两种计划为一九二四年日内瓦国际联盟《议事会草约》（Geneva Protocol of the Assembly）之根据。且视侵略之战为国际之罪犯，明白宣言凡不愿承受免战方法之国为侵略者。侵略之战之正式视为非法在人类史上实以此为嚆矢。至于自卫行为虽视为合法，然不得任当事者自行断定之。草约中并规定凡联盟会员皆有援助被侵略者之义务。至援助方法如何各国得各审其地理上位置及特殊情形而决定之。一九二五年三月议事会开会时，英国政府宣言对于草约之目的虽表同情，然对于草约殊不愿承受。意谓如美国不加入者则英国因领土广大之故对于援助被侵略者之“一般责任”实繁重难负。主张另筹特殊方法以应付特殊之需要，此足以补充草约之未备。凡素有争执伏有战机之国家应使之互订条约以维持其间之和平为唯一之目的。

罗卡诺会议　一九二五年十月五日德国、法国、比利时、英国、意大利、波兰及捷克斯拉夫诸国代表大体依英国之主张开一国际会议于罗卡诺（Locarno），以讨论大战后扰乱西欧诸国之保安问题。是月十六日德国、比利时、法国、美国及意大利签订《互保条约》（A Treatyof Mutual Guaranty）——通称为《保安公约》（Security Pact）——及其他六种条约。此为战后德国平等参加国际和平事业之第一次。

保安公约之内容　据《保安公约》之规定，签字诸国担保维持维尔塞和约所定德比间及德法间之边界，并遵守和约所定德法间解除武装之地带之条文（和约第四十二条及第四十三条规定德法间自莱茵河右岸起五十基罗米突之地为解除武装之地，德国不得在其地筑炮台或驻军队）。德比间与德法间均允不得互攻互侵或宣战。唯违背《保安公约》时或违背和约第四十二条及第四十三条时各保留合法自卫之权利，并有遵行联盟议决案之权利。德法间与德比间相约用和平方法解决所有之纠纷。两国权利冲突时相约提交法律之判决并服从之。其他问题则提交和解委员会解决之。如委员会之提议不能承受时则提出联盟参事会解决之。如有违反本公约及和约第四十二及第四十三条者当立即通知联盟参事会。如参事会认为果然违反时，签约诸国应立即援助被侮之国家。

如有显然侵略者（flagrant aggression），如事实上之侵略，则签约诸国允立即援助被侵略之国家。如果其他诸国一致以为如此，则虽双方相约承受联盟参事会之议决案亦属无济。此条实为此约之精髓。其对于侵略之定义应用“美国计划”中之界说，即拒绝法院或调解机关之判决之谓。日内瓦草约之原理至是乃为西欧诸国所承受矣。

公断条约 至于德法间，德比间，德波间，德捷间之公断条约亦为罗卡诺会议之成绩，规定诸国间争执之不能以寻常外交方法解决者得提交于公断机关或国际法院判定之。此种争执在提出公断以前并可相约提出于一永久国际委员会，所谓”永久调解委员会”（Permanent Conciliation Commission）者调解之。此委员会应于条约生效后三个月内组织成立。委员五人，中二人由当事国人充任之，其他三人由其他诸国协派之。委员会之重要职务为搜集消息疏解争端及调和两造。委员会之工作须于六个月内编成报告。此外尚有法波间及法捷间之两约，相约如违反《保安公约》受德国之攻击时诸国有互助之义务。

罗卡诺诸约之重要 罗卡诺诸约实为国际关系上开一新纪元。世人多以为旧日之国界或可以从此打破，为欧洲诸国联邦之先声。无论如何，罗卡诺诸约在世界史上实能别开生面者也：（一）《保安公约》简单明了，不再对于所谓“国家荣誉”者加以让步。签约诸国之目的不若昔日之在于建设防守同盟，而在于维持和平之同力合作。故此约非若昔日维持“均势”之密约，而为“寻求和平”之公开条约。（二）签约诸国多与他国联络以担保此约之遵守。（三）其尤要者，签约诸国均愿提交将来之争执于第三者——委员会、法院或议事会——而服从其判决。

条约之注册 据国际联盟公约之规定，凡人会诸国之条约均须在联盟中注册，否则无效。至今联盟中所藏之各国条约已达千种以上，无论何人均得入内参观。外交公开此为嚆矢。加以各国外交家常常集会于日内瓦，其讨论已不复如昔日之秘藏于各国外交部之档案中，而登载于全世界每日新闻纸之上。公开之局益形显著。前此世人所不能了解之问题至是无不消息相通，举世明了。凡此皆足以培养世界之舆论，提倡世界之和平，增进反对战争之情感。一九二七年六月英、美、日诸国又于日内瓦举行裁减海军会议，卒无结果而散云。

5. 政治上之新试验

共和主义之发展　此次大战之结果为新国之建设与旧国之改制。而政体几全向共和。德国成为一极民主之共和，温和之社会党人秉政，国内诸邦之君主制无不尽废。诸国上议院之势力大为衰减。工人势力到处有增加之趋势。而内阁亦皆以对人民负责为主。

国际农民运动之发端　吾人曾知自罗马帝国以来至普鲁士、俄罗斯废止佃奴制为止之农民状况至为困苦。历受地主之剥削而无法自卫。大战之后保加利亚之农民发表一种权利宣言所谓《绿色宣言》（Green Mani esto）者谓力田之人“到处而且常常被迫屈服于不平而且恶毒待遇之下”。主张组织一种国际农民联合会以期其“久不作声之呻吟得为人所闻”云。

社会党人之得势　今日社会党人在欧洲政治界中甚为得势。吾人可大体别为温和与激烈两派。前者不主张武力而主张和平之适应。后者主张劳工应联合以打倒中流阶级之资本家，主张阶级斗争。此派亦称为共产党。英国之工党内阁属于温和派，德国改建共和后之政府亦然。战后之俄罗斯则为共产党所统治。

国际工党之组织　社会党人普通主张政治及实业之革命不当以国境为限，而为全世界工人一种“国际的”运动。故其口号为“世界工人联合起来！”（Workers of the World，Unite！）一八六四年马克思发起组织第一国际以宣传社会主义。嗣因一八七一年巴黎共产党人行动之过激遂乃失信，不久消灭。一八八五年后又有第二国际之组织，至今尚存。唯第二国际在极端社会党人观之尚嫌过于和平，于是一九一八年俄国之“多数人”在莫斯科有第三国际之组织。其同志之在世界各国者甚多。俄国现在当局皆此中人也。

苏俄联邦之成立 一九一七年之末俄国曾有宪法会议之召集，嗣因“多数人”深知其主张之未能贯彻，乃解散之。一九一八年七月全俄苏维埃会议宣布一俄罗斯社会主义苏维埃共和国宪法。宣布俄国为自由民族之联邦，各民族得随时退出联邦之外。至一九二四年俄国联邦包有俄罗斯、白俄、特兰斯高加索苏维埃共和国及远东共和国。

苏俄宪法宪法 规定国家权力应全属诸“劳苦民众”（toilingmass）之手，由各苏维埃中之代表执行之。“俄罗斯社会主义联邦苏维埃共和国视劳动为共和国各公民之义务。并宣布其口号为‘不作工者不应吃饭’。”唯工人有选举权。故凡雇工以增加其所得者，不作工而持资本为生者，或为商人、经纪人、教士及修道士均无选举权及任官权。

私有财产制之废止 废止土地私有制，概归国有，再依据农民耕作能力而分配之，昔日地主不得有所取偿。所有森林及地下富藏均宣布为国有公产。并计划将所有工厂矿业铁道等之主有权移转于苏维埃共和政府，银行及其他财政机关亦然。

工人武装 最后“为使工人握有全权起见，且为排除榨取者恢复权力之可能起见，下令所有无产阶级中人均应武装，并组织一社会主义之红军，至于有产阶级应解除武装”。

苏俄之世界主义 俄罗斯苏维埃共和国虽一面反对旧式扩充领土及殖民地之战争，而一面则又宣布一种对于一切资本主义的工商业之世界战争，主张为“世界社会主义之胜利”而奋斗。共产党代表曾欲引入共产制度于世界其他各国——尤其在匈牙利、意大利、德国及中国等。在匈牙利之布达佩斯及德国之莫尼克，共产党人均曾得势一时。然皆不久即败。其他中欧诸国工党领袖常有仿俄国苏维埃制度强占工厂并组织工人代表会之举，然皆中途失败也。

意大利之法西斯主义 意大利之工人因受共产党之影响，在米兰、吐琳及其他实业中心曾有强占工厂之举，因之引起意大利政府中之绝大变化。有一新党日棒喝（Fascisti）者发现于国内，以反对共产暴动为主旨。然此党虽自命为维持秩序，其自身亦不免常有用武力之举。棒喝党人渐发展一种理想日“法西斯主义”（Fascism）者其模糊不明有如昔日之所谓“日耳曼主义”或“斯拉夫主义”。此党领袖为莫苏利尼（Mussolini），为人精明强悍，于一九二三年竟为意大利之独裁者。彼既以全力控制意大利之国会，并得国王之信任。一九二四年之选举，彼党仍占多数。所选内阁人才颇称干练，且国家财政亦能整理就绪。唯莫苏利尼渐形骄纵，且有倾向于拿破仑式独裁之趋势。非议者多以虐待敌人，剥夺出版自由，检查新闻等苛政责之。唯意大利战后恢复元气之迅速其功亦正未可没。

德国之共和政府　至于德国则自皇帝出走后柏林社会党人之激烈派日斯巴第西（Sparticides）者与温和派有极激烈之冲突。温和派卒因多数而占优势。吾人须知昔日俾斯麦曾用釜底抽薪之法以“国家社会主义”政策抵抗当日社会党之要求。做欧战后国内之保皇党虽仍占重要地位，而政体之由君主制改为社会主义共和制实有驾轻就熟之妙。一九一九年年初在威马（Weimar）地方所定共和宪法颇富民主精神。然其中所有社会改革之计划则与俾斯麦之政策初无少异。德国骤欲脱离君主之传统习惯虽不可能，然因各种国有政策实行甚久，而政府救贫扶病之善举又实行甚惯，故新政府之政治措施颇能绰然有余裕也。

德国之新宪法　新宪法规定凡国中男女年过二十岁者皆有选举权。国会仍设两院：以上院（Reichsrat）代表各邦，以下院（Reichstag）代表国民。凡国内诸邦欲加入联邦者均须先改为共和政体方可。各邦代表在上院者不得独有五分之二以上之表决权，昔日普鲁士一邦独霸之局乃破。一九二〇年十一月普鲁士公布新宪法，规定“国家主权属于全民”。共产党人及王党中人虽尝有暗杀政界要人之行为，新政府迄能维持其地位不为稍动焉。

英国之政党　英国自一八九五年至一九〇五年为保守党（亦即统一党）得势时代。自一九〇五年至一九一五年则为自由党得势时代。鲁意佐治所主张之政策颇能见诸实行。上院势力大减，女子参政之权亦于是时实现。大战期中至停战时止自由保守两党合组内阁以利战事之进行。一九一八年之选举联合议员得四百六十七人，就中属保守党者得三分之二以上。不久两党分裂，鲁意佐治内阁辞职，而以保守党代之。一九二二年十一月改选，保守党仍复得势。当时因爱尔兰自由邦之成立，故下院人数自七〇七人减至六一五人。此中保守党得三四四席，过半数。自由党仅得一一四人，而工党竟得一四二人，其人数之多为第二。英国国会中之有工党为政府之反对党，此实为其第一次。

英国工党之得势　英国之劳工运动史颇为复杂。其工人多注意组织职工会，合群力以谋工人状况之改良。且不尽属社会党中人。故工会势力甚大，成绩亦著。欧战以后工党之势大盛。一九二三年十二月内阁总理包尔得文（Stanley Baldwin）主张改选国会，拟用保护政策以谋国内工界不安之现象。自由党因其破坏自由贸易政策也，乃与工党联合抑制之。结果保守党议员减至二五八人，工党增至一九一人。包尔得文自知不能驾驭国会，乃请英王命工党中人组织内阁。一九二四年一月工党领袖麦克多那尔特（Ramsay Mac Donald）遂被任为总理。此为英国工党中人组织内阁之第一次。

工党内阁之成绩 麦克多那尔特颇能引用人才，且能以和平方法进行其救贫之政策。唯工党虽组内阁实不免有其位而无其权，盖其多数有赖于自由党之合作也。因之欲独立主张立法甚为困难。故不但对于本党煞费经营，即对自由党亦复多方敷衍。然工党卒能维持其政权至八个月之久。此次工党内阁之成绩以关于财政与外交两者为最著。财政大臣斯诺登（Snowden）之预算案以稳健美满见称于世。至于外交方面麦克多那尔特亦能以勤恳态度恢复欧洲诸国之信仰。对于俄国问题颇能加以考虑予以承认。英法关系亦较前进步，而对于道威斯计划亦颇应付得宜也。

最近英国内阁之变化 然因内阁有缔结英俄条约之议，并拟由英国政府担保假款于俄国。自由党及保守党均大不悦。不久而有坎普佩尔事件（Campbell Case）。坎普佩尔为某周刊主笔，因登载叛逆文字被逮。不意检察长将此案撤回。保守党人群以此种行为干涉司法独立，且系受工党中激烈分子之压迫所致。乃要求政府加以调查。麦克多那尔特以为此与不信任投票无异。乃请英王解散国会。改选时因国人深恐社会党人得势有碍国家安全，多附保守党，保守党遂得大多数。一九二四年九月包尔得文重新组阁。自由党人多改入保守党。故自由党几为之消灭，国会中仅得四十席。此次保守党内阁颇能发展欧洲各国之亲睦。对于罗卡诺条约之成功亦颇与有力。一九二九年工党首领麦克多那尔特再起而组阁。颇能致力于裁减军备及救济失业诸问题之解决也。